개정증보판

비도서자료의 조직이론

자료별 이론의 재정립과 증보
KORMARC: 통합서지용을 중심으로 기술

김남석, 조도희 지음

계명대학교출판부

Revised and Enlarged Edition

NONBOOK MATERIALS

Based on KORMARC: Integrated Format for Bibliographic Data

by Nam-Seuk Kim

and

Do-Hi Cho

김남석

비도서자료의 조직이론 = Nonbook materials / 김남석, 조도희 지음. — 개정증보판. — 대구 : 계명대학교 출판부, 2007.

ISBN 978-89-7585-383-8 93020

1. 024.35 I. 조도희 II. 서명: Nonbook materials. III. 서명

서 문

Aristotle은 「형이상학」의 첫 문장에서 "모든 사람은 본성적으로 알기를 원한다"라고 하였다. 인간이 다른 동물과 구별될 수 있는 가장 중요한 요인은 알기를 원하는 본성을 충족하기 위해 생각이나 경험으로 얻어진 지식을 기록재에 담아 세대를 통해 공유할 수 있게 된 것이다. 원시인의 동굴생활에서 문명사회로의 발전은 단순한 지식에서부터 현대 최첨단의 지식을 축척하여 전달하기 위한 수단으로 개발된 기록재의 발전과 직결되어 있다. 최초의 기록재는 자연물을 그대로 이용한 동굴의 벽, 돌, 대나무 등에서 기록을 위한 가공된 점토판, 파피루스, 종이 등을 거쳐 전기나 전자매체를 이용한 오디오, 필름, 비디오, CD, CD-ROM, DVD, 플래시메모리 등과 발전된 통신시설을 이용한 인터넷에 이르기까지 지식을 보다 정확하고 편리하게 그리고 직접 수록하고 전달하기 위한 기록재로 발전시켰다. 발전된 정보재는 모든 정보를 시공을 초월하여 수록과 동시에 공유할 수 있게 하였고, 정보의 홍수시대를 가져왔으며, 정보화시대를 열게 하였다. 지금까지 주로 종이재에 의한 인쇄자료의 수집과 조직관리로 정보봉사의 기능을 감당해오고 있는 정보기관은 보다 많은 정보의 수록재로 활용되고 있는 최첨단의 기록재인 비도서자료의 수집과 조직이 불가피하게 되었다.

필자는 지금까지 도서관의 자료조직 이론과 실제에 관한 저술로 자료목록학과 편목법에 이어 연속간행물과 비도서자료의 이론과 편목법을 발간하여 개정을 거듭하여 왔다.

서 문

초판이 발간된 이후 여러 종류의 새로운 기록재가 개발되었고, 목록조직을 위한 기술규칙에 개정이 있었다. 이 개정판은 초판의 미비한 부분을 수정하고, 새롭게 나타난 기록재에 대한 이론을 보완하였으며, 그간에 제정된 *KCR4, AACR2R, MARC21* 등의 이론을 바탕으로 하여 **KORMARC: 통합서지용**을 중심으로 개정증보한 것이다. 본서의 내용은 초판과 같이 자료의 형태적인 특성에 따라 9장으로 구성하였는데 장을 재조정하여 정보기관에서 주로 활용되고 있는 자료순으로 배치하고, 장제목과 사용용어도 새롭게 규정된 목록규칙들을 근거로 명명하였다. 제2장은 오디오자료를 녹음자료로, 제4장은 컴퓨터파일자료를 전자자료로 하였다. 각장은 형태별에 따른 자료의 발전, 종류별 특성, 관리에 대한 이론, 조직을 위한 분류, 편목으로 편성하였다. 특히 편목은 실제에 적용할 수 있도록 새롭게 규정된 **KORMARC: 통합서지용**의 활용을 위한 많은 예를 제시하고, 필요한 목록규칙 이론을 가하여 MARC와 규칙을 함께 이해할 수 있게 하였다.

본서는 한 시점에 맞게 개정증보한 내용으로 결코 완성된 자료일 수 없기 때문에 또 하나의 적은 결실이라는 아쉬움으로 어느 한 부분에서라도 필요한 자료이기를 기대하는 마음이다. 자료를 통한 이용자의 많은 조언과 편달 있기를 바란다.

본서는 초판이 나온 후 그간에 제기된 새로운 이론과 규칙을 전공자료의 강의를 통해 수정보완된 내용이라는 점에서 과정을 이수한 학생들의 도움을 생각하지 않을 수 없다. 그리고 필요할 때마다 자료수집과 교정을 도와준 계명대학교 동산도서관 조현길, 최진순 선생님, 출판부관계자와 특히 편집을 맡아 준 우은욱선생님께 지면을 통해 감사드린다.

2007년 3월

저자 識

제 6 장 도면자료 343

제 9 장 기타 비도서자료자료 435

사용약어

R = 반복(Repeatability code): 표시기호나 식별기호의 반복 사용가능
NR = 반복불가(Nonrepeatability code): 표시기호나 식별기호의 반복 사용불가
❶ : **제1지시** = 제1지시기호
❷ : **제2지시** = 제2지시기호
식별 = 식별기호
K도 = *KORMARC – 단행본용*. 1993년 발행(KS C 5867)
K비 = *KORMARC – 비도서자료용*. 1996년 발행(KS C 5969)
K연 = *KORMARC – 연속간행물용*. 1995년 발행(KS C 5795)
K통 = *KORMARC – 통합서지용*. 2006년 발행(KS X 6006-0)
K2 = **KCR2** : *한국목록규칙*. 수정판. 서울 : 한국도서관협회, 1966.
K3 = **KCR3** : *한국목록규칙*. 제3.1판. 서울 : 한국도서관협회, 1990.
K4 = **KCR4** : *한국목록규칙*. 제4판. 서울 : 한국도서관협회, 2003.
A1 = **AACR1** : *Anglo-American Cataloguing Rules*. Chicago : ALA., 1967.
A2 = **AACR2** : *Anglo-American Cataloguing Rules*. 2nd edition. Chicago : ALA., 1978.
A2R = **AACR2R** : *Anglo-American Cataloguing Rules*. 2nd edition, 1988 revision. Chicago : ALA., 1989.
A22 : *Anglo-American Cataloguing Rules*. 2nd edition, 2002 revision. Ottawa : CLA ; London : LA Publishing Ltd. ; Chicago : ALA., 2002.
A24 : *Anglo-American Cataloguing Rules*. 2nd edition, 2004 revision. Ottawa : CLA ; London : LA Publishing Ltd. ; Chicago : ALA., 2004.
J2 = **JCR2** : *日本目錄規則*. 新版 豫備版. 東京 : 日本圖書館協會, 1987
I(M) = ISBD(M) : *International Standard Bibliographic Description (Monograph)*. IFLA., 1974.
UM = **USMARC** : *USMARC format for bibliographic data*. Library of Congress, 1994.
M21 = **MARC21** : *MARC21 Concise Format for Bibliographic Data*. 2002 concise edition. Library of Congress, 2002.

- 예문의 *표는 *MARC21*과 *KORMARC: 통합서지용*의 예문을 인용임
- 식별기호를 기술데이터와 쉽게 식별될 수 있게 진하게 표시
- 지시기호와 식별기호의 명칭에 ':'는 명칭 자체가 표출어임을 표시
- Tag에 참조표시된 장(章)의 번호는 *비도서자료 조직이론*과 *비도서자료편목법*의 장 표시임

제1장 **비도서자료**

1.1. 비도서자료의 정의

비도서자료는 정보전달을 위한 도서 이외의 모든 정보매체자료를 통칭한 것으로, 사상, 경험, 감정 등 인간이 감각으로 인지할 수 있는 도서형태가 아닌 일체의 매개자료를 말한다. 비도서자료는 일정한 형식이나 형태를 갖춘 것이 대부분이지만, 자료에 따라서는 형태에서 내용에 이르기까지 예측이 어려운 다양한 것들이 포함된다. 비도서자료의 명칭도 전체를 포함하는 포괄적인 것에서부터 세분화된 자료자체만을 나타낸 개별적인 것에 이르기까지 여러 가지로 명명되고 있다. 포괄적인 명칭으로는 '비서자료(非書資料)'[1], '비도서자료', '특수자료(特殊資料)', '도서이외의 자료'[2]… 등이 있고, 세분화된 명칭으로는 자료의 성격이나 형태를 표현한 것으로 인쇄에 의한 것은 '특수자료', 영상에 의한 것은 '시각자료', 음향에 의한 것은 '청각자료', 음향과 영상이 혼합된 것은 '시청각자료'[3], 컴퓨터에 의한 것은 '전자자료', 그리고 박제나 표본 등에 의한 것은 '실물자료' 등이 있다. 본서에서는 비도서자료라

---

1) 方同生, **非書資料管理** (中爐市: 學聯文化事業出版中心, 民國62).

2) 室伏武, **圖書以外の資料** (東京: 岩崎書店, 1976); 日本文部省, **學校圖書館における圖書以外の資料の整理と利用** (東京: 文部省, 1966).

3) 三輪和敏, **圖書館教育と視聽覺教育** (東京: 創元社, 1970); Walter Arno Wittich and Charles Francis Schuller, *Audio Visual Materials,* 4th ed. (New York: Harper and Row, 1962).

는 명칭을 사용하였다.

비도서자료는 도서의 생성과 발전을 유발한 기록자료의 원조이기도 하다. 인류 기록의 역사는 도서에서 시작된 것이 아니라 도서가 있기 이전에 비도서자료, 즉 이미 박물관자료가 된 그림의 책(동굴의 벽화, 상징물의 표현),[4] 점토판, 죽책, 양피지, 파피루스(papyrus) 등 자연물을 그대로 이용하거나 약간의 인공을 가한 기록재들에 의한 것이었다. 이렇게 인간의 정보 전달매체는 비도서자료에서 도서자료로 발전해 왔으며, 또한 과학의 발전에 힘입은 기록재의 발전은 도서자료가 가진 정보전달의 한계성을 극복하여 보다 발전된 전기나 전자적인 매체에 의한 비도서자료로 발전되었다.

인간이 기록을 남기기 위해 제작한 초기 기록재의 근거는 BC3500년경부터 원년까지 약 3,500년간 사용된 점토판[5]이다. 이후 BC150년경부터 4세기경까지 약 600년간 사용된 양피지(parchment and vellum),[6] BC2550년경부터 990년경까지 약 3,500년간 사용된 파피루스(papyrus),[7] BC1400년경부터 중국에서 사용된 갑골문(甲骨文), 약 2,000년간 사용된 죽간(竹簡)과 목독(木牘), 그리고 105년 중국의 채륜(蔡倫)이 발명하여 오늘날까지 약 1,900년 이상 사용되고 있는 종이(paper)를 들 수 있고, 1940년경부터 사용되기 시작하여 기하급수적으로 확산되고 있는 필름, 음반, 테이프, 그리고 전기나 전자적인 기록매체를 들 수 있다. 이렇게 기록재의 발전과정은 현재 도서관자료의 주종을 이루고 있는 도서형태의 정보재는 인류 기록의 역사에 극히 한정된 기간에 불과하며, 보다 긴 정보재의 역사는 비도서자료에 의한 것임을 알 수 있다.

과학의 발전에 의한 지식의 양적인 팽창과 기하급수적인 정보생산은 지금까지 도서형태에 의존한 정보를 비도서재에 의한 전기나 전자매체로 확장시켰다. 이로 인해 개인이 필요로 하는 다양하고, 정확한 정보를 보다 신속히 얻기 위해서 비도서자료 형태의 전기나 전자매체에 더 많은 정보를 의존하는 것이 보다 효과적이라는 것이 현실로 나타나고 있다.

신문, 방송 등의 대중전달매체의 발달은 현장의 정보를 즉시 전달하고 있고, 이들 정보는 생활과 직결되는 정보가 되고 있다. 오랜 기간 책을 통해서 얻어야 했던 학술정보도 비도서

---

4) Eric de Grolier, **圖書出版의 歷史**, 閔丙德 譯 (서울: 乙酉文化社, 1984), 10-12.

5) 岡田溫, **圖書館: その本質. 歷史. 思潮** (東京: 丸善株式會社, 1980), 5.

6) Roy Stokes, **西洋の書物**, 高野彰 譯 (東京: 雄松堂書店, 1977), 5: 양피지가 서사자료로 알려진 것은 BC1500년경이었으나, 본격적으로 이용된 것은 BC190년경부터이다.

7) Stokes, 53.

자료로 된 연속간행물, Microform자료, CD-ROM, Data base, Internet 등에 대한 의존도가 더 높아지고 있고, 이들 자료는 도서자료가 가진 단점을 보완하고, 정보를 적자에게 적시 전달할 수 있게 한다는 점에서 도서관의 중심 정보재로 등장하게 되었다.

이렇게 비도서자료는 각 자료의 특수성에 따라 그 전달의 효과가 다양하기 때문에 시간과 공간을 초월하여 도서자료에 비해 보다 구체적이고, 사실적인 생생한 정보전달이 가능하다는 점에서 앞으로 발전이 무한한 정보재이다. 비도서자료에 의한 전달매체는 그 기능이 대중화되어 있을 뿐만 아니라 가정의 필수품으로 등장하였으며, 개인의 지식과 교양, 오락, 그리고 전문지식의 전달매체로 그 위치를 넓혀가고 있기 때문에 지금까지 도서중심의 정보봉사에 한정하고 있는 도서관의 봉사를 비도서자료로 확장하여 명실상부한 정보센터가 되게 해야 한다.

1.2. 비도서자료의 종류

비도서자료는 형태와 구성, 내용 등 그 종류에 따라 모든 자료가 특수성을 가지고 있기 때문에 관점에 따라 다양하게 나눌 수 있다. 지금까지 나타난 정보재의 종류를 유별로 정리해 보면 다음과 같다.

1.2.1. 시청각별

(1) 시각자료

- 정적인 자료: 기록, 문서, 일기, 서간, 회화, 그림엽서, 지도, 도표, 팜플렛, 표본, 모형, 게시판기사, 신문, 잡지기사, 논설, 사진, 모사물(模寫物), 마이크로필름, 출토품, 민속자료
- 동적인 자료: 영화(무성). 비디오녹화자료(무성)
- 중간적인 자료: 환등 슬라이드, 필름스트립, 그림극, 현미경, 트랜스페어런시 등

(2) 청각자료

- 사운드 디스크, 사운드 테이프(라디오와 텔레비전의 채록을 포함)

(3) 시청각자료

- 영화(유성), VTR, CD-ROM, DVD 등

1.2.2. 형태별

(1) 영상자료

· 영화(motion picture)

오픈 릴(open reel), 카세트(cassette), 카트리지(cartridge), 루프(loop)

· 슬라이드(slide)

마운트 슬라이드(mount slide), 줄슬라이드(filmstrip), 현미슬라이드(microscope slide), 입체슬라이드(stereoscope slide), 유성슬라이드(audio-slide), 개별슬라이드(individual slide)

· 트랜스페어런시(transparency)[8)]

시트(sheet), 롤(roll), 모형(model)

· 실물환등(opaque)

사진(photograph), 파일(file)

· 마이크로폼(microform)

아파추어 카드(aperture card), 카세트(cassette), 피쉬(fiche), 릴(reel), 카트리지(cartridge)

· 비디오테이프(video recording)

오픈 릴(open reel), 카세트(cassette), 카트리지(cartridge), 디스크(disc)

(2) 녹음자료

· 사운드 디스크(sound disc)

78회전 음반(SP: standard play), 33회전 음반(LP: long play), 45회전 음반(doughnut), 16회전 음반, CD(compact disc)

· 사운드 테이프(sound recording: tape record)

오픈 릴(open reel), 카세트(cassette), 롤형(roll type), 시트형(sheet type), 카트리지(cartridge: loop type)

(3) 전자자료(electronic resource)

전자 디스크(electronic disk), 전자 광디스크(electronic optical disk), 전자 디스크 카트리지(electronic disk cartridge), 전자 칩 카트리지(electronic chip cartridge), 전자 카드

---

8) 透明陽畵라고도 한다. 광의는 slide와 filmstrip을 포함하고, 협의로는 overhead projector에 의해 확대 투영되는 대형투명양화이다. 약어로는 TP라고도 한다.

(electronic card), 전자 테이프 릴(electronic tape reel), 전자 테이프 카세트(electronic tape cassette), 전자 테이프 카트리지(electronic tape cartridge)

(4) 비영상자료

· 사진 및 그림(picture)

사진(photograph), 그림회화(art original), 플래시 카드(flash card), 포스터(poster), 그림엽서(postcard: leaf), 스테레오 사진(stereograph), 삽화(illustration), 연속만화(comic strip), 그림 프린트물(art print: painting), 스크랩(scrap)

· 도표(chart)

플립 차트(flip chart), 괘도(wall chart), 모형도(relief chart), 그래프(graph)

· 판자료(board)

칠판(blackboard), 자석칠판자료(magnetic materials), 페그보드(peg board), 융판자료(flannel graph), 게시자료(bulletin material)

· 지구의(globe)

지구의(globe), 모형지구의(relief globe)

· 디오라마(diorama)[9]

· 실연, 극화(demonstration)

연극(dramatization), 인형극(puppetry), 그림극(silhouette), 실연(demonstration)

· 모형(model)

목형(wooden pattern)

· 실물(realia)

실물(name of object), 견본(sample), 표본(specimen), 유물(remains)

· 사본류(manuscripts)[10]

· 인쇄물(printed letter press)[11]

소책자(pamphlets), 단면인쇄물(broadsides), 프로그램(program), 일반문서(document), 고문서(archives), 절취자료(clipping), 정부간행물(government publications), 연구보고

---

9) '투시화(透視畵)', '입체 소형모형에 의한 실경(實景)'이라고도 한다. 유사어로는 cosmoramar가 있다.

10) John Horner. *Special Cataloguing* (Connecticut: Linnet Bks., & Clive Bingley, 1926), 12.

11) Horner.

서(research reports), 세트(sets), 연속간행물(serials), 악보(score), 초기인쇄본(incunabula: 1950년 이전인쇄물)

· 그래프자료(graphic materials)

지도(maps), 지도첩(atlas), 벽지도(wall map), 모형지도(relief map)

(5) 실험실습 키트자료

· 실습키트(practice)

· 실험키트(experiment kit)

· 실험실습키트(experiments kit)

(6) 견학자료(field trips)

· 역사적 유적, 과학전시물, 자연현상 등

(7) 박물관자료

· 전시유물, 각종 고미술품, 기타 전시물 등

(8) 향토자료(community materials)

· 도서관소재지역과 관계된 모든 종류의 자료

이들 자료 중에는 도서관에서 정보재로 취급하고 있는 것과 취급되어야 할 것 또는 취급할 수 없는 것도 모두 포함하였다. 도서관에서 자료로 취급할 수 없는 것이라 해도 도서관학이 정보를 그 생명으로 한다면 비도서자료에 대한 전체적인 이해는 불가피하므로 계속 관심을 가져야 할 것이다.

1.3. 비도자료의 분류

하나의 자료가 자료로서 가치를 발휘할 수 있는 것은 그것이 필요할 때 이용될 수 있어야 하기 때문에 자료를 소장하고 조직하고 정리하는 목적도 이용이 전제된 기능을 다하게 하는 데 있다. 그러므로 비도서자료의 경우도 형태별 특성에 따른 기능을 발휘할 수 있도록 수록된 정보를 시간과 장소에 구애받지 않고 필요에 의해 검색, 이용하게 될 때 그 정보적 가치를 인정받게 될 것이고 기능을 증대시키게 될 것이다.

「자료정리시 고려 사항」

· 이용 대상과 이용빈도
· 이용상 최대의 편리한 배치방법
· 검색과 접근점의 용이성
· 안정적 보관과 인출이 용이한 용기의 선택
· 보관장소의 공간 및 설비의 경제성

비도자료의 분류체계는 크게 두 가지로 생각할 수 있다. 단행본과 같이 내용의 주제를 중심으로 한 분류순별 상관식배가법과 자료의 형태별이나 수입순 그리고 명칭별 고정식배가법이다. 이들 배가법에 대한 학자들의 견해를 보면, Grenfell은 "고정식배가법은 이용자측에서 볼 때 가장 편리하며 일반화된 방법이지만 주의해야 할 것은 어절(語節)순 배열의 경우 전치사, 관사, 접속사의 처리에 혼란이 생기지 않도록 해야 한다."[12]고 하여 고정식배가법을 지지하고, 이 배가법이 범하기 쉬운 단점도 함께 제시하고 있다. 반면에 A. M. Tillen과 W. U. Quinly는 "만일 서가성의 안내를 위하여 매체에 대한 별치기호를 필요로 할 경우에는 분류번호 위에 별치기호를 붙이도록 한다."[13]고 하여 분류체계에 의한 분류순배가법을 기정사실화하고, 용기별 별치기호의 사용을 제시하고 있다. 그리고 J. R. Weighs, S. Lewis, J. Macdonald는 "수입순배가법은 첫째, 동일주제의 자료가 함께 모이지 않고, 둘째, 복본의 경우에도 상이한 청구기호를 가져 서로 다른 위치에 배열되며, 셋째, 자료에 대한 주제의 접근이 목록을 통해서만 가능하고, 넷째, 중앙집중식 목록작성이 어렵다."는 등의 이유로 고정식배가법보다는 분류순배가법이 더 합리적이라는 견해를 밝히고 있다.

비도서자료는 형태나 내용에 따라 그 종류가 다양하기 때문에 분류방법을 한 가지로 통일하기에는 무리가 따르게 되어 있다. 그래서 수록재의 형태별이나 내용별에 따라 관리와 이용이 편리하도록 상기한 양자의 배가방법을 적절히 혼합하여 사용하는 것이 바람직하다. 비도서자료에 주로 적용되고 있는 배가방법을 열거하면, 분류배가법으로 ① 숫자에 의한 십진식 체계, ② 숫자와 문자를 혼합한 분류체계가 있고, 고정식배가법으로 ① 자료의 수입

12) David Grenfell, *Periodical and Serials: Their Treatment in Special Libraries* (London: ASLIB, 1953), 117.

13) Association for Educational Communications and Technology, *Standards for Cataloging Non-print Materials*, 3rd ed. (Washington, DC: AECT., 1972), 3.

순, ② 자료의 크기순, ③ 표제의 문자순 등이 사용된다.

비도서자료의 배가는 자료의 형태별에 따른 특성이 주된 기준이 되어야 하고, 이용자, 정리자, 공간적인 경제성, 보존여건 등이 고려되어야 한다.

「비도서자료의 배열기호 결정의 고려사항」

- 자료의 인출자: 인출자가 이용자인가, 직원인가를 고려하여 배열을 결정해야 한다.
- 참고속도와 이용도: 자료이용의 시간적인 편의성과 이용성을 충족할 수 있는 적합한 배열을 고려해야 한다.
- 참조: 도서관의 모든 형태별 자료가 함께 이용될 수 있는 주제나 분류에 대한 참조, 표제와 표제간의 참조로 배열방법에 의한 단점을 보완해야 한다.
- 배가위치와 특수기호: 자료의 형태별, 용기별, 주제별 등으로 배열되게 하기 위해서는 적합한 특수기호(별치기호)를 결정해야 한다.

배열기호의 결정은 자료의 형태, 성격과 내용에 맞는 소재기호를 먼저 결정하고, 다시 동일 소재기호 내에서 2차나 3차 구분을 위한 별치기호를 결정한다. 별치기호의 구성은 문자나 숫자 그리고 기타기호 등을 임의로 결정할 수 있으나 대개의 경우 해당 자료를 표현한 매체명과 관계가 있는 문자를 사용하여 별치기호를 통해 자료를 쉽게 식별할 수 있게 한다. 그리고 이미 부여된 유사한 다른 자료와 가깝게 배열될 수 있도록 문자의 서열을 전후로 연관시켜 결정해야 한다. 그래서 자료기관(도서관)에서는 해당 기관에서 취급될 수 있는 비도서자료에 대한 별치기호를 미리 표로 작성해 놓는 것도 바람직한 방법이 되겠다.

별치기호 구성에 공통될 수 있는 원칙을 몇 가지로 생각해 보았다.

(a) 형태별 별치기호는 그 명칭의 처음문자로 작성한다.

슬라이드(Slide) ………………………………… 슬 = S
영화(Motion picture) ……………………… 영 = M
비디오녹화자료(Videorecording) ……… 비 = V

(b) 형태별 별치기호의 약기호가 서로 중복될 때는 두 번째 문자나 배열이나 발음상 의미가 있는 문자를 임의로 작성한다.

녹음자료(Sound Recording) ················ 녹 = R
마이크로폼(Microform) ······················ 마 = N
지도(Map) ··· 지 = C

(c) 공통적으로 포함된 매체명은 형태별 별치기호에 'A'를 부가한다.

슬라이드(Slide) ································ 슬A = S + A = SA
영화(Motion picture) ························ 영A = M + A = MA
비디오녹화자료(Videorecording) ········ 비A = V + A = VA
녹음자료(Sound Recording) ················ 사A = R + A = RA
마이크로폼(Microform) ······················ 마A = N + A = NA

(d) 여러 형태별 자료에 동일한 명칭으로 사용되는 용기별 명칭은 공통되는 약기호를 사용한다.

카트리지(Cartridge) ··························· K
카세트(Cassette) ································ C
디스크(Disc) ····································· D
릴(Reel) ·· R
롤(Roll) ·· O
루프(Loop) ·· L

마이크로 카세트(Micro cassette) ·························· NC
비디오카세트(Video cassette) ······························ VC
사운드 카세트(Sound cassette) ····························· RC

컴퓨터 테이프 카세트(Computer tape cassette) …… AC

마이크로형태자료(Microform) ……………………	N*	+ A◎	=	NA
마이크로 카세트(Micro cassette) ………………	N	+ C	=	NC
마이크로 카트리지(Micro cartridge) …………	N	+ K	=	NK
마이크로피시(Microfiche) …………………………	N	+ F	=	NF
아파추어 카드(Aperture card). …………………	N	+ E◆	=	NE

*N = 마이크로형태자료의 공통되는 별치기호
◎A = 마이크로형태자료의 전체를 포함하는 부호
◆E = A가 사용되었으므로 구분을 위한 임의부호
F = 용기명 중 'fiche'의 'F'를 부호로 사용

별치기호에 대한 실제적인 예는 본 저자의 **非圖書資料**의 부록 '정리기준표'[14]를 참조할 수 있다.

1.4. 비도서자료의 목록

비도서자료는 국제적으로 표준되는 기준이 발표되기까지 각 국가 단위나 도서관에서 단행본자료의 일부로 비도서자료를 규칙화한 정리방법을 개발하여 사용해왔다. 1960년대에 들어와서 국제도서관협회연맹(IFLA)의 계속적인 노력으로 1974년 **국제표준서지기술: 연속간행물용**(ISBD(S)),[15] 1977년 **비도서자료용**(ISBD(NBM))[16]과 **지도자료용**(ISBD(CM))[17], 1980년 **고문서용**(ISBD(A))[18]과 **악보용**(ISBD(PM))[19]을 각각 발표하였다. 이와 같은 기술규칙의 발표로 각국의 목록규칙이 비도서자료를 포함한 규칙으로 확대 개편하게 되었고, 비도서자료의

14) 金南碩, **非圖書資料: 整理의 理論과 實際** (서울: 韓國圖書館協會, 1984), 309-18.

15) IFLA, Committee on Cataloging, ISBD(S) (London: 1974).

16) IFLA, Committee on Cataloging, ISBD(NBM) (London: 1977).

17) IFLA, Committee on Cataloging, ISBD(PM) (Lodnon: 1977).

18) IFLA, Committee on Cataloging, ISBD(A) (London: 1980).

19) IFLA, Committee on Cataloging, ISBD(PM) (London: 1980).

정리에 국제적인 통일을 기할 수 있게 되었다. 1978년에는 도서자료 중심의 **영미목록규칙**(AACR)을 비도서자료와 함께 규정한 **영미목록규칙 제2개정판**(A2)[20]이 발행되었고, 1988년에는 컴퓨터파일(computer file)자료의 규칙을 주로 개정한 **영미목록규칙 제2판의 개정판**(A2R)[21]이 발간되었으며, 최근에는 A2에서 RDA(Resource Description and Access)로 전환을 모색하고 있다.[22] 일본에서는 1983년 비도서자료에 대한 규칙을 일본목록규칙의 별권[23]으로 발행하였다가 1987년에는 비도서자료를 포함한 **일본목록규칙**(NCR, 1987版)[24]을 발행하였다. 한국에서는 1991년 국립중앙도서관에서 KORMARC을 개발하기 위한 일환으로 관계된 목록규칙을 한국정보관리학회에 연구를 위촉하여 한국 최초의 연속간행물[25]과 비도서자료[26]의 목록규칙을 제정하였고, 2003년 한국도서관협회에서는 비도서자료를 포함한 **한국목록규칙 제4판**(K4)을 발행하였다. 그 외 많은 국가에서 비도서자료 정리를 위한 규칙의 제정을 완료하였거나 개정을 진행하고 있다.

MARC은 1970년 「Serials: A MARC Format」과 「Maps: A MARC Format」, 1971년 「Film: A MARC Format」, 1973년 「Manuscripts: A MARC Format」, 1975년 「Music: A MARC Format」을 제정하였다. 또한 1969년에 제정된 「LCMARC」은 1988년 「MARC」으로, 1994년 「USMARC」으로 개정되었고, 1999년에는 「CANMARC」과 통합되면서 「MARC21」로 개정되었다. 한편 1977년에는 목록기술의 국제적인 표준화와 편목작업의 기계화를 통해서 각국에서 입력된 MARC의 서지정보를 상호교환, 이용하기 위한 시도로 「UNIMARC」을 제정하였다. 한국에서는 1994년 「KORMARC-연속간행물용」, 1996년 「KORMARC-비도서자료용」, 2000년 「KORMARC-고문서용」을 각각 제정하였고, 2005년에는 이들을 통합한 「KORMARC-통합서지용」을 제정하였다.

---

20) *Anglo-American Cataloging Rules*, 2nd ed. prepared by The American Library Association, The British Library, The Canadian Committee on Cataloging, The Library Association, The Library of Congress (Chicago: ALA., 1978).

21) *Anglo-American Cataloging Rules*, 2nd ed. 1988 revision (Ottawa: CLA ; London: LA ; Chicago: ALA, 1998).

22) Barbara B. Tillett, "목록규칙 개정의 새로운 방향: A2에서 RDA로," **21세기의 목록과 국가서지정책**, 개관60주년기념국제심포지움, 2005년 10월 18일, 국립중앙도서관 (서울: 국립중앙도서관: 한국도서관협회, 2005), 1-60.

23) 日本圖書館協會, **日本目錄規則: 追錄および修正**, 新豫備版 (東京: 1983).

24) 日本圖書館協會, **日本目錄規則**, 1987年版 (東京: 1987).

25) **한국자동화목록법(KORMARC)에 관한 연구: 연속간행물기술규칙** (서울: 국립중앙도서관, 1991).

26) **한국자동화목록법(KORMARC)에 관한 연구: 비도서자료기술규칙** (서울: 국립중앙도서관, 1991).

이렇게 비도서자료에 대한 목록의 규칙화가 늦어짐에 따라 아직도 많은 도서관에서는 비도서자료를 정보재로 조직하지 못하고 자료를 그대로 일정한 장소에 모아 보관, 관리하는 수준이고, 정리를 위한 목록은 제한된 몇몇 도서관에서 검색위주의 간략목록 형식으로 작성하고 있을 정도이다. 그러나 비도서자료가 시대적인 변화에 적응할 수 있는 정보재로 새롭게 발전되어 단행본의 수록정보를 상회하고 있고, 이용자의 정보의존도가 높아지고 있다는 점에서 기록재의 변화에 대처할 수 있는 도서관으로 그 역할을 다하기 위해서는 비도서자료 조직을 위한 목록문제는 도서관인이 해결해야 할 피할 수 없는 당면과제이다.

「비도서자료 목록의 고려사항」

- 목적성: 자료의 소장 목적을 충족할 수 있는 목록 작성
- 수준별: 이용자의 수준을 고려한 목록의 종류와 사용문자의 결정
- 검색성: 이용자가 얻고자 하는 정보의 내용에 따른 적절한 접근점 결정
- 기술성: 자료의 서지를 정확히 제공할 수 있는 목록의 기술사항 설정
- 편의성: 직원의 자료조직과 이용자의 검색 및 활용의 편리성 고려
- 경제성: 목록의 조직, 관리, 운영, 그리고 이용을 위한 경제성 고려
- 최신성: 자료의 생산과 동시에 이용 가능한 목록정보의 제공

자료기관에서 조직되는 비도서자료는 목록자가 상기한 제 조건을 어느 정도 충족시켜 주느냐에 따라 목록의 가치와 효율성이 증대될 것이다.

1) 정보원

비도서자료의 기술사항에 대한 정보원은 단행본과 같이 하나로 규정되지는 않는다. 기술사항은 기술대상 자료의 표제(표제화면), 자체에 부착된 라벨이나 담고 있는 용기, 첨부자료, 안내자료 등 다양한 정보원으로부터 채기된다. 그러므로 기술의 통일을 기하기 위하여 ISBD(NBM)에서는 정보원의 우선순위를 규정으로 정하고 있다.

(a) 으뜸정보원은 기술대상자료 자체의 정보원인 영화필름의 표제화면(title frame), 음반의 라벨, 입체사진릴(stereograph reel)의 중앙부문 등으로 하고, 2차 정보원은 자료자체와 분리

된 포장지나 고정되어 있지 않는 용기, 첨부자료, 안내자료 등으로 하였다.

(b) 전술한 (a)에 해당하는 기술대상의 정보원에서 확인할 수 없는 경우는 기술대상자료에서 확인된 모든 정보원으로 한다.

(c) 으뜸정보원의 기술사항이 불충분하거나 분명히 잘못된 경우에는 내부의 확실한 정보원이나 관계된 참고자료의 정보원으로 한다.

2) 언어와 문자

목록의 기술사항은 자료자체나 용기, 딸림자료 등의 정보원에 나타난 언어와 문자를 그대로 기재한다. 그러나 자료유형표시(GMD)와 발행처(사), 배포처(사) 등을 보기한 경우는 서지작성기관이 정한 언어와 문자로 기재하고, 삽입사항은 본문내용의 언어와 문자로 기재하거나 또는 서지작성기관이 정한 언어와 문자로 기재한다. 사용된 용어가 기술대상자료 자체, 용기, 딸림자료에서 확인되지 않았을 때는 서지작성기관의 언어와 문자로 기재한다. 서지작성기관에서 사용하는 언어 이외의 다른 문자나 언어로 쓰인 것은 필요에 따라 서지작성기관의 언어와 문자로 번자하여 기술한다.

3) 목록기술

목록의 기술사항은 'KORMARC-통합서지용'을 중심으로 M21을 참조하여 공통적으로 적용될 수 있는 사항을 별책부록으로 하고, 각 자료별 영역에 제한적으로 적용되는 사항은 해당 자료별 기술사항에서 상술하였다.

<표 1> 미국주명의 약어

Ala. : Alabama	Mass. : Massachusetts	Okla. : Oklahoma
Alaska	Md. : Maryland	Oreg. : Oregon
Ariz. : Arizona	Me. : Maine	Pa. : Pennsylvania
Calif. : California	Mich. : Michigan	R. I. : Rhode Island
Colo. : Colorado	Minn. : Minnesota	SC. : South Carolina
Conn. : Connecticut	Miss. : Mississippi	SD. : South Dakota
Del. : Delaware	Mo. : Missouri	Tenn. : Tennessee
Fla. : Florida	Mont. : Montana	Tex. : Texas
Ga. : Georgia	NC. : North Carolina	Utah
Hawaii	ND. : North Dakota	Vt. : Vermont
Idaho	Nebr. : Nebraska	Va. : Virginia
Ill. : Illinois	Nev. : Nevada	Wash. : Washington
Ind. : India	NH. : New Hampshire	W. Va. : West Virginia
Iowa	NJ. : New Jersey	Wis. : Wisconsin
Kan. : Kansas	NM. : New Mexico	Wyo. : Wyoming
Ky. : Kentucky	NY. : New York	
La. : Louisiana	Ohio	

<표 2> 발행년 기술

서기년도	[1961]	, [1978 아니면 1979]
, 2006	, 1968-	, [1978 or 1979]
두 기원의 병기	, 昭和 57[1982]-	, [1979?]
, 1915(大正 4)	판권년 및 인쇄년	, [1971-1972間]
서기이외의 기원	, c2006	, [between 1971 and 1972]
, 단기 4288[1955]	, 2005인쇄	, [1951頃]
, 5730[1969 or 1970]	, 1980 printing	, [ca. 1951]
발행년의 오기	서문, 발문, 후기년	, [197-]
, 1681[실은 1981]	, 1915 序	, [197- ?]
, 1980[i.e. 1908]	, 1981 跋	, [18 -]
다권본 및 연속간행물 발행년	, introd. 1990	, [18 -?]
, 1988-1990	추정발행년	
, 단기 4290[1957]-4294	, [1980]	

제2장 녹음자료

2.1. 녹음자료의 의의

녹음자료는 오디오(audio)자료[27]나 사운드 레코드(sound recording)자료를 포함한다. 녹음자료는 재생을 목적으로 한 음의 진동[28]에 대한 기록자료[29]로 인간의 음성, 악기와 같은 기기 음, 또는 자연 음을 기기장치에 의해 수록하고, 필요에 따라 재생할 수 있게 한 것이다. 1877년 8월 Thomas Alva Edison이 그의 Camden연구실에서 아연도금원통(tinfoil cylinder)의 진동판에 침(바늘)을 통해 음의 진동에 따라 음구[30]를 각해 이것을 같은 장치로 재생하는 데 성공한 것이 녹음의 시작이다.[31] 이는 원통에 의한 축음으로 수직방향으로 진동하는 상하 진동(vertical modulation)의 음구에 의한 녹음방식이었기 때문에 복제가 어려워 대중화되지 못하였다. 1887년 독일의 Emile Berliner가 평면으로 된 원반식 축음기를 개발하고, 녹

27) 오디오(audio)는 '들을 수 있는', '귀로 듣는 느낌의'라는 뜻이지만 일반적으로 인식되고 있는 오디오는 '음향기기(音響機器: audio-appliance)'를 말하는 것으로 '소리를 즐기는 도구'라는 말이다.

28) 음은 진동하는 물체에 의해서 생성되는 것으로 소리의 파장이라고도 한다. 소리의 파장은 사인(sine)곡선으로 표시한다.

29) A2., 570

30) 음구(音溝): 사운드 트랙: 발성 영화필름의 가에 있는 음성이 녹음된 부분.

31) 에디슨은 이 기계를 희랍어의 sound writer라는 의미인 'phonograph'라고 이름 지었다. 이 방식은 디스크의 복제가 여의치 않았기 때문에 공업화되지 못하였다.(정기혁 편저, 콤팩트 디스크 (서울: 가남사, 1988), 1).

음방식도 평면의 음반에 좌우 진동(lateral modulation)의 횡(橫) 방향의 음구에 의한 녹음방식을 채용하게 되었다. 평면 음반(disc)의 발명은 프레스가공에 의한 복제의 용이성으로 대량생산이 가능해졌고, 현재와 같은 녹음의 토대가 되었다. 이와 같은 아날로그방식에 의한 녹음은 SP음반으로부터 실용화되어, 1948년 LP음반, 1949년 EP음반 등이 출현되었다.

1980년 이후에는 레이저광선에 의한 디지털녹음방식이 개발되어 DAD와 DAT시대를 열게 되었다. DAD(digital audio disk)는 음구가 없는 음반으로 아날로그 방식인 LP에 비해 많은 장점을 가졌다는 점에서 LP[32]시대를 마감하게 하였다. DAD는 레이저 픽업에 의하여 판독하는 콤팩트디스크(compact disk: CD)와 정전 용량 픽업에 의하여 판독되는 AHD(audio high-density disk), 그리고 압전 픽업에 의하여 판독되는 MD(mini disk)와 레이저 다이오드와 자기 헤드에 의하여 기록되고 레이저 다이오드에 의하여 판독되는 MD(광자기 미니디스크)가 있다.

오디오 테이프의 역사는 1898년 덴마크의 Valdemar Poulsen이 강선(鋼線)을 사용한 자기녹음기를 발명하고, 1941년 Brown Muller와 Weber가 현재의 자기테이프 녹음기를 발명하면서부터이다. 1980년 이후에는 기존의 아날로그 녹음방식이 디지털녹음방식으로 개발되어 DAT(digital audio tape)시대를 열게 하였다. DAT는 회전하는 헤드(rotary head)에 의하여 기록하고 판독하는 R-DAT(통칭 DAT라고 한다)와 정지해 있는(stationary) 멀티트랙(multi-track) 헤드로 기록하고 판독하는 S-DAT와 S-DAT의 일종인 아날로그 겸용인 DCC(digital compact cassette)가 있다.

녹음자료는 자료자체가 가진 정보적 가치로 인해 학교나 사회교육기관의 교육적인 자료로 이용이 확대되었고, 도서관에서는 가장 먼저 비도서형태 정보원으로 받아들여 도서자료와 함께 중요한 정보재로 활용되고 있다.

녹음자료의 형태별 종류 표

- 녹음방식
  - 아날로그(analog)
    - 78회전(SP: standard playing)
    - 33⅓회전(LP: long playing)
    - 45회전(EP: extended playing)
    - 16회전
  - 디지털(DAD: digital audio disk)

---

32) LP = Long Playing Record (아날로그식 녹음의 음반): 여기에는 78회전반, 33⅓ 회전반, 45회전반, 16회전반 등이 속한다.

- 녹음자료 (sound recording)
  - 음반(disc)
    - 크기
      - CD(compact disk)
      - AHD(audio high-density disk)
      - MD(mini disk)
      - 7″(17.8 cm. 아날로그)
      - 10″(25.4 cm. 아날로그)
      - 11″(27.9 cm. 아날로그)
      - 12″(30.5 cm. 아날로그)
      - 16″(40.6 cm. 아날로그)
      - 12 cm (CD. 디지털)
      - 26 cm (AHD. 디지털)
      - 6.4 cm (MD. 디지털)
    - Channel
      - 단음(monaural: monophonic)
      - 스테레오(binaural: stereophonic)
        - 2신호 스테레오(2 channel stereo)
        - 4신호 스테레오(4성음: 4 channel stereo: quadraphonic)
  - 테이프(tape)
    - 녹음방식
      - 아날로그(analog)
      - 디지털(DAT: digital audio tape)
        - R-DAT(Rotary head DAT)
        - S-DAT(stationary head DAT)
        - DCC(digital compact cassette)
    - 용기
      - 릴(reel. open reel)
        - 7.5 cm.
        - 10 cm.
        - 17.5 cm.
        - 26.3/27.5 cm.
        - 35 cm
      - 카트리지(cartridge)
      - 카세트(cassette)
    - Track수
      - 전면트랙(single track)
      - 반폭 트랙(double track)
      - 4분폭 트랙(4 track)
      - 8분폭 트랙(8 track)
      - 12분폭 트랙(12 track)
      - 16분폭 트랙(16 track)
    - Channel
      - 단음(monophonic)
      - 스테레오(stereophonic)
        - 2신호 스테레오(2 channel stereo)
        - 4신호 스테레오(4성음: 4 channel stereo: quadraphonic)
    - 재생속도
      - $\frac{15}{16}$ ips
      - $1\frac{7}{8}$ ips
      - $3\frac{3}{4}$ ips
      - $7\frac{1}{2}$ ips
      - 15 ips
      - 30 ips

2.1.1. 형태별 특성

1) 디스크형

디스크형은 원반(disc)형과 시트(sheet)형이 있다.

(a) **원반형**: 둥근판으로 된 음반에 음을 수록한 것이다. 녹음방식은 아날로그방식과 디지털방식이 있는데 초기에는 아날로그방식으로 SP에서 LP로 발전되어 LP형이 원반의 대표적인 음반으로 활용되었다. 그러나 현재는 녹음기술의 발전으로 디지털방식에 의한 CD가 원반형의 대표적인 매체가 되었다.

(b) **시트형**: Phono-sheet라고도 하는데 이는 비닐이나 종이 바탕에 비닐 박막(薄膜)을 입힌 음반으로 '필름 레코드', '시트 레코드'라고도 한다. 음구가 있는 평면 판을 회전해서 음을 재생하는 것은 레코드와 동일하다. 재생장치도 레코드용을 그대로 사용하지만 제조방법,[33] 모양은 레코드와 다르고, 음질과 음구의 마모성은 레코드에 뒤진다. 1959년 프랑스에서 '소노라마(sonorama)'라는 명칭의 염화비닐로 만든 음반을 잡지의 한 페이지로 발매한 것이 그 효시이다. 안정된 가격으로 대량생산이 가능하고, 활자인쇄자료와 조합하여 발매할 수 있다는 장점으로 1960년 이후 한 동안 급속히 보급되기도 하였다.

2) 테이프(tape)형

테이프형은 와이어(wire)형과 테이프형이 있다.

(a) **와이어형**: 강선 또는 강대(鋼帶)를 수록재로 사용한 자기녹음이다. 이는 자기녹음의 효시로서 녹음원리나 특성은 현재 사용 중인 테이프형과 같다. 와이어형은 재질이 철로 되어 있기 때문에 외기의 온도변화에 민감하여 강대와 녹음체가 분리되는 경우가 있고, 또한 되감는 과정에서도 녹음대의 손상이 쉽다는 단점으로 크게 보급되지는 못하였다.

(b) **테이프형**: 종이, 알루미늄 박막, 그리고 플라스틱(acetate collulose, vinylplastic, polyestel) 계통의 대지(base)위에 자기성 이산화철분의 미분말을 정제 아교(gelatin)로 얇게 발라 만든 것이다. 현재는 플라스틱으로 된 테이프형이 녹음과 재생 능력이 뛰어나고, 소거가 자유롭다는 장점으로 대표적인 녹음재로 우리생활의 많은 영역에서 폭넓게 이용되고 있다.

---

33) 제조방법은 레코드와 달리 인쇄공정과 흡사하다. 특수지(紙)인 비닐로 된 필름을 연속적으로 인출해서 예열을 가하고, 다음에 프레스기로 압축하여 냉각한 평면에 가압한 음구를 만든다.

2.1.2. 녹음방식별 특성

1) 기계녹음방식

음의 파장변화를 침의 진동으로 변환하여 녹음체에 음구를 각하는 아날로그방식이다. 녹음은 코일에 증폭기로부터 음성출력전류를 흘리면 그에 따라 커터바늘이 딸린 가동 철침이 진동하면서 녹음판에 물결모양의 홈을 가장자리에서 안쪽으로 만들어 간다. 홈의 숫자는 78회전일 때 1인치당 88개, LP판은 1인치당 350개 정도이다. 이렇게 만들어진 판을 통해 몇 가지 공정을 거쳐 원판을 만들어 비닐 원료에 의한 가압 가열의 프레스 공정으로 필요한 량의 레코드판을 쉽게 생산한다. 녹음된 자료는 녹음판에 직접 픽업을 올려놓으면 곧 음이 재생된다. 아날로그방식으로 녹음되는 음반과 Phono-sheet가 여기에 속한다. 이 방식은 테이프 녹음 이전에는 방송용으로도 널리 이용되었다.

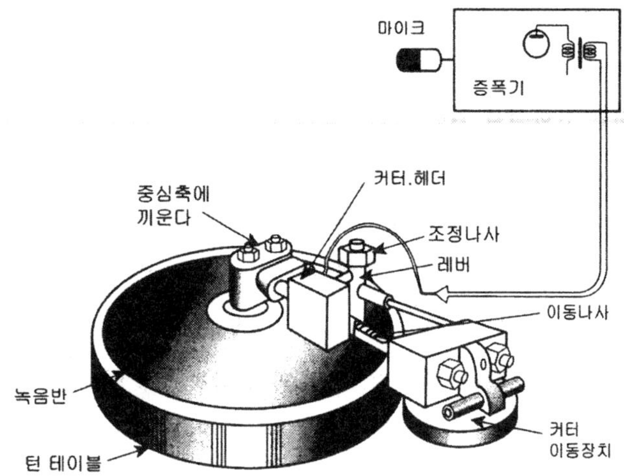

<2-1. 기계녹음>

2) 광학녹음방식

음의 파장을 증폭시킨 음의 파형을 광량으로 변환시켜 빛의 강약이나 광속폭의 변화를 일정한 속도로 이동하는 필름에 감광시킨다. 녹음된 필름은 현상정착 처리한 후 광원램프 앞을 통과하여 오는 광량의 변화를 광전관이나 포토, 트랜지스터로서 전류변화로 바꾸어 녹음을 재생한다.

이 방식은 음의 기록만으로 독립해서 사용되지 않고 토키 영화로 채용되고 있다. 1905년 E. Ruhmer가 전화전류에 의한 아쿠 등의 광량을 변조해서 그 광량을 필름에 기록하는 방법을 개발하였고, 이후 1910년 Eugene Lauste가 토키 영화 시스템을 발명하여 토키 영화가 시작되었다.

3) 자기녹음방식

음의 파장을 증폭시킨 음성전류를 녹음헤드의 코일에 흘려 자기로 변환하고, 자성체의 선이나 테이프에 전류자기의 변화로 음을 기록한다. 현재 자성체에는 감마헤마타이토라고 하는 산화철을 입힌 플라스틱테이프가 주로 사용되고, 테이프 이외의 것으로는 표면은 인쇄자료로, 이면은 산화철을 씌워 활자, 영상정보와 녹음정보로 병용할 수 있는 싱글시트가 있다. 재생은 채록된 선이나 테이프를 재생헤드에 접속시켜 움직이면서 잔류자기가 코일에 작용하여 미소한 음성 파형 전류가 만들어지며 이를 증폭함으로써 본래의 음을 재현하는 것이다. 자기녹음은 1898년 덴마크 Valdemar Poulsen에 의해 발명되었고, 1930년대에 실용화되었다. 자기녹음은 기계녹음과 광학녹음에 비해 고성능의 녹음방식으로 인간이 들을 수 있는 음역의 전역을 충실히 녹음, 재생할 수 있다.

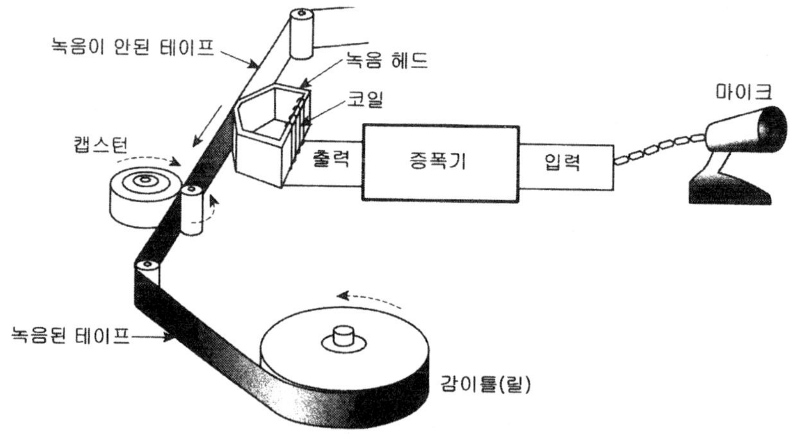

<2-2. 자기녹음>

녹음자료는 열거한 바와 같이 녹음방법이나 자료의 형태에 따라서 여러 가지로 구분하여 생각할 수 있으나 본서에서는 녹음자료의 주종인 음반형인 사운드 디스크와 테이프형인 사운드 테이프를 중심으로 상술하였다.

2.2. 사운드 디스크자료

2.2.1. 사운드 디스크자료의 의의

사운드 디스크는 '음반', '레코드', 'sound record', 'gramophone record', 'audio disc' 또는 'phonograph record' 등의 명칭으로도 알려져 있다. 자료의 형태가 원반으로 되어 있기 때문에 디스크(disk, disc)라고 한다. 음반은 글자 그대로 둥근판 위에 음을 기록하여 재생기기(턴테이블)로 원래의 원음(生音)에 가깝도록 연주한다는 뜻에서 '그라모폰(gramophone; phonograph)'이라 불렀다.

소리를 기록하는 방법은 1877년에 Edison이 원통형(圓筒形) 축음기의 발명이 효시가 되었다. 평원반형(平圓盤形) 레코드는 1887년 독일의 Emile Berliner가 78회전인 SP(standard playing)판[34)]을 창안한 데서부터 그 역사가 시작된다. SP판은 단순한 픽업(pick up)장치에 의한 닮은 음의 재생이었다. 이후 많은 기술의 진보로 음의 질이 좋아지고, 음의 재생에 대한 전자적인 조정기구가 개발되어 거의 원음에 가까운 음의 재생이 가능해졌다. 1948년 Columbia사에서 제작한 33$^{1}/_{3}$회전인 LP(long playing)판은 Joseph Pease Maxfield와 Peter Cave Goldmark가 고안한 것으로 SP판에 비해 음역이 넓고 음질이 거의 원음에 가까워 CD가 나오기까지 오디오 디스크의 주종을 이루었다. 이외도 1949년에는 미국의 RCA Victor사가 45회전인 EP(extended playing)판을 제작하였는데 이는 소형 음악감상용으로 적절하다는 평을 받았다. 그리고 1981년 일본전자전람회를 전후하여 디지털 사운드 시스템으로 Phillis사와 Sony사가 제안한 CD(compact disk), 일본 빅터(JVC)사가 제안한 AHD, Telefunken사, 데카(Deca)사 등이 제안한 MD 등 세 가지가 발표되었다.[35)] 현재는 DAD중에서도 CD가 가진 많은 장점으로 1982년 상품화이후 세계시장을 석권하여 DAD가 곧 CD로 알려질 정도로 대중화되어 LP를 대신해서 디스크의 주종으로 그 자리를 차지하고 있다.

사운드 디스크의 음을 기록하는 방법은 음의 진폭을 음구에 각하여 기록하는 아날로그 방식에서 음의 진폭을 이진부호의 디지털 신호로 바꾸어 녹음하는 PCM(pulse code modulation)에 의한 디지털 방식으로 발전되었다.

아날로그방식의 사운드 디스크는 초기 한 면만 수록하였으나 수록재의 발전과 녹음, 재생

---

34) 이 레코드디스크는 녹음원판으로 反轉銅版을 만들어 硬質고무판을 눌러 찍은 것이다.

35) 서용준, 170-171.

에 대한 기술의 발전은 양면 수록을 가능하게 하였고, 음역도 계속 확장되어 많은 양을 수록할 수 있게 되었으며, 음의 질적인 향상과 그 이용을 보다 용이하게 하였다. 특히 오늘날 발전되고 있는 디지털방식에 의한 CD는 디스크 자체는 점점 소형화하면서 연주시간은 배나 연장시켰고, 잡음을 최대로 줄이면서 원음에 가까운 재생을 가능하게 하였다.

사운드 디스크는 한 동안 라디오와 텔레비전에 의해 보급이 침체되기도 하였으나 새로운 의미의 음악적인 표현방법인 사운드 디스크의 발전은 보다 고차원으로 음악을 재생시키게 되었고, 라디오나 텔레비전이 가진 순간성을 보완해 줄 수 있다는 점과 경제성장에 따른 다양한 취미생활에 적합한 매체라는 점에서 음악뿐 아니라 각종 청각적인 자료로 이용이 가능한 비음악적인 용도로도 폭넓게 그 보급이 확대되어 가고 있다.

· 연주 음의 수록과 음악감상
· 문학 및 어학의 학습과 감상
· 연설, 연예
· 사회시사 및 역사의 기록
· 과학적인 기록
· 개인정보의 수록
· 학술자료의 수록 및 이용
· 각종 목록자료의 수록
· 대량정보의 수록

사운드 디스크자료는 형태별에 따라 차이가 있지만 공통되는 특성은 시간에 구애됨이 없이 필요한 시간에 사용이 가능하고, 시청이 간편해서 평가와 선택이 용이하고, 전문적인 교육지도에 유력한 보조자료로 활용할 수 있으며, 가격이 비교적 안정되어 있다는 등의 장점이 있다. 반면에 정착적이고, 재생을 위한 기기가 복잡하다는 단점이 있는가 하면 아날로그 디스크는 파손이나 음역이 쉽게 손상될 수 있고, 녹음이 불가능하다는 결점이 있다.

2.2.2. 사운드 디스크자료의 종류

사운드 디스크자료는 형태(크기), 녹음방식(제작), 수록 내용 등에 의해서 여러 가지로 구분할 수 있으나 여기에서는 자료조직과 직접적으로 관계된 사항을 대상으로 그 종류를 생각하였다.

1. 녹음방식별

1) 아날로그(analog)

음의 진폭을 평판으로 된 원반에 음구를 각하여 기록하고, 기계적인 픽업(pick up)장치를 통해 그대로 재생하는 방법이다. 이 방법은 음반의 재생을 위한 회전수에 따라 SP, LP, EP로 구분된다.

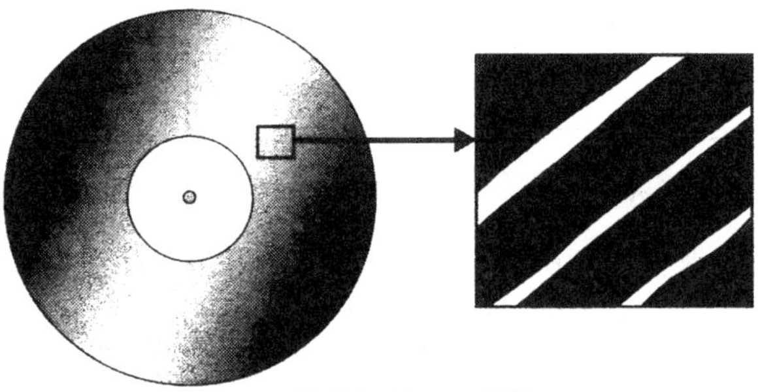

<2-3. 아날로그레코드 표면>

(1) SP(78회전반: standard playing)

SP는 Standard Playing의 약자로, 재생을 위한 연주속도가 1분간에 78회전[36]이라는 의미에서 78회전반이라고도 한다.

크기 (직경)	연주시간	음폭	Channel	녹음방식
25 cm이하		0.15 mm standard groove	모노	아날로그
25 cm	편면 3분~3분20초			
30 cm	편면 4분~5분			

1887년 독일 Emile Berliner(1851-1929)가 창안하였는데 발명 당시 디스크의 재질은 경질고무가 사용되었지만 10년 후에는 천연수지인 셀락(shellac)으로 약50년간 SP판[37]시대가 계속되었다. 1924년 전기흡입방식이 벨(Bell)연구소에 의해 완성되고, 녹음음역이 30Hz-5.5kHz로 확대되어 레코드의 제1기 전성기를 맞이하였다. SP판의 두께는 2 mm 내외로 10매의 무게가 약 3.75kg 정도로 무겁고, 셀락(shellac)으로 비교적 쉽게 깨어지며, 수분에 약해서 온도, 습도의 영향을 받아 곰팡이가 피거나 휘어지기 쉽다는 단점을 가지고 있다. 반면 판이

36) SP는 78회전과 80회전이 표준화되어 있다.(서용준. **오디오 입문** (서울: 세화, 1994), 116).

37) 셀락(shellac)으로 된 원판을 사용하였다는 점에서 셀락(shellac)반이라고도 한다. 셀락은 와니스 등의 원료로도 쓰인다.

견고하고, 상하는 율이 적으며, 내열성이 강하다는 장점을 가지고 있다. 초기에는 음악용으로 주로 사용되었으나 체육, 무용, 언어연습용 등 비음악적인 용도로도 사용되었다.

(2) LP($33\frac{1}{3}$회전반: long playing; microgroove record)

LP는 Long Playing의 약자로 재생을 위한 연주속도가 1분간에 $33^{1}/_{3}$회전이라는 뜻에서 33회전반[38]이라고도 명명한다.

크기(직경)	연주시간	음폭	Channel	녹음방식
17 cm		0.05 mm micorogroove	모노 스테레오	아날로그
25 cm	편면 20분~23분			
30 cm	45분 전후 것도 있음			

LP는 1931년에 미국의 RCA Victor사가 셀락으로 된 $33^{1}/_{3}$회전의 장시간 연주음반을 개발하였지만 음질이 낮고, 재생기기가 고가라는 이유로 실용화되지 못하였다. 그후 Joseph P. Maxfield와 Peter C. Goldmark에 의해 고안된 장시간 연주가 가능한 판으로 1948년 7월 미국 Columbia사에서 경질염화비닐을 재질로 한 LP음반의 개발이 성공되어 그 제작이 본격화되었다. 녹음수용 주파수도 인간이 들을 수 있는 20-20,000Hz[39]까지 전역으로 확대되고, 연주시간은 종래의 6배 이상으로 성역을 그대로 녹음할 수 있어 실음에 가깝고, 음색이 투명하여 잘 보관하면 100%의 효과를 나타낼 수 있게 되었다. 1956년에는 영국의 Decca사가 V/L방식의 스테레오, 1957년에는 영국의 웨스트 레이크사가 45-45방식의 스테레오음반을 발표하여[40] 1958년에 국제표준방식으로 정한 스테레오시대를 맞게 하였다.

재질은 경질염화비닐로 내수성이 강하고, 탄력이 있어 깨어지지 않으며, SP판보다 가볍다는 장점이 있다. 반면 열에 약하고, 반드시 자켓(jacket) 속에 보관해야 하며, 연주 중 바늘과 음반 면과의 마찰에 의한 정전기로 흡진성이 강하고, 작은 흠에도 잡음을 내는 단점이 있다. LP는 많은 단점이 있지만 원음에 가까운 재생이 가능하다는 장점으로 CD가 나오기까지

38) LP반의 경우 디스크의 내주의 직경이 115 mm, 외주의 직경이 293 mm이므로 1초 동안 바늘이 트레이스하는 길이는 내주 0.2 m, 외주 0.5 m가 된다. 그래서 외주가 훨씬 유리하다.

39) Hz: Hertz(cycles per second): 일초동안에 발생하는 소리의 파장수를 말한다. 원음이 매초 생산하는 주기(cycle)의 숫자를 소리의 주파수라하며, 이를 계산하는 단위로 Hertz를 사용한다. 일반적으로 사람들은 16-16,000Hz를 들을 수 있으며, 보통 500-4,000Hz 사이의 소리가 보통사람이 대화하는 가장 중요한 부분이다. 전문가들이 사용하는 오디오 장비는 약 16-20,000Hz까지 녹음과 재생이 가능하다. 일반적인 남성의 주파수영역은 100-8,000Hz 사이이고, 여성의 주파수영역은 180-10,000Hz이다. 인간의 귀에 의한 감지 능력은 최소 20Hz까지이다.

40) 서용준, 117.

음향자료의 주종으로 활용되었다.

크기는 78회전과 별 차이가 없고, 경음악은 물론 교향곡과 같은 대작을 감상하는데 사용되었으며, 그 외에도 오락, 언어연습, 연설 등에까지 폭넓게 사용되었다. 지름 30 cm판이 주종이지만 사용목적에 따라 다양한 형태와 크기로 발행되기도 하였다.

(3) EP(45회전반: Extended playing)[41]

EP는 Extended Playing의 약칭으로 편면에 한 곡만 수록하였다는 의미에서 명명된 것이고, 또는 재생 시 연주속도가 1분간에 45회전이라는 뜻에서 45회전반이라고도 한다. 1948년 미국의 RCA Victor사에 의해서 직경 11"(17 cm)의 45회전음반이 발매되었다.

크 기	연 주 시 간	음 폭	채 널	녹 음 방 식
17.5 cm	편면 4분-5분	0.05 mm	모노/스테레오	아날로그

EP판은 SP판의 30cm 편면과 동일한 것으로 8분간의 연주시간을 거의 배나 연장한 것이다. 주재료는 LP판과 같은 염화비닐이다. 중심구멍의 직경이 약 3.8 cm로 도넛 모양을 하고 있다고 하여 일명 도넛(doughnut)반이라는 애칭을 가지고 있다. 라벨부분은 약간 두텁고, 소형판으로 음반을 겹쌓아도 흠이 가지 않아 보관하기 쉬우며 값이 저렴하므로 경제적인 면에서 장점이 많다.[42]

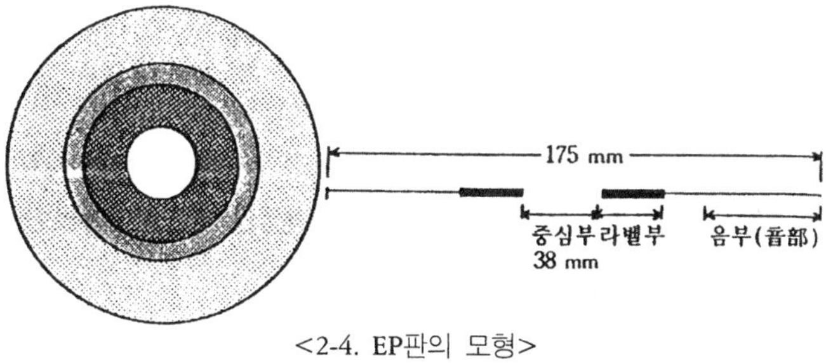

<2-4. EP판의 모형>

재료나 기타의 특수성은 LP판과 동일하다. 음악감상용 소곡을 수록하고, 교재용으로 적합하다. 음질은 LP판보다 우수하나 연주시간이 짧다는 단점이 있다.

이외도 16회전판과 8회전판도 있다.

---

41) Ray Eldon Hiebert, Donald F. Ungurait and Thomas W. Born. *Mass Media: an Introduction to Modern Communication* (New York: David McKay Co., 1974), 311-313.

42) 趙基弘, "學校圖書館에 있어서의 視聽覺資料의 整理," **도협월보**, 제8권 9호(1967. 11), 5-6.

2) 디지털(digital)

디지털 사운드 디스크의 대표적인 것은 CD인데 이는 1978년 Holland의 Philips사가 개발하고, 그 후 일본 Sony사와 협력하여 상품화연구를 계속한 결과 1982년 독점 실시권을 포기한 Philips사의 특권을 이용해서 여러 제작사로부터 플레이어와 소프트가 오디오시장에 본격적으로 등장하였다.[43)]

디지털 사운드 디스크(DAD)는 아날로그 방식의 음구 대신 1개의 선을 따라 플라스틱표면에 길이가 조금씩 다른 9가지 크기의 구멍이 있다. 이 구멍을 피트(pit)라 하고, 골을 피치(pitch)라고 한다. 피트의 열을 하나의 트랙으로 하면 CD의 경우 트랙간의 피치는 1.6μm이기 때문에 1 mm에 625개 정도의 트랙이 있는 셈이다. 그리고 피트의 제일 작은 것은 약 0.9μm 이므로 1 mm의 $^{1}/_{1,100}$ 정도가 된다.[44)]

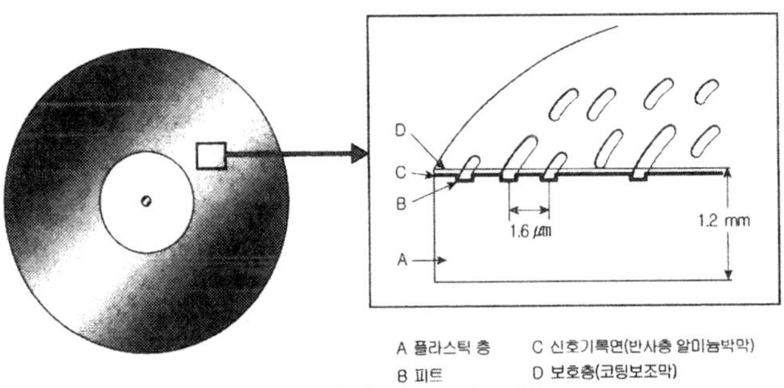

<2-5. 디지털 디스크의 표면>

DAD의 구조는 투명한 '폴리카보네이트'라는 플라스틱으로 구성된 1.2 mm 두께의 판(판의 표면에 피트가 있음), 그 위에 아주 얇은 금속의 반사막(주로 알루미늄 등)층, 단단한 보호막의 3개 층으로 구성되어 있다. 녹음된 신호는 1.2 mm의 플라스틱과 견고한 보호 층에 둘러싸인 디스크 안에 수록되고, 고밀도이기 때문에 12 cm의 작은 음반에 많은 양의 음을 수록할 수 있다. CD방식은 선속도[45)]가 1.2-1.4 m/s로 정해져 있고, 재생은 레이저광선을 이용하여 디스크의 1.2 mm 투명 층으로부터 신호면에 빛을 모아(集光) 신호면 위에 있는

43) 李裕健, **오디오의 世界** (서울: 두남문화사, 1990), 195.

44) 정기혁, 8-9.

45) CD방식에 의한 한 장의 디스크 안에는 선속도가 하나이고 변화지 않기 때문에 최내주(약 50 mm의 직경)에 픽업이 있을 때에는 1분간에 약 600회전, 최외주(직경 약116 mm)에서는 약 200회전으로 차이가 있다.

금속의 반사 층에서 되돌아오는 빛을 검출하는 것이다. 그러므로 디스크에 생긴 먼지나 상처가 치명적인 것이 아닐 때에는 음질에 영향을 주지 않는다.

DAD는 CD, AHD, 그리고 MD 등의 시스템이 개발되어 있다.

(1) CD(compact disk)

CD는 DAD[46]의 대표적인 매체로 활용되고 있다. 디스크는 시계의 반대방향으로 회전하고, 픽업은 광학식으로 비접촉식이다. 중심부에서 주변부로 나선상으로 진행되는 트랙에 음의 파장(진폭) 780㎛(미크론)[47]의 레이저광을 조사하여서 입력정보를 작은 피트(pit)가 나란히 줄지어 있는 형태로 디지털 부호로 바꾸어 기록하고(PCM: pulse code modulation)[48], 재생은 약한 레이저광을 조사하여 피트에 의한 반사광을 음성신호로 판독한다.[49]

지름	연주시간	수록 면수	두께	채널	연주속도
120 mm	최대 70분	편면	1.2 mm	2채널 방식	1.2-1.4 mps

CD는 기존 레코드에 비해 잡음이 없고, 음량이 풍부하며, 음질이 좋다. 닳거나 깨어지지 않아 디스크 및 픽업의 수명이 거의 영구적이며, 음량과 접지화성의 편성도 가능하다. 녹음 당시부터 생기는 잡음을 정정해 줄 뿐 아니라 디스크의 흠이나 먼지로 인한 잡음도 자체적으로 분석, 정정해 주는 에러 정정 능력까지 갖추고 있기 때문에 불규칙한 재생과 변조잡음이 거의 없다. 작은 소리에서 큰소리까지 무리 없이 재생할 수 있고 사람이 감지할 수 있는 20-20,000Hz[50]의 음역을 거의 100% 재생할 수 있어 종래의 LP판보다 원음재생능력이 30배

46) DAD는 digital audio disk의 약자로 디지털화한 음량신호를 기록한 레코드로 파형을 매초 40,000 이상으로 분할하여 2진법으로 수치한 정보를 기록재생하는 방식이다(**전자용어대사전**, 月刊電子技術編輯部 編 (서울: 성안당, 1995).

47) 음향이나 전기의 파장 같은 것을 재는 단위. 1 mm의 1000분의 1이 1미크론으로 약자는 μ이다.

48) PCM의 원어는 Puse Code Modulation으로, 송신과 수신 또는 녹음과 재생사이에 정해진 규칙에 의하여 주어진 데이터를 일정한 시간간격으로 발췌하는 것을 시분할에 의한 신호 또는 테이터표준화라 한다. PCM은 시분할다중통신방식(디지틀전송방식)이라 하는데 이는 2진 코드 '1', '0'에 대하여 각각 펄스유무(有無)로 변조하는 것을 말한다.(서용준, 172-173). PCM통싱방식의 종류에는 NAS(북미방식)방식과 CEPT(유럽방식)방식으로 구분된다. PCM통신의 특징은 고속통신이 가능하고, 원래의 신호에 충실한 신호재생이 가능하고, 외부잡음에 강한 특징을 가지고 있다.(**정보통신용어해설**, 오종중 편 (서울: 동서, 1995).

49) **電氣電子用語大事典**, 戊木 晃 編, 編輯部 譯編 (서울: 大光書林, 1995), 1380.

가량 더 큰 것으로 알려져 있다. 또한 음악의 연주시간이나 순서 등 악곡의 정보를 별도로 제공하여 표시할 수 있으며, 조작이 쉽고, 랜덤 액세스(random access)로 빠른 탐색이나 임의 선곡이 가능하다. 이 외에도 CD는 가볍고 다루기 쉬운 카세트 안에 넣어서 보관하기 때문에 관리가 편리하다는 등의 많은 장점이 있다.

한국에서는 1983년에 성음사가 서독으로부터 클래식 130여종 5,000장을 수입, 시판하기 시작하면서 처음으로 일반에게 공개되었다.

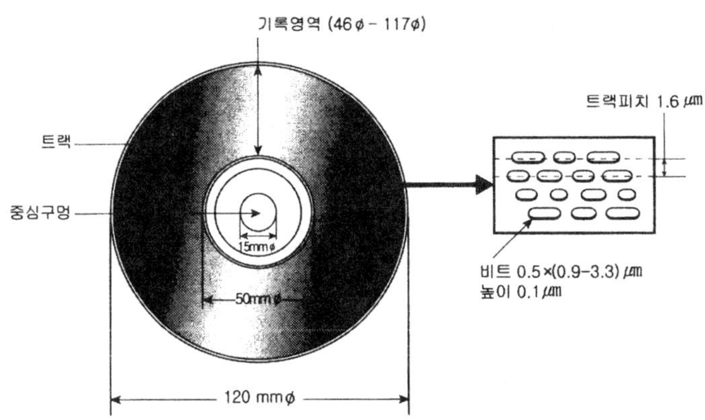

<2-6. 컴팩트 디스크>

(2) AHD(audio high-density disk)

AHD는 일본의 빅터(JVC)사가 제안한 것이다. 디스크는 도전성 PVC로 되어 있고, 픽업은 정전(靜電)용량식으로 접촉식이다.

지름	연주시간	수록 면수	두께	채널	연주속도
260 mm	120분(1면당 60분)	양면	1.2 mm	4채널 방식	900 rpm

(3) MD(Mini disc & Micro disc : magneto-optical disk)[51]

MD는 일본 Sony사가 1992년 최초로 개발하고, 1993년 7월에 데이터를 저장하는 방식을

50) Cicle은 소리의 파장을 나타낸 사인곡선의 시작에서부터 다음곡선의 시작까지를 가리킨다.

51) MD의 다른 하나는 텔레풍켄(Telefunken)사, 그리고 데카(Deca)사 등이 제안한 것이다. 디스크는 보통의 PVC로 되어 있고, 두께는 1.6 mm, 지름은 135 mm, 연주시간 60분의 미니디스크와 지름 75 mm, 연주시간 10분의 마이크로 디스크로 되어 있다. 회전수는 250 rpm으로 음향신호는 두 가지가 완전히 동일하여 같은 플레이어를 사용한다. 2채널방식으로 양면연주가 가능하고, 픽업은 압전(壓電)식으로 접촉식이다. (정기혁 편저, 77-78)

발표하였다. MD는 광자기라는 최신기술로 개발한 디지털 사운드 디스크(DAD)의 일종으로 녹음과 재생이 가능한 것과 CD와 같이 재생만 가능한 것으로 되어 있다.

지름	연주시간	수록 면수	뚜께	채널	연주속도
64 mm	74분	편면	1.2 mm	2채널 방식	1.2-1.4 mps

디스크는 트랙 피치 1.6μ, 디스크의 면적은 CD의 약 ¼ 정도지만 74분간의 음향을 디지털로 녹음할 수 있고, CD와 같은 수준의 음질을 제공한다. 녹음 후 편집이 가능하여 앨범이름, 곡 순서변경, 나누기, 합치기 등을 쉽게 할 수 있고, 광자기디스크로 100만회 이상 반복녹음이 가능하며, 오디오 신호를 디지털화한 데이터로 압축하여 디스크에 수록하고, 재생은 대용량의 반도체 메모리에 저장하였다가 순차적으로 재현하기 때문에 디지털녹음으로 음질이 변하지 않고, 진동이 있을 때 CD와는 달리 충격에도 소리가 끊기는 일이 없다. 또한 CD와 같은 비접촉식연주로 원하는 부분을 신속히 찾을 수 있는 랜덤 액세스 기능을 가지며,[52] 크기가 작아서 보관과 휴대가 편리하다는 등의 많은 장점이 있다. MD는 이와 같은 장점으로 '워크 맨'과 같은 헤드폰 스테레오나 포터블 오디오에서 카세트나 CD를 대신하는 미디어로 그 확대가 기대된다.

2. 채널(Channel)별[53]

(1) 모노(monaural)

모노는 화성이 아닌 독립한 선율만을 내는 소리로 하나의 음부로만 되어 있는 음이라는 점에서 단청(單聽), 단음 등으로 명명되기도 한다. 아날로그 방식은 단면(斷面)이 90°로 열려 있는 V자형의 음구에 하나의 신호(1 channel)를 좌우진동으로 진행방향에 따라 각한 것이다. 모노는 연설, 시 낭독, 회화 등 비음악적인 용도에 주로 사용된다.

(2) 스테레오(stereophonic)

스테레오는 1957년 스테레오 재생이 가능한 45-45 방식으로 통일화되면서 실용화되었다. 이 시기에 테이프식 스테레오 자기녹음기(磁氣錄音器)가 실용화되었다.[54] 스테레

52) 서용준, 227.
53) Jay E. Daily, *Cataloging Phonorecordings: Problems and possibilities* (New York: Marcel Dekker, Inc., 1975), 4.
54) 정기혁, 3.

오는 2개 신호의 변조 방향 축이 레코드 면의 각 45° 방향으로 되어 있다는 뜻에서 붙여진 이름이다. 스테레오는 2신호나 4신호를 음구에 기록한 것으로 되어 있다. 2신호는 2채널스테레오(binaural)로 음구의 양 벽에 독립시켜 녹음하는 것으로 내측벽면(중심구멍측)이 좌채널(좌측 음), 외측벽면이 우 채널(우측 음)로 각각의 채널신호를 각한 것이다. 이를 고음과 저음으로 분리시켜 입체음향으로 재생시킴으로써 보다 원음에 가까운 실감을 느끼게 한다. 주로 음악감상용으로 쓰인다.

4채널 스테레오(4 channel stereo): 이는 입체감을 더하기 위하여 음을 4가지로 분리 재생시킬 수 있게 한 것이다. 이는 통일된 시스템이 없이 분리(discrete), 주형(matrix) 및 이와 유사한 3개의 방식이 병존하고 있다. 주로 음악감상용이나 영화의 효과음으로 사용된다.

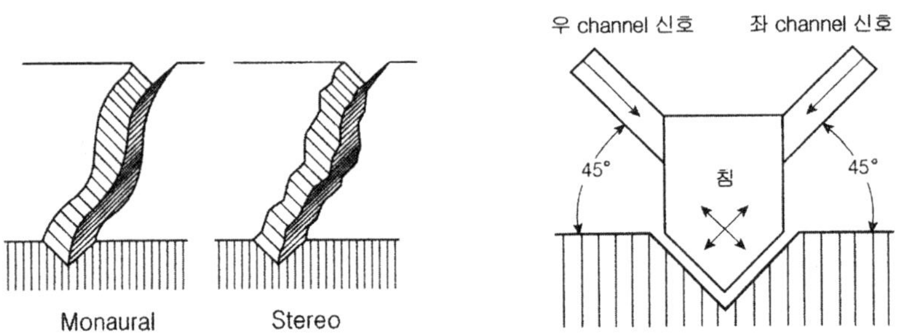

<2-7. 음구>

2.2.3. 디스크 레코더

디스크 레코더는 ① 사용대상에 따라 일반용과 업무용, ② 사용목적에 따라 기록, 교육, 감상, 통신, 방송, ③ 녹음원(source)에 따라 회화, 음악, 자연음, ④ 사용장소에 따라 실내용과 실외용으로 분류할 수 있다. 디스크 레코더의 선정에는 기기의 용도, 구성, 형태, 구조, 성능 등 사용목적을 고려하여 기기에 대한 안내자료와 이용경험자의 의견을 참작하여야 한다. 디스크 레코더는 재생자료에 따른 턴테이블, CD player, MDR 등의 종류가 있다.

1) 턴테이블(turn table)

턴테이블은 아날로그방식에 의한 SP, LP, EP 등의 음반을 재생하는 기기이다. 1902

년 미국에서 원반식 축음기가 판매되었고, 1926년 진공관 증폭기를 사용한 전기 재생법이 도입되어 전기축음기시대를 가져왔다.[55] 최초의 축음기는 손으로 회전시켰고, 다음에 용수철태엽을 감아 돌리게 하는 기계식 턴테이블 시대를 거쳐 전동식 턴테이블로 발전되었다. 턴테이블에 의한 음의 재생은 재생침과 침압이 음의 재생에 중요한 요건이 되기 때문에 잘못 사용하면 재생침과 음반에 손상을 가져올 뿐 아니라 정확한 음의 재생을 기대할 수 없다. SP반의 재생침은 75미크론(μ), LP반의 표준형 재생침은 18미크론, 고급형 재생침은 13미크론을 사용한다. LP반의 18미크론 침은 5그람, 13미크론 침은 2.5그람의 침압이 가장 적합하다. LP반의 재생침은 사파이어침과 다이어몬드 침이 있는데 사파이어 침은 LP 30 cm음반 10-20매를 연주할 수 있고, 다이어몬드 침은 LP 30 cm음반 200-500매를 연주할 수 있다.

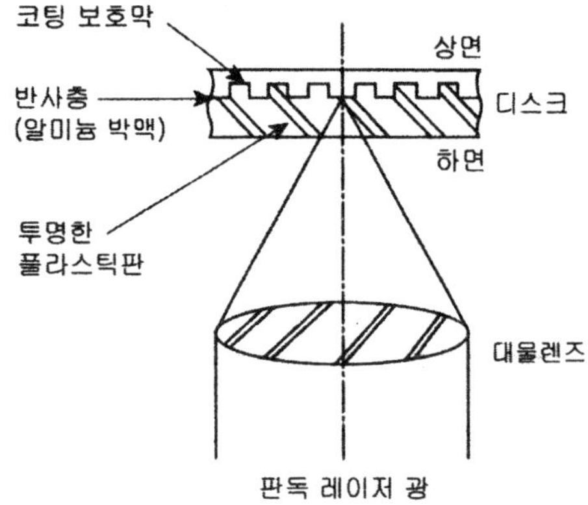

<2-8. 재생방법>

2) CD플레이어(CD player)

음성신호를 디지털방식으로 기록한 CD(콤팩트 디스크)를 레이저광선으로 재생하는 기기이다. 디스크의 회전이 빠르기 때문에 신호가 들어 있지 않은 디스크 중심 부분을 사용하여 스핀들 모터에 직접 장치한다.

플레이어는 1분간에 200-500회 회전하는데 회전수가 일정하지 않은 것은 CLV (Constant Linear Velocity)라고 하여 안쪽과 난간 쪽의 원주에서 회전수를 바꾸어 단위시간에 픽업이 읽어들이는 트랙의 길이를 일정하게 하도록 되어 있다.

MDR(Mini disc Record/Player)은 미니디스크 플레이어로 최근의 MDR은 기존의 카세트와 같은 수준의 부피이다. 그러나 재생전용 MDR의 크기는 Mini Disc의 보호 케이스 수준의 7×8 cm 이하로 매우 작다. 대표적인 메이커로는 Sony사, Sharp사, Aiwa사 등이 있다.

55) 정기혁, 2.

2.2.4. 사운드 디스크자료의 관리

1) 선택

사운드 디스크자료는 종류에 따라 그 선택방법에도 약간의 차이가 있으나 공통적으로 사용될 수 있는 선택기준을 열거하면 다음과 같다.[56]

「**선택기준**」

· 교육기관의 교육내용과 연결된 작품
· 음악사적인 대표적 작곡자의 작품[57]
· 유명 연주자의 작품
· 이용목적이 고려된 내용의 작품
· 재생 음의 양호, 고음과 저음의 구분이 명확한 작품
· 원음의 변성여부: 작은 음과 굵은 음의 구분이 명확한 작품
· 작품의 해설유무
· 저작권: 자료의 정식적인 저작권 허가유무
· 구입예산의 고려

위의 선택기준에 준하되 특히 내용적으로 음악, 연주, 녹음의 3요소는 언제나 잘 조화되고 융화된 음반이어야 한다.

2) 등록

사운드 디스크자료는 보존용과 열람용으로 구분하여 보존용을 중심으로 등록하고, 열람용은 소모품으로 간이(임시) 등록한다. 등록은 ① 자료가 많지 않은 기관은 종류에 관계없이 수입순으로 하나의 등록원부에 함께 등록하고, ② 자료의 수집 량이 많은 기관은 형태별이나 용기별로 구분하여 동일 형태나 용기별로 각각의 원부에 등록한다.

---

56) 日本圖書館協會資料組織化便覽編集委員會 編, **資料組織化便覽** (東京: 日本圖協, 1975), 180-181.
57) 음반의 전문지에 수록된 작품, 음악잡지에 소개된 작품, 음반회사의 발행 목록 등을 참조한다.

「등록원부의 기록항목」

(a) 등록번호(일련번호)

(b) 작곡자(작품의 저자 및 제작에 협력한 대표자나 단체명)

(c) 곡명

(d) 발행사항 및 제작자사항(상표와 발행자(상표)번호)

(e) 규격

(f) 수입(납품자)

(g) 청구번호(함가번호)

(h) 수입연월일

(i) 가격

(j) 비고(기증, 위탁, 제적 등)

상기한 기록항목은 자료기관에서 주로 사용되는 항목이다. 등록은 자료기관의 자료관리를 위한 사용목적에 적합하도록 필요한 항목을 가감하여 정해진 원부양식에 등재해야 한다.

등록원부 예

년월일	등록번호	작곡자명	곡명	Record 상표	Record 번호	규격	금액	납품자	번호	비고

년월일	등록번호	제적번호	작자. 曲 명. 연주자	상표	번호	규격	청구번호	경리			납품처	잔고				비 고
								종별	재원	가격		LP	SP	EP	계	
1967. 4.20	123		韓國歌曲集, 제1집. 가곡파 外8曲	신세계	SLC 10.337	S 10	R B2.6	기증		2400		73			106	000 기증
4.21	124		슈베르트, 겨울나그네, 外2曲	미도파	LM12273	L 12	R A1.5		자비	3400	000점	74			107	
4.22	125		〃 , 外3曲	〃	〃	〃	〃		〃	〃	〃	75			108	

「등록 시 유의사항」

· 등록번호는 1매 1번호를 원칙으로 한다.

· 이면에 별개의 표제가 있을 때는 전면의 표제를 기재하고, 그 아래에 2-3자 들어가서 이면의 표제(작곡자를 포함)를 기재한다. 한 자료에 많은 곡이 수록되어 있을 때는 전면과 이면의 처음곡명이나 대표곡명을 기재하고 다른 곡명은 생략한다.

· 발행사항은 발행지, 발행자, 발행년으로 기재하되 발행자는 식별이 가능한 범위에서 약자로 기재한다.

· 제작회사의 상표는 두(頭)문자 1자에서 3자 내외로 간단히 약기한다.

  예: 지구레코드 = 지구. RCA Victor = RCA. Columbia = C.

  Angel = Ang.

· 규격은 디스크의 지름을 인치(inch)나 센티미터(cm) 단위로 기재한다.

· 표제를 원명과 번역명으로 나타낸 것은 사용자가 이용에 편리한 하나를 골라 기재한다. 단, 사운드 디스크 목록에서는 검색이 가능한 모든 표제를 병기해야 한다.

· 비고 난은 기증자나 제적사항 등을 기재한다. 제적사항은 파손 및 제적번호, 제적사유, 제적 연월일을 기재한다.

3) 보관 및 대출

사운드 디스크자료는 주제나 분류순에 의한 보관보다는 수입순에 따라 보관하는 경우가 많다. 보관을 위해서는 먼저 디스크의 케이스와 사운드 디스크 자체에 소재기호를 일치되게 기재해야 한다.

배가방법은 디스크를 수평으로 보관하는 방법과 수직으로 보관하는 방법이 있다. LP판의 경우는 사용빈도에 따라 비교적 이용 빈도가 적고 보존을 위한 자료는 수평적인 방법이 효과적이나 이용 빈도가 많은 개가식 열람용과 관외대출용 자료는 수직적인 방법이 더 효과적이다. 그러나 CD의 경우는 자료가 작고 단단한 용기에 보관되어 있기 때문에 수직적인 방법으로 보관하는 것이 일반적이다.

LP자료는 생산 당시부터 슬립케이스(slip case: 또는 sleeve, pictural jacket)에 넣어져 공급되는데 이 슬립케이스에는 내용과 관계된 아름다운 그림(회화 또는 사진)이나 표제, 작곡자, 연주자, 작사자, 노래가사 및 해설 등에 관한 제반정보가 수록되어 있기 때문에 케이스 자체가 이용자의 자료검색이나 선정을 위한 정보원이 된다. 디스크자료를 관외로 대출하는 도서관에서는 디스크의 손상을 최소화하기 위해 특별히 제작한 보관용 케이스에 넣어 보관관리하고, 자료자체의 슬립케이스는 전시대에 주제별이나 작곡자별 또는 연주자별로 전시하여 검색매체자료로 활용한다. 슬립케이스에 의해 선택된 자료는 전시되었던 슬립케이스에 넣어 대출하고 이것이 반납되었을 때 다시 보관용 케이스에 넣어 보관한다.

CD는 용기가 단단한 플라스틱으로 되어있고 용기에는 표제, 저작자, 목차, 해설, 이용방법 등 다양한 정보를 수록하고 있어 자료정리나 이용을 위한 정보원으로 활용된다. CD는 대출로 인해 용기가 파손되는 경우가 있기 때문에 대출용 용기를 별도로 사용하는 것이 자료관리에 보다 효과적이다. 보관용기와 대출용기를 별도로 사용하는 경우는 동일한 배가번호와 반납예정일 등 대출에 필요한 사항을 기재할 수 있는 난을 인쇄해 두어야 한다.

「보관 및 사용에 따른 유의사항」

- 직사광선이나 높은 온도를 피할 것
- 휘발성 물질이나 정전 스프레이를 사용하지 말 것
- CD의 경우는 'DISC'마크가 있는 디스크만 사용할 것
- 디스크의 홀과 끝의 가장자리만 접촉할 것
- 재생 전에 먼지나 지문을 부드러운 천으로 닦아서 사용할 것
- 디스크면을 손상시키거나 테이프나 종이 등을 붙이지 말 것
- 반드시 케이스에 넣어서 보관할 것

2.3. 사운드 테이프자료

2.3.1. 사운드 테이프자료의 의의

사운드 테이프(sound tape)자료는 '귀를 위한 그림', '소리의 책', '소리의 영화', '소리의 흑판' 등 여러 가지로 그 성격을 나타낸 표현을 하고 있다. 사운드 테이프자료는 음의 파형을 자기패턴으로 변형하여 기록한 자기녹음방식으로 음을 필요에 따라 테이프에 저장해 두었다가 원음에 가깝도록 재생하여 들을 수 있게 한 매체이다.

사운드 테이프자료의 역사는 1888년 O. Smithon에 의해 이론이 발표되고, 1898년에 덴마크의 Valdemar Poulsen이 강선과 강대를 녹음재로 하여 녹음과 재생하는 직류 바이어스 방식(자기녹음방식)을 최초로 고안하였는데 이를 '텔레그라폰'이라 한다. 평평한 자성체 테이프에 녹음하는 것은 독일의 프로이머가 발명하였고,[58] 1934년 이를 적용하여 독일의 AEG사와 BASF사가 종이재의 바탕에 자성철분을 씌운 종이테이프를 개발하여 상품화하였는데 이를 '마그네토폰'이라 한다. 1940년 교류 바이어스 방식이 발명되었으며, 1941년 Brown Muller Weber가 현재의 자기테이프 녹음기를 발명하면서부터 녹음에 대한 실용화가 이루어졌다. 제2차대전 후 독일의 기술이 미국으로 이전되어 1948년 3M사가 아세테이트베이스의 녹음테이프를 개발하였다. 최근에는 일본의 Sony사가 1984년에 개발하여 1985년에 발매를 시작한 DAT(digital audio tape)를 들 수 있다. 이는 디지털녹음방식으로 일명 CD테이프, 또는 디지털테이프라고도 한다.

DAT는 CD보다 한 단계 높은 수준의 음성 기록재로 CD가 가진 장점에 더하여 재생과 동시에 녹음까지 할 수 있는 제4세대의 오디오로 불려지고 있다. 수용 가능한 음역이 96dB로 일반 오디오 테이프보다 10배나 넓고, 인간이 들을 수 있는 모든 음을 왜곡없이 녹음과 재생을 가능하게 하였다. 좌우 스피커의 소리를 분명히 분리하여 96dB까지 차이[59]를 낸다. 소리의 왜곡률은 0.01%로 거의 없는 상태이고, 디지털신호에 의한 기록으로 테이프가 늘어나거나 훼손된 경우에도 스스로 정정할 수 있는 능력이 있다. 곡과 곡사이의 공간에도 잡음을 완전히 제거하는 능력이 있으며, 특히 잡음이 없으므로 CD이상의 고음질의 효과를 내고, 서브코드의 활용으로 매우 빠르고 정확한 선곡을 할 수 있어 일반 오디오 테이프의 결점을 보완하고 있다. 이와 같이 음의 수록과 재생에 대한 기능이 우수하기 때문에 녹음에 필요한 기기적인 완벽함이 없이는 완벽한 녹음이 어렵다는 문제도 있다.

한편 네덜란드의 Philips사는 디지털 음량신호를 레이저로 재생하는 새로운 사운드 테이프인 DCC(digital compact cassette)를 개발하였다. DCC는 잡음 없이 거의 완벽한 음을 재생하는 차세대매체로 등장하였다.

사운드 테이프는 open reel식, cassette식, cartridge식의 세 종류가 있으나 이 중에서도 취급

58) 서용준, 129.

59) 일반 오디오 테이프나 LP판의 좌우 스피커는 30dB까지 차이가 있다.

과 사용이 편리한 cassette식이 가장 널리 보급되고 있다. open reel식은 대량의 데이터를 기록하는 업무용으로 사용하고 있고, cassette식은 휴대용으로 테이프의 길이에 따라 C30, C60, C90, C120이 있다. cartridge식은 1960년대에 실용화되어 카스테레오나 배경음악용으로 사용되었다.

사운드 테이프자료의 내용은 음악적인 것이 주종이지만 근래에는 어학학습, 문학작품낭독, 연설, 녹음도서 등 비음악류도 생산이 증가되고 있다. 원래는 talking book(녹음도서, 테이프도서)이라 하여 시각장애인용으로 낭독 또는 음독하여 테이프에 녹음한 자료 정도였으나, 요즘은 출판사가 카세트 북(cassette book) 등의 이름으로 일반인을 대상으로 소리를 위한 도서로 제작, 시판하고 있으며 그 양이 점차 증가하고 있는 추세이다.

이렇게 발전되고 있는 사운드 테이프자료의 생산은 그 유용성의 확장으로 급격히 보급되고 있으며, 이로 인해 시대의 중요한 산업으로 발전하기에 이르렀다. 사운드 테이프자료는 누구나 손쉽게 장소나 시간에 구애됨이 없이 자료를 생산하고 재생할 수 있다는 장점 때문에 생활과 직결된 정보매체로도 발전해 가고 있다.

2.3.2. 사운드 테이프자료의 종류

사운드 테이프자료는 녹음방식, 용기, 채널, 트랙 등에 의한 종류와 기기에 의한 종류로 대별하여 상술하였다.

1. 녹음방식별

1) 아날로그(analog)

아날로그방식에 의한 테이프는 open reel, cartridge, cassette가 있지만 최근에는 주로 카세트로 생산 보급되고 있다. 수록하고 있는 내용은 비음악적인 것도 있지만 음악적인 것이 주종을 이룬다. 아날로그방식에 의한 구체적인 종류는 다음의 용기별 종류에서 상술하였다.

2) 디지털(digital)

디지털방식은 DAT(digital audio tape)로 개발되어 보급되고 있다. DAT는 동일한 디지털 방식에 의한 CD를 상회하는 고음질의 재생이 가능하기 때문에 그 활용의 폭이 점점 확대되어 가고 있다. DAT는 R-DAT, S-DAT, 그리고 S-DAT의 일종으로서 아날로그 겸용인 DCC(digital compact cassette)가 있다.[60)]

(1) R-DAT

R-DAT는 rotary heat DAT의 약자이다. 이는 VTR에서와 같이 회전 헤드(rotary head)에 의해 기록하고 판독하는 회전 헤드 방식이라고도 하는데 1982년 Sony사가 제품을 발표하고, 오디오 전용 DAT의 시안이 발표되어 개발이 활발해졌다. 이 방식은 8 mm VTR 방식과 유사한 것으로, 회전식 2헤드 애지머스(azimuth) 기록방식이다. 드럼의 지름은 30 mm, 회전수는 1800 rpm, 테이프의 헤드에 대한 상대 속도는 2.82 m/s, 테이프의 이동 속도는 6 mm/s이다. 카세트의 크기는 65×48×10 mm이고, 테이프의 폭은 3.81 mm의 메탈 테이프이다. 기록시간은 3시간이고, 빨리 감기 또는 되감기 속도는 평균 200배속이 가능하다.[61)]

(2) S-DAT

S-DAT는 stationary head DAT의 약자이다. 이는 정지해 있는(stationary) 멀티트랙(multi-track) 헤드로 기록하고 판독하는 고정 헤드 방식으로 1981년과 1982년 일본 전자전시회 및 오디오 페어에서 기존의 아날로그 카세트와 유사한 콤팩트 카세트를 매체로 하는 S-DAT가 일본의 여러 메이커에서 시제품으로 선보였다. 1983년에는 호환성을 가지는 국제표준화로서 DASH(digital audio stationary head)포맷이 합의되었다.[62)] S-DAT는 기술적으로 구성이 쉽고, 기계가 다루기 쉬우며, 안정하게 동작한다는 장점이 있다.

(3) DCC[63)]

DCC는 digital compact cassette의 약자로, S-DAT의 일종이다. Sony사가 기존 CD의 단점을 보완하여 디지털 데이터로 압축한 것이다. 디지털화 방식은 PASC(precision

---

60) 서용준, 169.

61) 서용준, 200.

62) 합의된 표준 포맷은 첫째 주파수를 48kHz와 44.1kHz로 이원화하되 48kHz인 경우는 오픈릴 테이프의 표준 주행 속도(19.03 cm/s, 38.1 cm/s, 76.3 cm/s)로 하고, 44.1kHz인 경우는 테이프 속도를 비례하여 줄여 줄 것, 둘째 양자화 비트수는 16비트로 할 것, 셋째 변조방식을 HDM-1로 한다는 것, 넷째 기록밀도는 38k bpi로 한다는 것, 다섯째 에러 정정방식은 CIC(cross interleave code)로 한다는 것 등이다(서용준, 198).

63) 서용준, 221-225.

adaptive subband coding)[64]방식인데, 이는 기록 밀도를 낮추기 위하여 부동 소수점표시 데이터로 만들어 녹음하는 것이다. 그리고 DCC의 구동 장치나 전자회로 구성이 기존 아날로그 카세트 테이프를 겸용할 수 있게 되어 있고, 인쇄속도가 4 m/s로 소프트의 생산성이 기존의 DAT보다 좋다는 장점이 있다. 카세트의 크기는 100.4(가로)×63.8(세로)×8.6 mm(두께)이다. 측면에 DCC카세트 식별 구멍이 있으며 헤드 인입부에는 먼지가 들어가지 않도록 얇은 금속판으로 된 셔터가 있다. 테이프 트랙은 한 개의 보조 트랙과 8개의 신호트랙 등 총 9개의 트랙으로 되어 있다.

2. 용기별

1) Open reel 혹은 릴(reel)

Open reel은 릴의 직경의 크기에 따른 호칭으로 3호릴(10/15/20/30분)[65], 5호릴(30/45/60/90분), 7호릴(60/90/120/180분) 및 10호릴(120/180/240/360분) 등 4가지가 있다. 일반적으로 많이 쓰이는 릴의 직경은 보통 5 inch(5호릴)나 7 inch(7호릴)이고, 테이프의 길이는 3,600 ft(7 inch릴)와 그 반인 1,800 ft가 있다. 연주시간은 15분에서 120분까지 있으며, 테이프의 폭은 6.25 mm(1/4 inch)이다. 재생속도는 4.76 cm/sec., 9.52 cm/sec., 18.55 cm/sec., 38 cm/sec.의 4가지가 있는데 그 속도는 필요에 따라 임의로 선택해서 사용이 가능하다. 그러나 테이프의 속도가 빠를수록 음질이 양호하기 때문에 테이프의 재생 속도가 음질의 양부와도 관계된다. Open reel은 대량의 데이터를 기록하기 위한 업무용으로 많이 사용되었다. Open reel은 반드시 되감기 위한 공(空)릴이 필요하다.

2) 카트리지(cartridge)

사운드 카트리지는 테이프의 시작과 끝이 없이 한 릴(reel)로 연결된 endless테이프로 주로 경음악용으로 사용되었다. 1962년 미국에서 카스테레오용 endless카트리지가 사용되었는데 최초는 BGM(back ground music)용으로 사용된 Fidelipac형뿐이었다. 그 후 Autoronics형과 Lear Jet형이 개발되어 3종류가 EIA로 규격화되어 있다. 그러나 미국의 자동차회사가 Lear Jet형 카트리지를

---

64) PASC(precision adaptive subband coding)는 정밀 적응 대역 분할 PCM이다.

65) ( ) 내는 왕복연주시간을 나타낸 것으로 19 cm/s일 때 (스탠더드/롱 플레이/더블 플레이/트리플 플레이)의 각각의 연주시간을 표시한 것이다.

카스테레오로 채용하게 됨에 따라 이 방법이 주류를 이루고 있다. 재생속도는 Lear Jet형이나 Fidelipac형이 공히 9.52 cm/sec.이지만 Fedelipac형이 4 track인 데 비해 Lear Jet형은 8 track이기 때문에 수록시간이 더 길다. 카트리지에 사용되는 테이프의 표준 폭은 6.25 mm($^1/_4$ in.), 두께 38μ(미크론), 자성층 10-12μ, 그 뒷면에 2-3μ 두께의 활성제가 씌워져 있다. 용기의 규격은 보통 $5^1/_2$×4 inch이다.

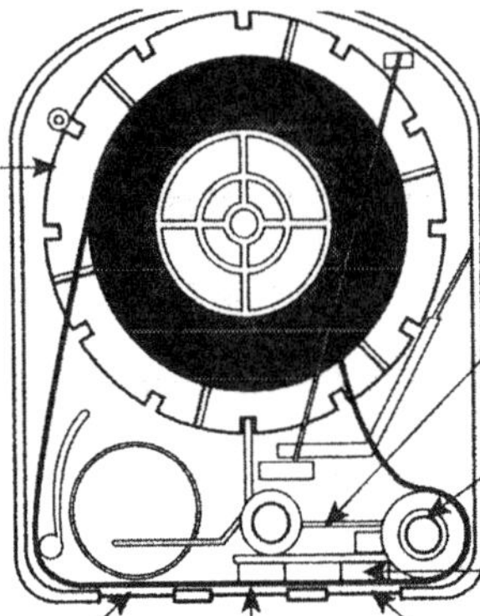

<2-9. 카트리지 테이프>

3) 카세트(cassette)

카세트 테이프는 네덜란드의 Philips사가 개발한 것으로 녹음과 재생, 그리고 조작 등 이용의 편리성 때문에 세계적으로 급속히 보급되어 중요한 기록재로 대중화되었다. 카세트 테이프는 ① 장착과 착탈이 간단하고, ② 소형화로 휴대가 편리하며, ③ 누구나 쉽게 녹음할 수 있고, ④ 재생음이 우수하다는 특성이 있다. 카세트 테이프의 종류는 연주시간을 단위로 구분한 C30(15분×2: 45 m)[66], C46(23분×2: 70 m), C60(30분×2: 90 m), C90(45분×2: 135 m), C120(60분×2: 180 m), C180(90분×2: 270 m)의 5가지가 있다.

카세트 자체(케이스)의 규격은 가로 100.4($4^1/_4$ in.)×세로 63.8($2^3/_4$ in.)×두께 12 mm($^9/_{16}$ in.)이고, 내부에 두 개의 릴이 있어 테이프를 감아 넣어 놓고, 외부에서 릴 샤프트를 끼워 넣어 릴을 회전할 수 있게 되어 있다. 테이프의 표준 폭은 3.81 mm($^1/_8$ inch)이고, 재생속도는 가장 빠른 것이 15 ips(15 inch/sec)나 38 cps이고, 일반적인 것으로는 $7^1/_2$ ips, $3^3/_4$ ips, $1^7/_8$ ips가 있다. 테이프 폭을 얇게 하고 느리게 하므로 재래의 테이프보다 헤드 터치가 잘되게 하고, 자성입자의 함유율을 높여 감도를 향상시키는 등 전자특성의 개선책이 계속되고 있다. 또한 테이프베이스에는 염화폴리에스텔이 사용되고 있기 때문에 표면이

66) ()내는 테이프의 1면당 연주시간과 양면의 연주시간을 나타낸 것이고, 다음은 테이프의 길이를 표시한 것이다.

유해서 헤드터치가 극히 양호하여 10kHz까지 녹음할 수 있게 되었다. 테이프는 자성체별로 페릭(ferric)테이프(갈색),[67] 코발트(cobalt) 테이프, 크롬(chrome)테이프(검은 색에 가깝다), 메탈(metal)테이프(무겁고 거울 같이 빛난다), 페리크롬(ferichrome)테이프 등의 종류가 있다. 그러나 카세트에는 테이프를 이동시키는 브레이크(brake)가 내장되어 있지 않기 때문에 테이프 권의 흔들림이 있어 테이프의 주행 시 문제의 원인이 되기도 한다.

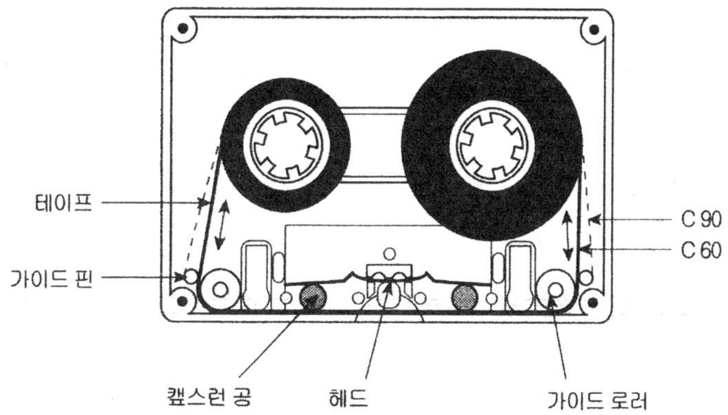

<2-10. 카세트테이프>

DAT(digital audio tape)는 비교적 최근에 개발된 것으로 디지털방식에 의한 것이기 때문에 아날로그방식으로 녹음과 재생하는 전술한 카세트 테이프에 비해 용기의 규격이 소형화되었고, 기억용량이 크게 확장되었으며, 특히 기능이 크게 향상된 최첨단의 기록재이다.

3. 트랙(track)별

트랙이란 통로, 계도의 뜻으로 테이프, 레코드 테이프, 필름 등의 녹음대 부분을 말한다. 특히 테이프에 있어서 트랙은 테이프가 레코드의 녹음헤드의 중심폭까지 자석화하는 띠 부분을 말한다.

(1) 전면트랙(full track; single track)

테이프의 전체 폭을 하나의 녹음대로 음을 저장하고 재생케 한 것이다. 이 시스템에서 녹음된 헤드는 테이프전체의 폭과 같은 넓이로 소리의 신호를 기록한다. 테이프의 트랙은 넓게 쓸수록 소리가 좋고 편집이 용이하다.

---

67) Ferric tape는 철분을 함유한 테이프.

(2) 반폭 트랙(double track; dual track; half track)

왕복녹음으로 테이프의 반폭을 녹음대로 하여 녹음과 재생을 가능케 한 것이다. 반폭트랙에는 모노시스템과 스테레오시스템이 있는데, 모노시스템은 ½만을 사용하고 반대방향으로 나머지 트랙을 사용할 수 있어 경제적인 장점이 있다. 스테레오시스템은 두 가지 다른 소리를 동시에 녹음하거나 분리하여 녹음할 수 있는 장치로 스테레오 방송에 적합하다. 반폭트랙으로 녹음된 테이프를 전면트랙에 재생하였을 때는 두 트랙이 동시에 재생된다. 오픈 릴 테이프의 2트랙 스테레오 방식은 테이프가 좌에서 우로 움직일 때 위에는 좌 채널 아래는 우 채널을 녹음한다.

(3) 4분폭 트랙(4 track; quarter track)

일명 ¼트랙 스테레오 시스템이라고도 한다. 테이프의 왕복 ¼폭을 녹음대로 하여 녹음과 재생을 가능케 한 것이다. 이 시스템은 두 개의 트랙(1,3)을 한번에 사용하고 다음에 나머지 두 개의 트랙(2,4)을 사용하도록 되어 있다. 대부분의 스테레오 녹음기는 ¼트랙이다.

(4) 8분폭 트랙(8 track)

일명 ⅛트랙이라고도 한다. 테이프의 ⅛폭을 녹음대로 하여 녹음과 재생을 가능케 한 것이다. 이 시스템은 8개의 채널을 동시에 혹은 원하는 채널만을 골라 한쪽 방향으로 녹음할 수 있도록 설계되어 있다.

(5) 12분폭 트랙(12 track)

일명 $\frac{1}{12}$트랙이라고도 한다. 테이프의 $\frac{1}{12}$폭을 녹음대로 하여 녹음과 재생을 가능케 한 것이다. 이는 전문적인 녹음 스튜디오에 사용된다.

(6) 16분폭 트랙(16 track)

일명 $\frac{1}{16}$트랙이라고도 한다. 1인치 또는 2인치 테이프에 16트랙 줄로 녹음하는 방식이다. 이는 전문 녹음실에서 제작용으로 사용되는 멀티트랙 방식으로 입체음향이나 4채널 방식의 녹음을 위해 혼합되는 다양한 트랙을 분리시켜 개별적으로 통제하는데 사용된다.

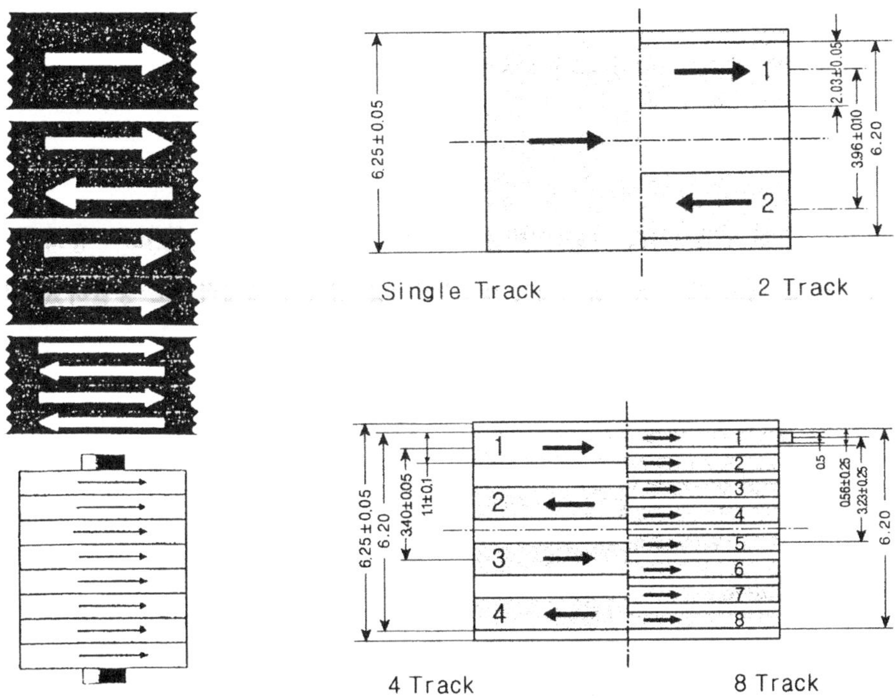

<2-11. 트랙별 구조>

4. 채널(Channel)별

채널(channel)은 수로(水路)라는 뜻에서 유래되어 통신 등의 신호를 전달하는 통로로 테이프상에서는 트랙을 만들기 위한 녹음신호의 계통 및 재생계통을 말한다.

(1) 모노(單聽: monaural)

단청은 단음(monaural) 혹은 모노(mono)라고도 한다. 녹음신호계통 및 재생계통이 단일한 1채널로 수록한 것이다. 계통이 단일한 것을 1채널(1channel)이라 부르고, 재생음은 단음(monaural)이라 한다.

(2) 스테레오(binaural)

스테레오는 입체음향으로 녹음신호 및 재생계통이 2개인 것은 2채널, 4개인 것은 4채널이라 부르고, 재생음은 스테레오라 한다.

2채널 스테레오는 두 개의 음역으로 나누어 수록하고 재생케 한 것으로 레코드에서는 좌 채널과 우 채널로 입체음을 재현한다.

4채널 스테레오는 4성음이라고도 하는데 이는 음을 4개의 음역으로 나누어 수록하고 4개의 채널로 재생케 하여 보다 원음에 가깝게 한 것이다.

5. 재생속도별

테이프의 녹음 및 재생은 독일의 DIN,[68] 미국의 NAB[69]와 RIAA, 일본의 JIS[70] 등의 규격이 있었으나 1981년 체코 프라하(Prague)에서 IEC[71]규격을 정하여 세계적으로 통일하였다.[72]

· $^{15}/_{16}$ ips(미니 카세트)	· $7^{1}/_{2}$ ips
· $1^{7}/_{8}$ ips(표준 카세트)	· 15 ips
· $3^{3}/_{4}$ ips(표준 카트리지)	· 30 ips

2.3.3. 테이프 레코더

(1) 녹음기(Reel-to-reel tape recorder)

오픈릴 테이프 레코더는 Open Reel로 된 테이프의 녹음과 재생을 위한 기기이다. 테이프 레코더(tape recorder)는 기본적으로 녹음, 재생, 빠른 전진, 빠른 되감기, 정지 등의 기능을 갖추고 있다. 오픈 릴 테이프 레코더는 릴에 6.25 mm 너비의 테이프를 감아놓고 초속 9.5 cm, 19 cm 또는 38 cm 속도로 재생시킨다.[73]

(2) 카트리지 테이프 레코더(cartridge tape recorder)

사운드 카트리지(sound cartridge)라고도 하는데 이는 오픈 릴 테이프 레코더와 같은 너비 6.25 mm($^{1}/_{4}$인치) 테이프를 처음과 끝을 이어 엔드리스(endless)로 감아 케이스에 넣어서 초당 9.5 cm 속도로 재생하는 기기이다.[74] 사운드 카트리지는 엔드리스로 된 테이프에 수록된 자료이기 때문에 연속적으로 소리를 재생시킨다(endless loop).

---

68) DIN: Deutches Institut fur Normung의 약자

69) NAB: National Association of Broadcasters의 약자.

70) JIS: Japan Industrial Standard의 약자.

71) IEC: International Electrotechnical Commission의 약자.

72) 서용준, 132.

73) 서용준, **오디오 입문** (서울: 세화, 1994), 8.

74) 서용준.

(3) 카세트 테이프 레코더(cassette tape recorder)[75)]

사운드 카세트(sound cassette)라고도 한다. 카세트 테이프 레코더는 너비 3.81 mm(1/8인치) 테이프를 플라스틱 카세트 안에 있는 릴에 감아 넣고 초당 4.76 cm 속도로 재생시키는 기기이다.

상기한 테이프자료의 형태별에 따른 레코더는 메이커마다 일반형에서 고급형에 이르기까지 다양한 종류가 생산되고 있기 때문에 필요한 기기의 선택을 위한 평가항목을 다음과 같이 생각해 보았다.

「테이프 레코더의 선택기준」

- 스위치 조작의 간편성
- 테이프 장착의 간편성
- 음량지시기의 표시
- 음질과 성능의 표시
- 테이프 구동 및 주행의 안정성
- 환경과 전원전압의 변동에 대한 안정성
- 이동의 간편성
- 보수성(수리보수)과 내구성

2.3.4. 사운드 테이프자료의 관리

1) 선택

사운드 테이프자료는 누구나 손쉽게 생산할 수 있다는 장점 때문에 그 선택에 어려움이 있다. 현재 시판되고 있는 사운드 테이프자료는 전문업체의 생산품인 양질의 것에서부터 개인이 임의로 생산한 사제품에 이르기까지 그 종류가 다양하기 때문에 선택에 있어서 보다 세심한 주의가 요망된다. 자료의 선택기준은 일반 시청각자료의 선택기준과 유사하지만 특히 사운드 테이프자료에서 필요로 하는 선택기준과 선택상 주의점을 간추려 보면 다음과 같다.

「자료선택기준」

(a) 가치성

- 녹음자료로서의 가치성

75) 카세트 테이프 레코더를 카세트 덱(deck)이라고도 하고, 오픈 릴 테이프 레코더를 테이프 덱이라고도 한다.

· 음의 특질을 살린 재생수준: 음질의 양호, 고음과 저음의 명확, 음의 명료도

· 이용대상에 응할 수 있는 구성과 연출

(b) 기술성

· 녹음에 동원된 기술성: 작은 음이나 굵은 음의 녹음정도, 원음의 변성여부

· 제작을 위한 주도면밀한 계획성

· 연출가와 출연자의 수준

· 녹음기술과 음향기술의 수준: 재생 음의 중간 잡음과 기계적인 잡음 확인

· 기구: 릴의 확실한 위치와 회전상의 정확도

· 품질: 비닐재와 기타 재질에 의한 것의 음질의 차이와 그 광도

· 수리: 수리의 편의성, 부속의 특수성에 관한 고려

(c) 내용성

· 구성과 내용의 계통성과 조직성

· 사실에 대한 전후와 시말에 대한 명확성

· 이용상의 목적이 고려된 내용

(d) 해설서

· 해설서의 준비

· 사운드 테이프의 사용에 대한 유의사항

· 자료의 내용에 대한 설명

· 자료의 제작에 대한 의도, 구성, 내용, 이용상의 유의점

(e) 저작권

· 저작권의 처리

· 저작권에 대한 윤리사항의 준수

· 자료의 정식적인 허가

2) 등록

사운드 테이프자료는 등록번호를 배열기호로 사용하는 도서관이 많기 때문에 등록 때부터 용기별로 구분하고, 동일 용기별에서 수입 순 등록번호로 배열되게 해야 한다. 그러나 자료가 많지 않은 도서관에서는 모든 자료를 하나의 등록대장에 등록하고, 내용의 항목에서

용기별로 구분되게 한다. 등록에 필요한 기본사항이나 유의사항은 사운드 디스크자료의 경우와 동일하다.

녹음테이프의 등록부 예

수입 년월일	수입 등록 번호	표 제	제작 자명	발행자	발행년	규 격	수입 종별	재 원	수입 가격	수입선	비고
97.3.20	827	프로콜하럼	Harum, Procol	Della	1991	13 cm single	구입	교 비	3,000원		
97.5.3	828	교향곡, 제3번, 작품 55	베토벤	성음사	1990	½ in. tape	기증	특 별 회계	7,000원	KBS 서비스 센터	

3) 보관

사운드 테이프자료는 정보가 수록된 테이프와 이를 재생할 수 있는 녹음기가 함께 있어야 한다. 사운드 테이프자료는 보관하는 외기의 변화에 의해 수록된 음질이 변질될 수 있기 때문에 보관 장소나 용기, 그리고 취급에 자료자체에서 제시한 관리방법을 준수해야 한다. 녹음기의 양부는 사운드 테이프의 녹음에서부터 재생에 이르기까지 음질의 양부와 관계되기 때문에 수준에 적합한 기기의 선택, 보관과 관리에 철저를 기해야 한다.

「**테이프 보관의 유의사항**」

- 습기가 많은 장소를 피할 것
- 직사광선이나 온도가 높은 장소를 피할 것
- 강한 자성 기계가 있는 위치를 피할 것
- 반드시 접착테이프로 연결하고 고정시킬 것
- 항상 케이스에 넣어서 보관할 것
- 느슨한 테이프는 팽팽히 감아서 보관할 것
- 수리, 점검을 철저히 할 것

카세트나 카트리지로 된 사운드 테이프자료는 자료의 배열에 필요한 배가번호를 용기의 횡측에 기재하고, 케이스가 있는 경우는 케이스에도 같은 배가번호를 기재한다. 이때 배가번호에 사용되는 스티커(label)를 자료의 사용목적에 따른 구분을 위해 색지를 사용하기도 한다.

Open reel로 된 자료는 테이프와 릴(용기), 그리고 보관상자가 사용 중 분리될 수 있기 때문에 이들을 일치시킬 수 있도록 테이프, 용기, 보관상자에 표제와 배가번호 등을 기재하거나 스티커로 부착한다. 테이프는 끝 부분의 보호테이프에 배가번호를 표시하고, 릴에는 배가번호(등록번호)와 표제를 표시한다. 그리고 보관상자에는 표측과 횡측에 표제와 배가번호를 표시하고, 상자의 이(裏)측에는 표제, 출연자, 제작연월일, 발매자, 사이클(cycle), 재생속도(capstan speed), 소요시간, 모체자료(mother tape) 등을 기재한다.

<2-12. 보관상자>

2.4. 녹음자료의 분류

2.4.1. 녹음자료 분류의 의의

녹음자료의 조직은 ① 자료의 관 내·외 대출여부, ② 열람방법의 개·폐가제 여부, ③ 수집자료의 량, ④ 수집대상자료의 내용(클래식, 팝음악, 또는 비음악), ⑤ 이용자의 수준, ⑥ 이용목적 등이 고려된 자료조직의 기본방침이 선행되어야 한다. 녹음자료는 열람방식을 개가제로 하느냐 폐가제로 하느냐에 따라 자료의 수명과 직결되기 때문에 영구보존을 필요로 하는 자료는 영구적으로 관리될 수 있게 보다 완전하고 논리적으로 세분된 자료조직이 되어야하고, 폐가제로 하는 것이 좋으며, 대출의 경우도 자관의 기자재를 이용한 관내열람에 한정해야 한다. 이 때는 사용 기기로 인한 마모나 파손을 최소화할 수 있도록 언제나 최상의 정비상태로 모든 장비를 유지해야 한다. 소모성 자료의 개가제 열람방법은 이용자가 자료를 직접 검색하고 대출하여 이용함으로 대출된 뒤 취급에 대한 체크가 불가능하여 자료의 수명을 보장할 수 없기 때문에 자료의 폐기와 함께 쉽게 제거될 수 있는 단기간 이용을 위한 간단한 방법의 자료조직을 생각해야 한다. 자료의 배가는 이용자의 성격과 요구에 따라 가장 편리하게 접근할 수 있도록 주제별, 작곡자별, 연주자별, 표제별, 수입순별이나 형태별 중에서 적합한 방법으로 배열하여야 한다.

수집자료의 양과 자료의 증감정도에 따라 자료의 양이 많은 도서관은 분류순배가가 어려울 뿐 아니라 특히 하나의 녹음체(자료)에 다수의 곡이 녹음되어 있기 때문에 분류번호의 결정에 어려움이 있다. 또한 주제나 분류순 배가는 자료가 증감될 때마다 대부분의 자료위치가 이동되어야 하기 때문에 수시로 서가작업이 행해져야 하고, 이로 인한 자료의 손상을 피할 수 없게 된다. 이러한 이유로 수입순으로 고정식배가하는 것이 자료의 손상을 적게 하고, 공간활용면에서도 경제적이다.

자료기관에서는 자료의 내용, 자료실의 공간적인 여건, 자료의 양과 증감정도, 이용자, 그리고 이용방법과 이용빈도 등을 고려한 적합한 배가방법을 생각해야 한다.

2.4.2. 녹음자료 분류의 종류

1) 고정식배가

고정식배가는 각각의 자료에 고정될 수 있는 부호나 연번을 주어 서가나 보관함에 그 배가위치가 고정되게 한 것이다.

별치기호는 제1단계로 녹음자료, 2단계로 디스크와 테이프로 대별하고, 3단계로 재료나 용기별에 따른 2자 내지 3자의 문자로 구성한다.

디스크자료의 별치기호

RD = 디스크(Disc)

RDa = 78회전판(Standard playing)

RDb = $33\frac{1}{3}$ 회전판(Long playing)

RDe = 45회전판(Extended playing)

RDc = Compact disc

테이프자료의 별치기호

RT	=	사운드 테이프(Tape)
RTo	=	사운드 테이프 릴(Open reel tape)
RTc	=	사운드 테이프 카세트(Cassette tape)
RTk	=	사운드 테이프 카트리지(Cartridge tape)
RTr	=	사운드 테이프 롤(Roll)
RTt	=	사운드 트랙 필름(Sound track film)

고정식배가법은 디스크자료와 테이프자료에 공통적으로 적용될 수 있는 것도 있지만 테이프에만 적용될 수 있는 것도 있다.

(1) 별치기호+수입순

각각의 별치기호에 숫자에 의한 수입순번호로 배가위치를 결정한다.

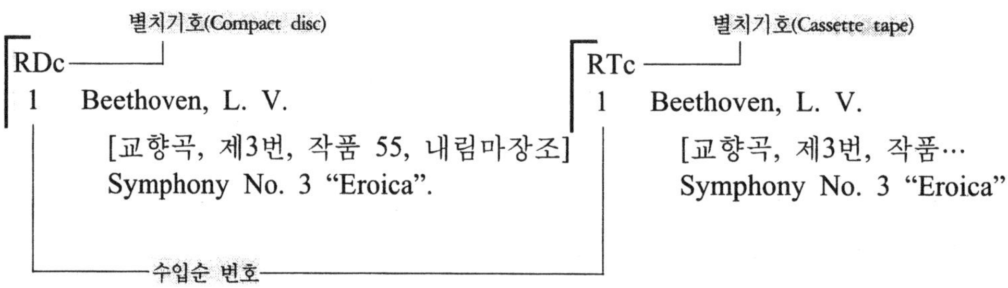

용기가 각각 다른 오픈릴(open reel)을 함께 배열하는 경우는 별치기호 'TO'에 수입순번호로 배가하고, 릴의 크기별로 배열 관리할 필요가 있을 때는 별치기호 'T'(오디오 테이프)와 릴의 직경을 혼합하여 작성하고, 다시 동일 규격의 릴을 수입순으로 배가하는 방법이 있다. 크기의 종별은 ① 13 cm권(종 25 cm, 횡 21 cm), ② 18 cm권(종 20 cm, 횡 21 cm), ③ 대형으로 구분한다.

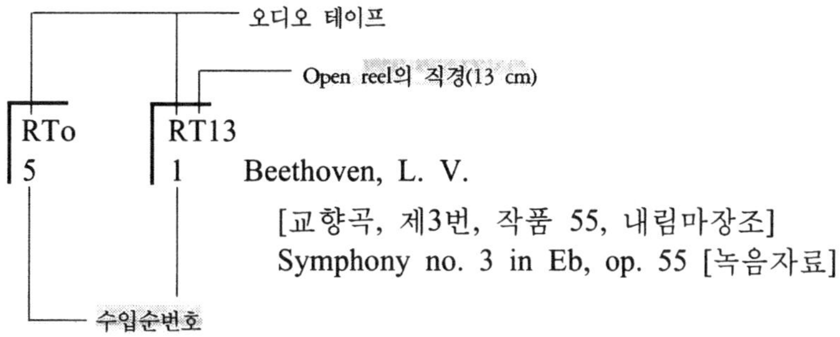

(2) 별치기호+녹음속도+track수+내용의 수록위치

이것은 Allen Cohen에 의해 제시된 방법으로 도식하면 다음과 같다.

테이프자료는 별치기호(보관된 함번호/서가번호)에 녹음속도와 트랙수 및 녹음 기록계상에 나타난 각 수록내용의 시작과 끝 번호를 조합하여 작성하므로 청구번호로 자료 내의 각 곡의 위치를 바로 확인할 수 있게 하였다.

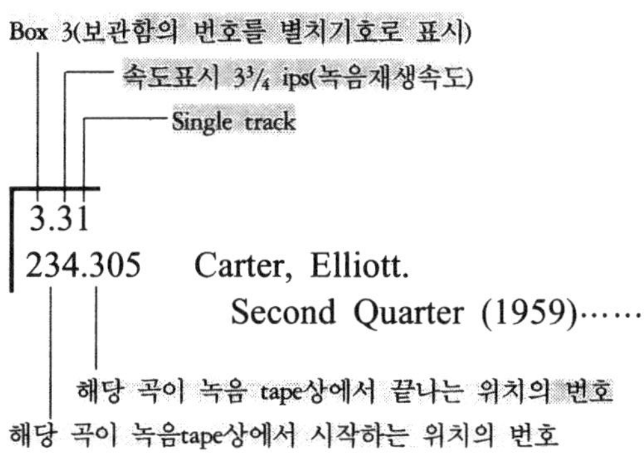

디스크자료는 별치기호(문자)에 회전속도별 표시를 하고, 동일한 회전속도에서 수입순번호로 작성하여 청구번호에서 녹음방식별에 따른 종류를 확인할 수 있게 하였다.

디스크의 별치기호
회전수(33⅓ rpm)

RD.33
1 Beethoven, L. V.
[교향곡, 제3번, 작품 55, 내림마장조]

수입순번호

(3) 별치기호+릴의 크기+녹음속도+트랙수+수입순

이는 릴로 된 테이프자료에 주로 사용되는 방법으로 용기나 형태별에 따른 별치기호에 릴의 크기, 테이프의 진행속도, 트랙수, 수입순 번호로 청구기호(배가위치)를 작성하여 동일한 특성을 가진 릴이 한 곳에 모이게 하고 또한 청구기호만으로도 테이프의 특성을 바로 확인할 수 있게 하였다.

TR = Reel tape의 별치기호(용기나 형태별)
5 = Reel의 직경 5 inch(12.5 cm)(릴의 크기)
. = 직경표시와 속도의 구분
3 = 진행속도표시 3¾ ips(9.5 cm/sec.)(테이프의 재생속도)
2 = Track표시(Double track)(트랙수)

RTr5.32
15 Beethoven, L. V.
[교향곡, 제3번, 작품 55 내림마장조]
Symphony no. 3 in Eb, op. 55 [녹음자료]

수입순번호

「고정식배가법의 단점」

- 동일주제의 자료가 같은 곳에 함께 배가되지 않는다.
- 입수시기가 다른 복본이 상이한 청구기호를 가지기 때문에 서로 다른 위치에 배가된다.
- 자료에 대한 주제의 접근은 목록을 통해서만 가능하다.
- 중앙집중식 목록작성이 어렵다.

2) 상관식배가

상관식배가는 녹음자료에 수록되어 있는 내용의 주제나 형식에 따라 해당 분류번호(DDC, KDC 등)를 주어 배가하는 방법으로 형태별이나 용기별에 의한 별치기호에 분류기호와 도서기호순으로 배열되게 한 것이다.

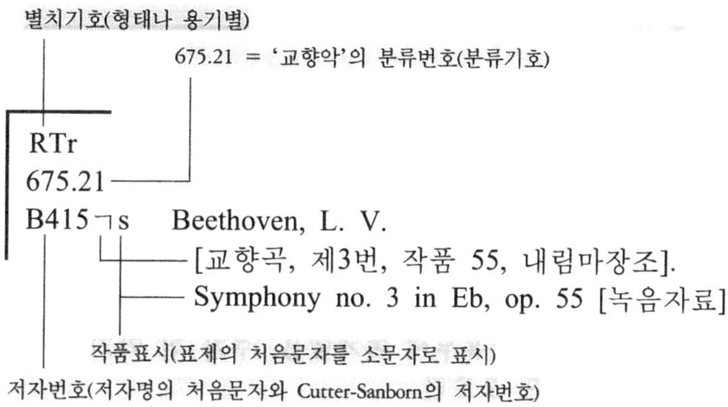

분류순에 의한 상관식배가법은 주제별에 의한 합리적인 배가법이기는 하나 한국에서 주로 사용되고 있는 KDC 670-679나 DDC 780-789는 주로 클래식을 위한 분류번호라는 점 때문에 모든 장르의 녹음자료 분류에 적용이 어렵게 되어 있고, 또한 기술의 발전으로 하나의 녹음자료에 수 개의 주제를 가진 내용이 수록되어 있는 경우 효과적으로 정리할 수 없다는 한계가 있다. 그러나 도서자료와 동일한 분류체계를 사용한다는 점에서 모든 자료를 동일 주제를 가진 분류번호에서 함께 확인할 수 있다는 장점이 있다.

상관식으로 배가하는 도서관에서는 분류표의 분류체계에 보다 세분된 분류를 위한 임의적인 구분번호를 부가시켜 사용하기도 하고, 완전히 독자적인 분류표를 제작하여 사용하기도 한다.

(1) 녹음자료 전용 분류체계

오디오자료정리용 분류체계(小川昴 **제작**)

0 총기　　　　5 기악합주

1	성악	6	방악(邦樂: 일본고유음악)
2	종교음악	7	연예
3	기악독주	8	연극
4	기악중주	9	특수

NHK레코드 분류표(東京文化會館)

총기

A1 잡집
A2 전집
A3 음악사
A9 전기(電氣)적, 기계적 처리에 의한 작품

기악곡

B1 雜曲
독주(반주유무에 관계없음, 주가 된 악기 아래에 분류)
B2 파이프 오르간
B3 리도 오르간
B4 피아노
B4.2 소나타
B5 아코오디언
B6 하프스코트 등
B8 바이올린
B9 비올라
B10 첼로
B11 콘트라베이스
B12 기타 현악기
B13 플루우트(flute), 피콜로(piccolo)

(2) 대표적인 분류표 중의 음악분류체계

한국십진분류표(음악영역)

670	음악	675	기악합주
671	음악이론 및 기법	676	건반악기
672	종교음악	677	현악기
673	성악	678	취주악기, 타악기
674	극음악	679	국악

미국의회도서관 분류체계(음악영역)

CLASS M--MUSIC

M Music

5-1459 Instrumental music
6-175 One instrument without accompaniment
177-986 Two or more also instruments
Including chamber music not orchestra
1000-1356 Orchestral music
1495-2199 Vocal music
1497-1998 Secular vocal music
1500-1527 Dramatic music
1530-1610 Choral music, part songs, etc.
1611-1626 Songs for one voice
1627-1985 Songs (Part and solo)
1627-1853 National music
Including primitive, folk, traditional, patriotic, political, and typical music, with or without accompaniment, and with or without words
1999-2199 Sacred vocal music
2000-2017 Oratorios, masses, services, etc.
2018-2101 Cantatas, anthems, part songs
2102-2114 Songs for one voice
2115-2146 Hymn, psalm, and choral books
2147-2188 Liturgy and ritual
2198-2199 Temperance, revival, rescue, and gospel songs

ML Literature of music

48-54 Librettos(texts for music)
111-158 Bibliography
155.3-158 Phonorecords
159-3795 History and criticism
Including biographics of individual composers
460-1354 Instruments and instrumental music
1100-1354 Chamber and orchestral music, Band(military music)
1400-3275 Vocal music
1500-1554 Choral music(sacred and secular)
1600-2862 Secular vocal music
Including dramatic music, cantatas, songs (part and solo)
2900-3297 Sacred vocal music

Including church music, oratorios, cantatas.

3400-3465 Dance music

3545-3776 National music

3800-3923 Philosophy and physics of music

Including physiology, psychology, color and music, aesthetics, ethics, therapeutics

3930 Juvenile literature

MT Music instruction and study

40-67 Composition

Including rhythm, scales, melody, harmony, modulation, counterpoint

68 Improvisation

70-86 Orchestra and orchestration, conducting, etc.

90-145 Analytical guides, etc.(Hermeneutics)

How to listen to and how to understand special musical compositions. For historical, biographical, critical, or aesthetic works, see MLA10 under the composer.

170-810 Instrumental technics

920-949 Singing and voice culture

955-960 Production of opera. Music in theaters

이들 분류체계는 클래식 이외의 장르에 대한 배려가 없다. 대중음악이라 불려지는 재즈, 록, 포크, 샹송과 칸쪼네(canzone), 그 외 새롭게 나타나는 음악장르들도 음악의 중요한 한 영역으로 분류되어야 한다. 이들 자료는 클래식 음악처럼 악곡형식이나 연주수단에 의한 분류나 주제 또는 작곡자에 의한 자료조직과는 달리 연주자를 중심한 자료조직을 통한 검색을 먼저 생각해야 한다. 그래서 클래식 음악을 중심한 기존의 분류표에 다양한 음악의 장르가 분류될 수 있는 강(綱), 목에 해당하는 분류번호를 배정할 필요가 있고, 독립된 분류체계에는 류(類)에 해당하는 분류번호를 배정할 필요가 있다. 다음에 팝송과 비음악자료에 대한 분류체계에서 고려해야 할 구분을 생각해 보았다.

경음악

-00 포퓰러곡(popular song)

-10 보컬(vocal)

-20 재즈(jazz)

-30 로큰롤(rock'n'roll), 포크(folk), 브레스, 소울(soul music) 등
-40 라틴아메리카음악(latin American music), 포르크로레
-50 웨스턴음악(western music), 하와이안음악(Hawaiian music)
-60 댄스음악(dance music)
-70 영화음악
-80 샹송, 칸쪼네(canzone)
-90 경음악(輕 歌曲): 학교창가, 학생가, 노동가, 군가, 가요곡

비음악

-00 연극, 연예
-10 가면극, 인형극
-20 신극, 신파, 근대극, 국극
-30 희극, 경연극(經演劇), 오페레타
-40 방송극
-50 아동극, 학교 극
-60 외국극(歌舞伎 등 일본고전음악 포함)
-70 강담(講談), 만담
-80 시가(詩歌)의 낭송낭독(朗誦 朗讀)
-90 이야기, 각본낭독, 영화설명

-00 특수
-10 경문(經文), 설교(說敎), 법화(法話) 등
-20 강연, 강의, 연설, 대담, 좌담회
-30 실황기록
-40 자연음의 기록
-50 기계음, 인공 음(효과음 포함)
-60 체육, 유희

-00 어학
-10 한국어
-20 중국어
-30 일본어

-40 영어
-50 독일어
-60 프랑스어
-70 스페인어
-80 이탈리아어
-90 기타 외국어

2.5. 녹음자료의 목록

2.5.1. 녹음자료 목록의 의의

녹음자료는 한 자료에 1개 작품에서부터 많게는 수십 개의 작품을 수록하고, 개개 작품에는 작곡자를 비롯한 작사자, 연주자, 연설자, 설화자, 제작자 등 다양한 역할의 저작자가 포함되어 있으며, 또한 한 작품에 대한 표제도 수 개의 언어를 동시에 나타내고 있는가 하면, 동일한 언어로도 생산기관에 따라 각각 다르게 표현되고 있다. 이렇게 다양한 표제와 저작자에 관해 기술하고, 검색을 위한 목록을 작성해야 하기 때문에 단행본에 비해 기술사항이 복잡하고, 보다 많은 접근점(표목)을 위한 목록을 필요로 한다. 이외도 발행과 보급(배급), 그리고 제작 등에 관한 사항, 형태별에 따른 외형적인 다양한 특수사항, 음반번호를 비롯한 발행자의 상표 등의 기술로 편리하고 신속한 검색은 물론 정확한 정보제공을 위한 목록이 되게 해야 한다.

특히 클래식 음악자료가 주종인 전문도서관이나 폐가제 열람방식을 채택하고 있는 도서관에서는 해당 자료의 검색을 위한 보다 상세한 접근점(표목)으로 각종 목록을 편성해야 하고, 다양하게 제공하고 있는 기술사항의 정확한 기록으로 자료에 대한 사서(辭書)의 기능을 감당할 수 있는 목록기술이 되어야 한다.

자료의 주종을 이루는 내용의 종류가 클래식, 팝 음악 또는 비음악이냐에 따라 클래식일 경우는 각 작품의 작곡자, 곡명, 연주자로부터 검색할 수 있는 목록편성이 필요하고, 팝 음악 특히 재즈음악에 있어서는 편곡에 의한 연주로 변화가 많고, 같은 편곡이라도 연주그룹에 따라 선호도에 차이가 있기 때문에 작곡자보다는 연주자 중심의 목록편성이 필요하다. 비음악자료, 특히 어학학습을 위한 테이프나 카세트는 언어별, 수준별 또는 용도별 등이 배열의 기준이 되어야 하고, 또한 검색을 위한 요어(key word)로 편성되어야 한다.

이용대상자의 수준과 이용목적에 따라 전문인(음악연구자나 음악가 등)인 경우는 특정 작곡가와 연주자 그리고 지휘자의 연주곡, 음악사적인 주제별 등 이들 요구에 합당한 목록의 상세한 기술과 표목을 필요로 하고, 일반인일 경우는 작품명이 주된 검색어가 되고 더 필요한 경우는 작곡자, 연주자 정도의 표목을 생각할 수 있다.

이용자의 언어적인 이해정도에 따라 전문도서관에서는 국제적으로 널리 알려진 외국어를 포함한 기술언어로 목록을 작성하여야 하고, 비전문 도서관에서는 자국어에 의한 기술언어로 작성할 수도 있다.

녹음자료의 목록작성은 일관성과 호환성이 고려된 목록규칙에 따른 통일성이 선행되어야 한다. 녹음자료는 단행본자료의 목록원칙을 근간으로 하여 녹음자료가 가진 특수성을 고려한 것이기 때문에 해당 도서관이 정리에 적용하고 있는 목록규칙에 따라 기술사항, 기술형식, 기술수준, 사용언어 등 목록작성을 위한 기본방침을 먼저 정해야 한다.

「목록의 종류」

- 저자명목록: 작곡자, 작사자, 편곡자, 저자(비음악자료) 등
- 연주자목록: 독주자, 연주단체, 지휘자, 낭독자, 구술자, 설화자, 대담자, 나레이터 등
- 주제명목록: 주제명(인명, 지명... 등 포함)
- 표제목록: 본표제, 별표제, 통일표제, 대등표제, 편제, 부표제, 총서표제, 원작표제, 내용표제 등
- 분류목록: 분류번호(자료정리를 분류순에 의할 때)
- 제작자목록: 녹음자, 채록자, 연출자, 감독자 등

1) 기술수준

기술수준의 정도는 자료관의 인력과 경제적인 요인과도 직결되기 때문에 이용목적에 따라 보존자료와 열람자료로 구분하여 기술수준의 상세정도를 결정해야 한다. 수량이 적고, 개가제열람방식과 대출중심인 경우에는 자료의 수명이 짧기 때문에 간단한 목록의 기술수

준을 취해야 한다. 이때는 검색만을 위한 표목 위주의 간략한 기술수준으로 목록하거나 등록대장의 성격을 가진 기장식 목록으로 활용하기도 한다. 그러나 소장량이 많고, 폐가제에 의한 관내열람과 전문인을 위한 보존자료인 경우는 장기적으로 유용하게 활용될 수 있는 자료조직을 생각해야 하기 때문에 보다 상세한 기술수준으로 목록해야 한다.

결정된 기술수준은 간략형 목록과 상세형 목록에 필요한 기술사항, 그리고 기술형식을 미리 표로 제시하여 기술수준별에 따른 목록의 통일을 기해야 한다.

2) 언어와 문자

목록기술에 사용될 문자를 하나의 국어로 통일할 것인지, 자료에 나타난 기재사항의 문자를 모두 사용할 것인지 또는 자국어나 영어만을 사용할 것인지, 자국어와 영어를 병용할 것인지를 결정해야 한다. 이러한 것은 이용자의 수준에 따라 결정하되, 공공도서관이나 학교도서관은 자국어로 기술하고, 음악전문도서관은 국제적으로 가장 많이 사용되는 영어나 자료의 으뜸정보원에 나타난 사용 가능한 모든 언어로 기술한다. 하나의 언어로 통일할 때는 해당 국어의 통일된 표기법을 사용해야 하고, 사용된 표기법에 대한 정확한 안내로 검색에 불편이 없도록 해야 한다.

3) 정보원

녹음자료는 하나의 자료에도 정보원에 따라 다양한 형태로 표제나 저작자 등의 기술사항을 나타내고 있기 때문에 통일성 있는 목록을 위해서는 정보원의 중요도를 고려하여 으뜸정보원을 비롯한 관계된 정보원의 순서를 정해두는 것이 필요하다. 다음은 각 규칙에서 정한 정보원의 순서를 참조하여 으뜸정보원과 관계된 정보원의 순서를 정한 것이다.

「**정보원의 우선순위**」(K4.6.0.3.1;A2.6.0B1)

(a) 레이블(label)

디스크형태 : 디스크와 레이블

오픈 릴 테이프 : 릴과 레이블

테이프 카세트 : 카세트와 레이블

테이프 카트리지 : 카트리지와 레이블

롤(Roll) : 레이블

필름에 수록된 녹음자료 : 용기와 레이블

(b) 딸림문서자료(딸림자료)

(c) 용기(container: sleeve, box)

(d) 기타정보원

「사항별 정보원」(K4.6.0.3.2;A2.6.0B2)

- 표제와 책임표시사항 : 으뜸정보원
- 판사항 : 으뜸정보원, 딸림문서자료(딸림자료), 용기
- 발행, 배포 등 사항 : 으뜸정보원, 딸림문서자료(딸림자료), 용기
- 형태사항 : 해당 자료 자체
- 시리즈사항 : 으뜸정보원, 딸림문서자료(딸림자료), 용기
- 주기사항 : 모든 정보원
- 표준번호, 구득조건 등 : 모든 정보원

2.5.2. KORMARC: 녹음자료

1. KORMARC의 설계원칙 → 별책 설계원칙 참조
2. 리더(Leader) 〈M〉NR → 별책 리더(leader) 참조
3. 디렉토리(Directory) 〈M〉NR → 별책 디렉토리(directory) 참조
4. 제어필드(00X)

001 제어번호(Control Number) <M>NR → 별책 001필드 참조

003 제어번호 식별기호(Control Number Identifier) <M>NR → 별책 003필드 참조

005 최종처리일시(Date and Time of Latest Transaction) <M>NR → 별책 005필드 참조

006 부호화정보필드－부가적 자료특성(Fixed-Length Data Elements－Additional Material Characteristics) <A>R

자료에 다른 형태자료가 포함되어 있거나 딸림자료가 있는 경우 이에 관한 정보를 나타내기 위해 00-13까지 14자리로 구성한다. 첫 번째 자리 00(1자리)은 다른 형태자료나 딸림자료의 형태를 표시하고, 01-13(13자리)은 008필드의 18-25, 29-31, 33-34자리의 내용을 표시한다.

「음악/녹음자료」

자수위치	데이터요소	자수위치	데이터요소
00	음악/녹음자료의 자료형태 c-인쇄악보(필사악보 이외의 악보 d-필사악보 i-녹음자료(비음악) j-녹음자료(음악)	05	이용대상자(008/22 이용대상자 수준)
		06	자료의 형태(008/23 자료의 형태)
		07-08	딸림자료(008/24-25 딸림자료)
01-02	작곡형식(008/18-19 작곡형식)	09	미정의(008/29 미정의)
03	악보형식(008/20 악보형식)	10-11	녹음자료의 내용(008/30-31 녹음자료내용)
04	미정의(008/21 미정의)	12-13	미정의(008/33-34 미정의)

006 csnbebbb||bb

007 **형태기술필드**(Physical Description Fixed Field) <O>R

녹음자료의 형태사항에 관한 정보를 부호화하기 위한 필드로 00-13자리까지 모두 14자리의 고정길이필드로 구성된다. 첫 번째 00자리(자료의 범주)를 's'로 하고, 01-13자리까지 모두 13자리는 데이터요소의 해당 문자부호로 구성된다.

자수위치	자리수	데이터명	데 이 터 요 소
00	1	자료범주표시	s-녹음자료
01	1	특정자료종별	d-음반(디스크). e-실린더. g-음향 카트리지. i-음향 트랙필름. q-롤. s-음향카세트. t-음향 테이프 릴. u-자료를 특정화 하지 않음. w-전선녹음(wire recording). z-기타. | -부호화 않음.
02	1	미정의	b-빈칸
03	1	속도	*디스크*: a-16 rpm. b-33⅓ rpm. c-45 rpm. d-78 rpm. e-8 rpm. f-1.4 m. per sec.(컴팩트디스크) *실린더*: h-120 rpm. i-160 rpm *테이프*: k-$^{15}/_{16}$ ips(미니 카세트). l-1⅞ ips(표준 카세트). m-3¾ ips(표준 카트리지). o-7½ ips. p-15 ips. r-30 ips u-미상. z-기타. | -부호화 않음.

자수위치	자리수	데이터명	데 이 터 요 소
04	1	녹음재생형태	m－단음. q－4채널음. s－스테레오. u－미상. z-기타. ㅣ－부호화 않음.
05	1	음구의 폭/높이	m－미세형(디스크: 16, $33\frac{1}{3}$, 45 rpm, 실린더 160 rpm). n－적용불가(테이프, 컴팩트 오디오 디스크). s－표준형/굵은음구(디스크-78 rpm, 실린더-120 rpm). u－미상. z－기타. ㅣ－부호화 않음.
06	1	크기	*릴 및 디스크*(직경): a－3 in. b－5 in. c－7 in. d－10 in. e－12 in. f－16 in. g－$4\frac{1}{3}$ in (12 cm: 컴팩트디스크) *카세트*(가로×세로): j－$3\frac{7}{8}\times2\frac{1}{3}$ in *카트리지*(가로×세로): o－$5\frac{1}{4}\times3\frac{7}{8}$ in *실린더*(직경×높이): s－$2\frac{3}{4}\times4$ in n－적용불가(릴, 디스크, 카세트, 카트리지, 실린더 이외의 녹음자료). u－미상. z－기타. ㅣ－부호화 않음.
07	1	테이프의 폭	l－$\frac{1}{8}$ in(대부분의 카세트). m－$\frac{1}{4}$ in(일부 상용 테이프 릴과 대부분의 8트랙 카트리지). n－적용불가. o－$\frac{1}{2}$ in(일반 스튜디오에서 사용하는 상용 테이프와 일부 8트랙 카트리지). p－1 in (스튜디오 테이프와 일부 8트랙 카트리지). u－미상. z－기타. ㅣ－부호화 않음.
08	1	테이프 트랙의 수	a－1 트랙(full). b－2 트랙(Half). c－4 트랙(표준카세트). d－8 트랙(상용 카트리지). e－12 트랙. f－16 트랙. n－적용불가. u－미상. z－기타. ㅣ－부호화 않음.
09	1	음반, 실린더, 테이프의 종류	a－마스터 테이프. b－테이프 복제 마스터. d－음반 마스터(음각). i－현장녹음. m－상업용 제작. n－적용불가. r－Mother(양각). s－Stamper(음각). t－테스트용 제작. u－미상. z－기타. ㅣ－부호화 않음.
10	1	재질	a－칠(라카). l－금속. m－금속 및 플라스틱. n－적용불가. p－플라스틱. s－도료(shellac). w－왁스(Wax). u－미상. ㅣ－부호화 않음.
11	1	음구의 깎임 종류	h－삼각골형 깎임. l－측면 또는 측면수직형 깎임. n－적용불가(컴팩트디스크에 해당). u－미상. ㅣ－부호화 않음.
12	1	특수재생장치 특성	a－미국방송가협회(NAB)표준. b－CCIR표준. c-돌비 B(표준돌비). d－dbx(잡음감소). e－디지탈녹음(컴팩트 디스크). f－돌비 A. g－돌비 C. h－CX . n－적용불가. u－미상. z－기타. ㅣ－부호화 않음.
13	1	녹음/저장 (capture)기법	a－직접녹음(전자/전기매체를 사용치 않고 취음용장치사용 1927-29년에 사용한 방법. 흡음판 사용). b－직접녹음(전자매체 사용. 흡음판을 사용하지 않음). d－디지털 녹음. e－아날로그 전기적 녹음(1940년부터 1980년대 초까지 사용한 방법). u－미상. z－기타. ㅣ－부호화 않음.

「녹음자료의 형태기술필드를 도식화한 예」

Tag

00(1자리: 자료범주표시): s－녹음자료
01(1자리: 특정자료종별: Specific material designation): d－디스크
02(1자리: 미정의): ƀ－미정
03(1자리: 속도): b－33⅓ rpm
04(1자리: 녹음재생형태): s－스테레오
05(1자리: 음구의 폭/높이): m－미세형
06(1자리: 크기): b－5 in.

007 sdƀbsmbnnmplnu

13(1자리: 녹음/저장(capture)기법): u－미상
12(1자리: 특수재생장치특성): n－적용불가
11(1자리: 음구의 깎임 종류): l－측면 또는 측면수직형 깎임
10(1자리: 재질): p－플라스틱
09(1자리: 디스크, 실린더, 테이프의 종류): m－상업용제작
08(1자리: 테이프 트랙의 수): n－적용불가
07(1자리: 테이프 폭): n－적용불가

008 부호화정보필드(Fixed-Length Data Elements) <(M)>NR

녹음자료의 레코드 전반과 서지적인 특성에 대한 정보를 데이터관리와 검색에 편리하도록 부호화하여 나타낸 00-39자리까지 40자리의 고정장필드로 되어 있다. 자수위치 00-17, 26-28, 32, 35-39는 모든 형태자료에서 공통으로 적용되는 것이기 때문에 별책 008 필드를 참조하고 녹음자료에만 적용되는 18-25, 29-31, 33-34를 다음 표에 나타내었다.

자수위치	자리수	데이터명	데 이 터 요 소
00-05	6	입력일자 (공통)	자동생성
06-14	9	공 통	06: 발행년유형. 07-10(4자리): 발행년1. 11-14(4자리): 발행년2.
15-17	3	발행국명 (공통)	부속서1 **발행국명부호표** 참조
18-19	2	작곡형식 (006/01-02)	an－축가, 국가. bd－발라드곡 bg－블루글레스 음악. bl－블루우즈. bt－발레곡. ca－샤콘느. cb－기타 종교성가(기독교 이외). cc－기독교 성가. cg－합주협주곡. ch－합창곡. cl－합창전주곡. cn－캐논 및 론도, 전칙곡(典則曲). co－협주곡. cp－다성의 샹송. cr－캐럴. cs－우연성작곡(Chance compositions). ct－칸타타. cy－컨츄리음악. cz－칸초네. df－무용음악. dv－희유곡, 세레나데. fg－둔주곡. fm－해외민속음악. ft－환상곡. gm－복음성가. hy－찬가. jz－재즈.

자수위치	자리수	데이터명	데 이 터 요 소
18-19	2	작곡형식 (006/01-02)	국악: ka－제례악. kb－연례악. kc－거동음악. kd－가사. ke－시조. kf－판소리. kg－단가. kh－병창. ki－통속민요. kj－잡가. kk－토속민요. kl－산조. km－시나위. kn－봉장취. ko－농악. kp－향제 대풍류. kq－삼현육각. kr－불교음악. ks－무속음악. kt－연회. ku－한국가곡. kv－한국대중음악. mc－음악풍자희극. md－연가. mi－미뉴에트. mo－경문가. mp－영화음악. mr－행진곡. ms－미사곡. mu－복합형식. mz－마주르카. nc－야상곡. nn－적용불가. op－오페라. or－오라토리오. ov－서곡 및 전주곡. pg－표제음악. pm－예수 수난곡. po－폴로네이즈. pp－해외대중음악. pr－전주곡. ps－파사칼리아. pt－합창곡. pv－파반느. rc－록음악. rd－론도. rg－랙타임음악. ri－리체르카레(기교적 작곡). rp－랩소디. rq－진혼곡. sd－스퀘어댄스곡. sg－가곡. sn－소나타. sp－교향시. st－연습곡. su－조곡. sy－교향곡. tc－토카타. ts－트리오 소나타. uu－미상. vr－변주곡. wz－활츠. zz－기타. ǁ－부호화 않음.
20	1	악보형식	a－총보. b－미니어처 악보/학습용 악보. c－건반악기 반주보. d－성악보(voice score). e－간략한 악보/지휘용 피아노총보. g－성악악보(close score). h－국악보. m－복수총보. n－적용불가. u－미상. z－기타. ǀ－부호화 않음.
21	1	미정의	빈칸(ƀ). ǀ－부호화 않음.
22	1	이용대상자 수준 (006 /05)	ƀ－일반이용자. a－취학전 아동. b－초등학생. c－중학생. d－고등학생. e－성인용. f－특수계층. j－아동용. z－미상 또는 세분하지 않는 경우. ǀ－부호화 않음.
23	1	자료의 형태 (006 /06)	ƀ－기타. a－마이크로필름. b－마이크로피시. c－마이크로오파크. d－큰활자인쇄자료. f－점자자료. r－복제자료. s－전자자료. ǀ－부호화 않음.
24-25	2	딸림자료(006/07-08)	ƀ－딸림자료 없음. a－음반(디스크)목록. b－서지. c－주제색인. d－가사, 대본. e－작곡가나 저작자의 소개. f－연주자의 소개. g－악기의 기술적인 혹은 역사적인 정보/사료. h－음악작품의 기술자료. i－음악작품의 사료. k－민족음악자료. r－교재. s－악보. z－기타. ǀ－부호화 않음.
26-27	2	한국대학 부호(공통)	부속서2 **한국대학부호표** 참조.
28	1	수정레코드 (공통)	ƀ－변형없음. b－문자를 빈칸(ƀ)으로 입력한 경우. h－한자를 한글로 입력한 경우. r－로마자 이외의 문자를 로마자로 입력한 경우. s－레코드의 단축. x－한자 이외의 문자를 한글로 변형 입력한 경우. ǀ－부호화 않음.
29	1	빈칸	빈칸(ƀ) ǀ－부호화하지 않음.
30-31	2	녹음자료의 내용 (006/10-11)	ƀ－음악녹음자료. a－자서전. b－전기. c－회의록. d－희곡, 연극. e－수필. f－소설. g－보고서. h－역사. i－사용법. j－언어교육. k－희극. l－강연, 연설. m－회고록. n－적용불가. o－설화. p－시. r－리허설, 예연. s－소리. t－면담. z－기타. ǀ－부호화 않음.
32	1	목록전거 (공통)	ƀ－국립중앙도서관. c－협력기관(국립중앙도서관 이외). d－기타기관. u－미상. ǀ－부호화 않음.
33-34	2	빈칸	빈칸(ƀƀ). ǀ－부호화 않음.

자수위치	자리수	데이터명	데 이 터 요 소
35-37	3	언어 (공통)	부속서 3 언어구분부호 참조. bbb－미정의(빈칸). mul－복수(다수)언어. und－미상. lll－부호화 않음.
38-39	2	한국정부 기관부호(공통)	부속서4 **한국정부기관부호** 참조

「녹음자료의 부호화정보필드의 도식화 예」

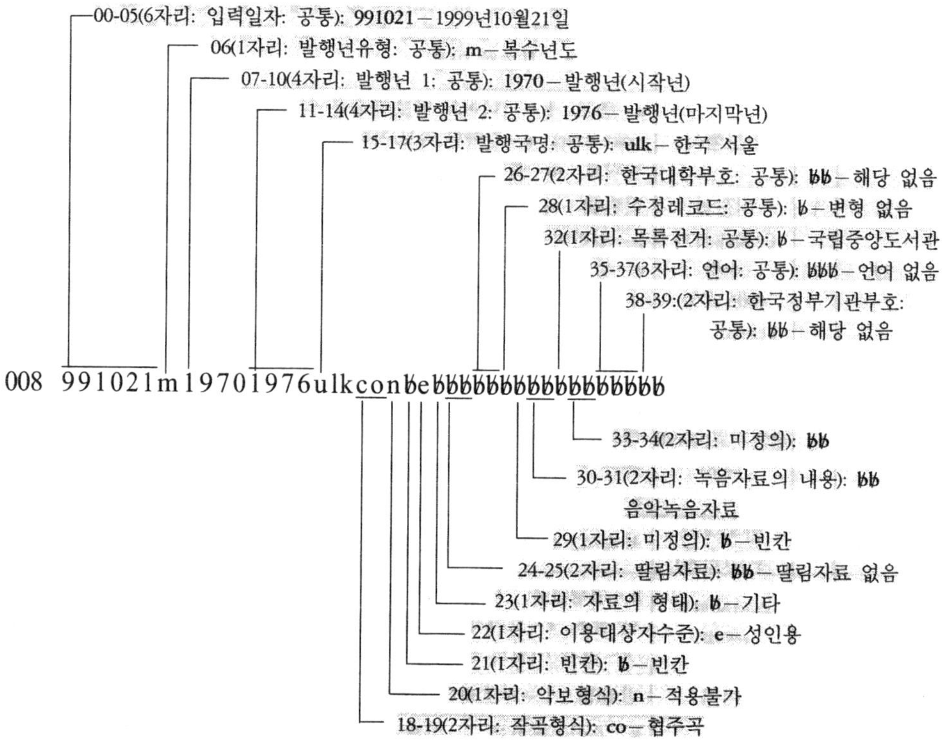

5. 숫자적 필드(01X-09X)

010 미국국회도서관 제어번호(Library of Congress Control Number) <A>NR → 별책 010필드 참조

012 국립중앙도서관 제어번호(The National Library of Korea Control Number) <A>NR → 별책 012필드 참조

016 국가서지기관 제어번호(National Bibliographic Agency Control Number) <A>R → 별책 016필드 참조

017 저작권 등록번호(Copyright Registration Number) <O>R → 별책 017 필드 참조

020 국제표준도서번호(International Standard Book Number: ISBN) <A>R → 별책 020필드 참조

024 기타 표준번호(Other Standard Identifier) <A>R → 별책 024필드 참조

028 녹음, 녹화, 음악관련 발행자번호(Publisher Number) <A>R

음반, 비디오녹화자료, 인쇄된 악보, 음악 관련 자료의 정형화된 형식으로 나타낸 발행자(처)번호를 기술한다(K4.6.7.3.19;A2.6.7B19). 정형화되지 않은 발행자(처)번호는 500필드에 기술하고, 재고번호로 알려진 번호는 037필드에 기술한다.

제1지시	아래 제1지시기호 참조	제2지시	0-주기표시 않음/부출 않음. 1-주기표시/부출함. 2-주기표시하고/부출 않음. 3-주기표시 않음/부출함.
식별	▾a-발행처번호.	▾b-발행처번호의 정보원.	▾8-필드 링크와 일련번호(R).

제1지시기호	표출어(자동생성)	영어표출어(입력)
0-	발행번호:	Issue number:
1-	매트릭스번호:	Matrix number:
2-	플레이트번호:	Plate number:
3-	기타 음악자료번호:	Other music number:
4-	비디오 녹화자료번호:	Videorecording number:
5-	기타 발행자번호:	Other publisher number:
8-	표출어를 생성하지 않음	

028 01 ▾**a**JG02919-JG02942 ▾**b**Jigu

└ 발행자번호

└ 정보원: 녹음자료는 보통 상표나 발행자명
비디오녹화자료는 라벨명
악보는 발행처명을 기재

028 01 ▾ aSAP-7002 ▾ b서울음반
<출력> 발행번호: SAP-7002 : 서울음반
└ 발행번호의 정보원은 ':'으로 구분 출력
└ 발행번호는 제1지시기호에 의해 자동 생성

028 01 ▾ aM35073

028 01 ▾ a3300643 MC 027 ▾ b성음

028 11 ▾ a256A090 ▾ bDeutsche Grammophon Gesellschaft
<출력> 매트릭스번호: 256A090 : Deutsche Grammophon Gesellschaft
└ 정보원의 구분부호 ':'은 출력시 자동 생성
└ 제1지시기호에 의해 해당 번호명의 표출어 자동 생성

┌ 제1지시기호 '8'은 규정으로 정형화되지 않은 표출어(영어)를 입력할 때 지시
028 80 ▾ aIssue number: MS 6379 (stereo) : ▾ bColumbia
028 80 ▾ aIssue number: ML 5779 (monoaural) : ▾ bColumbia
└ 한 자료가 두 개 이상의 번호를 가지고 있을 때는 028필드를 반복 기술

028 01 ▾ aSVOX 5416-5421 : ▾ b복스
└ 2매 이상의 조 번호는 '-'로 연결 기재

028 10 ▾ aWL 5068/5143 : ▾ bColumbia
└ 3매 이상은 '처음/마지막 번호'로 기재

028 10 ▾ aXRANKXI (SRANKA-7) : ▾ b트프랭크
└ Album이나 Set번호가 오디오번호와 함께 있을 때는 오디오번호를 ()로 기재

녹음자료가 동일한 명칭으로 계속 발행되고 있을 때는 028필드에 디스크번호와 함께 Series번호를 기재한다.

033 **촬영/녹음 일시와 장소**(Date/Time and Place of an Event) <(O)>R → 별책 033필드 참조

녹음, 촬영, 공연, 방송, 발견 등과 관련된 일시와 장소를 규정된 부호로 기술하고, 해당 사항을 518필드에 설명주기한다.

┌ ❶: ƀ-일시에 대한 정보 없음. 0-단일 일시. 1-다수 일시. 2-일시의 범위
┌ ❷: ƀ-해당 정보 없음. 0-포착. 1-방송. 2-발견
033 ❶❷ ▾ 3자료 범위지정 ▾ a정형화된 일시(YYYYMMDDhhmm)(R) ▾ b지역부호(R) ▾ c지역세분부호(R)
518 ƀƀ ▾ a녹음일시와 장소를 설명주기

┌─ ❶: 0- 단일일시일 경우 지시
│ ┌─ ❷: 0- 녹음에 관련된 일시와 장소인 경우 지시
│ │ ┌─ 녹음일시는 날짜와 시간을 정형화된 형식(연속기재)으로 기재
│ │ │ ┌─ 영일군지역부호(부속서 5. **한국지역구분부호표** 참조)

033 00 ▾a19990728 ▾b42750
518 ꟗꟗ ▾a1999년 7월 28일 영월군에서 채록
└─ 033필드의 정형화된 부호와 연계된 설명주기

┌─ 녹음일시와 장소가 2곳 이상인 경우는 '▾a'와 '▾b'를 반복 기재

033 00 ▾a20020209 ▾a20020302 ▾b2700 ▾b2600
518 ꟗꟗ ▾a2002년 2월 9일 대구시민회관에서, 2002년 3월 2일 부산시민회관에서 채록

┌─ 외국 지명(부속서 6. **외국지역구분부호표** 참조)

033 0ꟗ ▾a19770115 ▾a19770210 ▾bn-us
518 ꟗꟗ ▾aRecorded in Philadelphia and New York on January 15 and February 10, 1977

518 ꟗꟗ ▾aRecorded in Vienna in 1961, previously released as WST 17035

035 협력기관 제어번호(System Control Number) <O>R → 별책 035필드 참조

037 입수처(Source of Acquisition) <O>R → 별책 037필드 참조

040 목록작성기관(Cataloging Source) <M>NR → 별책 040필드 참조

041 언어부호(Language Code) <A>R → 별책 041필드 참조

다수언어로 된 자료(번역물 포함)에 대하여 008/35-37의 언어부호에서 완전한 정보를 제공하지 못하였을 때 3자리 문자부호(부속서 3. **언어구분부호표** 참조)를 기술한다.

「녹음자료의 적용범위」

· 두 개 이상의 언어로 녹음된 경우
· 노래가사나 말의 내용이 다국어 또는 번역어인 경우
· 딸림자료의 언어와 본문의 언어가 다른 경우

제1지시	0－번역물이 아니거나 번역물을 포함하고 있지 않은 경우. 1－번역물이거나 번역물이 포함된 경우.	제2지시	ꟗ－미정의
식별	아래 식별기호 참조		

식별기호

- ▾a - 본문 언어(R): 인쇄 또는 필사 악보일 때 설명문의 언어부호를 기재
- ▾b - 요약문 언어(R): 딸림자료가 음악 녹음자료에 포함된 비음악자료의 내용요약, 노래 또는 성악곡의 요약에 따른 언어부호를 기재
- ▾d - 노래나 연설문의 언어(R): 녹음자료의 노래나 연설문의 언어부호를 기재
- ▾e - 가사의 언어(R): 음악자료의 인쇄된 가사의 언어부호를 기재
- ▾f - 내용목차의 언어(R)
- ▾g - 가사 이외 딸림자료의 언어(R): 딸림자료의 언어부호를 기재
- ▾h - 원저작의 언어나 중역의 언어(R): 인쇄 또는 필사 악보, 녹음자료 또는 이들 자료에 딸림자료가 번역물을 포함할 때 언어부호를 기재
- ▾8- 필드 링크와 일련번호(R)

008/35-37 **언어**
041 **❶b̸ ▾a악보의 설명문 언어부호 ▾b요약문 언어 ▾d노래나 연설문의 언어부호 ▾e가사의 언어 ▾g가사이외 딸림자료의 언어 ▾h원저작의 언어나 중역의 언어**

008/35-37 kor
041 0b̸ ▾dkor ▾eeng ▾eger ← 녹음은 한국어, 딸려있는 가사는 영어, 독일어

008/35-37 eng
041 1b̸ ▾deng ▾hfre ▾hger ▾hita ← 불어, 독일어, 이태리어로 된 녹음자료의 악곡을 영어로 노래를 부른 경우

042 **검증부호**(Authentication Code) <A>NR → 별책 042필드 참조

043 **지역부호**(Geographic Area Code) <A>NR → 별책 043필드 참조

044 **발행/제작국명 부호**(Country of Publishing/Producing Entity Code) <A> NR → 별책 044필드 참조

045 **연대부호**(Time Period of Content) <O>NR → 별책 045필드 참조

046 **특별한 연도 부호**(Special Coded Dates) <O>R → 별책 046필드 참조

047 **작곡형식부호**(Form of Musical Composition Code) <O>NR

008/18-19(녹음자료의 작곡형식)가 복합형식(mu)일 때 기술한다. 047필드는 녹음자료의 008/18-19(작곡형식)에 제시된 부호를 **▾a**를 반복하여 기술한다.

제1지시	b̸ - 미정의	제2지시	b̸ - 미정의
식별	▾a - 작곡형식부호(R).	▾8 - 필드 링크와 일련번호(R).	

047 bb ▾a작곡형식부호(R) ... ← 녹음자료 008/18-19의 음악형식부호 참조

008/18-19 mu ← **mu:** 다수형식(녹음자료'008/18-19의 음악형식부호 참조)
047 bb ▾aop ▾apt
　　└ pt: 합창곡 (008/18-19의 음악형식부호)
└ op: 오페라 (008/18-19의 음악형식부호)

048 악기나 성악부호(Number of Musical Instruments or Voices Code) <O>R

통일표제, 표제, 매체사항 주기, 주제명표목 등에 나타난 악보나 녹음자료에 사용된 악기 또는 성악부호와 부(part)의 수를 기술한다. 이때 연주매체는 부호로, 부(part)의 수는 두 자리 아라비아숫자로 기술한다. 두 개 이상의 연주매체는 반복하여 5개영역까지 사용할 수 있다. 연주매체가 정확하지 않은 민속음악, 뮤지컬 코미디, 성가(찬송가), 오페라, 대중음악, 학교음악 등의 녹음자료는 이 필드를 사용하지 않는다.

제1지시	b–미정의	제2지시	b–미정의
식별	▾a–연주자 또는 앙상블(R). ▾b–독주자 또는 독창자(R).		▾8–필드 링크와 일련번호(R).

048 bb ▾a연주자 혹은 앙상블(R) 　 **048 bb ▾b독주자 혹은 독창자(R)**

048 bb ▾aka01 ▾aka01 ← 피아노 듀엣

048 bb ▾bva01 ▾aka01 ← 성악(소프라노)과 피아노
　　└ 부의 수는 해당부호 뒤에 두 자리숫자(01-09)로 표시
└ 연주매체 부호는 본표의 **'악기 및 성악부호'**에 나타난 약자로 표시

- 편곡은 원 매체가 아닌 현재 기술매체로 기술
- 무반주 단독악기는 독주자(▾b)로 하지 않고 연주자(▾a)로 부호화
- 하나 이상의 악기는 주악기를 먼저 기술하고, 주악기가 없는 것은 나타낸 악기 순으로 기술
- 타악기는 독주나 하나 이상이나 상관없이 악기의 수보다는 연주자의 수를 부호에 기술
- 독백 또는 나레이션은 Vn(성악-구분하지 않음)으로 기술

049 소장사항 <O>NR → 별책 049필드 참조

050 미국국회도서관 청구기호(Library of Congress Call Number) <O>R → 별책 050필드 참조

051 **미국국회도서관 복사본, 발행호, 발췌 인쇄물**(Library of Congress Copy, Issue, Offprint Statement) <O>R → 별책 051필드 참조

052 **국립중앙도서관 청구기호**(The National Library of Korea Call Number) <A>R → 별책 052필드 참조

055 **지리분류기호**(Geographic Classification) <A>R → 별책 055필드 참조

056 **한국십진분류표**(KDC) <A>NR → 별책 056필드 참조

066 **사용문자셋**(Character Set Present) <A>NR → 별책 066필드 참조

072 **주제범주부호**(Subject Category Code) <O>R → 별책 072필드 참조

074 **GPO자료번호**(GPO Item Number) <O>R → 별책 074필드 참조

080 **국제십진분류기호**(UDC Number) <O>R → 별책 080필드 참조

082 **듀이십진분류기호**(DDC Number) <O>R → 별책 082필드 참조

085 **기타 분류기호**(Other Classification Number) <A>R → 별책 085필드 참조

086 **정부문서분류기호**(Government Document Classification Number) <A>R → 별책 086필드 참조

090 **자관 청구기호**(Local Call Number) <A>R → 별책 090필드 참조

6. 기본표목(Main Entry-General Information : 1XX) 〈A〉NR

녹음자료는 한 자료에 많은 작품이 수록되기 때문에 기본표목에 대한 원칙을 먼저 결정해 두어야 한다. 자료를 정리하기 위한 기술규칙으로 영미목록규칙(A2)이나 KORMARC을 채용하고 있는 기관에서는 주로 저자명기본표목원칙으로 기술하지만, K3를 채용하고 있는 기관에서는 표제줄머리잡기로 기술한다.

본서는 A2의 기술원칙을 중심으로 저자명기본표목원칙에 따라 기술하고, 여기에 표제줄머리잡기를 가능하게 하였다. 클래식작품은 작곡자명, 비음악작품은 저자명을 저자명기본표목원칙[76)]에 따라 기술하고(A2R.21.23A), 저작자를 확인할 수 없거나 4인 이상의 공동저작으로 대표저작자가 없는 자료, 또는 팝송과 같은 대중음악, 작곡자를 확인할 수 없는 국악은 표제줄머리잡기로 기술하였다(A2R.21.23C).

---

76) 저작자가 3인까지는 대표저작자나 정보원에 나타난 첫 번째 저작자를 기본표목으로 하고, 4인 이상인 경우도 대표저작자가 있을 때는 대표저작자를 기본표목으로 기재한다.

KORMARC에서 기본표목은 100, 110, 111, 130필드로 구분하여 기술하고, 표제줄머리잡기는 245필드로 기술부에 기술하였다. (1XX필드의 상세한 사항은 별책 100, 110, 111, 130 필드 참조).

100 **기본표목－개인명**(Main Entry－Personal Name) <M>NR → 별책 100필드 참조

100 ❶ƀ ▾a개인명, ▾d생몰년

100 1ƀ ▾a우종억, ▾d1931-

100 1ƀ ▾aBrahms, Johannes, ▾d1833-1897

110 **기본표목－단체명**(Main Entry－Corporate Name) <M>NR → 별책 110필드 참조

110 ƀƀ ▾a단체명. ▾b하위단체명

110 ƀƀ ▾a서울예술종합학교. ▾b음악원

110 ƀƀ ▾aUniversity of Illinois

111 **기본표목－회의명**(Main Entry－Meeting Name) <M>NR → 별책 111필드 참조

111 ƀƀ ▾a회의명 ▾n(회차 : ▾d회기 : ▾c장소)

111 ƀƀ ▾a새천년 특별 음악회 ▾n(제13회 : ▾d1999 : ▾c서울)

111 ƀƀ ▾aLincoln Center International Choral Festival ▾n(3rd : ▾d1972 : ▾cNew York)

130 **기본표목－통일표제**(Main Entry－Uniform Title) <M>NR → 별책 130필드 참조

130 ƀ❷ ▾a통일표목
<출력> [통일표제]

130 ƀ0 ▾a춘향전 <출력> [춘향전]

130 ƀ0 ▾aSonata, ▾mpiano, ▾rD major
<출력> [Sonata, piano, D major]

「표제줄머리잡기」: (245필드 참조)

245 ❶❷ ▾a본표제. ▾n편차, ▾p편제 ▾h[GMD]

245 00 ▾ a한국민요대전. ▾ p경기도편 ▾ h[GMD]

245 00 ▾ aSacred arias ▾ h[sound recording]
ㄴ 표제줄머리잡기는 제1지시기호를 '0'(부출을 지원하지 않음)으로 지시

· 종합표제가 있는 2개 이상 또는 2인(단체명 포함) 이상의 공동 작품일 경우 3인까지는 책임저자 또는 처음 표시된 저자를 기본표목한다.

100 ❶ƀ ▾ a책임저작자나 대표책임자

110 ƀƀ ▾ a책임단체나 대표책임단체

100 1ƀ ▾ a신영순
245 10 ▾ a한국음악을 세계무대로 ▾ h[녹음자료]
505 00 ▾ n1. ▾ t주의 기도 — ▾ n2. ▾ t주는 나의 방패시오 산성되시니 — ▾ n3. .....

245 00 ▾ aNew world of sound ▾ h[sound recording]
505 8ƀ ▾ aContents: side 1. Ricercar à 3 / Robert Erickson. 3 Bagatelles with contrabass / Raoul Pleskow. Mr. T. his fancy / Barney Childs — side 2. Quartet / Edward Diemente. Nocturne for contrabass alone / Robert Lombardo. Spectra / Richard Felciano

· 종합표제가 없는 2개 이상의 작품(2인 이상의 작품 포함)은 처음작품의 저자를 기본표목한다.

100 ❶ƀ ▾ a처음작품의 대표저자

110 ƀƀ ▾ a처음작품의 대표저작단체

100 1ƀ ▾ a임우상
245 10 ▾ a관악을 위한 달구벌 팡파레 ; ▾ a낙동강 ; ▾ a팔공산 ▾ h[녹음자료] / ▾ d임우상

100 1ƀ ▾ aDvorak, Antonin
245 10 ▾ a첼로협주곡 b단조 작품 104 / ▾ dAntonin Dvorak. ▾ a로코코 주제에 의한 변주곡 작품 33 / ▾ dPeter Tschaikowsky ▾ h[녹음자료]

100 1ƀ ▾ aDebussy, Claude, ▾ d1862-1918
245 10 ▾ aLa Mer ; ▾ aTrois esquisses symphoniques / ▾ dClaude Debussy. ▾ aPavane pour une Infante Défunte ; ▾ aDephnist et Chloé / ▾ dMaurice Ravel ▾ h[sound recording]

· 페스티벌과 같은 음악제나 행사의 결과물로 제작된 녹음자료는 음악제명(페스티벌

명 등)을 111필드로 기본표목한다. 행사명이 표목될 때는 식별기호로 구분하여 행사명(▼a)에 회차(▼n), 회기(▼d), 개최지명(▼c) 등을 ()에 묶어 기재한다.

111 ƀƀ ▼a음악제명 ▼n(회차 : ▼d회기 : ▼c개최지명)

111 ƀƀ ▼a서울음악제 ▼d(1998 : ▼c서울)

111 ƀƀ ▼aLincoln Center International Choral Festival ▼n(3rd : ▼d1972 : ▼cNew York)

· 무저자명자료나 4인 이상의 공동저작으로 된 하나의 자료가 수 개의 곡명이나 다양한 언어로 표제가 나타나 있는 경우 통일표제를 작성하여 130필드로 기본표목한다(USMARC).

130 ƀ❷ ▼a통일표목	130 ƀ0 ▼a심청전 245 10 ▼a심청가 ▼h[녹음자료]

130 ƀ0 ▼aConcertos, ▼mviolin, string orchestra, ▼rD major
<출력>[Concertos, violin, string orchestra, D major]

7. 표제와 표제관련 필드(20X-24X)

240 **통일표제**(Uniform Title)(A2R.25.28A) <O>NR

통일표제는 '관용표제', 'Uniform title', 'Conventional title', 'Standard title', 'Filing title' 등으로 명명한다. 통일표제는 한 저작이 복수의 상이한 표제로 출판된 경우, 이를 목록상에서 한 자리에 집중하기 위해 하나로 통일한 표제[77]라고 정의하고 있다. 그러므로 통일표제는 독립된 표제일 수도 있고, 또는 이름과 표제가 결합된 것일 수도 있으며, 단체명과 지명, 언어, 날짜 등과 같은 식별요소를 보기하여 한정된 표제일 수도 있다.

음악작품은 하나의 곡명이 발행자에 따라 다양한 형식과 언어의 표제로 되어 있기 때문에 동일한 작품을 한 곳에 배열, 검색되게 하기 위하여 통일표제를 작성할 필요가 있다.

---

77) **한국목록규칙**, 제4판 (서울: 한국도서관협회, 2003), 473; 圖書館問題研究會 編, **圖書館用語辭典** (東京: 角川書店, 1982), 394.

「**통일표제 작성의 고려 사항**」

① 통일표제의 작성여부 결정

② 통일표제의 언어: 자국어로 할 것인가? 영어로 할 것인가? 원 작품의 언어로 할 것인가? 에 대한 결정

③ 음악형식과 연주수단으로 된 곡명: 음악형식으로 할 것인가? 연주수단으로 작성할 것인가를 결정

④ 다양하게 표현된 일반곡명과 다국어로 표현된 곡명에 대한 통일표제의 작성기준 설정

⑤ 계통적이고 조직적인 통일표제의 작성기준 설정

다음은 하나의 곡명에 대한 다양한 표제를 예로 제시하였다.

베토벤의 '작품27번의 2'를 대상으로

피아노소나타 'K' 제14번, 올림다단조, 작품 제27번의 2
피아노소나타 14번 올림C단조 작품 27-2 '월광'
피아노소나타 14번 C#단조 op. 27-2[월광]
피아노소나타 제14번 C샤프단조 '월광'
피아노 소나타 제14번 27-2 C#단조<월광>
피아노 소나타 제14번 C#단조 작품27의 2<월광>
피아노 소나타 14번 C#단조 27-2, 일명 <월광 Mondschein>소나타
Beethoven's Moonlight sonata op. 27, no. 2
Deux Sonates(quasi fantaisies) no. 2, ut min.
Gran Sonata per Cembalo o pianoforte, opera 27, n. 2.
Klaviersonate in Cis Moll, op. 27, no. 2
Sonata Op. 27 No. 2
Sonata(Moonlight) in C sharp minor op. 27, no. 2
Sonata quasi una fantasia per il clavicembalo o pianoforte opera 27, no. 2 (original title)
Sonata, op. 27, nr. 2 (Die sogenannte mondschein sonate)
Swei Sonaten in form von fantasien op. 27, no. 2.
ピアノ ソナタ 第14番 ハ短調 作品 27の2 [月光]

헨델의 '메시아'를 대상으로

메시아	The Messiah	メサイア
메시야	Le Messie	救世主
구제자		

작곡자를 기본표목으로 하는 클래식작품에는 대부분 통일표제의 작성이 필요시 된다. 그리고 음악자료가 작곡자 이외, 즉 편곡자 등의 아래에 기입되거나 교회와 같은 단체명 아래 기입되는 예배음악에 대한 것도 배열상의 통일이 필요한 경우에는 통일표제를 사용할 수 있다(AACR.119).

KORMARC은 통일표제를 130필드, 240필드, 630필드에 기술한다. 130필드는 무저자명 고전으로 통일표제를 기본표목할 때, 240필드는 작곡자를 기본표목할 때 기술부로 기술하며, 630필드는 통일표제를 주제명부출표목할 때 기술한다. 그러나 다음의 경우는 240필드에 통일표제를 기재하지 않는다.

「본표제가 통일표제와 동일할 때」

245 00▾a춘향전▾h[녹음자료]

100 1b̸▾aBizet, Georges
245 10▾aCarman▾h[sound recording]
*본표제와 통일표제의 문자가 같은 경우는 통일표제를 작성하지 않고, 문자가 다른 경우는 240필드에 통일표제를 작성한다.

「통일표제가 기본표목(130필드)될 때」

130 b̸0▾a협주곡,▾m바이올린
245 10▾a바이올린협주곡▾h[녹음자료]

130 b̸0▾aConcertes,▾mviolin, string orchestra,▾rD major
245 10▾aViolin, string orchestra concertes, D major▾h[sound recording]

「통일표제의 설정에 필요한 정보를 입수할 수 없을 때」

100 1b̸▾aChanler, Theodore
245 11▾a(The) Pot of fat▾h[sound recording]

「표제가 서명줄머리잡기(245필드)로 기재될 때」

245 00▾a韓國의 歌曲.▾n제2집,▾p내 마음의 노래▾h[녹음자료]
650 ƀ4▾a가곡▾z한국

245 00▾aPerspectives of new music▾h[sound recording]

「클래식 이외의 음악/비음악자료로서 통일표제를 설정할 필요가 없을 때」

100 1ƀ▾a김연준
245 10▾a청산에 살으리라▾h[녹음자료]

100 1ƀ▾aBeeson, Jack
245 10▾aHello out there▾h[sound recording]

1) 통일표제의 구성(AACR.233.234)

통일표제의 작성은 근거를 초판악보의 명칭이나 'Grove's Dictionary of Music and Musicians'78)와 같은 권위 있는 사전을 참조하기도 하고, 자료기관에서 일정한 원칙을 정하여 직접 작성하기도 한다. 초판악보의 명칭은 이를 확인하는 일이 용이치 않고, 작곡자에 따라서는 동일한 형식의 내용을 다르게 표현하는 경우가 있기 때문에 통일성 있는 목록작성에 한계가 있다. 그러므로 대부분의 경우 자체기관에서 작성 원칙을 정하여 통일표제를 작성한다.

통일표제의 작성은 곡명을 구성하고 있는 다음과 같은 몇 가지 류별에 따라 통일표제의 작성원칙을 생각해 보았다.

(1) 악곡형식이나 연주수단으로 된 곡명의 통일표제

· 통일화된 악곡형식79): 소나타, 교향곡, 협주곡, 서곡, 트리오… 등

· 연주수단80):

---

78) *Grove's dictionary of music and musicians,* 5th ed. (London: McMillan, 1973), 10 v.

79) 작곡형식은 음악/녹음자료 008/18-19 작곡형식 참조

80) 연주수단

(1) 성악곡. 소프라노/Soprano. 알토/Alto. 테너/Tenor. 바리톤/Baritone. 베이스/Bass

(2) 기악곡. (a) 건반악기: 피아노/Piano (어프라이트 피아노/Upright piano, 그랜드 피아노/Grand piano, 오르간/Organ (파이프 오르간/Pipe organ, 리이드 오르간/Reed organ, 하르모늄/Harmonium, 하몬드

기악－피아노, 첼로, 바이올린, 트럼펫… 등의 악기명

성악－소프라노, 메조소프라노, 알토, 테너, 바리톤, 베이스… 등과, 혼성(mixed voices), 남성합창(men's voices), 여성합창(women's voices)… 등

· 일련(축차)번호: 작품에 표시된 일련번호

· 작품번호[81]: 'op.' 또는 '작품번호' 등으로 나타낸 번호

· 주제색인번호

· 조: 가.나.다.라.마… 또는 A.B.C.D.E... 장조(major)와 단조(minor), 반음내림(b: flat)과 반음올림(#: sharp) 등

· 기타 식별표시

작곡년도－작곡의 완성 년도나 최초의 발행년을 ( )로 부기

초판의 출판년도

기타 식별요소－출판장소, 초판출판자명 등

· 작품의 원곡명 부분이 아닌 형용사적 통칭

작곡자	성악 및 합창의 총보
최초의 출판자	극음악작품의 개변

오르간/Hamond organ). 하프시코드/Harpsichord. 첼레스타/Celesta. 아코디언/손풍금/Accordion.

(b) 현악기(String instrument): 비올/Viol). 바이올린/Violin. 비올라/Viola. 첼로/Cello. 베이스 비올/Bass Viol/. 하프/Harp. 기타/Guitar. 만돌린/Mandolin. 우쿨렐레/Ukulele. 콘트라베이스/Contra-bass/더블베이스/Double-bass

(c) 목관악기(Wood wind instrument): 플루트/Flute. 피콜로/Piccolo. 클라리넷/Clarinet. 색소폰/Saxophone. 오보에/Oboe. 잉글리시 혼/English Horn. 바순/Bassoon. 파고토/Fagotto.

(d) 금관악기(Brass wind instrument): 트럼펫/Trumpet. 코르넷/Cornet. 호른/Horn (프렌치 혼/French horn). 트롬본/Trombone. 튜바/Tuba.

(e) 타악기: 탬버린/Tambourine. 심벌즈/Cymbal. 캐스타네cm/Castanets. 베이스 드럼/Bass drum: 팀파니/Timpani: 캣틀 드람/Kettle-drums. 사이드 드럼/Side drum/Snare drum/작은북. 차임/Chime. 트라이앵글/Triangle. 실로폰/Sylophone/목금. 탐·탐/Tam-tam/공. 글로켄슈필/Glockenspiel. 벨/Bell. 체레스타/Celesta

81) 작품번호는 Opus라고도 한다. Opus는 라틴어로 '작품'의 뜻을 가지는데 약자로 'op'로 표시한다. 일반적으로 특정 작곡가의 전 작품 중 어떤 작품의 연대적인 순서를 표시하고 있다. 그러나 작품번호는 작곡된 차례대로라기보다 대개의 경우 출판된 순서로 붙이는 경우 많기 때문에 전적으로 신뢰할 수는 없다. 작품번호를 처음 사용한 작곡가는 Adriano Banchieri (1568-1634)라고 생각되나 모든 작곡가가 모두 사용한 것은 아니다. 바gm, 하이든, 모차르트 같은 작곡가는 작품번호를 거의 사용하지 않았다. 작품번호를 규모 있게 붙이기 시작한 사람은 베토벤이라고 한다.

가사의 언어표시(변역)　　　　대본과 가곡의 text

편곡　　　　　　　　　　　예배음악작품

· 국어표시: 가사에 대한 국어표시

· GMD

제1지시	0-표제를 출력하지 않음. 1-표제를 부출함.		제2지시	0-그대로 인쇄. 1-원괄호를 제외하고 인쇄.
식별	▾a-통일표제. ▾d-조약체결일자(R). ▾f-저작연도. ▾g-기타 정보. ▾h-자료유형표시.	▾k-형식부표목(R). ▾l-저작의 언어. ▾m-연주수단(R). ▾n-권차(R.) ▾o-편곡.		▾p-권차표제(R). ▾r-음악자료의 장조. ▾s-판. ▾8-필드 링크와 일련번호(R).

「악곡형식을 중심한 통일표제의 기술」

240 ❶❷ ▾a통일화된 악곡형식,Sm연주수단, ▾n축차번호, 작품번호, ▾r조. ▾l국어표시. ▾hGMD
<출력> [통일화된 악곡형식, 연주수단, 축차번호, 작품번호, 조. 국어표시. GMD]

240 ❶0 ▾a소나타, ▾m피아노, ▾n제14번, 작품 27-2, ▾r다단조. ▾h녹음자료
<출력> [소나타, 피아노, 제14번, 작품 27-2, 다단조. 녹음자료]

240 ❶0 ▾aSonata, ▾mpiano, ▾nno. 14, op. 27-2, ▾rC minor. ▾hSound recording

240 ❶0 ▾a칸타타, ▾m소프라노(2), ▾m알토. ▾h녹음자료

· 1800년대 출판된 자료의 'grand'(장중한), 'celebrated'(유명한), 'favorite'(좋아하는) 등과 같은 찬미적인 형용사는 표제와 불가분의 관계가 있을 때에만 기술하고, 대부분의 경우는 생략한다.

· 표제에 사용된 기수(基數)는 표제의 요긴한 부분이 아닐 경우는 생략한다.

240 ❶0 ▾a소나타...　　240 ❶0 ▾aSonatas...　*12 sonatas

240 ❶0 ▾a삼중주...　　240 ❶0 ▾aTrios...　*Three trios

· 서수(序數) 및 연주수단을 표시하는 낱말이 음악작품의 형식명과 결합되어 사용되고

있을 경우는 이를 표제 다음에 보충적인 요소로 기술한다.

240 ❶0 ▾ a소나타, 피아노, 제1번... 240 ❶0 ▾ aSonata, piano, no. 1...
*First sonata for the piano

240 ❶0 ▾ a4중주, 현악... 240 ❶0 ▾ aQuartet, strings...
*String quartet

· 원판이 'Sonatas', 'Trios' 또는 이 두 낱말을 결합한 'Sonate a tre', 'Sonates en trio' 등과 같은 용어로 되어 있는 경우는 동일 장르에 관한 용어 'Trio-sonatas'(삼중주-소나타) 아래 임의로 기입한다.

100 1ⓑ ▾ aCorelli, Arcangelo
240 ❶0 ▾ a삼중주-소나타... = 240❶0 ▾ aTrio sonatas...
245 10 ▾ aTwelve sonatas for two violins and a violoncello, with a thorough bass for harpsichord or organ

· 표제가 매우 길거나 다루기 힘든 경우는 참고자료에 사용된 간략한 표제로 기술한다. 참고자료를 이용할 수 없을 때는 목록자가 표제를 간략하게 하거나 적당한 표제로 작성한다.

100 1ⓑ ▾ aSchutz, Heinrich, ▾ d1585-1672
240 10 ▾ a수난곡 (St. John). ▾ h녹음자료
= 240 10 ▾ aPassion (St. John). ▾ hSound recording
245 10 ▾ aHistoria des Leidens und Sterbens unsers Herrn und Heylandes Jesu Christi, nach dem Evangelisten St. Johnnem

· 표제가 악곡형식의 명칭만으로 식별되지 않을 때는 ① 일련번호, ② 작품번호 또는 주제색인번호, ③ 조 등 세 가지 식별요소 중 확인이 필요한 일부 또는 전부를 순서에 따라 통일표제로 기재한다.

① 일련(축차)번호: 작품의 일련번호는 식별기호 ▾ n으로 자료의 번호를 기재한다.

240 10 ▾ a교향곡, ▾ n제5번 = 240 10 ▾ aSymphonies, ▾ nno. 5

240 10▾a사중주,▾m현악,▾n제2번
= 240 10▾aQuartets,▾mStrings,▾nno. 2

② 작품번호: 작품번호는 식별기호 ▾n으로 일련번호와 함께 기재한다. 작품번호만으로 식별이 곤란할 때는 그 번호를 최초로 사용한 출판자명을 ()에 묶어 부기한다.

240 10▾a삼중주,▾m피아노,▾m현악,▾n제2번, 작품. 66,▾rC 단조.
= 240 10▾aTrios,▾mpiano,▾mstrings,▾nno. 2, op. 27,▾rC minor

240 10▾a소나타,▾m피아노,▾n작품 20

240 10▾a이중주,▾m플루트,▾m바이올린,▾n작품 20 (Bland)
= 240 ▯0▾aDuets,▾mflute,▾mviolin,▾nop. 20 (Bland)
245 10▾aSix favorite duets for a German flute and violin. Op. 20.
260 ▯▯▾aLondon:▾bJ. Bland

240 10▾a이중주,▾m플루트,▾m바이올린,▾n작품 20 (Le Duc)
= 240 ▯0▾aDuets,▾mflute,▾mviolin,▾nop. 20 (Le Duc)
245 10▾aSix duos pour flutte et violon. CEuvre 20
260 ▯▯▾aParis:▾bLe Duc

주제색인번호: 주제색인에서 그 작품에 배정된 번호를 확인할 수 있을 때는 편곡자의 머리글자나 일반적으로 주어진 약자를 앞에 붙여 기재한다.

K. 453(Ludwig Kochel의 Chrolonogisch-thematisches Verzeichniss samtlicher Tonwverke Wolfgang Amade Mozarts)

BWV 232(Wolfgang Schmieder의 Thematisch-systematisches Verzeichnis der musikalischen Verke von Johann Sebastian Bach)

③ 조: 확인된 조의 명칭을 식별기호 ▾r로 기재한다.

장조	major	샤프	sharp(#)
단조	minor	플랫	flat(b)

240 10▾a교향곡,▾rB플랫 단조 = Bb minor

240 10▾a소나타,▾m피아노,▾rA 장조

240 10 ▾a삼중주, ▾m피아노, ▾m현악, ▾n제2번, 작품 3, ▾rD 단조
= 240 10 ▾aTrios, ▾mpiano, ▾mstrings, ▾nno. 2, op. 66, ▾rC minor

240 10 ▾aSymphony, ▾rC sharp minor

240 10 ▾aSonata, ▾mpiano, ▾rB major

④ 그 외의 식별요소: 상기한 식별요소를 이용할 수 없거나 식별되지 않을 때는 그 외의 식별요소로 초판의 연대를 ()에 묶어 기재한다.

240 10 ▾a협주곡, ▾m바이올린 (1938)
= 240 10 ▾aConcerto, ▾mviolin (1938) *Bartok, Bela

240 10 ▾a악곡, ▾m플루트 (1726)
= 240 10 ▾aPieces, ▾mflute continuo (1726)

240 10 ▾a악곡, ▾m플루트 (1731)
= 240 10 ▾aPieces, ▾mflute continuo (1731) *Caix d'Hervelois, Louis de

240 10 ▾a협주곡, ▾m피아노 (1935)
= 240 10 ▾aConcerto, ▾mpiano (1935)

「연주수단을 중심한 통일표제의 기술」

연주수단을 중심으로 한 구성방법과 순서는 악곡형식에 의한 것과 동일하지만 연주수단을 악곡형식과 순서를 바꾸어 연주수단을 식별기호 ▾a로 기술하고, 두 번째 통일화된 악곡형식을 식별기호 ▾k로 기술한 것이다.

240 ❶❷ ▾a연주수단, ▾k통일화된 악곡형식, ▾n축차번호, 작품번호, ▾r조. ▾l 국어표시. ▾hGMD
<출력> [연주수단, 통일화된 악곡형식, 축차번호, 작품번호, 조. 국어표시. GMD]

240 10 ▾a피아노, ▾k소나타, ▾n제14번, 작품 27-2, ▾r다단조. ▾h녹음자료
= 240 10 ▾aPiano, ▾ksonata, ▾nno. 14, op. 27-2, ▾rC minor. ▾hsound recording

(2) 다양한 곡명 및 다수 언어로 된 곡명의 통일표제

악곡형식이나 연주수단으로 구성되지 않은 다수 언어로 된 곡명과 다양하게 표현된

곡명을 하나의 통일된 언어와 곡명으로 한 통일표제를 ▾a로 기술한다.

「다양하게 표현된 곡명의 통일표제 기술」

100 1b̸ ▾aHendel	100 1b̸ ▾aHendel
240 10 ▾a메시아	240 10 ▾a메시아
245 10 ▾a救世主	245 10 ▾a구제자
<출력> Hendel,	<출력> Hendel,
[메시아]	[메시아]
救世主	구제자

「다수 언어로 된 곡명의 통일표제 기술」

100 1b̸ ▾aHayden, Joseph, ▾d1732-1809
<출력> Hayden, Joseph, 1732-1809
240 10 ▾a천지창조 <출력> [천지창조]
245 10 ▾aDie Schopfung Die Schopfung

100 1b̸ ▾aHayden, Joseph, ▾d1732-1809	
240 10 ▾a천지창조	240 10 ▾a천지창조
245 10 ▾a(The) Creation	245 10 ▾aSchopfungsmesse

2) 통일표제의 언어(AACR.235)

첫째, 음악작품의 형식이나 연주수단으로 된 표제는 국제적으로 가장 널리 사용되는 영어로 기술하는 것을 원칙으로 하고 있다.

둘째, 그 외의 표제는 원 곡명이 영어, 불어, 독어, 이탈리아어, 스페인어, 포르투갈어 또는 라틴어일 경우는 그것을 그대로 통일표제로 사용한다.

셋째, 자료기관의 이용자가 가장 많은 자국어를 기술언어로 사용하는 경우는 영어와 자국어를 병행한다.

240 10 ▾aLe chevalier et la damoiselle
<출력> [Le chevalier et la damoiselle]

240 10 ▾aDer Zigeunerbaron...
<출력> [Der Zigeunerbaron...]

표제가 위의 언어 이외의 것일 경우는 자국에서 가장 보편적으로 사용하는 언어의 표제를 통일표제로 기재하고, 그 외의 정보원에 나타난 표제의 기술요소가 구분되지 않을 때는 자국어나 영어형식을 우선적으로 채용한다.

240 10▾a무도회 초대 <출력> [무도회 초대]	240 10▾aInvitation to the Dance <출력> [Invitation to the Dance]

240 10▾a사랑의 기쁨
245 10▾aLiebes freud▾h[sound recording]

240 10▾a소나타,▾m플루트,▾m바이올린,▾m통주저음,▾r라장조
245 10▾aTrio-sonatas for flute, violin and continuo, D major ▾h[sound recording]

상기한 언어에 해당하는 표제가 없을 경우는 최초 작품에 사용된 언어의 표제로 하고 로마자가 아닐 경우는 로마자화한다.

240 10▾aSonata,▾mpiano,▾nno. 14, op. 27, no. 2,▾rC sharp minor
245 10▾aSonata (Moonlight) in C sharp minor op. 27, no. 2▾h[sound recording]
= 245 10▾a피아노 소나타 제14번, C샤프단조 '월광' [녹음자료]

이와 같이 통일표제의 언어 선택은 규칙으로 정해져 있지만 자료기관의 성격과 이용자의 수준을 고려하여 자국어나 영어 중 하나로 통일해서 기술하는 것이 가장 바람직하다.

3) 통일표제의 기술

통일표제는 저작자의 유무에 따라 저작자가 100, 110, 111필드로 기본표목되는 경우는 240필드에 통일표제로 기술하고, 저작자가 없는 경우는 130필드에 통일표목으로 기술한다. 그러므로 130필드와 240필드를 함께 기재할 수 없다. 통일표제나 통일표목은 [ ]로 출력되게 하여 다른 표제와 식별되게 한다.

130 ƀ❷▾a통일표목 **<출력> [통일표목]**
245 ❶❷▾a서명▾h[GMD] /▾d책임표시

100 ❶ƀ / 110 ƀƀ / 111 ƀƀ▾a 인명/단체명/회의명

240 ❶❷ ▾a통일표제 <출력> [통일표제]
245 ❶❷ ▾a서명 ▾h[GMD] / ▾d저자명

242 **목록작성기관에서 번역한 표제**(Translation of Title by Cataloging Agency) <O>R → 별책 242필드 참조

243 **종합통일표제**(Collective Uniform Title) <O>NR → 별책 243필드 참조

245 **표제와 책임표시사항**(Title Statement) <M>NR → 별책 245필드 참조

녹음자료는 하나의 표제를 여러 가지 언어나 다양한 형식으로 복잡하게 구성되어 있기 때문에 본표제를 비롯한 각각의 표제를 확인하는데 어려움이 있다. 녹음자료의 표제와 책임표시사항에는 본표제, 별표제, 대등표제, 부표제, 편차와 편제, 표제관련정보, 그리고 작곡자, 작사자, 편곡자 등을 포함하는 기술을 생각해야 한다.

표제와 책임표시사항은 245필드에 표제의 부출 여부와 출력방법을 지시하고, 저작자를 포함한 각 사항에 따른 식별기호와 ISBD(M)의 구두점을 연계시켜 기술한다.

245 ❶❷ ▾a본표제; ▾a본표제, [일명], 별표제 ▾h[GMD] = ▾x대등표제 : ▾b 부표제: ▾b표제관련정보. ▾n편차, ▾p편제 / ▾d작곡자, ▾e공작곡자 ; ▾e작사자

「기본표목: 통일표제가 있는 경우」

100 ❶ƀ / 110 ƀƀ / 111 ƀƀ ▾a기본표목
240 ƀ❷ ▾a통일표제
245 ❶❷ ▾a표제 ▾h[GMD] / ▾d저작자

「기본표목: 통일표제가 없는 경우」

100 ❶ƀ / 110 ƀƀ / 111 ƀƀ ▾a기본표목
245 ❶❷ ▾a표제 ▾h[GMD] / ▾d저작자

130 ƀ❷ ▾a기본표목
245 ❶❷ ▾a표제 ▾h[GMD] / ▾d저작자

「기본표목이 없는 경우: 서명줄머리 잡기」

245 ❶❷ ▾a본표제 ▾h[GMD] / ▾d작곡자, ▾e공작곡자 ; ▾e작사자

(1) 본표제(245 ▾a)

본표제는 으뜸정보원에 표시된 문자로 기재하고, 표제의 선택은 글자 크기를 1차순, 위치를 2차순으로 한다.

본표제의 기술은 245필드에 본표제의 부출 여부와 관제의 부출방법을 제1지시기호와 제2지시기호로 지시하고, 식별기호 ▾a로 기재한다.

245 10▾a물망초▾h[녹음자료]

245 10▾a현악 4중주곡 Bb장조 작품 67▾h[녹음자료]

제1지시기호 '1'은 '▾a'로 기재된 본표제의 부출표목을 지시

2개 이상의 본표제는 '▾a'를 반복하여 기재

245 10▾a작은새 ;▾a푸른하늘 아래로▾h[녹음자료] /▾d김정호 작사, 작곡

GMD는 규정된 위치에 기재

';'은 동일 저작자의 두 개 이상의 저작을 구분하는 ISBD구두점

제2지시기호 '0'은 '▾a'로 기재된 본표제를 그대로 인쇄할 것인지, 관제를 제외하고 인쇄할 것인지를 지시

제1지시기호 '0'은 표제를 줄머리잡기로 기재할 때의 지시기호

245 00▾a사랑하는 여인을 위한 음악.▾a삶의 환희와 용기를 주는 음악▾h[녹음자료]

245 10▾a팔공산 /▾d임우상.▾a조우 /▾d우종억▾h[녹음자료]

2사람 이상의 각각의 작품은 '.'로 기재

245 10▾aSongs & folk music▾h[sound recording]

245 10▾aSinfornia I (1970)▾h[sound recording]

245 10▾aSymphony no. 3, A major, opus 56▾h[sound recording]

245 10▾aSongs of ecstasy /▾dby Ralph Shapey.▾aHelices /▾dby Emmanuel Ghent▾h[sound recording]

으뜸정보원 이외에서 기재한 본서명은 [ ]로 기술하고 출처를 주기한다(K4.6.1.1.2)

245 10▾a[Sonatas, piano, no. 17, op. 31, n. 2, D minor]▾h[sound recording]

본표제의 언어는 ① 표제지의 본표제, ② 본문과 일치되는 언어, ③ 먼저 표시된 언어, ④ 보다 잘 알려진 언어 순으로 채택하여 기술하고, 본표제 이외의 언어로 된 표제는 대등표제로 기재한다.

┌ 대등표제는 '='을 앞세워 '▾x'로 기재

245 10▾a달구벌 환상곡▾h[녹음자료] =▾xDalgoobeol fantasy for orchestra

245 10▾aPiano sonata▾h[sound recording] =▾xKlaviersonaten =▾xSonates pour piano

질(set)로 된 녹음자료의 부(part)나 추록(supplement), 편차(권차)나 편제로 된 자료는 질(set)의 표제와 함께 245필드에 식별기호 ▾n(편차) 또는 ▾p(편제)로 기술한다.

본표제로 기재되는 질(set)의 표제는 '▾a'로 기재
편차는 자료의 권, 집, 면 등을 '▾n'으로 기재
편제는'▾p'로 기재

245 00▾a韓國의 歌曲.▾n제2집,▾p내 마음의 노래▾h[녹음자료]

편차와 편제는 ','로 구분
본표제와 편차는 '.'으로 구분

<출력> 韓國의 歌曲. 제2집, 내 마음의 노래 [녹음자료]

편차가 없는 편제는 '.'로 구분

245 00▾aRomantic songs for you.▾pScreen music▾h[sound recording]
<출력> Romantic songs for you. Screen music [sound recording]

종합표제나 대표표제가 개별표제와 함께 나타나 있을 때는 종합표제나 대표표제를 245필드에 본표제로 기재하고, 개별표제는 505필드로 내용주기한다(505필드 참조).

245 00▾a행진곡 대모음집▾h[녹음자료]
505 0▾a클래식 마취 메들리 — 스크린 마취 메들리 — 동요...
<출력> 내용: 클래식 마취 메들리 — 스크린 마취 메들리 — 동요...

245 00▾aPan Flute▾h[sound recording]
505 8▾aContents: Lonely shepherd — Aranjuez, mon amour — ...
<출력> Contents: Lonely shepherd — Aranjuez, mon amour — ...

종합표제가 없는 자료는 곡명의 개개 단위를 기술대상으로 하여 표제와 책임표시사항에 함께 기재한다.

한 저작자의 2개 이상의 작품: 정보원에 나타난 두 개 이상의 표제는 245필드에 식별기호 ▾a를 반복하여 본표제로 함께 기재한다.

┌ 동일 저작자의 수 개 작품 수록은 저자명을 기본표목으로 기재

```
100 1ℓ ▾a이영조                        ';'은 동일 저자의 본표제 간의 구분 부호
245 10 ▾a하늘천따지 ; ▾a소리 제3번 ; ▾a세개의 시편 ▾h[녹음자료] / ▾d이영조 작곡
                       └ 각각의 표제는 '▾a'를 반복 기재

100 1ℓ ▾aDebussy, Claude
245 10 ▾aLa mer ; ▾aKhamma ; ▾aRhapsody for clarinet and orchestra ▾
       h[sound recording] / ▾dClaude Debussy
```

저작자가 다른 2개 이상의 작품: 저작자를 달리한 각각의 저작은 처음 작품의 저작자를 100필드에 식별기호 ▾a로 기본표목하고, 본표제와 각 작품의 저작자는 245필드에 식별기호 ▾a와 ▾d를 반복하여 짝지어 기술한다.

┌ 처음 작품의 저작자를 기본표목으로 기재

```
100 1ℓ ▾a유병은
                        '▾a' 작품명과 '▾d' 저작자의 식별기호를 반복
                        하여 처음 표제와 저자명, 두 번째 이하의
                        표제와 저작자명을 짝지어 기술
245 10 ▾aHahn for orchestra / ▾d유병은 작곡. ▾aBaetaraghi ; ▾aGyol / ▾d이경
       용 작곡 ▾h[녹음자료]            └ 작품간은 '.'로 구분
                 └ GMD는 처음 표제나 표제와 책임표시사항의 말미에 기재
<출력> Hahn for orchestra / 유병은 작곡. Baetaraghi ; Gyol / 이경용 작곡 [녹음자료]

100 1ℓ ▾aDebussy, Claude.
245 10 ▾aPrelude, the afternoon of a faun / ▾dClaude Debussy. ▾aPeer
       Gynt (Suite) no. 1-2 / ▾dEdvard Grieg. ▾aTill Eulenspiegels lustige
       Streiche / ▾dRichard Strauss ▾h[sound recording]
```

(2) GMD

GMD는 자료를 검색할 때 표목의 형태별 정보를 제공키 위하여 인쇄자료(단행본, 연속간행물 등) 이외의 비도서자료 표목에 식별기호 ▾h로 [ ]에 부기한다.

녹음자료의 GMD는 규칙에 따라 광의로 표시한 '녹음자료', 'sound recording' (K4.6.1.2.2)과 협의로 표시한 '디스크', 'sound disc', '테이프', 'sound tape' 등, 디스크형태와 테이프형태를 포함하는 명칭과 세분된 명칭으로 표시하고 있다. 본서에서는 광의로 표시된 명칭을 사용하였다.

자료유형이 다른 두 가지 이상의 구성요소로 된 자료는 주된 구성요소의 자료유형을 표시한다(A2.1.1.C4).

GMD의 기재위치는 대부분 본표제에 부기되지만 표제로 기재되는 사항이나 규칙에 따라 본표제의 기재 예에서 제시한 것과 같이 그 위치가 달라지기도 한다(별책 245필드의 GMD 참조).

245 10▾a물망초▾h[녹음자료] /▾d...

245 10▾a광시곡 ;▾a항가리무곡▾h[녹음자료] /▾d...
└ 동일 저작자의 2개 이상의 개별작품은 GMD를 마지막 작품명에 부기

245 10▾a피아노협주곡 /▾d슈만.▾a피아노협주곡, 17, 21번 /▾d모차르트▾h[녹음자료] 2인 이상의 저작일 때는 표제와 책임표시사항 말미에 GMD를 부기 ┘

245 10▾aSongs & folk music▾h[sound recording]

245 10▾aParade of the charioteers.▾aLight cavalry overture▾h[sound recording]

*M21에서는 GMD를 245필드에 처음 본표제에 기재하는 것으로 통일하고 있다.

(3) 대등표제(K4.6.1.3)

표제가 2개 이상의 언어로 표시되어 있을 때는 본표제로 기재되지 않은 언어의 표제를 대등표제로 식별기호 ▾x로 기재한다. 대등표제가 2개 이상일 때는 으뜸되는 대등표제 이외는 246필드에 제2지시기호 '1'로 기술한다.

245 ❶❷▾a본표제▾h[GMD] =▾x대등표제 :▾b부표제 :▾b표제관련정보 /▾d저자명 ;▾e역할이 다른 저자명

245 ❶❷▾a본표제▾h[GMD] :▾b부표제 /▾d저자명 =▾x대등표제 :▾b대등부표제 /▾d저자명
*본표제와 대등표제가 각각 표제관련정보를 가진 것은 문자별로 짝지어 기재

┌'▾a'로 본표제 기재 ┌ ='▾x'로 대등표제 기재
245 10▾a달구벌 환상곡▾h[녹음자료] =▾xDalgoobeol fantasy for orchestra /▾d... └ '▾h'로 GMD 기재
740 ƀ2▾aDalgoobeol fantasy for orchestra▾h[녹음자료]
└ 245에 '▾x'로 기재된 대등표제는 740으로 부출표목 기술

245 10▾a달구벌 환상곡▾h[녹음자료] /▾d...
500 ƀƀ▾a대등표제: Dalgoobeol fantasy for orchestra

740 ƀƀ ▾aDalgoobeol fantasy for orchestra ▾h[녹음자료]

245 10 ▾a달구벌 환상곡 ▾h[녹음자료] / ▾d....
246 11 ▾aDalgoobeol fantasy for orchestra ▾h[녹음자료]

245 10 ▾aPiano sonata no. 24 in F sharp, op. 78 ▾h[sound recording] = ▾xSonate pour piano n°24 Fis-dur / ▾d....
740 ƀƀ ▾aSonate pour piano n°24 Fis-dur ▾h[sound recording]

245 10 ▾aPiano sonata no. 24 in F sharp, op. 78 ▾h[sound recording] / ▾d....
246 1ƀ ▾iParallel title: ▾aSonate pour piano n°24 Fis-dur
= 740 ƀƀ ▾aSonate pour piano n°24 Fis-dur ▾h[sound recording]

(4) 책임표시

녹음자료는 ① 저자, 작곡자, 작사자, 대본작가 등 직접 책임이 있는 인명, ② 개작자, ③ 채록자나 수록자, ④ 연주의 감독이나 지휘책임이 있는 인명, ⑤ 연주자나 취입자(가수), ⑥ 대중음악의 제작자(프로듀서) 등이 대상이 된다(K4.6.1.6.1). 녹음자료는 작곡자, 작사자, 연주단체, 지휘자, 제작자(녹음자 포함) 등의 공동작업으로 제작되기 때문에 이들을 저작과 연주, 제작으로 구분하여 기재한다. 작곡자와 작사자, 편곡자 등은 저작자로 245필드에 식별기호 ▾d와 ▾e로 기재하고, 독주자, 연주단체, 지휘자, 해설에 국한 된 개인이나 단체 등은 511필드에 연주자 주기하거나 그 중요정도에 따라 기재를 생략하기도 한다(K4.6.1.6.1.1)). 녹음자를 포함한 제작자는 500필드에 제작진주기한다.

저작자표시의 개인명이나 단체명은 저, 작, 작곡, 편곡, 작사, 편집, 채록, 구술, 낭독... 등의 역할어를 부기하고, 기술은 목록규칙에 따라 첫 번째 저작자는 식별기호 ▾d로, 두 번째 이하의 저작자는 식별기호 ▾e를 반복하여 기재하되 역할이 같은 저작자 사이는 ','로, 역할이 다른 저작자 사이는 ';'으로 구분한다.

종합표제나 대표표제가 없는 자료의 개별표제와 책임표시는 관련된 것끼리 짝지어 정보원에 기재된 순서대로 기술한다(K4.6.1.6.2.2).

표제와 책임표시 관계가 불분명할 때는 책임표시에 적절한 어구를 [ ]로 부기할 수 있다(K4.6.1.6.2.3).

100 ❶ƀ ▾a저자명
245 ❶❷ ▾a본표제 ▾h[녹음자료] / ▾d작곡자, ▾e공작곡자 ; ▾e역할이 다른 저작자

500 ␢␢ ▾ a제작진주기
511 ❶␢ ▾ a연주자주기

100 1␢ ▾ a현제명
245 10 ▾ a그집앞 ▾ h[녹음자료] / ▾ d현제명 작곡 ; ▾ e이은상 작사
511 8␢ ▾ a노래: 오현명

┌ 첫 번째 저작자는 '/ ▾ d'로 기재
└ 역할이 다른 저작자는 '; ▾ e'로 기재

100 1␢ ▾ a김동진
245 10 ▾ a목련화 ▾ h[녹음자료] : ▾ b金東振歌曲集
└ 표제에 저작자명이 포함된 경우 저작자표시 생략

100 1␢ ▾ aRae, J.
245 10 ▾ aPopular song 'Happy heart' ▾ h[sound recording] / ▾ dby J. Rae & J. Last ; ▾ earr. by Al Capps.

100 1␢ ▾ aPuccini, Giacomo.
245 10 ▾ aOpera "Tosca" ▾ h[sound recording] / ▾ dby Giacomo Puccini ; ▾ elibretto by Luigi Illica and Giuseppe

246 여러 형태의 표제(Varying Form of Title) <A>R → 별책 246필드 참조

245필드에 기재된 표제와 상이한 여러 형태의 표제를 해당 지시기호로 지시하여 표목과 주기로 기술한다. 한국어에 대한 표출어는 제2지시기호에 의해 자동 생성된다.

제1지시기호: 0-주기함/표제를 부출하지 않음. 1-주기함/표제를 부출함. 2-주기하지 않음/표제를 부출하지 않음. 3-주기하지 않음/표제를 부출함.
제2지시기호: ␢-표출어를 생성하지 않음. 0-검색을 위한 부분표제. 1-대등표제. 2-개별표제. 3-기타표제. 4-표지표제. 5-부표제지표제. 6-권두표제. 7-난외표제. 8-책등표제. 9-원표제

246 ❶❷ ▾ i설명어구 표시: ▾ a본표제/간략표제 ▾ h[자료유형표시]. ▾ n권차/편차(R), ▾ p권제/편제(R) : ▾ b표제관련정보

246 11 ▾ aKorean lyric songs
<출력> 대등표제: Korean lyric songs

246 1␢ ▾ iTitle on cover: ▾ aLove songs of Lennon & McCartney
└ 제2지시기호 '␢'는 ' ▾ i'로 정형화되지 않은 표출어를 입력할 때 지시

245 00 ▾ a칸쵸네 ▾ h[녹음자료] = ▾ xCanzone
246 31 ▾ aCanzone ▾ h[녹음자료]

245 10 ▾ aPiano sonata No. 24 in F. sharp, op. 78 ▾ h[sound recording] = ▾ xKlaviersonate Nr. 24 Fis=dur / ▾ dLudwig van Beethoven.
246 3␢ ▾ iParallel title: ▾ aKlaviersonate Nr. 24 Fis=dur ▾ h[sound recording]

246 1ƀ ▾iParallel title: ▾aSonate pour piano n°24 en fa diese majeur ▾h[sound recording]

8. 판차, 자료의 특성, 발행 등 필드(250-270)

250 판사항(Edition Statement) <A>NR → 별책 250필드 참조

하나의 작품이 개정이나 복제 등 자료의 내용에 변경이 있을 때는 변경에 관한 판차와 개정자를 해당 식별기호로 기재한다.

녹음자료의 판표시는 ① 내용이 동일해도 원판이 다를 때는 별도의 판으로 취급, ② 동일 내용이 별도의 매체로 재발매된 것은 새로운 판으로 취급, ③ 연주에 사용된 악보 등의 판표시는 주기, ④ 결정판 등과 같은 유사판표시는 주기한다(K4.6.2.1.1).

250 ƀƀ ▾a판표시 및 판차/ ▾b해당판의 개정자

250 ƀƀ ▾a보급판 <출력> — 보급판

250 ƀƀ ▾aMedium-high voice ed. 250 ƀƀ ▾aEd. speciale.

판표시가 2개 이상의 언어로 된 것은 곡명과 일치되는 언어의 판표시를 기재한다.

254 악보의 표현형식(Musical presentation statement) <A>NR

인쇄나 필사된 동일 작품의 악보표현형식을 구분할 필요가 있을 때는 다음과 같은 악보표현형식을 기술한다.

총보	Full score
연습총보	Composer's facsimile study score
총보와 부보	Score and set of parts
부보모음	Partitur
축쇄보	Miniature score

254 ƀƀ ▾a악보의 표현형식

254 ƀƀ ▾a총보 254 ƀƀ ▾a총보와 부보

254 ƀƀ ▾aFull score 254 ƀƀ ▾aScore and set of parts

260 발행, 배포 등 사항(Publication/Distribution, etc.) <A>NR → 별책 260필드 참조

자료의 발행, 배포, 제작사항 등은 발행사항을 중심으로 기술한다. 그러나 배포나 제작사항은 필요한 경우에만 기재한다(A2R.6.7B19). ISBD의 구두법은 발행자, 배포자, 제작자는 ':'를, 발행년, 배포년, 제작년은 ','를 구분기호로 사용한다.

(1) 발행사항(K4.6.4;A2.1.4)

260필드에 '▼a발행지, 배포지 : ▼b발행처, 배포처, ▼c발행년, 배포년, ▼e(제작지 : ▼f제작처, ▼g제작년)'의 형식으로 기술한다. 제1.2지시기호는 정의될 때까지 ƀ로 표시한다.

발행지나 배포지는 발행처의 소재지명이나 배포지명을 관용명으로 기재하고, 상업적으로 발행되지 않은 녹음자료는 발행지명을 생략한다(K4.6.4.1.2).

발행처가 자료에 나타나 있지 않을 때는 레이블명을 발행처로 기술하고, 레이블명도 없으면 적절한 어구를 보기한다(K4.6.4.2.2.2).

상업적으로 발행되지 않은 녹음자료는 발행처명의 기재를 생략한다(K4.6.4.2.2.3).

부호형식으로 표시된 발행년이나 배포년은 완전한 형식의 발행년으로 기술한다(K4.6.4.3.2.1).

판권년이나 제작년을 발행년으로 기재할 때는 'p'를 앞세워 기술하고, 복수의 판권년은 최신 판권년을 기재한다(K4.6.4.3.2.2)3).

판권년과 발행년이 다른 경우는 발행년 다음에 판권년을 나란히 기술한다(K4.6.4.3.2.4). 예: ▼c1986, p1983

기술대상에 발행년이나 판권년, 배포년이 나타나 있지 않을 때는 추정년을 [ ]로 보기한다(K4.6.4.3.2.5). 예: ▼c[1997] ▼c[19—] ▼c[1980?]

상업적으로 발행되지 않은 녹음자료는 녹음날짜를 발행년으로 기재하고, 일반주기한다(K4.4.6.4.3.2.6). 예: ▼c2000[녹음] *2000년 10월 1일에 녹음

260 ❶ƀ ▼a발행지(R) : ▼b발행자(사)(R), ▼c발행년(R)

260 ❶ƀ ▼a발행지 ; ▼a발행지 : ▼b발행자 : ▼b발행자, ▼c발행년

260 ❶ƀ ▼a발행지 : ▼b발행자 ; ▼a발행지 : ▼b발행자, ▼c발행년

260 ɓɓ ▾a서울 : ▾b성음사, ▾c1991.
<출력> — 서울 : 성음사, 1991

260 ɓɓ ▾aChicago : ▾bMercury, ▾c1973.

260 ɓɓ ▾aLos Angeles : ▾bCREDR Corp., ▾ccl976

(2) 배포사항(K4.6.4.1.2.2;A2.1.4F)

발행사항 다음에 식별기호 ▾a(배포지), ▾b(배포자), ▾c(배포년)로 기재하고, 배포자는 '배포', '보급', '배급' 등의 역할 관계어를 [ ]에 부기한다.

260 ❶ɓ ▾a발행지 : ▾b발행자 : ▾b배포자 [배포], ▾c발행년

260 ❶ɓ ▾a발행지 : ▾b발행자 ; ▾a배포지 : ▾b배포자 [배포], ▾c발행년

260 ❶ɓ ▾a발행지 : ▾b발행자, ▾c발행년 ; ▾a배포지 : ▾b배포자 [보급], ▾c배포년

260 ɓɓ ▾aLondon : ▾bDecca Record Co. ; ▾a서울 : ▾b성음사 [배포], ▾c1988

260 ɓɓ ▾aLondon : ▾bGrandolf Records : ▾bDistributed by Middle Earth Co.

260 ɓɓ ▾aNew York : ▾bSunflower ; ▾aLondon : ▾bVirgin Records [distributor], ▾c1997

(3) 제작사항(K4.6.4.4;A2.1.4G)

발행사항이나 배포사항 다음에 식별기호 ▾e(제작지), ▾f(제작사), ▾g(제작년)로 ( )에 묶어 기재한다.

260 ❶ɓ ▾a발행지 : ▾b발행자, ▾c발행년 ▾e(제작지(NR) : ▾f제작자(NR), ▾g 제작년(NR))

260 ❶ɓ ▾a발행지 : ▾b발행자, ▾c발행년 ; ▾a배포지 : ▾b배포자 [역할어], ▾c 배포년 ▾e(제작지 : ▾f제작자, ▾g제작년)

260 ɓɓ ▾aLondon : ▾bASV ; ▾a서울 : ▾b가원시스템[보급] ▾e(서울 : ▾fSKC, ▾g1998)
<출력> — London : ASV ; 서울 : 가원시스템[보급] (서울 : SKC, 1998)

260 ɓɓ ▾a서울 : ▾b예성음반, ▾c2000 ▾f(Muse)

260 ɓɓ ▾aCleveland, Ohio : ▾bTelarc International Corporation, ▾cc1986

▾e(Indiana : ▾fDigital Audio Disc Corporation)

발행지나 발행자가 불명일 때는 해당 식별기호로 '발행지불명', 'S.l.', '발행자불명', 's.n.'을 [ ]에 묶어 기재한다.

260 ƀƀ ▾a[발행지불명] : ▾b[발행자불명], ▾c1996 ▾e(서울 : ▾f성음사, ▾g1998)

260 ƀƀ ▾a[S.l.] : ▾b[s.n.], ▾c1970 ▾e(London : ▾fHigh Fidelity Sound Studios)

263 **발행예정일**(Projected Publication Date) <O>NR → 별책 263필드 참조

270 **자료관련주소**(Address) <O>R → 별책 270필드 참조

9. 형태사항 등(3XX)

300 **형태기술사항**(Physical Description) <M>R (K4.6.5;A2.6.5)

녹음자료의 형태기술사항은 '▾a특정자료종별과 수량 (연주시간) : ▾b기타 형태적 세목 ; ▾c크기(용기의 크기 포함) + ▾e딸림자료'의 형식으로 기술한다(A2.6.5A1).

용기별 형태기술사항의 도식

· 사운드 디스크 자료:

----------- a ------------- ----- b ---- ----- c ----- --- d --- ---- e ----

300 ƀƀ ▾a특정자료종별과 수량 (연주시간) : ▾b녹음방식, 재생속도, 음구특성, 채널수 ; ▾c크기 + ▾e딸림자료 (딸림자료 형태기술사항)

--- h --- -- k -- ---- l ---- ------------- m ------------- 82)

300 ƀƀ ▾a사운드 디스크 1매 (60분17초) : ▾b아날로그, $33\frac{1}{3}$ 회전, 미세구, 스테레오 ; ▾c30 cm. + ▾e해설서 (50 p. ; 30 cm)

82) **a:** 특정자료종별과 면수나 매수를 기재. **b:** 연주시간: 자료에 나타난 분초를 기재. **c:** 녹음방식: 아날로그나 디지털을 기재. **d:** 재생속도: 디스크는 1분간의 회전수, 테이프는 초당 연주테이프의 길이를 cm나 inch로 기재. **e:** 음구 특성: 자료에 나타난 '미세구', 'microgroove'로 기재. **f:** 사운드 트랙 필림의 경우 녹음된 자료의 상대위치를 기재. **g:** 테이프에 음을 채록할 때 사용된 트랙수를 기재. **h:** 채널수: 'mono', 'stereo', 'quad' 등을 기재. **i:** 녹음과 재생에 대한 특성이 표시되어 있을 때에만 기재. **j:** 용기의 크기: 테이프는 릴의 지름을, 카세트나 카트리지는 용기의 세로×가로 cm로 표시. **k:** 크기: 디스크는 지름을, 테이프는 테이프의 폭을 mm나 inch로 기재. **l:** 딸림자료: 그 명칭을 기재. **m:** 딸림자료의 형태기술사항은 ( )에 묶어 기재.

300 ƀƀ ▾a2 sound discs (ca. 60 min., 07 sec.) : ▾banalog, $33^{1}/_{3}$ rpm, microgroove, stereo ; ▾c12 in.+ ▾e1 pamphlet (11 p. : illus. ; 22 cm)

300 ƀƀ ▾a사운드 디스크 1매 (47:06) : ▾b디지털, 스테레오 ; ▾c$4^{3}/_{4}$ 인치

300 ƀƀ ▾a1 sound disc (49:58) : ▾bdigital, stereo ; ▾c$4^{3}/_{4}$ in.

· 사운드 테이프 자료:

------------ a ------------- ------ b ---- ---- c ---- ---- d --- ---- f ----

300 ƀƀ ▾a특정자료종별과 수량 (연주시간) : ▾b녹음방식, 재생속도, 트랙구성,

--- g --- --- h --- ----------- i ---------- ------ j ------- ----- k ----

트랙수, 채널수, 녹음 및 재생특성83) ; ▾c용기의 크기, 테이프 폭 +

----- l ----- ------------- m -------------

▾e딸림자료 (딸림자료 형태기술사항)

300 ƀƀ ▾a사운드 카세트 1개 (30분) : ▾b아날로그, $1^{7}/_{8}$ ips., 2 트랙, 스테레오, Dolby processed ; ▾c$4^{1}/_{4}$×$3^{1}/_{2}$ 인치, $^{1}/_{4}$ 인치 테이프 + ▾e해설서 (20 p. 삽도 ; 20 cm)

300 ƀƀ ▾a1 sound tape reel (70 min.) : ▾banalog, $7^{1}/_{2}$ ips, 2 tracks, mono. ; ▾c7 in., $^{1}/_{2}$ in. tape

300 ƀƀ ▾a4 sound cassettes (ca. 216 min.) : ▾banalog, $1^{1}/_{8}$ ips, 2 tracks, stereo, Dolby processes ; ▾c$7^{1}/_{4}$×$3^{1}/_{2}$ in., $^{1}/_{4}$ in. tape + ▾epamphlet.

300 ƀƀ ▾a사운드 테이프 릴 1개 (60분) : ▾b아날로그, $7^{1}/_{2}$ ips, 2 트랙, 모노 ; ▾c7 인치, $^{1}/_{2}$인치 테이프

300 ƀƀ ▾a사운드 트랙 필름 1개 (10분) : ▾bPhillips-Miller, 25 ips, 중심트랙 ; ▾c16 mm.

300 ƀƀ ▾a1 sound track film reel (10 min.) : ▾bPhillips-Miller, magnetic, 24 fps, center track ; ▾c16 mm.

「007 형태기술필드와 연계」

300 ƀƀ ▾a사운드 디스크 1매 (90분) : ▾b아날로그, 331/3 rpm, 세음구, 스테레오; ▾c30 cm + ▾e팜플렛 (11 p. : 삽도 ; 22 cm).

83) 재생 및 녹음의 특성에는 잡음감쇠방식을 기재한다. 현재 발표된 잡음 감쇠방식은 대부분 녹음 또는 송신과 재생 또는 수신이 상응하는 컴플리멘터리(complementary) 방식으로서, 압축 팽창 방식이며, '돌비' NR방식, ANRS방식, dbx방식, 그리고 Hi-COM방식 등이 있지만 '돌비'NR(특히 Dolby B)방식만이 대중적으로 쓰이고 있다.

(007/01: d (사운드 디스크)
(007/12: n (아날로그: 적용불가)
(007/03: b (속도: $33^{1}/_{3}$rpm)
(007/05: m (음구의 폭/높이: Microgroove)
(007/04: s (녹음재생형태: 스테레오)
(007/06: d (크기: 10 in.)

1) 특정자료종별과 수량(300 ▾a)(K4.6.5.1;A2.6.5B)

녹음자료의 특정자료종별과 수량은 단행본의 면수에 해당하는 것으로 형태에 따른 특정자료종별과 수량, 그리고 연주시간을 300필드에 식별기호 ▾a로 기술한다.

특정자료종별은 디스크와 테이프로 구분하여 디스크형태는 '녹음디스크', '오디오 디스크', 'phono disc', 'sound disc', '음반'(SP, LP, EP 등 아날로그 음반), '디스크', 'disc', '광디스크'(CD, LD 등) 등, 테이프형태는 '테이프', 'tape' 등 다양하게 기술되고 있는데 자료기관에서는 규정으로 정하여 통일된 명칭으로 기술해야 한다. 이때 음반의 종별에 따른 SP, LP, EP, CD, LD 등은 필요한 경우 주기한다.

특정자료종별(specific material designation)을 규칙으로 정한 명칭과 본서의 명칭을 제시하였다.[84)]

KORMARC	K4.6.5.1.1	USMARC21	A2.6.5B1
음반 실린더 음향 카트리지 음향-트랙 필름 롤 음향 카세트 오디오 테이프 릴 전선녹음	녹음 카트리지 (sound cartridge) 녹음 카세트 (sound cassette) 음반(sound disc) 녹음 테이프 릴 (sound tape reel) 사운드 트랙 필름 (sound track film)	sound disc cylinder sound cartridge sound-track film roll sound cassette sound-tape reel wire recording	sound cartridge sound cassette sound disc sound tape reel sound track film

본서에서는 특정자료종별을 다음의 명칭으로 기재하였다.

사운드 디스크	sound disc	(007/01 d : 음반, LP, CD, DVD, sound disc cartridge)
실린더	cylinder	(007/01 e : 실린더)
사운드 카트리지	sound cartridge	(007/01 g : 음향 카트리지)
사운드 트랙 필름	sound track film	(007/01 i : 음향 트랙 필름)

84) 초판에서는 특정자료종별을 '오디오 디스크', 'audio disc'로 표시하였으나 본서에서는 발음 그대로 '사운드 디스크', 'sound disc'로 표시하였다.

롤	roll	(007/01 q : 롤)
사운드 카세트	sound cassette	(007/01 s : 음향 카세트)
사운드 테이프 릴	sound tape reel	(007/01 t : 음향 테이프 릴)
전선 녹음	wire recording	(007/01 w : 전선녹음)

필요에 따라서는 다음의 용어들을 사용하기도 한다(K4.6.5.1.1;A2R.6.5B1)

[K4]	[A2]	[본서의 명칭]
녹음 시트	sound sheet	사운드 시트
녹음 필름	sound film	사운드 필름
녹음 롤	sound roll	사운드 롤
오르간 롤	organ roll	오르간 롤
피아노 롤	piano roll	피아노 롤

수량은 아라비아숫자로 내용이 수록된 자료의 수량은 용기에 따라 '면'(음반을 면수로 표시), '매'(음반), '개'(녹음 카세트, 녹음 카트리지, 녹음 릴) 단위로 표시하고, 특정자료표시가 로마자인 경우는 단위표시를 하지 않는다. 수량의 표시위치는 언어에 따라 한국어는 특정자료종별 뒤에, 영어는 앞에 기재한다(K4.6.5.1.2;A2.6.5B1).

완결되지 않은 녹음자료는 특정자료종별만을 기재하고 수량은 빈칸으로 둔다(K4.6.5.1.2.1).

300 ʙʙ ▾a사운드 디스크 1매	300 ʙʙ ▾a1 sound disc
300 ʙʙ ▾a사운드 테이프 릴 1개	300 ʙʙ ▾a1 sound tape reel
300 ʙʙ ▾a사운드 카세트 1개	300 ʙʙ ▾a1 sound cassette
300 ʙʙ ▾a사운드 카트리지 1개	300 ʙʙ ▾a1 sound cartridge
300 ʙʙ ▾a사운드 트랙 필름 1개	300 ʙʙ ▾a1 sound track film
300 ʙʙ ▾a오르간 롤 1개	300 ʙʙ ▾a1 organ roll
300 ʙʙ ▾a피아노 롤 1개	300 ʙʙ ▾a1 piano roll

사운드 디스크자료의 부분 면수 표시는 '제1면', 'Side 1', 'S. 1', 'Side A'로 하고, 동일

면의 한 작품에 대한 면수표시는 전체의 작품수를 분모로 한 분자로 하거나 설명형식으로 풀어 쓴다(K4.6.5.1.2.4);A2.6.5B3).

전체면수

300 ȸȸ ▾a사운드 디스크 2면 = 1매

300 ȸȸ ▾a2 sound discs = 4 side

부분면수

300 ȸȸ ▾a사운드 디스크 2매 중 제3면

300 ȸȸ ▾aOn side 3 of 2 sound discs = side 3 = s. 3

300 ȸȸ ▾a사운드 카세트 4개 중 제1-2번

300 ȸȸ ▾aOn cassettes 1-2 of 4 sound cassettes

300 ȸȸ ▾aOn side 1 of 1 sound disc = side 1 = s. 1

300 ȸȸ ▾a사운드 테이프 릴 1개 중 제5번

300 ȸȸ ▾aOn reel 2 of 3 sound tape reels

300 ȸȸ ▾aOn cassettes 1-2 of 4 sound cassettes

연속번호로 연결되지 않은 경우

300 ȸȸ ▾a사운드 디스크 3매 중 1매

300 ȸȸ ▾aOn 1 disc of 2 sound discs

300 ȸȸ ▾aOn 1 reel of 2 sound tape reels

녹음자료의 연주시간은 특정자료종별과 수량에 ()에 묶어 간략형식으로 부기한다. 기술대상자료의 전체의 재생시간을 기재하고, 재생시간이 5분이상은 분까지 5분이하는 초까지 기재한다(K4.6.5.1.2.2);A2.6.5B2). 해당 자료에 연주시간이 없는 것은 기재를 생략한다.

300 ȸȸ ▾a사운드 디스크 1면 (4분 10초) = (5:10)

300 ƀƀ ▾a사운드 카세트 1개 (약 90분) = (약 90)

300 ƀƀ ▾a사운드 카세트 3개 (각 40분) = (각 40)

300 ƀƀ ▾a2 sound discs (1 hr., 22 min.) = (72)

300 ƀƀ ▾a1 sound disc (ca. 22 min.) = (ca. 22)

300 ƀƀ ▾a1 sound cassette (6 min. 30 sec.) = (6:30)

300 ƀƀ ▾a2 sound cassettes (30 min. each) = (30 each)

수록된 각 곡의 연주시간이 각각 표시되어 있는 것은 내용주기나 합취입주기의 각 곡명에 연주시간을 ( )에 묶어 부기하고(K4.6.5.1.2.3), 연주시간표시가 보다 복잡한 경우는 500필드에 식별기호 ▾a로 '연주시간'이라는 표출어로 수록 곡의 연번과 짝지어 주기한다(A2R.6.5B2;1.5B4).

500 ƀƀ ▾a연주시간: 3분30초 ; 5분10초 ; ... ; 4분18초 ; ...

500 ƀƀ ▾aDurations: 13 min. ; 8 min. ; ...

500 ƀƀ ▾a연주시간: 3:30(A,1) ; 5:10(A,2) ; ... ; 4:18(B,1) ; ...

2) 기타 형태적 세목(K4.6.5.2;A2.6.5C)

녹음자료의 기타 형태적인 특성은 300필드에 식별기호 : ▾b로 다음 사항을 순서별로 ','로 구분하여 기술한다.

녹음방식(type of recording) (007/12 특수재생장치 특성의 부호와 연계: analog 'n'(적용불가). digital 'e')
재생속도(playing speed) (007/03 속도의 부호와 연계)
음구의 특성(아날로그 디스크)(groove characteristics (analog discs)) (007/05 음구의 폭/높이의 부호와 연계)
트랙배치(녹음트랙필름)(track configuration (sound track films))
트랙의 수(테이프)(number of tracks (tapes)) (007/08 테이프 트랙 수의 부호와 연계)
채널수(number of channels) (007/04 녹음재생 형태의 부호와 연계)
녹음 및 재생특성(테이프)(recording and reproduction characteristics) (007/12 특수재생장치 특성의 부호와 연계)

(a) 녹음방식(K4.6.5.2.2.1;A2.6.5C2):

SP, LP, EP 등의 디스크자료와 Reel, Cartridge, Cassette 등의 테이프자료는 '아날로그', 'analog'로 기술

사운드 트랙 필름은 '광학', 'Optical' 또는 '자기', 'magnetic'로 기술

CD, DAT 등은 '디지털', 'digital'로 기술

300 ƀƀ ▾a사운드 디스크 1매 (20분) : ▾b아날로그

300 ƀƀ ▾a사운드 디스크 1매 (60분) : ▾b디지털

300 ƀƀ ▾a사운드 트랙 필름 1개 (15분) : ▾b자기

300 ƀƀ ▾a1 sound disc (45 min.) : ▾banalog

300 ƀƀ ▾a1 sound track film reel (20 min.) : ▾bmagnetic

(b) 재생속도: 재생속도는 음을 재생할 때 디스크나 테이프가 유동하는 속도를 기재한다(K4.6.5.2.2.2);A2.6.5C3).

아날로그 사운드 디스크는 1분간의 회전수를 '회전', 'rpm' 또는 'r/m'(revolution per minute)으로 표시

디지털 사운드 디스크는 1초 동안의 재생길이를 미터로 'm/초', 'mps' 또는 'm/s'(meters per second)로 표시

*디지털로 된 사운드 디스크의 표준 재생속도는 1초 동안에 1.4 meters인데 이것은 종류가 많지 않기 때문에 기재를 생략하기도 한다.

재생속도와 크기(MARC21/A2R.6.5)

재 생 속 도		크 기
16 rpm	$^{15}/_{16}$ ips = 38/40.6 cm/s	3 in. = 8 cm
$33^{1}/_{3}$ rpm	$1^{7}/_{8}$ ips = 4.75 cm/s	$4^{3}/_{4}$ in. = 12 cm
45 rpm	$3^{3}/_{4}$ ips = 9.5 cm/s	5 in. = 13 cm
78 rpm	$4^{3}/_{4}$ ips = 12 cm/s	7 in. =18 cm
8 rpm	$7^{1}/_{2}$ ips = 19 cm/s	10 in. = 25 cm
1.4 m. per sec.	15 ips = 38 cm/s	12 in. = 30 cm
120 rpm	30 ips = 76 cm/s	16 in. = 41 cm
160 rpm		$2^{3}/_{4}$×4 in. =4×10 cm
		$3^{7}/_{8}$×$2^{1}/_{2}$ in. = 10×6 cm
		$5^{1}/_{4}$×$3^{7}/_{8}$ in. = 13×10 cm

300 ␢␢▾a사운드 디스크 1매 (40분) : ▾b아날로그, 33⅓ rpm

300 ␢␢▾a1 sound disc (ca. 90 min.) : ▾banalog, 33⅓ rpm

300 ␢␢▾a사운드 디스크 1매 (90분) : ▾b디지털 , 1.4 mps

300 ␢␢▾a1 sound disc (ca 45 min.) : ▾bdigital, 1.4 mps

아날로그 테이프는 1초 동안에 연주되는 테이프의 길이를 센티미터로 'cm/초'나 'cps'(cm per second) 또는 인치로 'ips'(inch per second)로 표시.

300 ␢␢▾a사운드 카세트 1개 (120분) : ▾b아날로그, 3.33 cm/초

300 ␢␢▾a2 sound cassettes (208 min.) : ▾banalog, 1⅞ ips

*아날로그 테이프의 표준속도 카세트 '4.76 cm/초' 카트리지 '9.5 cm/초'는 기술을 생략한다.

트랙 필름 릴은 1초당 재생 프레임수를 '프레임/초' 또는 'fps'(frame per second)로 표시

300 ␢␢▾a1 sound track film (10 min.) : ▾bmegnetic, 24 fps

(c) 음구[85)]의 특성: 음구는 아날로그 사운드 디스크의 78회전판이나 1980년대 LP판에 사용된 표준형의 음구와 이후 발매된 33⅓회전 디스크와 45회전 디스크에 사용된 미세음구(微細音溝: microgroove)가 있다. 표준형이 아닌 경우에만 디스크 자체에 표시된 '미세음구' 또는 '마이크로음구', 'microgroove' 등을 기재한다(K4.6.5.2.2.3);A2.6.5C4).

300 ␢␢▾a사운드 디스크 1매 (7분) : ▾b아날로그, 78 rpm, 미세음구

300 ␢␢▾a1 sound disc (30 min.) : ▾banalog, 45 rpm, microgroove

(d) 트랙(녹음대)의 위치: 녹음대(sound track)가 있는 필름은 녹음대의 track 위치를 다음 용어로 기술한다((A2.6.5C5).

중앙트랙 centre track

---

85) 음구는 단면이 90도로 열린 V자형으로 되어 있다. 단음(manaural: 單音)은 하나뿐인 신호를 한 홈으로 된 음구의 좌우진동에 변조한 것이고, 스테레오(stereo: binaural)는 2신호 또는 4신호를 한 홈으로 된 구의 좌우양벽에 각각 channel신호로 각(刻)한 것이다. 현재 2 channel스테레오는 45-45방식으로 통일되어 있다. 그 재생은 좌측벽의 진폭과 우측벽의 진폭이 각각 스피커를 달리하여 재생한다.

난간트랙	edge track
사이드트랙	side track

300 ⱥⱥ ▾a사운드 트랙 필름 1개 (10분) : ▾b자기, 25 프레임/초, 중앙트랙

300 ⱥⱥ ▾a1 sound track film (10 min.) : ▾bmagnetic, 25 fps, centre track

(e) 트랙수: 사운드 테이프(카트리지, 카세트, 릴)는 트랙 수를 다음 용어로 기술한다(MARC21;K4.6.5.2.2.4);A2.6.5C6). 그러나 트랙수가 표준적(카트리지: 8분트랙, 아날로그 카세트: 4분트랙)인 경우는 기재하지 않는다.

전폭트랙	full track	8분폭트랙	eight track
반폭트랙	half track	12분폭트랙	twelve track
4분폭트랙	quarter track	16분폭트랙	sixteen track

300 ⱥⱥ ▾a사운드 테이프 릴 1개(60분): ▾b아날로그, $7^1/_2$ ips., 2트랙

300 ⱥⱥ ▾a1 sound tape reel (50 min.): ▾banalog, $7^1/_2$ ips., 4 tracks

(f) Channel수: 녹음의 channel수는 다음과 같은 표준용어로 기재한다(K4.6.5.2.2.5); A2.6.5C7).

모노	mono (monophonic)
스테레오	stereo (stereophony)
4성음 또는 4채널	quad (quadraphony)

300 ⱥⱥ ▾a사운드 디스크 1매 (90분) : ▾b아날로그, $33^1/_3$ rpm, 스테레오

300 ⱥⱥ ▾a1 sound disc (20 min.) : ▾banalog, $33^1/_3$ rpm, stereo

300 ⱥⱥ ▾a1 sound tape reel (ca. 45 min.) : ▾b$1^7/_8$ ips, 2 track, mono.

(g) 녹음 및 재생특성: 녹음자료의 취입, 재생의 특성으로 다음의 명칭이 자료에 나타나 있을 때 필요에 따라 기술한다(MARC21;K4.6.5.2.2.6);A2.6.5C8).[86]

NAB방식	NAB standard	dbx방식	dbx encoded

86) 현재 발표된 잡음감쇠방식은 컴플리멘터리(complementary)방식으로서 압축팽창방식이며, '돌비'NR방식, ANRS방식, dbx방식, 그리고 Hi-COM방식 등이 있지만 '돌비'NR방식(특히 Dolby B)만이 대중적으로 쓰인다(서용준, 148).

CCIR방식	CCIR standard	CX방식	CX encoded
돌비-A	Dolby-A encoded	디지털녹음	Digital recording
돌비-B	Dolby-B encoded	Hi-COM방식	Hi-COM
돌비-C	Dolby-C encoded	크롬산화물	Chromium dioxide tape

300 ƀƀ ▾a사운드 카세트 2개 (60분) : ▾b아날로그, 스테레오, 돌비

300 ƀƀ ▾a1 sound cassette (60 min.) : ▾b1 7/8 ips, stereo., Dolby processed

300 ƀƀ ▾a1 sound cassette : ▾banalog, stereo., Dolby processed, chromium dioxide tape

3) 크기 (K4.6.5.3.2;A2.6.5D1)

녹음자료의 크기는 007/06의 부호와 연계시켜 크기를 cm나 inch단위로 300필드에 식별기호 ▾c로 기재한다(K4.6.5.3.2.1);A2.6.5D1).

디스크는 지름을 cm 이하의 단위를 생략하여 실제 크기가 30.5 cm는 30 cm로, 25.4 cm는 25 cm로 기재한다.

300 ƀƀ ▾a사운드 디스크 1매 (20분) : ▾b아날로그, 33 1/3 rpm, 스테레오 ; ▾c30 cm.

300 ƀƀ ▾a1 sound disc (30 min.) : ▾banalog, 33 1/3 rpm, stereo. ; ▾c20 cm.

300 ƀƀ ▾a1 sound disc (49 min., 58 sec.) : ▾bdigital, stereo. ; ▾c12 cm.

300 ƀƀ ▾a1 sound disc (56 min.) : ▾bdigital, stereo. ; ▾c12 cm.

2매 이상으로 된 자료가 크기가 다를 때는 '작은 것-큰 것 cm'로 기재한다.

300 ƀƀ ▾a사운드 디스크 5매 : ▾b아날로그, 33 1/3 rpm, 스테레오 ; ▾c25-30 cm.

디스크가 원형이 아닌 것은 연주면의 크기를 기재하고, 실제 외형의 크기를 주기하거나 (K4.6.5.3.2.6)), '세로×가로 cm'로 기재하기도 한다.

300 ƀƀ ▾a사운드 디스크 1매(3분) : ▾b아날로그, 33 1/3 rpm, 스테레오 ; ▾c15×20 cm.

사운드 트랙 필름은 필름의 폭을 mm단위로 기재한다(K4.6.5.3.2.2);A2.6.5D3).

300 ƀƀ ▾a사운드 트랙 필름 1개 : ▾b자기, 25 프레임/초, 중앙트랙 ; ▾c16 mm

300 ƀƀ ▾a1 sound track film (10 min.) : ▾bmagnetic, 25 rpm, edge track ; ▾c16 mm

테이프자료(Cassette, Cartridge)는 식별기호 ▾c로 용기의 크기(세로×가로)와 테이프의 폭을 mm나 inch로 기재한다. 용기가 표준형일 때는 기록을 생략하기도 한다(K4.6.5.3.2.3)4);A2.6.5D4,5). MARC21에서는 테이프의 폭을 다음과 같이 4가지로 나타내고 있다.

3.18 mm (1/8 in.)	12.7 mm (1/2 in.)
6.35 mm (1/4 in.)	25.4 mm (1 in.)

사운드 테이프의 표준규격

종 별	테이프의 표준폭	용기의 표준크기
오픈 릴(open reel)	6.35 mm (1/4 in.)	릴의 지름을 cm로 기재
카세트(cassette)	3.18 mm (1/8 in.)	9.84 (3 7/8 in.)×6.35 (2 1/2 in.) cm = 10×6.4×1.2 cm
카트리지(cartridge)	6.35 mm (1/4 in.)	13.34 (5 1/4 in.)×9.84 (3 7/8 in.) cm = 13.5×10×2.2 cm

300 ƀƀ ▾a사운드 카세트 4개 (약 216분) : ▾b아날로그, 4.75 cm/s, 2 트랙, 스테레오, 돌비 ; ▾c10.79×11.77×8.89 cm, 6 mm 테이프
└ 용기의 크기 └ 테이프의 폭

300 ƀƀ ▾a4 sound cassettes (ca. 216 min.) : ▾banalog, 4.75 cm/s, 2 track, stereo, Dolby processed ; ▾c10.79×8.89 cm, 6 mm tape.

사운드 테이프 릴은 식별기호 ▾c로 '용기의 크기, 테이프의 폭'을 기술한다. 용기의 크기는 릴의 직경을 cm로, 테이프의 폭은 테이프의 넓이를 mm로 기술한다(K4.6.5.3.2.4); A2.6.5D6).

300 ƀƀ ▾a사운드 테이프 릴 1개 (40분) : ▾b19 cm/초, 2 트랙, 모노 ; ▾c17.5 cm, 12.5 mm 테이프

300 ƀƀ ▾a1 sound tape reel (70 min.) : ▾banalog, 19 cm/s, 2 tracks, mono.
; ▾c18 cm, 12.5 mm tape
└ 릴 직경 └ 테이프의 폭

롤(Roll)은 크기를 표시하지 않고(A2.6.5D7), 특정자료종별과 수량만 표시한다.

300 ƀƀ ▾a1 roll　　　　　　300 ƀƀ ▾a2 rolls

4) 딸림자료(K4.6.5.4.2;A2.6.5E)

딸림자료는 300필드에 구분부호 '+'와 식별기호 ▾e로 딸림자료의 종별명을 기재하고, 딸림자료의 형태기술사항은 필요에 따라 ( )로 묶어 부기한다.

300 ƀƀ ▾a사운드 디스크 1매 (90분) : ▾b아날로그, 33⅓ rpm, 스테레오 ; ▾c30 cm + ▾e팜플렛 (11 p. : 삽도 ; 22 cm).

300 ƀƀ ▾a1 sound disc (50 min.) : ▾banalog, 33⅓ rpm, stereo. ; ▾c30 cm. + ▾e1 pamphlet (40 p. : illus. ; 23 cm)

300 ƀƀ ▾a사운드 테이프 카세트 1개 (30분) : ▾b아날로그, 4.75 cm/s, 2 트랙, 스테레오 ; ▾c10.79×8.89 cm, 6 mm 테이프 + ▾e팜플렛 (11 p. : 삽도 ; 22 cm).

+ ▾e사용설명서 (37 p. : 삽도 ; 20 cm)

+ ▾ebooklets.

+ ▾e1 text (42 p. ; 31 cm)

+ ▾e1 pamphlet (22 p. ; 21 cm.) in box 20×14×3 cm.

+ ▾e1 demonstration disc + 1 codebook

딸림자료의 표제가 모체자료표제와 상이할 때는 500필드에 일반주기하고, 딸림자료의 저작자와 표제를 7XX필드로 각각 부표목한다(A2.1/5E;6.5E).

500 ƀƀ ▾a딸림자료: 남도민요. 30 p. : 악보 ; 18 cm.
740 ƀ0 ▾a남도민요.

500 ƀƀ ▾a딸림자료: Pamphlet (22 p. ; 21 cm.)

500 ꞗꞗ ▾aAccompanying material: Pamphlet (22 p. ; 21 cm.)

딸림자료는 중요 정도에 따라 형태기술사항에 기재하지 않고 500필드에 기재하거나 기재를 생략하기도 한다.

306 재생/연주시간 (Playing Time) <O>NR

녹음자료의 재생시간, 악보의 연주시간은 306필드에 정형화된 시분초(hhmmss: 각 두 단위)로 기재한다. 연주시간에 관한 사항이 복잡할 때는 500필드에 '연주시간', 'Duration' 이라는 표출어로 주기한다.

300 ꞗꞗ ▾a재생/연주시간(R)

300 ꞗꞗ ▾a사운드 디스크 1매 (58분) :
306 ꞗꞗ ▾a005800

300 ꞗꞗ ▾a2 sound discs (1 hr., 40 min.) :
= 300 ꞗꞗ ▾a2 sound discs (100 min.) :
= 300 ꞗꞗ ▾a2 sound discs (50 min. each) :
306 ꞗꞗ ▾a014000
= 306 ꞗꞗ ▾a005000 ▾a005000

300 ꞗꞗ ▾a사운드 테이프 카세트 2 개 (1시간, 20분) :
= 300 ꞗꞗ ▾a사운드 테이프 카세트 2 개 (80분) :
= 300 ꞗꞗ ▾a사운드 테이프 카세트 2 개 (각 40분) :
306 ꞗꞗ ▾a012000
= 306 ꞗꞗ ▾a004000 ▾a004000

300 ꞗꞗ ▾a사운드 디스크 1 매 (약 1시간 30분)
306 ꞗꞗ ▾a013028 (약 1시간 30분)

306 ꞗꞗ ▾a003100 ▾a001839 ← 재생시간이 둘 이상인 경우는 '▾a'를 반복
= 500 ꞗꞗ ▾a연주시간: 31:00 ; 18:39 **표출어 '연주시간(Durations)'으로 주기.**
└ 분, 초는 ':'으로 구분하여 간략히 기재
└ 연주시간과 연주시간 사이는 ';'으로 구분 기재

306 ꞗꞗ ▾a001356 ▾a002005
= 500 ꞗꞗ ▾aDurations: 13:56 ; ca. 20:05

307 검색시간 등 (Hours, etc.) <O>R → 별책 307필드 참조

355 **보안분류** (Security Classification Control) <O>R → 별책 355필드 참조

357 **원작자의 배포제어** (Originator Dissemination Control) <A>NR → 별책 357필드 참조

10. 시리즈사항(4XX)(K4.6.6.0;A2.1.6F;A2.6.6.1.2)

시리즈에 포함된 자료를 각각의 자료명으로 목록할 때는 총서표제의 부출여부에 따라 440필드나 490필드로 총서주기한다.

440 **총서사항/부출표목－표제**(Series Statement－Added Entry) <A>R → 별책 440필드 참조

그대로 주기와 표목으로 출력되는 총서사항을 기술한다. 이때 식별기호 ▾a로 주기된 총서표제는 지시기호에 의해 자동 부표목된다.

총서의 대등표제, 총서의 표제관련정보, 총서의 책임표시, 총서의 ISSN, 총서의 권호 등의 기술은 K4.1.6.0;A2.1.6F에 준한다.

440 ❶❷ ▾**a총서명 ; ▾v총서권호 <출력> — (총서명 ; 총서권호)**

440 ❶❷ ▾**a총서명 = ▾x대등총서명, ▾s총서의 ISSN ; ▾v총서권호**

440 ❶❷ ▾**a(관제) 총서명 = ▾x대등총서명, ▾s총서의 ISSN ; ▾v총서권호.**

440 ❶❷ ▾**a총서명. ▾n총서편차, ▾p총서편제 = ▾x대등총서명 ; ▾v총서권호**

440 00 ▾a명곡 베스트모음 ; ▾v3집
<출력> — (명곡 베스트모음 ; 3집)

440 00 ▾a세계의 클래식 걸작선집.

440 00 ▾aListener in-service cassette library ; ▾valbum 6

440 00 ▾aSounds of the seventies, ▾s334-5566 ; ▾vno. 54
<출력> — (Sounds of the seventies, ISSN 334-5566 ; no. 54)

490 **총서사항/부출 않거나 다르게 부출되는 총서표제**(Series Statement) <A>R → 별책 490필드 참조

부출하지 않거나 시리즈표제와 다르게 부출표목되는 총서사항을 기술한다.

┌─ 제1지시기호 '0'은 총서표제를 부출하지 않을 때의 지시기호
490 00 ▾aVienna classics

┌─ 제1지시기호 '1'은 총서표제를 다르게 8XX으로 부출하기 위한 지시기호
490 10 ▾a한국인이 좋아하는 세미클래식 ; ▾v2
830 ȹ0 ▾a세미클래식 ; ▾v2

490 10 ▾a合唱の世界 / 宇野功芳 ; ▾vIII
800 1ȹ ▾a우야공방. ▾t합창의 세계 ; ▾v3
830 ȹ0 ▾a합창의 세계(우야공방) ; ▾v3

11. 주기사항(50X-58X)

500 일반주기(General Note) <O>R → 별책 500필드 참조

501-59X필드의 주기사항에 규정되어 있지 않은 내용을 500필드에 주기한다.

500 ȹȹ ▾a3幕의 歌劇 500 ȹȹ ▾aPart for piano only

500 ȹȹ ▾a민속음악 500 ȹȹ ▾aField recording of birdsong

다른 기술사항에 기재되지 않은 녹음된 내용의 대화나 음악의 가사에 사용된 언어를 041필드의 언어부호와 연계시켜 500필드에 주기한다(K4.6.7.3.2;A2.6.7B2).

041 1ȹ ▾dkor ▾deng
500 ȹȹ ▾a가사는 한국어와 영어

041 0ȹ ▾dfre ▾deng
500 ȹȹ ▾aIn French, introduction in English

500 ȹȹ ▾a다수국어로 된 해설이 용기에 표시되어 있음

500 ȹȹ ▾aContainer notes in Hungarian, English, German and Russian

해설이나 가사의 소재 등에 관한 사항은 필요에 따라 500필드에 주기한다.

500 ȹȹ ▾a소월시를 가사로 하여 작곡한 것임

500 ȹȹ ▾a용기에 노래의 가사가 있음

500 ȹȹ ▾aSynopsis and biographical note on container

500 ㅸㅸ ▾aTexts on album

500 ㅸㅸ ▾aTexts with English translation, on container

CD는 Compact disc임을 500필드에 주기한다.

500 ㅸㅸ ▾aCompact disc

작품과 연관된 자료에 관한 사항을 500필드에 주기한다.

500 ㅸㅸ ▾a원곡은 안익태의 한국환상곡임

500 ㅸㅸ ▾aBased on music by Franz Schubert

표제에 관한 주기: 으뜸정보원 이외에서 기재한 본표제의 정보원을 500필드에 주기한다(K4.6.7.3.3;A2.6.7B3).

500 ㅸㅸ ▾a본표제: 용기의 표제	500 ㅸㅸ ▾aTitle: From container
500 ㅸㅸ ▾a본표제는 용기의 표제임	500 ㅸㅸ ▾aTitle from container

정보원에 따라 상이한 표제(K4.6.7.3.4;A2.6.7B4)는 본표제로 기재되지 않은 표제를 246필드에 정보원에 해당하는 제2지시기호로 지시하여 주기하고 표목한다(246필드 참조).

용기에 2개 이상의 언어로 된 해설이 있을 때에는 필요에 따라 이를 일반주기한다.

500 ㅸㅸ ▾aContainer notes in Hungarian, English, German and Russian

500 ㅸㅸ ▾a다수국어로 된 해설이 용기에 수록되어 있음

해설이나 가사의 소재 등에 관한 사항은 필요에 따라 일반주기한다.

500 ㅸㅸ ▾a소월시를 가사로 작곡한 것임

500 ㅸㅸ ▾a용기에 노래의 가사가 수록되어 있음

500 ㅸㅸ ▾aTexts with English translation, on container

500 ㅸㅸ ▾aSynopsis and biographical note on container

책임표시에 관한 주기: 245필드에 기재되지 않은 저작자를 필요에 따라 관계된 표출어와 함께 500필드에 일반주기한다(K4.6.7.3.6;A2.6.7B6).

500 ȸȸ ▾a저작자의 완전명: The American Brass Quintet.

500 ȸȸ ▾aABM: The American Brass Quintet

배경음악은 필요한 경우 '배경음악'이라는 표출어로 500필드에 주기한다.

500 ȸȸ ▾a배경음악: KBS교향악단

500 ȸȸ ▾aBacking by Coral Reefer Band

녹음에 관한 사항은 필요한 경우 이를 500필드에 주기한다.

500 ȸȸ ▾a녹음: 김팔용

500 ȸȸ ▾aRecordings by Willie Nelson (side 1), Bob Wills and his Texas Playboys (side 2), Asleep at the Wheel (side 3), and Freddy Fender (side 4).

판표시와 서지적 내력에 관한 주기: 250필드에 기재되지 않은 자료의 판에 관한 사항(판표시의 정보원, 재발매 등)과 녹음물과 관계된 서지적 내력을 주기한다(K4.6.7.3.7;A2. 6.7B7).

500 ȸȸ ▾a판차: Special edition

500 ȸȸ ▾a1995년 8월 15일 녹음 = 500 ȸȸ ▾a녹음: 1995년 8월 15일

500 ȸȸ ▾a판차의 정보원: 딸림자료

500 ȸȸ ▾aReissue of: Cademon TC 1125(1952)

500 ȸȸ ▾aEdition: Ed. statement from container label

발행. 배포, 제작 등에 관한 주기: 260필드에 기재되지 않은 상업적인 출판사, 배포자, 출판지, 제작자에 관한 사항은 500필드에 주기한다(K4.6.7.3.9;A2.6.7B9).

500 ȸȸ ▾a발행자 영문명: Asia Record Co., Ltd.

500 bb ▾ a발행자 완전명: Han So Ri Records Co.

*HSR: Han So Ri Records Co.

500 bb ▾ a한국의 배포자: 성음사

500 bb ▾ aDistributed in the U.K. by: EAV Ltd.

500 bb ▾ a녹음: 1995년 10월

500 bb ▾ aEd. recorded: New York : Farrar, 1937

500 bb ▾ aRecorded in l962

그러나 7XX로 부출되는 편집, 편찬, 또는 번역 정보 등을 포함한 발행처의 변동사항이나 참고사항은 550필드로 주기한다.

형태사항에 관한 주기: 300필드에 기재되지 않은 특정자료종별과 수량, 기타형태사항, 크기, 딸림자료에 관한 사항을 필요에 따라 500필드에 주기한다(K4.6.7.3.10;A2.6.7B10).

500 bb ▾ a디스크의 판면: 정방형, 16×16 cm.

500 bb ▾ a디스크의 판면은 정방형, 16×16 cm.

500 bb ▾ aSize: Impressed on rectangular surface 20×20 cm.

500 bb ▾ aIn 2 containers

500 bb ▾ aAcoustic recording

500 bb ▾ aAnalog recording ← 아날로그자료를 디지털로 녹음한 자료

500 bb ▾ aDigital recording ← 디지털자료를 아날로그로 녹음한 자료

500 bb ▾ aFor 65-note player piano

500 bb ▾ aPaper tape

500 bb ▾ aRecording made with stacked heads

500 bb ▾ aRecorded on both sides

종합표제가 없는 자료는 각 곡명의 재생시간을 500필드에 '연주시간', 'Durations'이라는 표출어와 함께 주기한다.

500 ƀƀ ▾a연주시간: 3분40초 ; 3분00초 ; 8분39초 ; 10분16초.

500 ƀƀ ▾aDurations: 3 min. 40 sec. ; ca 3 min. ; 8 min. 39 sec.

500 ƀƀ ▾aDurations: 3:40 ; 3:00 ; 8:39 ; 7:02

딸림자료에 관한 주기: 300필드에 기재되지 않은 첨부나 딸림자료는 500필드에 주기한다(K4.6.7.3.11;A2.6.7B11).

500 ƀƀ ▾a첨부자료: 디스크자켓에 곡에 대한 해설이 있음

500 ƀƀ ▾a디스크자켓에 곡에 대한 해설이 있음

500 ƀƀ ▾aProgramme notes on container

500 ƀƀ ▾a딸림자료: 解說書. 11 p. : 삽도(천연색) ; 30 cm.

500 ƀƀ ▾aAccompanying material: Text. 42 p. ; 31 cm.

딸림자료가 독립된 표제를 가진 것은 일반주기하고 7XX필드로 부표목한다.

500 ƀƀ ▾a딸림자료: 남도민요. 30 p. ; 18 cm.
740 ƀƀ ▾a남도민요

시리즈에 관한 주기: 총서주기에 기재되지 않은 총서명에 관한 사항을 일반주기한다(K4.6.7.3.12;A2.6.7B12).

500 ƀƀ ▾a원판의 총서명: Read-along adventure

500 ƀƀ ▾aFrom the BBC TV series

501 합취입주기(With Note) <O>R → 별책 501필드 참조

자료가 발행될 때 하나 이상의 저작이 물리적으로 함께 묶여져 있는 경우, 또는 종합표제가 없이 두 개 이상의 작품을 연주자를 달리하여 함께 수록한 경우는 245필드에 기재되지 않은 두 번째 이하의 저작을 '합취입', '합철', 'With'라는 표출어로 501필드에 주기하고(K4.6.7.3.20;A2.6.7B21), 합취입주기된 표제와 저작자는 7XX로 각각 부표목한다. 합취입의 기재형식은 기술본체의 구분기호(구두법)와 순서로 기술한다. 합취입된 작품이 3개 이상으로 기술사항이 길 때는 505필드에 내용주기하기도 한다.

501 ɓɓ ▾a합취입: ▾c합취입표제 = ▾x대등표제 / ▾d작곡자 ; ▾e작사자 ▾g(연주자, 연주수단 ; 연주단체, 지휘자, 역할어) ▾g(연주시간). — ▾p발행지 : 발행자, 발행년.

<출력> 합취입: 합취입표제 / 작곡자 ; 작사자......

501 ɓɓ ▾aWith: ▾cTitle / ▾dcomposer. -

501 ɓɓ ▾a합취입: ▾c표제 / ▾d작곡자 ; ▾e작사자 ▾g(연주자).

*발행사항이 본표제와 동일한 경우는 합취입주기에서는 생략한다.

501 ɓɓ ▾a합취입: ▾c현악4중주곡 A단조 작품 41

501 ɓɓ ▾a합취입: ▾c트럼펫 협주곡 플랫장조 = ▾xTrompetenkonzert Es-dur / ▾dHayden 작곡 ▾g(Harry Sevenstern, 트럼펫 ; Wiener Symphoniker, Bernhard Paumgartner, 지휘).

*합취입의 연주자를 연주수단과 짝지어 저작자 다음에 ()에 묶어 기재한다.

501 ɓɓ ▾aWith: ▾cPeer Gynt (suite) no. 1-2 / ▾dEdward Grieg. ▾cTill Eulenspiegels lustige Streiche / ▾dRichard Strauss.

501 ɓɓ ▾aWith: ▾cNight speech ▾g(Macalester Concert Choir, Dale Warland, cond.) ▾g(7:45) ; ▾cSonata for Harpsichor ▾g(Harold Chaney, harpsichord) ▾g(12:25) / ▾dNicolas Roussakis

501 ɓɓ ▾aWith: ▾cFragments from sappho / ▾dDavid Ward-Steinman ▾g(Phyllis Curtin, soprano ; Samuel Baron, flute ; David Glazer, clarinet ; David Ward-Steinman, piano) ▾g(16:15).
700 12 ▾aWard-Steinman, David. ▾tFragments from Sappho ▾h[sound recording]
700 1ɓ ▾aCurtin, Phylliz. ▾tFragments from Sappho ▾h[sound recording]
700 1ɓ ▾aBaron, Samuel. ▾tFragments from Sappho ▾h[sound recording]
700 1ɓ ▾aGlazer, David. ▾tFragments from Sappho ▾h[sound recording]

100 1ɓ ▾aBarati, George
245 10 ▾aChamber concerto (1952) ▾h[sound recording] / ▾dGeorge Barati
501 ɓɓ ▾aWith: ▾cSymphony no. 2 / ▾dGeorge Rochberg ▾g(The New York Philharmonic, Werner Torkanowsky, cond.) ▾g(29:33)
511 8ɓ ▾aCast: The Philadelphia Orchestra, Eugene Ormandy, cond.

*Tag '511'은 본표제의 연주자를 주기하고, 합취입작품의 연주자는 합취입주기에 함께 기재한다.

700 1ɓ ▾aOrmandy, Eugene
700 12 ▾aRochberg, George. ▾tSymphony no. 2 ▾h[sound recording]
700 1ɓ ▾aTorkanowsky, Werner. ▾tSymphony no. 2 ▾h[sound recording]

502 학위논문주기(Dissertation Note) <(O)>R → 별책 502필드 참조

녹음자료가 학위청구논문으로 저작된 것일 때는 502필드에 학위종류(석사, 박사), 수여기관, 전공, 수여연도 등을 해당 지시기호와 식별기호로 주기한다(K4.6.7.3.13;A2.6.7B13).

504 서지 등 주기(Bibliography, etc. Note) <O>R → 별책 504필드 참조

녹음자료 자체에 서지, 음반목록, 색인, 인용자료 등의 참고자료가 포함되어 있을 때는 504필드에 서술형식으로 주기한다.

504 b̸b̸ ▾a제작 배경과 내용색인이 수록되어 있음
<출력> 제작 배경과 내용색인이 수록되어 있음

504 b̸b̸ ▾a참고문헌: pp. 351-355

504 b̸b̸ ▾aIncludes bibliographies and index

505 내용주기(Formatted contents note) <O>R → 별책 505필드 참조

하나의 자료가 그 내용으로 수 개의 작품을 수록하고 있을 때는 각각의 작품명과 저작자, 연주자, 연주시간 등을 '내용', 'Contents'라는 표출어로 505필드에 해당 지시기호와 식별기호로 주기한다(K4.6.7.3.18;A2.6.7B18).

「**내용주기가 필요한 녹음자료**」

· 한 사람이 작곡한 작품집
· 2인 이상의 작품에 대한 한 사람의 연주곡집
· 2인 이상의 작품 모음집
· 종합표제를 가진 모음집
· 전집이나 총집
· 종합표제가 없는 수 개의 작품집
· 앨범형식으로 편성된 자료집

제1지시	다음 제1지시기호 참조	제2지시	b̸- 기본형 0- 확장형
식별	다음 식별기호 참조		

제1지시기호 표출어(자동생성) 표출어(입력)

0－완전한 내용주기	내용:	Contents:
1－불완전한 내용주기	불완전내용:	Incomplete contents:
2－부분내용주기	부분내용:	Partial contents:
8－표출어를 생성하지 않음		

ISBD부호와 식별기호

▾a－형식화된 내용주기
/ ▾d－첫 번째 책임표시(R)
, ▾e－두 번째 이하 책임표시(동일 역할)(R)
; ▾e－두 번째 이하 책임표시(역할을 달리한)(R)
-- ▾n－권차(R)
▾t－표제(R)
▾g－기타정보(R)
▾u－URI(R)
▾8－필드 링크와 일련번호(R)

「내용주기의 확장형」

제1지시기호: 0－완전한 내용주기 '내용:' 1－불완전한 내용주기 '불완전내용:'
2－부분 내용주기 '부분내용:' 8－표출어를 생성하지 않음

505 00 ▾n권차(R). ▾t표제(R) / ▾d첫 번째 책임표시(R) ; ▾e역할을 달리한 책임표시(R) ▾g기타정보(R) ▾uURI(R)

505 80 ▾a형식화된 내용주기(표출어): ▾n권차. ▾t표제 = ▾t대등표제 : ▾g부표제 / ▾d저자 ; ▾e역할을 달리한 저자 ▾e(독주자, 연주단체, 지휘자) ▾g(연주시간) -- ▾n권차. ▾t표제. ▾n편차, ▾t편제 / ▾d작자 ; ▾e...

*KORMARC은 505에 제1지시기호로 수록되는 내용의 한국어 표출어는 제1지시기호에 의해 자동 생성되게 하고, 한국어 이외의 표출어는 제1지시기호 '8'과 해당 식별기호로 표출어와 함께 기술한다.
*505의 제2지시기호 ␢(기본형)은 내용주기의 각 기술사항별 식별기호 없이 ISBD 부호로 기재하고 필요한 부출표목은 7XX로 기술한다. 0(확장형)은 각 사항에 식별기호로 주기하여 ▾t(표제), ▾d(저자)와 연계하여 주기된 내용의 검색어 지원을 가능하게 하고 있다. 서양인명은 내용주기된 표기순서가 인명표목과 다르기 때문에 제2지시기호를 '␢'로 하고 저작자는 7XX로 부표목해야 한다.

제1지시기호 '0'은 완전내용주기의 지시로 출력시 '내용'이라는 표출어 자동 생성
제2지시기호 '0'은 식별기호 '▾t', '▾d'로 주기된 내용표제와 저작자명이 자동 부표목
내용표제는 '▾t'를 반복 입력

505 00 ▾t금강산타령 -- ▾t탑도리 -- ▾t긴 아리랑 -- ▾t궁초댕기 -- ...
<출력> 내용: 금강산타령 -- 탑도리 -- 긴 아리랑 -- 궁초댕기 --

505 00 ▾n제1면. ▾t청산에 살으리라 / ▾d김연준 작곡, 작사. ▾t박연폭포 : ▾g민요. ▾t

황혼의 노래 / ▾d기노현 작곡, 작사 — ▾n제2면. ▾t목련화 / ▾d김동진 작곡 ; ▾r조영식 작사. ▾t떠나가는 배 / ▾d변훈 작곡 ; ▾e양명문 작사...

「내용주기의 기본형」

505 ❶␢ ▾a표출어: 권차. 표제 = 대등표제 : 부표제 / 저작자 ; 역할을 달리한 저작자 (독주자, 연주단체, 지휘자) (연주시간) — 권차. 표제. 편차, 편제 / 저작자 ; ...

505 8␢ ▾aContents: The Golden age of rock'n roll — Bom late 58 — Trudi's song — Pearl 'n' Roy — ...
740 ␢2 ▾aGolden age of rock's roll ▾h[sound recording]
740 ␢2 ▾aBom late 58 ▾h[sound recording]
740 ␢2 ▾aTrudi's song ▾h[sound recording]
740 ␢2 ▾aPearl 'n' Roy ▾h[sound recording]

505 0␢ ▾a다섯 개의 르네상스 무곡 / Tylman Sustato — 가시없는 장미 / King Henry VIII — ...
700 12 ▾aSustato, Tylman. ▾t다섯 개의 르네상스 무곡 ▾h[녹음자료]
700 12 ▾aHenry, King, VIII. ▾t가시없는 장미 ▾h[녹음자료]

(첫 번째 저작자 / 역할이 다른 저자나 두 번째 이하의 저자 / 연주자)

505 0␢ ▾a기다리는 마음 / 장일남 작곡 ; 김민부 작사 (진용섭, 베이스) (3:21) — 선구자 / 조두남 작곡 ; 윤해영 작사 (이인영, 베이스) (2:45) —

(연주시간은 ()에 기재)

700 12 ▾a장일남. ▾t기다리는 마음 ▾h[녹음자료]
700 12 ▾a김민부. ▾t기다리는 마음 ▾h[녹음자료]
700 12 ▾a진용섭. ▾t기다리는 마음 ▾h[녹음자료]
700 12 ▾a조두남. ▾t선구자 ▾h[녹음자료]
....

505 8␢ ▾aContents: side 1.1. Disco. 2. Music. 3. Samba. 4. Music. 5. Cha cha cha. 6. Music — side 2. 1. Jive & rock'n roll. 2. Music. 3. Social foxtrot.
740 ␢2 ▾aDisco ▾h[sound recording]. ▾nside 1.1%
740 ␢2 ▾aMusic ▾h[sound recording]. ▾nside 1.1,4,6%
740 ␢2 ▾aSamba ▾h[sound recording]. ▾nside 1.3%
....

본서는 규칙에 따라 차이가 있는 부분은 A2R규정으로 통일하였다.

506 **이용제한주기**(Restrictions on Access Note) <O>R → 별책 506필드 참조

508 **제작진주기**(Creation/Production Credits Note) <O>R → 제3장 508필드 참조

영화와 비디오 녹화자료의 제작에 참여한 개인이나 단체명을 기술하고, 녹음자료의 제작진은 500필드에 '제작진'이라는 표출어로 주기한다.

510 **인용/참고주기**(Citation/References Note) <O>R → 제3장 510필드 참조

511 **연주자나 배역진주기**(Participant or Performer Note)(K4.6.7.3.6;A2.6.7B6) <O>R

작품의 저작에 참여한 연주자, 가수, 해설자, 채록자, 구술자, 낭독자, 배역진(가극 일때) 등을 511필드에 '배역', 'Cast' 등의 표출어로 주기한다. 표출어 '배역'은 제1지시기호 '1'에 의해 자동 생성되지만 그 외의 표출어는 제1지시기호 '8'을 지시하고 해당 표출어를 기술한다.87)

연주자주기는 독주자 또는 독창자, 반주자, 연주단체, 지휘자순으로 그 연주수단(역할어)과 짝지어 주기하고, 연주자간에는 ';'으로 구분한다.

┌─ 제1지시기호가 1(배역)일 때는 '배역'이라는 표출어가 자동 생성

511 1b̸ ▼a독주자명, 연주수단 ; 독주자명, 연주수단 ; 연주단체, 지휘자, 역할어

┌─ 제1지시기호 '8'은 정형화되지 않은 표출어를 입력할 때 지시

511 8b̸ ▼a표출어: 배역자명 (OOO 역) ; 배역자명 (OOO 역) ; 연주단체, 지휘자, 역할어

연주자주기는 규칙에 따라 다소 차이가 있기 때문에 본서에서는 A2R의 규칙과 MARC21을 준용하였다.

511 ❶b̸ ▼a연주자, 연주수단 ; 연주자, 연주수단 ; 연주단체, 지휘자, 역할어

511 8b̸ ▼a연주: 정경화, 바이올린 ; 런던교향악단, 로렌스 포스터, 지휘

511 8b̸ ▼a연주: 계명브라스콰이어, 이강일 지휘

511 8b̸ ▼aCast: Edith Mathis, sop. ; Julia Hamari, alto ; Wiestraw Ochman, tenor ; Karl Ridderbusch, bass ; Hans Haselblock, organ ; Wiener

---

87) A2R.6.7B6에서는 표출어 없이 주기하도록 규정하고 있다.

Philharmonic Orchestra, Karl Bohm, cond.

511 8b̸ ▾aCast: Genevieve Warner, Lois Hunt, Genevieve Rowe, sop. ; Elizabeth Brown, Viginia Aris, contraltos ; Frank Rogier, baritone ; Columbia Chamber Orchestra, Leon Engel, cond.

511 8b̸ ▾aCast: Henry Cowell, piano (side 1) ; Edward Low, celesta (side 2) ; Daniel Pinkham, harpsichord (side 2) ; Robert Brink, violin (side 2).

511 8b̸ ▾aCast: Phyllis Curtin, soprano (1,2,4,6,7) ; Beverly Wolff, contralto (1) ; Donald Gramm, baritone (1,3,5) ; Ned Rorem, piano (2,3,4,5,6,7).

작품별로 연주자가 다른 경우는 내용주기의 해당 작품명에 연주자명을 '()'로 묶어 부기한다. (내용주기 참조)

가극은 필요에 따라 연주자명에 배역명을 ()로 묶어 주기한다.

511 8b̸ ▾a연주: 연주자, 연주수단 (배역명) ; 연주자, 연주수단 (배역명) ; 연주단체, 지휘자, 역할어.

511 1b̸ ▾a김영철 (나부꼬) ; 김완준 (이스마엘레) ; 이화영 (아비가일레) ; 김용한 (자카리아) ; 지숙미 (페네나) ; 황옥섭 (바알제사장) ; 김정규 (아부달로) ; 이정화(안나).

511 8b̸ ▾aCast: Mario Del Monaco, tenor (Manrico) ; Ugo Saverese, baritone (Count di Luna) ; Giorgio Tozzi, bass (Ferrando) ; .....

비음악적인 녹음자료는 채록자, 구술자, 낭독자 등을 해당 역할을 표출어로 주기한다.

511 8b̸ ▾a해설: 김성삼

511 8b̸ ▾a解說: 船山隆, 三善晃

511 8b̸ ▾aNarrator: Burl Ives

511 8b̸ ▾a구술: 윤현진

511 8b̸ ▾aVoices: Peter Ustinov, Cloris Leachman, Sally Kellerman, Andy Dvine

518 촬영/녹음 일시와 장소 주기(Date/Time and Place of an Event) <O>R

공연이나 녹음(original recording)과 관련된 일시와 장소가 용기에 나타나 있을 때는 033 필드와 연계하여 서술 주기한다.

518 ƀƀ ▾3자료 범위지정 ▾a촬영/녹음 일시와 장소

033 0ƀ ▾a19991001 ▾b22000
518 ƀƀ ▾a대구문화예술회관에서 1999년 10월 1일 공연실황을 녹음

033 0ƀ ▾a20030613 ▾b22000
518 ƀƀ ▾a설교, 2003년 6월 13일 대구중부교회에서 녹화

518 ƀƀ ▾aRecording of speech given at the University of Kentucky Academic Library Institute, Lexington, Ky., May 24, 1984

518 ƀƀ ▾aRecorded in Eaton Auditorium Toronto, Oct. 1976

518 ƀƀ ▾aRecorded in Vancouver, Aug. 1978

518 ƀƀ ▾aRecorded in Canada

260 ƀƀ ▾aNew York : ▾bMusic Guild, ▾c1971
518 ƀƀ ▾aRecorded in 1961

520 요약 등 주기(Summary, etc. Note) <O>R → 별책 520필드 참조

기술의 다른 부분에 내용에 대한 충분한 정보가 없을 때는 녹음자료의 내용을 간단히 요약하여 '요약', '초록', '해제' 등의 표출어로 기술한다(K4.6.7.3.16;A2.6.7B17).

제1지시기호	표출어(자동생성)	영어표출어(입력)
ƀ–	요약:	Summary:
0–	주제:	Subject:
1–	평론:	Review:
2–	범위와 내용:	Scope and content:
3–	초록:	Abstract:
4–	해제:	
8–	표출어를 생성하지 않음	

520 ƀƀ ▾a조선말기의 명창 신재호 판소리 6마당 중 효녀심청의 효행에 관한 노래임

┌─ 제1지시기호 'ƀ'에 의해 '요약:'이라는 표출어 자동 생성

<출력> 요약: 조선말기의 명창 신재호 판소리 6마당 중 효녀심청의 효행에

관한 노래임

┌─ 정형화되지 않은 표출어를 입력할 때 제1지시기호 8을 지시

520 8ƀ ▾aSummary: An illustrated collection of nursery rhymes set to music

521 **이용대상자 주기**(Target Audience Note) <O>R →별책 521필드 참조

제작시 의도한 이용대상자가 명시되어 있을 때 해당 표출어로 기술한다(K4.6.7.3.14; A2.6.7B14).

제1지시기호	표출어(자동생성)	영어표출어(입력)
ƀ-	이용대상자:	Audience:
0-	독서수준:	Reading grade level:
1-	대상연령:	Interest age level:
2-	대상학년:	Interest grade level:
3-	특수이용대상:	Special audience characteristics:
4-	동기유발수준:	Motivation interest level:
8-	표출어를 생성하지 않음	

521 ƀƀ ▾a유치부 음악교육용
<출력> 이용대상자: 유치부 음악교육용

521 ƀƀ ▾a9-12 ← 흥미수준이 9세에서 12세를 위한 음악

521 8ƀ ▾aAudience: Preschool children

521 8ƀ ▾aMotivation interest level: First year undergraduate

530 **이용가능한 다른형태저록**(Additional Physical Form Available Note) <O>R (K4.6.7.3.15) → 별책 530필드 참조

자료가 동일한 내용으로 이용가능한 다른 물리적 형태의 자료가 있다는 사실을 서술주기한다. 그리고 이용가능한 다른형태자료가 별도로 목록이 작성되어 제어번호를 가지고 있을 때는 776필드로 기술한다.

530 ƀƀ ▾aCD로도 제작되어 있음

530 ƀƀ ▾a카세트와 카트리지로도 발행

530 ƀƀ ▾aIssued also as a motion picture

530 ƀƀ ▾a이용가능한 다른형태자료: ▾bCompact disc. Melodiya Record Co.

533 복제주기(Reproduction Note) <A>R → 별책 533필드 참조

해당 자료에 영인, 복사, 마이크로형태 등의 복제물이 있을 때 복제에 관한 사항을 기술한다.

533 ƀƀ ▾a복제: 사운드 테이프. ▾b대구 : ▾c계명대학교 동산도서관, ▾d2000. ▾e사운드카세트 1매.
<출력> 복제: 사운드 테이프. 대구 : 계명대학교 동산도서관, 2000. 사운드카세트 1매.

533 ƀƀ ▾aReproduction: Sound tape. ▾b[S.l.] : ▾cDella Records Co., ▾d1978. ▾e1 sound cassette
<출력> Reproduction: Sound tape. [S.l.] : Della Records Co., 1978. 1 sound cassette

534 원본주기(Original Version Note) <A>R → 별책 534필드 참조

해당 자료가 복제물인 경우는 원본에 관한 사항을 기술한다.

534 ƀƀ ▾p원본 발행사항: ▾cLondon : EMI Records Ltd., 1982
<출력> 원본 발행사항: London : EMI Records Ltd., 1982

534 ƀƀ ▾pOriginally published: ▾cBerlin : cml Records Ltd.

535 원본/복제본의 소장처 주기(Location of Originals/Duplicates Note) <(O)>R → 별책 535필드 참조

541 입수처 주기(Immediate Source of Acquisition Note) <O>R → 별책 541필드 참조

580 연관저록 설명주기(Linking Entry Complexity Note) <A>R → 별책 580필드 참조

583 보존처리 주기(Action Note) <O>R → 별책 583필드 참조

586 수상주기(Awards Note) <O>R → 별책 586필드 참조

제1지시기호	표출어(자동생성)	영어표출어(입력)
ƀ–	수상:	Awards:
8–	표출어를 생성하지 않음	

586 ƀƀ ▾a대한민국무용제대상 음악상 수상, 제11회
<출력> 수상: 대한민국무용제대상 음악상 수상, 제11회
└ 표출어 '수상'은 제1지시기호 'ƀ'의 지시에 의해 자동 생성

┌ 제1지시기호 '8'은 정형화되지 않은 표출어를 입력할 때 지시
586 8ƀ ▾aAward: .....

590 **소장본 주기**(Holding Item Note) <O>R → 별책 590필드 참조

12. 주제명부출표목(6XX)

600 **주제명부출표목－개인명**(Subject Added Entry－Personal Name) <A>R → 별책 600필드 참조

┌ 제1지시기호 '1'은 입력되는 인명이 '성'을 가진 인명일 때
┌ 제2지시기호 '4'는 주제명표목표를 알 수 없는 자체 작성인 경우
600 14 ▾a신채호 ▾x전기 <출력> 신채호—전기
└ 주제세목
└ ▾x: 일반세목의 식별기호
└ ▾a: 개인명(성과 이름)의 식별기호

600 14 ▾aBeethoven, Ludwig Van, ▾d1770-1827 ▾xPersonality
<출력> Beethoven, Ludwig Van, 1770-1827—Personality

610 **주제명부출표목－단체명**(Subject Added Entry－Corporate Name) <A>R → 별책 610필드 참조

610 ƀ4 ▾a한국국악협회 ▾x역사
<출력> 한국국악협회—역사

610 ƀ4 ▾aUniversal Music ▾xHistory
<출력> Universal Music—History

611 **주제명부출표목－회의명**(Subject Added Entry－Meeting Name) <A>R → 별책 611필드 참조

┌ 제2지시기호 4: 특정주제명표목표에 의하지 않고 목록자가 작성한 경우
┌ 회의명, 페스티발, 행사명 등을 기재
┌ 회차를 '▾n'으로 ()에 묶어 기재
┌ 회기를 '▾d'로 회의 개최년도를 기재
┌ '▾c'로 개최지명을 기재
┌ 주제세목
611 ƀ4 ▾a대구국악제 ▾n(제14회 : ▾d2003 : ▾c대구) ▾x연주
<출력> 대구국악제 (제14회 : 2003 : 대구)—연주

611 ₿4 ▾ aLincoln Center International Choral Festival ▾ n(3rd : ▾ d1972 : ▾ cNew York) ▾ xMusical program
<출력> Lincoln Center International Choral Festiva (3rd : 1972 : New York) —Musical program

630 **주제명부출표목–통일표제**(Subject Added Entry–Uniform Title) <A>R → 별책 630필드 참조

630 04 ▾ a춘향전 (녹음자료) ▾ x연주
<출력> 춘향전 (녹음자료)—연주

630 04 ▾ aCarmen. ▾ lEnglish
<출력> Carmen. English

630 04 ▾ a합창 ▾ x여성

650 **주제명부출표목–일반주제명**(Subject Added Entry–Topical Term) <A>R → 별책 650필드 참조

650 14 ▾ a작곡 ▾ x국악
<출력> 작곡—국악

650 14 ▾ aNational soungs (Instrumental settings)
<출력> National soungs (Instrumental settings)

650 24 ▾ a음악 ▾ x교육

650 24 ▾ aMusic ▾ y500-1400

651 **주제명부출표목–지명**(Subject Added Entry–Geographic Name) <A>R → 별책 651필드 참조

651 ₿4 ▾ a한국 ▾ x음악
<출력> 한국—음악

651 ₿4 ▾ a대구문화예술회관

651 ₿4 ▾ aAmerican Indian ▾ xHistory
<출력> American Indian—History

651 ₿4 ▾ aCarnegie Hall

653 **비통제 색인어**(Index Term–Uncontrolled) <A>R → 별책 653필드 참조

653 ₿0 ▾ a지역음악

653 ₿0 ▾ a영화음악. ▾ a작곡

653 ꝥ0 ▾aChildren's songs

653 ꝥ0 ▾aDisc collecting (United States)

654 주제명부출표목 – 패싯 주제어(Subject Added Entry – Faceted Topical Terms) <A>R
→ 별책 654필드 참조

655 색인어 – 장르/형식(Index Term – Genre/Form) <O>R → 별책 655필드 참조

13. 부출표목(70X–75X)

700 부출표목 – 개인명(Added Entry – Personal Name) <A>R → 별책 700필드 참조

700 1ꝥ ▾a김원경

700 1ꝥ ▾a남인수 ▾c[예명], ▾d1921-1962

700 1ꝥ ▾aBizet, Georges, ▾d1869-1951

100 1ꝥ ▾a이홍렬
245 10 ▾a꽃구름 속에 ▾h[녹음자료] / ▾d이홍렬 작곡 ; ▾e박두진 작사
700 1ꝥ ▾a박두진, ▾e작사
ㄴ 필요한 경우 식별기호 '▾e'로 역할어를 기재

100 1ꝥ ▾a슈만
245 10 ▾a피아노협주곡 / ▾d슈만. ▾a피아노협주곡 17, 21번 / ▾d모차르트 ▾h[녹음자료]
700 12 ▾a모차르트. ▾t피아노협주곡 17, 21번 ▾h[녹음자료]
ㄴ 식별기호 '▾t'로 작곡자와 관계된 곡명을 짝지어 기재

100 1ꝥ ▾aRodgers, Richard
245 11 ▾a(The) Boys from syracuse ▾h[sound recording] / ▾dmusic by Richard Rodgers ; ▾eLyrics by Lorenz Hart ; ▾ebook by George Abbott
700 1ꝥ ▾aHart, Lorenz, ▾elyrics
700 1ꝥ ▾aAbbott, George, ▾ebook

100 1ꝥ ▾aBouma, Jelle
245 10 ▾aMarcus Iunius Nypsus : ▾bFluminis varatio, Limitis repositio : ▾bintroduction, text, translation, and commentary / ▾dJelle Bouma
700 12 ▾aNypsus, Marcus Iunius. ▾tFluminis varatio. ▾f1993
700 12 ▾aNypsus, Marcus Iunius. ▾tLimitis repositio. ▾f1993
ㄴ 제2지시기호 '2'는 분출표목을 지시

┌ 식별기호 '▾q'는 이름의 완전형을 ()로 기재

700 1b̸ ▾aE., Sheila, ▾q(Escovedo), ▾d1959-. ▾tDown, the beginning. ▾hSound recording

700 12 ▾aSchubert, Franz, ▾d1797-1828. ▾tImpromptus, ▾mpiano, ▾nD. 935. ▾nNo. 2. ▾f1985

700 12 ▾aMendelssohn-Bartholdy, Felix, ▾d1809-1847. ▾tQuartets, ▾mpiano, strings, ▾nno. 2, op. 2, ▾rF minor. ▾f1972

710 부출표목-단체명(Added Entry-Corporate Name) <A>R → 별책 710필드 참조

710 b̸b̸ ▾a경주동산병원. ▾b중창단

└ 상위단체명표목 └ 하위단체명표목

710 b̸b̸ ▾a서울시립교향악단

└ 단체명 직접표목

710 b̸b̸ ▾aViener Philharmoniker

710 b̸b̸ ▾aLondon Philharmonic Orchestra

245 00 ▾aLive in Salzburg 1999 ▾h[sound recording].
511 0b̸ ▾a연주: 서울바로크합주단
710 b̸b̸ ▾a서울바로크합주단

100 1b̸ ▾aVerese, Edgar
245 10 ▾aIonisation ▾h[sound recording] / ▾dEdgar Verese
511 0b̸ ▾aCast: American Percussion Society, Paul Price, cond.
710 b̸b̸ ▾aAmerican Percussion Society

100 1b̸ ▾aFernandex, Perfecto V.
245 10 ▾aPrimer on labor law, 1982-92 ▾h[sound recording]/ ▾dby Perfecto V. Fernandex
500 b̸b̸ ▾aIncludes text of the Philippines labor relations law
710 b̸2 ▾aPhilippines. ▾tLabor code of the Philippines. ▾nBook 5, ▾pLabor relations. ▾f1981

711 부출표목-회의명(Added Entry-Meeting Name) <A>R → 별책 711필드 참조

711 b̸b̸ ▾a달구벌음악제 ▾d(2003 : ▾c대구)

└ 음악제명 └ 회기 └ 개최지명

711 b̸b̸ ▾aVan Cliburn International Piano Competition

711 ƀƀ ▾aMostly Mozart Festival. ▾eOrchestra

245 00 ▾a창작가곡집, '85 ▾h[녹음자료] : ▾b대구MBC-FM개국 2주년 창작가곡발표회 / ▾d대구MBC-FM
711 ƀƀ ▾a창작가곡발표회 ▾d(1985 : ▾c대구)

711 ƀ2 ▾aUnited Nations Conference on the Law of the Sea ▾n(1st : ▾d1958: ▾cGeneva, Switzerland). ▾tProceedings. ▾kSelections. ▾f1960

720 **부출표목－통제되지 않은 이름**(Added Entry－Uncontrolled Name) <A>R → 별책 720필드 참조

730 **부출표목－통일표제**(Added Entry－Uniform Title) <A>R → 별책 730필드 참조

730 ƀƀ ▾a춘향전 ▾h[녹음자료]

730 ƀƀ ▾aFaust ▾h[sound recording]

740 **부출표목－비통제 관련/분출표제**(Added Entry－Uncontrolled Related/Analytical Title) <A>R → 별책 740필드 참조

245 00 ▾a특선학국가곡 ▾h[녹음자료]
505 0ƀ ▾a그리운 금강산 — 꽃구름 — 산노을 —
740 ƀ2 ▾a그리운 금강산 ▾h[녹음자료]
740 ƀ2 ▾a꽃구름 ▾h[녹음자료]
740 ƀ2 ▾a산노을 ▾h[녹음자료]

14. 연관저록(76X－78X)

773 **기본자료저록**(Host Item Entry) <A>R → 별책 773필드 참조

245 10 ▾a달구벌 환상곡 ▾h[녹음자료] / ▾d임우상
773 0ƀ ▾t관현악을 위한 달구벌환상곡. ▾d서울 : 예당음악출판사, 1999
<출력> 수록자료: 관현악을 위한 달구벌환상곡. 서울 : 예당음악출판사, 1999.
*제2지시기호 'ƀ'에 의해 '수록자료'라는 표출어 생성

776 **기타형태저록**(Additional Physical Form Entry) <O>R → 별책 776필드 참조

100 1ƀ ▾aPuccini, Giacomo
245 10 ▾aTosca ▾h[sound recording] / ▾dGiacomo Puccini

530 ƀƀ ▾aVideocassette로도 이용 가능
776 0ƀ ▾tTosca [videorecording]. ▾dLondon : Decca Record Co., 1988
<출력> 이용가능한 다른 형태자료: Tosca [videorecording]. London : Decca Record Co., 1988
*제2지시기호 'ƀ'에 의해 '이용 가능한 다른 형태자료'라는 표출어 생성

100 1ƀ ▾aTchaikovsky, P.
245 10 ▾aSuite from the ballet "Swan lake" ▾h[sound recording] / ▾dP. Tchaikovsky
530 ƀƀ ▾aIssued also as a Video disc(Laser disc)
776 08 ▾iAvailable in another form: ▾tSwan lake ▾g[videorecording]. ▾d ...
<출력> Available in another form: Swan lake [videorecording].
*표출어 '이용가능한 다른 형태자료'는 자동 생성되나 영어로 된 'Additional physical form available'나 'Avaliable/issued in another form'은 제2지시기호를 '8'을 지시하고 식별기호 ▾i로 함께 기술해야 한다.

15. 총서부출표목-일반정보(Series Added Entry-General Information) (80X-830)

800 총서부출표목-개인명(Series Added Entry-Personal Name) <A>R → 별책 800필드 참조

810 총서부출표목-단체명(Series Added Entry-Corperate Name) <A>R → 별책 810필드 참조

811 총서부출표목-회의명(Series Added Entry-Meeting Name) <A>R → 별책 811필드 참조

830 총서부출표목-통일표제(Series Added Entry-Uniform Title) <A>R → 별책 830필드 참조

490 10 ▾a한국인이 좋아하는 세미클래식 ; ▾v2
830 ƀ0 ▾a세미클래식 ; ▾v2

490 10 ▾a合唱の世界 / 宇野功芳 ; ▾vIII
830 ƀ0 ▾a합창의 세계(우야공방) ; ▾v3.

16. 소장, 변형문자 등-일반정보(Holdings, Alternate Graphics, etc.-General Information)(841-88X)

850 소장기관(Holding Institution) <O>R → 별책 850필드 참조

852 소장위치(Location) <O>R → 별책 852필드 참조

890 미입력문자표시 <A>NR → 별책 890필드 참조

17. 로컬필드(9XX) → 별책의 9XX 해당 필드 참조

<표 3> 한국 중앙 발행국부호(부속서 1) 및 지역구분부호(부속서 5)

	발행국부호	지역구분부호		발행국부호	지역구분부호
한국 (북한)	kn		경기도	ggk	41000 (a)
한국 (남한)	ko		강원도	gak	42000 (b)
서울(특별시)	ulk	11000 (w)	충청북도	hbk	43000 (c)
부산(광역시)	bnk	26000 (x)	충청남도	hck	44000 (d)
대구(광역시)	tgk	27000 (y)	전라북도	jbk	45000 (e)
인천(광역시)	ick	28000 (z)	전라남도	jnk	46000 (f)
광주(광역시)	kjk	29000 (A)	경상북도	gbk	47000 (g)
대전(광역시)	tjk	30000 (B)	경상남도	gnk	48000 (h)
울산(광역시)	usk	31000 (C)	제주도	jjk	49000 (i)

*( ) 내의 알파벳문자는 데이터를 외국으로 전송할 때 043필드의 5-7자수위치에 부가하는 부호

<표 4> 중앙 언어구분부호표(부속서 3)

Bulgarian(불가리아어)	bul	Hawaiian(하와이어)	haw	Portuguese(포르투갈어)	por
Chinese(중국어)	chi	Hebrew(히브리어)	heb	Romanian(루마니아어)	rum
Danish(덴마크어)	dan	Hindi(힌디어)	hin	Russian(러시아어)	rus
Egyptian(에집트어)	egy	Hungarian(헝가리어)	hun	Sanskrit	san
English(영어)	eng	Korean(한국)	kor	Spanish(스페인어)	spa
Esperanto(에스페란토어)	esp	Malay(말레이어)	may	Swedish(스위스어)	swe
French(불어)	fre	Mongol(몽골어)	mon	Tai(태국어)	tha
German(독일어)	ger	Nepali(네팔어)	nep	Tibetan(티베트어)	tib
Gothic(고트말)	got	Norwegian(노르웨이어)	nor	Turkish(터키어)	tur
Greek, Ancient	grc	Persian, Modern(페르샤어)	per	Vietnamese(베트남어)	vie
Greek, Modern	gre	Polish(폴란드어)	pol	Welsh(웨일스어)	wel

제3장 영화 및 비디오녹화자료

3.1. 영화 및 비디오녹화자료의 의의

영상자료는 눈으로 볼 수 있는 현상을 광학적 방법이나 자기적 방법으로 수록한 것이다. 이는 현실을 복제 재현하여 현장감으로 흥미 있게 보고자 하는 인간의 욕망이 발명을 촉진시킨 산물이다. 사회현상, 사람의 일상생활과 창작활동, 사물의 형태, 자연현상 등 가시적인 현상을 보다 현실감 있게 정확히 전달하고자 하는 인간의 욕구는 문자(인쇄), 그림, 사진 등 정적인 수록방법에서 영화 및 비디오녹화자료와 같은 동적인 수록방법으로 발전되게 하였다.

영상자료는 단편적이고 정적인 슬라이드(slide), 줄슬라이드(filmstrip), 투영화(transparency), 마이크로필름(microfilm) 등과 연속적이고 동적인 영화(활동사진), 비디오녹화자료 등으로 대별할 수 있다. 정적인 영상물인 슬라이드와 마이크로필름은 기록보존용으로, 투영화는 교육이나 발표 등의 영상자료로 제한적인 영역에서 사용되고 있다. 그러나 동적인 영화 및 비디오녹화자료(film and videorecording)는 정착성이 아닌 일과성(一過性)의 영상을 스크린이나 CRT[88]에 재생할 수 있게 하였다는 점에서 지금까지 나타난 수록재 중 가장 현실감 있는

88) CRT: Cathode-ray tube (음극선 관(튜부)): TV나 컴퓨터모니터 등과 같은 화면 출력장치에 사용되는 화면 장치이다.

내용을 전달 할 수 있는 매체로 보급 속도가 모든 분야로 급속히 확산되고 있다.

영화자료는 무성으로 된 흑백영화로부터 생산이 시작되었지만 근래는 음향을 부가하여 시청각적인 경험을 동시에 전달할 수 있는 유성영화와 색채를 그대로 재현할 수 있게 한 총천연색영화로 발전되었다. 또한 촬영기법의 발전에 의한 와이드스크린(wide screen)인 시네마스코프(cinemascope)와 360도 화면의 원형영화(circle vision)가 출현하게 되었다. 특히 촬영기와 영사기의 발전과 더불어 필름생산이 기업화되면서 커뮤니케이션의 매체로서 대량생산체제로 발전하였고, 영상자료가 가진 강력한 위력으로 대중매체로 그 위치를 확보하게 되었다.

영화 및 비디오녹화자료는 수록과 재생이 자유로운 현대적인 정보재라는 점과 TV의 보급 등으로 인한 영상자료에 대한 이용자의 정보 의존도가 점점 높아지고 있다는 점에서 영상자료만을 위한 필름도서관(film library) 또는 영상자료실이나 필름백화점(film department)이 생겨날 정도에까지 이르렀다. 영상자료의 이와 같은 발전과 보급은 도서관의 새로운 정보재로 활용이 불가피해졌으며, 도서관인에게 있어서는 영상자료 조직을 위한 지식이 필수적인 영역이 되었다.

「정보자료로서의 가치」

- 직관적, 집중적, 활동적인 전달기능을 가지고 있다. 표현이 문자매체보다 구체적이고 사실적이다.
- 동시에 많은 대중에게 전달된다. 극장의 관객이나 TV를 통해 동시적이고 광범위한 전달이 가능하다.
- 사실과 사물의 구조를 분석해서 직접 전달할 수 있다. 저속 또는 고속 촬영, 현미경 촬영 등으로 육안으로 볼 수 없는 사항까지 분석적으로 제공한다.
- 인상적인 흥미를 가지고 접근할 수 있게 한다. 예술적인 요소의 가미, 화면의 다양한 변화를 통한 인상적인 흥미를 갖게 한다.
- 정확한 기억을 유지시키는 역할을 한다. 생생한 이미지의 제공으로 오래 기억되게 한다.
- 인간의 사고에 까지 영향을 미치는 힘을 가지고 있다. 화면의 인상적인 내용 전달로 인간의 내면적인 사고에 영향을 미친다.

본 장에서는 연속적이고 동적인 영상자료인 영화와 비디오녹화자료를 중심으로 다루었다.

3.1.1. 영화(motion picture)

영화는 사진적인 방법으로 필름에 기록한 토막의 화상을 영사기를 통한 광학적 방법으로 스크린에 투영함으로써 움직이는 영상을 보여주는 장치, 또는 매체를 말한다. 영화라는 명칭은 언어에 따라 다양하게 명명되고 있는데 한국에서는 초기에는 '활동사진'으로 불려지다가 '영화'로 일반화되었고, 영어는 '모션픽처(motion picgture)', '무비(movie)', '필름(film)', 독일어는 '키네마토그라피(kinematographie)', '키노(kino)', 프랑스어는 '시네마토그라프(ciné matographe)', '시네마(cinéma)', 이탈리아어는 '치네마토그라피아(cinematografia)', '치네마(cinema)', 러시아어는 '키노(KHHO)', 중국어는 '전영(電影)' 등으로 표현되고 있다. 영화는 영상자료 중 가장 대표적인 매체로 스크린에 나타나는 영상이 어떤 의미를 가지게 제작된 하나의 예술이다.

영화의 시작은 14세기 둥근 통 속에 뛰어가는 말의 모습을 그린 정지된 그림을 순서대로 여러 장 연결하여 일정한 속도로 돌리면서 이를 구멍을 통해 보면 마치 말이 뛰어가는 것처럼 느끼게 한 주마등에서 찾아볼 수 있다. 이러한 것이 기초가 되어 1889년 10월 6일 Edison이 촬영기 Kinetograph와 영사기 Kinetoscope를 완성시켜 특허를 취득하였고 전시되기에 이르렀는데,[89] 이를 본격적인 영화의 시작으로 보고 있다.[90] 이는 그 이전 많은 사람에 의해 발명된 여러 가지의 연구물들이 기반이 되었다. 직접적으로 영향을 준 것은 1839년 프랑스에서 발명된 사진술, 1872년 영국에서 발명된 사진용 유리건판, 그리고 롤 필름(roll film)의 발명 등이다.

1839년 프랑스에서 사진술 발명

1872년 영국에서 사진용 유리거판, 그리고 롤 필름의 발명

1877년 프랑스인 에밀 레이노의 Praxinoscope투사기(장난감) 발명

1889년 10월 6일 Thomas Alva Edison—Kinetograph(촬영기)와 Kinetoscope(영사기)의 완

---

89) K. Thompson and D. Bordwell, **세계의 영화사: 영화의 발명에서 무성여화시대 1880s-1929**, 주진숙 외 옮김 (서울: 시각과 언어, 2000), 60.

90) Thomas Edison이 1889년에 Kinetoscope를 발명하였으나 시사한 것은 1895년 5월 20일 그 결함을 개량한 Vitascope이었고, 최초의 공개는 1896년 4월 23일 뉴욕의 뮤직홀에서였다(이영일, **영화개론**, 개정증보판 (서울: 집문당, 1997), 52).

성으로 영화제작이 본격화되었다.

Eastman사와 Kodak사 니트로셀룰로이드(nitrocelluloid)를 바탕으로 만든 사진용 35 mm 롤 필름 발명

1895년 3월 22일 프랑스의 Auguste Lumiére와 Louis Lumiére 형제가 최초로 1분짜리 기록영화 "공장을 나서는 노동자들(Workers leaving the factory)"를 시네마토그라프(cinématographe)로 제작,[91] 파리의 국가공업진흥위원회의 모임에서 공개.

1895년 11월 1일 독일의 Max Skladanowsky와 Emil Skladanowsky(스클라다노브스키) 형제가 바이오스코프(bioscope)를 발명, 베를린의 보드빌 극장에서 상영[92]

1895년 12월 28일 Lumiére 형제가 시네마토그라프로 제작한 영화를 파리의 인도살롱이라는 홀에서 최초로 관객에게 입장료를 받고 상영[93]

1896년 미국의 Edison이 자신의 개량한 바이터스코프(vitascope) 발명

영국의 Robert W. Paul이 시어터로그래프(theatrograph)[94]를 발명

1915년 미국에서 2색법으로 된 technicolor 발명

1923년 Eastman사 16 mm필름 발명

Pathé사 9.5 mm, 16 mm와 8 mm필름 발명

1927년 미국 Warner Brothers사 발성영화 제작[95](최초의 발성장편영화 '재즈싱어' 제작)

1932년 3색법에 의한 천연색 영화 제작.

1965년 Kodak사 super 8 mm필름 발명

후지필름사 single 8 mm필름 발명

---

91) Lumiére형제는 1895년 2월 10일 발명특허를 내고, 3월 22일에 최초의 시사회를 렌느가 44번지의 국민공업장려회에서 가졌다. 처음필름의 명칭은 '공장 출구(Sortie d'usine)'이다(이영일, 50-51; L. 자네트, **영화의 이해** (서울: 현암사, 1988), 11; René Prèdal, **세계영화100사**, 김희균 옮김 (서울: 이론과실천, 1999), 17, 18).

92) Thompson and Bordwell, 61. Bioscope은 너비 3½인치 필름을 두 개의 필름두루마리를 사용하여 각 플레임을 교대로 영사되게 한 방법이다.

93) 1895년 12월 28일 Lumiére영화사가 만든 10편의 '활동사진'이 처음 대중들에게 공개되었다(René Prèdal, 17).

94) theatrograph은 후에 animatograph으로 되었다.

95) 최초의 토키(talkie)영화는 Warner Brothers사 제작 'Jazz Singer'(1927. 알렌 크로스랜드 감독의 작품)로 무명가수 얼 존슨의 노래를 부분으로 녹음한 것이다.

이후 현실재생을 보다 가깝게 하기 위한 입체영화(hologram)가 나타났으나 1946년부터 텔레비전의 보급으로 영화의 발전은 한 동안 침체기를 맞이하기도 하였다.

20세기 후반에 나타난 디지털영화의 탄생은 영화산업의 새로운 변화와 눈부신 발전을 가져왔다. 디지털영화는 디지털 이미지처리, 하드디스크를 이용한 화면저장, 컴퓨터를 이용한 새로운 영화제작 방법과 기존의 영화제작기술 일부를 통합한 방법을 의미한다.[96] 디지털 기술은 1977년 조지 루카스가 만든 '스타워즈'에서 영화의 특수효과를 위해 최초로 사용[97]되었으나 이후 디지털 캠코더를 이용한 촬영, 조명, 음향의 제작과정을 거치면서, 컴퓨터로 그래픽 작업까지 가능한 단계에 이르는 영화제작기법의 하나로 정착하게 되었다.

디지털로 찍은 영상을 필름으로 바꾸는 키네스코핑 과정만 거치면 일반 상영관에서 상영할 수 있기 때문에 이를 뒷받침하기 위한 Sony의 'DCR-PC5', PanaSonic의 'DV-400', JVC의 'GRDVL9800KR', Shape의 'VL-FD1U', 삼성전자의 'SV-D50VM600/650' 등의 디지털 캠코더가 생산되기에 이르렀다.

디지털 캠코더와 PC의 비선형편집(non-linear editing) 방법을 이용한 디지털 영화제작은 기존의 제작비용과는 비교되지 않을 정도로 저렴하여 영화 제작비를 절감할 수 있게 하였다.

영화는 인간의 여가선용을 위한 흥행은 물론 지적인 개발을 위한 정보전달수단으로, 또한 교육매체로서 그 영향력을 넓혀가고 있다. 영화는 필름의 예술이며, 광선에 의해서 영사막에 투시된 필름의 영상이 관람자에게 전달되어 미적인 반응을 일으키는 예술의 형태이다. 필름, 영사막, 관람자는 각각의 독립된 요소이지만 영화의 본질에 있어서는 서로 불가분의 유기적인 관계를 가지고 있다. ① 영화필름의 제작은 모든 영화인의 예술 창조를 위한 행위이고, ② 극장의 존재(영사막)는 영사의 형성과 동시에 전달을 위한 기업매체이며, ③ 관람자에게 미적인 반응을 일으켜 주는 것은 모든 예술형태의 목적과 결론이다. 이러한 의미에서 영화나 텔레비전을 흔히 종합예술이라고도 하고, 메커니즘(mechanism)의 예술이나, 대중전달의 예술이라고도 한다.

---

96) http://www.maxcinema.co.kr/isdm.htm (2004년 8월 17일 검색).

97) http://www.kafai.or.kr/htm/webzine/03-3.htm (2004년 8월 17일 검색).

3.1.2. 비디오녹화자료(videorecording)

비디오(video)의 어원은 라틴어의 '나는 본다'라는 의미로 텔레비전 브라운관에 영상을 전자빔으로 주사(走査)하여 직접 눈으로 볼 수 있는 화상을 재현하는 전기신호를 말한다. 영상신호는 0Hz에서 약 4MHz의 넓은 주파수 대역을 가지는데 이것을 비디오(video)신호라고 한다.

전자산업의 발전은 소리나 영상, 또는 빛을 기계적인 진동이나 자기적인 신호로 변환시켜 수록하고, 재생이 가능할 수 있는 기술을 탄생시켰다. 필름은 유제를 사용하여 이미지를 담는 작업이지만 비디오는 튜브나 칩을 이용하여 렌즈에 포착하는 이미지를 전자신호로 전환시켜 비디오테이프나 디스크에 수록하는 작업이다.98) 전술한 영화필름은 사진술을 이용한 것으로 재생이 불가능하지만 비디오테이프는 녹화와 녹음의 반복재생이 가능하고, 영화필름이 사물을 그대로 촬영하고 현상하는 것에 비해 비디오테이프는 화면을 영상신호로 바꾸어 녹화하고, 다시 그 신호를 수상기를 통해 영상으로 재생시키는 등의 차이점을 가지고 있다.

1951년 Bing Closby연구소 텔레비녹화의 고정헤드 다중트랙방식 발표
1953년부터 1956년 사이 RCA사가 실용화를 위한 실험
1956년 Ampex사 실용적인 2인치 4헤드방식 녹화장치 개발
CBS방송에서 최초 비디오테이프(2 inch Quadruplex videotape) 사용, VTR(video tape recorder)시대 도래
1960년 이후 0.5인치 폭의 테이프를 사용한 소형 VTR 발표
1965년 Ampex사가 1인치 type A를 오픈릴 비디오테이프 포맷으로 개발
1969년 Sony사 ¾인치 U-matic 비디오카세트방식 개발
EIAJ에서 ½인치 비디오테이프 녹화기 표준화
1970년 Sony사 ½인치 비디오테이프 시스템인 카세트형 보급
서독 Telefunken사와 Teldeck사 TED방식의 video disc발표
1971년 Sony사 ¾인치 VCR 발표

98) Edward Pincus, Steven Ascher, **영화제작핸드북**, 김창욱 역 (서울: 책과 길, 1995), 37.

1972년 Sony사 $\frac{1}{2}$인치 비디오카세트 개발 '카사블랑카' 비디오 출시. Philips사와 MCA 사가 LD 공동개발, Pioneer사가 실용화

1973년 RCA사가 정전용량방식의 CED 개발

1977년 Victor사 $\frac{1}{2}$인치 VHS 비디오카세트방식 개발.
Matsushita사 2시간 녹화용 VCR 개발

1978년 Victor사가 VHD 개발

1980년 각 메이커에서 8 mm비디오 시제품 발표.
CD-V, CD-G, CD-I 등 개발
미국에서 LD 양면 2시간 기록 비디오디스크 발매

1981년 일본 Pioneer사 직경 30 cm의 양면 LD(laser disc) 발매

1982년 Sony사가 Betacam 테이프와 Betacam video recorder 개발

1983년 일본 Victor사 VHD(video high density disc)방식 발표
Telefunken사 비디오카세트 시판으로 VCR의 TV복사와 가정 영화제작 등의 대중화 도래

1985년 CD-ROM 표준화

1988년 Sony사와 Phillips사 공동 CD의 확장규격 완성, CD-I 개발

1991년 CD-ROM 본격적인 보급

1994년 Sony사와 Phillips사 DVD공동규격 발표(두께 1.2 mm)

1995년 9월 DVD 통일규격 발표

비디오신호로 영상을 녹화하는 것은 자기테이프를 이용한 VTR(Video tape recorder), 자기시트 또는 디스크를 이용한 VDR(Video disc recorder), 필름을 이용한 CVR(Continuous video recorder), EVR(Electronic video recorder) 등이 있다.

1) 비디오테이프(videotape)

비디오테이프는 자기패턴에 의한 화상신호와 음성신호를 별개의 트랙에 동시에 기록하고 재생할 수 있도록 강자성체(强磁性體)를 입힌 VTR(비디오테이프녹화기)용의 자기 테이프이다.

VTR(video tape recorder = VCR: video cassette recorder)은 1951년에 빙그로스비(Bing Closeby)

연구소의 고정헤드 다중트랙방식의 발표와 1956년 Ampex사의 실용적인 2인치 4헤드방식의 개발로 각국의 방송업체가 이를 도입함으로써 VTR시대가 도래되었다.

비디오테이프의 베이스는 아세테이트에서 폴리에스터, 마일러테이프로 발전하여 현재는 산화크롬을 자성체로 사용한 비디오테이프가 실용화되고 있다.

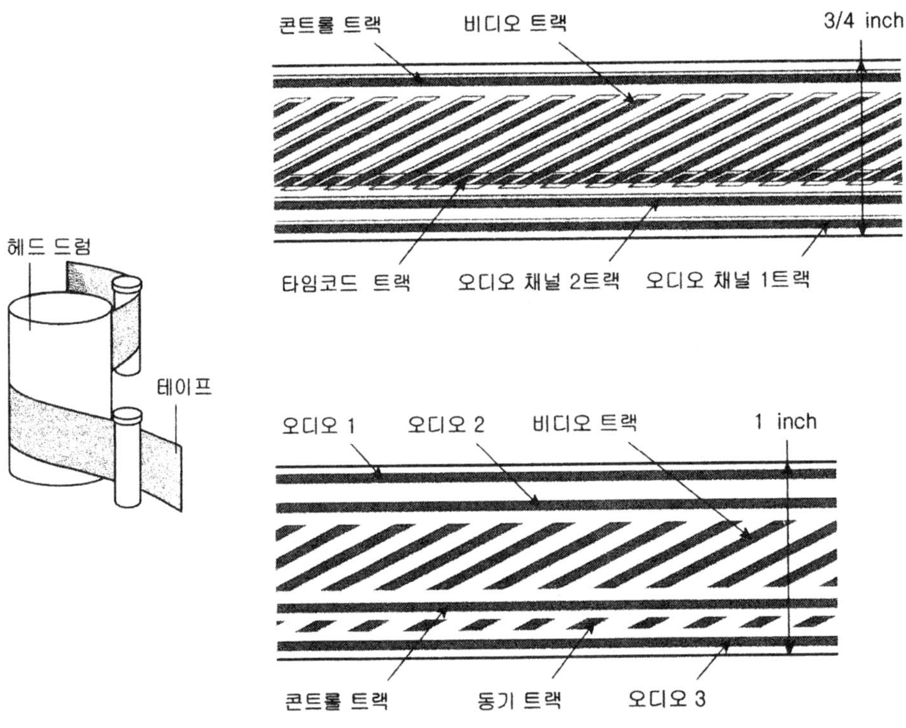

<3-1> 비디오테이프의 기본트랙

비디오테이프는 담고 있는 용기에 따라 릴(open reel)식과 카세트(cassette)식, 카트리지(cartridge)식이 있다. 릴식은 ¼인치, ½인치, 1인치, 2인치의 4종류가 있는데, ¼인치는 초기 개발단계에서 나온 것이고, ½인치는 CCTV[99]와 같은 소형 VTR용, 1인치는 스튜디오 제작용, 2인치는 방송용으로 많이 사용된다. 릴식의 소형VTR은 1969년 8월 전자기계공업협회에 의해 흑백용 소형VTR의 통일 규격이 발표되었고, 또한 1972년 7월에는 칼라VTR의 통일

99) CCTV: Closed-circuit television(폐쇄회로 텔레비전: 일반시청자가 수신할 수 없도록 유선이나 무선으로 텔레비전 신호를 송출하는 장치)의 약자.

규격이 발표되어 현재는 이 규격들에 의해 각 메이커가 생산하고 있기 때문에 생산품이 부분적으로는 호환성을 가지고 있기는 하나 아직도 완전한 호환성을 가졌다고는 볼 수 없다. 카세트식이나 카트리지식은 8 mm,[100] ½인치, ¾인치, 1인치, 2인치 등 여러 가지 테이프가 있다.[101]

비디오테이프의 녹화트랙은 대부분 화상정보를 수록하는 비디오트랙과 음성정보를 수록하는 오디오트랙[102], 그리고 비디오테이프와 영상 헤드의 회전속도를 조절하는 컨트롤트랙으로 되어 있다.

비디오테이프는 점점 소형화되면서 용량이 확장되었지만 규격의 상이점으로 상호 호환성이 결여되어 있다는 것이 단점이기도 하다.

「비디오테이프의 특성」

- 밝은 실내에서도 이용할 수 있다.
- 녹화와 재생이 동시적이므로 촬영한 이미지를 즉시 볼 수 있어 현장중계가 가능하다.
- 내용을 다양하게 변화시킬 수 있는 특징을 가지고 있다.[103]
- 수록된 내용을 제거하고 몇 번이고 반복해서 테이프를 재이용할 수 있다.
- 텔레비전과 VTR을 연계시켜 텔레비전 방송을 간단한 조작으로 녹화할 수 있다.

비디오테이프 레코더(video tape recorder)는 1956년 Ampex사가 회전 4헤드형 VTR을 발표하였는데 이것이 실용장치의 최초의 것이다.[104] 1959년에는 도시바사(東芝社)가 회전 1헤드형 VTR을 발표하고, 1960년에는 빅터사가 회전 2헤드 헬리컬형 VTR[105]을 발표하였다. 현

100) 8 mm 비디오촬영기와 비디오카세트테이프는 1985년 1월 일본의 Sony사가 발매하였다.

101) Pincus and Ascher, 40.

102) 사운드트랙은 보통 두 개로 되어있지만 1인치녹화기의 트랙은 3개로 되어있다.

103) 카메라와 VCR, 또는 VCR과 VCR로 옮겨지는 과정에서 특수효과와 제너레이터를 사용하여 여러 이미지를 합성하거나 크기와 모양을 바꿀 수 있으며, 움직임을 정지시키거나 다양한 속도로 처리할 수 있다.

104) Ampex사의 회전 4헤드형은 지름이 약 5 cm인 원반 주변에 서로 90°씩 떨어진 4개의 비디오 헤드가 설치되어 있으며 이것을 초당 240회전시켜 기록하고 재생한다.

105) 헬리컬형 VTR은 1961년 Sony사가 최초로 공업용 VTR개발, 1964년 가정용 개발, 1975년 1인치 테이프를 사용한 방송규격 헬리컬형 VTR개발로 국제규격 인정, 현재는 회전 4헤드형과 병행하여 방송용의 주류가 되고 있다. 헬리컬형 VTR은 슬로모션, 스톱재생 또는 미속도기록 등의 기록패턴의 특징을

재는 회전 헬리컬형 VTR이 학교나 공장용, 그리고 민간용으로 발전되어 VTR의 주류가 되고 있다.

2) 비디오디스크(video disc)

비디오디스크는 음을 담은 음반을 바탕으로 개발한 특수원반에 텔레비전 카메라로 촬영한 영상과 음성신호를 기계적 신호나 부호화된 신호로 변환하여 기록하고 재생할 수 있게 한 매체이다.

비디오디스크는 1970년 6월 서독의 Telefunken사와 Teldeck사가 발표한 TED방식[106]의 디스크를 시작으로 1981년 3월에는 RCA사가 1973년 5월에 발표한 CED(capacitance electronic disc)방식[107]의 개량 상품을 시판하였고, 동년 가을에는 Pioneer사가 직경 30 cm의 LD(laser disc)를 발매하게 되었다. 1983년 Victor가 안내 홈이 없는 평평한 면에 신호 비트를 새겨 넣는 방식인 VHD(video high density disc)방식의 디스크를 발표하였다. 1992년에는 Phillips사가 광학식인 VLP(video long play)방식[108]의 디스크를 발표하였다.

「비디오디스크의 특성」

- 밝은 실내에서도 이용할 수 있다.
- 디스크는 테이프나 필름에 비해 제작비용이 저렴하다.
- 디스크 자체가 가볍고 부피가 작아 보관과 이용이 편리하다.
- PCM(pulse code modulation: 변조방식)에 의한 기록으로 선명한 화상과 양질의 스테레오 음을 수록할 수 있다.
- 대용량으로 한 장에 54,000매의 문자, 도형, 정지화의 수용능력으로 출판이나 화면기

가지고 있다.

106) TED방식은 신호를 얇은 V자형의 홈(groove)에 상하진동으로 새겨 넣고, 이 홈에 배 모양의 특수바늘의 압력변화를 압전소자에 전달하여 전기신호로 바꾸어 이 신호에 의해 화상이 재생된다.

107) CED방식은 홈이 새겨진 비디오디스크를 사용한 것으로 기계적인 방법으로 전극에 의한 바늘과 디스크 간의 정전용량 변화를 검출하여 신호를 재생한다.

108) 일명 Phillips방식이라고도 하는데 이 방식은 디스크에 기록된 신호를 레이저광을 미세한 점으로 집광하여 디스크면의 비트에 조사하고 그 반사광의 광선을 다이오드로 수신하여 전기신호로 변환시켜 증폭한 것이다.

록장치로 이용[109]할 수 있다.

· 녹음테이프처럼 녹화기능이나 재이용이 불가능하다.

비디오디스크 플레이어(video disc player: VDP)는 원반에 기록된 신호를 픽업(pickup: 레이저광이나 바늘)으로 전기적 신호로 바꾼 다음 증폭하여 연결된 텔레비전수상기로 영상과 음성을 동시에 재생되게 한다. VDP는 녹화는 할 수 없으나 선명한 화상과 양질의 스테레오음을 재생할 수 있고, 랜덤액세스(random access) 기능으로 원하는 부분을 선택 재생할 수 있다. 그러나 개발형태가 광학방식, RCA방식, VHD방식의 세 가지로 호환성이 적다는 단점이 있다.

3.2. 영화 및 비디오녹화자료의 종류

3.2.1. 형태(용기)별

(1) 영화필름

· 필름 카세트(film cassette)
· 필름 루프(film loop)
· 필름 카트리지(film cartridge)
· 필름 릴(film reel)

(2) 비디오녹화

· 비디오카세트(videocassette)
· 비디오디스크(videodisc)
· 비디오카트리지(videocartridge)
· 비디오릴(videoreel)

3.2.2. 음향별

(1) 영 화

· 무성영화: 무성영화는 필름에 소리가 수록되어 있지 않고, 효과음, 배역간의 대화나 설명을 상영기관에서 그 때마다 직접 육성으로 처리하였다. 무성영화는 극영화뿐만 아니라 개인이나 교육기관 등에서 자작한 것이 많았다. 초기 16 mm용 무성영사기의 구동속도는 1초당 16 frame이었으나 후에 18 frame에서 현재 제작되는 16 mm 무성영화는 1초당 24

109) 오종증 편, **정보통신용어해설** (서울: 동서, 1995), 934.

frame으로 보편화되었다.

· 유성영화: 일명 발성영화라고도 하는 유성영화는 1927년 미국의 Warner Brothers사에 의해 최초로 개발되었다. 유성영화는 필름의 송혈면에 있는 녹음대에 녹음된 음을 화면의 영상과 함께 재생되게 한 영화이다. 유성영화용 16 mm 또는 35 mm 영사기의 구동속도는 1초당 24 frame이다.

(2) 비디오녹화자료

비디오녹화자료는 단음, 스테레오, 4채널, 다채널, 서라운드, 혼합, 무성 등으로 구분하여 ① 단음은 하나의 채널로 재생되는 음향, ② 스테레오는 두 개의 분리된 채널로 재생되는 음향, ③ 4채널, 다채널, 서라운드는 2개 이상의 채널로 재생되는 음향, ④ 혼합은 단음과 스테레오 사운드 트랙 모두에 해당되는 음향, ⑤ 무성은 음향이 없거나 음향이 매체와 별도로 분리되어 있는 경우이다.

3.2.3. Screen별

스크린별은 영화상영시 스크린(영사막)의 크기인 종횡비에 대한 구분으로 나타낸 명칭을 발전순위에 따라 대표적인 종류를 열거하였다.

<3-2. 화면의 종횡비>

(1) 평면영화

스크린의 비율은 3:4로 와이드 스크린(wide screen)[110]에 영사하여 입체감과 현실감을 느끼게 한다. 이는 초기 흑백영화시대 극영화 상영에 주로 사용되었던 화면의 광폭비율이다.

(2) 시네마스코프(cinema scope)

스크린의 비율은 1:2.35로 기존 35 mm필름이 통상 1:1.33인데 비해 약 2배반의 대형화면

110) Wide screen은 특수 렌즈를 사용해서 화면의 횡폭을 압축촬영하고, 영사할 때는 역으로 횡폭을 확대하는 방식이다.

으로 영화사상 획기적인 기술 개발품으로 알려져 있다. 20세기폭스사가 앙리 쉐레티엠(Henri Chretien)에게 의뢰하여 개발한 와이드스크린 영사방식의 하나로 상영시 화면의 일그러짐을 방지하는 특수렌즈 등을 부착시켜 좀더 안정되고 편안한 상태에서 대형 영화화면을 볼 수 있게 했다. 시네마스코프는 35 mm필름에 횡축을 압축시켜 촬영 후 다시 시네마스코프렌즈(cinema scope lens)에 의해서 확대 상영한 것이다. 1952년 20세기폭스사의 헨리 코스터 감독이 제작한 '성의(The Robe)'가 시네마스코프의 첫 작품이다.

(3) 비스타비전(vista vision)

스크린의 비율은 미국의 극장에서는 1:1.85, 유럽의 극장에서는 1:1.66을 표준으로 하고 있다. 비스타비전은 1919년에 개발되었다가 1953년 파라마운트사에 의해 재개발된 와이드스크린 영사방식의 하나이다. 이는 35 mm 너비의 3배에 해당하는 큰 frame의 인화를 만들어 영사하는 방식으로 인간 시야에 가까운 정도의 화폭에 초점심도가 깊은 렌즈를 사용하여 화면의 선명도와 음향의 입체감을 더한 방식이다. 이 방식은 경비가 과다하다는 단점으로 1961년부터 제작되지 않고 있다.

(4) 시네라마(cinerama)

시네라마는 화면이 인간의 시야와 동일한 크기의 146도 광폭이다. Cinerama는 cinema+panorama의 의미로 하나의 이미지를 3대의 영사기로 대형 스크린에 동시에 영사하여 파노라마와 같은 효과를 준 와이드스크린 방식의 하나이다. 촬영은 3대의 35 mm 카메라가 하나의 촬영대상을 정면, 좌우측면 등 다각도로 화면에 담아 인화된 필름을 촬영 때와 같이 3대의 영사기가 하나의 거대한 스크린에 1초당 26 frame의 속도로 동시에 3등분한 부분을 같이 연결하여 한 개의 영사기가 동작됨과 같이 화면이 나타나게 한 것이다.[111] 이 방식은 화면이 146도 광폭이라는 장점이 있으나 필름 소비가 많고, 최소한 9대의 영사기가 있어야 한다는 부담이 있다.

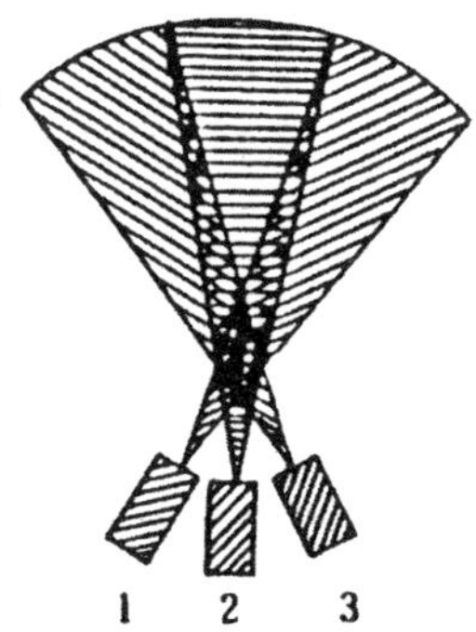

<3-3. 시네라마의 영사>

(5) 파나비전(panavision)

울트라 파나비전(ultra panavision)의 화면 비율은 1:1.25로 70 mm필름을 사용한다. 파나비

111) Cinerama와 같은 복합형 영사방식은 1896년 프랑스의 발명가 라울 그리몽 삼손(Raoul Grimoin-Sanson)이 10개의 영사기를 동원하여 파노라마 영상을 시도한 것에서 유래되었다.

전은 60년대 초반 이후 시네마스코프를 대신하게 된 변형렌즈인 애너모픽렌즈(anamorphic lens)시스템을 이용한 것이다. 이는 화면의 왜곡이 발생하지 않는 65 mm필름을 사용하는 경우를 지칭하는 파나비전70이라고도 한다. 처음에는 35 mm필름과 애너모픽렌즈를 사용하는 대형화면방식이었으나 오늘날의 수퍼파나비전(super panavision)은 70 mm필름을 사용하고 소형극장에서는 33 mm필름에 애너모픽렌즈를 사용한다. 슈퍼파나비전 영화로는 1959년에 제작된 '벤허(Ben-Hur)'가 1호이다.

(6) 입체영화(3D)

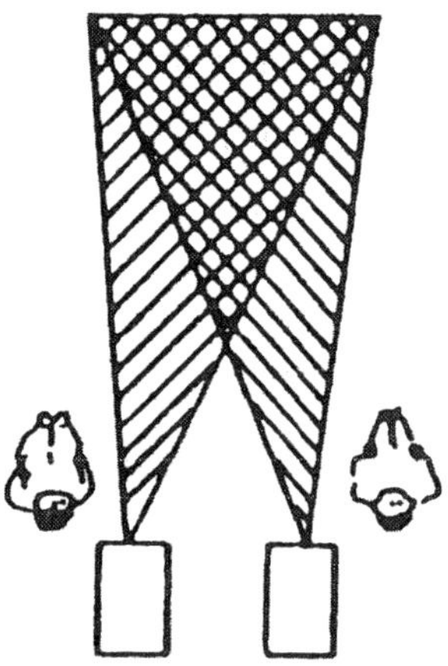

<3-4. 입체영화의 영사>

3D(three dimension)는 영화의 화상(image)을 보여주는 방식으로 넓이(width)와 높이(height)에 깊이(depth)를 더한 것이다. 입체영화를 일명 스테레오영화(stereoscopic cinema), 3D영화(three dimension), 홀로그램(hologram)이라고도 한다. 입체영화는 stereograph system과 wide screen system으로 구분한다.

1952년 Jungle Movie라고 불렸던 '브와나 데빌(Bwana Devil)'이 최초의 상업적인 입체영화로 많은 호응을 받아 각 영화사가 제작열기에 동참하여 많은 입체영화가 제작되었다.

3D는 2장의 장면을 좌우로 나란히 정렬시킨 다음 2대의 영사기를 이용해서 화면에서 오는 시감각과 음으로부터 오는 청감각을 통해 현실을 방불케 하도록 재현한 것이다. 이렇게 두 개의 렌즈를 통해서 보면 오른쪽 렌즈는 오른쪽 장면만을 왼쪽렌즈는 왼쪽 장면만을 정확한 초점으로 지각하게 된다. 영사할 때 특수한 안경을 착용하고 보는 편광방식(polarizer)과 안경을 착용하지 않은 애너글리프(anaglyph)방식이 있다. 현재 입체영화는 편광방식이 일반화되어 있다. 편광방식은 다시 렌티큘라(lenticular)방식과 홀로그라피(holography)방식으로 구분된다.

3D영화는 1955년 와이드 스크린인 Cinema Scope의 출현과 Polaroid형 안경 착용의 번거로움, 시력의 어지러움 등으로 더 이상 발전하지 못하였다.[112] 그러나 3D IMAX(아이맥스)[113]로 개발된 '폴라 익스프레스'입체영화는 3D 영화나 종전의 IMAX보다 생생한 기술력으로 시각적인 이벤트를 전하고 있다. 최근에는 평면 디스플레이어의 발전으로 국내외에서 개발

112) 이경기, **영화예술용어사전** (서울: 다인미디어, 1998), 368-9.

113) IMAX영화는 캐나다 IMAX회사의 이름으로 '눈으로 볼 수 있는 최대영상(eye maximum)'이란 의미이다.

되고 있는 3D입체 디스플레이는 처음부터 왼쪽눈과 오른쪽눈에 들어갈 영상을 각각 따로 내보내 특수안경 없이도 입체감을 느끼게 한다.

(7) 원형영상(Circle vision)

원형영상은 디즈니사에 의해 개발된 반원형의 대형 화면방식으로 동심원상에 정렬시킨 5-11대의 16 mm 카메라로 동시에 촬영한 필름을 140피트의 길이에 촬영 때와 같은 수의 35 mm 영사기를 동시에 작동하여 200°의 영사를 가능하게 하였고, 또한 많은 수의 스피커로 입체감을 느끼게 한 것이다. 관람객은 중앙부에 위치하여 화면과 각 요소에서 나오는 음향에 의해 화면 속에 들어 있는 듯한 일체감을 느끼게 한다.

이 밖에도 옴니버스 영화,[114] 모바일영화,[115] 오컬트영화(occult film)[116] 등이 있고, 영화 제작사에 의해 개발된 스크린에 대한 많은 명칭들이 있으며, 심지어는 냄새가 나는 영화 '스멜 O 비전(smell O vision)'도 있다.

3.2.4. 형식(장르)별

보통 영화의 형식은 극영화(dramatic film), 기록영화(documentary film), 전위영화(avant-garde, experimental film), 만화영화(animated cartoon film; Animation; Moving picture cartoon) 등 크게 3가지로 대별한다.

(1) 극영화

영화 중 가장 많이 제작되는 극영화는 허구에 의하여 창작된 스토리와 사건, 배경 및 주제를 가진 작품내용을 표현하는 하나의 영화형식이다. 극영화는 관중으로 하여금 재미를 느끼게 하는 흥행을 위주로 제작한 영화라는 점에서 흥행용영화라고도 한다. 극영화필름의 길이는 일정하지는 않지만 감상하는 정신적 또는 신체적인 조건에 가장 이상적이라는 점에서 장편 극영화는 1만피드 내외를 표준으로 하고, 상영시간은 1시간 40분 내외가 보편적이

---

114) 몇 개의 독립된 이야기를 전체적으로 일관된 분위기를 나타낼 수 있도록 한 편의 영화로 만든 것을 말한다.

115) 이동전화나 개인휴대단말기(PDA) 등을 통해 볼 수 있는 영화, 즉 영화 콘텐츠를 개인의 이동전화단말기로 받아 1대1방식의 쌍방향 커뮤니케이션 영화를 말한다. 모바일영화는 콘텐츠용량과 내려받기의 특성상 편당 상영시간이 1-2분 30초를 넘지 않는다.

116) 텔레파시, 초능력, 악령, 영혼과의 대화, 영혼 재래설 등과 같이 초자연적, 마술적, 신비적인 제재로 만든 영화를 말한다.

다. 그리고 단편영화는 단편소설에 해당하는 것으로 프랑스와 일본에서 많이 만들어진다.[117] 극영화는 다시 장르별로 다음과 같이 세분된다.

- 희극영화: 슬랩스틱(slap stick),[118] 대사희극(sound comedy),[119] 파아스(farce)희극,[120] 넌센스 코미디(nonsense comedy), 상황희극(situation comedy)[121]
- 활극영화: 서부활극, 해양활극, 역사활극, 갱영화(범죄활극)
- 스릴러(공포)영화: 긴박감, 공포감, 쾌감을 유발하는 심리적 효과를 거두는 극영화
- 뮤지컬드라마: 스테이지를 가진 것, 생활을 음악으로 그린 것, 음악과 무용의 혼합 등
- 역사극[122]: 궁정극(宮廷劇), 전기극(傳記劇), 풍습극(風習劇)
- 멜로드라마: 일명 애정영화로 가장 많이 만들어지는 장르의 극영화
- 홈드라마: 가정의 환경, 가족성원간의 관계, 모럴과 애정을 주제로 한 극영화
- 전쟁극영화: 전쟁을 소재로 한 극영화
- 사회극: 사회의 내면, 모순, 병리 등 사회문제를 소재로 한 극영화
- 심리드라마(psychological drama): 성격본능의 문제, 휴머니즘의 제시, 의식의 흐름, 성격파탄자, 특수한 범죄심리 등을 다룬 심리소재를 내용으로 한 극영화
- SF영화: 공상과학영화라고도 하는데 UFO의 출현설과 함께 본격화되기 시작하여 오늘날은 컴퓨터에 의한 영상 테크놀로지의 개발로 많은 작품이 제작되고 있다.

(2) 기록영화

기록영화는 허구적인 시각이 아닌 현실에 대한 사실을 있는 그대로 담은 영화의 총칭으로 1896년 뤼미에르형제에 의한 영화탄생을 그 기원으로 한다. 기록영화는 인공적인 수단을 가하지 않는 자연의 재료나 사회적 사실 등 사실적인 현장을 카메라의 피사체로 기록한

117) 프랑스에는 단편영화상제도가 있고, 일본에서는 동시상영용의 짧은 영화가 공식적으로 제작되고 있다.

118) 익살극이라고도 하는데 이는 무성영화시대에 신체의 동작이나 표정을 과장하여 표현하는 것으로 곡예처럼 날랜 것이 특징이다.

119) 기발한 대사의 개그(gag)나 해학(humor), 풍자(satire) 등이 특징이다.

120) 익살광대극, 소극(笑劇) 등 마무 뜻도 없고, 밑도 끝도 없는 웃음극이다

121) 극적 상황(dramatic situation)자체가 희극적인 구성을 가지고 있는 것이다.

122) 역사적인 소재를 가지고 만들어지는 영화로 역사상의 인물이나 사실에서 취재하는 것이 보통이다. 그러나 픽션에 의한 것도 있다.

영화이기 때문에 우리 주위의 세계를 좀더 선명하고 새로운 시각으로 바라 볼 수 있게 한다는 점에서 많은 장점을 가지고 있다.

· 뉴스영화　· 여행영화　· 문화영화　· 과학영화

· P.R.영화　· 교육영화[123]　· 사회다큐멘터리영화

이 외도 기록영화에 극적인 구성을 가한 Semi-documentary영화도 있다.

(3) 전위영화(前衛映畵)

'전위'란 '진보적 집단'이라는 뜻의 불어로 1918년과 1930년대 초반에 걸쳐 유럽에서 만들어 졌던 여타의 모든 실험영화 및 비상업영화 일반을 지칭한다. 즉 전위영화는 상업영화의 습관적인 이야기체의 구조와 기법을 거부하고 새로운 시각 경험방식을 추구하여 영화를 개인표현의 매개체로 사용한다. 전위영화는 이론적인 배경과 작품의 발표에 따르는 실험에서 영화의 한 형식을 만든 것이다. 전위영화는 첫째 절대영화와 추상영화, 둘째 초현실주의영화, 셋째 실제 세계에 대한 주관적인 인상을 주는 영화의 3개 범주로 구분한다.

(4) 애니메이션(漫畵映畵: 動畵)

애니메이션의 기본은 1914년 처음 소개된 셀(cell) 애니메이션이라고 할 수 있다. 셀 애니메이션은 만화책을 만드는 것과 같이 한 장씩 그린 장면을 차례차례 빠른 속도로 보여주는 만화영화를 말한다. 애니메이션은 초기 수작업으로 제작하여 흑백화면으로 영사하였으나 현재는 컴퓨터의 다양한 기술을 이용해서 제작과 칼라, 그리고 캐릭터의 표정, 행동을 자동으로 묘사할 수 있게 되었다. 애니메이션은 사람의 눈이 15분의 1초보다 짧은 시간 안에 일어나는 변화를 제대로 감지하지 못 한다는 착시현상에 바탕을 둔 것이다. 애니메이션은 1920년대 만화영화작가들이 인물스케치에 적용하여 제작한 단편영화를 발표하므로 영화상의 특정장르를 지칭하는 용어로 정착되었다. 만화영화는 시나리오, 콘티뉴이티, 원화 작성, 동화, 표선, 채색, 배경, 촬영 등의 제작과정을 거친다. 그리고 애니메이션은 제작의 기본으

---

123) 교육영화는 학교나 교육기관에서 교육을 위해 제작한 교재나 보조교재로 만들어진 영화이다. (a) 교재영화: 학교교육, 사회교육, 직장교육, 과학교육 등 지식을 위주로 한 영화, (b) 과학영화: 자연의 현상, 실험실습 및 과학적인 상황을 보통, 저속도(16-12 frame), 고속도(36-48 frame), 현미경 등 특수한 촬영방법으로 현상시킨 과학적인 의미를 포함한 교육영화, (c) 기술영화: 직장인의 실무적인 시술습득이나 현직교육을 위한 교재영화, (d) 만화영화: 세로판지에 공작의 과정을 그림으로 분석해서 연속적으로 촬영하여 움직이는 느낌을 가지게 한 교재영화, (e) 인형극영화: 만화영화의 일종으로 손가락인형이나 줄다리기 인형 등을 이용하여 무대를 제작촬영한 극영화, (f) 그림자영화: 순전히 그림자로만 화면을 장식하여 극을 연출한 영화 등이 속한다.

로 1초에 15 frame을 사용하였지만 디즈니랜드의 경우는 1초에 24 frame으로 제작하고 있다.

3.2.5. 색채별

(1) 흑백

흑과 백의 명암으로 된 영상이다.

(2) 천연색(칼라)

색채가 있는 칼라(천연색)영상으로 착색과 천연색으로 나누어지고, 천연색에는 다시 기법에 따라 키네마칼라(kinemacolor), 테크닉칼라(techicolor), 이스트먼칼라(eastmancolor)가 있다.[124)]

· 키네마칼라(kinemacolor): 키네마칼라는 영화촬영기의 렌즈 앞에 원반모양의 회전하는 적색과 녹색필터를 장치하고, 필름을 보통의 2배속도로 회전시켜서 영상이 엇갈려서 촬영하는 방식으로 보는 사람에게는 시각의 잔상현상에 따라 천연색에 가까운 화면으로 보이게 한 것이다.

· 테크닉칼라(techinicolor): 테크닉칼라는 1914년에 테크닉칼라사가 3개의 필름이 하나의 영화촬영기 안에서 청색, 녹색, 그리고 적색의 광선에 각각 감광하도록 고안한 것이다. 이후 색채영화의 주류가 되었다. 예: "바람과 함께 사라지다," "헨리 5세," "라 쿠카라차" 등

· 이스트먼칼라(eastmancolor): 이스트먼칼라는 1951년 이스트먼코닥사에서 1개의 필름 위에 청색, 녹색, 그리고 적색광선에만 각각 감광하는 유제를 차례로 발라 그 유제 사이에 필요한 광선만을 투과시키는 특수 필터 층을 둠으로써 천연의 색채를 재현케 하는 발색법이다. 이 방법은 손쉽게 현상소를 개설할 수 있다는 장점 때문에 널리 보급되었다.

3.2.6. 규격별

1) 영화(Motion picture)

영화필름은 필름의 넓이 즉 필름의 폭을 mm로 표시한 단위로 구분하였다.

---

124) **엠파스백과사전**, 인터넷주소: http://100.empas.com/entry.htm/?i=145819&Ad =Encyber (2003년 5월 22일 검색)

(1) 70 mm필름

서사적인 주제를 위한 영화에 주로 사용된다. 영사에는 거대한 스크린을 필요로 한다.

(2) 55 m 혹은 65 m필름

영화관에서 상영되는 흥행용 극영화에 사용된다. 70 m필름을 사용할 때는 나머지 5 m에 6트랙의 입체 음향을 삽입하기도 한다. 극영화인 경우 55 m나 65 m필름으로 촬영한 후 35 mm필름으로 프린트하여 배급하기도 한다.

(3) 35 mm필름

1899년 Edison과 Kodak사에 의해 소개, 보급된[125] 극영화용 필름의 표준규격으로

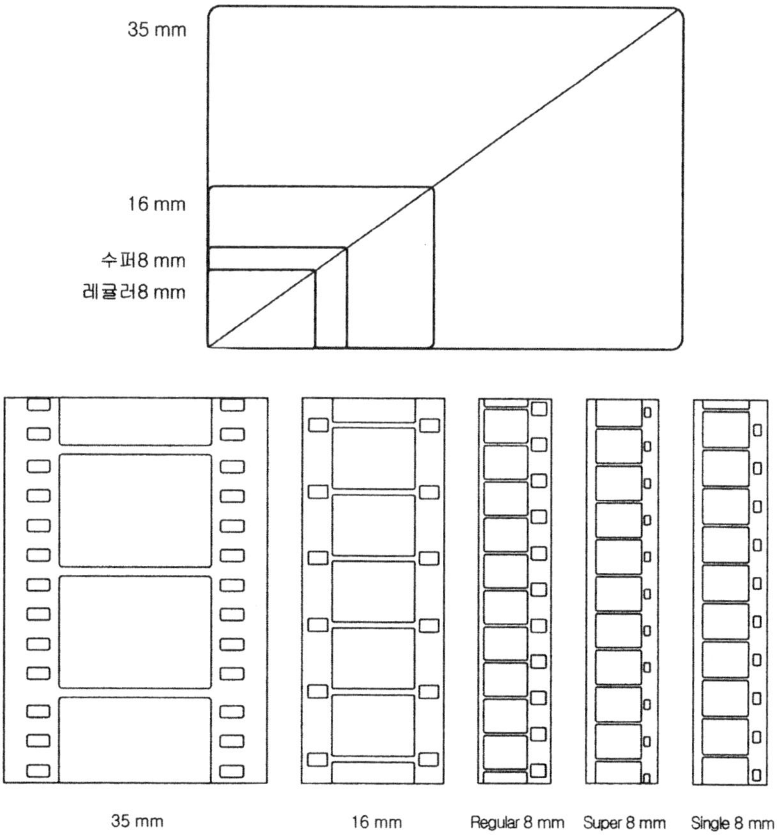

<3-5. 필름별 프레임의 크기>

125) 1889년 미국의 에디슨연구실에서 영화에 대해 연구하고 있던 Dickson이 이스트만에 실험용 필름을 부탁하고, 이스트만이 34.925 m, 길이 200 ft의 필름을 제작하게 되었다.

극장에서 주로 사용된다. Edison이 처음 만든 영화는 셀롤로이즈 나이트레이트(cellulose nitrate)필름을 사용한 35 mm영화이고, 현재는 셀롤로이즈 아세테이트(cellulose acetate)필름으로 대체된 35 mm필름이 사용되고 있다.

(4) 16 mm필름

1923년 Kodak사에 의해 아마추어용으로 소개된 필름이다. 35 mm필름에 비해 질이 떨어지지만 현재는 렌즈, 필름, 카메라의 발전으로 사용 범위가 넓어지고 있다. 주로 학교강당과 같은 공간에서 상영되는 교육용영화에 사용되었다.

(5) 8 mm필름

1932년 Pathè사의 regular 8 mm필름, 1965년 Kodak사의 super 8 mm필름, 동년 후지필름사의 single 8 mm필름이 있다.

레귤러(regular) 8 mm(실제로는 더블 8 mm) 시스템은 16 mm필름보다 2배나 많은 퍼포메이션을 가진 16 mm필름을 사용 더블 8 mm카메라를 이용한다. 먼저 필름을 장착하고 촬영을 하면 필름의 우측면에만 감광이 되고 다시 반대방향으로 진행하는 카메라에 장착하여 나머지 반쪽부분을 촬영하게 된다. 이렇게 촬영된 필름을 현상한 후 반으로 나누어 2개 롤의 레귤러 8 mm필름을 만들어 내게 된다. Regular 8 mm필름의 송혈(送穴: perforation)은 16 mm와 같은 크기로 양면이 좁다. Super 8 mm와 Single 8 mm필름은 8 mm의 필름 폭을 가지고 있으나 송혈을 종으로 길게 하여 화면을 regular보다 50%나 더 큰 면적에 이미지를 기록할 수 있다.[126]

8 mm필름은 교육영화, 가정영화 등으로 개인이 자작하여 가정교육용이나 여행기록용으로 주로 사용되었다.

일반적으로 필름의 포맷인 프레임의 유제면이 넓을수록 필름 입자와 화질에 관련한 문제가 적게 나타나기 때문에 기록되는 이미지의 화질이 더욱 우수하다. 특히 스크린에 영화를 영사할 때는 필름의 넓이에 따라 확대 폭이 차이가 있어 16 mm필름을 스크린에 100,000배 확대한 경우 8 mm필름은 약 300,000배로 확대되기 때문에 이미지의 선명도나 안정적인 면에서 차이가 있다.

35 mm를 16 mm로, 35 mm와 16 mm를 8 mm로 축소하여 사용하기도 한다.

---

126) Pincus and Aschner, 17-19.

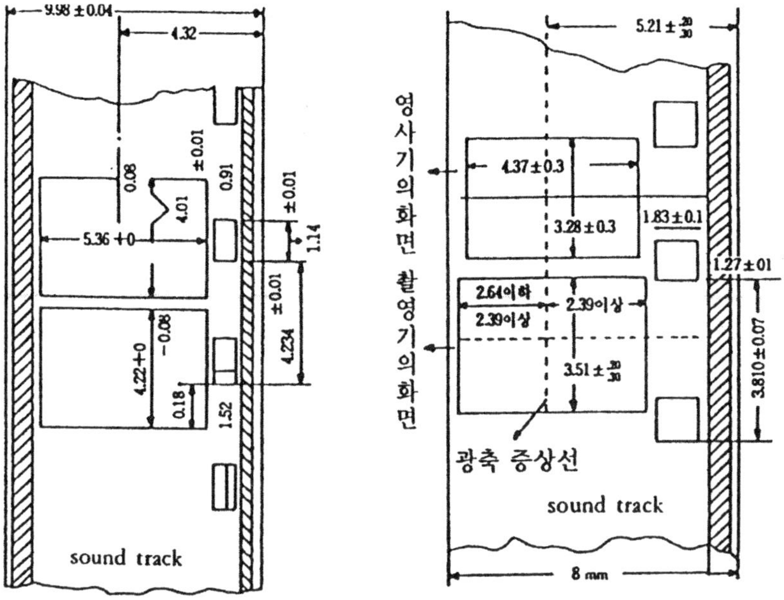

<3-6. 필름의 규격>

2) 비디오녹화자료

(1) 8 mm

8 mm비디오테이프는 8 mm폭의 메탈테이프나 증착 테이프를 써서 카세트 크기를 소형화하였다. 1980년부터 각 메이커에서 시제품을 발표하였고, 1984년 미국의 Kodak사와 1985년 일본의 Sony를 비롯한 몇 개 사에서 상품화하였다. 카세트는 9.2×6.2×1.4 cm의 소형이고, 최대 수록시간은 90-120분까지이며, 비디오는 표준 VHS와 유사하나 오디오는 유사 미니 형식보다 우수하다.

(2) ¼인치[127]

1950년 자기테이프녹음기의 개발로 어디에서나 동시녹음을 가능하게 하였고, 이로 인해 ¼인치녹음테이프의 사용량이 급격히 증대되었다. 녹음을 위해 개발된 규격의 녹음테이프를 비디오녹화 할 수 있게 한 ¼인치 비디오테이프이다.

(3) ½인치

1974년 ½인치 'V코드 I형'의 발표로 CCTV와 같은 소형 VTR용으로 사용이 증대되었고,

127) MARC21. 007/07 참조

이로 인해 ¾인치형의 VTR과 테이프 가격을 보다 저렴한 가격으로 보급할 수 있게 하였다.

(4) 1인치

1970년대 반도체기술의 발전으로 1인치 C포맷이 등장하였다. 1인치 C포맷은 Open reel방식으로 2인치 VTR에 비해 많은 장점을 가지고 있다. 이로 인해 1인치 녹음테이프는 스튜디오 제작용으로 1977년경부터 방송용의 주종으로 사용하였다.

(5) 2인치

2인치 녹음테이프는 고성능방송용으로 1956년 미국 Ampex사가 발매한 4헤드의 VTR인 VR-1000이 그 최초이다. 이는 1975년경까지 20여 년 동안 방송용 기종으로 사용되다가 1970년대 후반부터 1인치 C포맷 VTR로 대치됨에 따라 그 수요가 감소되었다.

(6) ¾인치

전술한 반도체 기술의 발전은 1 인치 방송용 C포맷과 함께 가정용 ¾인치 카세트 테이프를 사용하는 U-matic을 등장시켰다. ¾인치 카세트 테이프는 1970년 일본의 Sony, Matsushita 전기, Victor 3사가 공동으로 최초로 개발한 VTR용 테이프이다.[128]

이외도 여러 종류의 비디오테이프가 있지만 여기에서는 대표적인 것만을 열거하였다.

3.2.7. 비디오녹화형식별(Videotape, Videodisc)

1) 비디오테이프

(1) Beta (베타방식. ½인치, 비디오카세트)

1972년 ½인치 카세트테이프를 사용하여 1시간 녹화할 수 있는 가정용 비디오인 베타방식이 일본 Sony사에 의해 제품화되었는데 이것이 베타캄(Betacam)이다. 이는 베타맥스(Betamax)로도 알려져 있다. 베타캄은 고화질로 프로그램 제작용, 방송 송출용, 일반 업무용까지 보급되어 80년대에는 세계적으로 베타캄의 시대를 열게 하였다. 1977년에는 베타방식의 속도를 반으로 줄여 베타II의 2시간 녹화가 표준속도로 VHS와 같게 되었고, 계속 개발된 베타III는 3시간 녹화로 연장되었다. 베타의 L-500의 테이프 표준두께 20미크론(micron(μ): 백만분의 1미터)을 더 얇은 14미크론으로 대체하여 5시간의 장시간 녹화재생을 가능하게 하였다.

---

128) SoundArt편집부 편, **음향영상설비 매뉴얼 2000** (서울: 샤프랫뮤직, 2000), 264.

(2) VHS (½인치, 비디오카세트)

VHS는 Video home system의 약칭으로 1977년 일본 Victor사(JVC)가 ½인치 테이프 카세트에 2시간 녹화가 가능한 가정용으로 개발, 보급한 비디오카세트방식이다. VHS는 3배속 모드에서 6시간의 녹화도 가능하게 되었다. VHS의 T-120은 테이프의 두께 20미크론이지만 T-160은 14미크론 테이프로 8시간까지 장시간 녹화나 재생을 가능하게 하였다.

베타방식과 VHS방식은 같은 ½인치 테이프를 쓰면서도 카세트 규격과 메커니즘이 서로 다르기 때문에 상호간에 호환성은 없다.

VHS는 VHS-C, S-VHS, W-VHS, D-VHS 등이 있다.

· VHS-C (Video Home System－Compact : ½인치 비디오카세트): 1982년 소형 VHS포맷으로 소개되었다.

· S-VHS (Super VHS : ½인치 비디오카세트): S-VHS는 1987년 일본에서 소개된 ½인치 VHS 비디오테이프 카세트의 고급규격이다. VHS보다 화질을 고화질화하고 음질을 하이파이화하였으며, 편집시스템 등 주변기기가 충실하여 방송에서 일반 업무분야에 이르기까지 널리 이용되고 있다.

· W-VHS (½인치 비디오카세트): 1994년 빅터사(JVC)에 의해 창안 소개된 아날로그 비디오테이프 포맷이다.

· D-VHS (Data VHS : ½인치 비디오카세트): 1998년 JVC사가 Hitachi사, Matsushita사, Philips사의 협력으로 발전시킨 디지털 비디오 포맷이다.

(3) 8 mm (8 mm Video cassette : 8 mm 비디오 포맷):

8 mm 비디오 포맷은 Video8, Hi8, Digital8의 세 종류가 있다.

· Video8 (8 mm 비디오카세트): 8 mm 비디오는 이미 1980년부터 각 메이커마다 시제품을 발표하였으나 규격의 통일과 기술의 보완문제 등으로 1985년에 와서 미국의 Kodak사에 의해 상품화되었고, 동년 일본의 Sony가 VHS와 동일한 해상도 240 비디오와 AFM(audio frequency modulation)을 이용한 고음질의 음향을 수록할 수 있는 Handycam이라는 최초의 Video8 카메라를 소개하였다.[129] 8 mm비디오테이프는 8 mm폭의 메탈테이프나 증착 테이프를 써서 카세트 크기를 소형화하였다.[130]

129) http://en.wikipedia.org/wiki/8_mm_video_format (2006년 10월 1일 검색)

<3-7. 8 mm 비디오테이프>

카세트의 크기는 9.2×6.2×1.4 cm의 소형으로 최대 수록시간은 90-120분까지이며, 비디오는 표준 VHS와 유사하나 오디오는 유사 미니 형식보다 우수하다. 1984년에 세계통일규격품으로 결정되었다.

· Hi-8 (8 mm 비디오카세트): Hi-8은 표준 8 mm 테이프 해상도 240을 400으로 개선하여 보다 높은 비디오화질을 제공하고, 1980년 후반에는 디지털(PCM)오디오로 보다 높은 수준의 음향을 제공하고 있다. 이는 금속입자를 사용한 시장용 형식으로 미니카세트에 들어 있다.

· Digital8 (8 mm 비디오카세트): 1999년에 소개된 Digital8은 Hi8메디아를 사용한 디지털비디오매체이다. Digital8은 Video8과 동일한 카세트를 사용하지만 Video8 아날로그 비디오시스템과는 차이가 있다. Digital8 기기는 Hi8/Video8의 내용을 재생은 할 수 있으나 녹화는 되지 않는다. 용량은 동일 테이프에 Hi8이 90분에서 120분까지 수록할 수 있는데 반해 Digital8은 60분간만 수록할 있다. 그러나 최근에는 LP모드를 제공하여 90분으로 기록량을 증가시켰다.

---

130) 8 mm는 테이프를 지름 40m의 소형 실린더에 220도로 감아 2개의 비디오 헤드를 매초 30회전시켜 VHS나 베타방식 등 ½인치 비디오에서와 같이 신호로 기록한 것이다. 영상신호는 회도신호를 4.2-5.4MHz로 FM변조하고 색 신호는 743KHz로 저역 주파수로 변환시켜 FM변조파에 겹쳐서 테이프에 다중 기록한 것이다. 8 mm비디오테이프에는 PCM 디지털녹음기능을 활용해서 6채널의 하이파이 녹음이 되는 음성기록트랙이 첨가된 멀티채널(channel) 8 mm 테크가 제품화되었다. 카세트에는 13미크론 두께의 고밀도테이프 80m를 감싸서 매초 14.3m씩 테이프를 주행시켜 90분간 기록, 재행한다. 그리고 10미크론의 얇은 테이프를 사용하면 4시간의 장시간 녹화까지 가능하여 TV 프로그램 녹화에도 이용할 수 있다.

(4) U-matic (U매틱 : ¾인치 비디오카세트)

U-matic은 1969년 Sony사가 U자 모양으로 감긴 비디오테이프 모양을 상표로 사용한 3/4인치 비디오카세트방식이다. 이는 VHS나 베타보다 먼저 가정용으로 개발되었으나 카세트가 크고 고가였기 때문에 널리 보급되지 못하였다.

U-matic카세트의 크기는 8 mm 테이프 9.5×15.5×2.4 cm와 16 mm 테이프 12×18.2×3.2 cm. 그리고 14×25.3×2.5 cm가 있고, 테이프의 스피드 9.5 cps(VHS표준은 3.3 cps, 베타I은 4 cps), 표준 카세트의 최대 녹화시간 60분이지만 포터블(휴대용: portable)의 작은 카세트로는 20분이다. 다른 규격에 비해 비교적 화질이 좋기 때문에 뉴스취재 등의 방송용이나 업무용으로 널리 활용되고 있다.

(5) EIAJ (일본규격 ½인치 릴)

EIAJ는 일본 대부분의 전자기기 관련 회사가 참가하고 전기제품의 규격, 기술에 관한 조사와 기획 입안, 통계자료의 작성 등을 주관하고 있는 일본전자산업협회(Electronic Industries Association of Japan)의 약칭으로 1969년부터 ½인치 비디오테이프 녹화기를 표준으로 정한 것이다. 이는 일명 'the old trailblazer'라고도 하는데 이는 ½인치 나선주사방식 릴 스탠 비디오테이프 규격에 적용한다.

(6) 1 in. Type C (1 inch type C videotape : 릴)

1965년 Ampex사가 1 inch type A를 오픈릴 비디오테이프 포맷으로 개발하였고, 1976년 독일의 Bosch사가 1 inch type B를 오픈릴 비디오테이프 포맷으로 개발하였다.

1 in. Type C는 1976년 Ampex사와 Sony사가 공동으로 개발 소개한 전문가용 오픈 릴 비디오테이프 포맷이다. U-mat이나 VHS와 같은 포맷을 대신해서 1 in. Type C는 고화질의 화상을 제공하고, 2 in. Quad에서는 불가능한 'trick-lay'의 기능으로 정지와 다양한 속도의 재생이 가능하기 때문에 Betacam과 같은 보다 소형의 포맷이 출시될 때까지 거의 20년 동안 TV와 전문가용 비디오의 주된 포맷으로 활용되었다. 1 in. Type C는 비디오 헤드 2개를 이용(초당 9.65 인치 회전)하는 Type B보다도 더 널리 방송 표준으로 사용되었다.

(7) 2 inch Quadruplex videotape (Quadruplex : 2" Quad. : Quad : 2인치 Quadruplex 비디오테이프)

1950년 중반 Ampex사가 개발한 것으로 2인치 테이프 릴에 4개의 비디오녹화헤드를 사용하는 기법으로 만들어진 자료라는 의미로 'Quad' 또는 '2" Quad'라고도 한다. 1956년 미국의 Ampex사가 TV방송용으로 개발한 것은 미국의 NTSC비디오 표준 14,400 rpm, 테이프 영상속도 7.5 ips(190 m/s) 또는 15ips(380 m/s)이고, 유럽의 PAL 비디오 표준 15,000 rpm, 테이프의 영상속도 15.625 ips(400 m/s)로 차이가 있다. 이는 고품질을 제공하는 기법이라는 장점으로 최근까지 방송표준으로 사용되었다.

(8) Betacam (베타캠 : ½인치 비디오카세트)

Betacam은 1982년부터 Sony사가 개발한 것으로 Betacam 테이프와 Betacam video recorder, Betacam camcorder를 통칭하는 명칭이다. 이는 ½인치 산화테이프 상에 하나의 트랙에는 광학휘도, 다른 하나의 트랙에는 광학색차를 수록한 전문가용 아날로그 콘포넌트 포맷으로 카세트에 들어 있는 베타캠형식의 비디오카세트이다. 카세트의 규격은 S 테이프와 L 테이프의 두 가지이고, 해상도 300, 수록시간 S 테이프 30분, L 테이프 90분이다. 카세트 용기와 케이스는 육안으로 쉽게 식별될 수 있게 포맷을 색깔로 구분하고 있다.

· Betacam SP (베타캠 SP : ½인치 비디오카세트): SP는 Superior Performance의 약자로 1986년에 개발한 것이다. Betacam SP는 기존 베타캠을 해상도 340으로 개선하여 잡음을 줄이고 비디오를 고화질화한 ½인치 비디오카세트이다. 두 개의 아날로그 비디오 트랙에 두 개의 FM(CD) 오디오트랙이 있으며, 수록시간은 Betacam과 같다. 이는 1990년대말까지 TV방송국과 제품생산소를 위한 산업표준이었다.

· Digital Betacam (디지털 베타캠 : ½인치 비디오카세트): 1993년 Betacam과 Betacam SP를 대체할 보다 저렴하고 우수한 고화질의 Digital Betacam을 개발하여 S 테이프 40분, L 테이프 124분을 수록할 수 있게 하였다.

· Betacam SX (베타캠 SX : ½인치 비디오카세트): 1996년에 개발한 Betacam SX는 Betacam SP의 디지털 버전(version)으로 S 테이프 62분, L 테이프 194분을 수록할 수 있다.

(9) MII (½인치 비디오카세트)

MII는 Sony사의 Betacam SP에 대한 경쟁상품으로 Panasonic사가 1986년에 개발한 ½인치 금속 테이프를 사용한 전문가용 아날로그 형식으로 수록된 비디오 카세트 포맷이다. 이는 제품에 실패한 M format의 향상되고 개선된 버전이다. 처음에는 미국의 NBC, 일본의 NHK에서 뉴스 수집에 사용하였다.

(10) D2 (¾인치 비디오카세트)

D2는 Ampex와 SMPTE[131]표준그룹의 생산자들이 함께 제안하여 1988년 NAB(National Association of Broadcasters)가 D1보다 저가품으로 소개한 것이다. D2는 ¾인치 금속 테이프에 복합적인 코팅을 사용한 전문가용 디지털 비디오자료를 D2 비디오녹화형식으로 수록한 비디오카세트이다. 디지털 부호화는 신호의 변화 없이 다중 생성 부호의 복사나 더빙이 가능하고, 수신기에서 독립적으로 편집 가능한 PCM 오디오 채널이 있으며, 아날로그 오디오 계기와 시간 코드 트랙이 분리되어 있다는 등의 특징이 있다. D2는 D1포맷과 모양은 같지만 호환성은 없다. D2는 계속해서 1991년 D3, 1994년 D5로 발전되었다.

이외도 1979년 소개되어 1988년까지 시판된 Philips사와 Grundig사의 Video 2000(V2000 : Video Compact Cassette : VCC); 1972년 Philips사에 의해 소개된 Video Cassette Recording (VCR); 1993년 Sony사, Philips사, Matsushita사, JVC사가 소개한 Video CD(VCD : VideoCD : View CD : Compact Disc digital video) 등이 있다.

2) 비디오디스크

(1) TED

비디오디스크는 1960년대 후반부터 그 개발이 진행되어 1970년대 초 독일의 Telefunken사, 영국의 Decca사, 양사의 합병회사인 Teldeck사 등 3사가 공동으로 흑백 기계방식인 TED방식을 발표하였다. 이것이 세계 최초의 VDP(video disc player)이다.

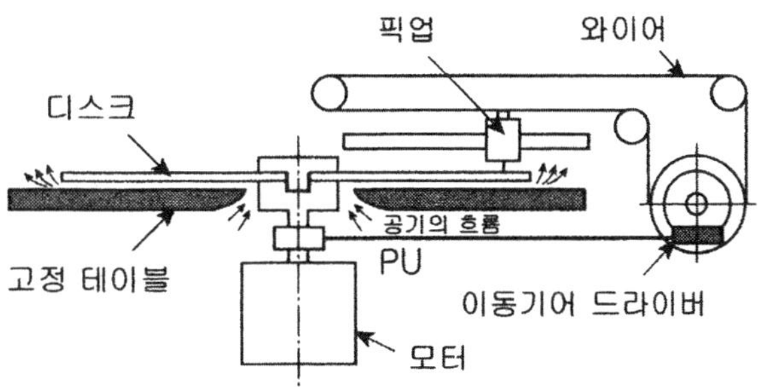

<3-8. TED방식의 구조도>

TED방식은 V자형의 홈(groove)에 음성 레코드와 같이 기계식 커터의 상하진동으로 기록하고, 재생은 홈 속을 배 모양의 특수바늘을 일정한 높이로 부상시켜 침압으로 인한 압력변화가 압전소자에 전달되는 전기신호의 변환으로 화상이 재생되는 방식이다. 디스크의 규격

131) SMPTE: Society of Motion Picture and Television Engineers의 약자.

은 홈 밀도 1 mm당 280줄(음성레코드의 20배), 디스크 지름 21 cm, 최대 연주시간 10분의 소형이다. 이는 기계식 커터에 의한 기록으로 텔레비전 신호를 저속재생해야 하는 불편이 있고, 디스크면의 긁힘과 먼지에 영향을 받기 쉬운 결점이 있다.

이후 VDP의 개발은 1972년 미국의 RCA사가 정전용량방식인 CED방식, 동년 네덜란드의 Philips사와 미국의 MCA사가 각각 레이저를 이용한 광학식 비디오 시스템인 VLP방식을 발표하였고, 1978년 일본의 빅터사(JVC)가 VHD방식을 발표하였다.

(2) CED (정전용량방식)

CED는 Capacitance Electronic Disc의 약칭으로 미국의 RCA사가 1973년 5월에 발표하였고, 1981년 3월에는 기계적 결점의 개선, 플레이어 구조의 간이화, 가격의 저렴화, 가정용 TV의 만족한 화상제공 등 지름 30.5 cm(12인치), 두께 1.93 mm의 보다 개량된 상품을 출시하였다. CED는 바늘을 사용하여 트랙을 따라 신호를 끌어내는 기계적인 방법으로 플라스틱 디스크에 홈을 내어 바닥에 깊은 눌림을 통해서 시각 정보를 기록하고, 디스크면에 스타일러스라고 하는 선극을 접촉시켜 요철과 선극 사이의 거리에 따라 발생하는 정전용량의 변화로부터 전기신호를 얻을 수 있게 한 정전용량방식이다. 디스크는 표면의 긁힘을 방지하기 위해 플라스틱제 보호케이스에 넣어서 사용하도록 되어 있지만 디스크가 마모될 수 있고, 바늘과 원반의 접촉 상태 변화에 따라 신호의 성능이 떨어지는 결점이 있다. 미국의 CED플레어 제작사인 RCA사는 1984년 'RCA Selectavision' 플레이어 생산을 중단하였음을 알렸다.

(3) 광학식 (Laserdisc(LD) : VLP방식)

광학식은 레이저디스크(LD : Laserdisc),[132] VLP(video long play)방식 또는 Philips/MCA방식[133]이라고도 하지만 일반적으로는 LD로 더 잘 알려져 있다.

1972년 네덜란드의 Philips사와 미국의 영화사인 MCA가 공동으로 개발한 광학식 비디오 시스템을 일본의 Pioneer사가 실용화시킨 비디오디스크이다. 이 방식은 디스크의 표면에 붙어 있는 신호피트(pit)에 정보가 기록되고, 레이저광을 피트에 조사(照射)하여 홈의 굴곡에

---

132) LASER(레이저)는 Light Amplification by Stimulated Emission of Radiation의 약자로 유도방출을 이용한 빛이다. 레이저는 CD방식에 이상적인 빛으로 알려져 있다(정기혁 편저, **圖解콤팩트 디스크** (서울: 가남사, 1988), 14).

133) 1975년 Philips와 MCA가 신호의 재생과 기록에 레이저광선을 쓰는 방식을 발표하게 되었는데 이것이 Philips/MCA방식이다.

의한 정전용량의 변화에 따른 전기신호를 통해 영상과 음성 양쪽의 정보를 재생한다. 규격은 크기 20 cm와 30 cm가 있지만 표준형은 30.2 cm이고, 두께 2.5 mm이며, 표준회전수 1,800rpm이나 칩(chip)의 안쪽이 1,800 rpm이고 바깥쪽이 600 rpm으로 CD음반과는 다르게 되어 있다. 자기디스크에 비해 단위면적당 약 20배의 기억용량이 있기 때문에 직경 약 30 cm의 원판에 A4의 서류 약 1만매의 정보를 기록할 수 있다.

Laserdisc는 CAV(Constant Angular Velocity), CLV(Constant Linear Velocity), CAA(Constant Angular Acceleration)의 세 가지 포맷으로 수록된다.[134)]

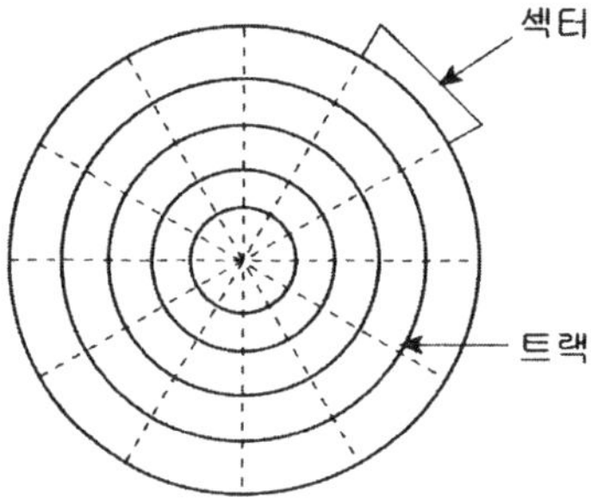

<3-9. CAV(상수각형속도)>

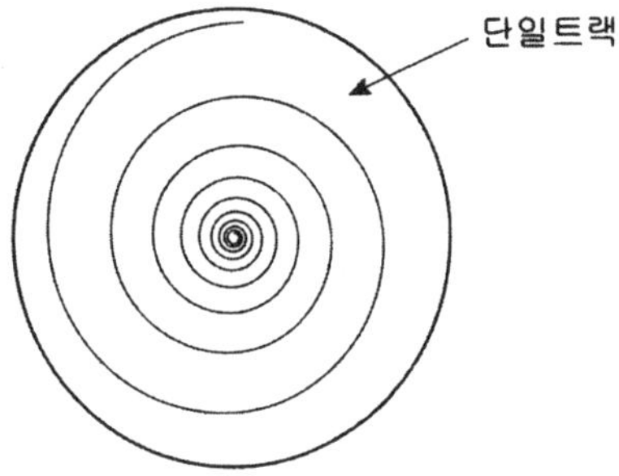

<3-10. CLV(상수선형속도)>

LD는 ① 신호 재생이 비접촉식이기 때문에 디스크 마모에 의한 수명단축이나 손상 현상이 없고, 디스크 표면에 붙은 먼지나 흠집에 영향을 받지 않고, ② 랜덤액세스(Random access)기능이 있어 희망하는 정보를 고속으로 얻을 수 있으며, ③ 여러 종류의 특수 재생(느린 동작, 정지화면 등)이 가능하며, 그리고 ④ 비디오테이프와 비디오 CD보다 월등한 화질과 음질의 우수성이 장점이다. 그러나 그 후 나타난 DVD에는 미치지 못한다. DVD에 비해 ① LD는 하드웨어는 말할 것도 없이 소스인 타이틀의 가격도 만만치 않아 아직까지도 웬만한 매니아가 아니면 보유하기 어려운 매체이고, ② LD는 제작이나 다루기가 쉽지 않으며, ③ 엄청난 크기에도 불구하고 아날로그 방식으로 기록된 영상을 고작 한 면에 60분 분량밖에 담지 못한다는 것이 단점으로 나타났다.

1980년에는 미국에서 양면 2시간의 기록이 가능한 Philips/MCA방식의 비디오디스크가 판매되기 시작하였으며, 1981년 10월에는 일본 Pioneer사에서도 발매를 시작하였다.[135)]

134) 김남석, 조도희, **비도서자료의 조직이론** (대구: 계명대학교 출판부, 2001), 141-142.

(4) VHD

VHD(video high density)[136]는 1978년 9월 일본의 Victor사가 발표한 것으로 정전용량방식(CED)와 광학식(VLP : LD)을 결합한 한 방식이다. 광학식과 같이 요철형태의 피트로 트랙을 따라 음향과 화상이 기록되고, 재생은 전극바늘(금속전극이 붙은 사파이어 바늘)이 주행할 때 CED방식과 같은 원리로 정보신호를 얻는다. 음성신호는 2채널로 각각 3.43MHz와 3.73MHz 반송파로 영상신호와 중첩되게 비디오디스크에 기록되어 있다. 디스크는 지름 26 cm, 두께 1.8 mm, 회전속도 900 rpm, 재생시간 2시간(1면당 1시간)으로 되어있다. 이 방식은 디스크에 홈이 없기 때문에 고밀도 기록이 가능하고, 느린 동작이나 빠른 동작의 작동이 가능하고, 희망하는 정보를 고속으로 랜덤액세스할 수 있으며, NTSC방식, PAL방식, SECAM 방식의 디스크 간에 호환성이 있다는 등의 장점이다.

이 외도 1980년대 후반 일본의 Victor사가 개발한 수평해상도 400 이상의 고화질을 실현시킨 QX(Quality eXcellent) VHD방식; 고음질을 실현시킨 VHD DigitalAudio방식, Victor사와 Matsushita사가 개발한 Hi-Vision VHD 등이 있다.

(5) DVD

DVD는 Digital Video Disk 또는 Digital versatile disc의 약자로 알려져 있다. 보통 지름이 $4\frac{3}{4}$인치이고, DVD, DVD-Video 또는 Video CD라고도 한다. 이는 PCM의 디지털 기법을 사용한 광 레이저 비디오녹화형식이다. 비디오테이프를 대체할 디지털미디어로 개발이 시작되었기 때문에 초기에는 Digital Video Disk로 통용되었다. 후에 DVD는 이전의 모든 Packaged Media[137] 능력을 가졌다는 점에서 'Video' 대신 다기능이란 의미의 'Versatile'로 사용하게도 되었다. 초기 DVD는 1994년에 Sony와 Philips사가 제안한 Multimedia CD(MMCD)와 Toshiba를 비롯한 7개 회사가 제안한 SD(Super Dencity)의 2방식이 있었으나 영화산업과의 협의에 의해 단일 규격으로 통일되었다. 1995년 9월에 발표된 DVD는 정보의 저장과 재생의 원리, 그리고 크기가 CD와 기본적으로 동일하지만 표면

---

135) 정기혁, 72.

136) 1978년 Sony는 Philips/MCA방식과 다른 레이저광선을 사용한 광학식 비디오디스크를 발표했고 같은 해 9월 일본 Victor사가 광학식과 접촉식의 장점을 딴 독자적인 VHD방식을 발표하였다(황왕수 편저, **비디오의 세계: 초보에서 프로까지** (서울: 집문당, 1980), 245-246).

137) Packaged Media: DVD는 CD, LD, CD-ROM, 컴퓨터게임용 카트리지, VHS까지 대체할 수 있는 능력을 가졌다.

에 홈을 미세하게 만들어 공간효율을 높였고, 정보를 MPEG-2[138]라는 새로운 영상압축기술로 편면 1층 4.7GB, 편면 2층 8.5GB, 양면 1층 9.4GB, 양면 2층 17GB까지 저장이 가능하게 되었다.[139]

아날로그 방식[140]에 비해, 디지털 방식은 연속적으로 변화하는 영상신호를 매순간마다 신호의 크기를 숫자로 변환하여 테이프나 다른 매체에 기록한다. 일단 디지털신호로 변환되면 기록매체의 종류나 내용과는 상관없이 또는 저장이나 전송으로 인한 화질의 저하 없이 고속의 입출력기능을 가지므로 모든 저장매체에 그 이용이 가능하다는 장점을 가지고 있다.

· 대용량으로 보다 다양한 많은 정보를 안정적으로 수록할 수 있다.[141]
· 화질이 우수하다.[142]
· 뛰어난 음질과 다 채널 사운드를 지원할 수 있다.[143]

---

138) MPEG(Moving Picture Experts Group) : 전 세계 관련기업들과 전문가들이 오디오와 비디오 정보의 디지털 압축과 다중방식에 있어서의 범용적인 표준화를 위한 작업 Group을 이르는 말이다.
MPEG-1은 352×240화소(8만 4,000픽셀)의 저해상도를 제공하고, 화면포맷은 가정용 VHS비디오와 같은 초당 30프레임 수준이다. 그러나 각 프레임마다 일정한 양의 데이터를 배정으로 실제 필요한 데이터보다 많은 양이 배정되는가 하면, 큰 움직임과 복잡한 배경을 가진 장면에서는 필요한 데이터 양보다 적은 공간을 배정 받는 단점이 있다.
MPEG-2는 720×480화소(NTSC, 34만 픽셀)의 고해상도 화질을 제공하고, 화면포맷은 초당 60프레임 수준으로 MPEG-1에 비해 4배 이상의 세밀하고 깨끗한 영상의 화질을 제공한다.

139) "DVD". http://ja.wikipedia.org/wiki/DVD (2006년 10월 2일 검색)

140) 아날로그 방식은 주파수 변환, 영상의 기록 및 재생에 신호의 변화가 일어나기 때문에, 여러 단계의 변화를 거치면서 화질이 저하되는 단점이 있다.

141) DVD는 120 mm의 한 면 수록 량이 4.7GB로 CD의 7배 정도로 영화의 자막과 더빙을 포함한 약 135분짜리 영화를 수록할 수 있다. DVD는 많은 사용에도 화질에 변화가 없고, 내부의 데이터를 플라스틱 코팅으로 데이터를 안정적으로 보호하기 때문에 보관의 편리, 내구성, 내자기성, 내열성 등의 많은 장점을 가지고 있다.

142) 수평해상도는 기존의 VHS와 VCD가 240선, S-VHS가 400선, LD가 420선에서 500선인 데 비해 DVD-video는 500선에서 540선으로 가장 우수한 화질을 제공한다. 그리고 해상도에서도 VHS나 VCD가 352×240 (약 84,000 pixel)에 초당 30프레임 수준인데 비해 DVD는 이의 4배 정도의 수준인 720×480 (약 340,000 pixel)에 초당 60프레임을 제공하여 보다 자연스럽고 다이내믹한 화면을 제공한다.

143) DVD-Audio의 음향포맷인 Linear PCM은 음질의 열화를 막고 장시간 음악용 포맷으로 AC-3(Dolby digital)의 압축률인 7분의 1보다 훨씬 낮은 2분의 1에서 5분의 4 정도로 압축되며 재생률은 AC-3의 48khz/16 bit보다 훨씬 나은 98khz/24 bit로 CD보다 고음질을 제공한다. 또한 최근에는 DTS(Digital Theater Systems)라는 음향효과를 지원하는 타이틀의 수가 늘어나면서 필요한 별도의 장치를 통해 5.1채널을 가진 Dolby AC-3을 사용하기 때문에 사운드를 일반적인 두 개의 스피커로도 CD보다 음질이

· 최대 9곳에서 동시 촬영이 가능하다.144)

· 8개국 언어의 더빙과 32개국 언어의 자막이 가능하다.145)

· 멀티스토리(Multi-Story)의 선택이 가능하다.146)

· 시청제한 기능을 가지고 있다.147)

· 다양한 TV와 화면비율(Multi-Aspect)에 대응할 수 있다.148)

이외도 Random play/Repeat play, Audio CD 및 Video CD호환 등의 기능을 가지고 있다.

DVD는 단면, 양면, 기록되는 신호 층의 1층, 2층, 또한 영화를 저장하기 위한 레이어(layer)의 사용 개수에 따라 구분된다. 하나의 레이어(DVD-5)만 사용했을 때는 은빛, 두 개의 레이어(DVD-9)를 사용했을 때는 금빛을 띠게 된다.149)

DVD는 적용 대상에 따라서 DVD-Video, DVD-ROM, DVD-Audio, DVD-WO, DVD-RAM 등의 종류가 있고, 또한 크기를 축소한 MiniDVD가 있다.

· DVD-Video: 가정용 영상매체로 시작한 DVD로 MPEG-2방식의 영상 압축과 AC-3입체

좋고, 또한 뒤쪽의 주파수 대역이 이전의 Dolby Pro-logic(Dolby사가 개발한 서라운드 모드의 하나로 네 개의 채널로 구성)의 Surround와 달리 제한되어 있지 않아 박진감 넘치고 풍부한 입체음향을 즐길 수 있다.

144) DVD는 Multi-Angle의 기능을 통해 한 장면을 각기 다른 위치에서 9대의 카메라가 찍은 화면을 시청자가 임의로 선택하여 보거나 9개의 촬영화면을 한 화면에 모아놓고 볼 수도 있는 기능이다. 이렇게 DVD는 최대 9개의 다른 영상들을 동시에 저장하는 것이 가능하기 때문에 기존 매체들에는 없던 다양한 선택과 인터액티브한 면을 살릴 수 있다.

145) 하나의 DVD에는 최대 8개 국어의 사운드트랙이 들어갈 수 있어 8개 국어로 더빙된 영상을 선택적으로 골라 시청할 수 있고, 최대 32개 국어까지 자막(Sub-title)을 지원할 수 있다.

146) 영화는 극장에서 상영되는 극장판(Theatrical Version)과 감독이 자신의 의도대로 편집한 감독판(Director's Cut)이 있다. DVD는 극장판과 감독판의 두 가지 버전의 영화를 한 장의 타이틀 안에 모두 수록하는 경우가 있다. 이때 시청자가 보고자 하는 버전을 선택하여 볼 수 있다. 최근 출시된 카메론의 Terminator 2: Judgement Day Ultimate Edition에는 무려 3가지의 버전이 실리기도 하였는데 이것이 DVD가 가진 장점 중의 하나이다.

147) DVD는 특정화면에 대해 시청을 제한하는 Parental Lock이 있기 때문에 암호를 모르면 해당 장면은 플레이되지 않는다. 그래서 가정에서 아이들과 함께 보는 경우에도 청소년이 보아서는 안 될 장면이 암호에 의해 플레이되지 않기 때문에 가족이 함께 안심하고 볼 수 있다.

148) DVD의 화면 비는 와이드 TV와 같은 16 : 9의 광폭화면이다. 극장용 영화화면의 가로세로 비율과 가정용 TV의 가로세로 비율이 다르고, 가정용 TV의 가로세로 비율도 점차 다양해지고 있다. DVD는 서로 다른 화면 비에 대응하도록 되어 있어 자체 TV비율에 맞게 화면을 보여준다.

149) *DVD review*(탱크이트커뮤니테이션), 제2권, 제3호(2001년3월), 24.

서라운드 사운드 기능과 대화형 진행이 가능한 매체이다. DVD-Video는 4.7GB 중 3.4GB의 용량에는 동영상을, 나머지 1.3GB의 용량에는 오디오와 자막 등 부가적 데이터를 할당하여 3개의 음성채널과 4개의 자막이 사용된 133분 분량의 동영상을 담을 수 있다. 기존의 VHS에 담긴 비디오테이프의 용도와 동일하지만 VCR, 레이저디스크(LD), 비디오 CD를 능가하는 화질, 음질 등 다양한 기능을 가진 매체로 가정에서도 극장에서와 같은 깨끗한 화질과 뛰어난 음향으로 영상을 즐길 수 있다. DVD-Video는 DVD의 가장 중심되는 기록재로 이용되고 있다.

· DVD-ROM: 컴퓨터용 소프트웨어가 수록되어 있어 CD-ROM과 동일한 용도이지만 고용량으로 한 장에 CD-ROM의 7장 분량을 담을 정도로 데이터와 영상, 음향을 자유롭게 담을 수 있다.[150] DVD-ROM은 PC에 데이터로 입력되면 해당 신호에 따라 MPEG-2보드에서 동영상과 오디오를 따로 분류하여 압축을 해제하고, 각각을 그래픽 카드와 사운드카드로 보내주게 된다. 이런 작동과정은 DVD 플레이어도 비슷하다. DVD-ROM은 앞으로 DVD-Video와 함께 정보재의 주종을 형성할 것으로 예측된다.

· DVD-Audio: 기존의 CD-Audio와 동일한 용도이지만 음향규격은 Red Book CD에서 사용되는 디지털 오디오(44.1KHz, 16bit sample)에 비해 96KHz에 20비트(bit) 이상으로 9만 6,000분의 1초마다 음의 고저를 20비트(2의 20승)의 단계로 신호를 잘게 쪼개어 디지털 데이터화했다. 20비트의 음질은 인간의 가청 주파수인 20-2만Hz를 넘어가는 들을 수 없는 소리도 데이터화해서 훨씬 더 부드러운 소리로 재생할 수 있다는 의미이기 때문에 CD를 능가하는 깨끗하고 완벽한 입체음향을 즐길 수 있다.

· DVD-WO: DVD-Write once의 약자로 CD-R과 비슷한 규격으로 1회 기록할 수 있는 포맷이다. 규격은 3.9GB의 데이터를 저장할 수 있다.

· DVD-E와 DVD-RAM: DVD-E는 DVD-Erasable의 약자로 쓰기와 삭제, 그리고 재 기록할 수 있는(Erasable or ReWritable) 기능을 가진 자료라는 의미의 명칭이다. DVD-RAM은 DVD-Random Access Memory의 약자로 DVD-E의 부수적인 규격 중에서 수 천 번을 지우고 다시 쓸 수 있는 DVD 디스크를 말하며, 용량은 2.6GB 데이터를 저장할 수 있다.

150) DVD-ROM의 원리는 CD-ROM 드라이브와 유사하지만 DVD-ROM 드라이브는 디스크 원판을 회전시키는 스핀들러 모터와 디스크의 데이터를 읽어오는 광 픽업(레이저)장치로 구성되며, 디스크 신호 층의 작은 홈에 기록된 데이터를 레이저 광선이 판독하면 이 신호를 DVD DSP(Digital Signal Processor)라는 칩이 다른 연관 부분이 사용할 수 있도록 가공해 준다.

이렇게 DVD는 DVD-Video와 같이 고화질의 영화를 수록할 수 있을 뿐만 아니라 판독전용 컴퓨터기억장치인 DVD-ROM, DVD-RAM으로도 사용될 수 있기 때문에 개인용 PC나 게임기기, 소프트웨어 제작 등에 널리 활용되고 있다.[151)]

· MiniDVD: cDVD와 mini-DVD의 두 종류가 있다. cDVD는 MiniDVD(Mini DVD) 또는 3-inch DVD로도 알려져 있다. cDVD는 크기 80 mm, 용량 1.4GB, 비디오 30분간의 표준 DVD화질과 음향을 수록할 수 있다. mini-DVD는 DVD-video 포맷으로 기록할 수 있는 표준 CD이다. mini-DVD는 음향과 영상을 80분간 수록할 수 있다.

이외도 2003년 중국 Xinhua에 의해 소개된 EVD(Enhanced Versatile Disc), 2006년 Sony사와 Panasonic사에 의해 소개된 AVCHD(Advanced Video Codec High Definition), 2006년 Toshiba와 NEC가 공동으로 개발한 HD DVD(High Density DVD 또는 High Definition DVD); 현재 Sony사와 Matsushita사 등 9개사가 참여하여 차세대 광 디스크로 개발 중인 Blu-ray Disc(BD); D Data Inc.에서 개발중인 Digital Multilayer Disk(DMD); Sony사가 개발한 Universal Media Disc(UMD); 그리고 HVD(Holographic Versatile Disc) 등이 있다.

3.3. 영화 및 비디오녹화자료의 관리

1) 선택 및 활용

영화 및 비디오녹화자료는 수록 내용, 형태적인 특성, 이용대상, 이용목적, 그리고 이용자의 요구 등이 고려된 선택기준을 정하여 계통적이고 일관성 있게 자료를 조직해야 하고, 이들 자료의 활용을 위한 지식도 함께 제공할 수 있어야 한다.

「자료선택의 고려사항」

· 수집 목적과 내용의 타당성

· 필름의 촬영상태 및 녹화상태의 양호

151) 미국의 경우 DVD의 판매와 대여 등 타이틀시장의 확대로 인해 이에 따른 DVD플레이어시장도 활성화가 기대되어 2004년에는 총 출하 대수가 6,000만대에 이를 것이 예상되어 현재 판매된 VCR의 수를 앞지를 것으로 예측하고 있다("문화콘텐츠, 이제는 디지털이다", *DVD review*, 제2권, 제3호(2001. 3), 26-27).

· 흑백, 천연색 여부
· 무성, 유성 여부
· 사용언어(자국어, 외국어)
· 제작, 기술, 화면, 음향, 편집의 양호
· 다른 자료와 관련성 조사
· 언어별 해설, 강의, 보조자료 유무
· 구입예산에 따른 우선순위

「**자료활용의 고려사항**」

· 영상자료의 주제표현과 내용분석에 따른 지식
· 이용방법(영사법)에 대한 숙지
· 영사시기, 장소, 환경, 대상 등의 확인
· 영사 또는 재생시간의 적정 여부
· 이용자의 수준에 따른 언어
· 반응력과 효과력의 정도

2) 등록

선택된 자료는 영구 보존을 위한 보존자료와 열람만을 위한 소모성자료로 구분하여 보존자료는 등록부에 수입순으로 등록, 보관하고, 소모성 자료는 간이등록부에 등재한다. 등록부는 자료를 용기별로 구분하여 등록하는 것이 관리에 편리하지만 자료의 양이 많지 않을 때는 모든 종류의 영상자료를 하나의 대장에 등록하기도 한다. 등록부는 재산관리를 위한 증빙자료로 활용되기 때문에 회계적인 증빙이 필요한 제반사항이 빠짐없이 기재되어야 한다. 그러나 소모성자료의 간이등록부는 자료의 주된 기록사항만을 골라 간단히 기재하여 손·망실, 폐기에 대한 처리를 쉽게 할 수 있게 해야 한다.

「**등록부의 기재항목**」

· 등록번호
· 종류(흑백, 천연색 등)

· 표제(영상자료 제목)
· 제작자
· 소요시간(재생시간)
· 무성, 유성별
· 해설서의 유무
· 가격
· 납입자(납품자)
· 수입년월일
· 비고

상기한 기재사항 이외도 기관의 사용목적에 따라 필요한 사항을 가감하여 작성하기도 한다.

필름수입등록원부 Accession Book for Film									
번호 No.	표제 Title	제작자 Producer	소요시간 Time	해설서 Guide of Manual	종류 Type	가격 Cost	납품자 Source	구입일 Date of Purchase	비고 Remark
201	Dinner Party	Simmel-Mesery	18min		color	$150	Ind Visual Aid	Feb. 2000	Sound

3) 보존관리

영화 및 비디오녹화자료는 보존용과 열람용으로 구분하여 보존용은 장기 보관이 가능한 환경과 관리방법, 열람용은 검색과 이용이 편리한 환경과 관리방법을 강구해야 한다.

보존용 필름의 장기보관을 위한 관리방법은 첫째 적절한 보관온도를 유지해야 한다. 영화필름의 재질(대지: 베이스)이 셀룰로이드(celluloid)냐 아세테이트(acetate)냐에 따라 보관 온도의 차이가 있다. 셀룰로이드계의 필름은 현재 생산되지는 않지만 옛날 필름을 보관하는 경우 고온상태에서는 변하기 쉬울 뿐만 아니라 폭발의 위험도 있기 때문에 보관실의 구조나 특히 온도의 조건에 세심한 주의가 필요하다. 셀룰로이드필름의 보존환경은 12±2°C가 가장 안전한 온도로 18°C이상에서는 손상될 가능성이 많다. 또한 필름은 포지, 네가, 흑백, 칼라 등의 종류에 따라서도 보존 조건을 달리해야 한다. 칼라필름은 변색과 퇴색되지 않게 적당한 온도에 보존할 필요가 있다. Kodak사는 0°F 즉 -18°C, 아그파사는 59°F, 즉 15°C를 적당한 온도로 각각 지정하고 있다. 그러므로 칼라 필름과 흑백 필름을 분리 보관하고, 칼라 필름의 경우는 생산회사에서 지정한 온도로 보관하는 것이 이상적이다. 이상은 필름의 장기 보존에 필요한 온도이지만 빈번히 사용되는 필름에 대한 일반적인 온도는 14±2℃의 조건하에 보관하는 것을 권장하고 있다.

둘째 적당한 습도를 유지해야 한다. 필름 베이스의 감광유제 층은 습도가 높은 경우 젤라진질이 무르게 되어 끈끈하게 달라붙는 수가 있고, 곰팡이가 생기며, 베이스로부터 분리되기도 한다. 또한 습도가 낮을 경우 필름의 탄력성, 가소성, 감광유제에 필요한 습기까지 제거되기 때문에 건조한 상태에서 오래 두면 필름베이스가 경화되고, 필름의 송혈 간격이 변한다. 이런 상태에서 영사하면 필름이 끊어지거나, 송혈이 파손되기도 한다. 필름보관실의 적절한 상대습도는 50-60%로 유지시키는 것이 좋다.

셋째 적합한 용기의 선택과 배열방법을 생각해야 한다. 필름은 릴이나 코아(core)의 권에 감겨 비닐봉투 등의 용기에 보관된 상태로 선반에 배열한다. 필름의 보관선반은 필름 자체의 무게를 지탱할 수 있어야 하기 때문에 목재선반보다는 녹슬지 않는 철재를 사용하는 것이 좋다. 필름의 배열은 수직과 수평방법으로 생각할 수 있는데 수직배열은 출납이 자유롭다는 장점이 있는 반면 용기중의 필름이 아래로 쏠려 그 무게가 필름에 영향을 끼칠 수 있고, 원형권의 용기는 선반으로부터 굴러 떨어질 위험이 있다. 그래서 수직으로 보관하는 선반은 고정기능이 있는 선반을 사용해야한다. 수평보관은 필름의 무게가 한 방향으로 쏠리지 않게 한다는 장점이 있으나 용기 위에 용기를 쌓아 두기 때문에 용기의 인출에 과중한 노동을 필요로 한다. 이렇게 두 가지 배열방법 모두가 장단점이 있기 때문에 이용빈도가 높은 열람용 필름일 경우는 수직배열, 장기보존을 위한 필름일 때는 수평배열로 보관하는 것이 좋다.

등록된 필름은 용기(film container)의 표면과 측면에 등록부의 일련번호와 표제를 함께 표시하고, 같은 번호를 필름 앞부분의 보호필름에도 표시하여 사용 후 용기와 필름이 바뀌지 않게 한다. 등록번호로 필름을 배열하는 경우는 많이 이용되는 필름의 번호나 용기에 색깔을 사용해서 쉽게 검색할 수 있게 한다.

넷째 필름의 사용에는 사전에 온도와 습도를 조절해야 한다. 저온에서 보관된 필름을 바로 상영할 경우는 급격한 온도와 습도의 변화로 필름의 송혈이 상하고, 감광유제층에 금이 생기며, 베이스로부터 벗겨지는 손상을 가져올 수도 있다. 먼저 필름을 영사실의 조건으

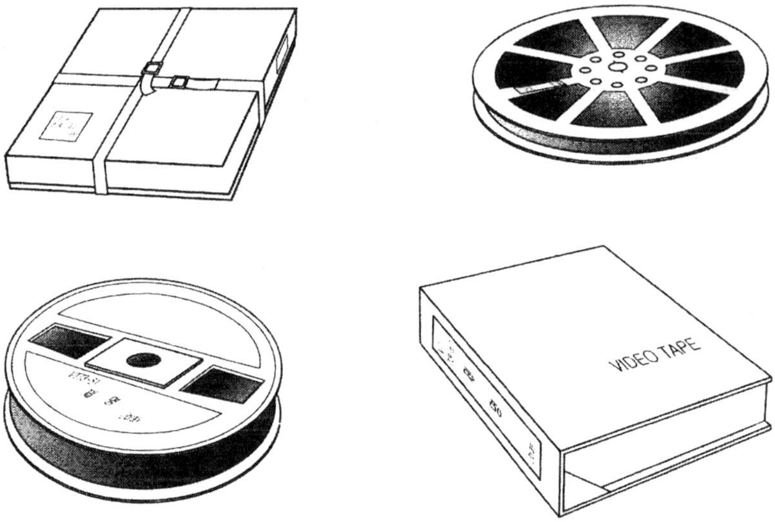

<3-11. 권축용기>

로 변화시킨 후 사용해야 한다. Helen P. Harrison은 보존상 최적조건에 있던 칼라필름을 상영하기 위한 온도와 습도조절에는 최소한 24시간이 필요하다고 하였다.

다섯째 이용된 필름은 철저히 점검하고 보수하여 보관한다. 이용된 필름은 다음의 이용을 위해 반드시 점검하고 오손되었거나 파형된 필름은 가제 등으로 닦든지 초음파 오염물 제거기기로 오염물을 제거하여 보수해 두어야 한다. 송혈의 파손이나 필름의 끊김은 접합기(splicer)와 필름 시멘트 또는 접합테이프를 사용해서 화면이 어색하지 않게 접합해야 한다. 그래서 언제나 완전한 상태에서 보존되고 이용될 수 있게 해야 한다.

여섯째 복제필름의 사용과 망실에 대처해야 한다. 역사적인 기록물로 영구히 보존해야 될 필름은 복제필름을 열람하게 하여 보존용의 사용으로 인한 손상을 최소화해야 한다. 그리고 필름의 표제와 용기를 사진으로 촬영 보관하여 망실되었을 때는 근거자료로 활용할 수 있게 하고, 필요한 경우는 보험에 가입하여 재난에 대비해야 한다.

열람용은 이용을 목적으로 하기 때문에 시간과 장소에 상관없이 활용할 수 있는 외기의 조건에서 보관 관리해야 한다.

필름 대출카드

<table>
<tr><td colspan="2">번호
Call number</td><td colspan="3">표제
Title</td></tr>
<tr><td colspan="2">유성
Sound</td><td colspan="2">무성
Silent</td><td>소요시간
Length</td></tr>
<tr><td>대출일
Date</td><td>사용자
Borrower</td><td>교실번호
Room Number</td><td>사용시간
Hour of Secure</td><td>반납시간
Hour to Return</td></tr>
<tr><td></td><td></td><td></td><td></td><td></td></tr>
<tr><td></td><td></td><td></td><td></td><td></td></tr>
</table>

필름·녹화테이프 접수대장

편

No.	표 제(내용)	촬영일자	규 격	촬영자	등록번호	비 고

3.4. 영화 및 비디오녹화자료의 분류

영화 및 비디오녹화자료의 분류방법으로는 고정식배가법과 상관식배가법, 그리고 혼합배가법이 있다.

1) 고정식배가법

고정식배가법은 영화 및 비디오녹화자료를 정리하는 데 주로 사용되는 배가법이다. 자료의 배가순서는 1차는 영화와 비디오녹화자료로 구분, 2차 배열기호를 용기별 별치기호로 하고, 3차 배열기호를 수입순번호로 한다.

용기별 별치기호는 두문자나 숫자로 구성하는데 첫 번째 영화 및 비디오녹화자료에 공통될 수 있는 문자나 숫자, 두 번째 용기의 형태별이나 자료의 대소에 따른 구분을 위한 문자나 숫자로 구성한다.

용기별 명칭	별치기호(문자)	별치기호(숫자)
필름 릴(film reel)	MR	11
필름 카세트(film cassette)	MC	12
필름 카트리지(film cartridge)	MK	13
필름 루프(film loop)	Ml	14
비디오릴(videoreel)	VR	21
비디오카세트(videocassette)	VC	22
비디오카트리지(videocartridge)	VK	23
비디오디스크(videodisc)	VD	24

영화의 공통별치기호

필름의 용기별 별치기호

MC .... 1차 배열기호(소재기호) 12

101 .... 2차 배열기호(수입순번호) 101

2006 .... 3차 배열기호(제작년도) 2006

별치기호를 문자로만 하였을 때는 숫자로 된 수입순번호와 구분이 분명하다는 장점이 있으나 문자와 숫자가 혼합되어 있다는 단점이 있다. 반면 별치기호를 숫자로만 구성한 경우는 수입순번호와 같이 숫자로만 배가번호가 구성된다는 장점이 있지만 청구기호만으로 자료나 용기의 종류에 따른 식별이 쉽게 확인되지 않는다는 단점이 있다.

2차 배열을 위한 구분은 수입순번호와 제작년도를 부기하여 최종적인 위치를 표시한다. 수입순번호는 동일한 1차 구분인 별치기호에서 수입된 순서로 하고, 제작년도표시는 청구번호를 통해 제작시기를 쉽게 알아볼 수 있도록 하기 위함이다.

이 외에도 자료기관의 이용목적이나 관리방법에 따라서 자료자체에 대한 여러 가지 정보를 혼합 작성하여 별치기호를 통해 해당 자료에 대한 필요한 보다 많은 정보를 쉽게 확인할 수 있게 한다.

KBS와 MBC 청구기호의 예:

「KBS의 예」

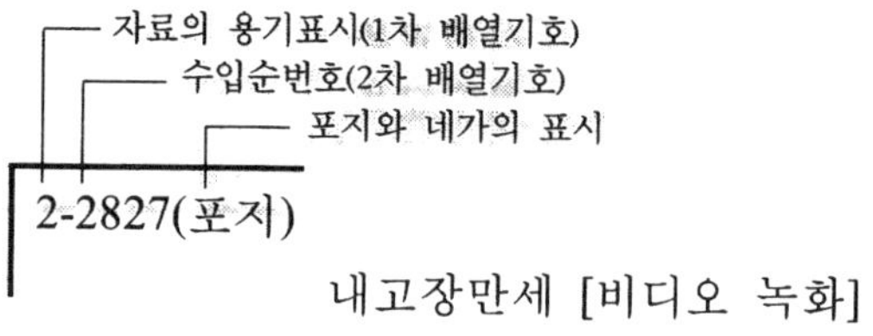

「MBC의 예」

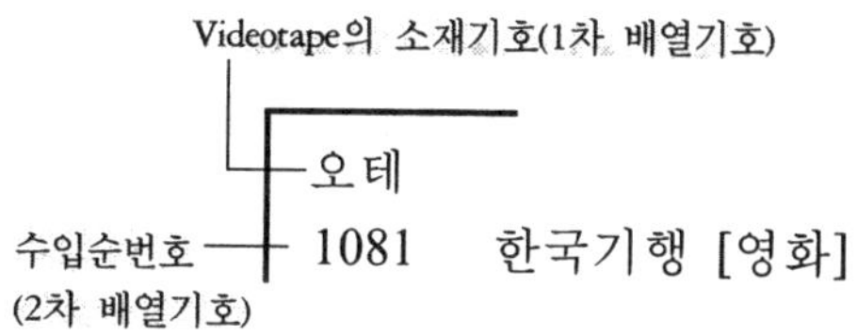

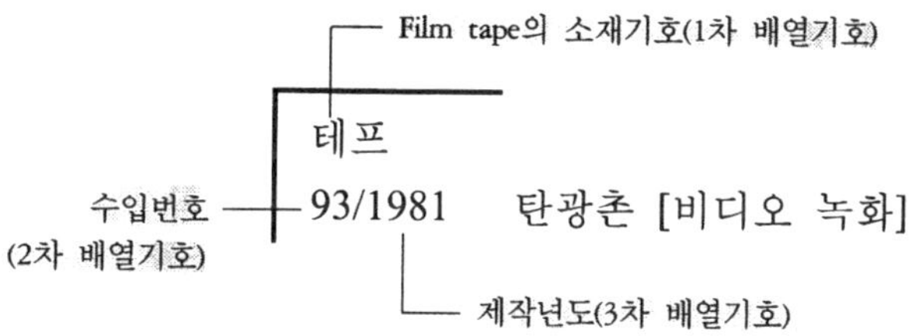

2) 상관식배가법

상관식배가법은 1차 배열기호를 자료기관이 정한 분류표, 즉 십진식이나 합성식분류표에 의한 주제별과 형식별로 분류기호를 작성하여, 주어진 분류기호순으로 배가되게 하고, 2차 배열기호를 저자번호순으로 한 것이다. 분류체계는 일반도서와 동일한 분류표를 사용하기도 하고, 필요에 따라서는 정리기관의 성격에 맞게 독자적으로 분류표를 제작하여 사용하기도 한다. 분류표를 사용하는 경우라도 내용에 포함된 각각의 사항을 검색하기 위해서는 분류와 표목, 또는 색인의 방법을 함께 사용하는 것이 좋다. 영화 및 비디오녹화자료는 구체성 있는 내용으로 주제가 분명하기 때문에 분류에 의한 상관식배가법을 많이 활용한다.

한국의 KBS와 MBC에서는 필름자료의 분류를 위한 별도의 분류표를 사용하고 있다. 다음은 MBC에서 사용하고 있는 분류표 중 [중분류표]이다.

중 분 류 표 (綱)[152)]

000 총류
010 청와대
020 한국인
030 외국인
040 언 론
050 도서관
060 박물관
070
080
090

100 정치
110 국 회
120 선 거
130 정 당
140 행 정
150 재 정
160 외 교
170 사 법
180 경 찰(소방)
190 남북관계

200 국방
210 국방정책
220 기관. 단체
230 국 군
240 예비군
250 주한외국군
260 군사정전위원회(판문점)
270 병기(방위산업)
280 간첩(북괴도발)
290 기 타

300 경제
310 무역(대외경제)
320 금 융

500 교육. 과학. 학술
510 학교교육
520 사회교육
530 특수교육
540 천문학. 우주개발. 지학
550 수학. 물리. 화학. 원자력
560 생 물
570 의학. 의료
580 인문과학
590 학술조사. 발굴

600 예술. 예능. 건조물
610 조각. 회화. 판서. 사진. 서예
620 공 예
630 음 악
640 무 용
650 연 극
660 영 화
670 대중예술
680 문 학
690 건조물

700 풍경
710 산
720 하. 천(저수지)
730 바다. 섬
740 전원. 촌락
750 시 가
760 명승고적(공원. 고궁)
770 대기현상. 사계
780 특수촬영
790

800 스포츠
810 종합경기
820 육상경기

152) 文化放送, **放送資料分類表**: Audio, Video (서울: MBC, 1980), 7-8.

330 상업(서비스업)
340 공 업
350 농 · 수 · 임 · 축산업
360 광업(자원)
370 건 설
380 교통. 통신. 관광업
390

400 사회
410 사건. 사고. 재해
420 사회문제
430 복 지
440 노 동
450 생활(취미. 오락)
460 풍속. 민속
470 연중행사
480 종 교
490

830 수상경기
840 동계스포츠
850 구 기
860 투 기
870 체조 및 공중경기
880 기타경기(기록경기)

900 국제
910 국제연합. 국제기구. 국제분쟁
920 아시아
930 중 동
940 유 럽
950 아프리카
960 북아메리카
970 남아메리카
980 오세아니아
990 남극지방

3) 혼합배가법

혼합배가법은 1차 배열기호를 용기별에 따른 고정식배가법의 별치기호, 2차 배열기호로 분류번호, 3차 배열기호로 저자번호나 수입순번호를 부여한 것이다. 이 배가법은 분류순으로 자료를 정리하는 도서관에서 일반도서와 같이 분류표에 의해 작성된 청구기호에 자료별에 따른 별치기호를 부여하여 별치 배열되게 한 것이다. 이 방법은 형태별에 따라 별치되지만 분류번호가 주어지기 때문에 도서관의 모든 형태별 소장자료를 분류목록에 의해 한 곳에서 검색할 수 있다는 장점이 있다.

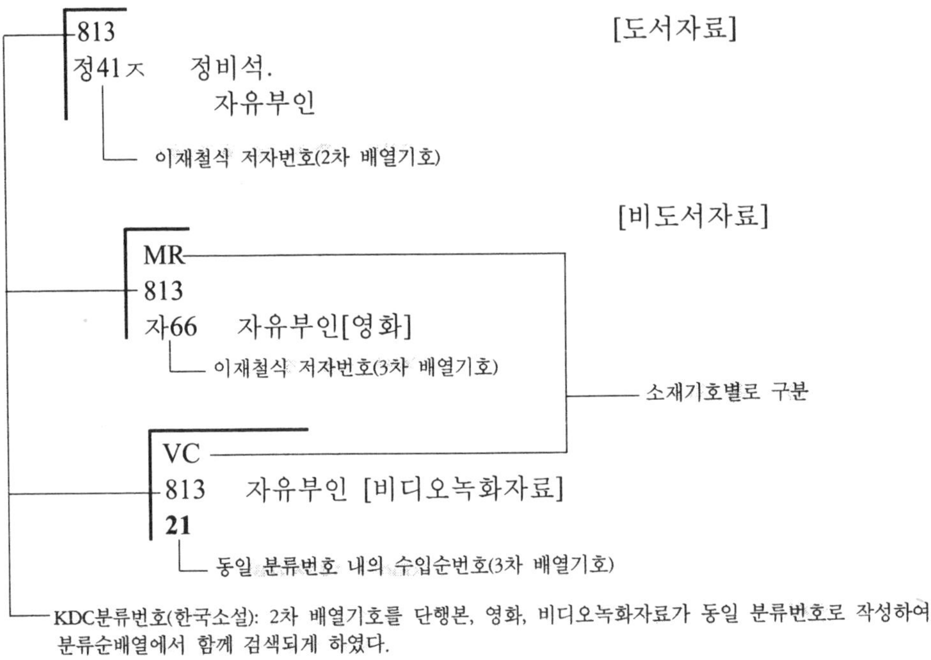

3.5. 영화 및 비디오녹화자료의 목록

3.5.1. 영화 및 비디오녹화자료 목록의 의의

자료조직의 한 과정인 목록은 자료의 관리와 검색을 위한 도구로써 이용을 증대시키는 필수적인 요소가 된다.

1) 목록의 종류

- 표제목록: 본표제, 대등표제, 원표제(원작표제), 부표제, 편제 등
- 저자명목록: 감독자, 사진사(촬영자), 시나리오작가, 배역자, 제작자, 원작자 등
- 분류목록: 분류체계에 의할 때
- 주제명목록: 인명, 지명, 단체명, 회의명, 일반주제명 등

2) 정보원

「**정보원의 우선순위**」(K4.7.0.3.1;A2.7.0B1)

(a) 자료 자체의 표제명이나 표제화면[153]

(b) 용기 및 용기의 레이블

(c) 딸림문서자료(대본, 간략목록, 공보자료 등)

(d) 모든 정보원

「**기술사항별 정보원**」(K4.7.0.3.2;A2.7.0B2)

· 표제와 책임표시사항 : 으뜸정보원(표제화면(Title frame), 용기 및 용기의 레이블, 딸림문서자료)

· 판사항 : 으뜸정보원, 딸림문서자료

· 발행, 배포, 제작사항 : 으뜸정보원, 딸림문서자료

· 시리즈사항 : 으뜸정보원, 딸림자료

· 형태사항:

· 주기:

· 표준번호, 구득조건, 가격:

모든 정보원

정보원이 없는 기술대상 자료는 참고자료를 비롯한 모든 자료에서 필요한 기술사항을 입력한다. 이때 으뜸정보원 이외에서 입력한 사항은 [ ]에 묶어 기술하고, 그 정보원이 된 사항(자료명)을 주기한다.

3.5.2. KORMARC: 영화 및 비디오녹화자료

1. KORMARC의 설계원칙 → 별책 리더(leader) 참조

2. 리더(Leader) <A>NR → 별책 리더(leader) 참조

153) 영화 및 비디오녹화자료 중에는 타이틀프레임이 없는 경우도 있고, 용기에 인쇄정보도 없는가 하면, 딸림자료나 해당 영화상에서 구두로 표현하는 표제도 있다.

3. 디렉토리(directory) 〈M〉NR → 별책 디렉토리(directory) 참조

4. 제어필드(00X)

001 제어번호(Control Number) <M>NR → 별책 001필드 참조

005 최종처리일시(Date and Time of Latest Transaction) <M>NR → 별책 005필드 참조

006 부호화정보필드－부가적 자료특성(Fixed-Length Data Elements－Additional Material Characteristics) <A>R

대상 자료에 다른 형태자료가 포함되어 있거나 딸림자료가 있는 경우 이에 관한 정보를 나타내기 위해 00-13까지 14자리로 구성한다. 첫 번째 자리 00은 다른 형태자료나 딸림자료의 형태를 표시하고, 01-13자리는 008필드의 18-25, 29-31, 33-34자리의 내용을 표시한다.

「**시청각자료**」

<table>
<tr><th>자수위치</th><th>데이터요소</th><th>자수위치</th><th>데이터요소</th></tr>
<tr><td rowspan="3">00</td><td rowspan="3">시청각자료의 자료형태
g－평면영사자료
k－평면비영사자료
r－입체자료 및 실물
y－키트</td><td>06-08</td><td>미정의(008/23-25 미정의)</td></tr>
<tr><td>09</td><td>자료의 형태(008/29 자료의 형태)</td></tr>
<tr><td>10-11</td><td>미정의(008/30-31 미정의)</td></tr>
<tr><td>01-03</td><td>영화나 비디오녹화자료의 영상 시간(008/18-20)</td><td>12</td><td>시청각자료의 유형(008/33)</td></tr>
<tr><td>04</td><td>미정의(008/21 미정의)</td><td rowspan="2">13</td><td rowspan="2">기술수준(008/34)</td></tr>
<tr><td>05</td><td>이용대상자 수준(008/22)</td></tr>
</table>

006 g094ƀeƀƀƀƀƀƀml

007 형태기술필드(Physical Description Fixed Field－General Information) <O>R

영화 및 비디오녹화자료의 형태사항에 관한 정보를 부호로 알려주기 위한 필드이다. 영화는 첫 번째 자리 '00'을 자료의 범주표시 'm'으로 하고, '01-22'자리까지 모두 23자리, 비디오녹화자료는 첫 번째 자리 '00'을 자료의 범주표시 'v'로 하고 '01-08'자리까지 9자리의 고정길이 필드로 각각 구성된다. 다음은 영화 및 비디오녹화자료의 형태기술필드의 자수위치별 데이터요소이다.

「영화」

자수위치	자리	데이터명	데 이 터 요 소
00	1	자료범주표시	m-영화.
01	1	특정자료종별	c-필름 카트리지. f-필름 카세트. r-필름 릴. u- 자료를 특정화하지 않음. z-기타 필름형태. | -부호화 않음.
02	1	미정의	
03	1	색채	b-흑백. c-천연색. h-수작업에 의한 색. m-혼합. n-적용불가(상이 없는 자료). u-미상. z-기타. | -부호화 않음.
04	1	스크린 형태	a-표준음향 아파추어. b-아나몰픽(대형화면: nonanamorphic)이 아님. c-입체(3D). d-아나몰픽(대형화면: anamorphic). e-기타 와이드 스크린 형태. f-표준무성 아파추어. u-미상. z-기타. | -부호화 않음.
05	1	음향 유무	ƀ-무성. a-매체자체에 음향수록. b-매체와 별도로 음향 수록. u-미상. | -부호화 않음.
06	1	음향수록 매체	ƀ-무성. a-영화필름상의 광학녹음트랙. b-영화필름상의 마그네틱녹음트랙(자기녹음대). c-카트리지상의 마그네틱음향테이프(자기음향테이프). d-음반. e-릴상의 마그네틱음향테이프(자기음향테이프). f-카세트상의 마그네틱음향테이프(자기음향테이프). g-영화필름상의 광학 및 마그네틱녹음트랙(자기녹음대). h-비디오테이프. i-비디오디스크. u-미상. z-기타. | -부호화 않음.
07	1	필름의 폭	a-표준 8 mm. b-수퍼 8 mm/싱글 8 mm. c-9.5 mm. d-16 mm. e-28 mm. f-35 mm. g-70 mm. u-미상. z-기타. | -부호화 않음.
08	1	음향의 재생 상태	k-혼합. m-단음(모노럴). n-적용불가(무성). q-4채널, 다채널, 써라운드. s-스테레오. u-미상. z-기타. | -부호화 않음.
09	1	제작요소	a-작업용 필름. b-편집된 필름. c-삭제된 필름(장면). d-편집용 인화필름. e-혼합트랙. f-타이틀 밴드/삽입자막롤. g-프로덕션롤(production rolls). n-적용불가. z-기타. | -부호화 않음.
10	1	감광상태	a-양화. b-음화. n-적용불가. u-미상. z-기타. | -부호화 않음.
11	1	복제단계	d-복제. e-마스터(초벌). o-원판. r-표본인화. u-미상. z-기타. | -부호화 않음
12	1	필름의 기본재료	a-미확인 안전체. c-아세테이트 미확인 안전체. d-디아세테이트 안전체. I-질산염체. m-질산안전 혼합체. n-적용불가. p-폴리에스테르 안전체. r-혼합 안전체. t-트리아세테이트 안전체. u-미상. z-기타. | -부호화 않음.
13	1	색채의 범주	a-3층 채색(3 layer color). b-2층 채색 단편색(2 color, single strip). c-색상불명의 2채색(undetermined 2 color). d-색상불명의 3채색(Undetermined 3 color). e-3색 스트립(3 strip color). f-2색 스트립(2 strip color). g-적색 스트립(Red strip). h-청색 또는 녹색 스트립(Blue or green strip). i-시안 스트립(Cyan strip). j-마젠타 스트립(Magenta strip). k-황색 스트립(Yellow strip). l-SEN 2. m-SEN 3. n-적용불가. p-세피아톤(Sepia tone). q-기타 색상(Other tone). r-Tint. s-Tinted and toned. t-스텐실 컬러(Stencil color). u-미상. v-수작업에 의한 색. z-기타. | -부호화 않음.
14	1	다채색 인화유형	a-연료흡인전사 인화필름. b-3 layer stock. c-3 layer stock, low fade. d-Duplitized stock. n-적용불가. u-미상. z-기타. | -부호화 않음.
15	1	변질상태	a-변질상태 불분명. b-질산염: 의심스러운 냄새. c-질산염: 자극적인 냄새. d-질산염: 갈색, 변색, 색바램, 탈색. e-질산염: 끈적거림. f-질산염: 거품, 기포. g-질산염: 응고. h-질산염: 가루화. k-비질산염: 인지할 수 있는 정도의 손상(디아세테이트 냄새). l-비질산염: 과도한 손상. m-비질산염: 완전 손상. | -부호화 않음.
16	1	필름의 완전성	c-완전. i-불완전. n-적용불가(home movies, unedited footage, outtakes 등). u-미상. | -부호화 않음.

자수위치	자리	데이터명	데 이 터 요 소
17-22	6	필름검사일자	최근 필름검사일자를 ccyymm(세기, 연도, 월을 각각 2자리)로, 전체 또는 부분을 알 수 없는 경우 붙임표'-'로 채운다. 예: 198609=19세기1986년9월. ㅣ-부호화 않음.

「비디오 녹화자료」

자수위치	자리	데이터명	데 이 터 요 소
00	1	자료범주표시	v-비디오녹화자료.
01	1	특정자료 종별	c-비디오카트리지. d-비디오디스크. f-비디오카세트. r-비디오릴. u-자료를 특정화하지 않음. z-기타. ㅣ-부호화 않음.
02	1	미정의	
03	1	색채	a-단색. b-흑백. c-천연색. m-혼합. n-적용불가. u-미상. z-기타. ㅣ-부호화 않음.
04	1	비디오 녹화형식	a-베타(½ in, 비디오카세트). b-VHS(½ in, 비디오카세트). c-U-matic(¾ in, 비디오카세트). d-EIAJ(일본규격 ½ in, 릴). e-Type C(1 in, 릴). f-Quadruplex (2 in, 릴). g-레이저 광 비디오디스크. h-CED 비디오디스크. i-베타캠(½ in, 비디오카세트). j-베타캠 SP(½ in, 비디오카세트). k-슈퍼 VHS(½ in, 비디오카세트). m-M-II(½ in, 비디오카세트). o-D-2(¾ in, 비디오카세트). p-8 mm. q-Hi-8 mm. u-미상. v-DVD. z-기타. ㅣ-부호화 않음.
05	1	음향 유무	ƀ-무성. a-매체에 음향이 수록되어 있음. b-매체와 별도로 음향이 수록되어 있음. u-미상. ㅣ-부호화 않음.
06	1	음향수록 매체	ƀ-무성. a-영화필름상의 광학녹음대. b-영화필름상의 자기녹음대. c-카트리지상의 자기음향테이프. d-음반. e-릴상의 자기음향테이프. f-카세트상의 자기음향테이프. g-영화필름상의 광학 및 자기녹음대. h-비디오테이프. i-비디오디스크. u-미상. z-기타. ㅣ-부호화하지 않음.
07	1	필름의 폭	1-8 mm. m-¼ in. o-½ in. p-1 in. q-2 in. r-¾ in. u-미상. z-기타(비디오디스크에 해당). ㅣ-부호화 않음.
08	1	음향의 재생 상태	k-혼합. m-단음(모노럴). n-적용불가(무성). q-4채널, 다채널, 서라운드. s-스테레오. u-미상. z-기타. ㅣ-부호화 않음.

008 부호화정보필드(Fixed-Length Data Elements) <M>NR

영화 및 비디오녹화자료의 부호화 정보필드는 레코드 전반과 서지적인 특성 정보를 데이터관리와 검색에 편리하도록 부호화하여 나타낸 40자리의 고정장필드이다. 자수위치 00-17, 26-28, 32, 35-39는 모든 형태자료에서 공통으로 적용되는 부호화 정보필드이고(별책 008필드 참조), 18-25, 29-31, 33-34자리는 영화 및 비디오녹화자료에 적용되는 부호화 정보필드이다. 다음 표는 영화 및 비디오녹화자료에 적용되는 자수위치와 데이터요소이다.

자수 위치	자리 수	데이터명	데 이 터 요 소
00-05	6	입력일자(공통)	00-05(6):입력일자.
06	1	발행년표시(공통)	b̸-채기할 수 없는 년도: 기원전 년도. │-부호화 않음.
07-10	4	발행년 1(공통)	해당 발행년.
11-14	4	발행년 2(공통)	해당 발행년.
15-17	3	발행국명(공통)	부속서1. 발행국명부호 참조.
18-20	3	영화나 비디오녹화자료의 상영시간	000-상영시간이 3자리가 넘어갈 경우(999분을 초과할 경우). 001-999-상영시간. nnn-적용불가(영화나 비디오녹화자료가 아닌 경우). --- -상영시간미상. │││-부호화 않음.
21	1	미정의	빈칸(b̸). │-부호화 않음.
22	1	이용대상자 수준	b̸-일반이용자용. a-취학전 아동. b-초등학생. c-중학생. d-고등학생. e-성인용. f-특수계층(시각, 청각, 발달 등의 장애자용). j-아동용. z-미상 또는 세분하지 않는 경우. │-부호화 않음.
23-25	3	미정의	b̸b̸b̸-빈칸. ││ -부호화 않음.
26-27	2	한국대학부호 (공통)	26-27(2): 한국대학부호.
28	1	수정레코드(공통)	b̸-변형없음. b-문자를 빈칸(b̸)으로 입력. h-한자를 한글로 입력. r-로마자 이외의 문자를 로마자로 입력. s-레코드의 단축. x-한자 이외의 문자를 한글로 변형 입력. │-부호화 않음.
29	1	자료의 형태	b̸-기타. a-마이크로필름. b-마이크로피시. c-마이크로오패크. d-큰활자인쇄자료. f-점자자료. r-복제자료. s-전자자료. │-부호화 않음.
30-31	2	미정의	빈칸(b̸b̸) │-부호화 않음.
32	1	목록전거 (공통)	b̸-국립중앙도서관. c-협력기관(국립중앙도서관 이외). d-기타 기관. u-미상. │-부호화 않음.
33	1	시청각자료의 유형	***평면영상자료***: f-필름스트립. m-영화. s-슬라이드. t-트랜스페어런시. v-비디오녹화자료. ***평면비영상자료***: a-예술품 원본. c-예술품 복제자료. d-투시도(diorama). i-그림. k-그래픽. l-기술도면. n-챠트. o-플래시카드. ***입체자료(실물)***: a-예술품 원본. c-예술품 복제자료. g-게임. p-마이크로스코프 슬라이드. q-모형. r-실물(Realia). w-장난감. ***키트***: b-키트. ***기타***: z-기타. │-부호화 않음.
34	1	기술수준	a-애니메이션(animation: 동화상). c-애니메이션(동화상)과 실연. l-실연. n-적용불가. u-미상. z-기타. │-부호화 않음.
35-37	3	언어(공통)	부속서3. 언어구분부호표 참조. b̸b̸b̸-빈칸(미정의). mul-복수(다수)언어. sgn-기호로 된 언어. und-미상. │-부호화 않음.
38-39	2	한국정부기관 부호(공통)	부속서4. 한국정부기관부호표 참조

「영화 및 비디오녹화자료의 부호화 정보필드 예」

00-05(6자리: **입력일자**: 공통) 991021－1999년10월21일
06(1자리: **발행년유형**: 공통) m－복수년도
07-10(4자리: **발행년 1**: 공통) 1970－발행년(시작년)
11-14(4자리: **발행년 2**: 공통) 1976－발행년(마지막년)
15-17(3자리: **발행국명**: 공통) ulk－한국 서울
26-27(2자리: **한국대학부**호: 공통) ƀƀ－해당없음
28(1자리: **수정레코드**: 공통) h－한자를 한글로 입력
32(1자리: **목록전거**: 공통) a－자관
35-37(3자리: **언어부호**: 공통): mul－다수언어
38-39(2자리: **한국정부기관 부호**: 공통) ƀƀ－해당없음

008 991021m19701976ulk127ƀeƀƀƀƀƀh |ƀƀavlmulƀƀ

34(1자리: **기술수준**) l－실연
33(1자리: **시청각자료의 유형**) v－비디오녹화자료
30-31(2자리: **미정의**) ƀƀ－빈칸
29(1자리: **자료의 형태**) |-부호화 않음
23-25(3자리: **미정의**) ƀƀƀ－빈칸
22(1자리: **이용대상자 수준**) e－성인용
21(1자리: **미정의**) ƀ－빈칸
18-20(3자리: **영화비디오/녹화자료 상영시간**) 127－127분

5. 숫자적 필드(01X－09X)

010 **미국국회도서관 제어번호**(Library of Congress Control Number) <A>NR → 별책 010필드 참조

012 **국립중앙도서관 제어번호**(The National Library of Korea Control Number) <A>NR → 별책 012필드 참조

016 **국가서지기관 제어번호**(National Bibliographic Agency Control Number) <A>R → 별책 016필드 참조

017 **저작권 등록번호**(Copyright Registration Number) <O>R → 별책 017필드 참조

020 **국제표준도서번호**(International Standard Book Number: ISBN) <A>R → 별책 020필드 참조

023 **출판시도서목록제어번호**(CIP System Control Number) <A>NR → 별책 023필드 참조

028 **발행자번호**(Publisher Number) <A>R → 별책 028필드 참조

비디오녹화자료 번호와 정보원을 기술한다.

❶: 4－비디오녹화자료 번호　8－표출어 생성 않음
❷: 0－주기표시 않고 부출 않음　1－주기표시하고 부출함
2－주기표시하고 부출 않음　3－주기표시 않고 부출함

028 4❷ ▾a비디오 녹화자료번호 ▾b번호발행처번호의 정보원

└정보원은 발행처(사)명을 간략형으로 기재

028 40 ▾aSKLD-1015 ▾bSKC
<출력> 비디오 녹화자료번호: SKLD-1015 : SKC

028 40 ▾aVA5386 ▾bVestron Video
<출력> 비디오 녹화자료번호: VA5386 : Vestron Video

└ 제1지시기호에 의해 해당 번호명의 표출어가 자동 생성
└ 정보원을 구분하는 ':'은 출력시 자동 생성

033 **사건(촬영/녹음) 일시와 장소**(Date/Time and Place of an Event) <O>R → 별책 033필드 참조

❶: ƀ－일시에 대한 정보 없음. 0－단일 일시. 1－다수 일시. 2－일시의 범위
❷: ƀ－해당 정보 없음. 0－표착. 1－방송. 2－발견

033 ❶❷ ▾a정형화된 일시(YYYYMMDDhhmm)(R) ▾b지역부호(R)

033 ƀƀ ▾a19------ ▾b22000

└ 미확인된 날짜는 확인된 사항을 기술하고 남은 공간은 '-'으로 표시

033 ƀƀ ▾b22000

└ 날짜를 예측할 수도 없을 때는 '▾b'로 지역번호만 표시

033 00 ▾a20000101 ▾b49130
518 ƀƀ ▾a2000년1월1일 제주도 한라산 정상에서 촬영

┌ 연도표시 4자리: 2002년
┌ 월표시 2자리: 02월
┌ 일표시 2자리: 09일
┌ 2700: 대구의 지역부호
┌ 2600: 부산의 지역부호

033 1ƀ ▾a20020209 ▾a20020302 ▾b2700 ▾b2600

└ 제1지시기호 1'은 다수일시

518 ƀƀ ▾a2002년2월9일 대구시민회관과, 2002년3월2일 부산시민회관에서 공연실황

┌ 외국은 <부속서 6. **외국지역부분부호표**>의 국명표시

033 00 ▾a19990926 ▾bn-us
518 ƀƀ ▾aFilmed in New York on September 26, 1999

┌ 제1지시기호 '2'는 일시의 범위를 지시

033 20 ▾a200101-- ▾a200106-- ▾ba-ja

518 ꝥꝥ ▾aFilmed on location in Tokyo and Osaka from January through June 2001

035 **협력기관 제어번호**(System Control Number) <O>R → 별책 035필드 참조

037 **입수처**(Source of Acquisition) <O>R → 별책 037필드 참조

040 **목록작성기관**(Cataloging Source) <M>R → 별책 040필드 참조

041 **언어부호**(Language Code) <A>NR → 별책 041필드 참조

042 **검증부호**(Authentication Code) <A>NR → 별책 042필드 참조

043 **지역부호**(Geographic Area Code) <A>NR → 별책 043필드 참조

044 **발행/제작국명 부호**(Country of Publishing/Producing Entity Code) <A>NR → 별책 044필드 참조

┌ 국명부호 두 자로 기재하고 남은 자리는 'ꝥ'를 표시
008/15-17 koꝥ
044 ꝥꝥ ▾ako ▾aja ▾acc (한국, 중국, 일본의 공동합작)
└ 제작국명: 중국의 국명부호
└ 제작국명: 일본의 국명부호
└ 제작국명: 한국의 국명부호

*발행국 또는 제작국명 부호는 008/15-17의 국명부호로 불충분할 때 <부속서 1. **발행국부호표**>의 국명부호를 '▾a'를 반복하여 기재

045 **연대부호**(Time Period of Content) <O>NR → 별책 045필드 참조

046 **특별한 연도 부호**(Special Coded Dates) <O>R → 별책 046필드 참조

049 **소장사항** <O>NR → 별책 049필드 참조

050 **미국국회도서관 청구기호/분류기호**(Library of Congress Call Number/ Classification Number) <O>R → 별책 050필드 참조

051 **미국국회도서관 복사본, 발행호,k 발췌 인쇄물**(Library of Congress Copy, Issue, Offprint Statement) <O>R → 별책 051필드 참조

052 **국립중앙도서관 청구기호**(The National Library of Korea Call Number) <A>R → 별책 052필드 참조

056 **한국십진분류표**(KDC) <A>NR → 별책 056필드 참조

066 **사용문자셋**(Character Set Present) <A>NR → 별책 066필드 참조

072 **주제범주부호**(Subject Category Code) <O>R → 별책 072필드 참조

074 정부간행물번호(GPRN/GPO Item Number) <O>R → 별책 074필드 참조

080 국제십진분류기호(UDC Number) <O>R → 별책 080필드 참조

082 듀이십진분류기호(DDC Number) <O>R → 별책 082필드 참조

085 기타 분류기호(Other Classification Number) <A>R → 별책 085필드 참조

086 정부문서분류기호(Government Document Classification Number) <A>R → 별책 086필드 참조

090 자관 청구기호(Local Call Number) <A>R → 별책 090필드 참조

6. 기본표목(Main entry: 1XX) 〈A)〉NR → 별책 1XX필드의 해당필드 참조

영화 및 비디오녹화자료의 제작에는 기획자인 프로듀서, 작품의 각본작가, 스태프인 감독 및 연출부원, 카메라기사 및 촬영부원, 연기자인 배우 등이 함께하고, 촬영 후에는 편집, 녹음, 현상, 오케스트라멤버 등 많은 기술진이 동원되기 때문에 기본기입 대상의 선정에 일치된 견해를 갖지 못하고 있다. 영국의 목록학자 Anthony Croghan은 필름의 성립과정에는 감독(director), 촬영자(cameraman), 그리고 시나리오작가(scriptwriter) 등의 저작자가 함께 하여야 한다고 주장하고, 감독자를 원칙상 필름의 가장 대표적인 저작자로 보고, 촬영자와 시나리오작가는 제2의 저작자로 보고 있다. 그러나 Croghan은 이들 저작자 중 어느 하나를 기본표목으로 채택할 정도로 그 중요성을 식별하기가 쉽지 않기 때문에 필름의 목록은 표제명을 중심으로 기술하는 것이 불가피하다고 하였다.

본서에서도 영화 및 비디오녹화자료의 표제를 줄머리잡기로 목록을 작성하였다. 그러나 필름제작과 발행에 책임이 있는 공공기관, 사설단체 등이 책임의 한계를 분명히 나타내고 있을 때의 단체명, 한 작곡자나 연주자의 작품에 대한 연주실황일 때는 작곡자명이나 연주자명을 중심으로 저자명기본표목을 병행하였다.

「표제줄머리잡기」

┌ ❶: 0–표제를 부출 않음.[154] 1–표제를 부출함. 2–관제를 포함 표제를 부출
│ ┌ ❷: 0–그대로 인쇄. 1–원괄호를 제외하고 인쇄.

245 ❶❷ ▾a영화제목 ▾h[GMD] / ▾d감독 ; ▾e촬영자 ; ▾e시나리오작가

---

154) 제1지시기호 '0'은 표제를 부출하지 않거나 1XX 기본표목이 없이 표제줄머리잡기형식으로 기재될 때 지시한다.

┌ 표제줄머리잡기는 제1지시기호를 언제나 0(부출을 지원하지 않음)으로 지시
245 00▾a동감▾h[영화] =▾xDitto /▾d김정권 감독 ;▾e정광석 촬영

245 00▾aGandhi▾h[motion picture] /▾ddirected by Richard Atenborough
;▾ewritten by John Briley

「저자명기본표목」

1XX ▾a저작자
245 ❶❷▾a영화제목▾h[GMD] /▾d감독 ;▾e촬영자 ;▾e시나리오작가
└ 영화 및 비디오녹화자료의 책임표시는
감독, 시나리오작가, 촬영자를 중심으로 기재

100 **기본표목－개인명**(Main Entry－Personal Name) <M>NR → 별책 100필드 참조

100 1b▾a임우상
245 10▾a달구벌 환상곡 연주실황▾h[비디오녹화자료]

110 **기본표목－단체명**(Main Entry－Corporate Name) <M>NR → 별책 110필드 참조

110 bb▾a계명대학교
245 10▾a젊은 날의 선택 젊은 날의 성공▾h[비디오녹화자료] :▾b[홍보용자료]

111 **기본표목－회의명**(Main Entry－Meeting Name) <M>NR → 별책 111필드 참조

111 bb▾a대한소화기내시경학회세미나▾n(제18회 :▾d1999 :▾c서울)
245 10▾a식도종양의 내시경적 진단 및 치료▾h[비디오녹화자료]

111 bb▾aInternational Conference on Evidence Based Practice in Dentisktry
▾d(2003 :▾cKuwait)
245 10▾aProceedings of the Internatioal Conference on Evidence Based
Practrice in Dentisktry▾h[video recording]

130 **기본표목－통일표제**(Main Entry－Uniform Title) <M>NR → 별책 130필드 참조

130 b0▾a춘향전
245 10▾a옥중화▾h[비디오녹화자료]

7. 표제와 표제관련 필드(20X－24X)

240 **통일표제**(Uniform Title)(A2R.25.28A) <O>NR → 제2장 240필드 참조

242 목록작성기관에서 번역한 표제(Translation of Title by Cataloging Agency) <O>R
→ 별책 242필드 참조

243 종합통일표제(Collective Uniform Title) <O>NR → 별책 243필드 참조

245 표제와 책임표시사항(Title Statement) <M>NR → 별책 245필드 참조

영화 및 비디오녹화자료의 표제와 책임표시사항을 ISBD(M)의 각 사항별 구두점, 그리고 KORMARC의 식별기호를 연계시켜 기술한다(A2R.7.1;K4.7.1).

「표제줄머리잡기」

❶: 0－표제를 부출 않음[155] 1－표제를 부출함 2－관제를 포함 표제를 부출함
❷: 0－그대로 인쇄 1－원괄호를 제외하고 인쇄

245 ❶❷ ▾a본표제 ; ▾a본표제, [일명], 별표제 ▾h[영화 또는 비디오녹화] = ▾x 대등표제 : ▾b표제관련정보. ▾n편차, ▾p편제 / ▾d감독 ; ▾e각색자 ; ▾e촬영자

「저자명기본표목」

1XX ▾a기본표목
245 ❶❷ ▾a본표제 ; ▾a본표제, [일명], 별표제 ▾h[영화 또는 비디오녹화] = ▾x 대등표제 : ▾b표제관련정보. ▾n편차, ▾p편제 / ▾d감독 ; ▾e각색자 ; ▾e촬영자

(1) 본표제(K4.7.1.1;A2.7.1B)

본표제는 간략표제, 별표제, 편차, 편제, GMD를 포함한다. 본표제는 으뜸정보원에 나타나 있는 기술사항을 그대로 전사하고, 어구와 문자는 각 국어의 철자법과 ISBD구두법으로 245필드에 기술한다. 본표제의 선정순위는 으뜸정보원에 나타난 글자 크기를 1차순, 순서를 2차 순위로 결정한다. (본표제의 입력형식은 별책 245필드의 표제와 책임표시사항 참조)

245 ❶❷ ▾a본표제, [一名], 별표제. ▾n편차 또는 권차, ▾p편제 ▾h[GMD][156]

---

155) 제1지시기호 '0'은 표제를 부출하지 않거나 1XX 기본표목이 없이 표제줄머리잡기형식으로 기재될 때 지시한다.

156) A2R.12.1F4의 예를 참조: 본표제와 함께 기술되는 편차와 편제, 그리고 부록의 표제가 있을 때는 GMD를 편제나 부록의 표제 다음에 기술하였다.

245 ❶❷ ▾a본표제 ▾h[GMD] = ▾x대등표제. ▾n편차

245 00 ▾a바람은 불어도

245 00 ▾aJules et Jim

100 1ƀ ▾aBeethoven, L. V.
245 10 ▾aSymphony no. 3 in Eb Major op. 55 "Eroica" ▾h[videorecording]

한글로 된 표제와 한자(중국어나 일본어 작품인 경우)로 된 표제가 나란히 나타나 있을 때는 내용이나 본문의 언어와 일치되는 표제를 본표제로 기술하고, 식별되지 않는 경우는 자국어로 된 표제를 본표제로 기술한다. 그리고 본표제로 기술되지 않은 언어의 표제는 대등표제로 기술한다.

245 00 ▾a江湖英雄 ▾h[비디오녹화자료]

245 00 ▾a대부지가 ▾h[비디오녹화자료] = ▾x大富之家
<출력> 대부지가 [비디오녹화자료] = 大富之家

그러나 한국영화에서 한글과 한자로 함께 표기된 표제는 한글로 된 표제를 본표제로 하고 한자표제는 ( )에 묶어 부기하거나 '한자표제'라는 표출어로 500필드에 주기한다.

245 00 ▾a청풍명월(淸風明月) ▾h[영화]

245 00 ▾a청풍명월 ▾h[영화]
500 ƀƀ ▾a한자표제: 淸風明月

자료자체에 표제가 없는 경우는 참고자료에서 확인된 표제를 본표제로 기술하고, 근거를 확인할 수 없을 때는 목록자가 간략한 설명적 표제를 작성하여 245필드에 식별기호 ▾a로 [ ]에 묶어 기술한다. 그리고 본표제의 정보원을 500필드에 주기한다.

245 00 ▾a[한국의 사계] ▾h[영화]
<출력> [한국의 사계] [영화]
500 ƀƀ ▾a본표제는 목록자가 작성한 표제임

245 00 ▾a[Photograph of Theodore Roosevelt] ▾h[motion picture]
<출력> [Photograph of Theodore Roosevelt] [motion picture]

500 ȸȸ ▾aTitle from cataloger

제품명, 서비스사업명, 또는 기타 홍보를 위한 필름은 표제에 '광고', 'advertisement'라는 용어를 본표제에 보기한다(K4.7.1.1.2;A2.7.1B2).

245 00 ▾a[현대자동차 광고]

245 00 ▾a[Manikin cigar advertisement]

편집되지 않은 자료나 뉴스영화는 화면에 나타난 중요한 요소 즉 사건명, 발행장소, 일자, 촬영일자(사건의 일자와 다를 경우), 인물 및 주제를 나타난 순서대로 본표제에 부기한다(K4.7.1.1.2.2);A2R.7.1B2).

245 00 ▾a[삼풍백화점붕괴. 삼성동(서울), 1995년 6월 29일]

245 00 ▾a[Phantom jet landing at R.A.F. Leuchars, July 1971]

(2) 별표제

작품의 표제가 동일한 언어의 문자나, '일명' 혹은 'or' 등의 어귀로 표시된 두 개 이상의 표제를 가진 것은 이들 표제를 별표제로 '일명', 'or'를 앞세워 245필드에 본표제로 함께 입력한다(K4.1.1.1.2.11);A2.7.1B1). 그리고 별표제는 246필드로 부표목한다

245 00 ▾a갈마, [**일명**], 業 ▾h[영화] = ▾xKarma
246 3ȸ ▾i별표제:a업 ▾h[영화] <출력> 별표제: 업 [영화]
246 31 ▾aKarma ▾h[영화] <출력> 대등표제: Karma [영화]

245 00 ▾a갈마 ▾h[영화]
246 1ȸ ▾i별표제:a업 ▾h[영화] <출력> 별표제: 업 [영화]
246 11 ▾aKarma ▾h[영화] <출력> 대등표제: Karma [영화]

245 00 ▾aGullible's travails, **or**, How the meter met her match ▾h[motion picture]
246 3ȸ ▾iAlternative title: ▾aHow the meter met her match ▾h[motion picture]

245 00 ▾aGullible's travails ▾h[motion picture]
246 1ȸ ▾iAlternative title: ▾aHow the meter met her match ▾h[motion picture]

(3) GMD

영화 및 비디오녹화자료를 위한 GMD는 '영상자료', '영화', 'motion picture', 또는 '비디오녹화', 'videorecording' 등의 용어를 사용한다(K4.7.1.2.1;A2.1.1C1). 본서에서는 영화는 '영화', 'motion picture', 비디오녹화자료는 '비디오녹화자료', 'videorecording'으로 통일하여 식별기호 ▾h로 기술하였다. (GMD의 기술에 대한 예는 별책 245필드 참조)

기술대상이 2개 이상의 범주에 속한 것은 그 주된 것에 대한 GMD를 기술하고, 나머지를 ()에 묶어 부기하기도 한다. 예: [악보(점자자료)]

주된 부분이 없는 경우는 전체를 포함하는 '다중매체', 'multimedia', '잡낭', 'kit'란 용어로 기술한다(A2.7.1C2).

(4) 대등표제

한 자료의 표제가 2개 이상의 언어로 나타나 있을 때는 본표제로 기술되지 않은 언어의 표제를 대등표제로 245필드에 구분부호 '='를 앞세워 식별기호 ▾x로 기술한다. 외화를 한국어 명칭으로 나타낸 것은 한국어 표제를 본표제로 기술하고 외화명을 대등표제로 기술한다(K4.1.1.3.2;A2R.7.1D2).

245 ❶❷ ▾a본표제 ▾h[GMD] = ▾x대등표제 : ▾c표제관련정보 / ▾d저작자 ;
▾e역할을 달리한 저작자

245 ❶❷ ▾a본표제 ▾h[GMD] : ▾b부표제 / ▾d저작자 = ▾xParallel title : ▾bParallel subtitle / ▾dauthor ← 기술사항은 동일 언어끼리 짝지어 해당 식별기호로 입력

246 ❶❷ ▾a대등표제
ㄴ 제1지시기호로 주기와 표제부출 여부를 지시, 제2지시기호로 표출어를 지시

245 00 ▾a하얀전쟁 ▾h[영화] = ▾xWhite badge
246 31 ▾aWhite badge ▾h[영화]

245 00 ▾a반지의 제왕. ▾p왕의 귀환 ▾h[비디오녹화자료] = ▾xThe Lord of the rings. ▾pThe Return of the king / ▾d......
246 31 ▾aLord of the ring ▾h[비디오녹화자료]
246 31 ▾aReturn of the king ▾h[비디오녹화자료]
246 30 ▾a왕의 귀환 ▾h[비디오녹화자료]

245 00 ▾a도쿄 맑음 ▾h[비디오녹화자료] = ▾x東京日和 / ▾d ...
246 31 ▾a동경일화 ▾h[비디오녹화자료]

245 00 ▾a후크 ▾h[비디오녹화자료] = ▾xHook / ▾ddirected by Steven Spielberg
246 31 ▾aHook ▾h[비디오녹화자료]

245 00 ▾aClima de la calle ▾h[motion picture] = ▾xClimate in the streets
246 3𝔟 ▾iParallel title:aClimate in the streets ▾h[motion picture]

245 00 ▾a무간도. ▾nIII, ▾p종극무간 ▾h[비디오녹화자료] = ▾x無間道. ▾nIII, ▾p 終極無間 / ▾d...
246 11 ▾aInfernal affairs. ▾nIII ▾h[비디오녹화자료]
<출력> 대등표제: Infernal affairs. III [비디오녹화자료]
246 30 ▾a종극무간. ▾nIII ▾h[비디오녹화자료]

*대등표제로 기술된 중국어표제를 한국어 한자음으로 표목할 때는 본표제와 중복되기 때문에 별도의 부표목을 작성하지 않는다.

245 00 ▾a하얀전쟁 ▾h[영화]
246 11 ▾aWhite badge ▾h[영화]

ㄴ 제1지시기호 1(주기, 표제부출 지시)은 245필드 '▾x'로 기술되지 않은 대등표제일 때 지시. 제2지시기호 1(대등표제)은 표출어 자동생성을 위한 지시

<출력> 대등표제: White badge [영화]

245 00 ▾aClima de la calle ▾h[motion picture]
246 1𝔟 ▾iParallel title: ▾aClimate in the streets ▾h[motion picture]

ㄴ 제2지시기호 𝔟(표출어 생성 않음)는 '▾i'로 표출어를 입력할 때 지시

<출력> Parallel title: Climate in the streets [motion picture]

대등표제가 둘 이상인 경우는 활자의 크기나 순서에 따라 245필드에는 첫 번째 대등표제만 기술하고 두 번째 이하의 대등표제는 246필드에 제2지시기호 1로 기술한다.

자료의 원제목을 대등표제로 기술하지 않을 때는 246필드에 제2지시기호 9로 기술한다.

245 00 ▾a天地玄門 ▾h[영화]
246 19 ▾aEternal combat ▾h[영화]
<출력> 원표제: Eternal combat [영화]

영상자료의 원작에 관한 사항은 '원작', 'Based on'이라는 표출어로 원작의 표제와 저자명을 500필드에 주기하고, 필요한 경우 700필드(원저작자)와 740필드(원표제)로 부표목한다.

245 00 ▾a로미오와 쥬리엣 ▾h[영화] = ▾bRomeo and Juliet / ▾dFrance Zeffirelli 감독
246 31 ▾aRomeo and Juliet ▾h[비디오녹화자료]
500 ꝥꝥ ▾aWilliam Shakespeare 저, 'Romeo and Juliet'을 영화화한 것임
= 500 ꝥꝥ ▾a원작: Romeo and Juliet / William Shakesepare
700 1ꝥ ▾aShakespeare, William. ▾tRomeo and Juliet

245 00 ▾aDeath of a salesman ▾h[motion picture] / ▾ddirected by ....
500 ꝥꝥ ▾aBased on: Arthur Miller
700 1ꝥ ▾aMiller, Arthur

(5) 종합표제가 있는 자료

으뜸정보원에 나타난 종합표제를 245필드에 본표제로 기술할 때는 개별표제와 각 표제의 저작자는 505필드에 내용주기한다. 그러나 개별표제를 245필드에 본표제로 입력할 때는 종합표제는 440필드나 490필드로 총서주기한다.

245 ❶❷ ▾a종합표제 ▾h[GMD]
505 ❶0 ▾t개별표제 / ▾d저자명 — ▾t개별표제 / ▾d저자명 — ▾t...

245 00 ▾aBritish literature ▾h[videorecording]
505 80 ▾aContents: ▾tParadise lost / ▾ddirected by ... — ▾tIvanhoe / ▾ddirected by ...
<출력> Contents: Paradise lost / directed by ... — Ivanhoe / directed by ...

245 ❶❷ ▾a개별표제 ▾h[GMD] / ▾d저자명
440 ❶❷/490 ❶❷ ▾a종합표제 ; ▾v권호

245 00 ▾aParadise lost / ▾ddirected by ... . ▾aIvanhoe / ▾ddirected by ... ▾h[videorecording]
440 00 ▾aBritish literature
500 ꝥꝥ ▾aBased on: Paradise lost / John Milton. Ivanhoe / Walter Scott
700 1ꝥ ▾aMilton, John. ▾tParadise lost
700 12 ▾aScott, Walter. ▾tIvanhoe

(6) 종합표제가 없는 자료

종합표제가 없이 정보원에 2개 이상의 표제가 함께 나타나 있을 때는 정보원에 나타난 순서에 따라 이를 모두 245필드에 구분기호 ';'과 식별기호 ▾a를 반복하여 본표제로 기술

한다(A2R.7.1G).

「동일인의 저작인 경우」

245 00 ▾a젖소부인 바람났네 ; ▾a속옷벗는 女子 ▾h[비디오녹화자료] / ▾d김인수 감독
<출력> 젖소부인 바람났네 ; 속옷벗는 女子 [비디오녹화자료] / 김인수 감독

「2인 이상의 저작인 경우」

245 00 ▾a사하라와 블루맨. ▾a시리우스의 외계인 ▾h[비디오녹화자료]
<출력> 사하라와 블루맨. 시리우스의 외계인 [비디오녹화자료]

245 00 ▾a피터와 늑대 = ▾xPeter and wolf. ▾a어린이와 요술 = ▾xL'enfant et les Sortileges ▾h[비디오녹화자료]
246 31 ▾aPeter and wolf ▾h[비디오녹화자료]
246 31 ▾aL'enfant et les Sortileges ▾h[비디오녹화자료]
ㄴ 제1지시기호 '3'은 245필드에 기록된 표제관련정보를 표목으로만 지시, 제2지시기호 '1'은 '대등표제'라는 표출어 자동출력 지시

(7) 표제관련정보(부표제와 잡정보)(K4.7.1.4.2)

표제관련정보는 245필드에 구분부호 ':'과 식별기호 ▾b로 기술한다(A2R.7.1E;K4.1.1.4). 표제관련정보의 부표목은 246필드로 기술하고, 이들 사항이 길거나 중요도가 낮은 경우는 500필드에 '부표제', '표제관련정보'라는 표출어로 주기한다.

권차, 회차, 연차표시는 K4.1.1.5.2의 규정을 준용하여 기술한다.

245 ❶❷ ▾a표제 ▾h[GMD] : ▾b표제관련정보

245 ❶❷ ▾a본표제. ▾n편차, ▾p편제 ▾h[GMD] : ▾b표제관련정보

245 00 ▾a사관과 신사 ▾h[비디오녹화자료] : ▾b길별로의 사관과 신사
<출력> 사관과 신사 [비디오녹화자료] : 길별로의 사관과 신사

245 00 ▾aJury and juror ▾h[motion picture] : ▾bfunction and responsibility
<출력> Jury and juror [motion picture] : function and responsibility
246 3b̸ ▾iPortion of title: ▾aFunction and responsibility
ㄴ 제1지시기호 '3'은 245필드에 기록된 표제관련정보를 표목으로만 지시, 제2지시기호 'b̸'는 '▾i'로 정형화되지 않은 표출어의 입력시 지시

「주기」

245 00▼a사관과 신사▼h[비디오녹화자료]
500 ɓɓ▼a표제관련정보: 길별로의 사관과 신사

표제의 관련정보에 책임표시나 배포자 등의 명칭이 포함되어 있고, 이들 사항이 본표제와 불가분의 관계가 있는 것은 정보원에 나타난 대로 245필드에 식별기호 ▼b로 입력한다.

영화 및 비디오녹화자료의 예고편이나 기타 본표제의 식별에 필요한 설명적 어구는 표제관련정보로 245필드에 식별기호 ▼b로 '예고편', 'trailer' 또는 설명적어구를 [ ]에 묶어 기재한다(K4.7.1.4.2;A2.7.1E2).

245 00▼a은행나무 침대▼h[비디오녹화자료] :▼b[예고편]

245 00▼aAnnie Hall▼h[motion picture] :▼b[trailer]

245 00▼aGood friend, Good partner▼h[비디오녹화자료] :▼b[외환은행홍보자료]

다권본의 목록(K4.1.1.1.2.12)은 통합기술방식과 낱권기술방식이 있다. 통합기술방식은 245필드에 식별기호 ▼a로 본표제, ▼n으로 처음 권차와 마지막 권차를 기술하고, 낱권기술방식은 245필드에 식별기호 ▼a로 낱권의 표제를 본표제로 하고, ▼n으로 해당 권차를 기술한다(K4.1.1.5.2).

통합기술방식

245 00▼a上海代父▼h[비디오녹화자료].▼n제1편-제5편
<출력> 上海代父[비디오녹화자료]. 제1편-제5편

245 00▼a알기 쉬운 당뇨병▼h[비디오녹화자료].▼n상. 하

낱권기술방식

245 00▼a上海代父.▼n제1편▼h[비디오녹화자료].

다권본의 편제를 낱권기술방식으로 목록할 때는 245필드에 식별기호 ▼a로 본표제, ▼n으로 편차, ▼p로 편제를 기술한다(K4.1.1.1.2.12). 이때 ▼p로 기술된 편제는 246필드

로 부표목한다. 그러나 통합방식으로 목록할 때는 낱권의 편차와 편제를 505필드에 내용주기한다.

[낱권기술방식]

245 00 ▾a무간도. ▾nIII, ▾p종극무간 ▾h[비디오녹화자료]
246 30 ▾a종극무간, ▾n3 ▾h[비디오녹화자료]

245 00 ▾aHarry Potter. ▾pHarry Potter and the goblet of fire ▾h[videorecording]
246 3ƀ ▾iSubtitle:aHarry Potter and the goblet of fire ▾h[videorecording]

[통합기술방식]

245 00 ▾a무간도 ▾h[비디오녹화자료]
505 00 ▾n3. ▾t종극무간

245 00 ▾aHarry Potter ▾h[videorecording]
505 0ƀ ▾aContents: Harry Potter and the goblet of fire —
740 12 ▾aHarry Potter and the goblet of fire

(8) 책임표시(K4.7.1.6.2;A2.7.1F1)

필름제작에는 직접적으로 참여한 감독, 제작자, 연출자, 각본자, 작화자, 연기자 등이 있고, 간접적으로 참여한 원작자, 원안자 등이 있다. 이들 중 으뜸정보원에 표시된 감독(director), 작화자(animator), 제작자(producer), 작가(writer), 편자(editor), 촬영자 등 필름제작에 관계된 스태프로 목록작성기관에서 중요하다고 생각되는 개인이나 단체명을 역할어와 함께 245필드에 식별기호 ▾d와 ▾e로 저작자표시에 기술한다. 그 외의 참여자인 제작진은 508필드, 배역진은 511필드에 주기한다.

245 ❶❷ ▾a본표제, [일명], 별표제 ▾h[GMD] = ▾x대등표제 : ▾b표제관련정보. ▾n편차 또는 권차, ▾p편제 / ▾d감독 ; ▾e제작자 ; ▾e각본자 ; ▾e촬영자

245 00 ▾a맨발에서 밴츠까지 ▾h[영화] = ▾xFrom bottom to top / ▾d이성수 감독 ; ▾e고규섭 제작 ; ▾e심산, ▾e이성수 각본
<출력> 맨발에서 밴츠까지 [영화] = From bottom to top / 이성수 감독 ; 고규섭 제작 ; 심산, 이성수 각본

245 00 ▾aSquare pegs, round holes ▾h[motion picture] / ▾ddirector, Dan

Bessie ; ▾ewriter, Phyllis Harvey ; ▾eanimation, B. Davis ; editor, I. Dryer

<출력> Square pegs, round holes [motion picture] / director, Dan Bessie ; writer, Phyllis Harvey ; animation, B. Davis ; editor, I. Dryer

책임관계가 나타나 있지 않은 개인이나 단체명은 역할어를 [ ]로 저작자명에 보기한다(A2.7.1F2).

245 00 ▾a아버님전상서 ▾h[비디오녹화자료] : ▾bMBC신파극 / ▾d문석봉 [감독], 연출

245 00 ▾aSkaterdater ▾h[motion picture] / ▾d[produced by] Marshal Backlar

영화 및 비디오녹화자료의 제작에 책임이 있는 기관과 제작을 의뢰한 기관이 표시되어 있는 경우에는 이를 245필드에 식별기호 ▾d로 책임표시에 기술한다(A2R.7.1F3).

245 00 ▾a젊은 날의 선택, 젊은 날의 성공 ▾h[비디오녹화자료] : ▾b[홍보자료] / ▾d계명대학교

245 00 ▾aNew readers begin here ▾h[motion picture] / ▾dUniversity of Salford Audiovisual Media for University of Salford Library

자가제품의 자료로써 저작자가 해당 자료에 나타나 있지 않을 때는 필요에 따라 500필드에 자가제품임을 주기한다.

500 ƀƀ ▾a제작: 이효봉의 자작제품임
= 500 ƀƀ ▾a이효봉이 촬영제작한 것임

두 개 이상의 언어로 표시된 저작자명은 본문의 언어와 일치된 언어를 245필드의 저작자표시에 기술하고, 기술되지 않은 언어의 저작자명은 필요에 따라 500필드에 해당 표출어와 함께 주기한다.

245 00 ▾a마이 뉴 파트너 2 ▾h[비디오녹화자료] / ▾d골로드 지디 감독
500 ƀƀ ▾a감독의 영어명: Claude Zidi

246 여러 형태의 표제(Varying Form of Title) <A>R → 별책, 제5장 246필드 참조

8. 판차, 자료의 특성, 발행 등 필드(250-29X)

250 판사항(Edition Statement) <A>NR → 별책 250필드 참조

영화 및 비디오녹화자료가 해당 작품의 다른 판과 상이점이 있는 경우나, 해당 작품이 별도의 명칭으로 재 발행된 경우는 250필드에 판차와 개정자를 함께 기술하거나 500필드에 해당 표출어와 함께 주기한다(K4.1.2.0;A2R.7.2B;7.2D). (별책 250필드 참조)

250 ƀƀ ▾a확장판

250 ƀƀ ▾aRe-edited version　　250 ƀƀ ▾aWidescreen edition

250 ƀƀ ▾aSpecial extended DVD edition

판표시에 대한 판단이 곤란한 경우는 'edition', 'issue', 'version'이 있는 용어를 이용한다. 자료 자체에는 판표시가 없지만 이전 판과 비교하여 그 변경이 분명한 경우는 적절한 용어를 판사항으로 [ ]에 묶어 기술한다.

250 ƀƀ ▾a[흑백을 천연색으로 재판]

257 기록필름의 제작국명(Country of Producing Entity for Archival Films) <A>NR

기록필름(Archival film)인 다큐멘터리나 개인공연필름 등 발매되지 않은 동화상자료의 제작자로 245필드의 책임표시에 기재된 개인이나 단체의 사무실이 위치한 국가명(약어명)을 기술한다.

제1지시	ƀ-미정의.	제2지시	ƀ-미정의.
식별	▾a-제작국명.	▾8-필드 링크와 일련번호(R).	

257 ƀƀ ▾a한국　　257 ƀƀ ▾a[제작국명불명]

257 ƀƀ ▾a한국 ; 중국　　257 ƀƀ ▾a[S.l.]

257 ƀƀ ▾aItaly ; France
500 ƀƀ ▾aAvers Film has separate offices in Italy and France

260 발행, 배포 등 사항 (Publication/Distribution, etc.) <A>R → 별책 260필드 참조

영화 및 비디오녹화자료의 발행, 배급, 제작, 개봉 등은 발행사항을 기술한다(A2.7.4B;

K4.1.4.0.1). 이때 배급이나 제작, 개봉에 관한 사항은 그 중요도에 따라 500필드에 해당 표출어와 함께 주기하기도 한다.

❶: ƀ-적용불가/제공되는 정보 없음/최초 발행처. 2-중간발행처.
3-현행/최근발행처

260 ❶ƀ ▾a발행지(R) : ▾b발행처(R), ▾c발행년(R) ; ▾a배포지(R) : ▾b배포처(R), ▾c배포년(R) ▾e(제작지/인쇄지 : ▾f제작처/인쇄처, ▾g제작년/인쇄년).

260 ƀƀ ▾a서울 : ▾b유니코리아 [제공], ▾c2003.
<출력> — 서울 : 유니코리아 [제공], 2003

260 ƀƀ ▾aBurbank, CA. : ▾bWarner Bros., ▾c1995.

260 ƀƀ ▾aToronto : ▾bMcClelland and Stwarts Council : ▾bWorld Crafts Council
*발행사가 두 개 이상일 때 '▾b'를 반복하여 입력한다.

260 ƀƀ ▾aSan Francisco : ▾bDavidson Films [production company] : ▾bMorristown, N.J. : ▾bSilver Burdett [publisher]
*발행사가 3개 이상으로 역할이 다를 때는 구분기호 ':'과 '▾b'를 반복하여 기재하고, 역할어를 [ ]에 부기한다.

배급(포)사항은 발행사항 다음에 '▾a배급지 : ▾b배급사[배급], ▾c배급년'의 형식으로 입력하고, 배급사는 '배포', '보급', '배급', '공급' 등의 역할어를 [ ]로 부기한다(A2.7.4E1; K4.1.4.2.8).

260 ƀƀ ▾a서울 : ▾b세신비디오 [배급]

260 ƀƀ ▾aNew York : ▾bCiby 2000 ; ▾a서울 : ▾b화천공사 [배급]

260 ƀƀ ▾a서울 : ▾b유니코리아 [제공] : ▾b청어람 [배급], ▾c2003

260 ƀƀ ▾a서울 : ▾bKBS영상사업단, ▾c1994, ▾c1995 [배급]
└ 발행년과 배급년이 다를 때

260 ƀƀ ▾aSanta Monica, CA. : ▾bPyramid Films [distributor], ▾c1971

260 ƀƀ ▾a서울 : ▾b문예진흥원, ▾c1980 ; ▾b문화부 [배급], ▾c1990 [배급]

260 ƀƀ ▾aBurbank, CA. : ▾bWarner Bros., ▾c1995 ; ▾a서울 : ▾b워너브르더스 코리아 [배급], ▾c2000 [배급]
└ 발행과 배급회사명이 다르고, 발행년과 배급년이 다를 때는 [ ]에 배급이라 부기

제작사항은 '▼e(제작지 : ▼f제작사, ▼g제작년)'의 형식으로 기재한다(K4.7.4.4;A2.7.4G).

260 ₩₩ ▼a서울 : ▼b유니코리아 : ▼b청어람 [배급], ▼c2003 ▼f(싸이더스)

260 ₩₩ ▼aBurbank, CA. : ▼bWarner Bros., ▼c1995 ; ▼a서울 : ▼b워너브르더스 코리아 [배급], ▼c2000 ▼e(Taiwan : ▼fWarner Home Video, ▼g1999)

*260필드에 입력되는 각 사항이 동일한 부분은 처음 사항에 입력하고 다음 사항에서는 생략한다.

2개 이상의 언어나 문자로 표시된 발행, 배포 등 사항은 본표제의 언어와 일치하는 사항을 기술하고, 식별이 곤란한 경우는 최초에 표시된 언어의 문자로 기술한다.

복제물에 대한 발행, 배포 등의 사항이 원자료의 발행, 배포 등의 사항과 함께 하고 있을 때는 해당 자료인 복제물에 대한 발행, 배포 등의 사항을 260필드에 입력하고, 원자료의 발행, 배포 등의 사항은 500필드에 해당 표출어와 함께 주기한다.

260 ₩₩ ▼aColumbia : ▼bColumbia TriStar Home Video, ▼c2000 ; ▼a서울 : ▼b 콜럼비아트리이스타영화주식회사[수입,배급]
500 ₩₩ ▼a영화: Columbia : Columbia Pictures industries, Inc., 1966

260 ₩₩ ▼a[S.l.] : ▼bKarl-Lorimar Home Video Inc., ▼c1986
500 ₩₩ ▼aOriginal film: Ontario : H. M. Television Co., c1986

발행, 배포 등 사항이 2개 이상인 경우는 최초에 표시된 발행, 배포사항을 260필드에 각 사항의 식별기호를 반복하여 기술한다.

260 ₩₩ ▼a서울 : ▼b유니코리아 : ▼b드림벤쳐캐피탈 : ▼b청어람 [배급] ▼f(싸이더스 : 선악영화)

개봉영역은 필름의 공개, 개봉에 책임이 있는 단체나 개인을 표시한다. 입력방법은 지명, 단체, 공개, 개봉연도를 500필드에 '개봉'이라는 표출어로 주기한다.

500 ₩₩ ▼a개봉: 서울 : 우일비디오, 1999

500 ₩₩ ▼aFirst released in Yugoslavia

공개, 개봉지는 시(市)나 군(郡)명을 입력하고, 지명을 확인할 수 없을 때는 추정지명을,

추정마저 곤란할 때는 '개봉지불명'이라 기술한다.

필름의 공개, 개봉에 책임이 있는 단체나 개인명을 관계된 어귀와 함께 기술한다. 공개, 개봉자가 불명인 경우는 '개봉자불명'이라 기술한다.

개봉, 공개년은 관계된 어귀와 함께 기술한다. 개봉년과 제작년이 다른 것은 제작년에 '제작'이란 용어를 ()에 묶어 부기한다.

공개나 개봉되지 않은 자료는 필름의 출처, 제작년, 발견에 관한 정보 등을 주기한다.

263 **발행예정일자**(Projected Publication Date) <O>NR → 별책 263필드 참조

270 **자료관련주소**(Address) <O>R → 별책 270필드 참조

9. 형태사항 등(3XX)

300 **형태기술사항**(Physical Description) <M>R → 별책 300필드 참조

영화 및 비디오녹화자료의 물리적인 형태사항은 특정자료종별과 수량, 기타형태적 세목, 용기의 크기, 필름의 폭, 딸림자료 등을 해당 구분부호와 식별기호로 기술한다 (A2.7.5;K4.1.5.0.1).

「용기별에 따른 형태기술사항의 도식」

· 필름 릴(Film reel):

------------a------------- ------b----- -------------d--------------------------

300 ㅂㅂ ▾aFilm reel과 수량 (상영시간) : ▾b화면의 종횡폭 및 영사법의

------ ----e---- ---f-- --------------g---------------- ------------h------------

특성, 유/무성, 색채, 1초동안의 상영화면수 ; ▾c용기, Film의 폭

--------i------ 157)

+ ▾e딸림자료

300 ㅂㅂ ▾a필름 릴 1개 (1분, 17초) : ▾bPanavision, 유성, 천연색(부분흑백), 25

157) a: 특정자료표시는 용기명인 '필름 릴', 'Film reel'을, 수량에는 '권'수를 기술. c: 상영시간은 5분 이내는 초까지, 5분 이상은 분까지 기술. d: 화면의 종횡 폭(wide screen)에 대한 특성의 용어를 기술. e: 유성(sd.)과 무성(si.)을 표시. f: 색채는 흑백(b&w)과 천연색(col.)으로 표시. g: 재생속도는 1초 동안에 상영되는 화면 수를 'fps'(frame per second)로 표시. h: 크기는 필요에 따라 용기의 크기와 필름의 폭을 mm로 기술. i: 딸림자료를 표시하고, 필요한 경우 딸림자료의 형태기술사항도 함께 기술.

fps ; ▾c16 mm + ▾e해설서

<출력> 필름 릴 1개 (1분, 17초) : Panavision, 유성, 천연색(부분흑백), 25 fps ; 16 mm + 해설서

300 ƀƀ ▾a1 film reel (21 min.) : ▾bPanavision, sd., col., 25 fps ; ▾c9 cm, 16 mm + ▾emanual

300 ƀƀ ▾a8 reels of 8 (7557 ft.) : ▾bsd., col. ; ▾c35 mm

· 필름 카세트(Film cassette):

-------------a------------- ------c------ -------e------ ---f-- ----h----

300 ƀƀ ▾a필름 카세트와 수량 (재생시간) : ▾b유성/무성, 색채 ; ▾ctape폭 + ▾e

------i-----

딸림자료

300 ƀƀ ▾a필름 카세트 2개 (각 25분) : ▾b유성, 천연색 ; ▾c표준 8 mm + ▾e해설서

300 ƀƀ ▾a2 film cassettes (30 min. each) : ▾bsd., col. ; ▾cstandard 8 mm + ▾eteacher's guide

· 비디오릴(Videoreel):

----------a------------ -------------b-------------------------- -----c------

300 ƀƀ ▾a비디오릴과 수량 (상표 및 번호, 특정자료표시) (재생시간)

-----e---- --f-- ----h---

: ▾b유/무성, 색채 ; ▾cfilm폭

300 ƀƀ ▾a비디오릴 1개 (Ampex 7003) (15분) : ▾b유성, 흑백 ; ▾c$^1/_2$ inch

300 ƀƀ ▾a2 videoreels (20 min.) : ▾bsd., b&w ; ▾c$^1/_2$ in.

300 ƀƀ ▾a1 videocassette of 1 (Beta) (30 min.) : ▾bsd., col. ; ▾c$^1/_2$ in.

· 비디오디스크(Videodisc):

-----------a------------------ ------c------ ---e------ --f--- ---g--------

300 ƀƀ ▾a비디오디스크와 매수 (재생시간) : ▾b유/무성, 색채, 1초당 회

--------- -----------h-------------

전속도 ; ▾cdisc의 크기(지름)

300 ƀƀ ▾a비디오디스크 1매 (5분) : ▾b유성, 흑백, 1800회전 ; ▾c8 인치

300 ƀƀ ▾a1 videodics (10 min.) : ▾bsd., b&w., 1800 rpm ; ▾c8 in.

· 비디오카세트(Videocassette):

```
                 -------------a----------------  ------b------  -----c------       ----e-----
300 ƀƀ ▾aVideocassette와 매수 (녹음방식) (재생시간) : ▾b유/무성,
           --f--      ----h----
           색채 ; ▾ctape폭
```

300 ƀƀ ▾a비디오카세트 1개 (Sony U-Matic, UC-60) (25분) : ▾b유성, 천연색 ; ▾c3/4 in.

300 ƀƀ ▾a1 videocassette (Sony U-Matic) (30 min.) : ▾bsd., color ; ▾c3/4 in.

「007 형태기술필드와 연계」

300 ƀƀ ▾a비디오디스크 1매 (5분) : ▾b유성, 흑백, 1800회전 ; ▾c8 인치

(007/01: d (특정자료 종별: 비디오디스크)
(007/05: a (음향유무: 매체에 음향수록)
(007/03: b (색채: 흑백)
(007/07: z (필름의 폭: 기타)

1) 특정자료종별과 수량(K4.7.5.1;A4.7.5B1)

특정자료종별(specific material designation)의 규칙별 명칭			
KORMARC	K4.7.5.1.1	M21	A2.7.5B1
필름 카트리지 필름 카세트 필름 릴	필름 카트리지(film cartridge) 필름 카세트(film cassette) 필름 릴(film reel) 필름 루프(film loop)	Film cartridge Film cassette Film reel	Film cartridge Film cassette Film loop Film reel
비디오카트리지 비디오디스크 비디오카세트 비디오릴	비디오카트리지(videocartridge) 비디오카세트(videocassette) 비디오디스크(videodisc) 비디오릴(videoreel)	Videocartridge Videodisc Videocassette Videoreel	DVD-video Videocartridge Videocassette Videodisc Videoreel

특정자료종별과 수량은 300필드에 식별기호 ▾a로 기술하고, 상표명과 형식 및 명세서, 상영시간은 자료의 종별명칭과 수량에 ( )에 묶어 부기한다. 이때 상표명과 형식 및 명세서는 자료에 분명히 표시된 경우에만 입력한다.

300 ƀƀ ▾a특정자료종별과 수량 (상표명과 형식 및 명세서) (상영시간) : ▾b...

본서의 영화 및 비디오녹화자료의 특정자료표시:

필름 카세트	Film cassette	(007/01 f : 필름카세트)
필름 카트리지	Film cartridge	(007/01 c : 필름 카트리지)
필름 루프	Film loop	(007/01 z : 기타필름 형태)
필름 릴	Film reel	(007/01 r : 필름 릴)
비디오카세트	Videocassette	(007/01 f : 비디오카세트)
비디오카트리지	Videocartridge	(007/01 c : 비디오카트리지)
비디오릴	Videoreel	(007/01 r : 비디오릴)
비디오디스크	Videodisc	(007/01 d : 비디오디스크: DVD-video)

300 ƀƀ ▾a필름 카세트 1개　　300 ƀƀ ▾a1 film cassette

300 ƀƀ ▾a필름 릴 3개　　300 ƀƀ ▾a2 film reels

300 ƀƀ ▾a비디오디스크 1매　　300 ƀƀ ▾a1 videodisc

*수량은 아라비아숫자로 구성부분의 수를 영어형식은 특정자료표시 앞에, 한국어형식은 특정자료표시 뒤에 기재하고, 수량의 단위는 '권', '매', '면'으로 표시

300 ƀƀ ▾a카세트 1개　　300 ƀƀ ▾a1 cassette

300 ƀƀ ▾a릴 1개　　300 ƀƀ ▾a2 reels

300 ƀƀ ▾a디스크 1개　　300 ƀƀ ▾a1 disc

*기관에 따라서는 245필드에 식별기호 '▾h'로 입력되는 GMD와 중복되는 부분을 생략하고 300필드의 특정자료종별은 예와 같이 용기별 표시만 기술하기도 한다.

2가지 이상의 다른 형태로 된 비디오녹화자료를 함께 목록할 때는 300필드에 식별기호 ▾a로 입력되는 특정자료표시를 '비디오녹화자료', 'videorecording'으로 하고, 245필드(표제와 책임표시사항)에 기술되지 않은 다른 형태의 자료는 530필드에 이용가능한 다른 형태자료가 있다는 사실을 주기한다.

300 ƀƀ ▾a비디오녹화 1매
530 ƀƀ ▾aCD-ROM으로도 간행　　<출력> CD-ROM으로도 간행

300 ƀƀ ▾a비디오녹화 1매
530 ƀƀ ▾a이용가능한 다른 형태자료: 스펙트럼디브이디, 2002

300 ƀƀ ▾a4 videorecordings
530 ƀƀ ▾aAvailable also as a videocassette

비디오녹화자료의 이용조건, 특정기법(A2.7.5B1)

300 ƀƀ ▾a비디오카세트 1개 (Sony B max)

300 ƀƀ ▾a비디오릴 1개 (National 통일형)

300 ƀƀ ▾a1 videoreel (Ampex 7003)

300 ƀƀ ▾a1 videocassette
500 ƀƀ ▾a구입이 가능한 형식: Philips VCR, Sony U-Matic

300 ƀƀ ▾a1 videorecording
500 ƀƀ ▾a도서관에서 이용이 가능한 것: Cassette (Philips VCR, Sony U-Matic) ; reel (Sony CV 1/2 in. Sony AV 1/2 in. IVC 1 in. Quadruplex 2 in.)

*비디오녹화자료의 이용조건, 특정기법을 알아야 사용할 수 있는 경우는 재생기기의 상표명과 형식 등 기술적인 명세서를 수량 다음에 ()에 묶어 부기한다. 그러나 반드시 필요한 경우 이외에는 500필드에 관계된 표출어와 함께 주기한다(A2R.7.5B1).

재생시간(K4.7.5.1.2.6);A2.7.5B2) (007/01 f : 필름카세트):

300 ƀƀ ▾a**필름 릴** 4개 (약 175분)

300 ƀƀ ▾a비디오카세트 1개 (Victor VHS) (45분)

300 ƀƀ ▾a비디오디스크 1매 (4분30초) = (4:30)

300 ƀƀ ▾a4 film reels (ca. 157 min.)

300 ƀƀ ▾a1 videocassette (Victor VHS) (4 min., 23 sec.) = (4:23)

300 ƀƀ ▾a**필름 릴** 3개 (각 20분) ← *2개 이상의 각 작품의 재생시간이 동일할 때

300 ƀƀ ▾a3 film reels (20 min. each)

300 ƀƀ ▾a비디오디스크 2매 (56분) ← 디스크 A: 37분. B: 19분

*기술 대상 자료의 상영시간을 ()로 특정자료종별과 수량에 부기한다(A2R.7.5B2;K4.1.5.1.2.3). 상영시간이 5분 이상인 경우는 분까지, 5분 이하인 경우는 초까지 기술한다.
*각 작품마다 재생시간이 다른 경우는 생략하거나 전체 재생시간을 표시하고, 각 작품의 재생시간은 505필드 해당 표제에 기술한다.

300 ƀƀ ▾a**필름 릴** 1/2 개 (13분)

300 ƀƀ ▾aOn reel 1 of 2 film reels (4 min., 30 sec.)

300 ƀƀ ▾aOn 2 cassettes of 4 videocassettes (50 min.)

*종합표제가 없는 2개 이상의 작품을 각각 목록할 때는 245필드에 기술되는 본표제에 해당되는 수량과 재생시간을 300필드에 기술한다. 이때 수량에는 전체작품 수를 분모로 하고 해당 자료를 분자로 표시한다.

재생시간이 자료에 나타나 있지 않은 경우는 입력하지 않아도 된다.

2) 기타 형태적 세목

형태세목은 영화 및 비디오녹화자료의 영사특성, 녹화특성, 음향특성, 색채, 영사 및 재생속도 등을 300필드에 식별기호 ▾b로 기술한다(K4.7.5.2.2.2);A2R.7.5C).

「영화」

300 ▯▯ ▾a특정자료종별과 수량 : ▾b영사의 특성, 음향특성, 색채, 영사속도

「비디오 녹화자료」

300 ▯▯ ▾a특정자료종별과 수량 : ▾b녹화의 특성, 음향특성, 색채, 재생속도

영사특성

300 ▯▯ ▾a필름 릴 3개 (85분) : ▾bPanavision

300 ▯▯ ▾a14 film reels (157 min.) : ▾bCinemascope

*표준화면(화면의 종횡비 3:4)이 아닌 화면의 종횡비와 영사법의 특성을 화면을 나타내는 용어로 기술한다(K4.7.5.2.2.2)가);A2.7.5C2).

300 ▯▯ ▾a필름 카트리지 1개 (4분) : ▾b大澤톤세프트루루

*필름 카세트 및 필름 카트리지는 자료에 나타난 상표명 및 영사형식을 기술한다(K4.7.5.2.2.2)나).

녹음특성(007/05 음향유무; 007/06 음향수록매체(비디오테이프/비디오디스크) 부호와 연계)

300 ▯▯ ▾a필름 릴 3개 (85분) : ▾bPanavision, 유성

300 ▯▯ ▾a14 film reels (157 min.) : ▾bCinemascope, sd.

300 ▯▯ ▾a비디오카세트 1개 (95분) : ▾bVHS, 스테레오

*녹화필름 자체의 녹음 유무를 '유성', 'sd'(sound)나 '무성', 'si.'(silent)으로 기술한다. 음향이 모노가 아닌 경우는 채널수를 기술한다(K4.7.5.2.2.2)바);A2.7.5C3).

300 ▯▯ ▾a필름 릴 1개 (28분) : ▾b光學錄音

300 ɓɓ ▾a필름 릴 2개 (68분) : ▾bPanavision, 자기녹음

300 ɓɓ ▾a4 film reels (105 min.) : ▾bCinemascope, magnetic sound track

*사운드 트랙(sound track)이 있는 영화는 녹음방식인 '광학녹음', 'optical sound track', '자기녹음', 'magnetic sound track' 등을 기술한다(K4.7.5.2.2.2)라).

비디오녹화자료의 기록과 재생방식(K4.7.5.2.2.2)다)

300 ɓɓ ▾a비디오카세트 1개 (18분) : ▾bVHS
500 ɓɓ ▾a녹화방식: CAV(1면), CLV(2면)
=500 ɓɓ ▾aVideorecording system: one side CAV, ond side CLA

*기록과 재생방식은 300필드에 '▾b'로 기술하거나 500필드에 주기한다. (538 참조).

색채 (007/03 색채의 부호와 연계)

300 ɓɓ ▾a비디오디스크 1매 (82분) : ▾b유성, 천연색

300 ɓɓ ▾a필름 릴 2개 (약 45분) : ▾b자기녹음, 흑백

300 ɓɓ ▾a1 film reel (10 min.) : ▾bsd., col.

*화면의 채색에 관한 '흑백', 'b&w'(black and white)와 '천연색', 'col.'(color)를 기술한다(K4.7.5.2.2.2)아);A2.7.5C4).

300 ɓɓ ▾a필름 릴 1개 (20분) : ▾b유성, 천연색(부분흑백)

300 ɓɓ ▾a1 film reel (30 min.) : ▾bsd., col. with b&w sequences

300 ɓɓ ▾a1 videocassette (ca 24 min.) : ▾bsd., b&w with col. introductory sequence

*화면이 흑백과 천연색이 함께하고 있을 때는 이를 함께 기술한다.

· 영사속도: 영사속도는 300필드에 식별기호 ▾b로 영화필름의 1초 동안에 상영되는 화면 수, 비디오테이프의 배속, 디스크의 회전수를 입력한다. 그러나 광학녹음의 영화필름 24 fps, 자기녹음의 영화필름 18 fps, 무성영화필름 16 fps, 슈퍼 8 mm필름 18 fps 등의 표준영사속도는 기술하지 않아도 된다(K4.7.5.2.2)자);A2.7.5C5).

「영화필름」

300 ɓɓ ▾a필름 릴 1개 (12분) : ▾b무성, 천연색, 12 fps.

300 ⋈⋈ ▾a1 film reel (1 min., 17 sec.) : ▾bsi., col., 25 fps.
*영화필름은 frame per second의 약자인 'fps'로 1초당 영사되는 화면수를 표시
*영화필름의 표준 영사속도는 녹음방식과 녹음대의 유무에 따라 상이

「비디오테이프」

300 ⋈⋈ ▾a비디오카세트 1개 (28분) : ▾bVHS, 천연색, 3배속
*비디오카세트는 배속을 자료에 표시된 대로 기술한다.

「비디오디스크」

300 ⋈⋈ ▾a비디오디스크 1매 (4분 30초) : ▾b유성, 천연색, 1800회전

300 ⋈⋈ ▾a1 videodisc (ca 30 min.) : ▾bsd., col., 1800 rpm.

*비디오디스크의 재생속도는 1분간의 회전수를 '회전', 'rpm'(revolution per minute)으로 표시

3) 크기(K4.7.5.3.2.2);A2R.7.5D)

영화 및 비디오녹화자료의 크기는 용기의 크기와 필름의 폭(007/06 필름 폭의 부호와 연계)을 300필드에 식별기호 ▾c로 기술한다.

300 ⋈⋈ ▾a특정자료종별과 수량 : ▾b형태세목 ; ▾c용기의 크기, 필름의 폭

용기의 크기는 릴은 지름, 디스크는 직경, Cassette나 Cartridge는 용기의 장축을 inch나 cm로 입력한다. 용기의 크기가 표준적인 것이거나 불확실할 때는 기술을 생략한다.

필름이나 테이프의 폭은 inch나 mm로 기술하고, 8 mm필름의 경우는 종류별에 따라 '싱글', 'single', '표준', 'standard', '슈퍼', 'super'로 구분하여 기술한다.

「영화필름」

300 ⋈⋈ ▾a필름 릴 1개 (30분) : ▾b유성, 흑백 ; ▾c7 in., 16 mm.

300 ⋈⋈ ▾a필름 릴 1개 (약 25분) : ▾b유성, 천연색 ; ▾c표준 8 mm
*용기의 크기를 생략하고, 필름의 폭을 입력하기도 한다.

300 ⋈⋈ ▾a1 film cassette (21 min.) : ▾bsd., col. ; ▾cstandard 8 mm.

300 ⋈⋈ ▾a2 film reels (ca. 60 min.) : ▾bb&w ; ▾c16/35 mm.
*동일 형태자료로 필름의 폭이 다른 두 가지 이상은 함께 목록하고 크기를 '/'로 구분하여 입력한다.

「비디오테이프」

300 ƀƀ ▾a1 videoreel (30 min.) : ▾bsd., b&w. ; ▾c½ in.

300 ƀƀ ▾a2 videocassettes (Sony U-Matic, UC-60)(ca. 80 min.) : ▾bsd., b&w. ; ▾c¾ in.

「비디오디스크」

300 ƀƀ ▾a비디오디스크 1매 (약 10분) : ▾b유성, 흑백, 1800회전 ; ▾c8 in.

300 ƀƀ ▾a2 videodiscs (12 min.) : ▾bsd., b&w., 1800 rpm ; ▾c8 in.

4) 딸림자료(K4.7.5.4.2;A2R.7.5E)

딸림자료는 본 자료에 딸려 나온 부속자료로서 내용의 이해에 직접적으로 관계된 자료를 말한다. 딸림자료는 300필드에 구분부호 '+'를 앞세워 식별기호 ▾e로 기술하고, 필요한 경우는 딸림자료의 형태기술사항도 함께 부기한다.

자료의 종별과 수량
상영시간
녹음방식 색채별 필름폭

300 ƀƀ ▾a필름 릴 1개 (45분) : ▾b광학녹음, 천연색 ; ▾c7 in., 16 mm + ▾e해설서 (30 p.: 악보 ; 21 cm)

딸림자료의 형태기술사항 용기의 크기 딸림자료명

300 ƀƀ ▾a1 film cassette (21 min.) : ▾bsd., col. ; ▾csuper 8 mm + ▾e1 teacher's guide

딸림자료의 주기는 500필드에 '딸림자료'라는 표출어로 주기한다.

500 ƀƀ ▾a딸림자료: 해설서 (25 p. ; 20 cm)

500 ƀƀ ▾aAccompanying material: Pamphlet (22 p. ; 21 cm)

딸림자료의 표제가 모체자료표제와 다를 때는 500필드에 모체자료명과 저작자, 그리고 형태기술사항을 주기하고, 필요한 경우 딸림자료의 저작자와 표제를 7XX필드로 부표목한다.

500 ɓɓ ▾a딸림자료: 남도민요. 30 p. : 악보 ; 18 cm.
740 ɓɓ ▾a남도민요.

306 재생/연주시간(Playing Time) <O>NR

영화 및 비디오녹화자료의 상영시간은 시분초(hhmmss: 각 2단위)로 306필드에 숫자적 부호로 입력한다. 상영시간에 관한 사항이 복잡할 때는 500필드에 '상영시간', 'Durations' 이라는 표출어로 주기한다.

300 ɓɓ ▾a재생/연주시간(R)

300 ɓɓ ▾a비디오디스크 1매 (약 86분):
306 ɓɓ ▾a012600 ....1시간 26분 = 86분

300 ɓɓ ▾a비디오디스크 2매 (119분 27초):
306 ɓɓ ▾a005700 ▾a010227 ← 상영시간이 둘 이상인 경우는 '▾a'를 반복 입력
500 ɓɓ ▾a상영시간: 57:00 ; 62:27 ← 표출어 '상영시간(Durations)'으로 주기
= 57분 ; 62분 27초

300 ɓɓ ▾a2 videocassettes (ca 33 min. 47 sec.) :
306 ɓɓ ▾a001356 ▾a002005
500 ɓɓ ▾a Durations: 13:40 ; ca. 20:07
= 13 min., 40 sec. ; ca. 20 min., 07 sec.

307 검색시간 등(Hours, etc.) <O>R → 별책 307필드 참조

340 물리적 매체 유형(Physical Medium) <A>R → 별책 340필드 참조

351 자료의 구조와 배열(Organization and Arrangement of Materials) <O>R →원본 참조

수집된 시청각자료의 배열에 관한 정보를 기술한다.

351 ɓɓ ▾3자료 범위지정 ▾a파일구조(R) ; ▾b배열

351 ɓɓ ▾b내용제명의 가나다순

351 ɓɓ ▾bAlphabetical by subject

351 ɓɓ ▾bArranged by form of material

10. 시리즈사항(Series statement: 4XX)(K4.7.6;A2.7.6)

전집이나 총집으로 발행된 영화 및 비디오녹화자료를 개별 자료명으로 정리할 때는 전집이나 총집의 표제를 부출여부에 따라 440필드나 490필드로 총서주기한다.

440 총서사항/부출표목－표제(Series Statement－Added Entry) <A>R → 별책 440 참조

245 00▾a클론의 습격▾h[비디오녹화자료] =▾xAttack of the Clones
440 00▾a스타워즈

245 00▾a불국사. 석굴암▾h[비디오녹화자료]
440 00▾a세계한국문화유산 DVD ;▾v1

245 00▾aFellowship of the ring▾h[videorecordings]
440 01▾a(The) Lord of the Rings

490 총서사항/부출 않거나 다르게 부출되는 총서표제(Series Statement) <A>R → 별책 490필드 참조

245 00▾a두뇌혁명이 시작되다▾h[비디오녹화자료]
490 00▾a첨단보고 뇌과학 DVD ;▾v제1부

245 00▾a사계▾h[비디오녹화자료]
490 10▾a한국에서 가장 아름다운 영상과 소리 100선
830 ᵬ0▾a영상과 소리 100선 ;▾v제1편

245 00▾a피터팬▾h[비디오녹화자료] =▾xPeter pan
490 10▾a월터 디즈니 크래식
830 ᵬ0▾a디즈니 크래식

*490필드에서 제1지시기호 1(다르게 부출되는 총서명)은 830필드로 다르게 부출되는 총서명을 지시

11. 주기사항(50X－58X)

500 일반주기(General Note)(K4.7.7.3;A2.7.7B) <O>R → 별책 500필드 참조

일반주기는 501필드에서 580필드까지의 주기사항에 해당되지 않은 사항을 500필드에 기술한다.

「특성과 형식」(K4.7.7.3.1;A2R.7.7B1)

500 bb ▾ a텔레비전드라마 　　500 bb ▾ aDocumentary

500 bb ▾ a아동극 　　500 bb ▾ aTV play

500 bb ▾ a3幕의 歌劇

*기술의 다른 부분에 규정되어 있지 않는 영화 및 비디오녹화자료의 특성과 형식 등의 내용을 주기한다(A2R.7.7B1;K4.7.7.3.1).

「언어」(K4.7.7.3.2;A2R.7.7B2)

국어표시
기본언어

008/35-37 Kor 　　008/35-37 Fre
041 1b ▾ aKor ▾ aeng 　　041 0b ▾ aFre ▾ aeng
500 bb ▾ a한국어, 영어 자막 　　500 bb ▾ aFrench dialogue, English subtitle
└─ 사용된 언어

500 bb ▾ a영어판 　　500 bb ▾ aIn French

500 bb ▾ a독일어 대사 　　500 bb ▾ aDubbed into English

*기술의 다른 부분에 표시되어 있지 않는 영화 및 비디오녹화자료의 내용(대화, 음악, 기록 등)에 사용된 2개국어 이상이나 번역된 언어를 008/35-37 자리와 041필드에 언어부호를 기술하고, 언어에 관한 설명적인 사항은 500필드에 설명주기한다(A2R.7.7B2; K4.7.7.3.2).

「본표제의 정보원에 관한 주기」(K4.7.7.3.3;A2R.7.7B3)

500 bb ▾ a본표제: 용기의 표제 　　500 bb ▾ aTitle: from container

500 bb ▾ a본표제는 용기의 표제임 　　500 bb ▾ aTitle from container

*본표제가 으뜸정보원 이외에서 기술되었을 경우는 그 출처가 된 정보원을 500필드에 주기한다(A2R.7.7B3)

자료의 표제가 정보원에 따라 상이한 경우는 본표제로 기술되지 않은 표제는 500필드에 정보원을 표출어로 해당 표제를 주기하고 740필드로 부표목한다. 그러나 해당 자료에 대한 여러 형태의 표제를 246필드로 기술할 때는 정보원에 해당하는 표출어를 제2지시기호로 지시하여 기술한다(K4.7.7.3.4;A2R.7.7B4). → 별책 246필드 참조

500 bb ▾ a용기의 표제: 電話

500 ɓɓ ▾a표제화면의 영어제목: 400 blows

500 ɓɓ ▾aTitle on container: Papaya and guava

500 ɓɓ ▾aTitle on containers of parts 3, 5-6 vaires slightly

500 ɓɓ ▾a부표제: 고향의 소리
740 ɓɓ ▾a교향의 소리

500 ɓɓ ▾aSubtitle: Les fleurs anglaises
740 ɓɓ ▾aLes fleurs anglaises

500 ɓɓ ▾a표제관련정보: 시대를 대표하는 갱스터 액션걸작

*245필드에 기술되지 않은 표제관련정보는 필요에 따라 해당 표출어를 앞세워 500필드에 주기하고, 주기된 표제관련정보를 부출할 필요가 있을 때는 740필드로 부표목한다.

소설, 희곡, 만화와 같은 출판물이나 오페라 등에 의한 것을 각색한 것은 출전에 관한 원작품명, 원작자, 작화자, 원안자 등을 '원작', 'Based on'이라는 표출어로 500필드에 주기하고(K4.7.7.3.7;A2R.7.7B7), 7XX필드로 해당 사항을 각각 부표목한다. 이때 본표제와 일치하는 원작에 관한 사항은 기술에서 생략한다.

245 00 ▾a맨발에서 밴츠까지 ▾h[영화] / ▾d이성수 감독
500 ɓɓ ▾a원작[158]: 김홍신
= 500 ɓɓ ▾a김홍신 원작 '맨발에서 밴츠까지'를 영화한 것임
700 1ɓ ▾a김홍신

245 00 ▾a로미오와 줄리엣 ▾h[영화]
500 ɓɓ ▾a원작: Romeo and Juliet / William Shakespeare
= 500 ɓɓ ▾aWilliam Shakespeare 저 'Romeo and Juliet'을 영화한 것임
700 1ɓ ▾aShakespeare, William.
740 ɓɓ ▾aRomeo and Juliet

245 00 ▾a프라하의 봄 ▾h[영화] / ▾dPhilip Kaufman 감독 ; ▾eJean-Claude Carriere 각본
500 ɓɓ ▾a원작: The Unbearable lightness of being / Milan Kundera
700 12 ▾aKundera, Milan. ▾tUnbearable lightness of being

500 ɓɓ ▾a정비석의 소설 자유부인을 영화한 것임

---

158) 영상자료의 표제와 원작표제가 동일한 경우는 원작표제를 생략하고 원작자명만 주기하고 부표목지시한다.

500 ȸȸ ▾aBased on the novel by Nicolas Mosley

500 ȸȸ ▾aBased on the book of the same name by Colin Thiele

500 ȸȸ ▾aBased on the cartoons of Gerard Hoffnung

500 ȸȸ ▾aBased on the fairy tale: Pinochio

500 ȸȸ ▾aBased on the play: The front page / Ben Hecht and Charles McArther

500 ȸȸ ▾aBased on the book: The Hoffnung music festival / Gerard Hoffnung. London : Dobson, 1956

500 ȸȸ ▾aBased on: What katy did / Susan Coolidge. What katy did at school / Susan Coolidge
700 12 ▾aCoolidge, Susan. ▾tWhat katy did
700 12 ▾aCoolidge, susan. ▾tWhat katy did at school

「책임표시에 관한 주기」(K4.7.7.3.6;A2R.7.7B6) → 배역 및 제작진 주기

500 ȸȸ ▾a새롬: 새롬엔터테인먼트

500 ȸȸ ▾aColumbia: Columbia Pictures Industries, Inc.

*245필드에 기술되지 않은 저작자나 그에 관한 정보는 필요에 따라 관계된 표출어와 함께 500필드에 주기한다(A2R.7.7B6). 영화 및 비디오녹화자료의 배역과 제작진에 관한 주기는 508필드와 511필드에 주기한다.

「판표시와 서지적 내력에 관한 주기」 (K4.7.7.3.7;A2.7.7B7)

500 ȸȸ ▾a2003년 3월에 녹화

500 ȸȸ ▾a비디오디스크: 서울 : 정문정보, 2000판

500 ȸȸ ▾a판사항: Shorter version of the 1969 motion picture of the same name

500 ȸȸ ▾aRemake of the 1933 motion picture of the same name

*250필드에 기술되지 않은 기술대상자료의 판에 관한 사항이나 그 내력을 500필드에 주기한다(K4.7.7.3.7).

「발행, 배포, 제작 등에 관한 주기」(K4.7.7.3.9;A2.7.7B9)

500 ȸȸ ▾a제작년: 1927

500 ȸȸ ▾aDistributed in the U.S. by: Stanford, Comm. : Educational Dimensions

500 bb ▾aMade in 1999

*260필드에 기술되지 않은 발행사항과 배포사항, 그리고 제작사항은 500필드에 주기한다(A2R.7.7B9; K4.7.7.3.9).

최초에 공개된 국명이 둘 이상으로 008/15-17 자리의 기술만으로 불충분할 때는 전체 발행국 또는 제작국의 부호를 044에 식별기호 ▾a를 반복하여 입력하고, 문자에 의한 설명적인 주기는 500필드에 주기한다.

008/15-17 ko
044 bb ▾ako ▾aja ← 한국과 일본의 공동제작
500 bb ▾a개봉국명: 한국

500 bb ▾aFirst released in Yugoslavia

500 bb ▾a개봉국명: Yugoslavia

260필드에 기술되지 않은 발행과 배급에 관한 사항은 필요에 따라 500필드에 주기한다.

500 bb ▾a제조원: 동우영상
500 bb ▾a공급원: 대우전자

500 bb ▾a한국의 배급자: 워너브러더스코리아

500 bb ▾aDistributed in the U.K. by: EAV Ltd.

「형태사항에 관한 주기」(K4.7.7.3.10;A2.7.7B10)

500 bb ▾a화면의 종횡비: 시네마스코프

500 bb ▾aWidescreen: 2.35 : 1

*300필드에 입력되지 않은 영사특성, 필름이나 테이프의 길이, 음향특성, 색채, 프린트형식, 비디오녹화방식, 특수영사조건 등을 필요에 따라 500필드에 주기한다(A2R.7.7B10;K4.7.7.3.10).

· 녹음특성:

500 bb ▾a녹음특성: Magnetic sound track

500 bb ▾aDolby stereo., mono.

*녹음부분에 대한 특수성인 광학녹음, 자기녹음, 녹음의 트랙 등을 주기한다.

· 필름이나 테이프의 길이:

500 ꝒꝒ ▾a필름의 길이: 14,139 ft.

500 ꝒꝒ ▾a비디오테이프의 길이: 7,144 ft.

*영화는 최초화면에서 최후화면까지, 비디오테이프는 최초 프로그램신호(first programme signal)에서 최후신호까지를 feet로 주기한다.

· 색채:

500 ꝒꝒ ▾aTechnicolor

500 ꝒꝒ ▾aColour recording system: SECAM

500 ꝒꝒ ▾aSepia print

*기술대상자료의 색채공정이나 색채기록방식 등에 관한 사항을 기술한다.

· 프린트형식: 음화(陰畵: negative), 양화(陽畵: positive), 반전화(反轉畵: reversal), 반전중간음화(反轉中間陰畵: reversal inter-negative), 중간음화(中間陰畵: inter-negative), 중간양화(中間陽畵: inter-positive), 원색별화(原色別畵: colour separation), 복사(複寫: duplicate), 미립자복사(微粒子複寫)의 양화(陽畵) 또는 음화(陰畵: fine grain duplicating positive or negative)를 기술한다(A2R.7.7B10.d).

필름케이스는 소재가 된 초산염계(硝酸鹽系: nitrate), 아세테이트(acetate), 폴리에스테르(polyester)를 기술한다.

· 비디오녹화방식:

500 ꝒꝒ ▾a녹화방식: Teldec disc

500 ꝒꝒ ▾a녹화방식: Standard: 405 lines, 50 field, high band

*녹화시 사용된 녹화방식을 500필드에 주기한다.

· 특수영사조건:

500 ꝒꝒ ▾a특수영사조건: Three-dimensional film

*영사하는 데 필요한 특수한 조건이 300필드에 입력되지 않았을 때 그 조건을 500필드에 주기한다.

기술대상자료의 이용이나 보존을 위한 중요한 형태적 세목을 기술한다.

기타 형태사항에 기술되지 않은 사항으로서 기술할 필요가 있는 경우 이를 주기한다.

「딸림자료에 관한 주기」(K4.7.7.3.11;A2.7.7B11)

500 bb ▾a해설서: 22 p. : 그림 ; 20 cm.

500 bb ▾a해설서가 있음

500 bb ▾aWith shot list

500 bb ▾aWith instruction manual

500 bb ▾aCast list and credits on box

*300필드에 입력되지 않은 딸림자료나 딸림자료가 별도의 표제를 가지고 있을 때는 이를 500필드에 주기한다.

「총서사항에 관한 주기」(K4.7.7.3.12;A2.7.7B12)

500 bb ▾a총서표제: 한국명화, 제2집.

500 bb ▾aOriginally issued in series: Harry Potter

500 bb ▾aFrom the BBC TV series.

*440필드나 490필드의 총서주기에 기술되지 않은 총서에 관한 사항은 필요에 따라 '총서표제'라는 표출어로 500필드에 주기한다.

「문화재 지정에 관한 주기」(K4.7.7.3.26)

500 bb ▾a보물 제726호, 1981년 7월 15일 지정

*국보, 보물, 중요문화재 등으로 지정된 사실을 주기

501 합취입주기(With Note)(K4.7.7.3.20;A2.7.7B21) <O>R

영화 및 비디오녹화자료가 각각 제작된 두 개 이상의 작품을 합철한 경우는 245필드에 본표제로 기술된 이외의 자료에 관한 사항을 '합철', 'With'라는 표출어로 합철자료의 표제와 책임표시사항, 제작진, 배역진, 판차, 발행사항, 상영시간 등을 501필드에 기술하고, 7XX필드로 부표목한다. 이때 기입체와 동일한 기술사항은 입력을 생략한다.

┌─ 표출어는 한국어는 '합철:', 영어는 'With:'로 기재한다.

501 bb ▾a표출어: ▾c합철표제 = ▾x대등표제 / ▾d감독 ; ▾e시나리오 작가 ▾g(제작진주기) ▾g(연주시간)

245 00 ▾a좌절과 희생 ▾h[비디오녹화자료]
501 bb ▾a합철: ▾c굳은 신념과 용기 — ▾c끝없는 영웅들의 대모험
<출력> 합철: 굳은 신념과 용기. 끝없는 영웅들의 대모험

740 ㅃㅃ ▾a굳은 신념과 용기 [비디오녹화자료]
740 ㅃㅃ ▾a끝없는 영웅들의 대모험 [비디오녹화자료]

245 00 ▾a피터와 늑대 ▾h[비디오녹화자료] / ▾dDame Merle Park 감독 ; ▾eIan Spurling 각본 ; ▾eSteve Hall, Terry Loader, Mark Faulkner 촬영
501 ㅃㅃ ▾a합철: ▾c어린이와 요술 / ▾dHan Hulscher 감독 ; ▾e Maurice Ravel 음악 ; ▾eColette 가사

245 00 ▾aPeter and the wolf ▾h[videorecording] / ▾ddirected by Dame Merle Park ; ▾estoryteller, Ian Spurling ; ▾ecameras, Steve Hall, Terry Loader, Mark Faulkner
501 ㅃㅃ ▾aWith: ▾cL'enfant et les sortileges / ▾dvideo director, Han Hulscher ; ▾emusic, Maurice Ravel ; ▾elibretto, Colette

501 ㅃㅃ ▾aWith: ▾cFrilly fillies — ▾cThe Shy mouse — ▾cThe Night hawk
740 ㅃㅃ ▾aFrilly fillies
740 ㅃㅃ ▾aShy mouse
740 ㅃㅃ ▾aNight hawk

501 ㅃㅃ ▾aWith: ▾cThe Truman story

합철된 작품이 3개 이상으로 기술사항이 길 때는 505에 내용주기하기도 한다.

502 학위논문주기(Dissertation Note)(K4.1.7.3.13;A2.7.7B13) <O>R → 별책 502필드 참조

학위청구논문으로 제작된 영화 및 비디오녹화자료는 502필드에 주기한다.

505 내용주기(Formatted Contents Note) (K4.7.7.3.18;A2.7.7B18) <O>NR → 별책, 제2장 505필드 참조

제1지시	0–완전한 내용주기. 1–불완전한 내용주기. 2–부분 내용주기. 8–표출어를 생성하지 않음.	제2지시	ㅃ–기본형. 0–확장형.
식별	▾a–형식화된 내용주기. ▾d–첫 번째 책임표시(R). ▾e–두 번째 이하 책임표시(R). ▾n–권차(R).		▾t–표제(R). ▾g–기타 정보(R). ▾u–URI(R). ▾8–필드 링크와 일련번호(R).

내용주기는 수록된 개개의 작품에 관한 표제, 책임표시, 상영시간 등이 기술된다.

245 10 ▾aLife science. ▾nI ▾h[비디오녹화자료]

한국어로 된 '내용'이라는 표출어는 제1지시기호 '0'에 의해 자동 생성
제2지시기호가 0(확장형)일 때는 내용주기되는 각 사항에 식별기호 표시

505 00 ▾t새 이야기 — ▾t농장동물들 — ▾t포유류 이야기 — ▾t먹이 연쇄와 먹이 피라미드 — ▾t신비한 나비의 세계 — ...
<출력> 내용: 새 이야기 — 농장동물들 — 포유류 이야기 — 먹이 연쇄와 먹이 피라미드 — 신비한 나비의 세계 — ...

245 00 ▾a한국독립 애니메이션 ▾h[비디오녹화자료]
제2지시기호가 ƀ(기본형)일 때는 내용주기를 식별기호 없어 띄어쓰기로 기재하고 표제와 저작자는 7XX필드로 분출표목
505 0ƀ ▾a와불 / 이용배 (14:30) — 내일 인간 / 전승일 (13:20) — 원천 봉쇄 / 이영욱 (11:15) — Subway / 나기용 (15:28) — 골목 밖에서 / 유진희 (14:00) — ...
<출력> 내용: 와불 / 이용배 (14:30) — 내일 인간 / 전승일 (13:20) — 원천 봉쇄 / 이영욱 (11:15) — Subway / 나기용 (15:28) — 골목 밖에서 / 유진희 (14:00) — ...

245 00 ▾a반지의 제왕 ▾h[비디오녹화자료]
505 0ƀ ▾a제1편. 반지 원정대 — 제2편. 두 개의 탑 — 제3편. 왕의 귀환
<출력> 내용: 제1편. 반지 원정대 — 제2편. 두 개의 탑 — 제3편. 왕의 귀환

245 01 ▾a(The)Bible ▾h[videorecording]
제1지시기호 '8'은 표출어가 생성되지 않게 지시, '▾a'로 표출어를 기술
505 8ƀ ▾aContents: CD 1. Genesis / director, Ermanno Olmi — CD 2. Abraham / director, Joseph Sargent — CD 3. Jacob / director, Peter Hall
<출력> Contents: CD 1. Genesis / director, Ermanno Olmi — CD 2. Abraham / director, Joseph Sargent — CD 3. Jacob / director, Peter Hall

245 00 ▾aLife science. ▾nII ▾h[videorecording]
505 8ƀ ▾aContents: Animal communication — Animal families — Animal predators and the balance of nature — Beneath the caribbean — Real world science : Brain and nervous system — ...

506 이용제한주기(Restrictions on Access Note)(K4.1.7.3.14;A2.7.7B14) <O>R → 별책, 제2장 506필드 참조

보안이 필요한 자료의 보안분류, 보안취급자, 이용가능 국명, 하위로의 등급조정날짜, 최초의 보안 분류국 등 접근제한 사항을 기술한다.

508 제작진주기(Creation/Production credits note)(A2R.7.7B6;K4.7.7.3.6) <O>R

예술적 및 기술적으로 영화나 비디오 녹화의 제작에 공헌한 개인명이나 단체명을 역할어와 짝지어 다음의 순서로 '제작진', 'Credits'라는 표출어로 주기한다.

제작자 / 요약, 시나리오, 각본, 각색, 해설의 작가
감독 / 음악책임자(작곡자, 음악감독, 편곡자 등)
나레이터 / 촬영자, 사진사, 카메라맨
협력기관 / 필름편집자
활동사진제작자

제1지시	ƀ－미정의	제2지시	ƀ－미정의
식별	▾a－제작진주기	▾8－필드 링크와 일련번호(R)	

508 ƀƀ ▾a제작진: 박희주 촬영 ; 이강산 조명 ; 유대현 동시녹음 ; 이동준 음악

508 ƀƀ ▾a제작진: 카를로 드 팔머 촬영 ; 수잔 모스 편집 ; 딕 하이맨 음악 ; 산토 로콰스트 미술 ; 제프리 컬랜드 의상

245 00 ▾a반지의 제왕. ▾n2, ▾p두 개의 탑 ▾h[비디오녹화자료]
508 ƀƀ ▾a제작진: 각본, Fran Walsh, Philippa Boyens ; 제작, Barrie M.Osborne ; 기획, Robert Shaye ; 미술, Grant Major ; 편집, Michael Horton ; 음악, Howard Shore

508 ƀƀ ▾aCredits: Screenplay, Harold Pinter ; music, John Dankworth ; camera, Gerry Fisher ; editor, Reginald Beck

510 인용/참고주기(Citation/References Note) <O>R → 별책, 제2장 510필드 참조

511 연주자나 배역진주기(Participant or Performer Note)(K4.7.7.3.6;A2R.7.7B6) <O>R

연기자, 연주자, 출연자순으로 '배역'이라는 표출어로 주기한다. 필요한 경우는 연기자명에 배역명을 ()에 묶어 함께 기술한다.

제1지시	1－배역. 8－표출어를 생성하지 않음.	제2지시	ƀ－미정의.
식별	▾a－연주자와 배역진 주기.	▾8－필드 링크와 일련번호(R).	

511 1ƀ ▾a한석규, 심혜진, 진희경, 신현준.
<출력> 배역: 한석규, 심혜진, 진희경, 신현준.
ㄴ 제1지시기호 '1'에 의해 한국어에 의한 표출어 '배역'은 자동 출력

511 1ƀ ▾a안소니 홉킨스 (월콕스 역), 엠마 톰슨 (마가렛 역), ...
ㄴ 연기자명 ㄴ () 내는 연기자의 배역명

245 00 ▾a반지의 제왕. ▾n2, ▾p두 개의 탑 ▾h[비디오녹화자료]
511 1ƀ ▾aElijah Wood, Ian McKellen, Liv Tyler, Viggo Mortensen, Sean Astin, Cate Blanchett, John Rhys-Davies

┌ 한국어 이외의 표출어는 제1지시기호 '8'로 지시하고 표출어를 기술

511 8ƀ ▾aCast: Leonard Whiting (Romeo), Olivia Hussey (Juliet), Milo O'shea (Friar Lawrence), Rat Heywood (The Nurse), Robert Stephens (The Prince).

<출력> Cast: Leonard Whiting (Romeo), Olivia Hussey (Juliet), Milo O'shea (Friar Lawrence), Rat Heywood (The Nurse), Robert Stephens (The Prince).

해설자나 나레이터와 같은 음성에 의한 출연자는 '배역', '스태프'(staff), 'Narrator'라는 표출어로 511필드에 주기한다(A2R.7.7B6).

511 0ƀ ▾a나레이터: 이한성

511 0ƀ ▾aNarrator: Burl Ives

511 0ƀ ▾aVoices: Peter Ustinov, Cloris Leachman, Sally Kellerman, Andy Devine

511 0ƀ ▾aPresenter: Jackie Glanville

제작조수, 조감독, 미술감독, 포장디자인 등은 목록에 입력하지 않는다.

518 녹음일시와 장소주기(Date/Time and Place of an Event) <O>R

공연이나 촬영과 관련된 일시와 장소를 033필드와 연계하여 서술 주기한다.

518 ƀƀ ▾3자료 범위지정 ▾a촬영/녹음 일시와 장소

┌ 1997년 8월 31일을 8단위(YYYYMMDD)로 표시
┌ 녹음지명부호로 '11000'은 서울의 지명부호

033 0ƀ ▾a19970831 ▾b11000
518 ƀƀ ▾a서울 하얏트호텔 대회의실에서 1997년 8월 31일 비디오 심포지엄을 녹화

033 0ƀ ▾a20030613 ▾b22000
518 ƀƀ ▾a설교, 2003년 6월 13일 대구중부교회에서 녹화

518 ƀƀ ▾aFilmed on location in Barcelona

033 00 ▾a19990926 ▾bn-us
518 ƀƀ ▾aFilmed in New York on September 26, 1999

033 20 ▾a200101-- ▾a200106-- ▾ba-ja
518 ƀƀ ▾aFilmed on location in Tokyo and Osaka from January through June 2001

518 ƀƀ ▾aBroadcast October 17, 1954 at 7:30 pm

520 **요약 등 주기**(Summary, etc. Note) (K4.1.7.3.16;A2R.7.7B17) <O>R → 별책 520필드 참조

제1지시	ƀ-요약. 2-범위와 내용. 0-주제. 3-초록. 1-평론. 4-해제. 8-표출어를 생성하지 않음.	제2지시	ƀ-미정의.
식별	▾a-요약 등 주기. ▾u-URI(R). ▾3-자료 범위지정. ▾b-추가요약 정보. ▾8-필드 링크와 일련번호(R).		

*요약은 제명에 표현된 내용을 배제하고, 특정대상의 연령, 제작에 관한 특수기술 등을 포함하여 보통 3행이나 70자 이내로 간결하고 객관적으로 기술한다.

520 ƀƀ ▾a자료는 제17회 대한소화기내시경학회 세미나 중 비디오심포지엄을 편집 제작한 것임.

<출력> 요약: 자료는 제17회 대한소화기내시경학회 세미나 중 비디오심포지엄을 편집 제작한 것임.

520 ƀƀ ▾a지금으로부터 약 1000년전 영국 아더왕시대 주인공 케이리가 왕국을 살리기 위해 마법의 칼을 찾아 헤매는 모험.

520 8ƀ ▾aSummary: Motion pictures taken by Neil Amstrong and Michael Collins and during the first moon landing, July 1969.

521 **이용대상자 주기**(Target Audience Note)(K4.1.7.3.14;A2R.7.7B14) <O>R → 별책 521필드 참조

제작시 의도한 관람 대상자를 제1지시기호에 지시한 표출어로 주기한다(A2R.7.7B14).

제1지시기호	표출어(자동생성)	영어표출어(입력)
ƀ-	이용대상자:	Audience:
0-	독서수준:	Reading grade level:
1-	대상연령:	Interest age level:
2-	대상학년:	Interest grade level:
3-	특수이용대상:	Special audience characteristics:
4-	동기유발수준:	Motivation interest level:
8-	표출어를 생성하지 않음	

521 ƀƀ ▾3자료범위 지정 ▾a이용대상자(R). ▾b정보원

521 ƀƀ ▾a아동용 <출력> 이용대상자: 아동용

521 3ƀ ▾a신입사원연수용 <출력> 특정 독자층: 신입사원연수용

521 1ƀ ▾a15세이상 <출력> 대상 연령층: 15세이상

521 1ƀ ▾a7 & up.

521 8ƀ ▾aMPAA rating: R

521 8ƀ ▾aIntended audience: Elementary grades

524 **인용한 자료에 관한 주기**(Preferred Citation of Described Materials Note) <O>R
→ 별책 524필드 참조

제작에 인용한 자료를 '인용', 'Cite as'라는 표출어로 주기한다.

제1지시	ƀ-인용. 0-표출어를 생성하지 않음.	제2지시	ƀ-미정의.
식별	▾a-인용주기. ▾2-사용된 스키마의 정보원.	▾3-자료 범위지정. ▾8-필드 링크와 일련번호(R).	

524 ƀƀ ▾a성산고분발굴유물, 계명대학교 박물관 소장
<출력> 인용: 성산고분발굴유물, 계명대학교 박물관 소장

524 8ƀ ▾aCite as: "Death and society," narr. Joanne Silbermer, National Public Radio, WUWM, Milwaukee, 25 Jan. 1998

524 8ƀ ▾aCite as: D. S. LeBlanc, J. Cote, and B. Girard, "Autonomic nervous system and adaptation to cold in man," J. Appl. Physiol. 39(2):181-186

530 **이용가능한 다른형태 저록**(Additional Physical Form Available Note) <O>R → 별책 530필드 참조

530 ƀƀ ▾a이용가능 다른형태자료의 설명적 주기 ; ▾b이용가능 정보원
776 ❶ƀ ▾a기본표목. ▾t표제, ▾zISBN

245 10 ▾a하얀전쟁 ▾h[영화] / ▾d정지영 감독
530 ƀƀ ▾a단행본 인쇄자료로도 간행
776 0ƀ ▾a안정효. ▾t하얀전쟁, ▾z8912061860
<출력> 이용가능한 다른 형태자료: 안정효. 하얀전쟁, ISBN 89-12-06186-0

*'이용가능한 다른 형태자료:'라는 표출어는 '▾a'에 의해 자동 생성

533 **복제주기**(Reproduction Note) <A>R → 별책 533필드 참조

533 ㅂㅂ ▾a복제형식. ▾b복제장소(R) : ▾c복제기관(R), ▾d복제일자. ▾e복제 형태사항.

533 ㅂㅂ ▾a비디오테이프. ▾b대구 : ▾c계명대학교 동산도서관, ▾d2000. ▾e비디오 카세트 1매.
<출력> 복제: 비디오테이프. 대구 : 계명대학교 동산도서관, 2000. 비디오카세트 1매.

533 ㅂㅂ ▾aReproduction: Videorecording. ▾b[S.l.]. ▾cWarner Home Video, ▾d1978. ▾e1 videocassette

534 **원본주기**(Original Version Note) <A>R → 별책 534필드 참조

534 ㅂㅂ ▾p원본발행사항: ▾cBurbank, CA. : Columbia Pictures, 197
<출력> 원본발행사항: Burbank, CA. : Columbia Pictures, 197

534 ㅂㅂ ▾pOriginally published: ▾c[S.l.] : Mutual Film Co., 1916

535 **원본/복제본의 소장처 주기**(Location of Originals/Duplicates Note) <O>R→ 별책 535필드 참조

원본자료이나 복제자료의 소장처를 지시기호로 구분하여 해당 자료의 소장기관명과 국명 등을 주기한다. 표출어는 제1지시기호에 의해 자동 생성된다.

┌ *제1지시기호: 1－원본 소장기관. 2－복제본 소장기관
535 ❶ㅂ ▾3자료범위지정 ▾a소장 기관명 ; ▾b우편주소(R) ; ▾c국명(R) ; ▾d연락처 ▾g소장처부호

536 **기금정보 주기**(Funding Information Note) <O>R→ 별책 536필드 참조

538 **시스템사항에 관한 주기**(System Details Note) <O>R

해당 자료의 시스템정보에 관한 사항을 기술한다. 비디오녹화자료는 상호, 녹화방식, 해상도라인의 수, 변조주파수에 관한 정보를 주기한다(300필드에 식별기호 ▾b(녹화 및 재생방식) 참조). 다음은 MARC21과 A2R.7B710에 제시된 비디오녹화자료의 포맷이다.

Beta(1/2 in., videocassette)
VHS(1/2 in., videocassette)
Betacam(1/2 in., videocassette)
Betacam SP(1/2 in., videocassette)

EIJJ(1/2 in. reel)	Super-VHS(1/2 in., videocassette)
Type C(1 in., reel)	M-II(1/2 in., videocassette)
Quadruplex(1 in. or 2 in., reel)	D2(3/4 in., videocassette)
Laserdisc	8 mm.
CED(Capacitance electronic disc)	Hi-8 mm
videodisc	DVD
Laser optical CAV	LaserVision CAV

제1지시	ꞥ-미정의.	제2지시	ꞥ-미정의.
식별	▾a-시스템에 관한 사항. ▾u-URI(R).	▾e-자료 범위지정. ▾8-필드 링크와 일련번호(R).	

538 ꞥꞥ ▾aU-Matic
<출력> U-Matic

538 ꞥꞥ ▾aDVD: digital Dolby surround; dual-layer format; standard version

540 **이용과 복제 제한에 관한 주기**(Terms Governing Use and Reproduction Note)(K4.1.7.3.14;A2R.7.7B14) <O>R → 별책 540필드 참조

540 ꞥꞥ ▾a제한: 비영리 교육용으로만 복제할 수 있음

540 ꞥꞥ ▾aRestricted: For official use only

540 ꞥꞥ ▾aRestricted: Closed for 30 years

540 ꞥꞥ ▾a제한: 복제불가

540 ꞥꞥ ▾aRestricted: Copying allowed only for non-profit organization

541 **입수처 주기**(Immediate Source of Acquisition Note) <O>R → 별책 541필드 참조

545 **전기적 또는 역사적 데이터**(Biographical or Historical Data) <O>R → 별책 545필드 참조

555 **누가색인/검색도구주기**(Cumulative Index/Finding Aids Note) <O>R → 별책 555필드 참조

561 **소유권 및 소장내력주기**(Ownership and Custodial History) <O>R → 별책 561필드 참조

580 **연관저록 설명주기**(Linking Entry Complexity Note) <O>R → 별책 580필드 참조

580 ƀƀ ▾a연관저록 설명주기

581 **참조정보원 주기**(Publications About Described Materials Note) <O>R→ 별책 581필드 참조

┌─ ❶: ƀ－참조정보원 8－표출어를 생성하지 않음

581 ❶ƀ ▾3자료 범위지정 ▾a참조정보원 주기, ▾zISBN(R)

245 00 ▾a프라하의 봄 ▾h[영화] / ▾dPhilip Kaufman 감독 ; ▾eJean-Claude Carriere 각본

581 ƀƀ ▾a영화비평: "<프라하의 봄>의 상징적 표현기법의 분석" / 민병록 평, 映畵評論. 제1호(1989). pp. 333-348.

<출력> 참조정보원: 영화비평: "<프라하의 봄>의 상징적 표현기법의 분석" / 민병록 평, 映畵評論. 제1호(1989). pp. 333-348.

245 00 ▾a버디 ▾h[영화] / ▾dAlan Parker 감독

581 ƀƀ ▾a영화평론: "<버디>를 통해 본 알란 파커의 작품세계 / 민병록 평," 영화평론. 제3호(1991). p. 241-247.

581 8ƀ ▾aPublication: Levine, Lawrence W. "William Shakespeare and American people: A study in cultural transformation." American Historical Review, 89 (Feb. 1984).

583 **보존처리 주기**(Action Note) <O>R → 별책 583필드 참조

585 **전시주기**(Exhibitions Note) <O>R → 별책 585필드 참조

585 ƀƀ ▾a전시: "면과 선의 세계," 영남대학교박물관 소장 조선시대 목판전, 계명대학교 박물관, 2001년 10월 25일 - 2002년 1월 10일

585 ƀƀ ▾aExhibited: "Visions of city & country: Prints and photographs of nineteenth-century France," organized by Worchester Art Museum and the American Federation of Arts, 1982.

586 **수상주기**(Awards Note)(K4.1.7.3.24) <O>R → 별책 586필드 참조

586 ƀƀ ▾a칸느영화제 작품상, 감독상 ; 몬트리올영화제 남우주연상

<출력> 수상: 칸느영화제 작품상, 감독상 ; 몬트리올영화제 남우주연상

* '수상'이라는 한국어 표출어는 자동 생성된다.

586 ƀƀ ▾a몬트리올영화제 남우주연상

586 ƀƀ ▾a아카데미 여우조연상 수상, 제67회(1995)

586 ƀƀ ▾a골든글로브 여우조연상, 1995

586 8ƀ ▾aAwards: Academy Award for Best Picture, 1987
ㄴ 한국어로 된 '수상'이라는 표출어 이외는 제1지시기호 '8'로 표출어를 기술해야 한다.

12. 주제명부출표목(6XX)

600 주제명부출표목－개인명(Subject Added Entry－Personal Name) <A>R → 별책 600 필드 참조

┌ 제1지시기호 '1'은 성을 가진 인명일 때
│┌ 제2지시기호 '4'는 주제명표목표를 사용치 않고 자체에서 작성한 주제명일 때
600 14 ▾a신상옥 ▾x전기 <출력> 신상옥—전기
ㄴ 주제세목
ㄴ '▾x'는 일반세목을 위한 식별기호
ㄴ '▾a'의 인명표목은 개인명을 성과 이름으로 표기

600 00 ▾aKennedy, John F., ▾d1917-1963 ▾xAssassination
<출력> Kennedy, John F., 1917-1963—Assasination

610 주제명부출표목－단체명(Subject Added Entry－Corporate Name) <A>R → 별책 610필드 참조

610 ƀ4 ▾aKBS영상사업단 ▾x업적
<출력> KBS영상사업단—업적

610 ƀ4 ▾aBritish Broadcasting Corporation ▾xHistory
<출력> British Broadcasting Corporation—History

611 주제명부출표목－회의명(Subject Added Entry－Meeting Name) <A>R → 별책 611필드 참조

611 ƀ4 ▾a대한소화기내시경학회 비디오심포지엄 ▾n(제17회 : ▾d1997 : ▾c서울) ▾x보고
<출력> 대한소화기내시경학회 비디오심포지엄 (제17회 : 1997 : 서울)—보고

611 ƀ4 ▾aOlympic Games ▾n(23rd : ▾d1984 : ▾cLos Angeles, Calif.) ▾xProceedings
<출력> Olympic Games (23rd : 1984 : Los Angeles, Calif.)—Proceedings

630 주제명부출표목－통일표제(Subject Added Entry－Uniform Title) <A>R → 별책 630필드 참조

630 04 ▾a춘향전 (영화) ▾x해설
<출력> 춘향전 (영화)—해설

630 04 ▾a성서. ▾p신약 ▾x지도
<출력> 성서. 신약—지도

630 00 ▾aBible. ▾lEnglish ▾xVersions
<출력> Bible. English—Versions

630 00 ▾aFour seasons (Motion picture : 1981)

650 주제명부출표목－일반주제명(Subject Added Entry－Topical Term) <A>R → 별책 650필드 참조

650 14 ▾a도서관 ▾z한국 <출력> 도서관—한국

650 04 ▾a세계대전

650 14 ▾a영화 ▾x교육

650 10 ▾aArchitecture, Modern ▾y19th century
<출력> Architecture, Modern—19th century

650 04 ▾aNuclear energy ▾xHistory

651 주제명부출표목－지명(Subject Added Entry－Geographic Name) <A>R → 별책 651필드 참조

651 ƀ4 ▾a한국 ▾x영화
<출력> 한국—영화

651 ƀ4 ▾aAmerican Indian ▾xPainting
<출력> American Indian—Painting

651 ƀ4 ▾a불국사

653 비통제주제명(Index Term－Uncontrolled) <A>R → 별책 653필드 참조

653 ƀƀ ▾a영화예술
<출력> 영화예술

653 ƀƀ ▾a만화영화. ▾a제작
<출력> 만화영화. 제작

653 ƀƀ ▾aStamp collecting (United States)

653 ƀƀ ▾aChildren's songs

654 **주제명부출표목－패싯 주제어**(Subject Added Entry－Faceted Topical Terms) <A>R
→ 별책 654필드 참조

655 **색인어－장르/형식**(Index Term－Genre/Form) <O>R → 별책 655필드 참조

13. 부출표목(70X-75X)

700 **부출표목－개인명**(Added Entry－Personal Name) <A>R → 별책 700필드 참조

┌ ❷: ƀ－정보가 제공되지 않음. 2－분출표목
700 ƀ❷ ▾a개인명, ▾d생몰년 .....

700 1ƀ ▾a임권택　　　　700 1ƀ ▾aSmith, Mel

245 00 ▾a8월의 크리스마스 ▾h[영화] / ▾d허진호 감독 ; ▾e오승욱, ▾e신동환, ▾e허진호 시나리오 ; ▾e유영길 촬영
700 1ƀ ▾a허진호
700 1ƀ ▾a오승욱
700 1ƀ ▾a신동환
700 1ƀ ▾a유영길

245 00 ▾a한국독립 애니메이션 ▾h[비디오녹화자료]
505 0ƀ ▾a와불 / 이용배 (14:30) — 내일 인간 / 전승일 (13:20) — 원천 봉쇄 / 이영욱 (11:15) — Subway / 나기용 (15:28) — 골목 밖에서 / 유진희 (14:00) — ...
700 12 ▾a이용배. ▾t와불 ▾h[비디오녹화자료]
700 12 ▾a전승일. ▾t내일 인간 ▾h[비디오녹화자료]
700 12 ▾a이영욱. ▾t원천 봉쇄 ▾h[비디오녹화자료]
700 12 ▾a나기용. ▾tSubway ▾h[비디오녹화자료]
700 12 ▾a유진희. ▾t골목 밖에서 ▾h[비디오녹화자료]
....

245 01 ▾a(The) Bible ▾h[videorecording]
505 8ƀ ▾aContents: CD 1. Genesis / director, Ermanno Olmi — CD 2. Abraham / director, Joseph Sargent — CD 3. Jacob / director, Peter Hall
700 12 ▾aOlmi, Ermanno. ▾tGenesis ▾h[videorecording]
700 12 ▾aSargent, Joseph. ▾tAbraham ▾h[videorecording]
700 12 ▾aHall, Peter. ▾tJacob ▾h[videorecording]

245 00 ▾aReplacement killers ▾h[motion picture] / ▾ddirected by Antoine Fuqua ; ▾ewritten by Ken Sanzel
700 1ƀ ▾aFuqua, Antoine
700 1ƀ ▾aSanzel, Ken

710 부출표목－단체명(Added Entry－Corporate Name) <A>R → 별책 710필드 참조

┌─ ❷: ƀ－정보가 제공되지 않음. 2－분출표목

710 ƀ❷ ▾a단체명

710 ƀ❷ ▾a상위단체명. ▾b하위단체명(R)

710 ƀƀ ▾a국립경주박물관　　　　　710 ƀƀ ▾aTristar Pictures

245 00 ▾a청풍명월 ▾h[영화] / ▾d김의석 감독
260 ƀƀ ▾a서울 : ▾b에스알이픽처스, ▾c2003
710 ƀƀ ▾a에스알이픽처스

245 00 ▾aGhosts from the past ▾h[videorecording]
260 ƀƀ ▾a[S.l.] : ▾bCastle Rock Entertainment, ▾c2000
710 ƀƀ ▾aCastle Rock Entertainment

245 00 ▾a젊은 날의 선택 젊은 날의 성공 ▾h[비디오녹화자료] : ▾b[홍보자료] / ▾d계명대학교
710 ƀƀ ▾a계명대학교

711 부출표목－회의명(Added Entry－Meeting Name) <A>R → 별책 711필드 참조

┌─ ❷: ƀ－정보가 제공되지 않음. 2－분출표목

711 ƀ❷ ▾a회의명 ▾n(회차 : ▾d회기 : ▾c개최지)

245 00 ▾a식도종양의 내시경적 진단 및 치료 ▾h[비디오녹화자료] : ▾b제18회 대한소화기내시경학회세미나, 1998년 4월 12일, 서울하얏트호텔 / ▾d대한소화기내시경학회
711 ƀƀ ▾a대한소화기내시경학회 세미나 ▾n(제18회 : ▾d1998 : ▾c서울)

711 ƀƀ ▾aPan American Games ▾n(6th : ▾d1971 : ▾cColumbia)

720 부출표목－통제되지 않은 이름(Added Entry－Uncontrolled Name) <O>R → 별책 720필드 참조

730 부출표목－통일표제(Added Entry－Uniform Title) <A>R → 별책 730필드 참조

┌─ ❷: ƀ－그대로 인쇄. 1－원괄호를 제외하고 인쇄. 2－분출표목

730 ƀ❷ ▾a통일표목. ▾p권차표제(R). ▾l언어 ....

730 ƀƀ ▾a춘향전 ▾h[영화]

730 ƀƀ ▾aArabian night ▾h[videorecording]

730 bb ▾aGone with the wind ▾h[motion picture]

740 **부출표목－비통제 연관/분출표제**(Added Entry－Uncontrolled Related /Analytical Title) <A>R → 별책 740필드 참조

┌─ ❷: b－정보가 제공되지 않음. 2－분출표목

740 b❷ ▾a부출표제 ▾h[GMD]. ▾n권차, ▾p권차표제(R)

245 00 ▾a스타워즈 ▾h[비디오녹화자료] = ▾xStar wars
246 31 ▾aStar wars ▾h[비디오녹화자료]
505 00 ▾nDisc 1. ▾t클론의 습격 — ▾nDisc 2, ▾t보이지 않은 위험
740 b2 ▾a클론의 습격 ▾h[비디오녹화자료]. ▾ndisc 1
740 b2 ▾a보이지 않은 위험 ▾h[비디오녹화자료]. ▾ndisc 2

*245 00 ▾aOmnibus. ▾nl, vol. 7 ▾h[motion picture] / ▾dThe TV-Radio Workshop of the Ford Foundation....
*505 8b ▾aContents: Palle alene = Paul, all alone in the world [Danish film] / William L. Synder Productions ; producer, Astrid Henning-Jensen (cast, Lars Henning-Jensen) (21 min.) — Rodeo / producer, William Spier ; choreographer, Agnes De Mille; ....
710 bb ▾aTV-Radio Workshop of the Ford Foundation
740 b2 ▾aRodeo ▾h[motion picture]
740 b2 ▾aPalle alene ▾h[motion picture]
740 b2 ▾aPaul, all alone in the world [Danish film] ▾h[motion picture]

245 00 ▾aLife science. ▾nII ▾h[videorecording]
505 8b ▾aContents: Animal communication — Animal families — Animal predators and the balance of nature — Beneath the caribbean — Real world science : Brain and nervous system — ...
740 b2 ▾aAnimal communication ▾h[motion picture]
740 b2 ▾aAnimal families ▾h[motion picture]
740 b2 ▾aAnimal predators and the balance of nature ▾h[motion picture]
740 b2 ▾aReal world science : Brain and nervous system ▾h[motion picture]

752 **부출표목－계층적 지명**(Added Entry－Hierarchical Place Name) <O>R → 별책 752필드 참조

754 **부출표목－분류학명**(Added Entry－Taxonomic Identification) <O>R → 별책 754필드 참조

14. 연관저록(76X-78X)

773 **기본자료저록**(Host Item Entry) <A>R → 별책 773필드 참조

245 00 ▾a자유부인 ▾h[비디오녹화자료] / ▾d한형모 감독 ; ▾e김선비 각본
773 0b ▾a정비석. ▾t자유부인. ▾d서울 : 정음사
└ ❷: b-수록자료. 8-표출어를 생성 않음
└ ❶: 0-주기로 표시. 1-주기로 표시 않음

776 **기타형태저록**(Additional Physical Form Entry) <O>R → 별책 776필드 참조

530 bb ▾a이용가능한 다른 형태자료의 설명적 주기
776 ❶b ▾a기본표목. ▾t표제, ▾zISBN
└ ❷: b-이용가능한 다른 형태자료. 8-표출어를 생성 않음
└ ❶: 0-주기로 표시. 1-주기로 표시 않음

245 10 ▾a서편제 ▾h[영화] / ▾d김권택 감독
530 bb ▾aCD-ROM으로 발행
776 1b ▾t서편제 : ▾cCD-ROM
<출력> 이용가능한 다른 형태자료: 서편제 : CD-ROM
└ '이용가능한 다른 형태자료'라는 표출어는 자동 생성

245 10 ▾aSwan lake ▾h[videorecording] / ▾d.....
530 bb ▾aAlso available on Laser disc from Bel Air Media
776 0b ▾tSwan lake : ▾cLaser disc
<출력> 이용가능한 다른 형태자료: Swan lake : Laser disc
└ '이용가능한 다른형태 자료'라는 표출어는 자동 생성되나 영어로 된 'Available in other form' 이나 'Issued in other form'라는 표출어는 입력해야 한다.

245 00 ▾aTosca ▾h[videorecording] / ▾ddirected by Gianfranco de Bosio
530 bb ▾aCD(sound recording)로도 제작되어 있음
776 0b ▾tTosca [sound recording]. ▾dLondon : Decca Record Co., 1988
<출력> 이용가능한 다른 형태자료: Tosca [sound recording]. London : Decca Record Co., 1988

100 1b ▾aPuccini, Giacomo
245 10 ▾aTosca ▾h[soundrecording] / ▾dGiacomo Puccini
530 bb ▾aCD Video로도 제작되어 있음
776 0b ▾tTosca [videorecording]. ▾dLondon : Decca Record Co., 1988
<출력> 이용가능한 다른 형태자료: Tosca [videorecording]. London : Decca Record Co., 1988

15. 총서부출표목(80X–830)

800 총서부출표목–개인명(Series Added Entry–Personal Name) <A>R → 별책 800필드 참조

810 총서부출표목–단체명(Series Added Entry–Corperate Name) <A>R → 별책 810필드 참조

811 총서부출표목–회의명(Series Added Entry–Meeting Name) <A>R → 별책 811필드 참조

830 총서부출표목–통일총서표제(Series Added Entry–Uniform Title) <A>R → 별책 830필드 참조

490 10 ▾aKBS역사스페셜
830 ␢0 ▾a역사스페셜 (KBS) [비디오녹화자료]

490 10 ▾aWalt Disney classics
830 ␢0 ▾aDisney classics [videorecording]

*490 10 ▾aThe Teenage years
830 ␢0 ▾aTeenage years [videorecording]

16. 소장, 변형문자 등—일반정보(Holdings, Alternate Graphics, etc.—General Information: 841–88X)

850 소장기관(Holding Institution) <O>R → 별책 850필드 참조

852 소장위치(Location) (K4.7.7.3.24)<O>R → 별책 852필드 참조

890 미입력문자표시<A>NR → 별책 890필드 참조

17. 로컬필드(9XX) → 별책의 9XX 해당 필드 참조

제4장 전자자료

4.1. 전자자료의 의의

컴퓨터는 자료를 내부에 저장하기 위한 주기억장치(primary storage)와 외부에 저장하기 위한 보조기억장치(secondary/auxiliary storage)가 있는데, 컴퓨터파일은 보조기억장치로 외부에 자료를 저장하기 위한 매체이다.

컴퓨터파일(computer file)은 컴퓨터조작을 위해 코드화된 파일로서 이는 데이터파일과 프로그램파일로 구성되며, 직접접근(direct access)과 원격지접근(remote access)으로 활용될 수 있도록 적절한 용기에 저장되어 있는 것이다.[159] 여기서 컴퓨터조작은 컴퓨터를 사용하여 데이터를 처리, 검색, 해독한다는 의미이며, 코드화시킨 파일은 문자나 숫자 등을 특정의 코드로 표현한 코드정보의 집합이고, 적절한 용기는 자기디스크나 광디스크 등과 같은 기억매체를 말한다.

전자자료는 A2에서는 기계가독데이터파일(Machine Readable Data File), A2R과 USMARC에서는 컴퓨터파일(Computer File), A2R(2002 rev.)[160]와 M21[161]에서는 전자자료(Electronic

159) *A2R.*, 221.

160) *AACR*, 2nd ed. 2002 revision (Chicago: ALA., 2002).

161) *MARC21 Concise Format for Bibliographic Data*, 2002 concise ed. <http://www.loc.gov/marc/bibliographic/>(cited Nov. 12 2003)

Resource)로 용어가 변경되었다. 기계가독이라는 용어는 컴퓨터가 실용화되기까지 카드셀렉터(card selector)나 펀치카드시스템(punched card system) 등과 같이 정보검색에 사용되었던 각종 기기를 포함한 용어인데 현재는 이러한 정보검색기기는 거의 사용하지 않고 있으며, 또한 기계라는 용어자체가 데이터처리와는 관련이 없는 정보(음성, 화상)의 단순한 재생장치와 혼돈할 우려가 있었다. 뿐만 아니라 실제 컴퓨터 소프트웨어 이용자가 기계가독데이터파일이라는 용어를 잘 이해하지 못하거나 혼동하므로 사용자가 좀더 이해하기 쉽고 친숙한 '컴퓨터'라는 용어를 사용하자는 주장이 많았다.[162] 따라서 A2R에서는 기계라는 막연한 용어 대신에 '컴퓨터파일'이라는 용어를, M21에서는 '전자자료'라는 용어를 사용하게 되었다.

전자자료는 computer와 word processor의 급속한 발전과 그 보급으로 인해 차세대의 정보재로 등장하고 있다. 전자자료가 가진 특성인 대량의 정보수록과 장거리 이용의 편의성, 수록재의 소형화, 재료의 내구성 등은 지금까지 도서관정보봉사와 시설의 한계성을 해결할 수 있게 한 자료라는 점에서 도서관 자료로 그 보급이 가속화되고 있다. 그래서 전자자료의 수집, 보존방법, 취급요령과 이용을 위한 조직화에 관한 지식의 습득은 도서관인이 갖추어야 할 기본지식이 되었다.

전자자료의 수집은 신소재의 개발로 정보의 수록방법과 형태별에 따른 변화가 계속되고 있어서 이를 이용할 수 있는 기기의 짧은 수명으로 인해 수집된 자료의 이용을 어렵게 만들기도 한다. 전자자료는 그 이용이 각각에 맞는 기계적인 장치에 의해 수록되고 열람되기 때문에 신소재의 개발로 기존 자료와 기기의 생산이 중단되고 이로 인해 이미 수집된 자료의 이용이 불가능할 수도 있다. 그래서 전자자료의 수집에는 이용할 수 있는 기기의 수명이나 호환성까지도 생각해야 하고, 필요에 따라서는 생산이 중단된 형태의 전자자료를 새로운 형태의 전자자료로 이동시켜 계속 이용할 수 있도록 해야 한다.

전자자료는 매체마다 특수성이 있기 때문에 각각의 자료에 맞는 보존이나 취급방법이 강구되어야 한다. 특히 기기조작의 잘못으로 데이터를 상실할 수 있기 때문에 복사하여 별도의 장소에 보관하였다가 데이터의 상실에 대비하는 것도 필요하다.

---

162) Nancy B. Olson, "Cataloging Microcomputer Software: suggestions for rule revision," *Cataloging and Classification Quarterly*, 7, no. 1 (Fall, 1986), 4-5.

「전자자료의 취급상 유의사항」

(a) 수입, 정리, 이용 등에서 함부로 취급해서는 안 되며, 특히 drive에 삽입할 때나 빼낼 때 파손되지 않게 다루어야 한다.

(b) 기름, 오물, 지문 등 이물질의 부착으로 내용이 오손되지 않도록 주의해야 한다.

(c) 기기의 정비, 보수점검을 엄격히 해서 사용할 때 기기로 인해 매체가 손상되지 않도록 해야 한다.

(d) 매체마다 보관에 필요한 조건은 약간씩 차이가 있지만 항상 온도 22℃, 습도 55% 정도로 보존하고, 그리고 보존과 이용장소의 조건을 일정하게 해야 한다.

(e) 자기테이프, 플로피디스크 등 자기기록의 원리를 이용한 매체는 자석, 전화기, TV, 전축 등 자장이 있는 물체에 접근을 피해야 한다.

(f) 자기테이프는 전기적으로 되감기를 하고, 테이프에 대한 압력을 일정하게 한다.

(g) 디스크는 라벨에 글씨를 쓸 때 딱딱한 필기구를 사용해서는 안 된다.

(h) 디스크는 반드시 보호용기에 넣어야 하며, 구부리지 않도록 하고, 집게나 클립을 사용해서는 안 된다.

4.2. 전자자료의 종류

전자자료는 기억매체에 의해서 특징적으로 구분되지만, 또한 자료에 포함된 내용의 주제 및 정보의 형태나 레코드 및 파일의 구조 등에 의해 다양한 유형으로 구분되기도 한다. 지금까지 개발된 기억매체(storage medium)는 지(紙)카드(펀치카드, 마크카드), 종이(紙)테이프, 자기테이프, 플로피디스크, 자기드럼(drum), 광디스크 등이 있다. 펀치카드와 종이테이프는 전자자료의 입력매체(input/output medium)로 사용하고, 자기테이프, 자기디스크, 플로피디스크, 자기드럼 등 자기기록의 원리를 이용한 기록매체는 전자자료의 보조기억매체로 사용하고 있다. 또한 광디스크는 레이저디스크나 오디오용의 compact disc(CD)의 기술로 개발된 것인데 대용량의 기억매체로 개발, 실용화되어 급속히 보급되고 있다.

컴퓨터 개발 초기의 기억매체에 수록된 각종 정보는 통계, 수치정보가 주종을 이루었지만 1969년 미국의회도서관의 기계가독목록 개발과 그 배포를 계기로 2차 자료인 목록, 서지,

색인, 초록 등으로 그 대상이 확장되었다. 또한 광디스크의 개발로 1차 자료인 text의 기억을 포함한 음향, 영상 등 입력이 가능한 모든 정보의 수록을 가능하게 하였다.

전자자료의 종류는 자료기관에 따라 구분하는 방법에 차이가 있다. 본서에서는 데이터파일의 내용과 자료의 형태적인 특성에 따라 그 종류를 살펴보았다.

4.2.1. 내용별

1) 데이터파일

데이터파일은 각 데이터를 컴퓨터에 저장하여 필요한 형식으로 처리, 검색할 수 있도록 한 것으로 숫자데이터파일과 원문데이터파일로 구분한다.

(1) 숫자데이터파일

숫자데이터파일은 숫자로 된 컴퓨터데이터의 집합이다. 이러한 데이터파일은 행정적인 기록, 경제분석보고서, 실태조사 등과 같이 통계적으로 처리되는 사회적 숫자데이터파일과 어떤 조건하에서 실제 값을 나타내는 과학적 데이터파일로 구분한다.

(2) 원문데이터파일

원문데이터파일은 원문데이터를 컴퓨터에 저장한 것으로 사전이나 문학작품, 악보 등이 많으며 각종 언어의 문장 및 어휘 분석에 많이 사용된다.

2) 컴퓨터프로그램

컴퓨터프로그램은 데이터처리를 위해서 컴퓨터가 수행할 활동의 내용과 순서를 기록해 둔 명령어의 집합 또는 루틴이다. 이러한 프로그램과 루틴을 소프트웨어라고 한다. 컴퓨터프로그램은 작성언어에 의한 종류와 기능에 의한 종류로 생각해 볼 수 있다.

(1) 작성언어별

컴퓨터프로그램은 작성 언어에 따라 사람이 이해하기 쉬운 언어(예 : FORTRAN, COBOL 등)로 작성된 소오스 프로그램(source program)과 이러한 소오스 프로그램을 컴퓨터가 읽고 이해할 수 있는 기계어(2진수)로 작성된 오브젝트 프로그램(object program)이 있다.

(2) 기능별

기능별은 BIOS프로그램과 OS프로그램, 응용프로그램이 있다. BIOS(basic input /output system)프로그램이란 기본적인 입력/출력시 시스템프로그램으로서 컴퓨터 하드웨어와 소프트웨어, 이용자 사이를 서로 연결시켜 주는 매개체, 즉 인터페이스(interface)기능을 수행하는 프로그램이다. OS(operating system)프로그램은 응용프로그램을 작동하는 데 필요한 환경을 제공한다. 즉 사용자들이 컴퓨터를 쉽게 사용할 수 있도록 도와주는 시스템프로그램으로서, 컴퓨터 사용자가 내부의 복잡한 하드웨어를 몰라도 쉽게 컴퓨터의 기능을 사용할 수 있도록 교량역할을 해 준다. 이는 BIO프로그램과 응용프로그램 사이에 매개체역할을 하는 프로그램으로서 예를 들면 DOS, VM, MVS 등이 있다. 응용프로그램은 컴퓨터사용자가 어떤 특정한 분야에 사용할 수 있도록 작성된 프로그램이다. 이 응용프로그램은 Basic, COBOL, C언어와 같은 컴퓨터언어를 사용하거나, DBASE와 같은 팩키지(package)를 이용하여 작성하게 된다.

4.2.2. 기억매체(형태)별

1) 펀치카드(punched card)

펀치카드는 개발자의 이름을 따서 홀러리스카드(Hollerith card)라고도 하고, 문자를 나타내는 구멍들의 일정한 배열은 홀러리스코드(Hollerith code)라고도 한다. 한국에서는 천공카드로 많이 알려져 있다.

펀치카드는 컴퓨터를 통한 자기매체와 키보드를 사용하여 자료를 입력하기 이전 컴퓨터 사용의 초기에 사용된 것이다. 펀치카드는 컴퓨터가 개발되기 이전인 1888년에 미국의 Herman Hollerith에 의해 개발되어 1890년 미국의 국세조사 집계에 사용되었고, 이후 PCS(punched card system)로 데이터처리에 이용되었다. 펀치카드는 종이테이프와 같이 컴퓨터에 프로그램이나 데이터를 입력하기 위한 대표적인 매체로 사용되었다. 펀치카드는 특정영역에 천공된 작은 직사각형의 구멍에 의해 기록되고, 이렇게 기록된 정보는 카드판독기에 의해 천공부분에 빛이 통과할 때 전류가 흘러 그 전류를 신호로 변환시켜 읽는다.

펀치카드는 여러 가지 형태가 있지만 일반적으로 쓰이는 것은 세로 7.5인치, 가로 3.5인치, 두께 0.017 cm의 장방형으로 표준카드는 12행 80열로 되어 있다. 주로 사용된 대표적인 것은 1928년 IBM사가 개발한 80칼럼카드[163]와 90칼럼카드이다. 펀치카드는 한 때 유일무

---

163) 주로 사용된 80칼럼카드는 12개의 천공행(row)과 80개의 천공열(column)이 있으므로 각 칼럼에는 12개의 punching position이 있다. 윗 부분의 12. 11. 0의 3단은 존영역(zone area)이라 하고, 12천공열의 단독천공에서는 특수문자 &(앰퍼샌드)를, 11천공열의 단독천공에서는 '-'(마이너스 또는 하이픈)의 기호를 나타낸다. 그리고 0에서 9까지의 10단을 숫자영역(digit area)이라고 하고, 천공할 때 0에서부터

이한 컴퓨터 입력매체였지만 자기매체가 등장한 이후에는 사용하지 않게 되었다.

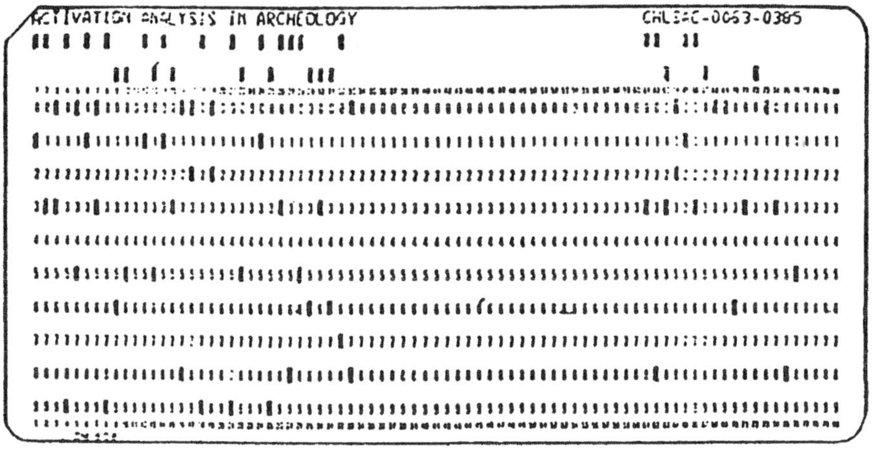

<4-1. 펀치카드>

2) 종이테이프(paper tape; punch tape)

종이테이프는 컴퓨터의 입력매체로 펀치카드와 같은 입력방식으로 사용되고 있다. 보통 릴(reel)식으로 표준치수는 길이 275 m(약1,000 ft), 두께 0.1 mm, 넓이 6채널 코드테이프 22.3 mm, 8채널 코드테이프 25.4 mm이고, 테이프의 한 구멍은 한 비트를 의미하는데 구멍은 테이프의 가장자리와 평행하게 채널들에서 천공된다. 기록밀도는 1인치당 10 문자, 1 권에 약 12만 칼럼이 수용되지만 필요에 의해 짧게도 사용된다. 주로 5, 6, 7, 8개의 채널을 가진 종이테이프를 많이 사용하며, 출력은 종이테이프 판독기(paper tape reader)로 한다. 종이테이프는 데이터를 반영구적으로 보존할 수 있고, 연속해서 기록할 수 있으며, 보존과 운반이 용이하며, 값이 싸고, 오류의 수정이 용이하다는 장점이 있다. 반면에 천공부분의 오손으로 데이터나 처리속도가 지연될 수 있다는 단점도 있다. 종이테이프는 먼 거리에서 보내온 메시지를 직접 종이테이프에 천공함으로써 보다 원활한 전신처리가 가능하다는 점에서 텔리프로세싱(teleprocessing)[164]에 많이 이용되고, 미니컴퓨터에서는 일반 입력매체로도 사용되었다. 그러나

9까지의 천공열의 단독천공에서는 0으로부터 9까지를 나타낸다. 모든 영문자나 특수문자의 천공은 존영역 및 숫자영역을 혼합하여 천공을 표시하는데 중요문자들의 천공위치는 코드로 정해져 있다. 이렇게 천공카드는 하나의 천공 행에 1개의 문자를 기록할 수 있으므로 1매의 카드에는 80자까지 기록할 수 있다.

최근에는 입력과 출력용 플로피디스크가 사용되고 있기 때문에 종이테이프는 거의 사용되지 않는다. 주로 사용된 종이테이프의 종류는 8채널 코드 종이테이프, ASCII종이테이프, 7채널 종이테이프 등이 있다. 컴퓨터용으로는 8채널 코드 종이테이프가 많이 사용되었다.

3) 자기테이프(magnetic tape)

자기테이프는 컴퓨터용의 보조기억매체로서 컴퓨터간의 데이터 교환과 데이터 보존 등 광범위하게 이용된다. 자기테이프는 아세테이트나 폴리에스테르를 소재로 강자성체의 미분말을 입힌 것으로 전원의 변화와 전자석의 작용에 의하여 자성분말에 자장을 만들어 반영구적인 상태로 데이터를 기억시킨다.

자기테이프는 오픈 릴(open reel)과 카세트(cassette(cartridge))형이 있다. 오픈릴 테이프는 폭 12.7 mm, 길이 732 m(2400 ft.), 366 m(1200 ft.), 183 m(600 ft.)의 것이 있다. 자기테이프의 1인치당 바이트수(bits per inch: BPI)는 200, 556, 800, 1600, 6250 byte의 것이 있지만 정보교환이나 그 제공에 사용되는 기계가독자료는 1600BPI나 6250BPI가 주로 사용된다. 기억용량(storage capacity)은 테이프의 기억밀도와 테이프의 길이에 의해 결정된다. 자기테이프는 세로로 7개 또는 9개의 작은 구역에 자화(磁化)할 수 있는 위치가 있는데 이 작은 구역 하나를 트랙이라 하고, 세로의 한 줄 전체를 프레임이라 한다. 트랙의 종류는 7 트랙과 9 트랙이 있지만 일반적으로 사용되는 것은 9 트랙이다. 자기테이프는 대용량의 파일처리가 가능하고, 가격도 안정되어 있다는 장점이 있지만 필요한 데이터를 검색하는 데 자기디스크나 플로피디스크에 비해 시간이 많이 걸린다는 단점이 있다.

자기카세트테이프(magnetic tape cassette)는 일반녹음 테이프와 같이 테이프를 카세트 내에 삽입한 것이지만 고급의 디지털 레코딩테이프로 되어 있는 점이 다르다. 이는 용량이 큰 보조기억장치를 필요로 하지 않은 소형 컴퓨터를 위해 개발한 것이다. 테이프의 폭은 3.81 mm(1.5 in.), 길이는 300, 450, 555 ft가 표준이고, 기록밀도는 인치당 125-200 문자이다. 처리속도는 빠르지 않지만 조작이 간편하기 때문에 PC나 사무용 컴퓨터 등 소형컴퓨터의 외부기억매체로 이용된다. 각국의 MARC에 의한 서지정보의 제공은 이 자기테이프에 의하고 있어 전자자료의 중요한 위치를 차지하고 있었다.

---

164) Teleprocessing: 컴퓨터의 원격통신정보처리

4) 자기디스크(magnetic disc)

자기디스크는 직접접근방식의 고밀도(高密度) 대용량의 보조기억매체이다. 자기디스크는 알미늄합금원반의 표면에 자성재료를 입혀 자기적으로 데이터를 기록하고 판독하는 기록매체이다. 개인용 컴퓨터에서는 20MB(메가바이트)부터 200MB가 많이 사용되고, 대형 컴퓨터에서는 수 기가바이트(GB)의 용량을 갖는 자기디스크가 많이 사용된다. 자기디스크의 크기는 미니 또는 그 이상의 컴퓨터에 쓰이는 지름 14인치, 두께 1.27 mm의 원반형이 일반적이지만, 미니와 마이크로 컴퓨터에 쓰이는 지름 8인치, 9인치, 5.25인치 등 여러 가지가 있다. 보통의 디스크는 한 면당 200-500개의 트랙이 있고, 트랙당 저장량은 7,294 문자이다.[165) 이것을 자기디스크장치에 의해 고속으로 회전시켜 원반상의 트랙에 입출력장치(access arm)의 자기헤드에 의해 데이터를 입력하고 출력한다. 자기디스크는 장치 내에 고정되어 있다. 하나의 축에 6-10개의 디스크를 겹쳐 사용한다. 이때 교환할 수 있는 디스크를 디스크팩(disc pack), 1매형으로 고정된 것을 디스크 카트리지(disk cartridge)라 한다. 디스크팩에는 5장에서 100장까지의 디스크가 들어갈 수 있다. 디스크드라이브는 모든 디스크를 1분당 최대 3,600회씩 일제히 회전시켜 1초에 850,000 문자까지 읽을 수 있다. 도서관에서는 디스크팩을 주로 사용한다. 각 디스크에는 원주를 따라 동심원의 트랙이 있고, 각각의 트랙은 섹터(sector)로 나누어진다. 디스크팩에서 각 면의 동일 위치에 있는 트랙은 면의 개수와 같게 하나의 원통모양을 이루고 있는데 이를 실린더(cylinder)라고 한다.

자기디스크는 기억용량이 크고 자기테이프에 비해 처리속도가 빠르며, 접근 시간도 짧고, 순차처리는 물론 직접접근도 가능하고, 디스크팩의 기억매체만을 떼어내어 교환할 수 있다는 많은 장점 때문에 보조기억장치로서 가장 많이 사용되었다.

5) 플로피디스크(floppy disc)

Floppy라는 말은 "휘어질 수 있는"이라는 의미로 디스크자체가 유연성이 있다는 것이다. 이는 흔히 디스크에 "작다"는 의미의 접미사 "ette"를 붙여 "diskette" 즉 "작은 디스크"라는 뜻을 가지고 있다. 또한 자료의 유연성을 표현한 용어로 flexible disk라고 명명하기도 한다. 플로피디스크는 1973년에 천공카드를 대체하는 자료입력수단으로 소개된 것이지만 자료화

165) 디스크는 중앙으로 갈수록 트랙이 작아짐에도 불구하고 모든 트랙이 같은 양을 저장한다(고완석, 김정태, **전산개론** (서울 : 박영사, 1995), 141).

일 뿐 아니라 프로그램파일까지 저장할 수 있다. 플로피디스크는 8인치, 5.25인치, 3.5인치가 있는데, 이 중 재킷의 크기가 20.32 cm(8 in.)와 13.33 cm(5.25 in.)가 가장 널리 쓰였으나, 점점 소형화되면서 9 cm(3.5 in.)나 5 cm(2 in.)의 마이크로 플로피디스크가 마이크로컴퓨터 사용자들 사이에서 빠른 속도로 보급되었다.

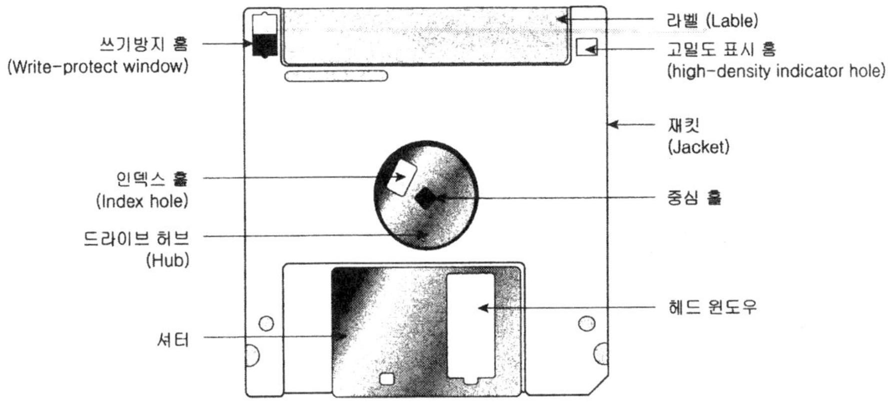

<4-2. 플로피디스크>

이는 크기와 저장용량에서 차이가 있지만 내부구조는 동일하다. 플로피디스크는 가격이 안정되어 있고, 소형으로 가벼우며, 보관이나 운반이 용이하고, 소형컴퓨터나 word processor 등의 기록매체로 활용되기 때문에 자기테이프와 같이 기계가독자료의 중심재로 되었다. 디스크는 보호용 재킷 안에 들어 있으며, 디스크는 포맷(format)으로 정보가 기록되는 동심원형태의 기억공간인 트랙이 형성되고, 트랙수는 종류마다 다르다. 하나의 기록공간을 섹터(sector)라고 하고, 섹터는 일련번호가 붙어 있고 섹터의 수는 디스크마다 다르다. 그래서 필요에 따라 수록된 정보의 위치를 트랙과 섹터의 번호로 지정할 수 있다. 플로피디스크는 디스크의 크기, 면수, 기록밀도에 따라 다음과 같이 4가지로 구분하고 있다.

Disk의 종류	Sector의 크기	면당 track수	Track당 sector	Disk용량
5.25 inch 2DD	512 byte	40	9	360K byte
5.25 inch 2HD	"	80	15	1.2M byte
3.5 inch 2DD	"	80	9	720K byte
3.5 inch 2HD	"	80	18	1.44M byte

(1) 5.25″ 2DD floppy disk

5.25인치 직경을 가진 2DD의 의미는 디스크의 양면을 사용하고, 초기의 디스크에 비해 기록밀도가 2배라는 것이다.

2DD
- D — 양면(double sided)
- 2D — 2배의 밀도(double density)

한 면은 40개의 트랙을 가지고 있으며, 1트랙당 9개의 섹터를 가지므로 한 면은 총 360 sector(40 track×9 sector)를 가지고 있다. 1섹터에 수록할 수 있는 정보의 량은 플로피디스크의 종류에 관계없이 512 byte이므로 한 면에 기록할 수 있는 정보의 양은 360K byte(2면×360 sector×512 byte)이다.

(2) 5.25″ 2HD floppy disk

5.25인치 직경을 가진 2HD의 의미는 디스크의 양면을 사용하고, 초기의 디스크에 비해 기록 밀도가 고밀도라는 것이다.

2HD
- D — 양면(double sided)
- 2H — 고밀도(high density)

한 면은 80개의 트랙을 가지고, 1트랙당 15섹터를 가지므로 한 면은 총 1200 sector (80 track×15 sector)이다. 그래서 한 면의 정보 수록량은 '1200 sector×512 byte'이고, 양면의 정보 수록량은 1200K byte=1.2M byte(2면×1200 sector×512 byte)이다.

(3) 3.5″ 2DD floppy disk

3.5인치 직경의 2DD floppy disk는 5.25인치 floppy disk에 비해 2배의 용량을 가진 디스크이다. 디스크는 한 면에 80트랙을 가지고, 1트랙당 9섹터를 가지고 있기 때문에 한 면의 총 섹터는 720 sector(80 track×9 sector)이다. 한 면의 총 정보 수록량은 '720 sector×512 byte'이며, 양면의 정보 수록량은 720K byte(2면×720 sector×512 byte)이다.

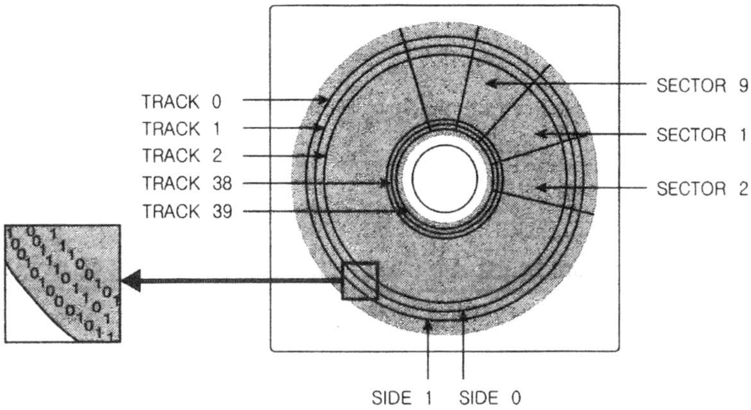

<4-3. 디스크의 내부구조>

(4) 3.5" 2HD floppy disk

3.5인치 직경의 2HD floppy disk는 5.25인치 floppy disk에 비해 2배의 용량을 가진 디스크이다. 디스크는 한 면에 80트랙을 가지고, 1트랙당 18섹터를 가진다. 한 면의 총 섹터수는 1440 sector(80 track×18 sector)이고, 한 면의 정보 수록량은 '1440 sector×5 byte'이다. 그래서 양면의 정보 수록량은 1440K byte=1.44M byte(2면×1440 sector×512 byte)이다.

6) 광디스크(optical disk 또는 laser disk)

광디스크는 레이저디스크라고도 하는데 금속의 얇은 막에 부착되어 있는 플라스틱 원통에 레이저광을 이용하여 정보를 고밀도로 기억시킨 매체이다. 광디스크는 직경 10-30 cm, 두께 1 mm 정도의 투명한 플라스틱판의 표면에 미크론(micron)의 섬세함으로 레이저광을 사용하여 신호를 기록하고, 레이저의 변조반사광으로 기록된 신호를 읽는다. 광디스크는 자기디스크에 비해 정보기억밀도가 높고, 원하는 정보를 쉽게 검색할 수 있는 임의처리(random access)의 특성과 보관의 간편성, 기록정보의 장기 보존성, 정보기억단가의 저렴 등 많은 장점을 가지고 있기 때문에 그 이용의 폭이 크게 신장되고 있다. 광디스크의 발전은 원래 음악용으로 개발된 CD에 문자나 음성, 화면 등을 디지털 정보로 저장한 데서 시작되었다. 1982년 Philips사와 Sony사가 개발을 시작하여 짧은 기간에도 불구하고 오늘날에는 그 응용의 속도가 어떤 자료보다도 급속히 확산되고 있다. 현재 개발되어 있는 광디스크는 재생전용형(CD-ROM), 추기가능형(write once read many), 변환가능형 등이 있다.

(1) 재생전용형(compact disk-read only memory : CD-ROM)

CD-ROM은 1986년 Philips사와 Sony사가 공동개발한 읽기 전용기억장치의 준말로 명명된 디지털데이터의 저장 매체이다. CD-ROM은 일명 옐로우북(yellow book)이라고도 하는데 오디오전용의 CD에 문자(텍스트)와 그래픽, 사운드, 애니메이션, 그리고 비디오 정보를 함께 디지털화해서 직경 1μm의 요철로 기록한 것을 재생만 가능하도록 한 디스크이다. 디스크의 직경은 12 cm, 기억용량 540M byte로 A4크기의 서류 약 27만면을 수록할 수 있다. CD-ROM은 전술한 하드디스크와 플로피 디스크와 같이 정보를 추가하는 것은 불가능하지만 대용량의 저장능력, 크기, 보존성 등이 뛰어나고, 염가로 대량의 복제가 가능하기 때문에 백과사전, 각종사전, 편람, 지도, 연속간행물의 과월호 등 대량정보의 전자출판용 미디어로서 널리 활용되고 있다. 그래서 CD-ROM의 출현은 그 역사가 일천하지만 지금까지 개발된 다른 어떤 매체의 성장속도보다 빨라 TV의 화상과 음성을 다중화하여 기록한 비디오디스크나 가정용으로도 사용되고 있다.

CD-ROM데이터에는 CIRC(centralized information reference and control), CRC(cyclic redundancy check), EDC(error detection code), ECC (error correction code)라는 에러처리에 관계되는 데이터를 함께 가지고 있기 때문에 디스크 표면에 약간의 흠집이 있어 테이터를 읽을 때 에러가 발행하더라도 에러 수정이 가능하여 데이터를 정상적으로 읽을 수 있다.

이어서 CD-V, CD-G, CD-I 등이 개발되었다.

· CD-V(compact disc video)[166]: 1987년에 Philips사와 Sony사가 공동으로 개발한 CD 응용 미디어로서 기본 포맷은 LV(laser vision)와 겸용한다. 디스크를 CD와 구별하기 쉽도록 금색으로 하였으며[167], 영상은 아날로그 신호로 기록되어 있다. 크기에 따른 종류는 ① 디스크의 안쪽 부분에 디지털오디오 신호를 20분간, 바깥 부분에 디지털 음성 신호가 딸린 비디오 5-6분간을 수록할 수 있는 지름 12 cm의 디스크, ② 오디오 20분, 비디오 20분간을 수록할 수 있는 지름 20 cm의 디스크, ③ 오디오 60분, 비디오 60분간을 수록할 수 있는 지름 30 cm의 디스크 등 3종류가 있다. 이들은 CD의 변형으로 양면에 녹음이 가능하다.

· CD-G(compact disc graphics): CD의 한 포맷으로 12 cm 크기에 음악 이외에 간단

---

166) Forhergill Richard and Ian Butchart, *Non-book Materials in Libraries: A practical guide,* 3rd ed. (London: Clife Bingley, 1990), 96-97.

167) CD와 CDV를 쉽게 구별할 수 있도록 디스크의 색깔을 CD는 은색으로 하고, CDV는 금색으로 하였다.

한 문자(노래가사)나 정지화상(간단한 그래픽화면)을 넣어 음악과 동시에 화상을 재생할 수 있게 한 것이다. CD-I플레이어를 통해서도 재생이 가능하고, CD-G는 맨 뒷부분에 컨트롤 바이트(control byte)가 있어 그래픽 데이터 20MB정도의 정보를 저장할 수 있다. 그러나 그래픽데이터를 저장하기에는 용량이 부족할 뿐만 아니라 저해상도라는 점과 그래픽 정보의 사용을 위해 CD-I플레이어나 CDTV, 그리고 특별히 제작된 JVC의 오디오 CD플레이어를 사용해야 한다는 단점으로 현재는 사용되지 않는 포맷이다. 그러나 CD-G는 CD-I포맷 출현의 견인차 역할을 했다는 점에서 그 의의가 있다.

· CD-I(compact disc interactive)[168]: 일명 그린북(green book)이라고도 하는데 1987년에 Sony사와 Philips사가 제안한 CD의 일종이다. CD-I는 DAD(digital audio disc)로서 뿐만 아니라 동화상의 비디오 기능, 인터액티브(interactive)의 기능, 그리고 확장성이 뛰어나다는 장점 때문에 영상이나 컴퓨터 정보 등의 종합적인 기록매체로 활용하기 위한 통일 규격안이다. CD-I는 음악용 CD기술을 응용발전시켰다는 점에서 CD와 동일한 12 cm 디스크에 고음질의 오디오 음향효과를 그대로 지니면서, 애니메이션, 정지화상, 움직이는 화상, 도형 등과 같은 동화상의 비디오 기능을 가지고 있다. 이는 TV방송, VCR, 영화 등과 같은 일방적 정보전달이 아니라 대화형태로 사용자가 직접 참여하여 원하는 형태로 재생할 수 있는 특징을 가지고 있다. 그러나 CD-I가 필요로 하는 하드웨어는 CD-I 전용플레이어, 영상과 비디오를 출력할 수 있는 장치가 있어야 하는데 이들 장치를 가정용으로 보급하기에는 고가이고, 아직까지도 소프트웨어가 절대적으로 부족하기 때문에 활용이 제한되어 있다.

(2) 추기가능형(write once read 또는 draw many)

추기가능형 광디스크는 정보의 삽입은 가능하나 제거는 불가능하다. 크기는 직경 20-30 cm로, A4크기의 서류 1.5-6만면을 수록할 수 있는 광디스크이다. 이것은 주로 주민등록대장, 설계도, 문서류 등 연구보존용 정보의 수록재로 활용되고 있다. 기록된 정보파일은 그 자체가 검색을 위한 데이터가 포함되어 있지 않기 때문에 정보단위에 필요한 검색키를 등록해서 색인파일(index file)이 작성되게 해야 한다. 추기가능형 디스크는 아직도 표준화단계에 있다.

168) CD-I는 자체적으로 오퍼레이팅 시스템을 가지고 있는 가정용 멀티미디어 콤팩트 디스크의 포맷으로(심우형, **CD-ROM의 모든 것** (서울: 정보문화사, 1995), 65) 음악재생용 CD차원을 넘어 컴퓨터게임에 가까운 특성을 가지고 있기 때문에 일반개인용 컴퓨터와는 상관없이 독자적으로 운영될 수 있도록 만들어져 있는 하나의 멀티미디어이다. 관련된 데이터를 가정용 TV나 오디오로 출력하기 때문에 사용자가 일반 전자제품을 사용하는 것처럼 이용할 수 있다.

ISO에는 TC97(정보처리전문위원회) 내에 광디지털데이터디스크 분과회를 설치하여 국제규격의 통일을 꾀하고 있다.

(3) 변환가능형(erasable 또는 rewritable)

이것은 광과 자기의 관계를 이용하여 소거나 변환을 가능하게 한 대표적인 디스크이다. 변환가능형에는 기억방법에 따라 광자기형(光磁氣型)과 상변화형(相變化型)이 있다. 광자기형은 디스크표면 수직자성체의 자기화방향을 레이저광과 자력에 의한 변화과정으로 정보를 기억시킨 것이고, 상변화형은 디스크표면의 기록층을 물리적 변화를 이용하여 정보를 기억시킨 것이다. 광자기형은 광자기디스크(magneto-optical disk)로 실용화 단계에 이르고 있다. 용량은 직경 9 cm(3.5 in.)에 200M byte, 12.78 cm(5 in.)에 550M byte에서 30 cm(12 in.)에 1K byte(10억 byte)까지 개발되어 있다. 이것은 소거와 추가가 가능하고, 임의 처리(random access)로 검색하는 시간이 짧다는 등의 장점 때문에 자기테이프를 대신하여 기억매체로 그 이용이 확대되고 있다. 변환가능형광디스크는 기록, 독해는 물론 소거나 수정까지도 가능하다. 여기에는 비디오메모리(video memory), 오디오메모리(audio memory), 컴퓨터메모리(computer memory), 광자기디스크 등의 재료가 있다.

또한 디스크는 수록하는 방법에 따라 플로피디스크나 하드디스크와 같은 자기디스크에 데이터를 저장하는 CAV(constant angular velocity)와 CD-ROM과 같은 광디스크에 데이터를 저장하는 CLV(constant linear velocity)가 있다.[169](영상자료의 레이저디스크의 기록방식 참고)

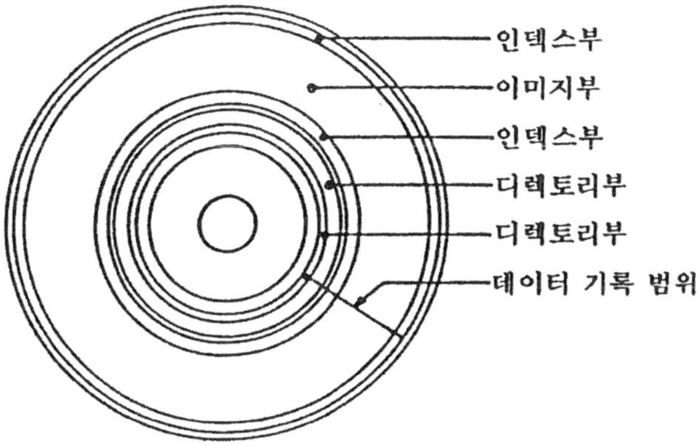

<4-4. CD-ROM의 데이터 배치>

7) 플래시 메모리(Flash Memory)

각종 디지털 전자제품인 PC, PDA, 디지털카메라, MP3플레이어 등에 두루 사용되는 데이터 저장장치로 음성, 동영상 데이터를 전자적으로 자유롭게 지우고 재 프로그램할 수 있는 휘발성

169) 심우형, 14-15.

이 없는 컴퓨터메모리이다. 1984년 일본의 Fujio Masuoka가 플래시메모리를 발명하고, 1990년 셀이 병렬로 연결된 구조의 노어(NOR)플래시로 IMB의 카드를 만들었다. 이것이 국제 개인용 컴퓨터 메모리카드협회(PCMCIA)의 메모리카드이다. 1994년 미국에서 셀이 직렬로 연결된 구조인 낸드(NAND)플래시를 채택한 콤팩트플래시카드가 시판되었고, 동년 Kodak사와 애플사가 가정용 PC와 호환이 가능한 디지털카메라의 출시로 저장매체로 채택되었다. 1995년 삼성전자와 Toshiba사의 콤팩트플래시카드보다 작은 스마트미디어카드의 개발로 플래시메모리카드가 일반화되었다. 1998년 미국의 SanDick사와 독일 Siemens사가 공개규격으로 개발한 MMC와 일본 Sony사가 독자 개발한 메모리스틱, 후지필름과 올림푸스의 규격인 xD카드가 개발되면서 플래시메모리카드가 현재와 같은 초소형화하게 되었다. 이 같은 플래시메모리는 PC메모리카드국제협회(PCMCIA)와 일본전자산업개발협회(JEIDDA) 등 PC메모리카드 표준화기관들이 협의에 의해 등장된 규격이다.

「플래시메모리의 특성」

- 전력소모가 적다. 데이터를 읽고 쓸 때만 전력을 사용하기 때문에 적은 전력으로 작동이 가능하다.
- 크기가 작다. 엄지손톱보다 작은 크기로 줄일 수 있다.
- 속도가 빠르다. 속도는 NAND칩 하나당 약 읽기 15MB/s, 쓰기 10MB/s로 CD 보다 빠르고 DVD보다는 느리다.
- 안정성이 우수하다. 메모리를 위한 반도체 뭉치로 구성되어 있기 때문에 웬만한 충격에 의해 데이터가 손상되지 않는다.
- 호환성과 편의성이 뛰어나다. USB를 이용해 메모리 리더기에 삽입하고 PC와 연결하여 자동으로 휴대용 저장장치로 활용할 수 있다.

「플래시메모리의 종류」

(a) 컴팩트 플래시 (C/F : Compact Flash Type): 1994년 10월 미국의 SanDick사에서 개발한 36x43 mm 크기이다. 카드내부에 데이터를 저장하는 프래시 메모리 칩과 컴퓨터로 데이터를 전송하는 컨트롤러 칩이 들어 있기 때문에 다른 메모리 카드에 비해 크기가 큰 편이나 초기 개발모델로 다른 메모리 종류에 비해 안정적이다.

(b) 스마트 미디어 (SMC : Smart Media Card): 1995년 삼성전자와 도시바사가 개발한 37x45 mm 크기이다. 메모리만 있는 단순구조로 단가는 싸지만 제어부분이 없어 사용이 불편하다.

(c) 메모리스틱 (SM : Memory Stick): 1998년 일본 Sony사가 개발한 50x21.5 mm 크기이다. 다른 메모리 카드에 비해 안정성은 높지만 가격이 비싸고, 용량도 제한적이며 속도가 느린 단점이 있다.

(d) 멀티미디어 카드 (MMC : Multimedia Memory Card): 1998년 미국의 SanDick사와 독일 Siemens사가 공동 개발한 카드형태의 메모리이다. 7MB의 쓰기 속도와 10MB의 읽기 속도로 고속 동작을 구현할 수 있고, 10만번의 읽기, 쓰기, 지우기가 가능하다.

(e) SD카드 (SD : Secure Digital): 1999년 미국의 SanDick사, 일본의 Toshiba사, Matsushita사 등이 공동개발한 24x32 mm크기이다. 우표크기 정도의 플래시 메모리 카드이고 데이터 보안을 위한 암호 설정이 가능하다는 장점이 있다.

(f) xD픽쳐카드 (xD-Picture Card : eXtreme digital): 1998년 올림푸스와 후지필름이 공동개발한 20x25 mm 크기이다. 다양한 저장매체와 호환성이 개선된 모델로 저장용량의 확대로 대용량의 디지털 이미지의 저장은 물론 디지털카메라의 동영상 촬영의 폭을 넓혔다.

(g) 강유전체 메모리 (FRAM : Ferroelectric Random Access Memory): 전원의 차단에도 데이터를 보존할 수 있는 비 휘발성, 고속성, 고집적성을 유지할 수 있다. 교통카드, 신분증 등에 활용되는 스마트카드(IC 카드)용으로 주로 사용되고 있다.

이러한 메모리를 컴퓨터의 주변기기와 접속하기 위한 장치로 USB가 있다. USB(Universal Serial Bus)는 플러그 앤 플레이 설치를 지원하는 외부 Bus이다. 단일 USB포트를 사용하여 전화, CD-ROM 드라이브, 테이프 드라이브, 키보드, 스피커, 스캐너 및 카메라와 같은 주변기기를 최고 127개까지 연결할 수 있다. 1996년 1월에 USB1.0이 발표되었고, 1998년 9월에는 USB1.1이 발표되었으며, 2000년 4월에는 USB2.0 등이 발표되어 용량, 모양, 전원관리, 전송, 속도 등에서 새롭게 개선되었다. 전송속도는 1.5Mbps(Low speech), 1.5Mbps(Full speech: USB1.1) 그리고 480Mbps(High speech: USB2.0)이고, 단자(端子)는 USB A단자, USB B단자, miniUSB단자(miniA단자, miniB단자, miniAB소켓 등)가 있다. 당초에는 Intel 등 4개회사가 방법을 책정하였으나 2006년 10월 현재는 USB Implementers Forum Inc.(USB-IF)가 방법의 책정과 관리를 하고 있다.

4.3. 전자자료의 분류

전자자료의 분류는 형태에 따른 배가를 연계시켜 생각해야 한다. 전자자료는 형태가 다양하고, 개개의 매체에 대량의 정보를 수록할 수 있기 때문에 대부분이 한 장의 디스크로 되어있어 일반도서와 같이 주제별 분류체계에 의한 서가분류보다는 수록재의 형태별에 따른 수입순에 의한 고정식배가법을 선호하고 있다. 고정식배가법은 기록매체, 즉 자료의 형태별로 소재기호를 부여하고, 동일 소재기호 내에서 다시 수입순과 같은 일련번호를 부여하여 전용 보관함에 배가하는 것이다.

용기별 명칭	별치기호
전자자료(electronic resource)	AA
전자 디스크(electronic disk)	AD(CD를 포함)
전자 테이프 릴(electronic tape reel)	AR
전자 테이프 카세트(electronic tape cassette)	AC
전자 테이프 카트리지(electronic tape cartridge)	AK
전자 카드(electronic card)	AH

전자자료의 분류는 전술한 비도서자료의 공통분류이론을 그대로 적용해야 하기 때문에 여기에서는 간략하게 원칙적인 이론만 제시하였다.

배가에 사용되는 서가나 보관함은 자체기관에서 필요한 용도에 맞게 제작해 쓸 수도 있지만 이를 취급하는 전문업자에 의해 제작된 것을 활용하는 것도 바람직한 방법이다. 그러나 용기의 선택에는 자료의 증가에 대비한 일관성과 이용의 편의성, 내구성 등을 생각해서 장기적으로 유용하게 사용할 수 있는 것을 선택하여야 한다.

4.4. 전자자료의 목록

4.4.1. 전자자료 목록의 의의

전자자료의 목록작성은 해당 도서관에서 사용하는 목록규칙에 기초해서 작성하지만 자료의 활용에 기계사용이 불가피하기 때문에 자료의 형태적 특성에 따른 기술사항을 보다 상세히 기술하였다. 전자자료는 가장 최근에 등장한 기록재이면서 발전 속도가 예상을 초월하여 빠르고, 사용 범위도 모든 영역으로 다양하게 확대되고 있기 때문에 목록규칙도 많은 부분에서 개정을 거듭하고 있다. 1978년(A2)에 처음으로 'Machine readable data file'이란 제목으로 규칙화되었으나 1988년 A2R에서는 'Computer file', 2002년 M21에서는 'Electronic Resource'라는 제목으로 개정되었다. 한국의 국립중앙도서관에서는 1996년에 처음으로 비도서자료의 목록으로 KORMARC에 삽입하여 규칙화하였고, 한국도서관협회에서는 2003년 K4에서 '전자자료'라는 제목으로 규칙화하였다.

A2(1988)은 컴퓨터관계 전문가의 참여로 A2의 다른 영역에 비해 많은 변화가 있었는데 전자자료의 발전에 의한 개정으로 받아들여졌다. 따라서 본서에서는 모든 자료에 공통적으로 적용되는 기술규칙 이외에 A2(1988)의 전자자료(electronic resource)의 목록규칙과 2005년 KORMARC-통합서지용, 그리고 K4(2003)의 전자자료와 관계된 규칙을 중심으로 정리해 보았다.

전자자료목록은 단행본자료목록을 근간으로 하여 전자자료가 가진 특수성을 고려한 것이기 때문에 해당 도서관이 정리에 적용하고 있는 목록규칙에 따라 기술형식, 기술수준, 사용언어 등 목록작성을 위한 기본방침을 정해야 한다.

「목록의 종류」

- 저자명목록: 저자, 기획자, 프로그래머 등
- 표제목록: 본표제, 별표제, 대등표제, 편제, 부표제, 총서표제, 원작표제 등
- 주제명목록: 인명, 지명, 일반주제명 등
- 분류목록: 분류번호(자료정리를 분류순에 의할 때)

1) 기술수준

기술수준은 기관의 인력과 경제적인 요인과도 직결되기 때문에 이용목적에 따라 보존자료와 열람자료로 대별하여 기술수준의 상세정도를 결정해야 한다. 수량이 적거나 개가제열람, 대출중심으로 운용하는 경우는 자료의 수명이 짧기 때문에 검색만을 위한 목록기술이나 기장식 목록으로 활용하기도 한다. 그러나 소장 량이 많고 폐가제에 의한 관내열람과 전문인을 위한 보존자료인 경우는 장기적으로 활용될 수 있는 자료조직을 생각해야 하기 때문에 보다 상세한 기술수준으로 목록해야 한다.

2) 언어와 문자

목록기술용 문자는 이용자의 수준에 따라 자국어나 영어만을 사용할 것인지, 자국어와 영어를 병용할 것인지, 자료의 언어를 그대로 할 것인지를 결정해야 한다. 공공도서관이나 학교도서관은 자국어로만 기술하고, 전문도서관은 국제어로 가장 많이 상용되고 있는 영어나 기술의 으뜸정보원에 나타난 사용 가능한 모든 언어로 기술하기도 한다.

3) 목록규칙의 적용 범위(K4.8.0.2;A2.9.0B1)

전자자료에 대한 목록규칙의 적용범위는 컴퓨터나 워드 프로세서로 작동하기 위해 코드화된 데이터파일과 프로그램파일을 포함한다. 본서는 컴퓨터파일의 목록에 읽기전용메모리 프로그램과 펌웨어(firmware)[170]를 제외한 자료기관에서 이용자의 정보제공을 위한 컴퓨터파일을 그 적용대상으로 하였다.

4) 정보원(K4.8.0.3;A2.9.0B)

전자자료의 정보원은 '해당자료 자체'로 여기에는 내부정보원인 타이틀스크린, 메뉴, 파일헤더, 대상자원에 첨부되어 있는 메타데이터, 외부정보원인 물리적 운반체가 포함된다. 이들 정보원은 기술정보를 다양하게 제공하는 경우가 많기 때문에 목록자는 가장 완전한 정보를 제공해 주는 정보원을 선택하고, 선택한 정보원을 주기해 주어야 한다(A2.9.7B3). 본 자료는 K4와 A2를 참조하여 다음과 같이 우선순위를 정하였다.

「**정보원의 우선순위**」(K4.8.0.3.1;A2.9.0B1)

(a) 내부정보원(타이틀스크린(표제화면), 주 메뉴, 프로그램 설명, home page, 파일의 헤더, 암호로 된 메타데이터는 TEI 헤더나 HTML/XML 메타 태그, 그리고 자체의 레이블 등)

(b) 용기 및 용기에 부착된 레이블

(c) 딸림자료(파일의 제작자가 만든 참조 매뉴얼, 이용자 매뉴얼, 안내 지침서, 출판자의 Web page 등)

---

170) 읽기전용메모리 프로그램이나 펌웨어는 일반적 컴퓨터의 제어, 속도향상 등 특별한 목적으로 작성되어 있기 때문에 컴퓨터장치의 부분으로 고려하여 컴퓨터장치와 관련하여 기술되고 있다.

(d) 기타 정보원

「**사항별 정보원**」(K4.8.0.3.2;A2.9.0B1)

- 표제와 책임표시사항[171] : 내부정보원, 용기, 딸림자료
- 판사항[172] : 내부정보원, 용기, 딸림자료
- 발행사항 : 내부정보원, 용기, 딸림자료
- 형태사항 : 모든 정보원
- 총서사항 : 내부정보원, 용기, 딸림자료
- 자료특성사항: 모든 정보원
- 주기사항 : 모든 정보원
- 표준번호 및 입수조건사항 : 모든 정보원

4.4.2. KORMARC: 전자자료

1. KORMARC의 설계원칙 → 별책 설계원칙 참조

2. 리더(Leader) 〈M〉NR → 별책 리더(leader) 참조

3. 디렉토리(Directory) 〈M〉NR → 별책 디렉토리(directory) 참조

4. 제어필드(00X)

001 제어번호(Control Number) <M>NR → 별책 001필드 참조

003 제어번호 식별기호(Control Number Identifier) <M>NR → 별책 003필드 참조

005 최종처리일시(Date and Time of Latest Transaction) <M>NR → 별책 005필드 참조

006 부호화정보필드－부가적 자료특성(Fixed-Length Data Elements－Additional Material Characteristics) <A>R

---

171) 디스크표면과 타이틀스크린이 서로 다르게 기술사항을 제공하고 있는 경우가 많고 때로는 타이틀스크린이 나타나 있지 않는 경우도 있기 때문에 표제와 책임표시사항의 보다 완전한 정보를 제공하는 디스크표면을 선택하는 경우가 많다.

172) 판사항인 경우는 디스크표면보다는 타이틀스크린에서 보다 완전한 정보를 제공한다.

대상 자료의 다른 형태자료나 딸림자료에 관한 정보를 나타내기 위해 00-13까지 14자리로 구성한다. 첫 번째 자리 00은 다른 형태자료나 딸림자료의 형태를 표시하고, 01-13자리는 008필드의 18-25, 29-31, 33-34자리의 내용을 표시한다.

자수위치	데이터요소	자수위치	데이터요소
00	전자자료의 자료형태 m－전자자료	06-07	미정의(008/23-24)
		08	전자자료의 유형(008/25)
01-04	미정의(008/18-21)	09-13	미정의(008/29-34)
05	이용대상자 수준(008/22)		

006 mȸȸȸȸeȸȸcȸȸȸȸȸ

007 형태기술필드(Physical Description Fixed Field－General Information) <O>R

전자자료의 물리적 특성에 관한 정보를 규정된 부호로 첫 번째 자리 '00'(자료범주표시)을 'c'(전자자료)로 하고, 01-13자리까지 모두 14자리의 고정길이 필드로 구성된다.

자수위치	자리수	데이터명	데 이 터 요 소
00	1	자료범주표시 (Category of material)	c－전자자료(Electronic resource).
01	1	특정자료종별 (Specitic material designation)	a－테이프 카트리지(Tape cartridge). b－칩 카트리지(Chip cartridge). c－컴퓨터 광디스크 카트리지(Computer optical disc cartridge). f－테이프 카세트(Tape cassette). h－테이프 릴(Tape reel). j－마그네틱 디스크(Magnetic disk). m－광자기 디스크(Magneto-optical disc). o－광 디스크(Optical disc). r－원격(Remote). u－자료를 특정화하지 않음(Unspecified). z－기타 (Other). |－부호화 않음.
02	1	미정의 (Un-defined)	ȸ－빈칸(Each contains a blank).
03	1	색채(Color)	a－단색(One color). b－흑백색(Black-and-white). c－천연색(Multicolored). g－회색조(白에서 黑까지의 명도를 10단계로 나눈 무채색 색표: Grey scale). m－혼합(Mixed). n－적용불가(Not applicable). u－미상(Nnknown). z－기타(Other). |－부호화 않음.
04	1	크기 (Dimensions)	a－3 1/2 in. e－12 in. g－4 3/4 in. 또는 12 cm. i－1 1/8×2 3/8 in. j－3 7/8×2 1/2 in. n－적용불가. o－5 1/4 in. u－미상. v－8 in. z－기타. |－부호화 않음.
05	1	음향 (Sound)	ȸ－무성(No sound). a－유성(음향: Sound on medium). u－미상(Unknown). |－부호화 않음.
06-08	3	이미지의 비트 깊이 (Image bit depth)	001-999－정밀 비트의 깊이(Exact bit depth). mmm－복합(Multiple). nnn－적용불가(Not applicable). ---－미상(Unknown). |－부호화 않음
09	1	파일 형식의 종수(File formats)	a－동일한 종류의 파일(One). m－여러 종류의 파일(복합: Multiple). u－미상(Unknown). |－부호화 않음.

자수 위치	자리 수	데이터명	데 이 터 요 소
10	1	품질보증지표 (Quality assurance target(s))	a－없음(Absent). n－적용불가(Not applicable). p－있음(Present). u－미상(Unknown). ǀ－부호화 않음.
11	1	원시자료의 정보원 (Antecedent/ source)	a－원시자료로부터 재생산된 파일(File reproduced from origianl). b－마이크로자료로부터 재생산된 파일(File reproduced from microform). c－전자자료로부터 재생산된 파일(File reproduced from an electronic resource). d－중간매개자료(마이크로자료 제외)로부터 재생산된 파일(File reproduced from an intermediate(not microform). m－혼합(Mixed). n－적용불가(Not applicable). u－미상(Unknown). ǀ－부호화 않음.
12	1	압축수준 (Level of compression)	a－압축하지 않음(Uncompressed). b－무손실 압축(화상. 음성 데이터의 압축이 손실이 없는: Lossless). d－유손실 압축(Lossy). m－혼합 압축(Mixed). u－미상(Unknown). ǀ－부호화 않음.
13	1	재포맷의 품질 (Reformatting quality)	a－접근(Access). n－적용불가(Not applicable). p－보존(Preservation). r－대체물(입력된 자료의 부분을 대체할 수 있는 기능 또는 방법: Replacement). u－미상(Unknown). ǀ－부호화 않음.

008 **부호화 정보필드**(Fixed-Length Data Elements) <M>NR

008필드는 데이터 관리와 검색에 편리하도록 레코드 전반과 서지적인 특성에 대한 정보를 부호화하여 나타낸 40자리의 고정장필드이다. 자수위치 00-17, 26-28, 32, 35-39자리는 모든 형태자료에 공통으로 적용되는 것이기 때문에 별책 008필드를 참조하여 작성해야 하고 전자자료에 한해 적용되는 18-21, 22, 23-24, 25, 29-31, 33-34자리는 다음 표로 작성해야 한다.

자수 위치	자리 수	데이터요소	비 고
00-05	6	입력일자(공통)	자동생성
06-14	9	발행년유형 및 발행년1. 2(공통)	06: 발행년유형. 07-10(4): 발행년1. 11-14(4): 발행년2.
15-17	3	발행국명(공통)	부속서 1 **발행국명부호표** 참조
18-21	4	미정의 (006/01-04)	␢－미정의 ǀ－부호화 않음.
22	1	이용대상자 수준 (006/05)	␢－일반이용자용. a－취학전 아동. b－초등학생. c－중학생. d－고등학생. e－성인용. f－특수계층. j－아동용. z－미상 또는 세분하지 않는 경우. ǀ－부호화 않음.
23-24	2	미정의 (006/06-07)	␢－미정의. ǀ－부호화 않음.
25	1	전자자료의 유형 (006/08)	a－수치정보(통계자료 포함). b－컴퓨터 프로그램. c－설명자료(그림이나 그래프 정보). d－문자. e－서지 데이터. f－폰트(font). g－게임. h－음향. i－양방향 멀티미디어. j－온라인 시스템 또는 서비스. m－조합(예:컴퓨터프로그램과 문자 파일의 조합). u－미상. z－기타. ǀ－부호화 않음.
26-27	2	학국대학부호 (공통)	부속서 2 **한국대학부호표** 참조

자수 위치	자리수	데이터요소	비　　고
28	1	수정레코드(공통)	ʙ－변형없음. b－문자를 빈칸(ʙ)으로 입력. h－한자를 한글로 입력. r－로마자 이외의 문자를 로마자로 입력. s－레코드의 단축. x－한자 이외의 문자를 한글로 변형 입력. ｜－부호화하지 않음.
29-31	3	빈칸 (006/09-11)	ʙʙʙ－미정의　III－부호화 않음.
32	1	목록전거(공통)	ʙ－국립중앙도서관. c－협력기관(국립중앙도서관 이외). d－기타 기관. u－미상. ｜－부호화 않음.
33-34	2	미정의 (006/12-13)	ʙʙ－미정의　II－부호화 않음.
35-37	3	언어(공통)	ʙʙʙ－미정의. mul－다수(복수)언어. sgn－기호로 된 언어. und－미상. ｜－부호화 않음.
38-39	2	한국정부기관 부호(공통)	부속서 4 **한국정부기관부호표** 참조

「전자자료의 부호화 정보필드 예」

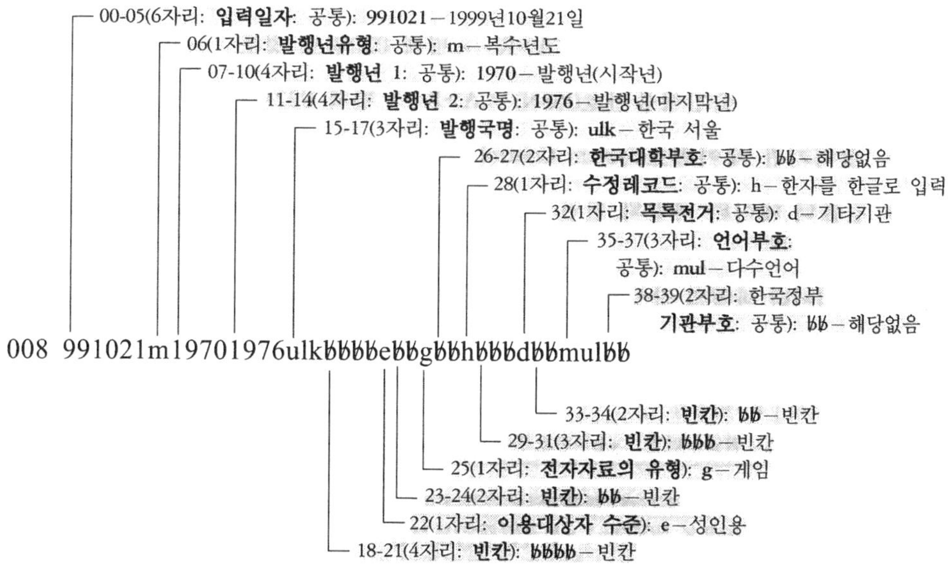

5. 숫자적 필드(01X－09X)

010 **미국국회도서관 제어번호**(Library of Congress Control Number) <A>NR → 별책 010필드 참조

012 **국립중앙도서관 제어번호**(The National Library of Korea Control Number) <A>NR → 별책 012필드 참조

015 국가서지번호(National Bibliography Number) <O>NR → 별책 015필드 참조

목록전거로 채택된 외국의 국가서지의 국가부호(부속서8. 국가부호표 참조)와 서지번호를 기술한다.

015 ㅂㅂ ▾aDEU

015 ㅂㅂ ▾aFRA ▾b67-835 (v.1) ▾aFRA ▾b67-9455 (v.2)

015 ㅂㅂ ▾aUSA ▾aCAN

*두 개 이상의 국가서지번호를 부여받은 경우는 ▾a를 반복하여 기술.

016 국가서지기관 제어번호(National Bibliographic Agency Control Number) <A>반복 → 별책 016필드 참조

017 저작권 등록번호(Copyright Registration Number) <O>R → 별책 017필드 참조

020 국제표준도서번호(ISBN) <A>R → 별책 020필드 참조

022 국제표준연속간행물번호(ISSN) <A>R → 별책 022필드 참조

035 협력기관 제어번호(System Control Number) <O>R → 별책 035필드 참조

036 컴퓨터 데이터 파일의 원연구번호(Original Study Number for Computer Data Files) <O>NR

컴퓨터데이터 파일의 작성자가 부여한 원연구번호를 기술한다. 배포자가 부여한 문서식별번호나 주문번호는 037(입수처)에 기술한다.

제1지시	ㅂ-미정의	제2지시	ㅂ-미정의
식별	▾a-원연구번호 ▾b-번호부여기관 ▾8-필드 링크와 일련번호(R)		

┌ '▾a'에 의해 '원연구번호'라는 표출어 자동 생성

*036 ㅂㅂ ▾aNLK 2003-1 ▾b국립중앙도서관

<출력> 원연구번호: NLK 2003-1 국립중앙도서관

*036 ㅂㅂ ▾aCPS 495441 ▾bCenter for Political Studies, University of Michigan, Ann Arbor

037 입수처(Source of Acquisition) <O>R → 별책 037필드 참조

040 목록작성기관(Cataloging Source) <M>R → 별책 040필드 참조

041 언어부호(Language Code) <A>NR → 별책 041필드 참조

042 검증부호(Authentication Code) <A>NR → 별책 042필드 참조

043 **지역부호**(Geographic Area Code) <A>NR → 별책 043필드 참조

045 **연대부호**(Time Period of Content) <O>NR → 별책 045필드 참조

049 **소장사항**(Local Holdings) <O>NR → 별책 049필드 참조

050 **미국국회도서관 청구기호/분류기호**(Library of Congress Call Number /Classification Number) <O>R → 별책 050필드 참조

052 **국립중앙도서관 청구기호**(The National Library of Korea Call Number) <A>R → 별책 052필드 참조

056 **한국십진분류기호**(KDC) <A>R → 별책 056필드 참조

066 **사용문자셋**(Character Set Present) <A>NR → 별책 066필드 참조

072 **주제범주부호**(Subject Category Code) <O>R → 별책 072필드 참조

074 **정부간행물번호**(GPRN/GPO Item Number) <O>R → 별책 074필드 참조

080 **국제십진분류기호**(UDC Number) <O>R → 별책 080필드 참조

082 **듀이십진분류기호**(DDC Number) <O>R → 별책 082필드 참조

085 **기타 분류기호**(Other Classification Number) <A>R → 별책 085필드 참조

086 **정부문서분류기호**(Government Document Classification Number) <A>R →별책 086필드 참조

090 **자관 청구기호**(Local Call Number) <A>R → 별책 090필드 참조

6. 기본표목(주기입)(1XX) 〈A〉NR → 별책 1XX 해당 필드 참조

전자자료의 기본표목은 저자명기본표목으로 1XX필드에 기술하고, 여기에 표제줄머리잡기를 245필드로 가능하게 하였다.

전자자료는 1인 저작이나 2-3인의 공저작인 경우는 저작자, 대표책임자나 처음에 표시된 책임자로 기본표목하고(A2R.21.23A), 4인 이상일 때는 표제를 줄머리잡기로 입력한다(A2R.21.23C).

100 **기본표목－개인명**(Main Entry－Personal Name) <M>NR → 별책 100필드 참조

110 **기본표목－단체명**(Main Entry－Corporate Name) <M>NR → 별책 110필드 참조

111 **기본표목-회의명**(Main Entry-Meeting Name) <M>NR → 별책 111필드 참조

130 **기본표목-통일표제**(Main Entry-Uniform Title)(A2.25) <M>NR → 별책 130필드 참조

· 종합표제가 있는 2개 이상 또는 2인(단체명 포함) 이상의 작품은 주책임자를 1XX필드로 기본표목한다.

100 ❶ƀ ▾a**책임자나 대표책임자** 110 ƀƀ ▾a**책임단체나 대표책임단체**

111 ƀƀ ▾a**책임자나 대표책임자** 130 ƀƀ ▾a**책임단체나 대표책임단체**

· 종합표제가 없는 2개 이상 또는 2인(단체명 포함)이상의 작품은 처음작품의 대표저자나 처음에 표시된 책임자를 1XX필드로 기본기입한다.

100 Aƀ ▾a**처음작품의 대표저자** 110 ƀƀ ▾a**처음작품의 대표저작단체**

111 ƀƀ ▾a**처음작품의 대표저자** 130 ƀƀ ▾a**처음작품의 대표저작단체**

7. 표제와 표제관련 필드(20X-24X)

222 **등록표제**(Key Title) <A>R → 별책 222필드 참조

240 **통일표제**(Uniform Title)(A2.25) <O>NR → 별책 240필드 참조

저작자가 있는 자료는 통일된 표제를 통일표제로 기술한다. 저작자가 없는 자료를 통일된 표제로 130필드에 통일표목할 때는 240필드를 함께 기술해서는 안된다.

저작자가 있을 때

100 1ƀ ▾a허준
240 ƀ0 ▾a동의보감 ▾h[전자자료] ← 통일표제로 기재
<출력> [동의보감] [전자자료]
245 10 ▾aCD동의보감 ▾h[전자자료] / ▾d허준 지음

무저자명일 때

130 ƀ0 ▾a춘향전 ← 통일표제를 기본표목으로 기재
245 10 ▾a옥중화 ▾h[전자자료]

130 b0 ▾a아라비안 나이트
245 10 ▾aArabian night ▾h[electronic resource]

*'130필드'로 입력되는 통일표제의 GMD는 식별이 필요한 경우에만 부기

242 **목록작성기관에서 번역한 표제**(Translation of Title by Cataloging Agency) <O>R → 별책 242필드 참조

245 **표제와 책임표시사항**(Title Statement) <M>NR → 별책 245필드 참조

245 ❶❷ ▾a본표제 ▾h[전자자료] = ▾x대등표제 : ▾b표제관련정보 / ▾d저작자

245 ❶❷ ▾a본표제, [일명], 별표제 ; ▾a본표제 ▾h[전자자료] : ▾b부표제 : ▾b 표제관련정보 = ▾x대등표제 : ▾b대등표제관련정보 / ▾d저작자

245 ❶❷ ▾본표제. ▾n편차, ▾p편제 ▾h[전자자료] / ▾d저작자 ; ▾e역할이 다른 저작자

245 ❶❷ ▾본표제. ▾p편제 ▾h[전자자료]/ ▾d저작자

(1) 본표제(K4.1.1.1:A2.9.1B)

본표제의 기술은 ISBD(G)의 해당 규칙에 따라 정보원에 표시된 대로 기술하고, 그 채택순위는 으뜸정보원에 나타난 글자 크기를 1차 순위, 위치를 2차 순위로 한다. 식별이 곤란한 경우는 본문의 내용과 일치되는 문자의 표제, 그리고 잘 알려진 표제를 본표제로 245필드에 기술한다.

245 00 ▾a아!고구려 ▾h[전자자료]

245 11 ▾a(The) Galileo project ▾h[electronic resource]

245 00 ▾a지구마을 ▾h[전자자료]

245 00 ▾a경기통계연보, ▾f1991-1995 ▾h[전자자료]

245 00 ▾aTurbo/Borland C++ 객체지향 프로그래밍 ▾h[전자자료]

245 00 ▾a국립미술박물관. ▾p한국의 민속 ▾h[전자자료]

본표제의 정보원을 500필드에 주기한다 (별책 500필드 참조).

자료자체에 표제가 없는 것은 간단한 용어의 표제를 목록자가 작성하여 [ ]로 245필드

에 본표제로 기술하고, 기술된 표제에 대한 정보원을 500필드에 주기한다.

245 00▼a[한국의 탑]▼h[전자자료]

245 00▼a[Library catalogue, 1969-1975]
500 ƀƀ▼a본표제는 목록자가 작성

(2) GMD(General Material Designation)(K4.8.1.2;A2.9.1C)

전자자료의 GMD(자료유형표시)는 규칙에 따라 영국계는 [Multimedia]로, 북미계는 [electronic resource]로 식별기호 ▼h로 [ ]에 묶어 본표제에 부기한다. 본서에서는 '전자자료', 'electronic resource'로 통일하고, 기술대상이 두 가지 이상의 범주에 속하는 자료로서 주된 구성부분이 불분명할 때는 [kit]라고 기술하였다(별책 245필드 참조).

(3) 대등표제(K4.1.1.3;A2.9.1D)

본표제(245/▼a)로 기술되지 않은 다른 언어의 표제는 본표제 다음에 구분기호 '='과 식별기호 ▼x(대등표제)로 기술하고, 246필드의 제2지시기호 1로 부표목한다.[173] 대등표제를 245/▼x로 기재하지 않고 246필드로 기재할 때는 주기와 표목이 가능하도록 해당 지시기호로 지시한다.

245 00▼a현대서양미술사▼h[전자자료] =▼xHistory of modern art
246 31▼aHistory of modern art▼h[전자자료]
*245필드에 '▼x'로 대등표제가 기재되었으므로 제1지시기호 '3'을 지시하여 주기로 출력하지 않고 부표목으로만 출력되게 하였다.

245 00▼a현대서양미술사▼h[전자자료]
246 11▼aHistory of modern art
*245필드에 '▼x'로 대등표제가 기재되지 않았으므로 제1지시기호 '1'을 지시하여 주기하고 표제를 부출하게 하였다.

245 00▼aUniversal decimal classification▼h[electronic resource] =▼xClassification decimale universelle
246 31▼aClassification decimale universelle
246 11▼aDezimal Klassifikation
*두 번째 대등표제는 245필드에 '▼x'로 대등표제가 기재되지 않았으므로 제1지시기호 '1'을 지시하여 주기하고 표제를 부출하게 하였다. 그리고 첫 번째 대등표제는 246필드에 기술되었으므로 제1지시기호 '3'으로 부표목으로만 출력되게 하였다.

173) 246필드로 기술할 때는 대등표제를 주기와 부출표목 여부를 제1지시기호로 지시하고, 제2지시기호 '1'로 지시하여 기술한다.

(4) 표제관련정보(K4.8.1.4:A2.9.1E)

표제관련정보는 식별기호 ▾b로 본표제 다음에 ':'을 구분부호로 본표제의 경우와 마찬가지의 순서와 어법, 철자법을 정확하게 옮겨 기재한다.

245 00 ▾a한국현대시 ▾h[전자자료] : ▾b전자시집

245 10 ▾aCataloging internet resources ▾h[electronic resource] : ▾bA manual and practical guide

(5) 책임표시(K4.8.1.6:A2.9.1F)

책임표시는 ISBD(G)의 해당 규칙에 따라 서명 다음에 '/'을 앞세워 식별기호 ▾d와 ▾e로 기술한다. 공저자는 ','나 'and'로, 역할을 달리한 저작자는 ';'으로 구분하여 기술한다. 245/▾d와 ▾e에 기술되지 않은 저작자, 파일제작의 스폰서, 관련된 기여나 준비 등에 참여한 개인이나 단체명은 필요한 경우 500필드로 주기한다.

245 00 ▾a노인생활체육 프로그램 ▾h[전자자료] / ▾d국민생활체육협회

245 00 ▾a나의 문화유산 답사기 ▾h[전자자료] / ▾d한글과 컴퓨터 촬영 ; ▾e김영동 음악

245 10 ▾aLet's go to a beer bust / ▾dwritten by Sue Beall and Wayne Wyllie ; ▾eprogrammed by Kathy Kothmann

245 00 ▾a일본 잔학사 70년의 기록 ▾h[전자자료] / ▾d미디어채널 [개발]

245 00 ▾aCataloging internet resources ▾h[electronic resource] : ▾bA manual and practical guide / ▾d[ed. by] Nancy B. Olson

*저작자의 역할관계가 명료하지 않을 때는 '▾d'나 '▾e'로 기술되는 저작자표시에 역할어를 []로 묶어 보기한다(A2.9.1F2).

245 00 ▾a김영삼 대통령의 2년 ▾h[전자자료] / ▾d대통령비서실

*저작자명을 본표제로 기술한 예이다.

100 1b̸ ▾aUllmann

245 10 ▾aEncyclopedia of industrial chemistry ▾h[electronic resource] / ▾dUllmann

*표제는 'Ullmann's encyclopedia of industrial chemistry'로 표시되어 있음

*본표제의 관제로 된 저작자나 발행자명은 문법적으로 연결되어 본표제의 개별화에 필요한 경우 이외는 본표제에 포함시키지 않고 저작자표시나 발행사항으로 기술한다.

100 1b̸ ▾a손봉돈

245 10▾a손봉돈 TOEIC▾h[전자자료].▾nseries 1 /▾d손봉돈 저
*저작자명이 표제에 포함되어 있거나 본표제로 되어 있는 경우에도 책임표시에 반복하여 기술한다 (K4.1.1.6.2.5).

100 1ƀ▾aWalnum, Clayton.
245 10▾a볼랜드 C++ 파워 프로그래밍▾h[전자자료] /▾dClayton Walnum 저 ;▾eCharles Calvert 편 ;▾e김창룡,▾e이의목 [공역]
700 1ƀ▾aCalvert, Charels
700 1ƀ▾a김창룡
700 1ƀ▾a이의목

100 1ƀ▾aMelville, Herman
245 10▾aMoby Dick▾h[electronic resource] /▾dby Herman Melville ;▾ecompiled and produced by Princeton University Computer Center under the direction of Robert Knight
700 1ƀ▾aKnight, Robert
710 ƀƀ▾aPrinceton University Computer Center
*한 저작에 여러 종류의 저작자가 있는 경우는 그 저작에 기여한 중요도 순으로 저자를 ▾d와 ▾e로 기술하고, 기본표목되지 않은 저작자명은 7XX필드로 부표목한다.

(6) 종합표제가 없는 자료(K4.1.1.6.2.10);A2.9.1G)

종합표제가 없는 1인 저작은 각각의 표제를 245필드에 ISBD의 해당 부호로 구분하여 본표제로 기술한다. 이때 동일 저자의 작품 간의 구분은 ';'으로 한다.

245 00▾a사기장 ;▾a옹기장▾h[전자자료] /▾d라인미디어 개발

245 00▾aEducation materials in libraries,▾fpre-1800 to mid-1987 ;▾a (A) Subset of the OCLC online union catalog▾h[electronic resource] /▾dOCLC Reference Services.

종합표제가 없는 2인 이상의 저작일 때는 245필드에 표제와 저작자를 짝지어 기술하고, 저작 간의 구분은 '.'로 한다.

245 00▾a양주별산대놀이.▾a봉산탈춤▾h[전자자료]
100 1ƀ▾a최대호
245 10▾a클리퍼 5.2 사용자가이드 /▾d최대호 저.▾a클리퍼 5.2 유틸리티 /▾d황인수 저▾h[전자자료]

100 1ƀ▾aRezenberg, Victor
245 10▾aPersonal bibliographic system /▾dby Victor Resenberg. ▾aData transfer system /▾dwritten by Cyrus Galambor and Peter Cyrus▾

h[electronic resource]
100 1b̸ ▾aBeall, Sue
245 10 ▾aLet's go to a beer bust / ▾dwritten by Sue Beall and Wayne Wyllie ; ▾eprogrammed by Kathy Kothmann. ▾aTime out / ▾dwritten by Ruth Cady ; ▾eprogrammed by Kathy Kothmann. ▾aBlood alcohol content / ▾dby Robert S. Gold ▾h[electronic resource]

종합표제가 없는 4개 이상의 저작은 첫 번째 표제를 본표제로 245필드에 기술하고, 두 번째 이하의 표제는 505필드에 내용주기한다. 그러나 그 내용이 중요하지 않을 때는 245필드에 기술되는 첫 번째 표제에 석점줄임표'…'로 생략하고 동양어는 '외', '外', 영어는 'et al', 'and others'를 [ ]에 묶어 부기한다(K4.1.1.1.2.10).

100 ❶b̸ ▾a첫번째 작품의 저작자
245 ❶❷ ▾a첫번째 작품명 ▾h[GMD] / ▾d저작자
505 ❶0 ▾t두번째 작품명 / ▾d저작자 — ▾t세번째 작품명 / ▾d저작자...

100 ❶b̸ ▾aMelville, Herman
245 ❶❷ ▾aPierre ▾h[electronic resource] / ▾dHerman Melville
505 ❶0 ▾tIsrael potter — ▾tThe Piazza tales — ▾tThe confidence-man — ▾tUncollected prose

100 ❶b̸ ▾aMelville, Herman
245 ❶❷ ▾aPierre ... [et al] ▾h[electronic resource] / ▾dHerman Melville

246 여러 형태의 표제(Varying Form of Title) <A>R → 별책 246필드 참조

표제와 다른 경우나 245필드에 기술된 개별표제를 식별하는 데 도움이 되는 관련된 표제를 기술한다(A2.9.7B4).

245 10 ▾a사진으로 보는 계명 50년, ▾f1954-2004 / ▾d계명대학교
246 11 ▾aKeimyung 50 years in pictures, 1954-2004

245 00 ▾a러브 ▾h[비디오녹화자료] = ▾xLove
246 31 ▾aLove ▾h[비디오녹화자료]
245 00 ▾a러브 ▾h[비디오녹화자료]
246 1b̸ ▾i영어표제: ▾aLove ▾h[비디오녹화자료]

245 00 ▾a천일야화, 일명, 아라비안나이트[전자자료]
246 3b̸ ▾i별서명: ▾a아라비안나이트 ▾h[전자자료]

245 10▾a국립민속박물관. ▾p한국의 민속▾h[전자자료]
246 30▾a한국의 민속▾h[전자자료]
= 246 3b̸▾i편제: ▾a한국의 민속▾h[전자자료]

*246 3b̸▾iFilename: ▾aTexhaxD

*246 1b̸▾iAlso known as: ▾aMAXLIK

*246 1b̸▾iTitle in HTML header: ▾aAmerican Birding Association home page

*246 1b̸▾iSecond title screen: ▾aPersonal finances and other applications

8. 판차, 자료의 특성, 발행 등 필드(250-270)

250 **판사항**(Edition Statement)(K4.8.2.1;A2.9.2B) <A>NR →별책 250 참조

다른 판과 구별되는 상이점이 있거나 내용이 개정된 컴퓨터파일의 판표시, 특정판의 책임표시, 부차적 판표시, 부차적 판의 책임표시를 기술한다.

250 b̸b̸▾a판표시/▾b특정판의 책임표시

250 b̸b̸▾a한글 2.0	250 b̸b̸▾aRelease 21/91
250 b̸b̸▾aRev. ed.	250 b̸b̸▾aVersion 5.20
250 b̸b̸▾aNORC test ed.	250 b̸b̸▾a[Version] 1.1
250 b̸b̸▾aLevel 3.4	250 b̸b̸▾aRev. ed. 10/2/82
250 b̸b̸▾a3rd update	250 b̸b̸▾aPrelim, release 0.5
250 b̸b̸▾a1974 issue	250 b̸b̸▾aRev. ICPR ed.
250 b̸b̸▾aMultimedia edition	250 b̸b̸▾aInternational version
250 b̸b̸▾aNews version	250 b̸b̸▾aElectronic version
250 b̸b̸▾aWorking draft	250 b̸b̸▾aPostScript ed.
250 b̸b̸▾a[1993년판]	250 b̸b̸▾a[1980 ed.]

*판표시가 없어도 이전의 판과 비교해 중요한 변경이 있을 때는 적절한 용어를 []에 묶어 판사항에 부기한다.

250 b̸b̸▾aVer. 3.0 / ▾b전형철

250 ƀƀ ▾a2nd ed. / ▾bprepared by A. Winnter

250 ƀƀ ▾aRev. ed. / ▾bprogram has been converted from BASIC to FORTRAN IV by Allen P. Smith

250 ƀƀ ▾a3rd ed., Version 1.2 / ▾bprogrammed by W. G. Toepfer

250 ƀƀ ▾a10th ed. / ▾brevised and enlarged by Nathan Haskell Dole

*판에 관련된 저작자표시는 반드시 필요한 경우 250필드에 ▾b로 판차 다음에 기술하고(A2.9.2C), 판사항에 관한 주기는 500필드에 기술한다.

다른 정보원에서 기술한 판표시는 그 정보원을 500필드에 주기한다.

전자자료의 판표시는 'edition', 'issue', 'version', 'release', 'level', 'update' 등의 용어나 전자자료의 실행에 필요한 응용프로그램 또는 운영체제의 특정버전에 관한 사항을 판표시로 간주하여 기술한다(K4.8.2.1.1;A2.9.2B2).

250 ƀƀ ▾a[Version 7, Rev. version]   250 ƀƀ ▾a[Windows 95 ed.]

데이터의 오자, 내용배치의 변경, 출력포맷의 변경, display매체의 변경, 물리적인 특성인 blocking factors, recording density 등의 미세한 변경은 새로운 판으로 취급하지 않고(K4.8.2.1.1;A2.9.2B4), 필요한 경우에만 500필드에 변경사항을 주기한다.

두 개 이상의 언어나 2종 이상의 문자로 된 판표시는 본표제의 언어나 문자로 하고, 판단되지 않을 때는 최초에 표시된 언어나 문자로 한다(A2.9.2B6).

256 **컴퓨터파일 특성**(Computer File Characteristics)(K4.8.3;A2.9.3) <A>NR

컴퓨터파일의 특성, 파일수, 레코드수, 명령문수, 바이트수 등을 파일유형의 형식명칭으로 기술한다.

파일유형의 형식명칭	
K4.8.3.2;A22.9.3B1	A2.9.3B1
전자 데이터 (Electronic data) 전자 프로그램 (Electronic program(s)) 전자 데이터 및 프로그램 (Electronic data and program(s))	컴퓨터 데이터 (Computer data) 컴퓨터 프로그램 (Computer program(s)) 컴퓨터 데이터 및 프로그램 (Computer data and program(s))

*본서에서는 파일유형의 형식명칭을 '전자' 또는 'Electeronic'로 하였다.

ISBD(ER)의 컴퓨터파일 특성

Computer data: Computer numeric data Computer census data. Computer survey data Computer text data Computer bibliographic databse. Computer journal(s). Computer newsletter(s). Computer documents(s) (e.g. letters, articles) Computer image data Computer representational data Computer map(s) data Computer sound data Computer font data **Computer data and program(s)** Computer interactive multimedia Computer online service(s) (e.g., bulletin boards, discussion groups/lists, worldwide web sites)	**Computer program(s):** Computer utility program(s). Computer application program(s) Computer CAD program(s). Computer database program(s). Computer spreadsheel program(s). Computer word processor program(s). Computer desktop publishing program(s). Computer game(s). Computer system program(s) Computer operating system program(s). Computer programming language(s). Computer retrieval program(s). Computer program(s) Computer operating system program(s) Computer programming language(s) Computer retrieval program(s)

제1지시	ㅣㅂ-미정의	제2지시	ㅣㅂ-미정의
식별	▾a-컴퓨터파일 특성	▾8-필드 링크와 일련번호(R)	

256 ㅣㅂㅣㅂ▾a전자 데이터

256 ㅣㅂㅣㅂ▾a전자 데이타 및 프로그램

256 ㅣㅂㅣㅂ▾aElecteronic program(s)

256 ㅣㅂㅣㅂ▾aElecteronic data and program(s)

파일유형의 세부사항(K4.8.3.2.2;A2.9.3B2):

· 데이타: 레코드와 바이트수를 ( )로 기술

256 ₩₩ ▾a전자 데이터 (550 레코드)
256 ₩₩ ▾a전자 데이터 (파일 1매 : 350 레코드)

256 ₩₩ ▾a전자 데이터 (파일 1매 : 1.2 메가바이트)

256 ₩₩ ▾aElecteronic data (1 file : 2.5 gb)

256 ₩₩ ▾aElecteronic data (550 records)

256 ₩₩ ▾aElecteronic data (1 file : 600 records, 2400 bytes)

· 프로그램: 명령문과 바이트수를 ()로 기술

256 ₩₩ ▾a전자 프로그램 (파일 1매 : 200 문)

256 ₩₩ ▾a전자 프로그램 (2150 문)

256 ₩₩ ▾aElecteronic program (1 file : 200 statements)

256 ₩₩ ▾aElecteronic program (2150 statements)

*文(statements)은 고수준 언어 프로그램의 기본적인 구성요소이다.
*파일수, 레코드수, 명령문수, 바이트수 등를 아라비아숫자로 ()에 묶어 기술한다.

· 둘 이상으로 구성된 파일(Multipart files): 레코드와 바이트, 명령문의 수를 요소별로 기술

256 ₩₩ ▾a전자 데이터 (파일 3매 : 100, 460, 550 레코드)

256 ₩₩ ▾a전자 프로그램 (파일 2매 : 4300, 1250 바이트)

256 ₩₩ ▾a전자 데이타 (파일 2매 : 100, 1250 레코드) 및 프로그램 (파일 3매 : 7260, 3490, 5076 바이트)

256 ₩₩ ▾aElecteronic data (3 files : 100, 460, 550 records)

256 ₩₩ ▾aElecteronic programs (2 files : 4300, 1250 bytes)

256 ₩₩ ▾aElecteronic data (2 files : 3.5, 2 megabytes)

256 ₩₩ ▾aElecteronic data (2 files : ca. 330 records each)

256 ₩₩ ▾aElecteronic data (2 files : 800, 1250 records) and programs (3 files : 7260, 3490, 5076 bytes)

*레코드와 바이트수, 명령문과 바이트수를 각 파트별로 기술한다.

260 발행, 배포, 제작 사항(Publication, Distribution, etc.(Imprint)) <A>R → 별책 260필드 참조

260 ɓɓ ▾a경기도 : ▾b코리아 실렉트웨어

260 ɓɓ ▾aLondon : ▾bPsion

260 ɓɓ ▾aEridge, East Susses, England : ▾bData Text Processing, Ltd., ▾c1995-

260 ɓɓ ▾aBellevue, Wash. : ▾bTemporal Acuity Products ; ▾aOwatonna, Minn. : ▾bDistributed exclusively by Musictronic

260 ɓɓ ▾a[S.l.] : ▾bBruce & James Program Publishers ; ▾a[New York : ▾bDistributed by Simon & Schuster]

*정보원 이외에서 기술한 발행과 배포사항은 []에 묶어 기술한다.

260 ɓɓ ▾a서울 : ▾b[발행자미상] 260 ɓɓ ▾aPrague : ▾b[s.n.]

*발행되지 않은 컴퓨터파일은 260필드에 '▾b'로 [발행자미상], [s.n.]으로 기술한다.

260 ɓɓ ▾a[대구] : ▾b박재호, ▾c2005

260 ɓɓ ▾a[Chicago?] : ▾bK.M. Women

*개인의 home page는 개인명을 방행자로 기재한다(A2.9.4D1)

260 ɓɓ ▾a서울 : ▾b솔빛미디어 [보급]

260 ɓɓ ▾aChicago : ▾bNational Opinion Research Center [producer] ; ▾aStorrs, Conn. : ▾bRoper Public Opinion Research center [distributor]

*발행자나 배포자의 역할표시가 필요한 경우에는 []에 보기한다.

260 ɓɓ ▾a서울 : ▾b국민생활체육협의회, ▾c1997 ▾f(이현데이타시스템)

260 ɓɓ ▾a[United States: ▾bs.n., ▾c2004-]

260 ɓɓ ▾a수원 : ▾b경기도청, ▾cl991-1995.

*발행되지 않은 컴퓨터파일은 창작년을 기술하고, 기타 유용한 날짜(데이터 수집일)는 500필드에 '▾p'로 주기한다.

260 ɓɓ ▾a[발행지미상] : ▾b[발행자미상], ▾c1993 ▾e(서울 : ▾f지오정보)

260 ɓɓ ▾a[S.l. : ▾bs.n.], ▾c1986 ▾e(Cleveland, Ohio : ▾fCD Wonderworks)

*제작사항만을 확인할 수 있는 경우는 제작지, 제작자, 제작년을 260필드에 발행년도 다음에 ()에 묶어 해당 식별기호로 기술한다.

260필드로 기술되는 발행, 배포, 제작 등의 사항이 중복되는 경우는 처음 한 번만 기술하고 다음 사항에서는 생략한다.

263 **발행예정일자**(Projected Publication Date) <O>NR → 별책 263필드 참조

270 **자료관련주소**(Address) <O>R →별책 270필드 참조

9. 형태사항(3XX)

300 **형태기술사항**(Physical Description) <M>R → 별책 300필드 참조

전자자료의 특정자료종별과 수량, 기타 형태사항, 크기 그리고 딸림자료를 기술한다. 인터넷 자료와 같이 원거리접근(remote access)만으로 가능한 컴퓨터파일에 대한 형태기술사항은 기술하지 않는다.

(1) 특정자료종별과 수량

특정자료의 형태와 용기별에 따른 특정자료종별과 수량을 300필드에 식별기호 ▾a로 기술한다.

특정자료종별의 규칙별 명칭

K4.8.5.1.2.1)	M21(SMD*)	A22.9.5B1
전자 광 디스크 (electronic optical disk) 전자 디스크 (electronic disk) 전자 디스크 카트리지 (electronic disk cartridge) 전자 칩 카트리지 (electronic chip cartridge) 전자 카드(electronic card) 전자 테이프 릴 (electronic tape reel) 전자 테이프 카세트 (electronic tape cassette) 전자 테이프 카트리지 (electronic tape cartridge) 전자 광디스크 (CD-ROM) (electronic optical disc (CD-ROM) 전자 광디스크 (CD-I) (electronic optical disc (CD-I) 전자 광디스크 (포토 CD) (electronic optical dis (Photo CD)	tape cartridge chip cartridge computer optical disc cartridge tape cassette tape reel magnetic disc (computer diskettes, floppy disks or diskettes, stiffy disks) agneto-optical disc (고밀도로 저장할 수 있는 CD-ROM disc) optical disc (CD-A, CD-I, CD-R, CD-ROM, CD-ROM-XA, Photo CD) remote	computer chip cartridge computer disk computer optical disc computer tape cartridge computer tape cassette computer tape reel computer card computer optical card CD-ROM DVD Photo CDs

*SMD: Specific material designation

특정자료종별의 광의 명칭

컴퓨터 카트릿지	computer cartridge[174]
컴퓨터 카셋트	computer cassette
컴퓨터 디스크	computer disk
컴퓨터 릴	computer reel
컴퓨터 카드	computer card

300 ƀƀ ▾a컴퓨터 디스크 1매　　　300 ƀƀ ▾a1 computer disk

「특정자료종별의 협의의 명칭」(A22.9.5B1;K4.8.5.1.2)

컴퓨터 칩 카트리지	computer chip cartridge (007/01: b)
컴퓨터 디스크	computer disk (007/01: j :magnetic/floppy disk)
컴퓨터 광카드	computer optical card (007/01: z : computer card/computer laser optical card)
컴퓨터 광디스크	computer optical disc (007/01: o : CD-ROM/ DVD-ROM/computer laser optical disc)
컴퓨터 테이프 카트리지	computer tape cartridge (007/01: a)
컴퓨터 테이프 카세트	computer tape cassette (007/01: f)
컴퓨터 테이프 릴	computer tape reel (007/01: h)
CD-ROM	CD-ROM (007/01: o)
DVD-ROM	DVD (007/01: o)
플로피디스크	floppy disk (007/01: j : magnetic disk)
포토 컴팩드 디스크	Photo CD (007/01: r)

300 ƀƀ ▾a컴퓨터 광디스크 1매 : ▾b유성, 천연색 ; ▾c12 cm.
(007/01: o (광디스크/CD-ROM/DVD-ROM))
(007/05: a (유성))
(007/03: c (천연색))
(007/04: g (4 3/4 in.))

300 ƀƀ ▾a컴퓨터 카트리지 1개　　　300 ƀƀ ▾a1 computer cartridge

300 ƀƀ ▾a컴퓨터 카세트 1개　　　300 ƀƀ ▾a1 computer cassettee

300 ƀƀ ▾a컴퓨터 디스크 1매　　　300 ƀƀ ▾a1 computer disk

174) 카트릿지는 칩(chip)과 회로(circuitry)와 기타 장치로 되어있다.

300 ƀƀ ▾a컴퓨터 릴 1개 300 ƀƀ ▾a2 computer disks

300 ƀƀ ▾a1 computer reel

*특정자료종별과 수량의 기술방법은 한국어형식은 수량과 단위(권, 매 등)를 특정자료종별 뒷부분에, 영어형식은 앞부분에 수량을 기술한다. 도서관에 따라서는 한국어형식도 영어형식과 같이 통일하여 수량을 특정자료종별 앞부분에 기술하기도 한다.

300 ƀƀ ▾a컴퓨터 칩 카트리지 1개

300 ƀƀ ▾a1 computer chip cartridge

300 ƀƀ ▾a컴퓨터 테이프 카트리지 1개

300 ƀƀ ▾a1 computer tape cartridge

300 ƀƀ ▾a컴퓨터 테이프 릴 1개

300 ƀƀ ▾a1 computer tape reel

300 ƀƀ ▾a광디스크[175] 1매

300 ƀƀ ▾a1 CD-ROM

300 ƀƀ ▾a1 computer laser optical disk

300 ƀƀ ▾a1 computer laser optical card

*필요에 따라 특정자료종별을 협의의 물리적인 특수형태별 명칭으로 표시하기도 한다.

300 ƀƀ ▾a컴퓨터 광디스크 (CD-I) 2 매

300 ƀƀ ▾a1 computer laser optical disk (CD-I)

*컴퓨터 광 디스크의 경우 특정 포맷 CD-I와 같이 보다 세부명칭이 약어로 표시되어 있을 때는 이를 광의의 명칭에 ()로 묶어 부기한다.

원격접근자료(Remote access)는 특수종별표시(SMD)를 한다(A24.9.5B3).

300 ƀƀ ▾aCD-ROM 1매 (파일 1개 : 240,000 바이트)

300 ƀƀ ▾a포토그래프 1개 (14,995 바이트)

300 ƀƀ ▾a1 photograph (007/01: r (원격)

300 ƀƀ ▾a89 p. (007/01: r (원격)

175) 광디스크에는 CD-ROM, CD-WORM, Erasable CD 등이 속한다.

300 ƀƀ ▾a1 electronic text (007/01 : r (remote access)

*원격접근자료(remote access)에 대한 형태사항은 특수종별표시(SMD)로 하고, 필요한 경우 파일수, 데이터파일의 레코드수, 프로그램파일의 항목수, 바이트수를 ( )로 묶어 보기한다(A24.9.5B3/4).

GMD를 'computer'란 용어로 종별표시할 때는 용기명만으로 표시하기도 한다.

300 ƀƀ ▾a칩 카트리지 1개 300 ƀƀ ▾a1 chip cartridge

300 ƀƀ ▾a테이프 카세트 1개 300 ƀƀ ▾a1 tape cassettee

300 ƀƀ ▾a광 디스크 1매 300 ƀƀ ▾a1 optical disc

300 ƀƀ ▾a테이프 릴 1개 300 ƀƀ ▾a1 tape reel

300 ƀƀ ▾aon 2 of 3 disks 300 ƀƀ ▾aon 1 disk

300 ƀƀ ▾aon reel 3 300 ƀƀ ▾aon 3 of 5 disks

*종합표제가 없이 개별표제로 되어 있는 자료는 전체의 일부임을 수량으로 표시한다.

(2) 기타 형태적 세목(K4.8.5.2.2:A2.9.5C)

전자자료는 유/무성(007/05 음향유무의 부호 연계), 색채(007/03 색채의 부호 연계)를 위주로 300필드에 식별기호 ▾b로 기술한다. 음향은 '유성', 's.d.', 색채는 '흑백', 'b&w', 2색 이상은 '천연색', 'col.'로 기술한다.

300 ƀƀ ▾a컴퓨터 칩 카트리지 1매 : ▾b유성

300 ƀƀ ▾a컴퓨터 디스크 1매 : ▾b천연색

300 ƀƀ ▾a컴퓨터 디스크 카트리지 1매 : ▾b유성, 천연색

300 ƀƀ ▾a1 computer chip cartridge : ▾bsd.

300 ƀƀ ▾a2 computer disks : ▾bcol.

300 ƀƀ ▾a1 computer disk cartridge : ▾bsd., col.

사용된 면수, 고밀도 레코딩 (인치당 바이트수)[176], 섹터상태/섹터수(sectoring)[177], 트랙(track)[178] 등의 형태적 특성은 그 중요도에 따라 300필드에 식별기호 ▾b로 기술한다.

---

176) 고밀도에 대한 종류는 전술한 플로피디스켓의 종류를 참조하시오.

177) 섹터(sector): 디스크자료의 최소기록단위이며, 섹터에는 256(=29) 또는 512(=29)자의 문자가 기록된다.

300 ƀƀ ▾a컴퓨터 디스크 1매 : ▾b유성, 천연색, 단면, 소프트섹터

300 ƀƀ ▾a컴퓨터 테이프 릴 1개 : ▾b6250 bpi

300 ƀƀ ▾a2 computer disks : ▾bsd., col., single sided, single density, soft sectored

300 ƀƀ ▾a2 computer tape reels : ▾b6,250 bpi

(3) 크기(K4.8.5.3.2;A2.9.5D1)

전자자료는 형태별 특성에 따라 자료의 크기나 용기의 크기를 cm나 in. 단위로 300필드에 식별기호 ▾c로 기술한다.

크기(A2R.9.5D)	007/04 규격
$3\frac{1}{2}$ in. = 9 cm	a
12 in. = 30 cm	e
$4\frac{3}{4}$ in. = 12 cm	g
$1\frac{1}{8}\times2\frac{3}{8}$ in. = 3×6 cm	i
$3\frac{7}{8}\times2\frac{1}{2}$ in. = 10×7 cm	j
$5\frac{1}{4}$ in. = 14 cm	o
8 in. = 21 cm.	v

· 디스크: 디스크의 지름(직경)을 cm나 in.로 기재

300 ƀƀ ▾a컴퓨터 디스크 1매 : ▾b천연색 ; ▾c12 cm.

300 ƀƀ ▾a컴퓨터 광 디스크 1매 : ▾b천연색 ; ▾c12 cm.

300 ƀƀ ▾a1 computer disk : ▾bcol. ; ▾c14 cm.

300 ƀƀ ▾a1 computer laser optical disc : ▾bcol. ; ▾c12 cm.

300 ƀƀ ▾a1 CD-ROM : ▾bsd., col. ; ▾c$4\frac{3}{4}$ in

· 카트리지: 카트리지의 길이를 cm나 in.로 기재

178) Track이 있는 플로피디스크, 자기디스크, 카트리지용 하드디스크 등은 track수를 기술한다.

300 ꝥꝥ ▾a컴퓨터 칩 카트리지 1개 ; ▾c9 cm

300 ꝥꝥ ▾a2 computer chip cartridges ; ▾c9 cm

· 카세트: 카세트의 '길이×높이' cm나 in.로 기재

300 ꝥꝥ ▾a컴퓨터 테이프 카세트 1개 ; ▾c10×7 cm

300 ꝥꝥ ▾a2 computer cassettes ; ▾c10×7 cm

· 릴: 크기를 기술하지 않음

· 기타매체: 용기의 '세로×가로' cm나 in.로 기재

300 ꝥꝥ ▾a컴퓨터 광카드 1매 ; ▾c9×6 cm

300 ꝥꝥ ▾a컴퓨터 광디스크 3매 ; ▾c9-12 cm

300 ꝥꝥ ▾a1 computer optical card ; ▾c9×6 cm

· 크기가 다른 2개 이상의 자료: 파일의 '가장 작은 것–가장 큰 것'을 cm나 in.로 기재

300 ꝥꝥ ▾a컴퓨터디스크 2매 ; ▾c9-14 cm

300 ꝥꝥ ▾a1 computer disks ; ▾c3½-5¼ in.

300 ꝥꝥ ▾a3 computer disks ; ▾c3½-5¼ in.

300 ꝥꝥ ▾a컴퓨터디스크 3매 ; ▾c9-12 cm

(4) 딸림자료(K4.8.5.4.2;A2.9.5E1)

딸림자료는 300필드에 식별기호 ▾e로 자료를 표시하는 어구인 '참고지침서', '사용지침서', '안내서', '해설서', '조작법' 등의 용어를 간결한 형태로 기술한다(JCR.9.5.5.2). 필요한 경우 딸림자료의 형태기술사항을 ()에 묶어 부기하거나 500필드에 주기한다. 딸림자료가 독립된 표제를 가진 것은 500필드에 주기하거나 독립된 서지로 목록한다.

300 ꝥꝥ ▾a컴퓨터디스크 1매 : ▾b천연색 ; ▾c3½ 인치 + ▾e안내서 (51 p. : 삽도 ; 20 cm.)

+▾e안내서

+▾e녹음카세트 (1매(20분) : 아날로그, 스테레오)

+▾e지도 7매

+▾e1 user's guide

+▾e1 v.(51 p. : ill. ; 20 cm.)

+▾e1 sound cassette (20 min. : analog, stereo.)

+▾e7 maps

+▾e1 v. (21 p. : ill. ; 20 cm)

+▾e1 demonstration disks + 2 codebooks

307 **검색시간 등**(Hours, etc.) <O>R →별책 307필드 참조

351 **컴퓨터파일의 구조와 배열**(Organization and Arrangement of Materials) <O>R

컴퓨터파일의 구조, 자료의 배열, 계층수준에 관한 정보를 기술한다.

제1지시	b̸-미정의.	제2지시	b̸-미정의.
식별	▾a-파일구조(R). ▾b-배열(R.) ▾c-계층수준.		▾3-자료 범위지정. ▾8-필드 링크와 일련번호(R).

식별기호

▾a-특수한 데이터베이스 관리시스템(data base management system)의 소프트웨어 명이나 시스템명 등 파일의 구조에 관한 정보를 기술

351 b̸b̸▾a계층구조 ;▾b생년월일 순

351 b̸b̸▾aSPSS System file

351 b̸b̸▾aSystem 2000

351 b̸b̸▾aOrganized into subdivisions: Lot 2962-1 Indoor Classes, Activities and Displays—Lot 2962-2 Outdoor Classes—Lot 2962-3 Buildings

▾b-자료의 배열기준인 문자순, 연대순, 지명순, 조직명 등에 관한 정보를 기술

351 ƀƀ ▾b성의 문자순

▾c－기술된 자료의 동종, 다른 기록과의 관계에 대한 계층수준을 기술

351 ƀƀ ▾cSeries ; ▾bAlphabetical by sitter

351 ƀƀ ▾cSeries ; ▾aOrganized into five subseries ; ▾bArranged by form of material

352 디지털 그래픽표현(Digital Graphic Representation) <A>R → 별책 352필드 참조

355 보안분류(Security Classification Control) <O>R → 별책 355필드 참조

보안을 필요로 하는 전자자료는 자료의 다큐멘트(자료자체), 표제(240, 245 , 740필드), 초록(520필드), 내용주기(505필드), 저작자(245/ ▾d, ▾e, 100, 111, 700, 711필드), 기타요소 등에 관한 사항의 보안분류를 기술한다.

355 ❶ƀ ▾a대외비

355 ❶ƀ ▾aConfidential

▾a: 보안분류(미분류, 특수자료, 대외비, 비밀, 극비 등)를 기술
▾c: 이용가능 외국 국가명(관용명)
▾f: 최초 보안 분류(영국)

355 ❶ƀ ▾a비밀 ▾b비밀취급 2급인가자 ▾cUS ▾d20041231 ▾fUK

▾b: 취급자, 인가자
▾d: 하위등급조정일자 : 2004년 12월 31일
❶은 보안이 필요한 표제, 초록, 내용주기, 저작자, 다큐멘트 등을 지시

355 0ƀ ▾aSecret ▾bFRD ▾cUK ▾cCA ▾fUS

357 원정보자원 제작자의 배포제어(Originator Dissemination Control) <A>NR → 별책 357필드 참조

362 권·연차, 연월차 사항(Dates of Publication and/or Sequential Designation) <A>NR → 별책 362필드 참조

10. 시리즈사항(4XX)(K4.8.6;A2.9.6)

시리즈사항은 시리즈표제의 부표목 작성여부에 따라 440필드(부표목되는 시리즈표제) 또는 490필드(부표목 않거나 다르게 부표목되는 시리즈표제)로 기술한다.

440 **총서사항/부출표목－표제**(Series Statement－Added Entry) <A>R → 별책 440필드 참조

490 **총서사항/부출하지 않거나 다르게 부출되는 총서표제**(Series Statement) <A>R → 별책 490필드 참조

부출하지 않고 주기하는 총서표제: 제1지시기호를 '0'으로 지시

490 00 ▾ **a**지식공학 Web DB 모음

490 00 ▾ **a**Best CD-ROM title

다르게 부출하는 총서표제: 제1지시기호를 '1'로 지시

490 10 ▾ **a**Photo-CD를 통해 본 韓國野生花圖鑑
830 ƀ0 ▾ **a**한국야생화도감

490 10 ▾ **a**KBS World information
830 ƀ0 ▾ **a**World information

11. 주기사항(50X-58X)

500 **일반주기**(General Note) <O>R → 별책 500필드 참조

일반주기는 501필드에서 580필드까지의 주기에 해당되지 않은 주기사항을 500필드에 주기한다.

· 언어와 문자(K4.8.7.3.2;A2.9.7B2)

500 ƀƀ ▾ **a**본문은 한글임

500 ƀƀ ▾ **a**표제는 영어, 서문은 한국어

500 ƀƀ ▾ **a**화면의 언어는 영어, 자막은 한국어

500 ƀƀ ▾ **a**In French

500 ƀƀ ▾ **a**Screen text and audio in English and Korean

*다른 기술사항에서 기술되지 않은 파일의 내용을 구성하고 있는 언어나 문자를 500필드에 주기한다.
*파일자료의 데이터나 화면에 기술된 프로그램언어(예: COBOL)나 문자코드(예: ASCII)는 538필드에 기술한다.

· 파일의 판과 내력(K4.8.7.3.7;A2.9.7B7)

500 bb ▾ a덕진포교육박물관 교육자료의 Photo-CD

500 bb ▾ a "Originally a Wiretap etext edition"

500 bb ▾ a판사항은 용기의 레이블에서

500 bb ▾ a "From the French edition of 1945"

500 bb ▾ aData collected 1970-1981

500 bb ▾ aBased on: American Government : The political game / by Stephen E. Frantzich and Stephen Percy. Dubuque, Iowa : Brown & Benchmark, 1994

500 bb ▾ aOrignially issued in paper format in 1978

· 전자자료의 유형(008/25; 006/08)

500 bb ▾ a수치정보(통계자료 포함) (Numeric data) (008/25 a)

500 bb ▾ a컴퓨터 프로그램 (Computer program) (008/25 b)

500 bb ▾ a설명자료(그림이나 그래프 정보) (Graphic data) (008/25 c)

500 bb ▾ a문자 (Text) (008/25 d)

500 bb ▾ a서지적 데이터 (Library catalog) (008/25 e)

500 bb ▾ a폰트 (Font) (008/25 f)

500 bb ▾ a게임 (Computer game) (008/25 g)

500 bb ▾ a음향 (Audio data (Digital audio file)) (008/25 h)

500 bb ▾ a양방향 멀티미디어 (Interactive multimedia) (008/25 I)

500 bb ▾ a온라인 시스템 또는 서비스 (008/25 j)

*이전 파일과의 관계나 파일의 내력, 자주 갱신되는 원격자료의 판에 관한 주기
*관련저작의 서지사항, 기타 서지적 내력에 관한 사항을 주기
*정보원의 사항을 그대로 채기할 때는 " "으로 주기

· 레코드 기술사항의 정보원

500 bb ▾ a레코드의 정보원: 1999년 6월 30일 최근호

500 ƀƀ ▾a레코드의 정보원: 제19권, 1호 (1991년 1월)

500 ƀƀ ▾aDescription based on home page: Last updated August 30, 2001

500 ƀƀ ▾aDescription based on: Vol. 21, issue 1 (Jan. 14, 1991)
*연속간행물 레코드의 기술사항을 창간호 이외에서 채기한 경우는 500필드에 그 정보원을 주기.

500 ƀƀ ▾a기술사항은 2006년 9월 5일 검색 내용을 기초로 기재

500 ƀƀ ▾aDescription based on contents viewed Aug. 16, 2006
*원격 접근자료일 때는 접근일자와 함께 주기(A22.9.7B22)

· 본표제의 정보원(K4.8.7.3.3;A2.9.7B3)

500 ƀƀ ▾a본표제는 용기의 표제임

500 ƀƀ ▾a본표제는 표제스크린 표제임

500 ƀƀ ▾a본표제는 발행자가 제공한 목록레코드의 표제임

500 ƀƀ ▾a본표제는 코드북(code book)의 표제임

500 ƀƀ ▾a본표제는 파일창작자가 제공한 표제임

500 ƀƀ ▾a본표제는 목록자가 제공한 표제임

500 ƀƀ ▾aTitle from codebook

500 ƀƀ ▾aTitle from title screen (viewed on April 2, 1999)

500 ƀƀ ▾aTitle supplied by cataloguer

500 ƀƀ ▾aTitle from: A guide to the resources and services of the Inter-University Consortium for Political Research. 1971/72 ed. p. 76

· 인터넷자료(Internet resource)

500 ƀƀ ▾a본표제는 홈페이지 표제임 (2003년 7월 8일 검색)

500 ƀƀ ▾a본표제: 홈페이지 표제 (2003년 7월 8일 검색)

500 ƀƀ ▾a본표제: 제19권, 제1호 (2002년 1월)의 표제화면

500 ƀƀ ▾aTitle from home page (last updated Feb. 6, 2006)

500 ƀƀ ▾aTitle from Web page (viewed on May 29, 2006)

500 ƀƀ ▾aTitle from title screen (viewed on March 5, 2006)

500 ƀƀ ▾aTitle from first line of file (viewed on August 25, 2004)

500 ƀƀ ▾aTitle from title display (viewed on July 3, 2005)

500 ƀƀ ▾aTitle from TEI header (viewed on March 15, 2005)

500 ƀƀ ▾aTitle from contents screen; Description based on: Vol. 1, no. 1(Dec. 1992)

*인터넷자료는 검색년월일을 ()에 부기해야 되기 때문에 500필드에 주기한다(A2R.9.7B3).

본표제와 상이한 다른 표제, 파일명이나 데이터세트명, 그리고 기타 표제와 표제관련정보는 246필드에 기술한다.

· 원본주기

500 ƀƀ ▾a원작: 원작명 / 저작자

500 ƀƀ ▾a원작: 부활 / 톨스토이, 니코라에비치
700 1ƀ ▾a톨스토이, 니코라에비치. ▾t부활

500 ƀƀ ▾aBased on: American government / by Stephen E. Frantzich
700 1ƀ ▾aFrantzich, Stephen E. ▾tAmerifcan government

*원본에 관한 사항은 500필드에 '원작', 또는 'Based on'이라는 표출어와 함께 주기하고, 원저자명과 원작품명은 7XX로 부표목한다.

· 본표제와 상이한 다른 정보원의 표제주기(A2.9.7B4)(246필드 참조)

500 ƀƀ ▾aFile name: 한국학술정보

500 ƀƀ ▾a용기의 부표제: 인류번영을 위한 새로운 세계질서와 경제의 창조

500 ƀƀ ▾aSubtitle on container: Creating a new world order and economy

500 ƀƀ ▾aUsers guide title: The new Grolier electronic encyclopedia

500 ƀƀ ▾aTitle on disc surface: American government CD-ROM

500 ƀƀ ▾a용기의 대등표제: 2003 World knowledge forum

500 ƀƀ ▾aParallel title in container: Ancient architecture of Korea

「저작자에 관한 주기」(K4.8.7.3.6;A2.9.7B6)

500 ƀƀ ▾a제작: 서울시스템주식회사

500 ƀƀ ▾aPrepared by: Bureau of the Census

*245필드에 기재되지 않은 저작에 책임이 있는 개인과 단체명의 주기

500 ƀƀ ▾aWeb site hosted by …

*저작에 책임은 없어도 관계된 개인과 단체명의 주기

500 ƀƀ ▾aProgram initially developed by …

*저작의 이전 판과 관계된 개인과 단체명의 주기

*저작자로서 245필드에 '▾d'로 기술되지 않은 중요한 인명과 단체명은 500필드에 주기하고, 700, 710필드로 부표목한다.

· 약어형 저작자

245 00 ▾a한국의 그림 ▾h[전자자료] / ▾dKBS영상사업단

500 ƀƀ ▾aKBS: Korean Broadcasting System

*약어형 저작자명은 완전명을 관계된 표출어로 500필드에 주기한다.

· 시스템 분석자, 설계자, 협력자, 중개업자 등

500 ƀƀ ▾a제작자: 최윤식, 김성길 시스템분석 ; 최윤식, 강은영 시스템설계

500 ƀƀ ▾aSystems designer: Robert Bart ; sound, Roy DuNann

500 ƀƀ ▾aUser's guide: by Gail Kubik

*전자자료를 제작하는 데 책임이 있는 개인이나 단체명이 책임표시(245. ▾d)에 기술되지 않았을 때는 이를 관계된 표출어로 역할어와 짝지어 500필드에 주기한다.

500 ƀƀ ▾aWebmaster: 박영춘 → 700 1ƀ ▾a박영춘

500 ƀƀ ▾aWebmaster, krist Burn → 700 1ƀ ▾aBurn, Krist

500 ƀƀ ▾aMaterial copyrighted by Stephen Barrett

500 ƀƀ ▾a저자: 최남선, 박목월, 조지훈 등

500 ƀƀ ▾a "Made available by the International telecommunication Union"

500 ƀƀ ▾a웹사이드 호스트: 계명대학교 의학도서관

500 ƀƀ ▾aWeb site hosted by Ithaca College Library

*전자자료의 Webmaster는 500필드에 '웹마스터', 'Webmaster'라는 표출어와 함께 주기하고, 인명은 700필드로 부표목한다.

「판표시와 서지적 내력에 관한 주기」(K4.8.7.3.7;A2.9.7B7)

500 ƀƀ ▾a판차: Special edition

500 ƀƀ ▾a판차는 딸림자료에서

500 ƀƀ ▾aTitle from disc surface; ed. statement from container label

500 ƀƀ ▾aEdition statement from container label

500 ƀƀ ▾aUpdated version of 1989 program

500 ƀƀ ▾aProgram first issued in 2000

*250필드에 기술되지 않은 판에 관한 사항은 500필드에 주기한다. 특히 판차사항을 본표제의 정보원과 상이한 곳에서 기술한 경우는 그 정보원을 주기한다.

500 ƀƀ ▾aMonochrome version recoded for sound
*미세한 변경이지만 중요한 경우는 이를 500필드에 주기한다.

500 ƀƀ ▾aBased on: Turabian samples for a bibliography
*관련저작의 서지사항을 주기할 수 있다.

500 ƀƀ ▾a녹음설교, 2001-2002

500 ƀƀ ▾aData collected May-Aug. 1981

500 ƀƀ ▾aIncludes supplementary file dated 1999
*기타 서지적 내력에 관한 사항을 주기한다.

500 ƀƀ ▾a1997년 11월 Internet으로 재발행

500 ƀƀ ▾aOriginally published in print: Boston : Houghton, Mifflin and Co., 1899

「발행, 배포, 제작 등에 관한 주기」(K4.8.7.3.9;A2.9.7B9)

500 ƀƀ ▾a배급처: 통천문화사 [배급]

500 ƀƀ ▾a제작처: CJ Entertainment
=500 ƀƀ ▾aCJ Entertainment 제작

500 ƀƀ ▾aSolely distributed by Columbia Pictures

500 ƀƀ ▾aUser's manual distributed by the National Aeronautics and Space Administration

*260필드에 기술되지 않은 중요한 발행, 배포 등에 관한 사항은 500필드에 주기한다.

「형태사항에 관한 주기」(K4.8.7.3.10;A2.9.7B10)

500 ƀƀ ▾a색채: 일부분은 흑백 =500 ƀƀ ▾a일부분은 흑백

500 ƀƀ ▾a연설문은 육성으로 동시녹음

500 ƀƀ ▾a채널: 스테레오 =500 ƀƀ ▾aStereo. sd.

500 ƀƀ ▾a40 pages of text

500 ƀƀ ▾aDisplays in red, yellow, and blue

500 ƀƀ ▾aSecond disk is back-up

500 ƀƀ ▾a용기: 30×15 cm =500 ƀƀ ▾aContainer: 30×15 cm

500 ƀƀ ▾a이메지는 칼라로 영상

*300필드에 기술되지 않은 중요한 형태사항은 500필드에 주기한다.

「딸림자료」(K4.8.7.3.11;A2.9.7B11)

500 ƀƀ ▾a딸림자료: 해설서

500 ƀƀ ▾a딸림자료: 브리태니카<CD> 멀티미디어판<사용자안내>. 87 p. : 삽도 ; 24 cm

500 ƀƀ ▾a딸림자료: 회원명부 / 대구상공회의소 (25 p.)

500 ƀƀ ▾aAccompanied by: Operating instruction

500 ƀƀ ▾aAccompanying material: Text. 42 p. ; 31 cm

*300필드에 기술되지 않은 딸림자료에 관한 사항은 500필드에 주기한다.

「자료의 특성에 관한 주기」(K4.8.7.3.8;A2.9.7B8)

500 ƀƀ ▾a배열: 성의 문자순배열

500 ƀƀ ▾a계층적 파일 구조 =500 ƀƀ ▾aHierarchical file structure

500 ƀƀ ▾a배열: 계층구조 ; 지역별 또는 참석자번호순 배열

500 ƀƀ ▾aHFS파일 구조 =500 ƀƀ ▾aHFS file structure

500 ƀƀ ▾a자료조직: SPSS system file

500 bb ▾aFile characteristics: Minimal TEI tagging

500 bb ▾aFile characteristics: Converted to TEI.2-conformant (P2) SGML

*351필드(파일자료의 특성)에 기술되지 않은 파일자료의 특성에 관한 정보는 500필드에 주기한다.

500 bb ▾a필요요건: 칼라 모드로 작동하기 위하여는 VGA디스플레이 어댑터

500 bb ▾a필요요건: 사운드카드와 비디오카드

*파일에 음향이나 색채가 있는 경우로 디스플레이 하는데 필요한 사항은 500필드나 538필드(시스템사항에 관한 주기)에 주기한다.

· 파일의 크기

500 bb ▾a파일크기: 500, 320, 380, 300, 220, 420, 400 레코드

500 bb ▾aFile size: 500, 320, 380, 300, 220, 420, 400 records

500 bb ▾a파일크기: 약 220, 200, 300, 420 명령문

500 bb ▾aFile size: ca. 220, 200, 300, 420 statements

500 bb ▾a파일크기 복잡 500 bb ▾aFile size varies

500 bb ▾a파일크기 미상 500 bb ▾aFile size unknown

*여러 부문으로 구성된 파일숫자를 각 부분별로 적절한 레코드수, 문서수를 516필드에 주기한다.

「총서사항에 관한 주기」(K4.8.7.3.12;A2.9.7B12)

500 bb ▾a총서명: CD-ROM타이틀 제1집

500 bb ▾aSeries: Life series

500 bb ▾aOriginally issued in series: Latin Amer. lit. and culture

500 bb ▾a총서명: 신비의 세계
740 bb ▾a신비의 세계 ▾h[전자자료]

*440이나 490필드에 기술되지 않은 총서표제는 500필드에 주기하고, 740필드로 부표목한다.

501 **합철주기**(With Note)(K4.1.7.3.20;A2.9.7B21) <O>R

종합표제가 없는 2개 이상의 저작이 합철형식으로 함께 수록되어 있을 때는 대표저작이나 처음 저작의 표제를 본표제(245.▾a)로 기술하고, 합철된 두 번째 이하의 표제는 '합철', 'With'라는 표출어로 합철된 저작의 표제, 저작자 및 발행사항(본표제와 상이할 때)

등을 501필드에 주기하고, 합철표제와 저작자는 7XX로 부표목한다.

501 ƀƀ ▾a합철: ▾c합철표제 = ▾x대등표제 / ▾d저작자 ; ▾e역할을 달리한 저작자. — ▾p발행지 : 발행자, 발행년.
<출력> 합철: 합철표제 = 대등표제 / 저작자 ; 역할을 달리한 저작자. — 발행지 : 발행자, 발행년

501 ƀƀ ▾aWith: ▾cTitle / ▾dauthor. -

501 ƀƀ ▾a합철: ▾c표제 / ▾dauthor

245 10 ▾aCD-ROM 삼국사기 ▾h[전자자료] / ▾d김부식
501 ƀƀ ▾a합철: ▾cCD-ROM 삼국유사 / ▾d일연 [법명]
<출력> 합철: CD-ROM 삼국유사 / 일연 [법명]
700 0ƀ ▾a일연 ▾c[법명]
740 ƀƀ ▾aCD-ROM 삼국유사 ▾h[전자자료]

501 ƀƀ ▾cWith: Uncle Sam's jigsaw -- ▾cU.S. Constitution tutor -- ▾cScramble
740 ƀƀ ▾aUncle Sam's jigsaw ▾h[electronic resource]
740 ƀƀ ▾aU.S. Constitution tutor ▾h[electronic resource]
740 ƀƀ ▾aScramble ▾h[electronic resource]

501 ƀƀ ▾aWith: ▾cAnsiSpecs

502 **학위논문주기**(Dissertation Note)(K4.1.7.3.13;A2.9.7B13) <O>R → 별책 502필드 참조

504 **서지 등 주기**(Bibliography, etc. Note)(K4.8.7.3.17) <O>R → 별책 504필드 참조

전자자료 자체에 포함된 참고자료, 색인, 인용자료를 '참고자료'라는 표출어나 서술형식으로 주기한다.

504 ƀƀ ▾a참고자료: disc 2

504 ƀƀ ▾a용기에 제작배경과 내용색인이 수록되어 있음
<출력> 용기에 제작배경과 내용색인이 수록되어 있음

504 ƀƀ ▾aincludes index

504 ƀƀ ▾a참고자료와 색인, 그리고 인용자료가 수록되어 있음

504 ƀƀ ▾aIncludes bibliographies and index

504 ƀƀ ▾aIncludes bibliographic references

505 **내용주기**(Formatted Contents Note)(K4.8.7.3.18;A2.9.7B18) <O>R → 별책 505필드 참조

전자자료의 내용에 포함된 각각의 표제와 저작자를 주기한다. KORMARC은 표제, 저자 등의 부출지원 여부에 따라 505필드의 제2지시기호를 기본형(b̸)과 확장형(0)으로 지시하고, 확장형일 때는 해당 식별기호로 기술사항을 기재한다.

「내용주기가 필요한 전자자료」

· 전집이나 총집
· 2인 이상이 저작한 작품집
· 개인전집
· 종합표제가 없는 수 개의 저작집

제1지시	0－완전한 내용주기. 1－불완전한 내용주기. 2－부분 내용주기. 8－표출어 생성 않음.	제2지시	b̸－기본형. 0－확장형.
식별	▾a- 형식화된 내용주기. ▾d- 첫 번째 책임표시(R). ▾e- 두 번째 이하 책임표시(R.) ▾n- 권차(R).		▾g- 기타정보(R). ▾u- URI(R). ▾8- 필드 링크와 일련번호(R).

505 ❶b̸ ▾a권차. 표제 = 대등표제 : 표제관련정보 / 저작자 ; 역할을 달리한 저작자 — 권차. 표제 ...

505 ❶0 ▾n권차. ▾t표제 = ▾g대등표제 : ▾g표제관련정보 / ▾d저작자 ; ▾e역할을 달리한 저작자 — ▾n권차. ▾t표제 ...

505 00 ▾t법령정보 — ▾t대법원 및 하급심판례 — ▾t헌법재판소판례 — ▾t법률문헌정보
<출력> 내용: 법령정보 — 대법원 및 하급심판례 — 헌법재판소판례 — 법률문헌정보

505 8b̸ ▾aContents: file 1. Idaho (985 logical records) — file 2. Montana (1,102 logical records) — file 3. Oregon (1,158 logical records)....
740 b̸2 ▾aIdaho ▾h[electronic resource]. ▾nfile 1
740 b̸2 ▾aMontana ▾h[electronic resource]. ▾nfile 2
740 b̸2 ▾aOregon ▾h[electronic resource]. ▾nfile 3
....

505 0b̸ ▾a제1강. 환경에 적응하는 인간 / 김숙희 — 제2강. 서양과 동양의 건강유지를 위한 노력 / 김숙희 — 제3강. 밥의 영양과 건강문제 / 김우경 — ...
700 12 ▾a김숙희. ▾t환경에 적응하는 인간h[전자자료]. ▾n제1강

700 12▾a김숙희.▾t서양과 동양의 건강유지를 위한 노력h[전자자료].▾n제2강
700 12▾a김우경.▾t밥의 영양과 건강문제h[전자자료].▾n제3강
....

필요한 경우 부분(part)내용과 부가내용을 주기하는데 이때 부가내용에 대한 설명주기는 500필드에 기술한다.

500 ƀƀ▾a모두 8개 영역이고, 1개 영역은 각각 10강으로 되어 있음
500 ƀƀ▾a“육당 최남선에서 오늘의 신예작가에 이르기까지 316명의 작품 11,000여 편의 시 수록”
*500 ƀƀ▾a"Includes Novels by the author of "Sense and Sensibility"

506 **이용제한주기**(Restrictions on Access Note) (K4.8.7.3.14; A2.9.7B14) <O>R → 별책 506필드 참조

510 **인용/참고주기**(Citation/References Note) <O>R → 별책 510필드 참조

516 **컴퓨터파일과 데이터 유형주기**(Type of Computer File or Data Note)(A2.9.7B1.a) <O>R

파일특성사항(256필드)에 기술되지 않은 파일의 특성에 관한 정보를 정의된 용어로 기술한다. 전자자료의 부호화된 일반적인 유형은 008/25(전자자료의 유형)에 기술하고, 필요에 따라서는 500필드에 해당 식별기호로 표출어와 함께 주기한다. 256필드에서 컴퓨터파일의 특성을 알 수 있는 경우는 이 필드를 사용하지 않는다.

수치정보(통계자료 포함)	Numeric data	008/25 a
컴퓨터 프로그램	Computer program	008/25 b
설명자료(그림 및 그래프)	Representational	008/25 c
문자(다큐먼트)	Document	008/25 d
서지데이터	Bibliographic data	008/25 e
폰트	Font	008/25 f
게임	Game	008/25 g
음향	Sound	008/25 h
양방향 멀티미디어	Interactive multimedia	008/25 i
온라인 시스템 또는 서비스	Online system or service	008/25 j
조합	Combination	008/25 m

미상 Unknown 008/25 u

기타 Other 008/25 z

제1지시	ƀ－파일유형(Type of file): 8- 표출어 생성 않음.	제2지시	ƀ－미정의.
식별	▾a－컴퓨터파일과 데이터유형.		▾8－필드 링크와 일련번호(R).

516 ƀƀ▾a컴퓨터 프로그램 (008/25 b)
<출력> 파일유형: 컴퓨터 프로그램
└ 한국어 표출어인 '파일유형'은 제1지시기호 ƀ에 의해 자동 생성된다.

516 ƀƀ▾a숫자적 파일 (간략통계) (008/25 a)

516 ƀƀ▾a컴퓨터 프로그램 (008/25 b)

516 ƀƀ▾aWord processor (008/25 b)

516 ƀƀ▾aGraphic data (건축설계) (008/25 c)

516 ƀƀ▾a도서 (자서전) (008/25 d)

516 ƀƀ▾a도서관 목록 (008/25 e)

516 ƀƀ▾a양방향 멀티미디어 (008/25 l)

516 ƀƀ▾ahypertext (전자저널) (008/25 j)

516 8ƀ▾aType of file: Fonts (Bitmapped and Postscript) (008/25 f)

516 ƀƀ▾aType of file: Game (008/25 g)

516 ƀƀ▾aType of file: Audio data (digital audio file) (008/25 h)

516 ƀƀ▾aType of file: Numeric data (summary statistics) (008/25 a)

516 ƀƀ▾aType of file: Electronic bulletin board (008/25 j)

516 ƀƀ▾aType of file: Mailing list (008/25 z)

520 **요약 등 주기**(Summary, etc. Note) <O>R → 별책 520필드 참조

521 **이용대상자 주기**(Target Audience Note) (K4.8.7.3.14;A2.9.7B14) <O>R → 별책 521필드 참조

524 **인용한 자료에 관한 주기**(Preferred Citation of Described Materials Note) <O>R → 별책 524필드 참조

526 학습프로그램주기(Study Program Information Note) <O> R → 별책 526필드 참조

530 이용가능한 다른형태자료 주기(Additional Physical Form Available Note)(K4.8.7.3.15;A2.9.7B16) <O>R → 별책 530필드 참조

기술대상 자료가 다른 형태로 독립된 제어번호를 가진 경우는 이를 530필드에 주기하고, 표제와 제어번호를 776(이용가능한 다른형태자료의 표출어를 동반한 주기)[179]에 기술한다.

530 ƀƀ ▾a이용가능 다른형태자료의 설명적 주기
776 ❶ƀ ▾a기본표목. ▾t표제, ▾zISBN. ▾d발행지 : 발행자, 발행년

530 ƀƀ ▾a책자형으로도 간행
*다른 물리적 형태로 간행된 자료에 대한 사항을 주기한다.

245 10 ▾a자유부인 ▾h[전자자료]
530 ƀƀ ▾a단행본 인쇄자료로도 간행
776 0ƀ ▾a정비석. ▾t자유부인. ▾d서울 : 정음사, 1985.
<출력> 이용가능한 다른형태자료: 정비석. 자유부인. 서울 : 정음사, 1985.
* '이용가능한 다른형태자료'라는 표출어는 제2지시기호 ƀ에 의해 자동 생성된다.

파일의 내용과 관련된 다른 포맷의 세목은 530필드에 주기한다.

530 ƀƀ ▾a책자자료와 마이크로형태자료도 간행

530 ƀƀ ▾aIssued also for IBM PC and PC-compatible hardware

530 ƀƀ ▾aIssued also on 3½ in. disk

530 ƀƀ ▾aAvailable in printed form from ALA

530 ƀƀ ▾aCD-ROM version of: Academic American encyclopedia. Rev. ed. Grolier, 1985?. 21 v.

530 ƀƀ ▾aAlso available online via Library of Congress home page ▾uhttp://www.loc.gov/marc/bibliographic/

535 원본/복제본의 소장처 주기(Location of Originals/Duplicates Note) <O>R → 별책

179) 기타 형태자료는 해당 자료가 이용가능한 다른 물리적 형태로 간행되고 있을 때 이에 관한 사항을 기술하고, 기술되는 사항은 제1지시기호에 의해 주기여부를 구분하여 기술한다. 이때는 표시기호 530 필드에 주기하지 않는다.

535필드 참조

536 **기금정보 주기**(Funding Information Note) <O>R → 별책 536필드 참조

538 **시스템사항에 관한 주기**(System Details Note) (K4.8.7.3.1.2);A2.9.7B1. b))<O>R → 별책 538필드 참조

전자자료의 시스템에 관한 사항을 다음에 제시된 내용과 순서로 기술한다.

「컴퓨터파일」

· 특정한 코드의 존재유무
· 파일의 물리적 특성(기록밀도, 패리티, 블로킹 팩터)

「하드웨어 및 스프트웨어」

· 파일을 사용할 수 있는 컴퓨터사양(컴퓨터 메이커 및 모델명(computer manufacturer and model)
· 기억용량(amount of memoray)
· 운영시스템명(operating system)
· 소프트웨어 요구조건(프로그래밍 언어를 포함한 소프트웨어 조건)(memory requirements)
· 주변기기의 종류 및 특성(보조기억장치의 수, 터미널의 수, 지원 소프트웨어, 설비)(peripheral requirements)

컴퓨터파일과 소프트웨어는 '시스템요구조건', '시스템사양', '시스템조건', 'System requirements'라는 표출어로 각 사항을 ';'으로 구분하여 주기한다

제1지시	b̸－미정의.	제2지시	b̸－미정의.
식별	▾a－시스템에 관한 사항. ▾u－URI(R).		▾3－자료 범위지정. ▾8－필드 링크와 일련번호(R).

538 b̸b̸ ▾a시스템요구조건: 컴퓨터 메이커 및 모델; 기억용량; 운영시스템명; 소프트웨어 요구조건(프로그래밍 언어포함); 주변기기의 종류 및 특성

538 b̸b̸ ▾a시스템요구조건: 80486SX 이상의 CPU; 4MB 이상의 메인 메모리 (8MB 이상 권장); CD-ROM 드라이브; 256색상 이상을 지원하는 SVGA보드; 마우스; MPC 호환 사운드 카드(사운드 블라스터 등); 한글윈도우 3.1/한글윈도우

95 권장; 윈도우용 MCI사운드 드라이버; Video for Windows MCI 드라이버 (제공); 3MB 이상의 하드디스크 공간필요

538 ƀƀ ▾aSystem requirements: 48K RAM; Apple Disk II with controller; col. monitor

538 ƀƀ ▾aSystem requirements: IBM PC,XT,AT, or compatible; 500 KB RAM; minimum of 2 MB free hard disk space, 300 KB of free disk space (necessary for images only); MS-DOS e.1 or higher; a CD-ROM with MS-DOS extensions 2.0 or laster capable of reading ISO 9660 format

538 ƀƀ ▾aSystem requirements: PostScript compatible printer

538 ƀƀ ▾aSystem requirements: PC; telecommunications software; modem

538 ƀƀ ▾aSystem requirements: PC with modem

538 ƀƀ ▾aDisk characteristics: Disk is single sided, double density, soft sectored

538 ƀƀ ▾aVHS

538 ƀƀ ▾aU-Matic

파일이 원거리접근(remote access)으로 열람이 가능한 경우는 접근모드(mode of access)나 인터넷주소(Internet address)를 538필드이나 856필드에 기술한다.

538 ƀƀ ▾a접근모드: Electronic mail using ARPA

538 ƀƀ ▾aMode of access: World Wide Web

538 ƀƀ ▾a인터넷 이용 원격접근

538 ƀƀ ▾aMode of access: URL

538 ƀƀ ▾aMode of access: Gopher

538 ƀƀ ▾a인터넷주소: www.dreambook,co.kr

538 ƀƀ ▾aAccess address: http://es.rice.edu/ES/hu,msoc/Galileo/

538 ƀƀ ▾aAccess through computer network

538 ƀƀ ▾aRemote access through Internet

*Online자료의 접근에 대한 사항은 856필드로 한다.

546 **언어주기**(Language Note) (K4.8.7.3.2;A2.9.7B2) <O>R → 별책 546필드 참조

전자자료는 데이터나 화면에 기재된 2개 이상의 언어에 관한 사항을 언어부호는 008/35-37과 041필드를 연계시켜 서술형식으로 기술한다.

008/35-37 kor ← 내용의 주된 언어부호
041 0ƀ ▾akor ▾aeng ← 사용된 두 개 이상의 언어부호
└ 0: 번역물이 아니거나 번역물을 포함하고 있지 않는 경우 지시
546 ƀƀ ▾a한국어와 영어로 된 사용자 가이드

008/35-37 eng
041 0ƀ ▾aeng ▾aspa
546 ƀƀ ▾aAudio portion in English and Spanish

552 **개체와 속성 정보주기**(Entity and Attribute Information Note) <A>R → 별책 552필드 참조

556 **도큐멘테이션에 관한 정보주기**(Information about Documentation Note)(K4.8.7.3.11; A2.9.7B11) <A>R → 별책 556필드 참조

컴퓨터파일의 다큐멘테이션(이용방법, 내용을 설명한 부호집 등)과 사용모드 등에 관한 사항을 '도큐멘테이션', 'Documentation', '사용모드', 'Mode of use'라는 표출어로 주기한다.

<table>
<tr><td>제1지시</td><td>ƀ–도큐멘테이션.
8–표출어를 생성하지 않음.</td><td>제2지시</td><td>ƀ–미정의.</td></tr>
<tr><td>식별</td><td colspan="3">▾a–도큐멘테이션에 관한 정보.
▾z–ISBN(R). ▾8–필드 링크와 일련번호(R).</td></tr>
</table>

556 ƀƀ ▾aFSWEC-77/0387-1로도 이용가능
<출력> 도큐멘테이션: FSWEC-77/0387-1로도 이용가능

556 8ƀ ▾aDocumentation: BASIC reference. 3rd ed. Boca Raton, Fl.: IBM, cl984

556 8ƀ ▾aMode of use: On-line video or teletype terminal

파일의 특성, 내용, 사용하는 데 도움이 되는 날짜와 세목을 '다큐멘테이션', 'Documentation'이라는 표출어로 주기한다.

파일의 내용에 있는 날짜
데이터가 수집된 날짜
기술된 파일과 다르면서 독립적으로 기술되지 않은 딸림자료의 날짜

556 ƀƀ ▾a해설서 2001년 발행
<출력> 다큐멘테이션: 해설서 2001년 발행

556 ƀƀ ▾a자료수집 1999년 10월-2002년 3월

556 8ƀ ▾aDocumentation: Special lecture, 1999-2000

556 8ƀ ▾aDocumentation: Data collected March-Sept. 2005

565 사례조사파일특성 주기(Case File Characteristics Note) <O>R → 별책 565필드 참조

케이스파일의 내용과 특성에 관한 정보로 파일의 항목수, 항목명, 분석단위, 테이터분야, 파일설계 등에 관한 내용을 식별기호로 구분하여 기술한다.

565 8ƀ ▾aCase file characteristics: ▾a5 ; ▾bcountry of residnece; ▾bage ; ▾beducation level ; ▾bdate of request ; ▾bsubject area of request ; ▾dperformance files Sept. 1983 through June 1984 ; ▾cmedia center users

565 8ƀ ▾a465 cases

567 방법론 주기(Methodology Note) <O>R → 별책 567필드 참조

580 연관저록 설명주기(Linking Entry Complexity Note) <O>R → 별책 580필드 참조

581 참조정보원(Publications about Described Materials Note) <O>R →별책 581필드 참조

245 00 ▾a유병수의 회화 ▾h[전자자료]
581 ƀƀ ▾a유병수의 회화 : 전시목록. 1999
<출력> 참조정보원: 유병수의 회화 : 전시목록. 1999

581 8ƀ ▾aPublication: Levine, Lawrence W. "William Shakespeare and the American People: A Study in Cultural Transformation." American Historical Review, 89 (February 1984)

586 수상주기(Awards Note) <O>R → 별책 586필드 참조

590 소장본 주기(Holding Item Note) <O>R → 별책 590필드 참조

12. 주제명부출표목(6XX)

600 주제명부출표목－개인명(Subject Added Entry－Personal Name) <A>R → 별책 600필드 참조

610 **주제명부출표목－단체명**(Subject Added Entry－Corporate Name) <A>R → 별책 610필드 참조

611 **주제명부출표목－회의명**(Subject Added Entry－Meeting Name) <A>R → 별책 611필드 참조

630 **주제명부출표목－통일표제**(Subject Added Entry－Uniform Title) <A>R → 별책 630필드 참조

650 **주제명부출표목－일반주제명**(Subject Added Entry－Topical Term) <A>R → 별책 650필드 참조

651 **주제명부출표목－지명**(Subject Added Entry－Geographic Name) <A>R → 별책 651필드 참조

653 **비통제 색인어**(Index Term－Uncontrolled) <A>R → 별책 653필드 참조

654 **주제명부출표목－패싯 주제어**(Subject Added Entry－Faceted Topical Terms) <A>R → 별책 654필드 참조

658 **색인어－교과과정 교재**(Index Term－Curriculum Objective) <O>R → 별책 658필드 참조

13. 부출표목(70X－75X)

700 **부출표목－개인명**(Added Entry－Personal Name) <A>R → 별책 700필드 참조

100 1ƀ ▾a박희영
245 10 ▾a韓國號大辭典 ▾h[전자자료] / ▾d朴熙永, ▾e金南碩 共編
700 1ƀ ▾a김남석

100 1ƀ ▾aBlok, Alex
245 10 ▾aAMS pagemaker ▾h[electronic resource] / ▾ddesigned, conceived and early development done by Alex Blok ; Roms and all machine code routines written by Neil Lee
700 1ƀ ▾aLee, Neil

710 **부출표목－단체명**(Added Entry－Corporate Name) <A>R → 별책 710필드 참조

710 ƀƀ ▾a한국광고연구원

710 ƀƀ ▾aAmerican Water Work Association

245 00 ▾a경상북도의회 회의록 ▾h[전자자료]/ ▾d경상북도의회 사무처
710 ƀƀ ▾a경상북도의회. ▾b사무처

245 00 ▾aSondows 2000 server resource kit ▾h[electronic resource] / ▾dMicrosoft Corporation
710 ƀƀ ▾aMcrosoft Corporation

711 **부출표목－회의명**(Added Entry－Meeting Name) <A>R → 별책 711필드 참조

720 **부출표목－통제되지 않은 이름**(Added Entry－Uncontrolled Name) <O>R → 별책 720필드 참조

730 **부출표목－통일표제**(Added Entry－Uniform Title) <A>R → 별책 730필드 참조

740 **부출표목－비통제 연관/분출표제**(Added Entry－Uncontrolled Related /Analytical Title) <A>R → 별책 740필드 참조

753 **컴퓨터파일로 접근하는 시스템세목**(System Details Access to Computer Files) <A>R → 별책 753필드 참조

컴퓨터파일과 딸림자료 접근에 필요한 컴퓨터의 기종(기계의 메이커와 모델), 운영시스템, 프로그램언어에 관한 사항을 부표목한다.

제1지시	ƀ－미정의.	제2지시	ƀ－미정의.
식별	▾a－기종. ▾b－프로그래밍 언어.	▾c－운영체제. ▾8－필드 링크와 일련번호(R).	

컴퓨터 기종 — 프로그래밍 언어 — 운영체제

753 ƀƀ ▾aIBM PC ▾bPascale ▾cDOS 1.1

753 ƀƀ ▾a행정전상망용 PC ▾b클리퍼 ▾c영문도스 5.0이상

753 ƀƀ ▾aIBM PC ▾bPascal ▾cDOS 1.1

753 ƀƀ ▾aCompaq ▾bBasic ▾cDOS 3.2

753 ƀƀ ▾aIBM PC, XT, At, PC jr., or compatibles ▾cDOS 2.1, 2.1, or 3.0

753 ƀƀ ▾a행정전산망용 PC ▾b클리퍼 ▾c영문도스 5.0 이상

14. 연관저록(76X－78X)

760 **상위총서저록**(Main Series Entry) <O>R → 별책 760필드 참조

762 **하위총서저록**(Subseries Entry) <O>R → 별책 762필드 참조

765 **원저저록**(Original Language Entry) <O>R → 별책 765필드 참조

767 **번역저록**(Translation Entry) <O>R → 별책 767필드 참조

770 **보유판/특별호 저록**(Supplement/Special Issue Entry) <O>R → 별책 770필드 참조

772 **모체레코드저록**(Parent Record Entry) <O>R → 별책 772필드 참조

773 **기본자료저록**(Host Item Entry) <A>R → 별책 773필드 참조

774 **구성단위저록**(Constituent Unit Entry) <O>R → 별책 774필드 참조

775 **이판저록**(Other Edition Entry) <O>R → 별책 775필드 참조

776 **이용가능한 다른형태저록**(Additional Physical Form Entry) <O>R → 별책 776필드 참조

100 1ƀ▾**a**허준
245 10▾**a**CD**東醫寶鑑**▾**h**[전자자료] / ▾**d**허준
530 ƀƀ▾**a**단행본 자료로도 발행
776 1ƀ▾**t東醫寶鑑**.▾**d**서울 : 여강출판사, 1994
<출력> 이용가능한 다른 형태자료: **東醫寶鑑**. 서울 : 여강출판사, 1994

777 **동시발간저록**(Issued with Entry) <A>R → 별책 777필드 참조

컴퓨터파일에 다른 컴퓨터파일이 포함되어 발행된 경우는 포함된 컴퓨터파일에 관한 사항을 777필드에 해당 지시기호와 식별기호로 기술한다.

780 **선행저록**(Preceding Entry) <A>R → 별책 780필드 참조

785 **후속저록**(Succeeding Entry) <A>R → 별책 785필드 참조

786 **데이터의 정보원 저록**(Data Source Entry) <A>R → 별책 786필드 참조

787 **비특정적 관계저록**(Nonspecific Relationship Entry) <O>R → 별책 787필드 참조

15. 총서부출표목－통일표제(80X－830)

800 **총서부출표목－개인명**(Series Added Entry－Personal Name) <A>R → 별책 800 참조

810 **총서부출표목－단체명**(Series Added Entry－Corperate Name) <A>R → 별책 810필

드 참조

811 총서부출표목－회의명(Series Added Entry－Meeting Name) <A>R → 별책 811필드 참조

830 총서부출표목－통일표제(Series Added Entry－Uniform Title) <A>R → 별책 830필드 참조

16. 소장, 변형문자 등－일반정보(Holdings, Alternate Graphics, etc.－General Information)(841－88X)

850 소장기관(Holding Institution) <O>R → 별책 850필드 참조

852 소장위치(Location) <O>R → 별책 852필드 참조

856 전자적 위치 및 접근(Electronic Location and Access) <O>R

전자자료의 위치 식별에 필요한 정보를 기술한다.

<table>
<tr><td>제1지시</td><td>ƀ－정보가 제공되지 않음.[1)]
0－전자우편(E-mail).[2)]
1－파일전송(FTP).[3)]
2－원격접속(Telnet).[4)]
3－전화회선(Dial-up).[5)]
4－HTTP.[6)]
7－식별기호 ▾2에 명시된 접속방법.[7)]</td><td>제2지시</td><td>ƀ－정보가 제공되지 않음.[8)]
0－자료자체.[9)]
1－자료의 버전.[10)]
2－관련자료.[11)]
8－표출어를 생성하지 않음.</td></tr>
<tr><td>식별</td><td>▾a－호스트(Host)명(R).[12)]
▾b－접근번호(R).[13)]
▾c－압축정보(R).[14)]
▾d－경로(R).[15)]
▾f－파일명(R).[16)]
▾h－이용자 ID.
▾i－명령어(R).[17)]
▾j－BPS.[18)]
▾k－비밀번호.[19)]
▾l－로그온.[20)]
▾m－접속지원(R).[21)]
▾n－호스트 설치장소.[22)]
▾o－운영체제.[23)]
▾p－포트.[24)]</td><td colspan="2">▾q－전자형식 유형.
▾r－세팅(setting).
▾s－파일크기(R).
▾t－터미널 에뮬레이션(R).
▾u－URI(Uniform Resource Identifier)(R).
▾v－전자자료 이용시간(R).
▾w－레코드 제어번호(R).
▾x－업무용 주기(R).
▾y- 링크 안내문(R).
▾z－이용자용 주기(R).
▾2－접속방법.
▾3－자료범위지정.
▾8- 필드 링크와 일련번호(R).</td></tr>
</table>

「제1지시기호 - 접속방법」 [1)]접속방법에 대한 정보를 모르는 경우 [2)]전자우편 전송 프로토콜(Mail TP)을 통하여 전자정보원에 접속할 경우 [3)]파일전송 프로토콜(FTP)을 통하여 전자정보원에 접속할 경우 [4)]원격접속 프로토콜(Telnet)을 통하여 전자정보원에 접속할 경우 [5)]전통적인 전화회선을 통하여 전자정보원에 접속할 경우 [6)]하이퍼텍스트 전송 프로토콜(HTTP)을 통하여 전자정보원에 접속할 경우 [7)]접속방법

으로 정의된 이외의 방법으로 접속할 수 있는 경우

「제2지시기호－관련성」 [8]**'전자자료**:'라는 표출어 생성 [9]856의 전자적 위치가 레코드에 기술되는 자료와 동일한 경우. 즉 서지레코드에 기술되는 자료가 전자자료인 경우 '전자자료:'라는 표출어 생성 [10]856의 위치가 레코드에 기술되는 자료의 전자 버전인 경우. '전자 버전:'이라는 표출어 생성 [11]856의 위치가 그 레코드에 기술되는 자료와 관련있는 전자자료인 경우. '관련 전자자료:'라는 표출어 생성

「식별기호」 [12]전자적 위치에 대한 적절한 도메인(호스트명)을 기술. BITNET주소는 '.bitnet'을 부가기술 [13]호스트에 접근하기 위한 접근번호를 기술 [14]파일의 압축에 관한 정보를 기술 [15]호스트 접속정보로 안내하기 위해 파일이 저장된 디렉토리 경로명을 기술 [16]▾a에 기술된 호스트명과 ▾d에 기술되는 경로명 안에 수록된 파일명 기술 [17]원격접속시 필요한 지시어나 명령어를 기술 [18]데이터의 최고전송속도와 최저전송속도를 BPS단위로 기술 [19]정보원에 접속하기 위한 비밀번호를 기술 [20]전자정보원이나 FTP에 접속할 때 필요한 문자를 기술 [21]식별기호 ▾a의 호스트가 가지고 있는 정보원에 접속하는 것을 도와 줄 수 있는 정보를 기술 [22]식별기호 ▾a의 호스트가 설치된 장소를 기술하며, 지리명도 함께 기술. [23]정보제공을 목적으로, 식별기호 ▾a에 표시된 호스트의 운영체제를 기술 [24]호스트의 서비스나 처리를 알 수 있는 주소위치를 기술.

856 1ƀ ▾**a**harvada.harvrd.edu ▾**a**harvarfda.bitnet

856 2ƀ ▾**a**anthrax.micro.umn.edu ▾**b**128.101.95.23

856 1ƀ ▾**a**maine.maine.edu ▾**c**Must be decompressed with PKUNZIP ▾**f**resource.zip8561ƀ ▾**a**wuarchive.wustl.edu ▾**d**mirrors/info-max/util ▾**f**color-systempicons.hqx

856 1ƀ ▾**a**sunx.loc.gov ▾**d**LCPP04A ▾**f**4A49751 ▾**g**4A49755

856 0ƀ ▾**a**uccvma.bitnet ▾**f**IR-L ▾**h**Listserv ▾**i**subscribe

856 2ƀ ▾**a**gopac.berkeley.edu ▾**m**Roy Tennant

856 1ƀ ▾**a**seql.loc.gov ▾**d**/pub/soviet.archive ▾**f**k1famine.bkg ▾**n**Library of Congress, Washington, D.C. ▾**o**UNIX

856 0ƀ ▾**a**keptvm.bitnet ▾**f**acadlist file1 ▾**s**34,989 bytes ▾**f**acadlist file2 ▾**s**32,876 bytes ▾**f**acadlist file3 ▾**s**23987 bytes

856 1ƀ ▾**u**URL: ftp://path.net/pub/docs/urn2urc.ps

856 1ƀ ▾**a**wuarchive.wustl.edu ▾**c**decompress with PKUNZIP.exe ▾**d**/mirrors2/ win3/games ▾**f**atmoidszip ▾**x**cannot verify because of transfer difficulty

245 00 ▾**a**Analyzing qualitative data / ▾**d**edited by Alan Bryman and Robert G. Burgess
856 40 ▾**3**Table of contents ▾**u**http://lcweb.loc.gov/catdir/toc/ 93- 3471.html

245 00 ▾**a**Proceedings of the Seminar on Cataloging Digital Documents, October 12-14, 1994 ▾**h**[computer file] / ▾**d**University of Virginia Library, Charlottesville, and the Library of Congress

856 40 ▾ uhttp://lcweb.loc.gov/catdir/semdigdocs/seminar.html

245 00 ▾ aAmerican quarterly
856 41 ▾ uhttp://muse.jhu.edu/journals/american%5Fquarterly/

886 **외국MARC정보필드**(Foreign MARC Information Field) <O>R → 별책 886필드 참조

887 **MARC가 아닌 필드정보**(Non-MARC Information Field) <O>R → 별책 887필드 참조

890 **미입력문자표시** <A>NR → 별책 890필드 참조

17. 로컬필드(9XX) → 별책의 1XX, 9XX의 해당 필드 참조

<표 5> 중요 발행국부호(부속서 1) 및 외국지역구분부호(부속서 6)

	발행국부호	지역구분부호		발행국부호	지역구분부호
No place	xx		Korea		a-kr
Africa		f	Korea(North)	kn	a-kn
Argentina	ag	s-ag	Korea(South)	ko	a-ko
Asia		a	Kuwait	ku	a-ku
Australia	at	u-at	Malaysia	my	a-my
Austria	au	e-au	Mexico	mx	n-mx
Australasia		u	Nepal	np	a-np
Bangladesh	bg	a-bg	Netherlands	ne	e-ne
Beijing(China)	cc	a-cc	New Zealand	nz	u-nz
Brazil	bl	s-bl	North America		n
Bulgaria	bu	e-bu	Norway	no	e-no
Cambodia	cb	a-cb	Pakistan	pk	a-pk
Canada	cn	n-cn	Philippines	ph	a-ph
China	cc	a-cc	Poland	pl	e-pl
Cuba	cu	n-cu	Portugal	po	e-po
Denmark	dk	e-dk	Romania(Rumania)	rm	e-rm
Egypt	ua	f-ua	Russia	ru	e-ru
Europe		e	Singapore	si	a-si
France	fr	e-fr	Slovakia	xo	e-xo
Germany	gw	e-gx	South America		s
Greece	gr	e-gr	Spain	sp	e-sp
Hong Kong	hk	a-cc	Sri Lanka	ce	a-ce
Hungary	hu	e-hu	Sweden	sw	e-sw
Iceland	ic	e-ic	Switzerland	sz	e-sz
India	ii	a-ii	Syria	sy	a-sy
Indonesia	io	a-io	Taiwan	ch	a-ch
Iran	ir	a-ir	Thailand	th	a-th
Iraq	iq	a-iq	United Kingdom	uk	e-uk
Ireland	ie	e-ie	United States	us	n-us
Israel	is	a-is	Vatican City	vc	e-vc
Italy	it	e-it	Vietnam	vm	a-vt
Japan	ja	a-ja	Yugoslavia	yu	e-yu

제5장 지도자료

5.1. 지도자료의 의의

지도는 지구와 천체표면의 전부 또는 일부를 사용목적에 따라 필요한 요소만 취사선택하여 지면에 축소해서 재표현한 것[180]이다. 또한 지도는 토지의 표면 또는 토지의 일부분을 재표현한 것으로 축척 또는 평면도법에 의해 현물의 크기와 위치 등을 일정한 비율로 나타낸 것이다. 지도는 고대로부터 현재까지 발전되어 왔는데, 지도에는 제작 당시 필요하였던 요소들이 표현되어 있기 때문에 그 시대의 지형, 행정, 문화, 사회상황 등을 파악할 수 있는 훌륭한 정보자료가 된다. 한국 최초의 지도 작성은 삼국시대인 것으로 문헌상으로 확인되고 있다. 그리고 고려시대에는 한반도 모양이 현재와 비슷한 정도로 파악되고 있었다는 기록이 있다. 그러나 현재 전해지고 있는 지도는 모두 조선시대의 것이고 특히 인쇄술이 일반화된 16세기 이후의 지도가 대부분이다. 축척과 방위가 정확한 대축척지도는 정상기(鄭尙驥)가 1700년대에 제작한 40만 분의 1 축척의 도별도(道別圖)이다. 현재까지 전해지는 조선시대의 지도는 그 내용의 역사성과 다양성으로 인해 고지도로서 자료적인 가치가 높이 평가되고 있다. 지도의 정보적인 가치는 직접 경험할 수 없는 현상, 위치, 거리, 기타 여러 관계를 축척과 평면도법에 의해 그 위치를 일정한 비율로 표시해서 지면을 통해 쉽게 이해시키고

---

180) 방동인, **한국의 지도** (서울: 세종대왕기념사업회, 1976), 30.

한 지역의 정보를 제공하는 데 의의가 있다.

지도는 제작 및 사용목적, 수록된 범위, 즉 지역 등에 의해서 여러 가지 종류가 있으나 지도를 구성하는 요소로서 ① 자료의 상태를 종이 위에 나타내는 축소의 비율인 지도의 축척(scale), ② 구형인 지구의 표면을 종이 위에 투영하여 표현하는 방법인 투영법, ③ 지도의 표면에 관한 표시의 약속인 도식의 세 가지를 들 수 있다.

지도자료에는 1매로 된 인쇄자료(낱장), 지도장, 축물, 도서나 잡지 중에 인쇄된 지도, 지구의, 지형의 모형, 천체도 등이 포함된다.

시각자료로서 지도는 내용과 형태별에 있어 다양성을 가지고 있기 때문에, 학교교육에서는 학습자료로 중요시되고 있고, 자료기관에서는 일상적이고 전문영역의 지식정보자료로 이용되고 있다. 따라서 지도자료는 자료기관에서 정보재로 보존되어야 하기 때문에 기획성 있는 자료의 수집방법과 이용에 공헌할 수 있도록 조직되어야 한다.

5.2. 지도자료의 종류

지도자료는 표현방법, 수록내용, 구성형태 등 필요에 의해 다양하게 생산되고 있기 때문에 지도자료라는 범주 내에서도 구분하는 방법에 따라 여러 가지로 세분된다.

1) 제작별

(a) 실측도(實測圖) (c) 약측도(略測圖) (e) 기억도(記憶圖)

(b) 편집도 (d) 스케치지도 (f) 상상도

2) 축척별

(a) 대축척지도 (b) 중축척지도 (c) 소축척지도

3) 내용별

(a) 자연지도

· 지세도 · 지질도 · 토양도 · 수로도 · 기상도 · 기온도

· 우량도　　· 실물분포도　　· 동물서식도

(b) 인문지도

· 정치구분도: 각국지도, 한국지도, 시 · 도 · 군 · 면지도, 국제연맹국일람지도 등

· 경제산업지도: 토지이용도, 산업분포도

· 인구밀도도

· 종교지도

· 역사지도

· 교통도: 항로도, 항공도, 철도도, 관광안내도, 등산지도, 특수지도 등

4) 범위의 대상별

(a) 세계지도　(c) 대륙지도　(e) 지방도

(b) 각국지도　(d) 전국지도　(f) 시 · 도 · 군 · 면지도

5) 표현방법별

(a) 백지도　(c) 그림지도　(e) 입체지도

(b) 색채지도　(d) 조감도　(f) 공중사진지도

6) 형태별

(a) 괘지도　(b) 벽지도　(c) 지도철(책)　(d) 지구의

7) 사용목적별

(a) 지형도　(c) 해도　(e) 지적도　(g) 도시계획도　(i) 기후도　(k) 백지도

(b) 지세도　(d) 항공도　(f) 삼림도　(h) 지질도　(j) 안내도

8) 복제별

(a) 원도　(b) 필사도　(c) 인쇄도

5.3. 지도자료의 관리

1) 선택

지도자료는 등록에 앞서 그 선정에 세심한 주의를 요한다. 지도자료의 선택을 위해 알아야 할 범주를 Ealker는 다음과 같이 6가지를 들고 있다.[181] ① 가시도(visibility), ② 크기(size), ③ 요구에 맞는 상세함과 적합성, ④ 색채(color), ⑤ 내수성(durability), ⑥ 정확성(accuracy) 등이다.

「지도자료 선정시 유의사항」

- 내용과 구도가 정확하고, 인쇄가 선명해야 한다.
- 표제가 명확하고, 읽기에 편리해야 한다.
- 축척이 정확하고, 쉽게 이해할 수 있어야 한다.
- 표준기호가 사용된 것이어야 한다. 만일 표준기호가 아닌 것은 적절한 설명이 따라야 한다.
- 게재된 자료는 출처가 분명해야 한다.
- 위도와 경도에 대한 방위표시가 있어야 한다.
- 괘도는 활용하기에 적절한 것이어야 한다.
- 표현방법과 색상이 밝아야 한다.
- 제작년도가 확실하고 최신판이어야 한다.
- 지질이 좋고 내구성이 있어야 하며, 보관이 편리한 것이어야 한다.
- 지도책의 경우 색인이 있어야 한다.

2) 등록

선정된 자료는 등록부에 등록하되, 지도의 형태에 따라 동일한 자료끼리 각각 등록하는 것이 좋다.

(a) 낱장지도: 낱장지도는 하나하나 등록하지 않고 폴더나 봉투에 넣어 주제별이나 지명

181) Barbara Ealker, "Map," *Handling Special Materials in Libraries*, ed. by Frances E. Kaiser (New York: Special Libraries Association, 1974), 70.

별로 등록한다. 그러나 낱장지도라도 고지도(古地圖)와 같이 그 귀중성이 인정될 때는 각각을 귀중 자료로 등록하고 별치 보관한다. 낱장지도에는 잡지나 도서의 부록으로 발행된 낱장지도 등을 포함한다.

(b) 지도장: 지도장은 일반도서와 같이 등록하고 배열한다.

(c) 축물지도, 지구의: 축물지도와 지구의는 이들만을 위한 등록부를 만들어 등록한다.

3) 배가

지도자료를 정리 보관하는 용기는 그 지도의 외형적인 형태에 따라 적합한 용기를 사용하여야 한다.

(a) 낱장지도: 낱장지도를 담고 있는 폴더를 정리할 수 있는 파일캐비닛이나 개방된 파일서가를 이용한다.

(b) 지도첩: 일반도서와 같이 정리하여 보관하되, 대형 지도첩은 선반에 뉘어서 보관할 수 있도록 선반형식의 지도첩 보관대를 사용한다.

(c) 벽지도: 두루마리 형식의 지도는 세워서 보관할 수 있는 함이나, 크기에 따라 걸어서 보관할 수 있는 벽걸이 보관대를 사용한다.

다음 그림은 지도자료의 형태별에 따라 대표적으로 사용되고 있는 보관을 위한 용기들이다.

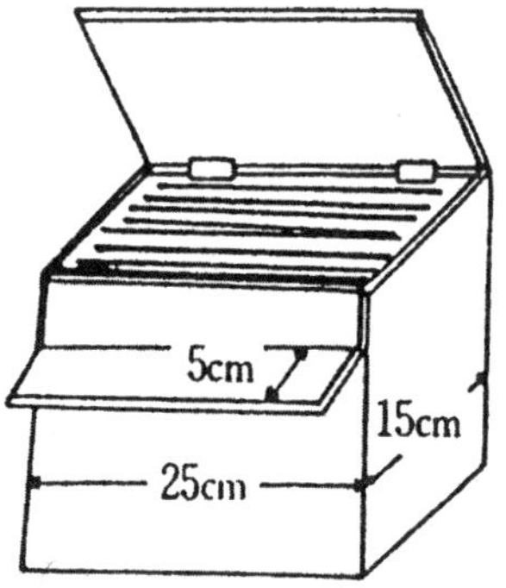

낱장지도용

지도첩용

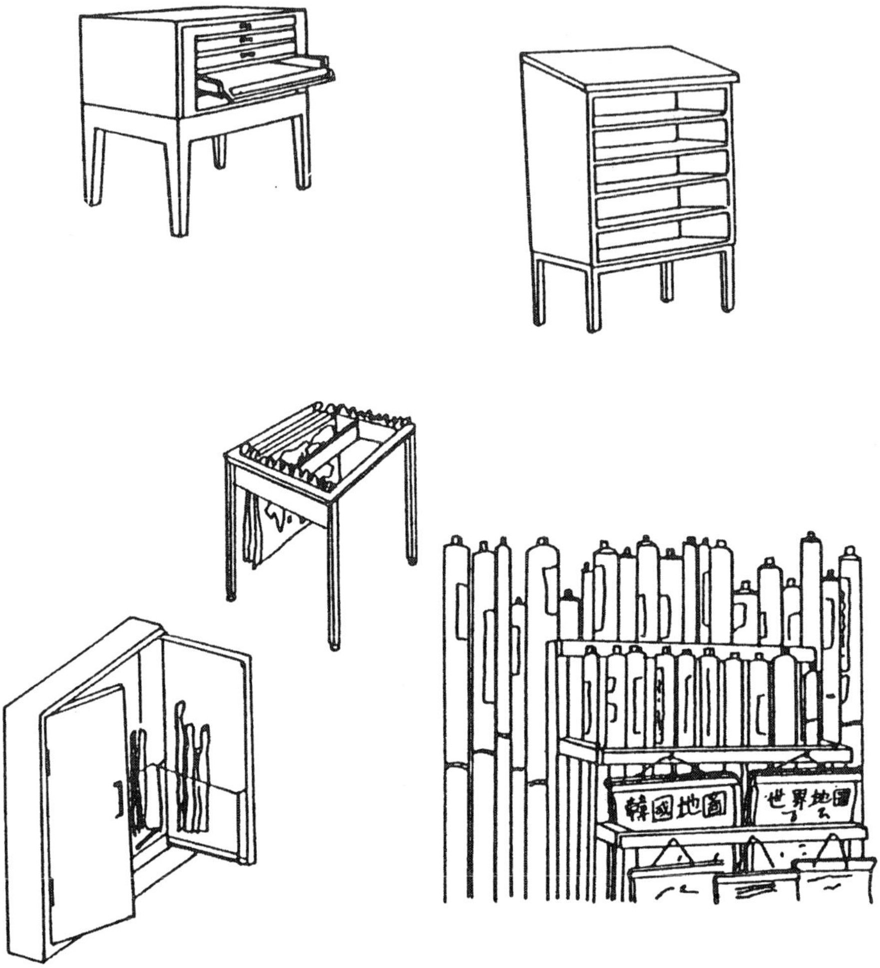

<5-1. 지도자료의 보관용기>

5.4. 지도자료의 분류

지도자료는 사용목적에 따라 여러 가지 방법으로 분류할 수 있는데, 종합적인 정보기관인 대학도서관이나 공공도서관에서는 그 도서관이 사용하는 분류체계에 따라 지역별이나 지명별로 분류한다. 그러나 초・중등학교와 같이 학습도구로 활용하고 있는 기관에서는 단원별이나 교과별로 분류하여 이용에 편리를 도모하기도 한다.

지도자료는 모든 자료를 한 곳에서 모아 관리할 수 없을 만큼 다양한 형태별 특색을 가지고 있다. 그래서 도서관에서 주로 사용하는 분류는 지도자료의 공통되는 별치기호와 형태에 따른 별치기호를 함께 부여하고, 다음에 그 지도자료가 담고 있는 내용의 주제별 분류번호를 부여한다. 지도자료는 표제를 주로 내용의 지명이나 지역을 나타내고 있기 때문에 지도명에 따라 분류번호를 부여하는 것이 용이하다. KDC에 의하면 분류기호 989는 특정주제를 갖지 않는 지도, 지도책, 지구의, 지리모형에 대한 자료를 지명이나 지역의 구분에 따라 분류하게 하고 있다.

지도자료의 별치기호는 지도라는 공통기호로 'L'을, 다음에 자료의 형태별에 따른 기호를 주어 지도라는 공통부호 내에서 형태별로 구분되게 하였고, 형태별에 따른 'A'는 어느 한 영역에도 속하지 않는 자료를 위한 부호로 사용하였다.

지도종별	별치기호
지도(map)	LA
항공지도(aerial chart)	LB
지도책(atlas)	LE
조감도(bird's eye view or map view)	LF
입체선도(block diagram)	LG
벽지도(wall map)	LI
계획도(plan)	LR
모형도(relief model)	LS
지구의(globe)	GA
천체의(celestial globe)	GC

(a) 낱장지도: 낱장지도는 한 장으로 독립된 지도자료를 말한다. 낱장지도는 폴더에 넣어 수직으로 배열한다. 배열은 별치기호에 지역의 지명별에 따른 문자순이나 지역의 주제에 따른 분류번호순에 의한다.

(b) 지도첩: 지도첩은 단행본형태의 지도자료로 일반도서와 구별될 정도로 대형자료가

대부분이다. 일반도서와 동일한 방법으로 분류순에 의해 배열되게 하되 반드시 분류번호 앞에 동일 형태의 지도자료가 함께 모일 수 있도록 별치기호를 부기하고, 지도의 크기에 따라 작은 것은 세워서 큰 것은 횡으로 배열한다. 이때 지도첩이 한 곳에 보관될 수 있도록 종횡으로 자료를 배열할 수 있는 특별히 고안된 서가를 활용하는 것이 좋다.

(c) 구의(球儀): 구의는 지구의[182]와 천구의[183]로 구분할 수 있다. 구의 형태를 가진 자료는 별치기호 다음에 크기순서에 따른 배열순위를 정하고, 마지막에는 수입순으로 보관함에 배열되게 한다.

별법으로 KDC 989(지도 및 지도책) 대신 별치기호만을 주고, 다음에 지역구분에 의한 세분된 구분기호를 부여하기도 한다.

5.5. 지도자료의 목록

5.5.1. 지도자료 목록의 의의

지도자료의 목록은 ISBD(G)와 A2, 그리고 K4에 준하였다. 특히 지도자료의 특성인 축척, 형태기술사항에서는 다른 형태자료와 구별되는 특수한 사항들을 통일된 형식으로 기술해야 한다. 지도자료는 삽입된 자료가 많기 때문에 목록을 통해서 지도가 담고 있는 주된 정보를 위시하여 삽입된 자료의 제 정보까지도 정확하게 기술하여 검색될 수 있게 해야 한다.

지도자료의 목록은 단행본자료의 목록원칙을 근간으로 하여 지도자료가 가진 특수성을 고려한 것이기 때문에 해당 도서관이 정리에 적용하고 있는 목록규칙에 따라 기술사항, 기술형식, 기술수준, 사용언어 등 목록작성을 위한 기본방침을 먼저 정해야 한다.

1) 목록의 종류

- 저자명목록: 지도제작자, 편자, 삽도자 등
- 주제명목록: 주제명(인명, 지명… 등 포함)

182) 지구의는 지구를 본떠 만든 작은 모형으로 표면에 바다와 육지 및 경위도 등을 나타내고, 남북의 중심축을 23.5°로 경사지워 황도환(黃道環)을 붙인 장치로 축을 따라 돌게 한 것이다.

183) 천구의는 구면 위에 천구에 보이는 성좌(星座), 황도(黃道), 시권(時圈) 같은 것을 기록한 것이다.

· 표제목록: 본표제, 별표제, 통일표제, 대등표제, 편제, 부표제, 총서표제, 원작표제, 내용표제 등

· 분류목록: 분류번호(자료정리를 분류순에 의할 때)

· 제작자목록: 감독자 등

2) 기술수준

기술수준은 자료관의 인력과 경제적인 요인과도 직결되기 때문에 이용목적에 따라 보존자료와 열람자료로 구분하여 기술수준의 상세정도를 결정해야 한다. 결정된 기술수준은 간략 목록과 상세 목록에 필요한 기술사항, 그리고 기술형식을 사전에 표로 제시하여 기술수준별에 따른 목록의 통일을 기해야 한다.

3) 언어와 문자

목록기술용 문자는 이용자의 수준에 따라 결정하되, 공공도서관이나 학교도서관은 자국어로만 기술하고, 지도전문도서관은 국제어로 가장 많이 사용되는 영어나 기술의 으뜸정보원에 나타난 사용 가능한 모든 언어로 기재한다. 하나의 언어로 통일할 때는 해당 국어의 통일된 표기법을 따라야 하고, 사용된 표기법에 대한 정확한 안내로 검색에 불편이 없도록 해야 한다.

4) 정보원

지도자료는 기술대상 지도자료에 나타나 있는 정보를 중심으로 다음과 같이 우선순위를 정하였다. 지도책은 K4.2.0.3.1의 규정에 의한다.

「정보원의 우선순위」(K4.3.0.3.1;A2.3.0B1)

(a) 자료자체(제자란, 또는 이에 준한 정보)

(b) 보관용기(포트포리오, 카버, 봉투 등) 또는 케이스, 지구의의 받침대 등

(c) 인쇄된 딸림자료

(d) 모든 정보원

「사항별 정보원」(K4.3.0.3.2;A2.11.0B2)

. 표제와 책임표시사항 : 제자란, 또는 이에 준한 정보
· 판사항 : 제자란, 또는 이에 준한 정보, 딸림문서자료
· 축척 및 좌표사항 : 제자란, 또는 이에 준한 정보, 딸림문서자료
· 발행, 배포 등 사항 : 제자란, 또는 이에 준한 정보, 딸림문서자료
· 형태사항 : 자료 자체
· 시리즈사항 : 제자란, 또는 이에 준한 정보, 딸림문서자료
· 주기사항 : 모든 정보원
· 표준번호. 구득조건 등 : 모든 정보원

5.5.2. KORMARC: 지도자료

1. KORMARC의 설계원칙 → 별책 설계원칙 참조

2. 리더 (Leader) 〈M〉NR → 별책 리더(leader) 참조

3. 디렉토리 (Directory) 〈M〉NR → 별책 디렉토리(directory) 참조

4. 제어필드 (00X)

001 제어번호(Control Number) <M>NR → 별책 001필드 참조

005 최종처리일시(Date and Time of Latest Transaxtion) <M>NR → 별책 005필드 참조

006 부호화정보필드－부가적 자료특성(Fixed-Length Data Elements－Additional Material Characteristics) <A>R

대상 자료에 다른 형태자료가 포함되어 있거나 딸림자료가 있는 경우 이에 관한 정보를 나타내기 위해 00－13까지 14자리로 구성한다. 첫 번째 자리 00은 다른 형태자료나 딸림자료의 형태를 표시하고, 01－13자리는 008필드의 18－25, 29－31, 33－34자리의 내용을 표시한다.

「지도자료」

자수위치	데이터요소	자수위치	데이터요소
00	자료형태 e－지도자료(구체포함) f－필사지도	07	미정의(008/24)
		08	지도자료의 유형(008/25)
		09-10	미정의(008/30)
01-04	모형도(008/18-21)	11	색인(008/31)
05-06	도법(008/22-23)	12-13	형태상의 특징(008/33-34 미정의)

006 eƀƀƀaƀƀ0ƀƀ

007 형태기술필드(Physical Description Fixed Field—General Information) <O>R

지도자료와 구체의 형태사항에 관한 정보를 부호로 알려주기 위한 필드이다. 지도자료는 007필드의 첫 번째 자리 '00'을 자료범주표시 'a'로 하고, 01-07자리까지 8자리의 고정길이 필드로 구성된다. 다음은 지도자료의 형태기술필드를 도식화한 것이다.

「지도자료」

<table>
<tr><th>자수
위치</th><th>자리
수</th><th>데이터명</th><th>데 이 터 요 소</th></tr>
<tr><td>00</td><td>1</td><td>자료범주표시</td><td>a－지도자료(구체나 지도책을 제외한 모든 지도자료)</td></tr>
<tr><td>01</td><td>1</td><td>특정자료종별
(SMD)</td><td>d-지도집(Atlas). g－도표(Diagram). j－지도(Map). k－측면도(Profile). q－모형(Model). r－원격탐사도(Remote-sensing image). s－단면도(Section). u－자료를 특정화하지 않음. y－조감도(View). z－기타. |－부호화 않음.</td></tr>
<tr><td>02</td><td>1</td><td>미정의</td><td>ƀ－미정의.</td></tr>
<tr><td>03</td><td>1</td><td>색채</td><td>a－단색. c－천연색. |－부호화 않음.</td></tr>
<tr><td>04</td><td>1</td><td>물리적 매체
(재질)</td><td>a－종이. b－목재. c－석재(돌). d－금속. e-합성수지(플라스틱, 비닐). f－가죽. g－섬유. j－유리. p－석고. q－유연성 염기 양화 사진. r－유연성 염기 음화 사진. s－비유연성 염기 양화 사진. t－비유연성 염기 음화 사진. u－미상. y－기타 사진 매체. z－기타 |－부호화 않음.</td></tr>
<tr><td>05</td><td>1</td><td>복제유형</td><td>f－복제물(재생). n－적용불가(복제물이 아닌 경우). u－미상. z－기타 |－부호화 않음.</td></tr>
<tr><td>06</td><td>1</td><td>제작/복제내용</td><td>a－청사진. b－사진복사. c－교정용 제판. d－필름박사. u－미상. z－기타. |－부호화 않음.</td></tr>
<tr><td>07</td><td>1</td><td>감광상태</td><td>a－양화. b－음화. m－혼합(음화, 양화 혼합). n－적용불가(복사나 필름이 아닌 경우) |－부호화 않음.</td></tr>
</table>

「지도자료의 형태기술필드 예」

형태기술필드의 Tag
00(1자리: **자료범주표시**): a－지도자료
01(1자리: **특정자료표시**: SMD): j－지도
02(1자리: **미정의**): ƀ
03(1자리: **색채**): c－천연색
04(1자리: **물리적 매체**): a－종이

007 ajƀcazba

07(1자리: **감광상태**): a－양화
06(1자리: **제작/복제내용**[184]): b－사진복사
05(1자리: **복제형태**): z－기타

구체는 007필드에 첫 번째 한 자리 '00'을 자료범주 'd'로 하여 01-05자리까지 6자리의 고정길이 필드로 구성된다. 다음은 구체의 형태기술필드를 도식화한 것이다.

「구체」

자수 위치	자리 수	데이터명	데 이 터 요 소
00	1	자료범주표시	d－구체.
01	1	특정자료종별(SMD)	a－천체의(천구의). b－지구와 달 이외 행성의 위성 모델. c－지구의(Terrestrial globe). e－월구의. u-자료를 특정화하지 않음. z－기타 |－부호화 않음.
02	1	미정의	ƀ－미정의.
03	1	색채	a－단색. c－천연색. |－부호화 않음.
04	1	물리적 매체	a－종이. b－목재(나무). c－석재(돌). d－금속재. e－합성수지(플라스틱, 비닐). f－가죽. g-섬유. p－석고. u－미상. z－기타 |－부호화 않음.
05	1	복제유형	f－복제물(재생). n－적용불가(복제물이 아닌 경우). u－미상. z－기타. |－부호화 않음.

「구체자료의 형태기술필드 예」

구체의 형태기술필드의 Tag
00(1자리: **자료범주표시**): d－구체
01(1자리: **특정자료표시**: SMD): c－지구의
02(1자리: **미정의**): ƀ

007 dcƀcef

05(1자리: **복제형태**): f－재생
04(1자리: **물리적매체**): e－합성수지(플라스틱, 비닐)
03(1자리: **색채**): c－천연색

184) 지도제작에 사용된 사진술을 표시.

008 부호화정보필드(Fixed-Length Data Elements) <M>NR → 별책, 제3장 008필드 참조

지도자료의 부호화 정보필드로 레코드 전반과 서지적인 특성에 대한 정보를 데이터 관리와 검색에 편리하도록 부호화하여 나타낸 40자리의 고정장필드이다. 자수위치 00-17, 26-28, 32, 35-39는 모든 형태자료에서 공통으로 적용되는 것이기 때문에 별책을 참조하여 작성하고 지도자료에만 적용되는 18-25, 29-31, 33-34는 다음 표로 작성해야 한다.

자수위치	자리	데이터명	데 이 터 요 소
00-05	6	입력일자(공통)	최초입력일을 YYMMDD형식으로 자동생성.
06-14	9	발행년유형 발행년1.2 (공통)	**발행년유형**에 나타난 문자부호(06(1자리)). **발행년**1: 발행년유형에 지시된 연도(07-10(4자리)). **발행년**2: 발행년유형에 지시된 연도(11-14(4자리)).
15-17	3	발행국명(공통)	'부속서1. 발행국부호표'의 3자리 국명부호
18-21	4	모형도 (006/01-04)	ƀ－모형도 아님. a－등고선지도. b－음영도. c－경사도. d－고저도. e－수심도. f－지형선도. g－표고도. i－그림으로 그린 모형도. j－지형도. k－해심도/등심선. m－암각화. z－기타. |－부호화 않음.
22-23	2	도법 (006/05-06)	ƀƀ-특별한 도법이 아님 ***방위도법***: aa－아이토프 도법. ab－노믹 도법. ac－람베르트 방위각등적 도법. ad－정사영 도법. ae－등거리방위 도법. af－입체 도법. ag－일반수직측면도법. am－변형평사도법. an－체임벌린 삼각투영도법. ap－극평사 도법. au－방위투영법 및 특정한 형식이 없는 방위도법 az－기타 방위 투영식도법. ***원통도법***: ba－갈 도법. bb－구디 단열도법. bc－람베르트 원통등적 도법. bd－메르카토르 도법. be－밀러 도법. bf－몰바이데 도법. bg－정현곡선 도법. bh－횡축 메르카토르 도법. bi－가우스-크루거 도법. bj－정거원통 도법. bo－경사 메르카토르 도법. br－로빈슨투영도법. bs－공간경사 메르카토르 도법. bu－특정한 형식이 없는 원통도법 bz－기타 원통도법. ***원추형도법***: ca－알버 등적도법. cb－본도법. cc－람베르트 등각원추형 도법. ce－등거원추형 도법. cp－다원추형 도법. cu－특정한 형식이 없는 원추형 도법. cz－기타 원추형 도법 ***기타도법***: da－아르마딜로 도법. db－버터플라이 도법. dc－엑케르트 도법. dd－구디 상동투영도법. de－밀러양극사각등각원추형도법. df－그린텐 도법. dg－다이막시온 도법. dh－심장형 도법. dl－람베르트 상사 원추 도법. zz－기타도법 |－부호화 않음.
24	1	미정의	ƀ－미정의 I－부호화 않음.
25	1	지도자료의 유형 (006/08)	a－단매지도. b－지도모음(제작처, 발행기관이 물리적으로나 서지적으로 독립된 수매의 관련지도의 모음). c－연속발행되는 지도. d－구체 e－지도집. f－다른 자료의 별도부록으로 발행된 지도. g－다른 자료에 함께 제본되어 있는 지도. u－미상. z－기타. |－부호화 않음.
26-27	2	한국대학부호 (공통)	'부속서2. 한국대학부호표'의 2자리 대학부호
28	1	수정레코드 (공통)	ƀ－변형 없음. b－문자를 빈칸으로 입력. h－한자를 한글로 입력. r－로마자 이외의 문자를 로마자로 입력. s－레코드의 단축. x－한자 이외의 문자를 한글로 변형 입력 |－부호화 않음.

29	1	자료의 형태	ƀ－기타. a－마이크로필름. b－마이크로피시. c－마이크로오패크. d－큰활자인쇄자료. f－점자자료. r－복제자료. s－전자자료. |－부호화 않음.
30	1	미정의 (006/09-10)	ƀ－미정의. |－부호화 않음.
31	1	색인(/11)	0－색인이 없음. 1－색인이 있음. |－부호화 않음.
32	1	목록전거(공통)	ƀ－국가서지작성기관. a－자관. c－협력기관. d－기타 기관. u－미상. |－부호화 않음.
33-34	2	형태상의 특징 (006/12-13)	ƀ－형태상의 특성이 없는 자료. e－수작업 지도. j－엽서 지도. k－달력 지도. l－퍼즐용 지도. n－게임용 지도. o－벽지도. p－놀이카드용 지도. r－가제식 지도. z－기타. |－부호화 않음.
35-37	3	언어부호(공통)	'부속서3. **언어구분부호표**'의 3자리 언어부호. ƀƀƀ－미정의. mul－다수(복수) 언어. sgn－기호로 된 언어. und－미상. |||－부호화 않음.
38-39	2	한국정부기관 부호(공통)	'부속서4. **한국정부기관부호표**'의 2자리 기관부호.

「지도자료의 정보화부호필드 예」

00-05(6자리: **입력일자**: 공통): 991021－1999년10월21일
06(1자리: **발행년유형**: 공통): m－복수년도
07-10(4자리: **발행년 1**: 공통): 1970－발행년(시작년)
11-14(4자리: **발행년 2**: 공통): 1976－발행년(마지막년)
15-17(3자리: **발행국명**: 공통): ulk－한국 서울
26-27(2자리: **한국대학부호**: 공통): ƀƀ－해당 없음
28(1자리: **수정레코드**: 공통): ƀ－변형 없음
32(1자리: **목록전거**: 공통): a－자관
34-36(3자리: **언어부호**: 공통): und－미상
37-38(2자리: **한국정부기관부호**:공통): ƀƀ－해당없음

008 991021m19701976ulkjgƀƀƀƀƀaƀƀƀƀƀ1azƀundƀƀ

33-34(2자리: **형태상의 특징**): zƀ－기타
31(1자리: **색인**): 1－색인 있음
30(1자리: **미정의**): ƀ－미정의
29(1자리: **자료의 형태**): ƀ－기타
25(1자리: **지도자료의 유형**): a－단매지도
24(1자리: **미정의**): ƀ－미정의
22-23(2자리: **도법**): ƀƀ－특별도법이 아닌 경우
18-21(4자리: **모형도**): jgƀƀ－지형도, 표고도

5. 숫자적 필드 (01X－09X)

010 **미국국회도서관 제어번호**(Library of Congress Control Number) <A>NR → 별책 010필드 참조

012 **국립중앙도서관 제어번호**(The National Library of Korea Control Number) <A>NR → 별책 012필드 참조

015 **국가서지번호**(National Bibliography Number) <O>R → 별책 015필드 참조

외국의 국가서지로부터 기재한 목록전거의 국가부호(부속서8. **국가부호표** 참조)와 서

지번호를 식별기호로 구분하여 기술한다.

016 국가서지기관 제어번호(National Bibliography Agency Congrol Number) <A>R → 별책 016필드 참조

017 저작권 등록번호(Copyright Registration Number) <O>R → 별책 017필드 참조

020 국제표준도서번호(ISBN) <A>R → 별책 020필드 참조

027 표준기술보고서번호(Standard Technical Report Number) <A>R → 별책 027필드 참조

권한을 가진 기관이 부여한 표준기술보고서번호(STRN)를 기술한다.

027 ƀƀ ▾aMIZ-387 <출력> STRN MIZ-387
└ 'STRN'은 자동 생성

034 지도제작의 수치데이터부호(Coded cartographic mathematical data) <A>R

255필드(지도제작의 수치데이터)의 정보를 기초로 축척, 도법, 경위도(좌표) 등 지도제작상의 수치데이터를 부호형식으로 기술하고, 천체도는 적위, 적경, 분점 등도 기술한다.

제1지시	0–축척표시 없음. 1–단일축척. 3–축척이 범위로 표시된 경우.	제2지시	ƀ–미정의. 0–외곽 원형. 1–배타 원형.
식별	▾a–축척의 종류: 부호의 종류 a-직선비례 축척 b-각 축척 z-기타 축척 ▾c–등비수직 축척(R). ▾b–등비수평 축척(R).	▾d–좌표-최서경선. ▾e–좌표-최동경선. ▾f–좌표-최북위선. ▾g–좌표-최남위선. ▾h–각 축척(R). ▾j–적위-북방계. ▾k–적위-남방계.	▾m–적경-동방계. ▾n–적경-서방계. ▾p–분점. ▾s–G-원형 위도(R). ▾t–G-원형 경도(R). ▾8–필드 링크와 일련번호(R).

034 ❶❷ ▾a축척의 종류 ▾b등비수평 축척(R) ▾c등비수직 축척(R) ▾d좌표-최서경선 ▾e좌표-최동경선 ▾f좌표-최북위선 ▾g좌표-최남위선 ▾h각 축척(R)

034 ❶❷ ▾a축척의 종류 ▾j적위-북방계 ▾k적위-남방계 ▾m적경-동방계 ▾n적경-서방계 ▾p분점

┌ 축척의 종류 ┌ 좌표-최서경선 ┌ 좌표-최북위선 ┌ 좌표-최남위선
034 1ƀ ▾aa ▾b22000000 ▾dW1800000 ▾eE1800000 ▾fN0840000 ▾gS0700000
└ 등비수평축척 └ 좌표-최동경선

034 0ƀ ▾ab ▾jN0300000 ▾kN0300000 ▾m021800k ▾n021800

034 1b̸ ▾aa ▾b1000000

034 3b̸ ▾aa ▾b18000 ▾b28000

034 0b̸ ▾ab ▾p1950

037 **입수처**(Source of Acquisition) <O>R → 별책 037필드 참조

040 **목록작성기관**(Cataloging Source) <M>NR → 별책 040필드 참조

041 **언어부호**(Language Code) <A>R → 별책 041필드 참조

045 **연대부호**(Time Period of Content) <O>NR → 별책 045필드 참조

049 **소장사항** <O>NR → 별책 049필드 참조

050 **미국국회도서관 청구기호/분류기호** (Library of Congress Call Number /Classification Number) <O>NR → 별책 050필드 참조

052 **국립중앙도서관 청구기호** (The National Library of Korea Call Number) <A>NR → 별책 052필드 참조

055 **지리분류기호**(Geographic Classification) <A>R → 별책 055필드 참조

056 **한국십진분류표** (KDC) <A>R → 별책 056필드 참조

066 **사용문자셋**(Character Set Present) <A>NR → 별책 066필드 참조

072 **주제범주부호** (Subject Category Code) <O>R → 별책 072필드 참조

074 **정부간행물번호**(GPRN/GPO Item Number) <O>R → 별책 074필드 참조

080 **국제십진분류기호** (UDC Number) <O>R → 별책 080필드 참조

085 **기타 분류기호**(Other Classification Number) <A>R → 별책 085필드 참조

086 **정부문서분류기호**(Government Document Classification Number) <A>R → 별책 086필드 참조

088 **보고서번호**(Report Number) <A>R → 별책 088필드 참조

027필드의 표준기술보고서번호 이외의 보고서번호를 기술한다.

090 **자관 청구기호**(Local Call Number) <A>R → 별책 090필드 참조

6. 기본표목(주기입) (1XX)

기본표목은 저자명기본표목원칙에 따라 1XX필드에 기술한다.

100 **기본표목-개인명**(Main Entry-Personal Name) <A>NR → 별책 100필드 참조

110 **기본표목-단체명**(Main Entry-Corporate Name) <A>NR → 별책 110필드 참조

111 **기본표목-회의명**(Main Entry-Meeting Name) <A>NR → 별책 111필드 참조

130 **기본표목-통일표제**(Main Entry-Uniform Title) <A>NR → 별책 130필드 참조

저작자 없는 지도자료나 4인 이상의 저작자에 의한 지도자료는 지도명(표제)을 줄머리잡기로 245필드에 기술하고, 저작에 참여한 편자나 작도자 등은 7XX필드로 부표목한다.

245 ❶❷ ▾a표제명 / ▾d저작자

7. 표제와 표제관련 필드(20X-24X)

240 **통일표제**(Uniform title)(A2R.25.28A) <O>NR → 별책 240필드 참조

하나의 지도자료가 언어나 저작자의 표현 형식에 따라 수 개의 명칭으로 명명되고 있을 때 동일 자료가 한 곳에 배열되고 검색되게 하기 위해 작성되는 표제로 그 자료의 대표적인 명칭이나 통일된 형식의 명칭을 기술한다.

통일표제의 작성은 해당 지도자료의 최초 지도명이나 가장 잘 알려진 명칭인 지명으로 하고, 문자는 자국어나 국제적으로 가장 널리 사용되는 언어로 통일해야 한다.

통일표제의 목록은 ① 저작자가 없는 고지도는 통일표제를 130필드에 통일표제로 기본표목하고, ② 저작자가 있는 지도자료로 1XX에 저자명이 기본표목된 경우는 240필드에 통일표제로 기술한다. 그러므로 130필드를 기술할 때는 통일표제 240필드를 함께 기술하지 않는다.

저자가 있을 때

100 1▯ ▾a김정호
240 ▯0 ▾a大東輿地圖 ▾h[지도]
245 10 ▾a靑丘全圖 ▾h[지도] / ▾d金正浩 著

무저자명일 때

130 ▯0 ▾a팔도전도
245 10 ▾a八道地圖 ▾h[지도]

242 **목록작성기관에서 번역한 표제**(Translation of Title by Cataloging Agency) <O>R
→ 별책 242필드 참조

245 **표제와 책임표시사항**(Title Statement) <M>NR → 별책 245필드 참조

지도명과 저작자에 관한 사항을 주어진 ISBD부호로 구분하여 해당 지시기호와 식별기호로 기술한다.

245 ❶❷ ▾a본표제, [일명], 별표제 ▾h[GMD] = ▾x대등표제 : ▾b부표제 : ▾b 표제관련정보 / ▾d저작자 ; ▾e역할을 달리한 저작자

(1) 본표제

본표제의 선택은 으뜸정보원에 나타나 있는 글자 크기를 1차순, 위치를 2차 순으로 기술하고, 245필드에 식별기호 ▾a로 기술한다.

245 00 ▾a南濟州郡行政圖

245 00 ▾a90년바캉스드라이브지도

245 00 ▾aMap of Middle Earth

245 01 ▾a(A) Map of the county of Essex
ㄴ 제2지시기호 1은 () 내의 관사를 제외한 표제의 부표목지시

축척표시가 포함된 지도명은 그대로 본표제로 245필드에 식별기호 ▾a로 기술한다(A2R.3.1B2). 그러나 축척표시가 지도명의 앞부분에 포함된 것은 ()에 묶어 기술하고 245필드에 제1지시기호 2로 지시하여 ()를 포함한 지도명과 ()를 제외한 지도명으로 각각 부표목되게 한다.

245 20 ▾a(1/50000)道路地圖

245 00 ▾a立山國土地理院5萬分1集成圖

245 00 ▾a서울·수도권 1:10,000도로교통지도

245 20 ▾a(20萬分1)北海道實測地圖
<출력> 20萬分1北海道實測地圖
北海道實測地圖
ㄴ 제1지시기호 2는 ()를 포함한 지도명과 제외한 지도명을 각각 부표목 지시

245 10 ▾aTopographic 1:500,000 low flying chart
└ 지도명에 포함된 축척표시는 그대로 본표제로 기술

· 별표제: 하나의 자료가 동일한 언어로 된 2개 이상의 지도명을 가진 것은 보다 분명히 표시된 지도명이나 처음에 표시된 지도명을 본표제로 245필드에 식별기호 ▾a로 기술하고, 그 외의 지도명은 별표제로 '일명', 'or'로 본표제의 일부로 기술한다. 별표제는 246필드에 '별표제'라는 표출어와 함께 기술한다.

245 00 ▾a전국관광지도, [일명], 전국행정관광지도 ▾h[지도]
246 30 ▾a전국행정관광지도 ▾h[지도]
└ 제1지시기호 '3'은 별표제가 본표제로 기재되어 있으므로 주기하지 않고, 표제만의 부표목 지시

245 00 ▾a전국관광지도 ▾h[지도]
246 1ƀ ▾i별표제: ▾a전국행정관광지도 ▾h[지도]
└ '▾i'로 표출어를 입력할 때는 제2지시기호를 'ƀ'로 지시

본표제의 앞부분에 표시된 권차, 회차, 연차, 책임표시, 출판자명, 총서명 등은 본표제로 기술하지 않고 해당 기술필드에 기술한다. 다만 분리로 인해 본표제가 불완전해질 경우는 정보원에 나타난 그대로 245필드에 본표제로 기술한다.

245 00 ▾aLongman's new atlas ▾h[map]

245 00 ▾aGoode's world atlas ▾h[map]
260 ƀƀ ▾aChicago : ▾bRand McNally & Co.
*표제지 표제: Rand McNally Goode's world atals

지도명이 없는 자료의 본표제를 정해진 정보원 이외나 목록자가 임의로 작성한 지도명은 [ ]에 묶어 245필드에 기술하고(A2R.3.1B4), 본표제의 정보원을 500필드에 주기한다. 임의로 작성한 지도명은 그 지도에 사용된 형식 그대로의 지역명을 우선적으로 나타낸다.

245 00 ▾a[大邱市街圖] ▾h[지도]

245 00 ▾a[Map of Ontario] ▾h[map]
500 00 ▾a본표제는 목록자가 작성한 것임
= 500 00 ▾aTitle from cataloguer

수정판 등으로 발행되는 지도명이 원지도명과 상이할 때는 수정판의 지도명을 본표제

로 245필드에 기술하고 원지도명은 246필드에 제2지시기호 9로 기술한다.

245 ❶❷ ▾a수정판의 지도명
246 19 ▾a원지도명

(2) GMD

지도자료의 GMD는 광의로 '지도자료', 'Cartographic material', 협의로 '지도', 'map', '지구의', 'globe' 등(A2R.1.1C1)을 식별기호 ▾h로 [ ]에 묶어 본표제나 표제의 표목 등의 규정된 위치에 부기한다.

하나의 자료가 2종류 이상의 형태를 달리한 지도명을 포함한 경우는 그 중심되는 자료의 GMD를 기술하고, 구분이 불확실한 것은 이를 통합한 GMD인 '복합자료', 'multimedia', 'kit' 등으로 기술한다(A2R.3.1C2).

두 가지 이상의 자료의 유형을 기술할 필요가 있을 때는 주된 유형을 기술하고, 나머지는 ( )에 묶어 부기한다.

[지도(점자)]　　　　　　　　[map (tactile)]

(3) 대등표제

하나의 자료가 2개 이상의 언어로 된 지도명을 가진 것은 본문의 언어와 동일한 표제를 본표제로 기술하고 다른 언어의 지도명은 245필드에 식별기호 ▾x로 대등표제로 기술하거나 246필드에 제2지시기호 1로 기술한다.

245 00 ▾**a**韓國道路地圖 ▾**h**[지도] = ▾**x**Korea road atlas
246 31 ▾**a**Korea road atlas ▾**h**[지도]
<출력> 대등표제: Korea road atlas [지도]
ㄴ 제2지시기호 '1'에 의해 '대등표제'라는 표출어 자동생성

245 00 ▾**a**韓國道路地圖 ▾**h**[지도]
246 11 ▾**a**Korea road atlas ▾**h**[지도]

245 00 ▾**a**Mobile street map of Durban ▾**h**[map] = ▾**x**Straatkaart van Durban
246 3ƀ ▾**i**Pallel title: ▾**a**Straatkaart van Durban ▾**h**[map]
ㄴ 규정되지 않은 한국어 이외의 표출어는 식별기호 '▾i'로 입력하고, 제2지시기호 'ƀ'를 지시

245 00 ▾aMobile street map of Durban ▾h[map]
246 1ƀ ▾iParallel title: ▾aStraatkaart van Durban ▾h[map]

(4) 표제관련정보

표제관련정보(부표제 포함)는 245필드에 각각 ':'을 앞세워 식별기호 ▾b로 기술하거나, 246필드에 '부표제', '표제관련정보'라는 표출어로 기술한다.

245 00 ▾a朝鮮地圖 ▾h[지도]: ▾b八道細圖
246 3ƀ ▾i부표제: ▾a팔도세도 ▾h[지도]

245 00 ▾a朝鮮地圖 ▾h[지도]
246 1ƀ ▾i부표제: ▾a八道細圖 ▾h[지도]

245 00 ▾aCanada ▾h[map] : ▾ba pictorial & historical map
246 3ƀ ▾iOther title information: ▾aPictorial & historical map ▾h[map]

245 00 ▾aCanada ▾h[map]
246 1ƀ ▾iOther title information: ▾aA pictorial & historical map ▾h[map]

지도명에 지리적인 성격을 나타내는 어구가 없어 식별이 곤란할 때는 표제에 대한 분명한 정보를 제공하기 위해 245필드에 식별기호 ▾b로 지리적인 범위를 표제관련정보로 [ ]에 묶어 보기한다(A2R.3.1E2).

245 00 ▾a90바캉스드라이브지도 ▾h[지도] : ▾b[한국]

245 00 ▾aVegetation ▾h[map] : ▾b[in Botswana]

(5) 책임표시

책임표시는 표제 다음에 사선(/)으로 구분하여 첫 번째 저작자를 식별기호 ▾d로 기술하고, 역할을 달리한 저작자는 ';'으로, 동일 역할의 두 번째 이하의 저작자는 ','로 구분하여 식별기호 ▾e를 반복하여 기술한다. 그리고 기본표목(1XX필드)되지 않은 저작자는 700필드(인명)나 710필드(단체명)로 부표목한다.

100 1ƀ ▾a김정호
245 10 ▾a首善全圖 ▾h[지도] / ▾d金正浩 作

100 1ƀ ▾a박세준

245 10 ▾a전국관광안내지도 ▾h[지도] / ▾d박세준 저 ; ▾e송미숙 편집 ; ▾e우성지도 기술부 지도제작
700 1ƀ ▾a송미숙
710 ƀƀ ▾a우성지도기술부

100 1ƀ ▾aChapman, John
245 00 ▾aBushwalking in Australia ▾h[map] / ▾dby John Chapman, ▾eMonica Chapman
700 1ƀ ▾aChapman, Monica

245 00 ▾aCairngorms recreation map ▾h[map] / ▾dDepartment of Geography, University of Glasgow
710 ƀƀ ▾aUniversity of Glasgow. ▾bDepartment of Geography

주정보원에 나타나 있지 않은 저작자는 필요한 경우 이외에는 기재하지 않고(A2R.1F4), 자료에 나타나 있는 경우라도 중요정도에 따라 선택적으로 기술한다(A2R.1F6).

(6) 종합표제가 없는 자료

종합표제가 없는 지도자료는 ① 지도명을 모두 본표제로 함께 목록하는 방법, ② 개개의 지도명을 독립해서 목록하는 방법, 그리고 ③ 두 번째 이하의 지도명은 내용주기하는 방법으로 생각할 수 있다. 본 예는 ①의 기술대상을 245필드에 함께 기술하는 방법을 제시하였다.

동일 저작자의 2개 이상의 지도명은 이를 모두 본표제로 245필드에 식별기호 ▾a를 반복하여 함께 기술하되 지도명과 지도명 사이는 ';'으로 구분기술한다.

100 1ƀ ▾a김정호
245 10 ▾a靑丘圖 ; ▾a大東輿地圖 ▾h[지도] / ▾d金正浩 作
└ 두 번째 이하의 표제는 '▾a'를 반복하여 ';'으로 구분기재

245 10 ▾aGrand Teton ; ▾aYellowstone National Park ▾h[map] / ▾dNational Geographic Society

한 자료에 저작자가 다른 2개 이상의 지도는 표제와 저작자표시를 정보원에 나타난 순서에 따라 짝지어 함께 245필드에 식별기호 ▾a와 ▾d로 기술한다. 이때 지도명과 지도명 사이는 '.'로 구분하고, 기본기입으로 기술되지 않은 저작자는 700필드나 710필드로 부표목한다.

1XX ▾a처음자료의 저작자
245 ❶❷ ▾a지도명 / ▾d저작자. ▾a지도명 / ▾d저작자 ▾h[GMD]
└ 각각의 지도명과 저자명은 '▾a'와 '▾d'를 짝지어 기재

100 1b̸ ▾aScott, L.
245 10 ▾aFrance / ▾ddrawn by L. Scott. ▾aGermany / ▾ddrawn by P. McComb ▾h[map]
700 12 ▾aMcComb, P. ▾tGermany
└ 두 번째 이하의 지도명과 저작자는 700필드에 '▾a'와 '▾t'로 짝지어 분출표목으로 기재

저작자가 없는 각각의 지도명은 245필드에 식별기호 ▾a를 반복하여 본표제에 함께 기술하고, 지도명과 지도명 사이는 '.'로 구분한다. 그러나 지도명이 다수인 경우는 처음 지도명만 245필드에 본표제로 기술하고 그 외의 지도명은 505필드에 내용주기한다.

245 00 ▾a朝鮮地誌. ▾a華東歷代五傳授總圖. ▾a聖賢道總圖 ▾h[지도]
└ 각각 독립된 표제는 구분기호를 '.'로, '▾a'를 반복기재

245 00 ▾a朝鮮地誌 ▾h[지도].
505 00 ▾t華東歷代五傳授總圖 — ▾t聖賢道總圖.
└ 제2지시기호가 0(확정형)일 때는 내용표제를 '▾t'로 반복기재
<출력> 내용: 華東歷代五傳授總圖 — 聖賢道總圖.
└ 제1지시기호 '0'의 지시에 의해 '내용'이라는 표출어 자동 생성

245 00 ▾aDaily mail motor road map of London and twelve miles round. ▾aMotor road map of south-east England ▾h[map]

246 여러 형태의 표제(Varying Form of Title) <A>R → 별책 246필드 참조

8. 판차, 자료의 특성, 발행 등 필드 (250-270)

250 판사항(Edition Statement) <A>NR → 별책 250필드 참조

지도자료에 제시된 판차와 개정에 참여한 개인이나 단체명을 기술한다.

250 b̸b̸ ▾a판차 / ▾b개정자

250 b̸b̸ ▾a1992년판 250 b̸b̸ ▾a1974 new ed.

250 b̸b̸ ▾a改訂增補 250 b̸b̸ ▾aFacsim. ed.

정보원에 판표시가 없어도 이전판에 비해 중요한 차이가 있을 때는 적절한 판사항을

[ ]로 기술한다.

250 ␢␢ ▾a[改訂]　　　　　　　250 ␢␢ ▾a[New ed.]

255 수치데이터사항(Mathematical data area) <A>R

지도제작과 관련된 축척 및 좌표사항을 기술한다.

제1지시	␢–미정의	제2지시	␢–미정의
식별	▾a–축척표시(statement of scale) ▾b–도법표시(statement of projection) ▾c–경위도표시(statement of coordinates) ▾d–적위(statement zone)		▾e–분점(statement of equinox) ▾f–외계 G-ring(원형) 간좌표 ▾g–배제 G-ring(원형) 간좌표 ▾8–필드 링크와 일련번호(R)

255 ␢␢ ▾a축척 축소나 확대의 비. 부가적정보 ; ▾b도법(투영법)표시.도법의 부가적정보 ▾c(경도/위도표시) ▾d(적위) ▾e(분점)

기술 방법은 255필드에 식별기호 ▾a로 축척을 맨 먼저 표시하고, 다음에 ';'을 앞세워 ▾b로 도법표시를 기술하며, 그리고 ▾c로 경위도, ▾d로 적위, ▾e로 분점을 각각 ( )에 묶어 기술한다(MARC21;K4.3.0.5.11).

255 ␢␢ ▾aScale 1:1,000,000 ; ▾bLambert conformal conic proj. with standard parallels 61 40' and 68 20' ▾c(W 144–W121 / N 71–N 60)

255 ␢␢ ▾a축척 [1:253,440]　　　　255 ␢␢ ▾aScale [1:253,440]

*'one inch to four miles': 문자로 표시된 것은 숫자화하여 [ ]로 기술

255 ␢␢ ▾a축척 [약1:63,360]　　　　255 ␢␢ ▾aScale [ca. 1:63,360]

*지도상에 표시가 없을 때 예상되는 축척을 'ca'(cica의 약자)를 앞세워 [ ]로 기술

255 ␢␢ ▾a[축척미상]　　　　255 ␢␢ ▾aScale indeterminable

*축척의 예상이 불가능할 때, [축척미상]의 의미로 기술

┌ 지도상에 1 inch나 1 cm에 해당되는 실제 거리

255 ␢␢ ▾aScale 1:250,000 1 in. to 3.95 miles. 1 cm. 50 2.5 km

├── 축척에 관한 부가적 정보

255 ␢␢ ▾aScale [ca. 1:90,000 not "1 inch to the mile"

┌최대축척 ┌─최소축척

255 ␢␢ ▾a축적 1:15,000–1:25,000

255 ɓɓ ▾aScale 1:15,000-1:25,000

*지도상에 수 개의 축척이 표시되어 있을 때 최대축척과 최소축척을 함께 기술.

255 ɓɓ ▾a[축척다양]　　　　　　255 ɓɓ ▾a[Scale varies.]

*축척이 다양하여 표시하기 곤란할 때에는 [축척다양] 또는 [축척복잡]으로 기술.

┌─ 최대축척　　┌─ 최소축척

255 ɓɓ ▾aScale 1:100,000 and 1:200,000

*지도상에 복수로 표시된 축척은 '과/와'나 'and'로 함께 표시한다.

255 ɓɓ ▾a[Not drawn to scale]

*일정한 축척으로 표시되지 않은 지도자료

255 ɓɓ ▾aScale 1' per 2 cm.

*천체도, 입체도, 비선형 축척 지도자료는 그 자료에 표시된 축척법을 기술한다.

· 도법표시(MARC21;K4.3.3.2.2)

횡단 메르카토르도법	Transverse mercator proj.
등거리방위도법	Conic equidistant proj.
람베르트 등각원추형도법	Lambert conformal conic proj.
정거(正距)방위도법	Azimuthal equidistant proj.

┌─ 등거리 원추형 축사법(projection의 약자)

; ▾bconic equidistant proj.　　　　; ▾b등거리 원추형 축사법

*투사법의 표시는 자료 자체, 케이스, 부속자료에 나타난 것을 표준적인 약어나 한자로 기술한다.

┌ 메르카토르식 투영도법　┌─ 에베레스트 扁球

; ▾btransverse Mercator proj. Everest spheroid.

; ▾b메르카토르식 투영도법. 에베레스트 편구.

*투영법표시에 관계되는 부가적정보(자오선, 위도선, 타원면 등)가 자료에 나타나 있을 때는 이를 함께 기술한다.

┌ 방위각에 의한 원거리 투영법

; ▾bAzimuthal equidistant proj. centered on Nicosia, N 35°10', E 33°22'.

└ Nicosia를 중심한 그 위치(부가적 정보)

· 경위도와 분점표시

▾c(E 79°-E 86°/ N 20°-N 12°)

┌── 동 17도 30분 45초

▾c(E 15°00' 00"- E 17°30' 45"/ N 1°30' 12"-S 2°30' 35")

└ 경도와 위도 사이는 '/'로 연결한다.

└── 경도와 경도, 위도와 위도 사이는 '-'으로 연결한다.

· 천체도:

┌ 赤緯는 Zone으로 표시한다.
▾d(Zone + 30°, 2 hr. 18 min.)
└── 赤緯 北限 30度 2時 18分

┌ 북반부의 기호는 '+'이다.
▾d(Zone + 30°, 1 hr.–2 hr. 30 min.)
└──── 赤緯 北限 30度, 2時에서 2時 30分

┌ 남반구의 기호는 '-'이다.
▾d(Zone –25°, –85°)
└──── 赤緯 南限 25度와 南限 85度

▾e(Eq. 1971)
└── 분점(equinox) 혹은 신기원(epoch)은 약자 'Eq.'를 사용한다.

(1) 축척표시

지도의 수평방향의 축척표시, 수직방향의 축척표시(입체적 축척표시), 천체도에 대한 축적표시를 '축척', 'scale'이라는 용어로 축률 '1:'을 단위로 기술한다(A2R.3C2). 축척에 관한 정보가 표제에 포함되어 있는 경우에도 축척표시에 기술한다.

255 ƀƀ ▾a縮尺 1:5000　　255 ƀƀ ▾aScale 1:63,360

245 00 ▾a서울·수도권 1:10,000 도로교통지도 ▾h[지도]
255 ƀƀ ▾a축척 1:10,000

255 ƀƀ ▾a축척 1:36000 또는 1寸1町

255 ƀƀ ▾aScale [1:253,440]　*자료에 나타난 축척: One inch to four miles
└ 설명적인 축척표시는 수치로 간단히 [ ]에 묶어 기술. 필요한 경우 설명적 축척표시를 함께 기술한다(A2R.3C2)

255 ƀƀ ▾a축척 [약1:63,360]　　255 ƀƀ ▾aScale [ca. 1:63,360]
└ 정보원에서 확인되지 않은 축척은 필요한 경우 이를 계산하여 [ ]에 묶어 기술

┌ 최대치 축척
255 ƀƀ ▾a축척 1:15,000–1:25,000
└ 최소치 축척
*기술대상에 여러 축척이 혼용되어 있을 때는 최대치와 최소치를 '-'로 연결 기술.

300 ꝒꝒ ▾a1 atlas (xvii, 37 p., 74 leaves of plastic)
└── 지도장의 일부가 다른 재료로 되어 있을 때(종이재 37면, 플라스틱재 74장의 표시)

300 ꝒꝒ ▾a지도 1책 (xii, 100, 32 p.) : ▾b천연색지도 100매 ; ▾c20 cm

· 낱장지도

300 ꝒꝒ ▾a지도 1매 : ▾b청사진, 플라스틱 ; ▾c25×35 cm + ▾e해설서

300 ꝒꝒ ▾a1 map : ▾bcol., plastic ; ▾c20×31 cm. on sheet 42×50 cm.
└ 지도가 용기의 반 이하일 경우에는 지도의 크기에 용기의 크기를 함께 기술

300 ꝒꝒ ▾a지도 1매 : ▾b칼라. ; ▾c직경 35 cm

300 ꝒꝒ ▾a1 map : ▾bcol. ; ▾c35 cm. in diam
└ 원형지도는 지도의 경계선을 포함하여 직경을 기술

300 ꝒꝒ ▾a지도 1매 : ▾b칼라, 리넨 받침

300 ꝒꝒ ▾a1 map : ▾bcol., mounted on linen
├── 지도에 사용된 재료와 받침에 대한 것을 기술

300 ꝒꝒ ▾a4 maps : ▾b2 col., plastic or silk or wood

300 ꝒꝒ ▾a지도 4매 : ▾b칼라, 플라스틱 또는 실크 또는 목재 받침

300 ꝒꝒ ▾a지도 1매 : ▾b칼라. ; ▾c200×350 cm. 폴다 20×15 cm, 플라스틱 케이스 35×20 cm.

300 ꝒꝒ ▾a1 map : ▾bcol. ; ▾c200×350 cm. folded to 20×15 cm. in plastic case, 35×20 cm
└── 지도를 담고 있는 용기 표시와 크기

300 ꝒꝒ ▾a9개 부분 지도 중 1매 ; ▾c264×375 cm., 각 부분 지도 96×142 cm.

300 ꝒꝒ ▾a1 map in 9 sections ; ▾c264×375 cm., sections each 96×142 cm.
└ 9개 부분으로 된 한 장의 지도 | └ 9개 부분을 통합한 지도의 크기 | └── 지도의 각 부분 표시와 크기

300 ꝒꝒ ▾a용지 1장 지도 6매:

300 ꝒꝒ ▾a6 maps on 1 sheet:
└── 한 장의 전지에 6개의 독립된 지도가 있을 때 표시

300 ꝒꝒ ▾a지도의 제1면:

300 ɓɓ ▾aOn side 1 of map:
└─ 한 면의 지도만을 표시한 것

300 ɓɓ ▾a지도 10매 ; ▾c60×90 cm. 또는 그 이하

300 ɓɓ ▾a60 maps ; ▾c60×90 cm. or smaller
└ 지도의 각 장의 크기가 다를 때 가장 큰 것만 기술하고, 다음에 '그 미만', 'or smaller'라고 표시한다.

300 ɓɓ ▾a지도 1매 ; ▾c20×31 cm. 시트 37×50 cm.

300 ɓɓ ▾a1 map ; ▾c20×31 cm. on sheet 37×50 cm.
└ 지도의 크기가 인쇄된 전장의 절반이하일 경우에는 지도의 크기와 용기의 크기를 기술한다.

300 ɓɓ ▾a지도 1매 : ▾b청사진, 플라스틱 ; ▾c25×35 cm + ▾e해설서

- 구의(球儀)

300 ɓɓ ▾a지구의 1기 : ▾b3색인, 목재, 대지 ; ▾c직경 20 cm. 상자 20×12×12 cm.
└ 구의는 직경을 기재
└ 받침 대지에 관한 사항을 기술

300 ɓɓ ▾a1 globe : ▾bcol., wood, mounted on metal stand ; ▾c20 cm. in diam. in box 40×12×12 cm.
└─보관하는 상자(용기)의 크기를 표시

300 ɓɓ ▾a지구의 1기 : ▾b3색, 목재, 대지 ; ▾c직경 20 cm. 상자 20×12×12 cm.

- 실물모형(relief model)

300 ɓɓ ▾a실물모형 1기 : ▾b천연색, 플라시틱 ; ▾c35×35×2 cm.

300 ɓɓ ▾a1 relief model : ▾bcol., plastic ; ▾c35×35×2 cm.
└ 실물크기의 넓이와 높이를 세로×가로×높이를 cm로 표시

300 ɓɓ ▾a실물모형 1기 : ▾b천연색, 플라시틱 ; ▾c35×35×2 cm.

(1) 특정자료종별과 수량

지도자료는 형태나 내용이 다양하게 표현되고 있기 때문에 자료기관에서는 특정자료종별에 대한 표준용어를 정하여 자료에 따른 통일된 명칭으로 기술해야 한다.

규칙별 특정자료종별

구분	KORMARC	K4.3.5.1.1	M21	A2R.3.5B1
지도자료	도표(diagram) 지도(map) 지도책(atlas) 측면도(profile) 모형(model) 원격감지지도(remote-sensing image) 구역도(section) 전망도(view)	도표(diagram) 지도(map) 지도책(atlas) 측면도(profile) 지형모형(relief model) 원격탐사도(remote-sensing image) 단면도(map sectin) 전망도(view) 천체도(celestial map)	diagram map profile model remote-sensing image section view	atlas diagram map map section profile relief model remote-sensing image view
구체	천체의 혹성 또는 달의 지구의	천구의(celestial globe) 지구의(globe)	celestial globe planetary or lunar globe terrestrial globe earth moon globe	globe

본서에서는 특정자료종별을 다음의 명칭을 사용하였다.

지도책	atlas	지형모형	relief mode
도표	diagram	원격탐사지도	remote-sensing image
지도	map	단면도	map section
측면도	profile	전망도	view

지구의	globe
천체의	celestial globe
혹성 또는 달의	planetary or lunar globe

300 ƀƀ ▾a지구의 1기	300 ƀƀ ▾a1 globe
300 ƀƀ ▾a지도 1책 (269 p.)	300 ƀƀ ▾a1 atlas (269 p.)
300 ƀƀ ▾a지도 약 1,000 매	300 ƀƀ ▾aca. 1,000 maps
300 ƀƀ ▾a지도 23 매	300 ƀƀ ▾a23 maps

수량은 지도자료의 물리적 구성부분의 수를 아라비아숫자로 해당 단위(매, 권, 개, 책 등)표시와 함께 300필드에 식별기호 ▾a로 특정자료종별과 함께 기술한다.

1매의 sheet상에 2개 이상의 지도나 소지도가 있을 때는 sheet와 지도의 숫자를 함께

300필드에 기술하는 방법과 지도 매수만 기술하고 sheet는 500필드에 주기로 표시하는 방법이 있다. 매수와 도(圖)의 숫자가 일치하지 않을 때는 특정자료종별과 수량에 지도의 숫자나 면수를 ()에 묶어 부기한다.

300 ƀƀ ▾a지도 6매

300 ƀƀ ▾a지도 1매 (3圖)

300 ƀƀ ▾a용지 1張 지도 6매

300 ƀƀ ▾a6 maps

300 ƀƀ ▾a6 maps on 1 sheet

300 ƀƀ ▾a14 maps on 5 sheets

하나의 자료가 2매 이상의 부분도(section)로 구성되어 있을 때는 300필드에 식별기호 ▾a로 부분도수를 한국어 형식은 ()에 묶어 지도 매수에 부기하고, 영어형식은 서술형식으로 기술한다.

300 ƀƀ ▾a지도 1매 (4부분)

300 ƀƀ ▾a지도 2매 (4부분)

300 ƀƀ ▾a1 map in 4 sections

300 ƀƀ ▾a2 plans in 7 sections

300 ƀƀ ▾a지도 1매 (2부분)

300 ƀƀ ▾a1 hydrographic chart in 4 sections

지도책에 대한 수량표시는 책수를 300필드에 식별기호 ▾a로 기술한다. 필요한 경우는 책의 면수와 지도의 매수, 촉각감지를 위한 '맹인용', '점자', 'braille', 'press braille', 'solid dot braille', 'tactile' 등을 ()에 묶어 부기한다.

300 ƀƀ ▾a지도 1책 (50 p)

300 ƀƀ ▾a1 atlas (xvii, 37 p., 74 leaves of plates)

300 ƀƀ ▾a지도 1책

300 ƀƀ ▾a1 atlas (3 v.)

300 ƀƀ ▾a지도 1책 (8幅, 점자)

300 ƀƀ ▾a1 atlas (100 p., braille and tactile)

(2) 기타 형태적 세목

기타 형태적 세목은 300필드에 식별기호 ▾b로 색채, 재질, 대지 등을 기술한다.

┌ 필요한 경우 색채지도 매수를 ()에 묶어 부기

300 ƀƀ ▾a지도 1책 (50 p.) : ▾b천연색 (100매)

300 ƀƀ ▾a1 atlas (330 p.) : ▾b100 col. maps(some folded)

대지의 보관 여부와 매수를 ()에 묶어 부기 ┘

300 ƀƀ ▾a지도 1매 : ▾b청사진　　300 ƀƀ ▾a2 maps : ▾bsome col.

300 ƀƀ ▾a지도 1매 : ▾b石版, 3色印

└ 인쇄된 색도, 청사진, 천연색 등을 기술

재질은 지도가 종이 이외의 재료로 되어 있을 때 자료에 사용된 재료명을 300필드에 식별기호 ▾b로 기술한다.

「지도자료 작성의 재료명」

나무(wood)　돌(stone)　금속(metal)　가죽(skin)　섬유(textile)
합성수지(synthetic: 플라스틱, 비닐)　석고(plaster) 등

300 ƀƀ ▾a지구의 1기 : ▾b목재

300 ƀƀ ▾a지도 1매 : ▾b플라스틱

300 ƀƀ ▾a1 map : ▾bcol., plastic

300 ƀƀ ▾a1 globe : ▾bcol., wood

대지가 있는 자료는 대지에 관한 사항을 300필드에 식별기호 ▾b로 기술한다. 지구의는 받침대에 관한 사항을 기술한다.

300 ƀƀ ▾a지구의 1기 : ▾b천연색, 받침대

300 ƀƀ ▾a1 map : ▾bcol., mounted on linen

300 ƀƀ ▾a1 globe : ▾bcol., wood, mounted on brass stand

(3) 크기

지도의 크기는 지도 자체의 크기와 용지의 크기를 300필드에 식별기호 ▾c로 기술한다. 원형으로 된 지도는 직경을, 경계선이 없는 지도는 지도자체의 가장 큰 크기를, 지도의 높이와 넓이를 측정하기 곤란한 지도는 용지의 크기(높이와 넓이) 중 큰 쪽을 cm단위로 기술한다.

손으로 만든 수사자료는 '사본', 'manuscript'의 약자인 'ms'를 자료의 종별에 함께 소수점이하 한 단위까지 기술한다.

낱장지도: 전면크기의 세로×가로 cm, 접은 크기의 세로×가로 cm.
입체지도: 세로×가로×높이 cm.
지구의: 지름 cm, 용기의 세로×가로×높이 cm.

· 낱장지도

300 ꜩꜩ ▾a지도 1매 : ▾b천연색 ; ▾c25×35 cm.
300 ꜩꜩ ▾a1 map : ▾bcol. ; ▾c20×25 cm.
300 ꜩꜩ ▾a1 map : ▾bcol. ; ▾con sheet 45×33 cm.
300 ꜩꜩ ▾a사본 지도 1매 : ▾b색도 ; ▾c30.6×20 cm.
300 ꜩꜩ ▾a1 ms. map ; ▾c123.5×152.4 cm.

지도의 크기가 인쇄지면의 절반이하인 경우는 용지의 크기도 함께 기술한다.

300 ꜩꜩ ▾a지도 1매 ; ▾c10×60 cm, 접어서 10×30 cm.
300 ꜩꜩ ▾a1 map ; ▾c20×60 cm, on sheet 25×35 cm.
300 ꜩꜩ ▾a1 map in 9 sections ; ▾c264×375 cm, sections each 96×142 cm.

크기가 다른 2매의 용지에 인쇄된 경우는 각각의 용지의 크기를 기술한다.

300 ꜩꜩ ▾a용지 2장에 지도 1매 ; ▾c25×35 cm., 30×35 cm.
300 ꜩꜩ ▾a1 map on two sheets ; ▾c25×35 cm. and 30×35 cm.

크기가 다른 3매 이상의 용지에 인쇄된 경우는 가장 큰 용지의 크기에 [ ]로 '그 미만,'

'or smaller'라고 기술한다.

300 ＃＃ ▾a용지 4장에 지도 1매 ; ▾c30×30 cm. [그 미만]

300 ＃＃ ▾a1 map on 4 sheets ; ▾c30×40 cm. [or smaller]

접은 지도는 지도의 크기와 접었을 때의 용지의 크기를 함께 기술한다.

300 ＃＃ ▾a지도 1매 ; ▾c30×37 cm. 접어서 21×10 cm.

300 ＃＃ ▾a1 map : ▾bcol. ; ▾c9×20 cm. on sheet 40×60 cm. folded to 21×10 cm.

· 지도책: 일반도서의 해당규칙을 준용하여 정상적인 크기는 '세로 cm'로, 비정상적인 크기는 '세로×가로 cm'로 기술한다.

300 ＃＃ ▾a지도 1책 (86 p.) : ▾b천연색 ; ▾c26 cm.

300 ＃＃ ▾a지도 1책 (xii, 100, 32 p.) : ▾b천연색 ; ▾c20×29 cm.

300 ＃＃ ▾a1 atlas (x, 150 p.) : ▾b100 col. maps ; ▾c27 cm.

· 지형모형(地形模型): 모형의 '세로×가로×높이 cm'로 기술한다.

300 ＃＃ ▾a모형 1기 : ▾b천연색, 플라스틱 ; ▾c45×35×2 cm.

300 ＃＃ ▾a1 relief model : ▾bcol., plastic ; ▾c45×35×2 cm.

· 지구의나 천구의: 구의의 지름을 cm단위로 '직경', 'in diam.'(diameter)이라는 용어와 함께 기술한다.

┌ 받침대의 재료를 ()로 부기(A2R.5D)

300 ＃＃ ▾a지구의 1기 : ▾b천연색, 목재, 받침대(플라스틱) ; ▾c직경 23 cm

300 ＃＃ ▾a1 globe : ▾bcol., wood, mounted on metal stand ; ▾c32 cm. in diam

용기에 보관된 자료는 용기의 크기를 '세로×가로×높이 cm'로 기술한다(A2R.5D).

300 ＃＃ ▾a지구의 1기 : ▾b천연색, 플라스틱, 받침대 ; ▾c직경 20 cm. 상자 40×12×12 cm

300 ㅂㅂ ▾a지도 1매 : ▾b천연색 ; ▾c200×350 cm. 접어서 20×15 cm. 플라스틱용기 25×20 cm

300 ㅂㅂ ▾a1 flobe : ▾bcol., plastic, mounted on a metal stand ; ▾c20 cm. in diam. in box 40×12 cm

300 ㅂㅂ ▾a1 map : ▾bcol. ; ▾c200×350 cm. folded to 20×15 cm. in plastic case 25×20 cm

(4) 딸림자료 → 별책 300필드의 식별기호 ▾e를 참조

342 지리공간참조정보(Geospatial Reference Data) <A>R

데이터 집합에서 좌표를 부호화하는 방법 및 이를 위한 참조 프레임을 기술한다.

제1지시	0-수평적 좌표 시스템 1-수직적 좌표 시스템	제2지시	0-지리적 좌표 시스템. 1-지도 투영법. 2-격자 좌표 시스템. 3-공간 평면. 4-공간. 5-측지 모형. 6-표고. 7-식별기호 ▾2에서 정의한 방법. 8-깊이.
식별	▾a-이름. ▾b-좌표나 거리의 단위. ▾c-경도 해상도. ▾d-위도 해상도. ▾e-표준 위선 또는 사선 위도(R). ▾f-사선 경도(R). ▾g-중심축 경도 또는 투영 중심의 경도. ▾h-투영기점의 위도 또는 투영 중심의 위도. ▾i-X좌표 동위 이동 추가 값. ▾j-y좌표 북위 이동 추가 값. ▾k-축척계수. ▾l-관측 눈 높이. ▾m-방위각. ▾n-방위각 측정 점 경도 또는 극에서부터의 직선 수직경도.		▾o-지구관측위성 번호와 궤도번호. ▾p-존 식별정보. ▾q-지구 타원체명. ▾r-반장축. ▾s-역 편평률. ▾t-수직거리 해상도. ▾u-수직거리 부호화 방법. ▾v-공간평면, 공간 또는 다른 투영법이나 격자시스템 기술. ▾w-공간 평면 또는 공간 지리 참조 정보. ▾2-사용된 참조방법. ▾8-필드 링크와 일련번호(R).

342 16 ▾aNational geodetic vertical datum of 1929 ▾v1 ▾bmeters ▾wImplicit coordinates

342 05 ▾aWorld Geodetic system 1984 (WGS-894) ▾c0.0000001 ▾

d0.0000001 ▾bDegrees, Minutes, and Decimal seconds ▾qWorld Geodetic system 1984 (WGS-8r) ▾r6378137.0 ▾s298.257223563

343 평면 좌표 정보(Plannar Coordinate Data) <A>R

지표면이 투영된 상의 점 위치를 정의하는 거리, 각도 값을 식별하기 위한 데이터 집합을 제공하기 위한 것으로 평면상에서 개발된 좌표시스템에 대한 정보를 기술한다.

제1지시	ƀ－미정의.	제2지시	ƀ－미정의.
식별	▾－평면좌표 부호화 방법. ▾b－평면 거리 단위. ▾c－가로 좌표 해상도. ▾d－세로 좌표 해상도. ▾e－거리 해상도.		▾f－방위각 해상도. ▾g－방위각 단위. ▾h－방위각 참조 방향. ▾i－방위각 참조 축. ▾8－필드 링크와 일련번호(R).

343 ƀƀ ▾iMagnetic

343 ƀƀ ▾aCoordinate pair ▾e30.0 ; ▾f0.0001 ; ▾gDegrees, minuites and decimal seconds ; ▾hNorth ; ▾bU.S. feet

355 보안분류 통제(Security Classification Control) <O>R → 별책 355필드 참조

357 원작자의 배포제어(Originator Dissemination Control) <A>NR → 별책 357필드 참조

362 권연차, 연월차 사항(Dates of Publication and/or Sequential Designation) <A>R → 별책 362필드 참조

10. 시리즈사항 (4XX)

440 총서사항/부출표목—표제(Series Statement－Added Entry) <A>R → 별책 440필드 참조

440 00 ▾a세계여행가이드

440 01 ▾a(The) Making of America ; ▾v11

490 총서사항/부출하지 않거나 다르게 부출되는 총서표제(Series Statement) <A>R → 별책 490필드 참조

「부출하지 않는 총서표제」

490 00▾a北斗地圖系列

490 00▾aLonely Planet Books ← Lonely Planet는 출판사 명칭임

「다르게 부출하는 총서표제」

490 10▾a알고 떠나는 세계여행
830 ƀ0▾a세계여행

490 10▾aMap / Stae of Utah, Department of Natural Resources, Utah Geological and Mineral Survey ;▾v42
830 ƀ0▾aMap (Utah Geological and Mineral Survey) ;▾v42

11. 주기사항 (50X-58X)

500 일반주기(General Note) <O>R → 별책 500필드 참조

500 ƀƀ▾a내용언어는 영어임.

500 ƀƀ▾aIn German

500 ƀƀ▾aGreek language transcribed in medieval manuscript tradition

500 ƀƀ▾a원작: 국립지리원

500 ƀƀ▾a딸림자료: 해설서

500 ƀƀ▾a딸림자료: GIS를 위한 CD 1매

501 합철주기 (With Note) <O>R → 별책 501필드 참조

자료에 합철된 지도자료를 '합철', 'With' 또는 '이면지도', 'On verso'라는 표출어로 합철된 지도명, 저작자 및 발행사항 등을 주기하고, 합철 지도명과 저작자명을 7XX필드로 부표목한다.

245 00▾a전국행정관광지도▾h[지도]
501 ƀƀ▾a합철:▾c이정표 전국고속도로안내
<출력>합철: 이정표 전국고속도로안내
740 ƀ0▾a이정표 전국고속도로안내▾h[지도]

501 ɓɓ ▾aWith: ▾cPoints of interest in Saint John
740 ɓ0 ▾aPoints of interest in Saint John ▾h[map]

502 학위논문주기 (Dissertation Note) <O>R → 별책 502필드 참조

504 서지 등 주기 (Bibliography Note) <O>R → 별책 504필드 참조

지도자료에 포함된 참고자료, 색인, 인용자료를 서술형식으로 주기한다.

504 ɓɓ ▾a전국교통관광색인 수록

504 ɓɓ ▾aIncludes index

504 ɓɓ ▾aIncludes bibliographical reference and index

505 내용주기 (Formatted Contents Note) <O>NR → 별책 505필드 참조

자료의 내용으로 수록된 내용표제와 저작자명을 제2지시기호로 자동 부출지원 여부를 지시하고, 해당 식별기호로 주기한다. 이때 내용주기 된 서양인명이나 다르게 표목되는 내용표제는 자동 부출되지 않게 지시하고 표목이 필요한 표제와 저작자는 7XX필드로 부표목한다.

505 ❶❷ ▾i표출어: ▾n권차. ▾t표제 = ▾t대등표제 : ▾g표제관련정보 / ▾d저작자 ; ▾e역할을 달리한 저작자 — ▾n권차. ▾t표제...

505필드에 수록되는 내용주기는 제1지시기호에 의해 한국어 표출어는 자동 생성된다. 그러나 한국어 이외의 표출어는 식별기호 ▾i로 입력해야 한다.

제1지시기호	표출어출력	
0-	내용:	*전집/총서가 완질로 기술되는 경우
1-	불완전내용:	*전집/총서의 일부분이 기술되는 경우
2-	부분내용:	*전집/총서의 완질을 일부분만 기술하는 경우

245 00 ▾a유네스코 세계유산 ▾h[지도]
505 00 ▾t남유럽 — ▾t동남유럽 — ▾t북중앙유럽 — ▾t중앙.남아메리카 — ▾t....
<출력> 내용: 남유럽 — 동남유럽 — 북중앙유럽 — 중앙.남아메리카 — ....
*제2지시기호 '0'에 의해 '▾t'로 기술된 내용표제는 검색어로 활용 가능

245 00 ▾aWorld tour guide ▾h[지도]
505 00 ▾n1. ▾t우리는 지금 유럽으로 간다 — ▾n2. ▾t우리는 지금 동남아로 간다

—▾n3. ▾t우리는 지금 일본으로 간다 / ▾d김승환, ▾e김용권 편 —▾n4. ▾t우리는 지금 인도로 간다/ ▾d정창권 지음 —▾n5. ▾t우리는 지금 동유럽으로 간다 / ▾d감동규 지음

*제2지시기호 '0'에 의해 '▾t', '▾d', '▾e'로 기술된 내용표제와 저작자는 검색어로 활용 가능

245 00▾aFodor's▾h[map]
505 80▾iContents: ▾tFrance —▾tScandinavia — ...
<출력> Contents: France — Scandinavia — ...

필요한 경우 부분(part)내용과 부가내용을 주기하는데 이때 부가내용에 대한 설명주기는 500필드에 식별기호 ▾a로 기술한다.

506 **이용제한주기** (Restrictions on Access Note) <O>R → 별책 506필드 참조

507 **그래픽자료의 축척주기** (Scale Note for Graphic Material) <O>R → 별책 507필드 참조

510 **인용/참고주기** (Citation/References Note) <O>R → 별책 510필드 참조

513 **보고서 유형과 해당기간주기** (Type of Report and Period Covered Note) <O>R → 별책 513필드 참조

514 **지리공간데이터 품질주기** (Data Quality Note) <O>NR

자료를 구성한 데이터세트의 품질에 관한 일반적인 평가를 기술한다.

제1지시	ƀ-미정의	제2지시	ƀ-미정의
식별	▾a-속성정확도 보고. ▾b-속성정확도 값(R). ▾c-속성정확도 설명(R). ▾d-논리적 일관성보고. ▾e-완전성 보고. ▾f-수평 위치정확도 보고. ▾g-수평 위치정확도 값(R). ▾h-수평위치정확도 설명(R).	▾i-수직 위치정확도 보고. ▾j-수직 위치정확도 값(R). ▾k-수직위치정확도 설명(R). ▾m-구름비율. ▾u-URI(R). ▾z-디스플에이 주기. ▾8-필드 링크와 일련번호(R).	

514 ƀƀ▾bApproximately 95

514 ƀƀ▾aHorizontal position accuracy 1-3 meters▾fDifferential GPS▾g3meters▾hStatic tests▾iBar test▾jOne foot▾kBar check

514 ƀƀ▾zCompleteness:SU[URI]

520 **요약 등 주기** (Summary, etc. Note) <O>R → 별책 520필드 참조

521 **이용대상자 주기** (Target Audience Note) <O>R → 별책 521필드 참조

533 **복제주기** (Reproduction Note) <A>R → 별책 533필드 참조

534 **원본주기** (Original Version Note) <A>R → 별책 534필드 참조

535 **원본/복제본의 소장처 주기** (Location of Originals/Duplicates Note) <O>R→ 별책 535필드 참조

536 **기금정보주기** (Funding Information Note) <O>R → 별책 536필드 참조

580 **연관저록 설명주기** (Linking Entry Complexity Note) <A>R → 별책 580필드 참조

583 **보존처리 주기**(Action Note) <O>R → 별책 583필드 참조

586 **수상주기** (Awards Note) <O>R → 제2장 586필드 참조

590 **소장본 주기** (Holding Item Note) <O>R → 별책 590필드 참조

12. 주제명부출표목 (6XX)

600 **주제명부출표목 – 개인명** (Subject Added Entry – Personal Name) <A>R → 별책 600필드 참조

610 **주제명부출표목 – 단체명** (Subject Added Entry – Corporate Name) <A>R → 별책 610필드 참조

611 **주제명부출표목 – 회의명** (Subject Added Entry – Meeting Name) <A>R → 별책 611필드 참조

630 **주제명부출표목 – 통일표제** (Subject Added Entry – Uniform Title) <A>R → 별책 630필드 참조

650 **주제명부출표목 – 일반주제명** (Subject Added Entry – Topical Term) <A>R → 별책 650필드 참조

651 **주제명부출표목 – 지명** (Subject Added Entry – Geographic Name) <A>R → 별책 651필드 참조

지명은 지역, 도시, 구축물, 농장, 산지, 강, 호수, 도로, 공원, 굴(Tunnels), 계곡, 별, 바다, 동물원 등의 명칭에 대한 지명(地名)의 주제명부출표목을 해당 지시기호와 식별기호로 기술한다.

651 04▼a중국▼x미술
<출력> 중국—미술

651 04▼aJapan▼xHistory▼yWorld War II
<출력> Japan—History—World War II

651 04▼a함경북도▼x민속
<출력> 함경북도—민속

651 04▼a압록강

651 04▼aAmazon River
651 04▼aSalton Sea(Calif.)▼xmaps

651 04▼a한국▼x종교

653 **비통제주제명** (Index Term—Uncontrolled) <A> R → 별책 653필드 참조

653 ƀƀ▼a지도설계

653 ƀƀ▼a지질도

653 ƀƀ▼aMilitary geography

653 ƀƀ▼aAtlases

654 **주제명부출표목—패싯 주제어** (Subject Added Entry—Faceted Topical Terms) <A>R → 별책 654필드 참조

655 **색인어—장르/형식** (Index Term—Genre/Form) <O>R → 별책 655필드 참조

658 **색인어—교과과정 교재** (Index Term—Curriculum Objective) <O>R → 별책 658필드 참조

13. 부출표목 (70X–75X)

700 **부출표목—개인명** (Added Entry—Personal Name) <A>R → 별책 700필드 참조

245 00▼a우리는 지금 일본으로 간다▼h[지도] /▼d김승환,▼e김용권 편
700 1ƀ▼a김승환
700 1ƀ▼a김용권

245 00▼aLa geographic de l'Europe des 15▼h[map] /▼dby Pierre Joint, and others.
700 1ƀ▼aJoint, Pierre

710 **부출표목—단체명** (Added entry—Corporate Name) <A>R → 별책 710필드 참조

710 ƀƀ▼a국립지리원

710 ƀƀ ▾a우성지도 기술부

245 00 ▾a慶州遺蹟地圖 ▾h[지도] / ▾d國立慶州博物館 學藝硏究室 編纂
710 ƀƀ ▾a국립경주박물관. ▾b학예연구실

245 00 ▾aSalton Sea atlas ▾h[map] / ▾dThe Redland Institute, University of Redlands
710 ƀƀ ▾aUniversity of Redland. ▾bThe Redland Institutre.

711 **부출표목－회의명** (Added Entry－Meeting Name) <A>R → 별책 711필드 참조

720 **부출표목－통제되지 않은 이름** (Added Entry－Uncontrolled Name) <A>R → 별책 720필드 참조

730 **부출표목－통일표제** (Added Entry－Uniform Title) <A>R → 별책 730필드 참조

740 **부출표목－본표제와 다르게 부출되는 표제** (Added Entry－Uncontrolled Related/Analytical Title) <A>R → 별책 740필드 참조

245 00 ▾a한국도로지도 ▾h[지도] = ▾xKorea road atlas
505 0ƀ ▾a전국시가도 — 고속도로 안내도 — 철도노선도 —
246 31 ▾aKorea road atlas ▾h[지도]
740 ƀ2 ▾a전국시가도 ▾h[지도]
740 ƀ2 ▾a고속도로 안내도 ▾h[지도]
740 ƀ2 ▾a철도노선도 ▾h[지도]

245 00 ▾aLonely planet books ▾h[map]
505 8ƀ ▾aContents: Bushwalking in Australia / John Chapman, Monica Chapman — Australia / Hugh Linlay... and others.
700 12 ▾aChapman, John. ▾tBushwalking in Australia ▾h[map]
700 12 ▾aChapman, Monica. ▾tAustralia ▾h[map]

752 **부출표목－계층적 지명** (Added Entry－Hierarchical Place Name) <O>R → 별책 752필드 참조

14. 연관저록 (76X－78X)

773 **기본자료 저록** (Host Item Entry) <A>R → 별책 773필드 참조

774 **구성단위저록** (Constituent Unit Entry) <O>R → 별책 774필드 참조

776 **기타형태저록** (Additional Physical Form Entry) <O>R → 별책 776필드 참조

786 **데이터의 정보원 저록** (Data Source Entry) <A>R → 별책 786필드 참조

15. 총서부출표목—통일표제(80X—830)

800 **총서부출표목—개인명** (Series Added Entry—Personal Name) <A>R → 별책 800필드 참조

810 **총서부출표목—단체명** (Series Added Entry—Corperate Name) <A>R → 별책 810필드 참조

811 **총서부출표목—회의명** (Series Added Entry—Meeting Name) <A>R → 별책 811필드 참조

830 **총서부출표목—통일표제** (Series Added Entry—Uniform Title) <A>R → 별책 830필드 참조

490 10▾a알고 떠나는 세계여행
830 ߸0▾a세계여행

490 10▾aClifford시리즈
830 ߸0▾a클리포드 시리즈

16. 소장, 변형문자 등—일반정보 (841—88X)

850 **소장기관** (Holding Institution) <O>R → 별책 850필드 참조

852 **소장위치** (Location) <O>R → 별책 852필드 참조

890 **미입력문자표시** <A>NR → 별책 890필드 참조

17. 로컬필드 (9XX) → 별책 9XX의 해당 필드 참조

제6장 도면자료

6.1. 도면자료의 의의

도면은 수평면상에 상대적 위치를 표시한 도(圖), 예를 들면 건축의 부분에 대한 상대적 위치, 조원설계도(造園設計圖), 실내의 경우는 건축 내의 가구배치, 육군과 해군의 작전을 도화한 것,[185] 기계공작 설계도표 등을 말한다. 특히 공업용도는 기업에서 필요한 기술자료의 한 형태로 귀중한 재산이고, 기업활동의 기초가 되는 정보재이다. 도면이 정보재로서 유지해야 되는 기능은 ① 설계기술자가 의도한 전체 기술의 결정을 상대에게 정보로서 전달하는 일과, ② 기술을 분류, 축적하여 다음의 설계 제도에 유용하게 활용되게 하는 일이다. 도면을 설계출력정보로 신속히 전달하는 것과 이것을 다각적으로 검색 · 활용하게 하는 것이 도면자료조직의 의의가 된다.

기계나 구조물 등을 제작하려고 할 때는 확실한 제작계획이 선행되어야 한다. 따라서 계획을 종합하는 기술을 설계(design)라 하고, 설계된 사실을 정해진 도법에 따라 기계나 구조물의 모양이나 구조, 재료의 다듬는 정도와 공정 등을 선이나 수치 그리고 기호로 또 다른 차원의 제도지상에 표시한 것을 제도(drawing)라고 한다. 그러므로 설계도(technical drawing)라 함은 공학 또는 기타 기술상의 문제에 관련해서 사용하기 위해 작성된 단면도,

185) *A2.*, 569.

상세도, 입면도, 투시도, 도면, 공작도 등을 말한다.[186] 설계도는 설계자가 생각하고 있는 계획을 선, 기호 또는 문자를 이용해서 정해진 제도상의 약속에 따라 도면이라는 형식으로 표현한 것이다. 그래서 설계도를 설계자의 말을 도면이라는 형식으로 옮겨놓은 것이라고도 한다. 설계도는 이해하기 쉽고, 설계자의 의도를 명확하게 전달할 수 있는 구체적인 설명력을 갖추어야 한다. 설계도가 갖추어야 될 조건을 살펴보면 다음과 같다.[187]

「**외관적 조건**」

- 외관상 청결하고 호감이 갈 수 있는 것. 즉 도면의 청결함을 손상하게 하는 요소가 없는 것
- 배도(配圖)가 정확하고, 구도적인 의미를 느끼게 하는 것
- 도시방법(圖示方法), 용선(用線), 문자(文字) 등은 물론 그 밖의 모든 것이 통일되고, 질서가 있으며 정돈되어 있을 것

「**내용적 조건**」

- 명확하여 오해나 의문이 생길 요소가 없을 것
- 오기, 도시(圖示) 등의 누락이 없으며, 실지로 시공할 수 있게 그려져 있을 것
- 간결하고 불필요한 것이 없으며, 도시(圖示)가 충분히 되어 있을 것

이러한 조건은 도서관인에게는 도면자료의 선택기준이 되기도 한다.

6.2. 도면자료의 종류

도면자료는 공업용과 건축용으로 대별되고, 이들을 다시 작성순서, 용도, 내용, 취급 방법 등에 따라 세분하면 다음과 같다.

---

186) *A2R.*, 623.

187) **建築用語大辭典** (서울 : 技文堂, 1982).

6.2.1. 도면의 작성과 취급별

1) 작성별

(a) 원도(元圖): 원도(原圖)상태의 도면

(b) 원도(原圖)

· 제1원도: 흑색으로 묘사한 복사의 원지가 되는 도면

· 제2원도: 복사기에 의해서 작성된 부원도

· Micro사진화원도: 제1원도를 microfilm으로 촬영, 현상하여 aperture card화한 도면 (roll이나 jacket형태도 포함)

(c) 복사도

· 청도(靑圖 : 靑寫眞): 감광지에 청색으로 복사한 도면

· 양화도(陽畵圖): 제1원도로부터 양화한 도면

· 전자복사도: Micro사진화원도로부터 복사한 도면

2) 취급별

(a) 현용도(現用圖): 현재 활용되고 있는 도면

(b) 휴면도(休眠圖): 활용도가 낮은 휴면상태의 도면

(c) 폐도(廢圖): 폐기된 도면

(d) 임시도(臨時圖): 시작도(試作圖), 개조도(改造圖) 등 임시로 작성된 도면

(e) 기밀도: 기밀취급에 필요한 도면

6.2.2. 공업용 도면

1) 용도별

(a) 계획도(scheme drawing): 계획을 나타내는 그림

(b) 제작도(working drawing): 제작에 사용되는 도면

(c) 주문도(drawing for order): 주문서에 첨부되는 도면

(d) 견적도(drawing for estimate): 견적서에 첨부하여 조회자에게 제출하는 도면

(e) 설명도(explanatory drawing): 설명에 사용하는 그림 또는 도면

2) 내용별

(a) 조립도(assembly drawing): 조립을 나타낸 그림 또는 도면

(b) 총조립도: 전체의 조립을 표시한 도면

(c) 부분조립도(partial assembly drawing): 일부분의 조립을 나타낸 그림 또는 도면

(d) 부품도(part drawing): 부품의 상세한 것을 나타낸 도면

(e) 상세도(detail drawing): 특정 부분의 상세한 사항을 나타낸 도면

(f) 공정도(工程圖): 제작공정의 상태를 표시한 제작도, 또한 제조공정을 표시한 도면

(g) 접속도: 설명이나 계획에 쓰이는 전기회로를 표시한 도면

(h) 배선도(wiring diagram): 배선의 상태를 나타낸 도면

(i) 검사도(drawing for inspection): 검사에 필요한 사항이 기입된 도면

(j) 전개도(development): 물품, 건조물 등의 표면을 평면에 전개한 그림

(k) 기타: 배관도, 계통도, 설치도, 외형도, 구조도, 구조선도, 곡면선도 등

공업용도면에서 가장 많이 사용되는 것이 제작도인데 이 중에서는 부품도와 조립도가 포함된다.

6.2.3. 건축설계도

설계도의 진행방법에 따라 건축주와 협의를 위한 일종의 구상도인 기본설계도와 기본설계도를 근본으로 하여 시공이 될 수 있도록 한 시설설계도로 나눈다.[188]

1) 기본설계도(preliminary design drawings)

(a) 스케치도(sketches): 스케치적인 평면도, 배치도, 입면도 등

(b) 약설계도: 배치도, 평면도, 입면도, 필요에 따라서는 투시도, 모형 등을 포함한다.

2) 실시설계도(working drawings)

(a) 배치도(site plan or block plan): 건물의 위치, 부지의 도로, 이웃건물과의 관계, 대지의

188) Nicolai Jannsen, *Bauzeichnung und Architekturmodell* (Stuttgart: Karl Kramer Verlag, 1971), 10; 安瑛培 等著, 建築設計製圖 (서울: 문운당, 1982), 10-14.

고저, 방위 등 건축기준법으로 규정되어 있는 항목을 명시한 중요한 그림

(b) 평면도(平面圖 : plan): 건축물 기둥의 중앙부근을 절단하고, 건축물을 위에서 본 그림이며, 고층건물에서는 각 층마다 별개의 평면도를 그리게 된다.

(c) 입면도(立面圖 : elevation): 건축물의 외형을 각 면에서 나타낸 도면

(d) 단면도(斷面圖 : section) : 건축물을 수직으로 절단하여 수평방향에서 본 그림

- 전단면(full section)
- 반단면(half section)
- 부분단면(broken out section)
- 회전단면(revolved section)
- 연속단면(분리단면 : removed section)
- 보조투상단면(auxiliary section)
- 계단단면(staggered section)
- 예각단면(acute angled section)
- 직각단면(right angled section)
- 곡면단면(curved section)
- 얇은 물체의 단면
- 조립단면(assembly section)

(e) 규준도(sectional detail drawing): 건축물 측벽의 단면도인 기초, 바닥, 벽, 천장, 지붕, 처마끝, 개구부의 위치, 치수, 재료, 마무리, 공법, 구조 등을 상세히 설명한 것이다.

(f) 상세도(detail): 규준도에 나타나지 않는 특정한 부분을 상세히 나타낸 그림

(g) 전개도(development): 실내의 모양, 천장높이, 문지방에서 상인방까지의 높이, 기타 중요부분의 치수, 마무리 등을 잘 알 수 있게 4둘레의 벽면을 입면도와 같이 나타낸 것이다.

(h) 구조도(structural drawing): 건축물이 구성되는 방법을 나타낸 도면

- 기초복도(foundation plan): 기초의 종류, 배치, 치수 등을 평면으로 나타낸 도면
- 마루복도(floor construction plan): 마루부내의 배치, 재료의 종류 등을 평면으로 나타낸 마루구조의 설명도
- 지붕틀복도(roof construction plan): 지붕부재의 배치, 치수, 재료 등을 평면으로 나타낸 지붕구조의 설명도
- 축조도(framing elevation): 건물의 안벽, 바깥벽 등의 골조를 나타낸 입면도

(i) 복도(伏圖)

- 천장복도(ceiling plan): 천장을 올려다 본 평면도
- 지붕복도(roof plan): 지붕면의 평면도

(j) 창호표(fittings list): 창호의 평면도

(k) 실물크기 그림(full size): 시공의 필요에 따라 만들어지는 공작도

(l) 투시도(perspective): 건물을 실지로 눈으로 보듯이 입체적으로 그린 설명도의 도면

(m) 설비관계도면: 대개는 해당분야의 기술자가 설계자의 의도에 입각해서 제작하는 것이 보통이다.

- 전기관계도면: 전기배선도, 전등배선, 배관도, 분전배전관, 접속도, 시설계통도, 동력관계도, 방재관계도
- 위생설비관계도: 배관도, 정화조설비도
- 냉 · 난방설비관계도
- 공기조절관계도
- 기계관계도: 엘리베이터, 에스컬레이터 등

3) 설계도의 목차

(a) 표지(title sheet)

(b) 도면의 목차(list of drawing, schedule of drawing)

(c) 범례(schedule of indications)

(d) 측량도(survey, boundary & topographic survey)

(e) 안내도(vicinity plan, location map)

(f) 배치도(site plan, plot plan)

(g) 평면도(plan, floor plan)

(h) 부분평면도(part plan)

(i) 1층 평면도(ground floor plan, 1st floor plan)

(j) 지층평면도(basement plan)

(k) 중지층 평면도(sub-basement plan)

(l) 지하층 평면도(…th basement plan)

(m) 중2층 평면도(mezzanine floor plan)

(n) …층 평면도(…th floor plan)

(o) 옥상평면도(floor plan)

(p) 탑옥 평면도(penthouse plan)

(q) 옥계, 탑옥 평면도(roof & penthouse plan)

(r) 입면도(elevation, exterior elevation)

(s) 단면도(section, longitudinal section)

(t) 전개도(interior elevation)

(u) 천장 복도(reflected ceiling plan)

(v) …층 천장 복도(…th floor reflected ceiling plan)

(w) 건구표(door & window schedule)

(x) 사상표(finish schedule)

6.3. 도면자료의 크기와 축척

도면의 크기는 도면용지의 크기를 말하는 것으로 설계나 제도된 내용에 따라 그 크기가 각각 다르고, 또한 크기에 대한 기준도 나라마다 약간씩 차이가 있게 표준규격을 정하고 있다.[189] 다음은 한국에서 주로 사용되는 도면의 크기와 축척을 나타낸 것이다.

1) 도면의 크기

크기 / 칭호	A	B	C	D	
				철할 경우	철하지 않을 경우
A^0	1189	841	10	25	10
A^1	841	594	10	25	10
A^2	594	420	10	25	10
A^3	420	297	5	25	5
A^4	297	210	5	25	5
A^5	210	148	5	25	5
A^6	148	105	5	25	5

* 1. A, B, C, D는 아래 그림에 따르고, 단위는 cm이다.
2. 도면을 접을 때는 그 접음의 크기를 cm로 기준한다.
3. 도면을 접을 때는 표제난이 겉으로 나오게 한다.
4. 도면의 너비와 길이의 비는 $\sqrt{1:}$ 2 이다.

189) Jannsen, 10-14.

KIS의 용지의 크기(단위 : mm)

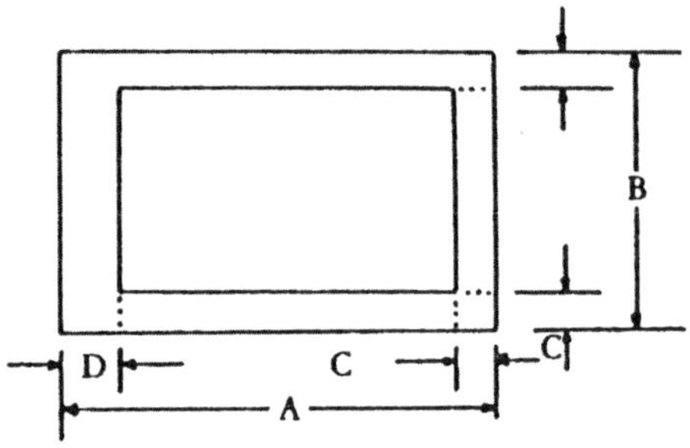

번호	A열	B열
0	841×1189	1030×1456
1	594× 841	728×1030
2	420× 594	515× 728
3	297× 420	364× 515
4	210× 297	257× 364
5	148× 210	182× 257
6	105× 148	128× 182

일반적으로 사용되는 도면의 크기(단위 : mm)

사용하는 종이치수	A×B	800×1100	550×800	400×500	400×500 도면2매를 병열
절단완성 후의 도면치수	a×b	770×1080	530×770	370×530	255×370

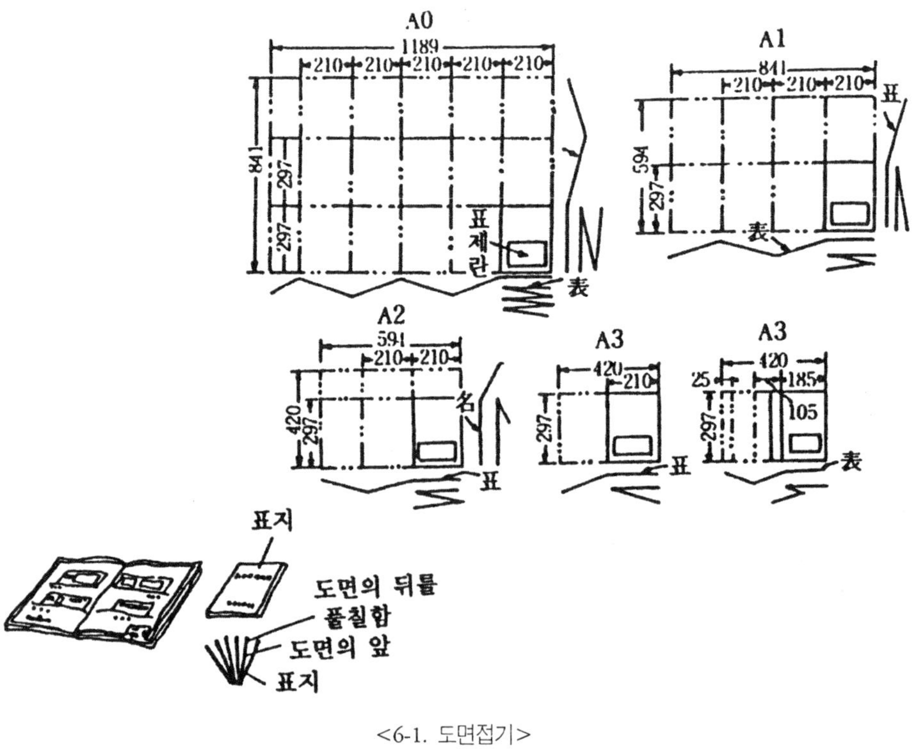

<6-1. 도면접기>

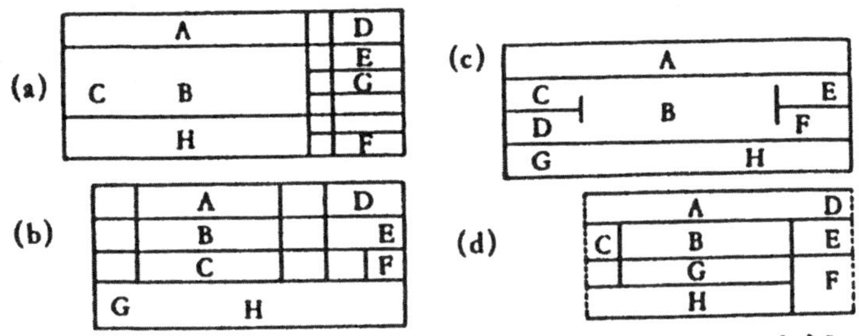

A…공사명칭, B…도면명칭, C…작품·분류번호, D…도면번호,

E…축척, F…담당자 印, G…작도년월일, H…設計代表者名

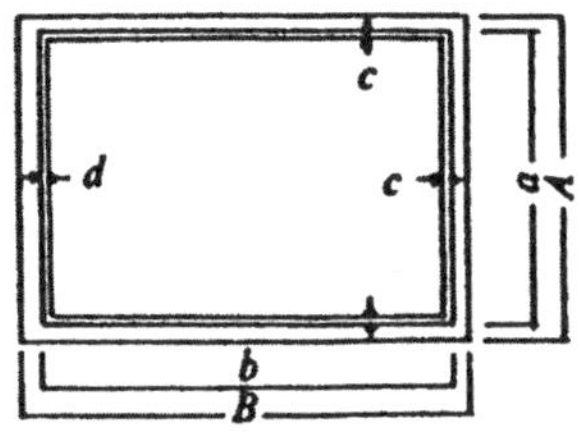

c, d=10 mm(철할 때에는 d=25~50 mm)

<6-2. 도면의 크기와 윤곽>

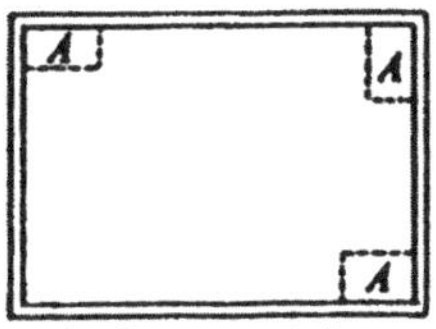

[註] A…표제란

<6-3. 표제란>

2) 도면의 척도

도면에 나타난 척도는 설계나 제도된 자료의 내용에 따라, 또한 도면자체의 필요도에 따라 여러 가지 방법으로 그 축척을 표시하고 있다. 미터법과 인치법에 의한 척도방법은 크게 현척, 축척, 배척으로 구분할 수 있다.

척도 방법

방식＼척도	미터식 척도	인치식 척도
현 척	1/1	1/1
축 척	1/2 1/2.5 (1/3) (1/4) 1/5 1/10 1/25 (1/30) (1/40) 1/50 1/100 1/250 (1/300) (1/400) 1/500 (1/600) 1/1000	1/2 1/4 1/8 1/10 1/32 1/64 1/100 1/1000
배 척	2/1 (3/1) 5/1 10/1 20/1 50/1 100/1	2/1 4/1 8/1 16/1

( ) 내의 척도는 잘 쓰이지 않는다.

수치법(표준치수의 단위)

미터단위		인치단위		각도	
치 수	기입법	치 수	기입법	크 기	기입법
15.6 mm 8 cm 4 mm 27m 50 cm	15.6 8.4 2750	2 in. 16 ft. 1/8 in. 5 ft.	2" 16"−1/8" 5"−0"	30도 20도 10분 15초 2도 32초	30° 20°10′15" 2°32"

6.4. 도면자료의 관리

자료의 선택과 수집에는 일반도서자료와 같이 정해진 수집범위와 내용에 따라 각 설계부분에 대한 도면자료를 빠짐없이 수집해야 하고, 수집된 자료는 도면자료의 관리규정에 준하여 조직되고 운용되어야 한다. 도면자료의 관리에는 기록재의 발전, 이용의 신속성, 설계여건의 변화 등 도면자료의 외적조건에 의해 많은 영향을 받고 있다. 도면자료의 관리에 영향을 주는 외적인 조건은 ① computer와 microfilm의 진보, ② 자료의 가속적인 증가, ③ 제품납기의 단축화에 따른 설계기간의 단축요구, ④ 설계기술자의 확보와 단기양성의 어려움, ⑤ 기술개발의 질과 속도의 향상요구, ⑥ EDPS, group technology 등에서부터 분류코드의 통일요구 등을 들 수 있다. 이러한 변화에 대응하는 효율적인 도면관리에 충족할 수 있도록 만전을 기해야 한다.

생산기관의 도면자료관리는 분실, 파손, 오용, 재해 등을 방지하고, 또한 배부, 대출, 회수 및 폐기도면의 처리를 적정화하는 관리활동을 원활히 할 수 있게 하는 데 목적을 두어야 한다. 도면관리의 내용에는 도면의 작성, 배포, 관리, 열람, 대출, 개판, 폐도처리 등에 대한 상세한 규칙이 있어야 한다. 관리방식에는 모든 도면을 한 기관에서 통합관리하는 중앙집중식과 필요기관에 따라 각각 관리하는 분산관리방식으로 대별되지만 이들은 모두 장단점을 가지고 있기 때문에 자료기관의 도면관리목적과 기능에 맞는 방법을 선택하여야 한다.

「분산관리의 문제점」

· 대출에 대한 관리가 철저하지 못하다.

· 대출중 도면이 분실되는 경우가 많다.
· 도면의 검색이 곤란하다.
· 작성된 도면을 설계출력정보로 이용하는 것이 거의 불가능하다.
· 개인에게 관계된 도면이 스스로 보관되는 경향이 많아 정확한 소장유무를 확인하기 어렵다.
· 설계변경 등에 따른 제개정 통지사항이 첨부되지 않을 수도 있다.
· 원도의 개정 확인이 어렵고 내역이 불분명하여 후속설계자의 설계 잘못의 원인이 되고 또한 현장에서 잘못 작업할 수 있는 원인이 될 수 있다.
· 낡은 도면이 미정리된 상태에서 보관되는 경우가 많다.
· 보관공간의 이용이 비경제적이다.
· 도면관리 업무가 설계부문에 커다란 부담이 될 수도 있다.
· 도면관리에 책임이 불분명하여 파손이나 분실이 많다는 등의 문제점이 제기된다.

이러한 문제점을 고려하여 도면자료를 유용하게 활용하고 관리되게 하기 위해서는 중앙집중관리방식으로 관리하는 것이 보다 이상적이지만 이용에 취약점이 있기 때문에 이를 보완할 수 있는 방안이 선결되어야 한다. 그래서 이들 자료의 조직을 system화하는 것이 필요하다.

「System화에서 고려해야 할 기본적인 사항」

· 이용자의 실태
· 도면의 범위
· 관리단위
· 도면관리실과 담당자
· 분류보관기준
· 수입, 작성, 보관, 대출수속
· 열람의 신속여부

1) 입수

내부의 각 설계부문에서 작성된 도면과 외래에서 입수된 도면은 도면자료관리실에 정확히 입수하여 완전한 파일을 유지해야 한다.

(1) 신원도의 입수

신원도는 도면번호의 중복을 방지하기 위하여 도면번호 관리에 신중을 기해야 한다. 도면번호의 결정에는 ① 도면 작성 순서에 따른 연번으로 주어지는 universal system과, ② 각 도리의 숫자에 의미를 부여하여 1도리제품별, 2도리형식별, 3도리구조부위별로 코드화해서 숫자화한 coded system, ③ ①과 ②를 조합하여 알파벳을 사용한 도면번호를 부여하는 세 가지 방식으로 생각할 수 있다.

도면번호가 결정된 신원도는 도면관리규정으로 정해진 규정된 용지의 사용, 표제난의 기재여부, 기입문자, 기호의 명확성 등을 충족하고 있는지를 심사해서 원도등록부에 정식으로 등록한다.

(2) 외래도의 입수

외래도에 대한 도면번호의 결정은 ① 외래도의 도면번호를 그대로 이용하는 방법, ② 위의 1도리제품별기호를 사용하는 방법, ③ 자료실 자체의 방식으로 변경해서 새롭게 부여하는 방법 등으로 생각할 수 있다. 외래도는 신원도와 같이 원도등록부에 정식으로 등록하여야 한다.

2) 등록

수집된 자료는 등록부에 등록하고, 이용될 수 있도록 정리되어야 한다. 등록은 도면자료의 구성이나 외형적인 형태의 차이 등을 고려하여 다음과 같이 2가지로 생각해 보았다. ① 모든 도면자료를 하나의 등록부에 등록하는 방법, ② 도면의 형태에 따라 도서형식은 일반도서원부에, 낱장은 파일자료에 등록하는 방법이다. 전자의 경우는 보관해야 하는 설계자료가 많을 때 주로 사용하고, 후자의 경우는 공공도서관이나 연구도서관 등 다양한 형태의 자료를 취급하는 도서관에서 주로 사용하는 방법이다.

도면류의 원부

수입번호	도면번호	설 계 도 명	설계자(사)	도면규격	수입일자	매수	도 면 작성일	금액	납입자(사)	청구번호	비고

「등록원부의 기재사항」

(a) 수입번호: 수입되는 도면의 일련번호이면서 자료의 등록번호이다.

(b) 도면번호: 해당도면이 가지고 있는 고유번호를 기재한다(없는 것도 있다).

(c) 설계도명: 도면에 명시된 도면의 명칭이나 제품명을 기재한다.

(d) 설계자: 설계가 개인에 의한 것일 때에는 설계자의 개인명을, 단체에 의한 것일 때에는 설계회사명을 식별이 가능한 범위에서 간략히 기재한다.

(e) 도면규격: 도면의 외곽 크기(size)를 세로×가로 cm로 기재한다.

(f) 수입일자: 도면자료를 등록하는 날짜나 입고한 날짜를 기재한다.

(g) 매수: 입수된 도면의 권이나 장의 수량을 기재한다.

(h) 도면작성일: 설계도상에 나타난 도면의 작성 일을 기재한다.

(i) 금액: 도면이 작성될 때까지의 소요경비나, 구입도면은 구입시 지불된 가격을 기재한다.

(j) 납입자: 설계도를 납품한 회사 및 개인으로 설계자와 일치할 때에는 기재하지 않아도 된다.

(k) 청구번호: 도면이 보관되어 있는 위치를 표시하는 것으로, 단행본형식은 보관된 서가번호, 낱장의 파일자료는 함가번호를 기재한다.

(l) 비고: 도면의 원도 및 복사의 표시, 원도의 수정 및 출납과 제적시 제적번호 등을 기재한다.

보관방법은 자료가 가지고 있는 외형적인 다양성 때문에 종류에 따라 각각 그 자료에 맞는 용기에 보관하여야 한다.

(a) 도서의 형태는 일반도서와 동일하게 취급한다. 그러나 별치의 필요가 있는 것은 별치부호를 사용하고, 대형으로 제책된 것은 특별히 제작된 서가에 뉘어서 보관한다.

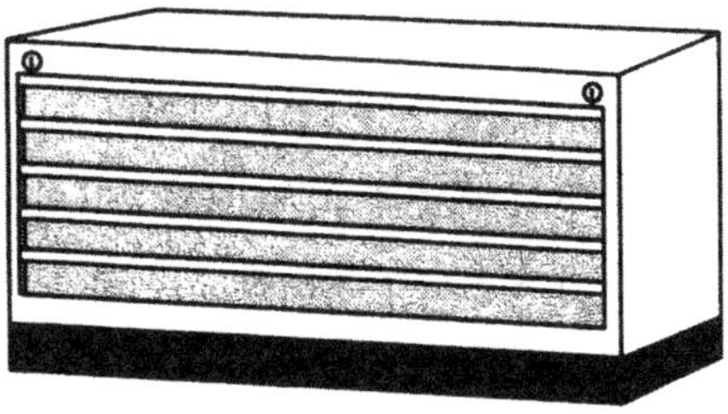

<6-4. 도면함>

(b) 낱장으로 된 것은 접어서 봉투나 폴더에 넣어 폴더캐비닛이나 함에 보관한다.

(c) 봉(棒)에 철된 자료는 특별히 제작된 용기에 말아서 보관하거나 걸어서 보관한다.

3) 폐도

(a) 원도의 폐기: 설계부분에서 폐도로 결정된 원도는 이를 각 부서에 통지하고, 각 부서의 설계관리실은 원도등록표에서 '폐도'인을 찍은 다음 원도를 처분하거나 해당 설계부에 원도를 반납하여 담당설계책임자가 소각 처분한다.

(b) 복사도의 폐기: 복사도의 폐기는 배포되어 있는 부문에 폐도 통지 없이 해당도면을 반납하든가 또는 회수담당자가 정기적으로 모아서 소각, 절단 처분한다.

(c) 보관을 필요로 하는 폐도: 반납된 구판 도면이라도 앞으로 보수요구가 예상되는 도면은 도면번호에 구도에 관한 사항을 표시하고, 기호를 부여하여 폐도 관리파일로 이동한다. 원도등록표에 폐도번호, 폐도관리 연월일을 기입해서 '보관폐도(保管廢圖)', '요보관폐도(要保管廢圖)'라는 인을 찍어 보관한다.

(d) 마이크로사진화한 원도의 폐기: 활용도면이 아닌 휴면도를 마이크로화한 원도는 설계부문의 승인을 얻어 도면관리실에서 소각 처분한다.

4) 이용

(1) 원도

도면관리실에서는 새로 입수된 원도에 대하여 도면카드를 작성해야 한다. 도면에 나타난 도면번호와 도면명을 이용해서 열람을 자유롭게 한다. 대출은 개판이나 복사도 작성을 위한 것에 한하여 1주간 이내로 한다.

활용도가 높은 제1원도는 원도의 파손을 방지하고, 원거리에서도 원도를 가질 필요가 있을 경우 별도로 복사해야 하는 등의 중복공정을 없애기 위해 제2원도나 마이크로필름화해서 제2원도를 보관한다. 그러나 이 방법에도 해결해야 할 다음과 같은 문제점이 있다. ① 원도량의 배증에 따른 보관공간의 문제, ② 제1원도의 개정 후 제2원도의 파괴, 수정, 개정 등의 처리필요 등이다. 이러한 문제들은 해결이 선결되지 않으면 보다 큰 혼란을 초래할 수 있기 때문에 철저한 관리체제를 갖추어야 한다.

활용도가 낮은 휴면도를 사진화하여 보관공간을 최소화해야 한다. 휴면도를 구분하기 위해서는 연2회 이상 원도 사용빈도를 조사하고, 휴면도로 판정된 것은 별도의 보관장소에 보관 하든가, 롤 필름에 마이크로화하여 보관공간을 최소화하고, 휴면도와 활용도의 혼합보관으로 인한 활용도의 검색이나 이용에 지장이 없도록 해야 한다.

원도파일 캐비닛(cabinet)에는 Flat filing cabinet과 Roll filing cabinet이 있는데, Flat filing cabinet의 경우는 원도를 코드별, 크기별, 도면번호순으로 각각의 캐비닛에 보관하기 때문에 검색이나 인출이 용이하다는 장점이 있다. 그러나 도면이 크기에 따라 각기 다른 캐비닛에 분산 배열되므로 내용이나 주제별에 따른 자료검색이 어려운 단점이 있다.

Roll filing cabinet의 경우는 원도의 크기별에 관계없이 일괄하여 번호순으로 배열한다. 이 방법은 Flat filing cabinet에 비해 도면의 크기에 관계없이 내용별이나 주제별로 함께 배열되는 이점이 있으나 출납과정에서 원도의 파손정도가 크고, 큰 도면의 중간에 작은 도면이 끼어 분실할 수도 있다는 등의 단점도 있다. Roll식의 원도 정리법에는 보통 상자, 지함(紙函) 등을 사용하기도 한다. 접어서 보관될 수 있는 원도는 사진도와 같은 캐비닛을 사용하는 것이 좋다.

원도파일은 완벽한 방화시설에 보관하여야 하지만 그것이 불가능할 때에는 비상용 원도를 작성하여 건물로부터 떨어진 내화시설에 보관해야 한다. 그래서 원도가 소실, 분실될 경우는 이것을 복제하여 사용해야 한다.

(2) 복사도

복사도는 A4의 크기로 접어서 filing cabinet에 도면번호순으로 배열한다. 도면을 접는 방법은 도면번호가 있는 표제란이 우측 아래 부분에 같은 방향으로 놓이게 한다. 접은 도면은 도면봉투에 넣거나 폴더를 이용하여 배열하기도 하고 이들 보조도구를 사용하지 않고 그대로 배열하기도 한다. 자료자체를 그대로 배열할 때는 우측 아래 부분에 있는 표제난을 위(上)로 하여 배열함으로 도면번호가 역으로 되지만 읽는 데는 편리하다.

규격부품도는 대개 편람형태로 되어 있기 때문에 선정, 구매, 검사 등에 신경을 써야 한다.

사진도는 보관공간이 필요하므로 작업이 끝난 후에는 특정 대출용 보관도를 제외하고는 폐기하는 것이 원칙이다. 사진도를 대출할 때는 각 대출용 복사도에 대출카드를 사용한다. 대출카드의 규격은 A4용지 반 정도의 크기에 도면번호, 대출자이름, 대출연월일을 기입하여 대출되는 복사도 보관위치에 삽입하고, 반납 후 대출카드를 뽑아낸 후에 복사도를 삽입한다. 대출카드는 다음 대출자를 위하여 출납대에 보관하였다가 재이용한다.

(3) 도면이용을 위한 설비

도면이용을 위한 설비에는 도면목록, 마이크로필름리더, 마이크로필름리더프린터, 열람대 등을 비치한 도면 열람실이 있어야 하고, 대출관리실도 설치하여 도면열람을 직접 돕게 하고 도면의 인출과 대출, 반납 등을 관장하게 해야 한다.

6.5. 도면자료의 분류

도면자료의 분류는 도면을 구성하고 있는 외형적인 형태에 따라 적절한 분류방법이 적용되어야 한다. ① 도서형태로 된 도면자료로서 일반도서와 동일한 방법으로 정리 보관될 때는 해당 도서관이 사용하고 있는 분류체계를 적용하여야 한다. 한국에서 주로 사용되는 분류체계의 대표적인 것은 KDC나 DDC 그리고 국가적인 표준규격에 의한 분류체계 등을 들 수 있다. 이들 분류체계에 따라 도면자료만의 별치가 필요할 때는 별치기호를 정하여 사용할 수도 있다. 여기에 해당되는 자료는 주로 건축물이나 대형구조물과 같은 도면 그리고 동일한 종류의 설계집 등을 들 수 있다. ② 낱장으로 된 도면자료는 주로 기계류에 관한 것이다. 특허자료 등에 관한 것이 많은데 이들 자료의 분류는 자료자체가 낱장으로 되어 있기 때문에 파일자료의 분류체계에 따라야 한다. 이들 자료에서 사용되는 분류체계는 도서관에서 사용되는 기존의 분류체계에 의존할 수도 있으나 특수분야의 도면자료를 정리 보관하는 특수자료실에 있어서는 해당분야의 세분된 분류를 위해서 자료실 자체가 고안한 분류체계를 사용하는 경우가 많다. 그러나 이들 분류체계의 모체가 되고 있는 것은 대개 국가적으로 표준화된 각 부분의 분류체계에 의존하고 있다.

KS규격에 의한 분야별 분류

코드	A	B	C	D	E	F	G	H	I	J	M
분야	기본	기계	전기	금속	광산	토건	일용품	식료품	섬유	요업	화학

KS규격에 의한 기계부분의 분류

규격번호	분 류	규격번호	분 류
B0001-0891	기계기본	B5301-5531	측정계산용기계기구, 물리기계
B1000-2403	기계요소	B6001-6403	일반기계
B3001-3402	공 구	B7001-7702	산업기계
B4001-4604	공작기계	B8007-8591	수송기계

6.6. 도면자료의 목록

6.6.1. 도면자료 목록의 의의

도면자료의 목록대상은 건축이나 기계, 기타 기술부문의 설계에서 생산된 설계도(plan), 입면도, 정면도(elevation), 단면도(cross section), 상세도(detail), 도형(diagram), 투시도(perspective) 등이 된다. 도면자료의 목록은 그래프자료(graphic materials)의 목록형식과 그 기재방법에 준한다(A2R.8).

도면자료의 기술은 모든 자료에 공통적으로 적용되는 목록규칙을 제외한 도면자료에서 특별히 다루어야 할 영역의 사항을 골라 열거하였다.

「정보원」

도면자료의 으뜸정보원은 자료 그 자체와 자료를 담고 있는 용기에 나타난 기술사항으로 한다. 도면자료가 두 개 이상으로 구성되어 있는 경우로 용기에는 종합표제가 있으나 각 자료에 단일표제가 없으면 그 용기를 으뜸정보원으로 한다. 정보원의 우선순위는 다음과 같다.

자료자체, 용기(box, frame 등)
딸림자료
기타 정보원

6.6.2. KORMARC: 도면자료

도면자료는 시청각자료(VM=Visual Materials) 중 평면비영사자료에 속하기 때문에 상기한 형태별 자료중 시청각자료에 공통으로 적용되는 이들 자료(제3장 영화 및 비디오녹화자료)의 해당 필드를 참조하게 하고, 여기에서는 도면자료에서 특별히 취급되는 필드를 중심으로 상술하였다.

1. KORMARC의 설계원칙→ 별책 설계원칙 참조

2. 리더 (Leader) <M>NR → 별책 리더(leader) 참조

3. 디렉토리 (Directory) <M>NR → 별책 디렉토리(directory) 참조

4. 제어필드 (00X)

006 부호화정보필드－부가적 자료특성(Fixed-Length Data Elements－Additional Material Characteristics) <A>R → 제3장 006필드 참조

007 형태기술필드 (Physical Description Fixed Field－General Information) <O>R

도면자료는 평면비영사자료에 속하기 때문에 007필드는 평면비영사자료의 형태사항에 관한 정보를 부호로 알려주기 위한 필드이다. 평면비영사자료는 첫 번째 한자리 '00'을 자료의 범주표시 'k'로 하고, 01-05자리까지 모두 6자리의 고정길이 필드로 구성된다. 다음은 평면비영사자료의 형태기술필드를 도식화한 것이다.

자수위치	자리수	데이터명	데 이 터 요 소
00	1	자료범주표시	k－평면비영상자료(영사기 없이 볼 수 있는 평면자료).
01	1	특정자료종별(SMD)	c－콜라주. d－도면(드로잉). e－회화. f－사진복제품(예술품 재생, 엽서, 포스터, 스타디프린트). g－음화사진. h－사진인쇄. I－그림. j－탁인 예술품. l－기술도면. n－챠트. o－플래시카드. u－자료를 특정화하지 않음. z－기타. |－ 부호화 않음.
02	1	미정의	
03	1	색채	a－단색. b－흑백. c－천연색. h－수작업에 의한 색. m－혼합(단색, 흑백, 천연색 등). u－미상. z－기타. |－ 부호화 않음.
04	1	기본재료	a－캔버스. b－고급판지. c－판지/도화지. d－유리. e－합성수지(플라스틱, 비닐 등). f－가죽. g－섬유. h－금속. m－혼합. o－종이(캔버스, 고급판지, 도화지, 골판지 제외). p－석고. q－골판지. r－자기류. s－석재(돌). t－목재. u－미상. z－기타 |－ 부호화 않음.
05	1	틀의 재질	ƀ－틀이 없음. a－캔버스. b－고급판지. c－판지/도화지. d－유리. e－합성수지(플라스틱, 비닐 등). f－가죽. g－섬유. h－금속. m－혼합. o－종이(캔버스, 고급판지, 도화지, 골판지 제외). p－석고 q－골판지. r－자기류. s－석재(돌). t－목재. u－미상. z－기타 |－ 부호화 않음.

「도면자료의 형태기술필드 예」

```
  ┌── Tag
  │    ┌── 00(1자리: 자료범주표시): k－평면비영사자료
  │    │┌── 01(1자리: 특정자료표시: SMD): d－도면
  │    ││┌── 02(1자리: 미지정): ƀ
007 kdƀƀoƀ
        │││└── 05(1자리: 틀의 재질): ƀ－틀이 없음
        ││└── 04(1자리: 기본재료): o－종이
        │└── 03(1자리: 색채): ƀ－흑백
```

008 **부호화정보필드**(Fixed-Length Data Elements) <M>NR → 제3장 008필드 참조 (시청각자료에 포함)

5. 숫자적 필드 (01X－09X)

010 **미국국회도서관 제어번호**(Library of Congress Control Number) <A>NR → 별책 010필드 참조

012 **국립중앙도서관 제어번호**(The National Library of Korea Control Number) <A>NR → 별책 012필드 참조

020 **국제표준도서번호**(International Standard Book Number: ISBN) <A>R → 별책 020필드 참조

033 **사건의 일시와 장소**(Date/Time and Place of an Event) <O>R → 별책 033필드 참조

037 **입수처**(Source of Acquisition) <O>R → 별책 037필드 참조

040 **목록작성기관**(Cataloging Source) <M>NR → 별책 040필드 참조

041 **언어부호**(Language Code) <A>R → 별책 041필드 참조

043 **지역부호**(Geographic Area Code) <A>NR → 별책 043필드 참조

044 **발행/제작국명 부호**(Country of Publishing/Producing Entity Code) <A>NR → 제3장 044필드 참조

045 **연대부호**(Time Period of Content) <O>NR → 별책 045필드 참조

049 **소장사항**(Local Holdings) <O>NR → 별책 049필드 참조

050 **미국국회도서관 청구기호/분류기호**(Library of Congress Call Number /Classification Number) <O>R → 별책 050필드 참조

052 **국립중앙도서관 청구기호**(The National Library of Korea Call Number) <A>R → 별책 052필드 참조

056 **한국십진분류표**(KDC) <A>R → 별책 056필드 참조

066 **사용문자셋**(Character Set Present) <A>NR → 별책 066필드 참조

072 **주제범주부호**(Subject Category Code) <O>R → 별책 072필드 참조

074 **정부간행물번호**(GPRN/GPO Item Number) <O>R → 별책 074필드 참조

082 **듀이십진분류기호**(DDC Number) <O>R → 별책 082필드 참조

085 **기타 분류기호**(Other Classification Number) <A>R → 별책 085필드 참조

086 **정부문서분류기호**(Government Document Classification Number) <A>R → 별책 086필드 참조

088 **보고서번호**(Report Number) <A>R → 별책 088필드 참조

090 **자관 청구기호**(Local Call Number) <A>R → 별책 090필드 참조

6. 기본표목 (Main Entry: 1XX) 〈A〉NR → 별책, 제3장 1XX필드 참조

도면자료의 기본표목은 주로 표제를 서명줄머리잡기로 245필드에 해당 식별기호로 입력한다. 그러나 설계자가 분명히 표시되어 있을 때는 설계자를 1XX필드에 저자명기본기입한다.

100 **기본표목－개인명**(Main Entry－Personal Name) <A>NR → 별책 100필드 참조

110 **기본표목－단체명**(Main Entry－Corporate Name) <A>NR → 별책 110필드 참조

111 **기본표목－회의명**(Main Entry－Meeting Name) <A>NR → 별책 111필드 참조

130 **기본표목－통일표제**(Main Entry－Uniform Title) <A>NR → 별책 130필드 참조

7. 표제와 표제관련 필드 (20X－24X)

240 **통일표제**(Uniform Title)(A2R.25.28A) <O>NR → 제2장 240필드 참조

242 **목록작성기관에서 번역한 표제**(Translation of Title by Cataloging Agency) <O>R → 별책 242필드 참조

243 **종합통일표제**(Collective Uniform Title) <O>NR → 별책 243필드 참조

245 표제와 책임표시사항(Title Statement) <M>NR → 별책 245필드 참조

표제와 책임표시사항은 본표제, 별표제, 대등표제, 표제관련정보(부표제 포함), 편차, 편제 등과 저자명, 역할을 달리한 저자명을 예와 같이 ISBD의 해당부호로 구분하여 245필드에 기술한다.

245 ❶❷ ▾a본표제, [일명], 별표제 ▾h[GMD] = ▾x대등표제 : ▾c표제관련정보 / ▾d설계자 ; ▾e역할을 달리한 설계자

110 ƀƀ ▾a삼원종합건축사사무소
245 10 ▾a계명대학교 성서 동산의료원 Master Plan ▾h[도면자료] = ▾xDong San Medical Center Master Plan / ▾d삼원종합건축사사무소 [설계]

GMD: 건축도면과 기술도면으로 구분하여 건축도면은 '도면자료' 또는 '도면', 'plan', 기술도면은 '기술도면', 'technical drawing'으로 식별기호 ▾h로 입력한다.

· 책임표시: 설계자와 설계에 참여한 협력자는 역할어와 함께 245필드에 식별기호 ▾d, ▾e로 입력한다. 그러나 책임사항이 복잡할 때는 이를 500필드에 주기한다.

500 ƀƀ ▾a설비설계: 정만수

246 여러 형태의 표제(Varying Form of Title) <A>R → 별책, 제5장 246필드 참조

8. 판차, 자료의 특성, 발행 등 필드(250-270)

250 판사항 (Edition Statement) <A>NR → 별책 250필드 참조

260 발행, 배포 등 사항 (Publication/Distribution, etc.) <A>R → 별책 260필드 참조

발행, 배포, 제작 등에 관한 사항은 설계사무소명을 중심으로 설계기관의 소재지와 설계사무소명, 그리고 설계연도(자료자체의 생산연도)를 260필드에 기술한다.

260 ƀƀ ▾a설계사무소 소재지 : ▾b설계사무소, ▾c설계연도

260 ƀƀ ▾a대구 : ▾b현대건축설계사무소, ▾c1980.

263 발행예정일자 (Projected Publication Date) <O>NR → 별책 263필드 참조

270 자료관련주소 (Address) <O>R → 별책 270필드 참조

9. 형태사항 (3XX)

300 형태기술사항 (Physical description) <M>R → 별책 300필드 참조

도면자료의 특정자료종별과 수량, 기타 형태적세목, 크기, 딸림자료를 ISBD의 부호로 구분하여 300필드에 해당 식별기호로 입력한다.

300 ƀƀ ▾a특정자료종별과 수량 : ▾b기타 형태적세목 ; ▾c크기 + ▾e딸림자료

(1) 특정자료종별과 수량

특정자료종별은 건축도면과 기술도면으로 구분하여 300필드에 식별기호 ▾a로 수량과 함께 입력한다. 건축도면은 광의의 명칭과 세부명칭으로 구분하여 기재하지만 자료자체가 세부명칭으로 구분되어 있지 않으면 광의의 '건축도면'으로 표시한다.

건 축 도 면	기 술 도 면
건축도면(architectural drawing) 구조도면(structural drawing) 기계도면(mechanical drawing) 전기도면(electrical drawing) 설비도면(equipment drawing) 특수도면(specialized drawing)	기술도면(technical drawing)

300 ƀƀ ▾a건축도면 1권(71면)

300 ƀƀ ▾a기술도면 1장 　　　　 300 ƀƀ ▾a1 technical drawing

수량은 설계책자의 면수나 권수를 표시하고, 권수를 표시할 때는 필요에 따라 ( )에 각 자료의 면수를 보기하기도 한다. 낱장으로 된 도면은 장(張)수를 입력한다.

(2) 기타 형태적 세목

기타 형태적 세목은 도면자료의 작성방법과 복제방법에 대한 특성, 색채, 재질 등을 300필드에 식별기호 ▾b로 기술한다. 작성이나 복제방법에 대한 표시는 '원도', '청사진', 'blueprint', 'photocopy', 'white print', 'blue linen' 등을 필요에 따라 기재하고, 색채는 '천

연색', '2색도', '3색도', '혼합' 등으로 기술하며, 재질은 '마일라', 'mylar', '투사지', 'tracing paper', '린네르지', 'white linen' 등으로 기술한다.

300 ƀƀ ▾a특정자료종별과 수량 : ▾b도면작성방법 및 복제방법, 색채, 재질

300 ƀƀ ▾a건축도면 1권 (71면) : ▾b청사진

300 ƀƀ ▾a1 technical drawing : ▾bblueprint

(3) 크기

크기는 도면의 전면크기와 접어진 상태의 크기를 함께 300필드에 식별기호 ▾c로 기술한다. 도서형태로 된 도면철은 '세로 cm'나 '세로×가로 cm'로, 낱장은 설계에서 사용하는 규칙화된 크기를 '세로×가로 cm'로, 세트로 된 2개 이상의 자료가 그 크기가 각각 다를 때는 '작은 것-큰 것 cm'로, 용기에 보관된 자료는 용기의 크기를 함께 입력한다.

300 ƀƀ ▾a특정자료종별과 수량 : ▾b기타 형태적세목 ; ▾c전면의 크기 세로×가로 cm, 접은 크기 세로×가로 cm, 용기의 세로×가로 cm

; ▾c작은 것-큰 것 cm, 용기의 세로×가로 cm

; ▾c작은 것의 세로×가로 cm－큰 것의 세로×가로 cm

300 ƀƀ ▾a기술도면 2매 : ▾b청사진 ; ▾c100×40 cm-120×60 cm

300 ƀƀ ▾a설계도면 1권 : ▾b청사진 ; ▾c40×54 cm

300 ƀƀ ▾a기술도면 1매 : ▾b청사진 ; ▾c80×87 cm

300 ƀƀ ▾a1 technical drawing : ▾bblueprint ; ▾c80×87 cm

300 ƀƀ ▾a기술도면 2매 : ▾b청사진 ; ▾c100×40 cm-120×60 cm

300 ƀƀ ▾a2 technical drawings : ▾bblueprint ; ▾c100×40 cm-120×60 cm

(4) 딸림자료

딸림자료는 도면 이외의 시방서, 내역서 등을 300필드에 식별기호 ▾e로 입력하고, 필요한 경우는 이들 자료의 형태기술사항을 ()에 묶어 부기한다. 딸림자료가 개개의 독립된 표제를 가진 것은 500필드에 표출어와 함께 주기한다.

300 ƀƀ ▾a설계도면 1권 : ▾b청사진 ; ▾c40×54 cm + ▾e내역서(11 p. ; 22 cm)
500 ƀƀ ▾a딸림자료: 내역서. 11 p. ; 22 cm

307 **검색시간 등** (Hours, etc.) <O>R → 별책 307필드 참조

340 **물리적 매체 유형** (Physical Medium) <A>R → 별책 340필드 참조

351 **자료의 구조와 배열** (Organization and Arrangement of Materials) <O>R → 별책 351필드 참조

355 **보안분류 통제** (Security Classification Control) <O>R → 별책 355필드 참조

357 **원작자의 배포제어** (Originator Dissemination Control) <A>NR → 별책 357필드 참조

10. 시리즈사항 (4XX)

총서사항은 440필드(자동부출)이나 490필드(부출하지 않거나 다르게 부출)에 기술한다.

440 **총서사항/부출표목－표제** (Series Statement－Added Entry) <A>R → 별책 440필드 참조

440 00 ▾a계명대학교 중앙도서관 설계 ; ▾v제1권

490 **총서사항/부출 않거나 다르게 부출되는 총서표제** (Series Statement) <A>R → 별책 490필드 참조

11. 주기사항 (50X－58X)

500 **일반주기** (General Note) <O>R → 제3장 500필드 참조

501 **합철주기** (With Note) <O>R → 별책 501필드 참조

502 **학위논문주기** (Dissertation Note) <O>R →별책 502필드 참조

505 **내용주기** (Formatted Contents Note) <O>NR → 별책, 제2장 505필드 참조

내용주기는 비도서자료에 적용되는 공통되는 목록규칙에 준해서 505필드에 해당 지시기호와 식별기호로 주기한다.

505 ❶❷ ▾ iContents: ▾ n권차. ▾ t표제 / ▾ d저자 — ▾ n권차. ▾ t표제 / ▾ d저자

505 00 ▾ n제1권. ▾ t건축설계 — ▾ n제2권. ▾ t구조설계 — ▾ n제3권. ▾ t전기설계. ▾ t설비설계

506 **이용제한주기** (Restrictions on Access Note) <O>R → 별책, 제2장 506필드 참조

507 **그래픽자료의 축척주기** (Scale Note for Graphic Material) <O>R → 별책 507필드 참조

도면의 축척에 대한 수치데이터는 '축척', 'Scale'이라는 용어와 함께 507필드에 기술한다(A2R.8.7B10). KORMARC은 시청각자료 중 기술도면과 입체자료에 대한 축척사항을 507필드(축척주기)에 식별기호 ▾a(축척), ▾b(기타축척)로 기술하고, 입력형식은 255필드의 지도자료 수치데이터사항의 입력형식에 준한다.

507 ƀƀ ▾ a축척 ; ▾ b기타축척

507 ƀƀ ▾ a축척 1:500,000 ; ▾ b1 cm = 5m.
<출력> 축척 1:500,000 ; 1 cm = 5m.

507 ƀƀ ▾ a축척 1:1

507 ƀƀ ▾ aScale 1:10 of the original

507 ƀƀ ▾ aSale 1/16 in. to 1 ft.

508 **제작진주기** (Creation/Production Credits Note) <O>R → 별책, 제2장 508필드 참조

510 **인용/참고주기** (Citation/References Note) <O>R → 별책, 제3장 510필드 참조

520 **요약 등 주기** (Summary, etc. Note) <O>R → 제2장, 제3장 520필드 참조

521 **이용대상자 주기** (Target Audience Note) <O>R → 제3장 521필드 참조

530 **이용가능한 다른형태자료 주기** (Additional Physical Form Available Note) <O>R → 제3장 530필드 참조

533 **복제주기** (Reproduction Note) <A>R → 제3장 533필드 참조

534 **원본주기** (Original Version Note) <A>R → 제3장 534필드 참조

535 **원본/복제본의 소재 주기** (Location of Originals/Duplicates Note) <O>R → 제3장 535필드 참조

540 **이용과 복제 제한에 관한 주기** (Terms Governing Use and Reproduction Note) <O>R → 제3장 540필드 참조

541 **입수처 주기** (Immediate Source of Acquisition Note) <O>R →별책 541필드 참조

580 **연관저록 설명주기**(Linking Entry Complexity Note) <O>R → 별책 580필드 참조

581 **참조정보원 주기** (Publications About Described Materials Note) <O>R → 제3장 581필드 참조

585 **전시주기** (Exhibitions Note) <O>R → 제3장 585필드 참조

586 **수상주기** (Awards Note) <O>R → 제3장 586필드 참조

12. 주제명부출표목 (6XX)

600 **주제명부출표목–개인명** (Subject Added Entry–Personal Name) <A> R → 제3장 600필드 참조

610 **주제명부출표목–단체명**(Subject Aadded Entry–Corporate Name) <A>R → 제3장 610필드 참조

611 **주제명부출표목–회의명** (Subject Added Entry–Meeting Name) <A> R → 제3장 611필드 참조

630 **주제명부출표목–통일표제** (Subject Added Entry–Uniform Title) <A>R → 제3장 630필드 참조

650 **주제명부출표목–일반주제명** (Subject Added Entry–Topical Term)<A>R → 제3장 650필드 참조

651 **주제명부출표목–지명** (Subject Added Entry–Geographic Name) <A>R → 제3장 651필드 참조

653 **비통제주제명** (Index Term–Uncontrolled) <A>NR → 제3장 653필드 참조

654 **주제명부출표목–패싯 주제어** (Subject added entry–Faceted Topical terms) <A>R → 별책 654필드 참조

655 **색인어–장르/형식** (Index Term–Genre/Form) <O>R → 별책 655필드 참조

658 **색인어–교과과정 교재** (Index term–Curriculum Objective) <O>R → 별책 658필드 참조

13. 부출표목 (70X–75X)

700 **부출표목–개인명** (Added Entry–Personal Name) <A>R → 제3장 700필드 참조

710 **부출표목－단체명** (Added Entry－Corporate Name) <A>R → 제3장 710필드 참조

711 **부출표목－회의명**(Added Entry－Meeting Name) <A>R → 제3장 711필드 참조

730 **부출표목－통일표제** (Added Entry－Uniform Title) <A>R → 제3장 730필드 참조

740 **부출표목－본표제와 다르게 부출되는 표제** (Added Entry－Uncontrolled Related/Analytical Title) <A>R → 제3장 740필드 참조

752 **부출표목－계층적 지명** (Added Entry－Hierarchical Place Name) <O>R → 별책 752필드 참조

754 **부출표목－분류학명** (Added Entry－Taxonomic Identification) <O>R → 별책 754필드 참조

14. 연관저록 (76X－78X)

773 **기본자료저록** (Host Item Entry) <A>R → 별책 773필드 참조

776 **기타형태저록** (Additional Physical Form Entry) <O>R → 별책 776필드 참조

786 **데이터의 정보원 저록** (Data Source Entry) <A>R → 별책 786필드 참조

15. 총서부출표목－통일표제 (80X－830)

800 **총서부출표목－개인명** (Series Added Entry－Personal Name) <A>R → 별책 800필드 참조

810 **총서부출표목－단체명** (Series Added Entry－Corperate Name) <A>R → 별책 810필드 참조

811 **총서부출표목－회의명**(Series Added Entry－Meeting Name) <A>R → 별책 811필드 참조

830 **총서부출표목－통일총서표제** (Series added entry－Uniform title) <A>R → 별책 830필드 참조

16. 소장, 변형문자 등－일반정보 (Holdings, Alternate Graphics, etc.－General Information)(841－88X)

850 **소장기관** (Holding Institution) <O>R → 별책 850필드 참조

852 **소장위치** (Location) <O>R → 별책 852필드 참조

880 변형문자표시 (Alternate Graphic Representation) <A>R → 별책 880필드 참조

890 미입력문자표시 <A>NR → 별책 890필드 참조

17. 로컬필드 (9XX) → 별책의 9XX 해당 필드 참조

제7장 마이크로형태자료

7.1. 마이크로형태자료의 의의

마이크로형태(microform)자료는 도면, 지도, 기술자료, 문헌자료, 문서, 장부 등 대량의 각종 기록물을 고도로 축소 촬영하여 초미립자, 고해상력, 미소사진상을 갖게 필름화한 자료이다. 마이크로형태자료는 대량의 정보를 싼 값으로 축소하여 콤팩트(compact)하게 수용, 보관할 수 있을 뿐만 아니라, 훼손의 염려가 적고, 기계적인 처리도 쉬우며, 각종 자료를 필름에 촬영하여 이용하고자 하는 정보를 신속하게 검색과 전달, 배포할 수 있는 정보재라는 점에서 그 사용이 비교적 빠른 속도로 확장 보급되어 왔다. 마이크로형태자료의 개발로 인해 필요한 자료나 도면의 전면적인 마이크로필름화로 불필요한 자료를 폐기할 수 있어 종이재에 의한 정보의 홍수사태를 방지할 수 있게 되었고, 마이크로필름만으로 모든 정보를 수록하고, 관리, 이용할 수 있는 체계가 가능하게 되었으며, COM을 이용하여 마이크로화된 자료 자체를 컴퓨터와 연결하여 기계적으로 보관, 관리, 이용을 가능하게 하는 정보처리의 자동화를 실현시켰다.

마이크로형태자료가 도서관의 정보재로 쉽게 도입된 것은 정보의 기하급수적인 팽창으로 인한 종이재의 부피에 따른 보관을 위한 공간문제와 재료 자체의 수명문제, 그리고 관리와 이용의 편의성 등 종이재가 가진 많은 문제점을 해결해 주었다는 점 때문이다. 마이크로형태자료는 도서관 이외도 대량의 정보를 취급하는 정보기관이나 은행과 같이 많은 서류를 처리하는 공공기관의 문서관리에도 널리 이용되고 있다.

「마이크로형태자료가 도서관자료로 필요시되는 이유」

- 희귀본, 절판본, 사본, 공문서, 기술보고서(technical report), 특정영역의 정부간행물[190] 중에는 마이크로(micro)형태로만 생산된 것이 있다.
- 잡지나 책자형태에 비해 가격이 저렴하다.
- 연속간행물의 경우 제본이 불필요하고, 보관 및 관리비용이 경제적이다.
- 종이재의 제한적인 수명에 대한 대체가 가능하다.
- 보존이 용이하고, 소장공간이 경제적이다.
- 인쇄자료(hard-copy)에 대한 대체가 가능하고, 마이크로화된 복제(copy)본의 사용으로 귀중한 원본의 파손을 최소화한다.
- 안정된 가격으로 신속하게 다른 도서관의 이용자에게 배포할 수 있다.

마이크로형태자료의 역사는 기록하고 다시 이를 재현하는 데서부터 시작되었고, 이러한 과정을 보다 효율적으로 관리하고 이용하기 위한 방법으로 개발되어 왔다. 그렇기 때문에 역사의 사실적인 과정은 명료하지 못하다. 그 기원에 대해 C. Nelson은 그의 저서 『Microfilm Technology』에서 기원전 3000년경 문명의 발상지 니네베에서 육안으로 쉽게 읽을 수 없는 점토판이 발굴되었는데 이는 당시 사람들이 천연유리를 통해 확대하여 읽었던 것으로 보고, 이것을 최초라 하고 있다. 그러나 현대적인 의미의 마이크로형태자료의 시작은 사진술의 발전과 직접적으로 연결되어 있다. 1839년경 영국의 과학자 John Benjamin Dancer가 20인치의 문서를 ⅛ 화상(image)으로 축소하여 그것을 100배 현미경을 통하여 활용한 것이 최초의 이용이라 한다. 이후에 근거를 분명히 하고 있는 사실들은 1870년 보불전쟁 당시 포위된 불란서군이 정보를 외계에 보내기 위해 마이크로필름을 개발하여 비둘기에 실어 보낸 사실이 있고, 1906년 독일인 C. Schmidt와 Paul Otlet가 도서관의 목록카드 크기(7.5×12.5 cm)의 마이크로피시(microfiche)를 고안하였다. 1925년 New York의 Empire신탁은행의 행원 George

190) 세계최대의 미국정부인쇄국(Government Printing Office : GPO)은 1982년부터 해외의 기탁도서관에 대한 송부자료의 90%를 microfiche로 발간하였다.

L. McCarthy가 위조수표의 방지를 위해 마이크로필름을 사용하였다. 1928년 미국의 Kodak 사가 최초로 윤전식 카메라(Recordak model, 1-1)를 개발하였고, 1933년에는 신문용 마이크로필름카메라를 완성하게 되었다. 1935년 New York Times사는 신문의 마이크로필름화 계획을 진행시켰다. 1936년 미국도서관협회는 마이크로필름 시스템을 도서관사업으로 채택할 것을 결의하였고, 1943년 Langan이 아파추어 카드(aperture card)를 발명하여, 1950년대에 일반에게 보급하였다. 1959년 3M사가 특허를 획득하게 되었고, 1960년 ISO는 마이크로필름의 규격을 표준화하였다.

마이크로화를 위한 대상은 ① 문서, 기록류, 귀중서, 희귀서류, ② 신문, 잡지, ③ 서지, 목록, 색인 등의 2차자료, ④ 기타 통계자료, 특허자료, 각종 학회의 회의록, 정부기관의 기술보고서, 학위논문 등의 영구보존자료나 정보매체이다.

1) 특성

(a) 복사성: 사진촬영에서 원자료의 손상없이 정확하고 용이하게 복사할 수 있다. 인쇄형태로 복제를 다양화할 수 있고, 복제시간을 단축할 수 있다. 복사의 편의성으로 원자료의 영구보존과 복제경비를 최소화할 수 있게 되었다. 특히 필름에서 필름으로 복제가 용이하기 때문에 비교적 안정된 가격으로 복사된 마이크로필름을 열람봉사에 쉽게 이용할 수 있게 하였다.

(b) 축소성: 많은 부피의 자료를 99%까지 축소해서 수록할 수 있다. 축소성으로 인해 자료보관 공간과 운송비용을 절약할 수 있고, 특히 복제자료의 배포와 그 운반의 용이성으로 도서관간의 협력을 위한 상호대차를 쉽게 하였다. 축소로 인한 단점은 판독기(reader)에 의해서만 판독할 수 있고, 화면에 의한 판독으로 눈이 쉽게 피로해진다는 것이다.

(c) 정형성: 원자료의 크기나 형태에 상관없이 마이크로필름은 규격이 통일되어 있기 때문에 자료관리에 규격화가 용이하다. 자료를 수록한 마이크로필름 자체가 규격화되어 있으므로 전용 캐비닛의 사용, 자동출납 시스템, 자동검색 등 기계화가 용이하다. 정형성의 단점은 원자료의 크기나 형태, 지질 등을 확인할 수 없고, 자료가 모두 동일한 규격으로 되어 있기 때문에 배열에 착오가 있을 수 있다.

(d) 내구성: 마이크로필름의 보존을 위한 수명은 일반적인 은염(銀塩)필름은 100년, 근년에 개발된 마이크로필름을 금조색(金調色)한 것은 1,000년 이상으로 종이와 잉크에 의한 자

료의 수명에 비해 내구성이 강한 장점을 가지고 있다. 그러나 필름의 화면에 의한 보존이기 때문에 보관을 위한 세심한 주의가 필요하다.

2) 장 · 단점

「**장점**」

· 일반 종이자료가 차지하는 비중의 약 2%에 같은 양의 서류를 축소 보관할 수 있어, 보관을 위한 공간이 경제적이다.

· 작은 공간에 많은 자료를 보관할 수 있고, 기계적으로 자동검색할 수 있기 때문에 검색에 많은 시간이 절약된다.

· 일반자료의 분류, 보관, 이용에 소요되는 인력의 최소화로 인건비가 절약된다.

· 자료의 관리가 기계적으로 처리되기 때문에 훼손이나 분실을 최소화할 수 있고, 복제 필름의 사용은 원자료의 영구보존을 가능하게 한다.

· 원본자료의 크기에 관계없이 모든 자료가 규격화됨으로써 처리가 간편하다.

· 정보를 수록한 필름이 최소로 축소되어 있어 부피가 적기 때문에 적은 비용으로 복제와 배포가 가능하다.

· 필름에 기록된 자체의 정보를 컴퓨터에서 직접 활용이 가능하기 때문에 검색에서부터 관리에 이르는 모든 과정이 기계화되어 자동적으로 처리될 수 있다.

「**단점**」

· 육안판독이 불가능하다.

· 비교나 대조가 곤란하다.

· 과실로 원본이 폐기되었을 경우 기록의 완전소멸을 초래할 수 있다.

· 현상처리나 보관조건이 불량할 때는 화상(image)이 퇴색 또는 소멸될 수도 있다.

· 인쇄자료를 축소화한 것일 때는 필름자료만으로 원자료의 서지를 확인할 수 없다.

· 화면에 의한 판독으로 눈이 쉽게 피로해진다.

7.2. 마이크로형태자료의 종류

7.2.1. 화상(畵狀)별

(1) 음화(negative)

음화는 건판(乾板)에 감광(感光)작용으로 나타난 화상으로 좌우가 바뀌고 명암이 실물과는 반대이다. 이는 복사를 위한 원판으로 주로 사용된다.

(2) 양화(positive)

양화는 음화를 인화지(film)에 박힌 사진으로 실물과 명암, 흑백이 똑같이 나타난다. 이는 판독기(reader)를 통해 읽기 위한 자료로 이용된다.

7.2.2. 축소율별

축소율에 대한 마이크로필름의 종류는 자료에 따라 차이가 있다.[191]

「AACR2의 축률」

(a) 저축률(低縮率 : Low reduction: LR): 16x 미만－칼라미술이나 귀중서 용으로 주로 사용.

(b) 고축률(高縮率 : High reduction: HR): 30x에서 60x까지－COM기호숫자출력분야, 신기술보고서분야에 주로 사용.

(c) 초축률(超縮率 : Very high reduction: VHR): 61x에서 90x까지－단행본자료에 주로 사용.

(d) 극초축률(極超縮率 : Ultra high reduction: UR): 91x 이상－전산기도형출력분야에 주로 사용.

「W. D. Crew 1972의 축률」[192]

(a) 저축률(Low Reducation: LR): 14.9x 미만

(b) 중축률(Medium Reduction: MR): 15x에서 30.9x까지

(c) 고축률(High Reduction: HR): 31x에서 60.9까지

---

191) Low : 15x coma, 직선비 $^1/_{15}$이라는 표시이다. Medium: 30x coma. High: 60x coma. Very high: 90x coma. Ultra high: 90x coma 이상

192) 日本圖書館協會 資料組織化便覽編集委員會 編, **資料組織化便覽** (東京: 日本圖書館協會, 1975), 221.

(d) 초축률(Very High Reduction : VHR): 61x에서 100.9x까지

(e) 극초축률(Ultra High Reduction : UR): 101x 이상

* 약자기호는 ANSI(American National Standard Institution)에서 부여한 부호이다.

7.2.3. 형태별

(1) 롤 필름(roll film)

롤 필름은 가장 전통적인 마이크로필름의 대표적인 것이다. 필름의 길이는 보통 100 ft(30.5 m)로 직선적인 마이크로자료를 촬영한 것이고, 직경은 약 10 cm의 릴이나 카트리지, 카세트에 보관되어 있다. 롤 필름은 폭에 따라 16 mm, 35 mm, 70 mm, 105 mm 등이 있으나, 도서관의 문헌용으로 사용되는 것은 35 mm 필름이 많다. 35 mm 필름은 비교적 큰 자료인 대형도면, 문서, 신문 등의 기록에 사용되고, 16 mm 필름은 소형자료인 일반문서, 전표, 수표, 증권 등의 기록에 주로 사용된다. 35 mm의 경우 1 프레임(frame)의 표준크기는 32×42 m로 1권(reel) 30.5 m의 필름에 약 640프레임(frame)의 수록이 가능하다. 신문의 경우 1프레임에 1면의 촬영이 가능하기 때문에 1권(roll)에 1개월분 이상이 수록될 수 있고, 또한 1코마(coma)의 크기를 반분해서 도서 2면(page)을 촬영할 수 있어 책의 경우는 1권(roll)에 약 2,500 면(page)을 수록할 수 있다.

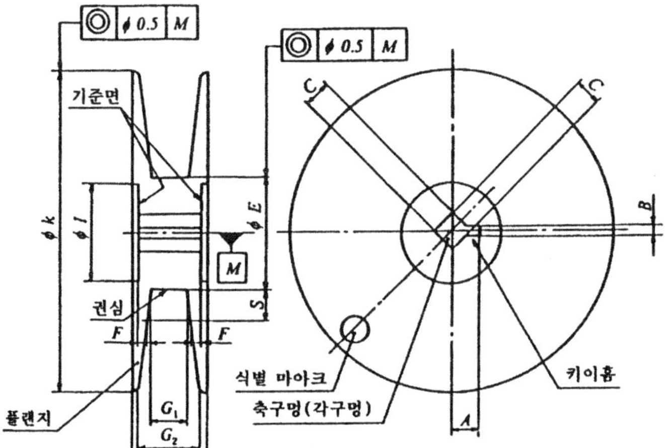

<7-1. 마이크로필름 롤의 구조>

롤 필름의 최대의 장점은 대량의 정보가 1권의 필름에 수록될 수 있고, 롤 필름 내의 순서가 고정되어 있기 때문에 내용의 정확성을 유지할 수 있으며, 다른 종류의 마이크로자료에 비해 제작이나 유지에 경비가 적게 든다. 또한 롤의 단위가 크고 중량이 있기 때문에 도서관에서 자료를 조직하는 데 수작업으로도 간단하고 쉽게 처리할 수 있다. 단점으로는 양이 적은 복수자료가 함께 수록되기 때문에 열람성의 결여로 검색이 불편하고, 부분적인 정정이나 가제가 곤란하다는 점이다.

(2) 스트립 필름(strip film)

스트립 필름은 롤 필름의 단점을 보완하기 위한 형태로 고안된 것인데 필름을 20-30 cm 정도의 일정한 길이로 절단하여 필름 폴더(film folder)에 1본(本)씩 삽입하여 이용할 수 있게 한 것이다. 이는 전술한 롤 필름에 수록된 단편자료의 혼합 저장에서 오는 열람성의 결여에 대한 단점을 보완하는 측면에서 제작된 것이다. 스트립 필름은 보통 35 mm 카메라용 필름을 현상한 후에 사진관에서 제공하는 폴더(folder)에 넣어 사용할 수 있기 때문에 개인용 자료로도 많이 이용된다.

이 필름의 장점은 내용의 추가, 정정, 교체가 용이하고, 필요한 정보만을 발췌하여 이용할 수 있으며 또한 폴더에 보관되기 때문에 필름에 지문이나 기타 오손을 방지할 수 있다. 반면 단점으로는 일부 분실이나 분산될 가능성이 많고, 필름의 착오가 날 가능성이 많기 때문에 보존용으로는 부적합하며, 동일 자료의 대량생산에 비용이 많이 든다.

(3) 필름 자켓(film jacket)

필름 자켓은 스트립필름을 일정한 규격의 투명한 플라스틱 케이스(plastic case)에 삽입한 형태이다. 필름 자켓은 필름을 자켓의 크기인 15 cm나 12 cm 정도의 길이로 절단하여 자켓에 설치되어 있는 플라스틱 케이스에 필름내용의 순서별로 보관하는 형태이다. 이를 일명 'microfilm magazine'이라고도 한다.

이는 스트립필름과 거의 같은 장단점을 가지고 있으며 카드와 같이 다룰 수 있고, 플라스틱 케이스에 보관되므로 직접적인 손상이 방지된다는 장점이 있다. 또한 자켓 상단에 8-9 mm의 여백이 있어 여기에 검색어를 포함한 서지적인 사항을 기술할 수 있고, 이를 통해 육안으로도 자료에 포함된 내용을 확인할 수 있어 그 식별이 가능하다는 것이다. 자켓의 표준적인 크기는 103×152 mm(4×6 inch)와 86×127 mm(3×5 inch)이다.

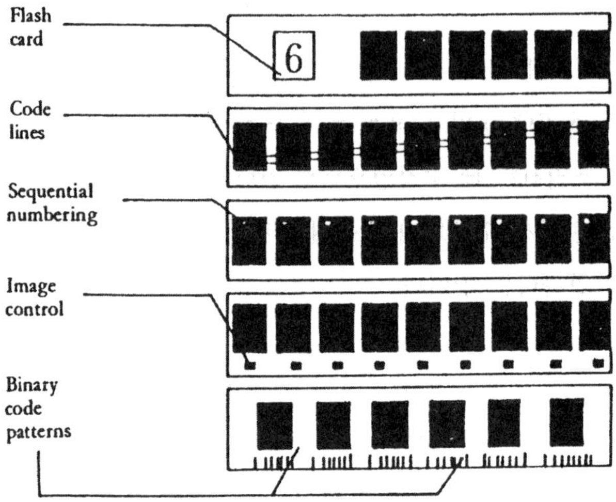

<7-2. 마이크로필름 자켓>

(4) 아파추어 카드(aperture card)

Aperture라는 말은 구멍, 틈이란 뜻을 가지고 있다. 카드 우측 중간 일부를 절취하여 낸 창에 롤 필름을 절단한 필름 프레임(film frame)을 고정한 것이다. 대지인 카드의 크기는 기계검색용 펀치카드(punch card)인 $3\frac{1}{4}\times7\frac{1}{8}$인치의 것이 제일 많이 보급되어 있다. 아파추어 카드의 크기는 35 mm 필름의 한 프레임(1 frame) 크기가 보통이고, 16 mm 필름을 사용해서 4프레임이나 8프레임을 수용하기도 한다. 대지인 카드의 여백은 기계검색용 펀치카드로 이용하기도 하고, 서지적인 사항 등 검색과 식별에 필요한 기술사항을 기록하여 사용하기도 한다.

아파추어 카드는 한두 면으로 독립된 도면자료나 특허자료 등의 수록과 관리에 적합한 기록재이다. 주로 수록되는 자료는 도면관리실에서 대형 낱장도면의 정리에 많이 활용되고 있다.

아파추어카드의 장점은 카드 1매가 한 단위의 자료로 독립되어 있기 때문에 원자료의 크고 작음에 상관없이 그 취급이 편리하고, 외부색인 또는 검색어가 펀치(punch)되어 있거나 기술되어 있기 때문에 수작업과 기계적인 관리가 동시에 가능하다. 그러나 단점은 자료를 제작하는 데 경비가 많이 들고, 면수가 적은 자료에만 사용 가능하다는 것이다.

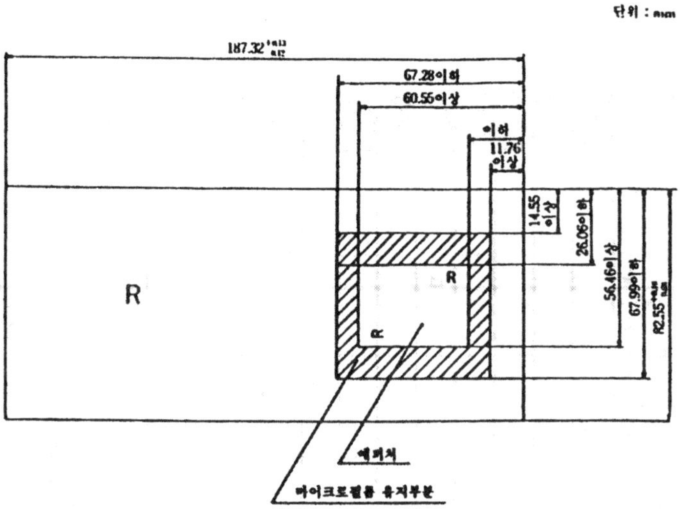

<7-3. 아파추어 카드 구조>

(5) 마이크로피시(microfiche)

Fiche란 말은 불어로 'sheet of paper'라는 의미로 시트(sheet)형태의 마이크로필름을 말한다. 마이크로피시는 일정한 규격의 투명한 시트 필름(sheet film)에 바둑판 모양으로 마이크로 사진상을 촬영 또는 밀착 인화하여 배열한 형태의 필름이다. 이는 1매의 시트로 된 필름에 마이크로화상을 촬영하여 화상의 보호를 위해 1매씩 플라스틱봉투에 넣어 보관한 것이다. 마이크로피시의 크기는 도서관 목록카드의 크기 만한 것에서부터 다양한 종류가 있지만 현재 주로 쓰이고 있는 크기는 4×6 inch(105×148.75 mm)의 것이 세계적인 표준규격으로 주류를 이루고 있고, 이 외에도 75×125 mm[193]와 3.25×7.355 inch[194]의 것도 있다. 1매의 피시(fiche)에 수록되는 프레임(frame)수는 60프레임(5단(row)×12열(column))과 98프레임(7단×14열)이 많으며 206프레임도 있다. COM[195]으로 된 피시(fiche)는 270프레임과 420프레임의 규격으로 되어 있고, 또한 울트라피시(ultrafiche)는 3,000프레임과 5,000프레임으로 되어 있다.

마이크로피시의 용도는 학술논문, 문서, 카탈로그, 도면, 지도 등에 주로 사용되며, 현재 도서관에서 마이크로형태자료의 주류를 이루고 있다. 마이크로피시는 표식공간(header)이

---

193) 도서관에서 정리용으로 사용하고 있는 목록카드 크기.

194) IBM의 punch card와 동일한 크기와 형태.

195) COM은 Computer-output-microfilm or fiche의 약자.

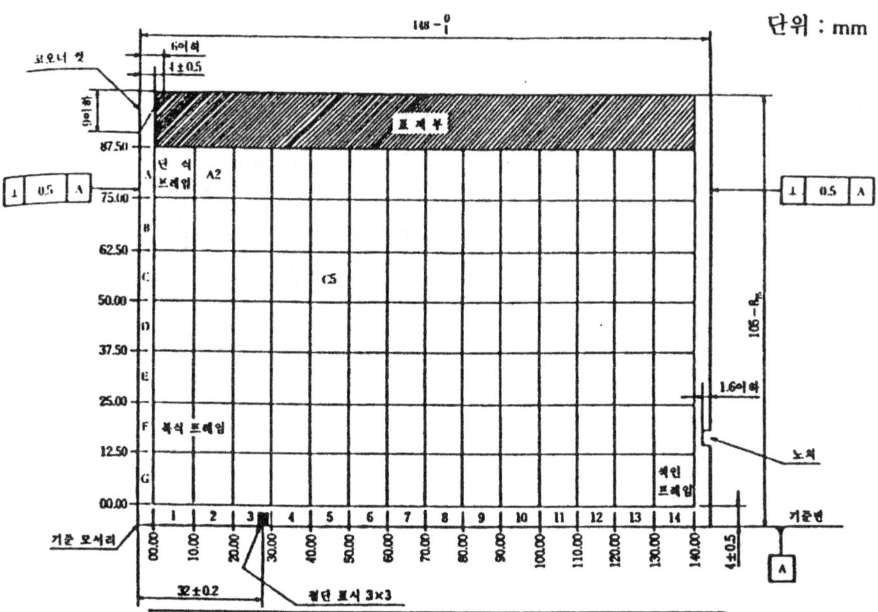

	프레임 수	세로줄 수	가로줄 수
단식 프레임	98	14	7
복식 프레임	49	7	7

<7-4. 마이크로피시 구조>

있어 개개의 마이크로피시를 육안으로 식별할 수 있게 표제를 포함한 기술사항을 큰 글자체로 표시하고 있다. 표식공간에는 좌측으로부터 식별기호영역, 서지기술영역, 계속영역으로 대개 3구분으로 되어 있다. 식별기호영역에는 ISSN, ISBN, 분류번호, 발행자번호 등 자료간의 식별을 위한 사항을 기재하고, 서지기술사항 영역에는 서명, 저자명, 판차, 발행지, 발행자, 발행년, 권수, 면수 등의 서지적인 기술사항 등이 기재되어 있으며, 계속영역에는 마이크로피시의 순서번호가 기재되어 있다.

마이크로피시의 장점은 ① 한 종류의 자료가 1매 내지 수매의 피시(fiche)에 수록됨으로써 자료단위의 취급이 용이하고, ② 롤(roll)에서 사용되는 권(reel)이 필요 없고 판독기(reader)의 세트(set)로 쉽게 이용할 수 있다. ③ 피시(fiche) 상단(header)의 서지적인 사항을 육안으로 읽을 수 있어 검색이나 취급이 쉽도록 되어 있다. ④ 복수의 프레임이 평면적으로 배열되어 있기 때문에 좌표축을 통하여 목적하는 프레임을 쉽게 검색할 수 있다. ⑤ 마지막 프레임을 색인프레임(index frame)으로 이용할 수 있다. ⑥ 신속한 복제가 가능하고 비용이 저렴하다. ⑦ 우송이 용이하고, 송료가 적게 든다.

마이크로피시의 단점은 피시가 얇기 때문에 많은 것을 취급할 때 완전분실이나 일부 분실의 염려가 있다.

(6) 마이크로오패크(micro opaques)

마이크로 오패크는 마이크로피시와 비슷하지만, 필름 대신에 사진 인화지와 같은 불투명한 카드로 양면에 수록할 수 있도록 되어 있다. 그 종류로는 마이크로카드(micro card)(3×5 inch, 4×6 inch, 5×8 inch, 6×9 inch)와 마이크로프린트(micro print)(6×9 inch), 그리고 마이크로렉스(microlex)($6\frac{1}{2} \times 8\frac{1}{2}$ inch)가 있다.

이들의 형태는 여러 부분으로 복제하는 것이 가능하며, 과거에는 대량으로 배포하였지만 화상이 선명하지 못한 단점 때문에 현재는 fiche로 대치되고 있다.

7.2.4. 화상의 배열별

(a) 시네방식(cine mode)

(b) 코믹방식(comic mode)

(c) 듀오방식(duo mode)

(d) 듀플렉스방식(duplex mode)

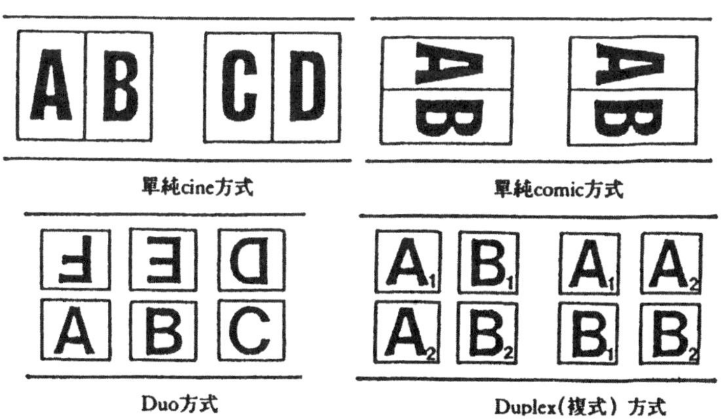

<7-5. 화상의 배열>

이들 방식 중 일반적으로 많이 사용되는 방식은 수평형의 코믹방식(comic mode)으로 도서관자료에도 주로 이용되는 방식이다. 듀오방식과 듀플렉스방식은 은행수표나 서류, 우편기록 등에 주로 사용되고, 도서관자료용으로 사용되는 예는 극히 드물다.

7.3. 마이크로시스템(Microsystem) 기기

마이크로필름자료의 기자재류는 이용을 위한 것 뿐 아니라 도서관에서도 자체생산이 가능하기 때문에 생산을 위한 기자재에 대한 지식도 갖추고 있어야 한다. 자체생산과 이용을 위한 기자재류는 다음과 같이 3가지로 구분하여 생각해 볼 수 있다.

1) 입력기기(input)

입력기기로는 마이크로필름카메라(Microfilm camera)를 들 수 있는데 카메라는 마이크로필름화할 대상자료의 크기와 사용목적에 따라 모델을 결정해야 한다. 자료관에서 사용되는 모델은 다음과 같은 것들이 있다.

(a) 평상식 카메라(planetary camera, plat bed camera): 피사체를 평상에 두고 촬영하는 일반적인 카메라이다. 축율, 조명이 용이하고, 도서, 신문 등의 마이크로화에 용이하다. 롤 필름(roll film)용과 아파추어 카드(aperture card) 겸용이 있다.

(b) 축받이 및 반복카메라(step & repeat camera): 마이크로피시(microfiche) 전용 카메라로 시트의 필름면에 행을 바꾸어 촬영한다.

(c) 윤전식카메라: 피사체를 이동해서 촬영한다. 촬영속도가 빨라 사무용전표, 은행용전표, 도서카드의 마이크로화에 적당하다.

(d) COM카메라: 컴퓨터의 축력기기를 이용하여 디지털정보를 문자정보로 바꾸어 분당 10,000행의 고속으로 필름에 촬영하는 카메라이다.

2) 가공기기

촬영된 필름을 실제에 이용할 수 있도록 가공하는 단계에서 필요한 기기는 다음과 같다.

(a) 현상기(microfilm processor): 현상기는 수동식, 반자동식, 자동식이 있는데 이들은 가격차이가 많기 때문에 경제성과 겸용성, 장래의 업무량을 고려해서 결정해야 한다.

(b) 복제기(duplicator): 복제기는 업무의 양과 질, 또는 필름의 형태에 따라 결정해야 한다. 종류는 롤 필름(roll film)용, 아파추어 카드(aperture card)용, 마이크로피시(microfiche)용이 있다. 이들은 다시 복제의 양에 따라 많은 양의 생산에 비중을 두는 생산형과 편이에 중점을 두는 편의형이 있다. 마이크로필름의 복제조건에는 1 mm에 몇 개의 선을 판독할 수 있는지를

표현한 해상력(解像力)과 흑과 백의 비율을 표현한 농도비(濃度比 : 간마치), 그리고 화상의 변색 등의 내구성 등을 고려해야 한다.

(c) 검사용 기기: 검사용 기기는 현상된 마이크로필름을 검사하는 장비이다. 종류는 광학 밀도계(densitometer), 검사기(inspector) 등이 있다.

(d) 편집용 기기: 이는 촬영된 롤 필름(roll film)을 자켓(jacket)화하거나 아파추어 카드(aperture card)화할 때 이용되는 장비이다. 종류는 카드표구기(card mountor), 삽입기(insertor) 등이 있다.

3) 판독 및 출력기기

기종은 읽기(판독)만을 위한 판독기(reader : microfilm reader)와 판독과 복사가 함께 되는 판독복사기(reader printer)가 있다. 판독기에는 한 가지 기능만 하는 롤 필름용, 마이크로카드용, 마이크로피시용, 아파추어 카드용이 있고, 이들 자료 중 2종 이상을 판독할 수 있는 다기능용이 있다. 해당 도서관이 소장한 자료의 종류에 따라 한 가지 기능을 위한 판독기를 중심으로 충분한 양을 구비하여 적은 경비로 많은 사람이 동시에 이용할 수 있게 하고, 다기능용 판독기나 판독복사기(reader printer)는 가격이 고가이기 때문에 복사가 필요한 경우에만 공동으로 사용할 수 있도록 최소량만 비치해도 된다. 기종은 마이크로자료의 형태별과 축소정도에 따른 모든 자료의 판독이 가능한 것이 좋으나 울트라피시(ultra fiche) 판독기는 고가이기 때문에 예산의 경제성을 고려하여 필요한 기종으로 선택하는 것도 바람직하다. 특히 판독복사기의 경우는 복사의 단가(소모품가격), 품질의 안정성, 복사속도 등을 참작하여 선택해야 한다. 기종은 화면의 선명도가 우수해야 하고, 조작이 간편하고 쉬워야 한다.

종류는 판독기(reader), 판독과 복사기 겸용(reader printer), 확대복사기(enlager printer) 등이 있다. 최근에는 입력, 가공, 출력이 동시에 되는 COM시스템을 사용하는데, 이는 컴퓨터의 마그네틱 테이프로부터 직접 처리된 결과를 마이크로필름에 출력하는 것으로 종이 출력에 비해 처리속도가 빠르고 경제적이다.

7.4. 마이크로형태자료의 관리

1) 선택

마이크로형태자료를 입수할 때에는 철저한 검사과정을 거쳐 완전한 자료가 선택되도록 해야 한다.

「선택시 점검사항」

- 낙장 여부, 면수 매김의 오차여부
- 문자나 기호의 선명도 및 화상의 농도 정도
- 필름면의 미세한 상처, 지문이나 오염물질에 의한 문자나 기호의 손상여부
- 화상위치의 정확성
- 시험도표 유무
- 검색용 코드의 유무와 정확한 검색동작 확인
- 원문헌의 사진(칼라)에 대한 정확한 표현 등을 확인해야 한다.

2) 등록

마이크로형태자료의 등록은 회계적인 증빙자료가 되고, 자료의 관리를 위한 가장 으뜸되는 근거를 제시해야 하기 때문에 가능한 한 상세히 기재해야 한다.

「등록원부에 기재될 기본적인 사항」

(a) 등록번호
(b) 표제
(c) 저자(책임)표시
(d) 제작사항(발행자, 발행년)
(e) 규격(마이크로필름자료의 종별)
(f) 수입선(구입, 기증, 위탁 등)
(g) 가격
(h) 수입연월일
(i) 함가번호(서가번호, 청구번호)
(j) 비고

자료가 많지 않은 도서관에서는 자료의 형태별에 상관하지 않고 하나의 등록대장에 함께 등록하고, 형태에 따른 종별표시로 구분되게 한다. 그러나 마이크로형태자료를 대량으로

취급하는 도서관에서는 자료의 형태별에 따른 등록대장을 각각 구분해서 등록하는 것도 바람직하다.

3) 취급과 보관

마이크로형태자료는 그 취급에 세심한 주의가 필요하다. 마이크로형태자료의 보관을 위한 온도는 20℃정도, 상대습도는 최저 15-30%, 최고 60%까지를 유지해야 한다. 취급장소는 먼지, 오물 등이 많은 곳이나 악성가스 및 증기가 발생하는 장소, 위험한 곳을 피해야 한다. 필름취급자는 면장갑을 착용하고, 날카로운 물건과의 접촉을 막아 필름 면에 손상을 주지 말아야 하며, 취급 후 지문이 남지 않도록 해야 한다. 직사광선에 노출되지 않는 장소에 보관해야 한다.

보관용기는 개방식용기, 밀폐식용기, 그리고 밀봉식용기가 사용되는데, 개방식용기는 마이크로필름 자켓(microfilm jacket), 마이크로피시(microfiche), 아파추어 카드(aperture card) 등 주로 이용중심의 단기 보관자료에 사용되고, 밀폐식용기는 필름의 공기 접촉에서 오는 물리, 화학적 손상을 방지하고, 장기보존을 목적으로 한 자료에 사용된다. 용기는 알미늄통이나 플라스틱통이 많다. 밀봉식용기는 공기 접촉이 완전히 차단되는 용기에 보관하고, 2년에 한 번 정도 관리상태만 체크한다. 밀봉식용기는 이용보다 보존에 목적을 둔 영구적인 자료의 보관에 사용된다.

「**필름의 종류별 관리방법**」

(a) 롤 필름(roll film): 롤 필름은 플라스틱 릴에 감아 금속통(can)에 넣어 상자에 보관한다. 이때 상자에는 자료명, roll의 번호, 자료의 청구번호, 내용색인, 촬영년월일 등을 기재한다. 롤 필름의 상자는 자료의 청구번호순으로 전용캐비닛에 보관한다.

(b) 필름 자켓(film jacket): 필름 자켓은 서랍에 수직으로 세워서 마이크로필름 자켓에 기재된 청구번호순으로 보관한다. 보관되는 서랍에는 색깔로 된 표제 안내표, 청구번호 안내표, 대출 안내표 등을 꽂아 그 위치를 쉽게 알아볼 수 있도록 한다. 서랍전면에는 서랍의 번호와 소장된 자료의 표시를 하고, 서랍의 번호순으로 캐비닛에 배열한다.

(c) 아파추어 카드(aperture card): 아파추어 카드자료는 필름 자켓과 동일한 방법으로

보관하되 안내표나 캐비닛은 아파추어 카드 전용을 사용해야 한다.

(d) 마이크로피시(microfiche): 마이크로피시자료는 마이크로피시전용 안내표와 캐비닛을 사용하여 필름 자켓과 동일한 방법으로 보관한다.

7.5. 마이크로형태자료의 분류

마이크로형태자료의 분류는 전술한 영상자료의 분류체계와 같이 수입순에 의한 고정식배가법과 단행본과 같은 분류체계에 의한 상관식배가법으로 생각해 볼 수 있다. 어떤 형태의 배가방법이든 마이크로형태자료는 자료를 형성하고 있는 서지적인 형태가 그 종류에 따라 특색이 분명히 구별되어 있기 때문에 형태별에 따른 별치기호가 주어져야 한다. 별치기호의 구성은 마이크로형태에 대한 공통되는 기호를 먼저 주고, 다음에 자료의 형태적인 특성이 고려된 기호로 구성해야 한다.

마이크로형태자료종별명	별치기호
마이크로폼(microform)	NA
마이크로필름 릴(microfilm reel)	NR
스트립 필름(strip film)	NS
필름 자켓(film jacket)	NK
아파추어 카드(aperture card)	NC
마이크로피시(microfiche)	NF
마이크로오패크(microopaque)	NO

별치기호는 공통부호와 자료별부호를 각각 한 문자로 하여 2자로 구성하였다. 필름과 녹화자료의 공통부호로는 소재기호를 'N'으로 하고, 각 자료의 형태별에 따른 별치기호는 형태별명칭에서 적당한 문자를 선정하였다. 이때 각 자료의 형태별 별치기호도 동일한 명칭이나 용기인 경우는 같은 문자로 연계성을 갖게 해야 한다. 별치기호에 의한 배열은 먼저 공통자료순으로 모으고, 다음에 형태별로 구분배열되게 한다.

고정식배가법은 주어진 별치기호 내에서 수입순 번호를 주어 자료가 입수되는 순서대로 서가에 배열되게 한 것이다. 이때 모든 자료에 대한 검색은 목록에 의존해야 하고, 특히 주제별에 의한 목록을 작성하여 자료가 담고 있는 주제에 의해서도 검색되게 해야 한다. 고정식배가법은 자료의 보존을 위한 관리적인 측면에서는 장점이 많으나 자료를 활용하는 데는 모든 자료를 검색과정을 거쳐야 한다는 단점이 있다.

상관식배가법은 별치기호에 필름내용이 담고 있는 주제별 분류번호를 주어 같은 별치기호 내에서 분류번호순으로 자료가 배열되게 한 것이다. 이 방법은 단행본자료의 서가분류법과 동일한 방법으로 분류체계는 해당 도서관이 사용하고 있는 분류체계에 의하는 것이 좋다. 이 배가법은 마이크로형태자료의 부피나 형태의 축소화된 특성 때문에 자료명이나 청구기호를 확인하는 데 불편이 많아 배열과 검색에 어려움이 따르기도 한다. 그러나 도서관의 모든 자료가 동일한 분류체계로 정리되기 때문에 분류순목록에서 동일 주제의 전체자료가 한 곳에서 검색될 수 있다는 장점이 있다.

7.6. 마이크로형태자료의 목록

7.6.1. 마이크로형태자료 목록의 의의

마이크로형태자료는 영상자료라는 점에서 영화자료와 동일한 성격이지만 수록되는 내용은 도서, 잡지, 도면, 지도, 기타형태의 인쇄자료를 축소하여 정지된 화면을 통해 이용할 수 있게 한 점에서 차이가 있다. 그러므로 마이크로형태자료의 목록은 발행사항과 형태사항에서 영화자료와 유사한 자료 자체의 기술사항으로 목록하지만 그 외의 표제와 책임표시사항을 비롯한 제반 사항은 마이크로화의 대상이 된 원자료의 기술원칙에 준해 목록한다.

1) 목록의 종류

- 저자명목록: 저자, 편자, 역자, 평주자, 작곡자, 화가, 삽도자 등
- 표제(서명)목록: 본표제, 대등표제, 별표제, 원표제, 번역표제, 부표제, 편제 등
- 주제명목록: 인명, 단체명, 지명 등
- 분류목록: 분류체계에 의한 조직일 때 해당 분류번호

2) 정보원

마이크로형태자료의 으뜸정보원은 표제화면으로 하지만 자료의 형태별에 따른 차이가 있다. 이들 정보원에 따른 우선순위를 다음과 같이 제시하였다.

「**정보원의 우선순위**」(KR4.10.0.3.1;A2.11.0B1)

· 자료자체

마이크로필름(microfilm).............표제화면(title frame)

아파추어 카드(aperture card).....표제카드(1조로 된 것)

......카드자체(단매로 된 것)

마이크로피시(microfiche)............표제화면(title frame)

............헤더(title frame이 없는 것)

마이크로오패크(microopaque)....표제화면(title frame)

....헤더(title frame이 없는 것)

*헤더(header): fiche나 opaque의 머리부분에 인쇄된 눈으로 볼 수 있는 정보원

마이크로자료의 기타 부분 ← 카세트, 카트리지

· 용기(눈으로 볼 수 있는 용기의 정보)

· 딸림자료(눈으로 볼 수 있는 딸림자료의 정보)

· 모든 정보원

「**사항별 정보원**」(K4.10.0.3.2;A2.11.0B2)

· 표제와 책임표시사항 : 표제화면, 헤더

· 판사항 : 표제화면, 헤더, 마이크로자료의 기타부분, 딸림자료, 용기

· 지도자료, 악보, 연속간행물에 고유한 데이터 : 표제화면, 헤더, 마이크로자료의 기타부분, 딸림자료, 용기

· 발행, 배포 등 사항 : 표제화면, 헤더, 마이크로자료의 기타부분, 딸림자료, 용기

· 형태사항 : 자료 자체

· 시리즈사항 : 표제화면, 헤더, 마이크로자료의 기타부분, 딸림자료, 용기

· 주기사항 : 모든 정보원

· 표준번호. 구득조건 등 : 모든 정보원

7.6.2. KORMARC: 마이크로형태자료

마이크로형태자료의 KORMARC은 자료의 형태에 따라 단행본과 연속간행물로 구분하여 해당 사항의 목록규칙을 적용해야 한다.

1. KORMARC의 설계원칙 → 별책 리더(leader) 참조
2. 리더(Leader) 〈M〉NR → 별책 리더(leader) 참조
3. 디렉토리(Directory) 〈M〉 NR → 별책 디렉토리(directory) 참조
4. 제어필드(00X)

001 **제어번호**(Control number) <M>NR → 별책 001필드 참조

003 **제어번호 식별기호**(Control number identifier) <M>NR → 별책 003필드 참조

006 **부호화정보필드－부가적 자료특성**(Fixed-Length Data Elements－Additional Material Characteristics) <A>R → 제3장의 006필드 참조

007 **형태기술필드**(Physical description fixed field－General information) <O>R

마이크로형태자료의 007필드는 첫 번째 1자리 00은 자료범주표시를 h로 하고, 01-12자리까지 모두 13자리의 고정길이 필드로 구성하였다. 다음은 마이크로형태자료의 형태기술필드를 도식화한 것이다.

자수위치	자리	데이터명	데 이 터 요 소
00	1	자료범주표시	h－마이크로자료.
01	1	특정자료종별	a－마파추어 카드. b－마이크로필름 카트리지. c－마이크로필름 카세트. d－마이크로필름 릴. e－마이크로피시. f－마이크로피시 카세트. g－마이크로오파크. u－자료를 특정화하지 않음. z－기타. ㅣ－부호화 않음.
02	1	미정의	ƀ－빈칸.
03	1	감광상태	a－양화. b－음화. m－양화, 음화 혼합. u－미상. ㅣ－부호화 않음.
04	1	규격	u－미상. z－기타. ㅣ－부호화 않음. 마이크로필름: a－8 mm. d－16 mm. f－35 mm. g－70 mm. h－105 mm 마이크로피시, 마이크로오파크: l－3×5 in. 또는 8×13 cm. m－4×6 in. 또는 11×15 cm. o－6×9 in. 또는 16×23 cm 아파추어카드: p－3¼×7⅜ in. 또는 9×19 cm

05	1	축소비율의 범위	a－저축소율(16:1이하). b－정상축소율(16:1-30:1까지). c－고밀도 축소율(31:1-60:1까지). d－최고밀도 축소율(61:1-90:1). e－초고밀도 축소율(90:1이상). u－미상. v－다양한 축소율(한 자료가 둘 이상의 축소율일 때) |－부호화 않음.
06-08	3	축소비율[196]	구체적인 축소비율은 /05(축소비율의 범위)가 e일 때와 초고밀도가 아닌 경우는 기본적인 축소율보다 작은 경우 기록. 15분의 1은 '015', 72분의 1은 '072' 축소비율을 알 수 없는 경우 '03-', '7--', '---'
09	1	색채	b－흑백. c－천연색(2색 이상). m－혼합(흑백과 천연색). u－미상. z－기타. |－부호화 않음.
10	1	감광유제	a－Silver halide. b－디아조(Diazo). c－Vesicular. m－혼합. n－적용불가. u－미상. z－기타 |－부호화 않음.
11	1	복제단계	a－제1세대(마스터: COM레코드 마스터 혹은 카메라 필름). b－복재용 마스터(인쇄물의 마스터). c－이용제공용(다른 마이크로자료로부터 재생된 마이크로 자료(마이크로 오팩크)). m－혼합(혼합생성물). u－미상. |－부호화 않음.
12	1	필름의 기본재료	a－미확인 안전체. c－아세테이트 미확인 안전체. d－디아세테이트 안전체. i－질산염체. m－질산안전 혼합체. n－적용불가. p－폴리에스트 안전체. r－혼합 안전체. t－트리아세테이트 안전체. u－미상. z－기타. |－부호화 않음.

「마이크로형태자료의 형태기술필드 예」

표시기호
00(1자리: **자료범주표시**): h－마이크로형태자료
01(1자리: **특정자료표시**: SMD): e－마이크로피시
02(1자리: **미정의**): b̸－빈칸
03(1자리: **감광상태**): a－양화
04(1자리: **규격**): f－35 mm

007 heb̸afa072bmaa

12(1자리: **필름의 기본재료**): a－미확인 안전체
11(1자리: **복제단계**): a－COM(COM레코드 마스터 혹은 카메라 필름)
10(1자리: **감광유제**): m－혼합
09(1자리: **색채**): b－흑백
06-08(1자리: **축소비율**): 072
05(1자리: **축소비율의 범위**): a－저축소율(16:1이하)

008 부호화정보필드(fixed-length data elements) <M>NR → 별책 008필드 참조

마이크로형태자료의 008필드는 도서(BK)를 제시하였다. 이 필드는 레코드 전반과 서지적인 특성에 대한 정보를 데이터관리와 검색에 편리하도록 부호화하여 나타낸 40자리의 고정

196) 마이크로형태자료 한 면이 원본의 몇 배 축소인가를 3자리로 표시한다. 구체적인 축소비율은 007/05(축소비율의 범위)가 e일 때 기록하고, 초고밀도가 아닌 경우는 기본적인 축소율보다 작은 경우 기록한다. 축소비율은 0으로 시작하여 한 면이 30분의 1은 '030', 72분의 1은 '072'로 기술하고, 좌측빈자리는 '0'으로 채운다. 축소비율을 알 수 없는 부분은 하이픈(-)으로 '03-', '1--', '---'과 같이 세 자리를 채운다.

장필드로 다음의 표를 적용하여 작성한다.

자수 위치	자리	데이터명	데 이 터 요 소
00-05	6	입력일자	최초입력일을 YYMMDD형식으로 기재(자동생성).
06	1	발행년유형	발행년유형에 나타난 문자부호.
07-10	4	발행년 1	발행년유형에 지시된 연도.
11-14	4	발행년 2	발행년유형에 지시된 연도.
15-17	3	발행국명	'부속서 1 발행국부호표'의 3자리의 국명부호.
18-21	4	삽도표시 (006/01-04)	ƀ-삽도표시가 없음. a-삽화. b-지도. c-초상화(인물사진). d-표(챠트). e-설계도. f-도판(특수매수에 한함). g-악보. h-영인물(팩시밀리: Facsimile). i-휘장(가문의 문장). j-연대표, 연표, 가계도(家系圖). k-서식 및 양식. l-견본 (실물견본). m-녹음자료. o-사진. p-채색장식. |-부호화 않음.
22	1	이용대상자 수준(/05)	ƀ-일반이용자용. a-취학전 아동. b-초등학생. c-중학생. d-고등학생. e-성인용. f-특수계층. j-아동용. z-미상 또는 세분하지 않는 경우. |-부호화 않음.
23	1	자료의 형태(006/06)	ƀ-기타. a-마이크로필름. b-마이크로피시. c-마이크로오파크. d-큰활자인쇄자료. f-점자자료. r-인쇄물 형태의 복제자료. s-전자자료. |-부호화 않음.
24-25	2	내용형식 (006/07-08)	ƀ-해당 없음. a-초록. b-서지. c-목록. d-사전. e-백과사전. f-편람. g-법률논문. i-색인. j-족보. k-음반목록. l-법령집. m-학위논문. n-조사보고서. o-평론. p-프로그램 텍스트. q-영화작품목록. r-명감. s-통계자료. t-기술보고서. u-표준/표준해설자료. v-판례집 및 판례요약집. w-판결보도 및 판결평석. z-조약, 협정문. |-부호화 않음.
26-27	2	한국대학부호	'부속서2. 한국대학부호표'의 2자리의 대학부호
28	1	수정레코드	ƀ-변형없음. b-문자를 빈칸으로 입력. h-한자를 한글로 입력. r-로마자 이외의 문자를 로마자로 입력. s-레코드의 단축. x-한자 이외의 문자를 한글로 변형입력. |-부호화 않음.
29	1	회의간행물(/09)	0-회의간행물 아님. 1-회의간행물 임. |-부호화 않음.
30	1	기념논문집(/10)	0-기념논문집 아님. 1-기념논문집 임. |-부호화 않음.
31	1	색인(/11)	0-색인이 없음. 1-색인이 있음. |-부호화 않음.
32	1	목록전거	ƀ-국립중앙도서관. c-협력기관. d-기타기관. u-미상. |-부호화 않음.
33	1	문학형식(006/12)	ƀ-해당없음. c-만화. d-희곡 및 시나리오. e-수필. f-소설. h-풍자문학(만화는 제외). i-서간문학(자서전 성격의 저작은 008/34의 전기를 적용). j-단편소설(꽁트 포함). k-추리소설. l-논픽션(르뽀, 다큐멘터리 소설 포함). m-기행문, 일기문, 수기 등. p-시. s-연설문, 웅변관계 저작 포함. t-논설문. u-평론. v-문집. w-향가, 시조, 가사, 구비문학. |-부호화 않음.
34	1	전기(/13)	ƀ-해당 없음. a-자서전. b-개인전기서. c-전기물의 합저서. d-전기적 정보가 포함된 자료. |-부호화 않음.
35-37	3	언어부호	'부속서3 언어구분부호표'의 3자리 언어부호 ƀƀƀ-미정의(언어가 사용되지 않은 경우). mul-6개 이상의 다수언어. sgn-기호로 된 언어. und-미상. |||-부호화 않음.
38-39	2	한국정부기관 부호	'부속서4. 한국정부기관부호'의 2자리 기관부호.

「마이크로형태자료의 부호화정보필드 예」

- 00-05(6자리: **입력일자**: 공통): 991021－1999년10월21일
- 06(1자리: **발행년유형**: 공통): m－복수년도
- 07-10(3자리: **발행년 1**: 공통): 1970－발행년(시작년)
- 11-14(3자리: **발행년 2**: 공통): 1976－발행년(마지막년)
- 15-17(3자리: **발행국명**: 공통): ulk－한국 서울
- 26-27(2자리: **한국대학부호**: 공통): ƀƀ－해당없음
- 28(1자리: **수정레코드**: 공통): h－한자를 한글로 입력
- 32(1자리: **목록전거**: 공통): d－기타기관
- 35-37(3자리: **언어부호**: 공통): mul－다수언어
- 38-39(2자리: **한국정부**기관부호: 공통) ƀƀ－해당없음

008 991021m19701976ulkabcgƀafsƀƀh001dƀƀmulƀƀ

- 34(1자리: **전기**): ƀ－해당없음
- 33(1자리: **문학형식**): ƀ－해당없음
- 31(1자리: **색인**): 1－색인이 있음
- 30(1자리: **기념논문집**): 0－기념논문집이 아님
- 29(1자리: **회의간행물**): 0－회의간행물이 아님
- 24-25(2자리: **내용형식**): fs－편람, 통계자료
- 23(1자리: **GMD**): a－마이크로 필름
- 22(1자리: **이용대상자 수준**): ƀ-일반이용자용
- 18-21(4자리: **삽도표시**): abcg－삽도, 지도, 초상화, 악보

5. 숫자적 필드(01X－09X)

010 **미국국회도서관 제어번호**(Library of Congress Control Number) <A>NR → 별책 010필드 참조

012 **국립중앙도서관 제어번호**(The National Library of Korea Control Number) <A>NR → 별책 012필드 참조

015 **국가서지번호**(National Bibliography Number) <O>NR → 별책 015필드 참조

017 **저작권 등록번호**(Copyright Registration Number) <O>R → 별책 017필드 참조

020 **국제표준도서번호**(ISBN) <A>R → 별책 020필드 참조

022 **국제표준연속간행물번호**(ISSN) <A>R → 별책 022필드 참조

023 **출판시도서목록제어번호**(CIP System Control Number) <A>NR → 별책 023필드 참조

027 **표준기술보고서번호**(Standard Technical Report Number) <A>R → 별책 027필드

참조

034 **지도제작의 수치데이터부호**(Coded Cartographic Mathematical Data) <A>R → 별책 034필드 참조

035 **협력기관 제어번호**(System Control Number) <O>R → 별책 035필드 참조

037 **입수처**(Source of Acquisition) <O>R → 별책 037필드 참조

040 **목록작성기관**(Cataloging Source) <M>NR → 별책 040필드 참조

041 **언어부호**(Language Code) <A>NR → 별책 041필드 참조

049 **소장사항** <O>NR → 별책 049필드 참조

050 **미국국회도서관 청구기호/분류기호**(Library of Congress Call Number /Classification Number) <O>R → 별책 050필드 참조

052 **국립중앙도서관 청구기호**(The National Library of Korea Call Number) <A>R → 별책 052필드 참조

055 **지리분류기호**(Geographic Classification) <A>R → 별책 055필드 참조

056 **한국십진분류표**(KDC) <A>R → 별책 056필드 참조

074 **정부간행물번호**(GPRN/GPO Item Number) <O>R → 별책 074필드 참조

082 **듀이십진분류기호**(DDC Number) <O>R → 별책 082필드 참조

085 **기타 분류기호**(Other classification Number) <A>R → 별책 085필드 참조

086 **정부문서분류기호**(Government Document Classification Number) <A>R → 별책 086필드 참조

088 **보고서번호**(Report Number) <A>R → 별책 088필드 참조

090 **자관 청구기호**(Local Call Number) <A>R → 별책 090필드 참조

6. 기본표목(주기입)(1XX) 〈A〉 → 별책 100, 110, 111, 130, 245필드 참조

마이크로형태자료는 단행본이나 지도자료는 해당 자료의 기본기입원칙에 따라 1XX필드에 저자명(지도제작자)을 기본기입하고, 245필드에 표제줄머리잡기도 가능하게 하였으며, 연속간행물은 기술규칙에 따라 245필드에 표제줄머리잡기로 기술하고 책임 있는 단체에서 발행한 자료는 110필드에 단체명을 기본표목하게 하였다.

「저자명기본표목」

100 ❶ƀ ▼a인명, ▼d생몰년

110 ƀƀ ▼a상위단체명. ▼b하위단체명

111 ƀƀ ▼a회의명 ▼n(회차 : ▼d회의일자 : ▼c개최지)

130 ƀ❷ ▼a통일표제

「서명줄머리잡기」

245 ❶❷ ▼a표제 / ▼d저자명　　← 표제저작자사항 참조

7. 표제와 표제관련 필드(20X-24X)

240 **통일표제**(Uniform title)(A2R.25.28A) <O>NR → 별책, 제2장, 제3장, 제5장, 제7장 240필드 참조

242 **목록작성기관에서 번역한 표제**(Translation of Title by Cataloging Agency) <O>R → 별책 242필드 참조

243 **종합통일표제**(Collective Uniform Title) <O>NR → 별책 243필드 참조

245 **표제와 책임표시사항**(Title Statement) <M>NR → 별책, 제2장 245 필드 참조

245 ❶❷ ▼a본표제, [일명], 별표제 ; ▼a본표제 ▼h[GMD] : ▼b부표제 : ▼c표제관련정보 / ▼d저작자 = ▼x대등표제 : ▼c대등표제관련정보 / ▼d대등저작자

245 ❶❷ ▼a본표제. ▼n편차, ▼p편제 ▼h[GMD] / ▼d저작자 ; ▼e역할을 달리한 저작자

(1) 본표제

본표제는 마이크로화된 자료자체의 표제를 입력한다. 단행본은 마이크로화된 표제를 본표제로, 연속간행물은 마이크로화된 연속간행물명을 본표제로 245필드에 기술한다.

245 00 ▼a東亞日報 ▼h[마이크로형태자료]

245 00 ▼aEarly narratives of the Northwest

100 1ƀ ▾aMaillard, Robert
245 10 ▾aMasterpieces in the history of painting ▾h[microform]

표제가 없는 자료는 적절한 정보원을 참조하여 목록자가 간단하고 설명적인 어구로 작성한 표제를 245필드에 [ ]로 묶어 본표제로 기술한다.

(2) GMD

GMD는 '마이크로형태자료', 'microform'으로 245필드의 본표제에 식별기호 ▾h로 [ ]에 묶어 기술한다.

(3) 종합표제가 없는 자료

종합표제가 없는 자료의 목록은 동일 저자의 작품과 2인 이상 저자의 작품, 그리고 이들 작품 수에 따라 다음과 같이 목록방법을 제시하였다.

동일 저자의 2개 이상의 저작: 저자명을 100필드에 기본표목하고, 각각의 표제는 245필드에 식별기호 ▾a를 반복하여 기술한다. 이때 표제와 표제 사이는 ';'으로 구분하고, GMD는 식별기호 ▾h로 마지막 표제에 기술한다.

245 ❶❷ ▾a표제 ; ▾a표제 ▾h[GMD] / ▾d저작자

100 1ƀ ▾aByron, Lord.
245 10 ▾aDon Juan ; ▾aChilde Harold ▾h[microform] / ▾dLord Byron

2인 이상의 저작: 첫 번째 작품의 저자명을 100필드에 기본표목하고, 245필드에는 식별기호 ▾a와 ▾d를 반복하여 각각의 표제와 저자명을 기술한다. 이때 표제와 표제 사이는 마침표'.'로 구분한다.

245 ❶❷ ▾a표제 / ▾d저작자. ▾a표제 / ▾d저작자 ▾h[GMD]

245 00 ▾a가루다지기타령. ▾a秋月傳, ▾n卷之初 ▾h[마이크로형태자료]

245 01 ▾a(The)Wilson papers. ▾aThe Colt-Hatt papers ▾h[microform]

100 1ƀ ▾aThackeray
245 10 ▾aHenry Esmond / ▾dby Thackeray. ▾aBleak House / ▾dby Dickens ▾h[microform]

두번째 이하 표제의 내용주기 방법: 이는 수록된 작품수가 많을 때에 기술하는 방법으로 처음 표제의 저자를 100필드에 기본표목하고, 처음 표제를 본표제로 245필드에 기술한다. 그리고 2번째 이하의 저자나 표제는 505필드에 내용주기한다.

245 ❶❷ ▾a처음표제 ▾h[GMD] / ▾d저자명

505 ❶0 ▾t두번째표제 — ▾t세번째표제 — ▾t네번째표제

246 **여러 형태의 표제**(Varying form of title) <A>R → 별책 246필드 참조

8. 판차, 자료의 특성, 발행 등 필드(250-29X)

250 **판사항**(Edition statement) <A>NR → 별책 250필드 참조

마이크로형태자료의 판사항은 해당 자료가 다른 자료와 상이점이 있거나, 증쇄(增刷)한 경우 이를 판사항으로 250필드에 해당 식별기호로 기술한다. 판사항은 개정에 대한 판차와 해당 판에만 관련된 개정자를 함께 기술한다.

250 ƀƀ ▾a판차 / ▾b개정자

250 ƀƀ ▾a축쇄판

250 ƀƀ ▾a3rd ed. / ▾bwith an introduction by Tom Barbellion

250 ƀƀ ▾a[축인판]　　　　250 ƀƀ ▾a[Micro ed.]

*해당 자료자체에는 판 표시가 없지만 이전자료와 비교해서 중요한 변경이 있었을 때는 개정사항을 적절하고 간결한 문자로 []에 부기한다.

*판 표시가 2개 이상의 언어로 되어 있을 때는 본문의 언어와 일치하는 문자로 기술하고, 불분명한 경우는 최초에 표시된 문자로 기술한다.

100 1ƀ ▾aJoyce, James
245 10 ▾aFinnegans wake. 2nd ed. ; ▾aUlysses ▾h[microform] / ▾James Joyce

*종합표제가 없는 자료에서 각각의 표제에 해당하는 판 표시가 다를 경우에는 이를 주기하거나 245필드에 식별기호 '▾a'로 해당 자료의 표제에 함께 기술한다(A2R.11.2B5).

자료의 특성사항: 마이크로형태자료가 지도자료(255필드)나 악보(254필드), 연속간행물(362필드)인 경우는 자료의 특성을 해당 필드로 기술한다.

254 **악보의 표현형식**(Musical presentation statement) <A>NR → 별책 254필드 참조

255 **수치데이터사항**(Mathematical data area) <A>R → 별책, 제7장 255필드 참조

260 **발행, 배포, 제작 사항**(Publication/Distribution, etc.) <A>R → 별책, 제7장 260필드 참조

마이크로형태자료의 발행사항은 자료 자체의 기술정보원에 나타난 발행사항을 260필드에 해당 식별기호로 기술한다. 복제자료는 원자료의 발행사항과 상이한 경우 원자료의 발행사항을 534필드에 표출어와 함께 주기한다.(별책, 제7장 260필드 참조)

260 ƀƀ ▾a서울 : ▾b경인문화사, ▾c1980. ← 복제된 자료의 발행사항을 기술
534 ƀƀ ▾p원자료: ▾c京城(서울) : 朝鮮總督府, 1920. ← 상이한 원자료의 발행사항을 주기

260 ƀƀ ▾aAnn Arbor, Mich. : ▾bUniversity Microfilms, ▾c1971
534 ƀƀ ▾pOriginal published: ▾cChicago : American Library Association

263 **발행예정일**(Projected publication data) <O>NR → 별책 263필드 참조

자료가 발행되기 전 CIP프로그램의 일부로 목록이 작성된 경우 자료의 발행예정일을 YYMM의 형식으로 기술한다.

263 ƀƀ ▾a9910 ← 1999년 10월 발행예정

270 **자료관련주소**(Address) <O>R → 별책 270필드 참조

9. 형태사항 등(3XX)

300 **형태기술사항**(Physical description) <M>R → 별책 300필드 참조

마이크로형태자료 자체의 형태기술사항을 300필드에 해당 식별기호로 기술한다.

300 ƀƀ ▾a특정자료종별과 수량 : ▾b기타 형태적 세목 ; ▾c크기 + ▾e딸림자료

300 ƀƀ ▾a마이크로 필름 릴 1권(150 fr.) : ▾b네가, 삽도 ; ▾c13 cm, 35 cm + ▾e해설서 (30 p. : 삽도 ; 22 cm)

300 ␢␢ ▾a1 microfilm reel : ▾bnegative, ill. ; ▾c16 mm + ▾e1 pamphlet (25 p. : ill. ; 21 cm)

마이크로 필름 릴(Microfilm reel)197):

300 ␢␢ ▾a마이크로 필름 릴 권수 : ▾b극성, 삽도 ; ▾c크기 + ▾e딸림자료

----------------a---------------　--b--　-- c--　--d--　-----e----

300 ␢␢ ▾a마이크로 필름 릴 1권 : ▾b네가, 삽도 ; ▾c5 in., 35 mm.

300 ␢␢ ▾a1 microfilm reel : ▾bnega., ill. ; ▾c5 in., 35 mm.

아파추어 카드(Aperture card)198)

300 ␢␢ ▾a아파추어 카드 1매 : ▾b네가, 삽도 ; ▾c8×19 cm, 35 mm.

--------a---------------　---b--　--c--　------d------------------

300 ␢␢ ▾a1 Aperture card : ▾bnegative, ill. ; ▾c8×19 cm, 35 mm.

마이크로피시(Microfiche)199):

300 ␢␢ ▾a마이크로피시 1매 : ▾b네가, 삽도 ; ▾c10×15 cm + ▾e해설서

--------a----------------　---b--　--c--　------d------　---e---

300 ␢␢ ▾a1 microfiche : ▾bnega., ill. ; ▾c10×15 cm + ▾emanual

(1) 특정자료종별과 수량

특정자료종별과 수량은 300필드에 식별기호 ▾a로 기술한다. 특정자료종별은 자료를 구성하고 있는 형태에 따라 규칙별로 다음과 같은 명칭을 사용하고 있다.

---

197) a: 수록된 자료의 릴수를 권단위로 기술한다. b: 극성은 음화일 때에만 '네가', '음화', 'negative'라고 기술한다. c: 화상에 삽도가 있을 때 '삽도'나 삽도의 개개 명칭을 기술한다. d: 필름을 담고 있는 릴의 지름을 cm 단위로 표시하고, 필름의 폭을 mm 단위로 기술한다. e: 딸림자료가 있을 때에만 기술한다.

198) a: 아파추어카드는 그 단위를 매수로 기술한다. c: 대지의 크기를 세로×가로 cm로 기술한다. d: 창의 필름의 폭을 mm로 기술한다.

199) a: 마이크로피시는 그 단위를 매수로 한다. c: 피시의 크기를 세로×가로 cm로 기술한다. d: 딸림자료가 있을 때 기술한다.

규칙별 특정자료 종별명

KORMARC	K4.10.5.1.1	USMARC	A2R
아파추어 카드	아파추어카드	aperture card	aperture card
마이크로필름 카트리지	마이크로필름	microfilm cartridge	microfiche
마이크로필름 카세트	마이크로필름 릴	microfilm cassette	microfilm
마이크로필름 릴	마이크로필름 카세트	microfilm reel	microfilm cassette
마이크로피시	마이크로필름 카트리지	microfiche	microfilm reel
마이크로피시 카세트	마이크로피시	microfiche cassette	microfilm cartridge
마이크로오패크	마이크로오패크	microopaque	microopaque

본 도서는 마이크로형태자료의 특정자료종별을 다음의 용어로 기술하였다.

아파추어 카드	aperture card
마이크로필름	microfilm
마이크로필름 릴	microfilm reel
마이크로필름 카세트	microfilm cassette
마이크로필름 카트리지	microfilm cartridge
마이크로피시	microfiche
마이크로오패크	microopaque

300 ƀƀ ▾a애퍼츄어 카드 5매 300 ƀƀ ▾a5 aperture cards

300 ƀƀ ▾a마이크로필름 릴 1권 300 ƀƀ ▾a1 microfilm reel

300 ƀƀ ▾a마이크로피시 3매 300 ƀƀ ▾a3 microfiches

*자료의 수량과 단위의 표시는 아라비아숫자로 하고, 한국어로 그 단위를 표시할 때는 필름 릴은 '권,' 카세트와 피시 등은 '매'로 기술한다.

300 ƀƀ ▾a마이크로필름 카세트 1/4권

300 ƀƀ ▾aOn no. 1 of 4 microfilm cassettes

300 ƀƀ ▾a마이크로오팩크 3/5매

300 ƀƀ ▾aOn 3 of 5 microopaques

*종합표제가 없는 자료로 개개의 자료가 독립적으로 목록될 때는 표제와 관계된 형태기술사항을 300 필드에 기술한다. 자료의 수량과 단위를 한글로 표시할 때는 전체수량단위를 분모로 하고 해당 자료의 수량을 분자로 기술하며, 영어일 경우는 풀어쓰기로 기술한다.

300 ƀƀ ▾a마이크로필름 릴 1권(150 fr.)

300 ƀƀ ▾a1 microfilm reel (150 fr.)

300 ɓɓ ▾a마이크로피시 1매(33 fr.)

300 ɓɓ ▾a1 microfiche (33 fr.)

*자료가 수록되어 있는 전체의 화면(frame)수를 알 수 있을 때는 특정자료종별과 수량에 화면 수를 ()에 묶어 보기한다.

(2) 기타 형태적 세목

기타 형태적 세목은 마이크로형태자료의 극성[200], 삽도, 색채를 300필드에 식별기호 ▾b로 기술한다.

300 ɓɓ ▾a마이크로필름 릴 1권 : ▾b음화

300 ɓɓ ▾a1 microfilm reel : ▾bnegative

300 ɓɓ ▾a마이크로피쉬 1매 : ▾b음화, 삽도, 그림, 도표

300 ɓɓ ▾a마이크로필름 릴 1권 : ▾b삽도(부분칼라)

300 ɓɓ ▾a1 microfilm cassette : ▾bnegative, ill. col. maps

300 ɓɓ ▾a1 microfiche : ▾bill., music

*삽도가 있는 자료는 삽도에 관한 것을 단행본의 삽도표시와 같이 기술한다. 칼라는 '흑백', 'b/w', '혼합칼라', 'multicolored', 'mixed' 등을 기술한다.

(3) 크기

마이크로형태자료의 크기는 자료의 형태별에 따라 다음과 같이 300필드에 식별기호 ▾c로 필름의 폭이나 넓이를 기술한다.

마이크로 자료에 사용되는 통상적인 필름의 폭이나 넓이(MARC21):

8 mm	70 mm	4×6 in. = 11×15 cm
16 mm	105 mm	6×9 in. = 16×23 cm
35 mm	3×5 in. = 8×13 cm	$3^{1}/_{4}$×$7^{3}/_{8}$ in. = 9×19 cm

· 마이크로 필름 릴: 릴의 직경과 필름의 폭을 식별기호 ▾c로 기술한다.

---

200) 극성은 음화(negative), 양화(positive), 혼합극성(mixed polarity)으로 구분하여 '음화,' '네가,' 'negative', '양화', 'positive', '혼합극성', 'mixed polarity' 등을 기술한다. 그러나 자료기관에 따라서는 양화일 때는 기술을 생략하기도 한다.

300 ▯▯ ▾a마이크로필름 릴 1권 : ▾b네가, 삽도 ; ▾c12 cm, 35 mm.

300 ▯▯ ▾a마이크로필름 릴 1권 : ▾b삽도 ; ▾c16 mm

300 ▯▯ ▾a1 microfilm reel : ▾bnegative, ill. ; ▾c5 in., 35 mm.

300 ▯▯ ▾a1 microfilm reel ; ▾c8 mm

*릴의 직경은 인치나 cm 단위로 절상시켜 기술하고, 필름의 폭은 미리단위까지 기술한다. 릴의 직경이 표준규격인 3 inch(7.5 cm)는 기술을 생략하기도 한다.

· 아파추어 카드:

300 ▯▯ ▾a아파추어 카드 10매 : ▾b삽도 ; ▾c9×19 cm.

300 ▯▯ ▾a20 aperture cards : ▾bnegative, ill. ; ▾c9×19 cm.

*크기는 대지의 세로와 가로의 길이를 cm 단위로 기술한다.

· 마이크로피시:

300 ▯▯ ▾a마이크로피시 1매 : ▾b삽도 ; ▾c10×15 cm.

300 ▯▯ ▾a3 microfiches ; ▾c10×15 cm.

*크기는 피시의 세로와 가로의 길이를 cm 단위로 식별기호 ▾c로 기술한다.

· 마이크로오패크:

300 ▯▯ ▾a마이크로오패크 5매 ; ▾c8×13 cm.

300 ▯▯ ▾a3 microopaques : ▾bill. ; ▾c8×13 cm.

*크기는 오패크의 세로와 가로의 길이를 cm 단위로 기술한다.

(4) 딸림자료

딸림자료는 자료를 표현한 용어로 300필드에 식별기호 ▾e로 기술하고, 딸림자료의 형태사항은 ()에 묶어 부기한다.

300 ▯▯ ▾a특정자료종별과 수량 : ▾b기타 형태적세목 ; ▾c크기 + ▾e딸림자료(딸림자료의 형태기술사항)

307 검색시간 등(Hours, etc.) <O>R → 별책 307필드 참조

355 보안분류 통제(Security Classification Control) <O>R → 별책 355필드 참조

10. 시리즈사항(Series Statement: 4XX) 〈A〉R → 별책 440/490필드 참조

총서주기는 총서표제의 부표목 작성여부에 따라 440필드(자동 부표목되는 총서주기), 490필드(부표목이 필요하지 않거나 다르게 부출되는 총서주기)로 구분하여 주기한다.

11. 주기사항(50X-58X)

500 일반주기(General note) <O>R → 별책 500필드 참조

일반주기는 501필드-580필드의 주기에 해당되지 않은 모든 주기사항을 일반주기한다.

500 ㅒㅒ ▾aReader: for information Design reader

*판독기의 사양은 기술대상자료를 이용하는 데 필요한 판독기(Reader)명을 500필드에 '판독기', 'Reader'라는 표출어로 주기한다.

500 ㅒㅒ ▾aFilm: Silver based film

*사용 필름의 형태적인 세목을 필요에 따라 500필드에 'Film'라는 표출어로 주기한다.

501 합철주기(With note) <O>R → 별책, 제2장, 제3장, 제5장, 제7장 501필드 참조

502 학위논문주기(Dissertation note) <O>R → 별책 502필드 참조

학위논문을 마이크로화한 자료는 학위별(석사, 박사), 수여기관, 학과 및 전공, 수여연도 등을 502에 제1지시기호 0(석사), 1(박사)로 구분하여 기술한다.

502 1ㅒ ▾a학위논문(박사) ▾b단국대학교 대학원 : ▾c교육학과, ▾d1980.
<출력> 학위논문(박사)-단국대학교 대학원 : 교육학과, 1980.

502 0ㅒ ▾aThesis(M.A) ▾bUniversity of New Brunswick, ▾d1975

502 1ㅒ ▾aThesis(doctoral) ▾bSorbonne, Paris, ▾d1970

504 서지주기(Bibliography note) <O>R → 별책 504필드 참조

505 내용주기(Formatted contents note) <O>R → 별책 505필드 참조

505필드에 제1지시기호로 내용주기의 완전, 불완전, 부분 등으로 구분하고, 제2지시기호로 표제와 저자의 부출여부에 따른 기본형과 확장형으로 지시하여 해당 식별기호로 기술한다. 확장형인 경우는 식별기호 ▾t(표제)와 ▾d(책임표시)로 기술된 사항이 색인파일로 생성되게 한다.

505 01 ▾**t**사랑 / ▾**d**이광수 저 — ▾**t**운현궁의 봄 / ▾**d**김동인 저 — ...
<출력> 내용: 사랑 / 이광수 저 — 운현궁의 봄 / 김동인 저 — ...

505 8ƀ ▾**a**Contents: Baptisms — History of the Second Presbyterian Church of West Durham / L. H. Fellows
700 12 ▾**a**Fellows, L. H. ▾**t**History of the Second Presbyterian Church of West Durham
740 ƀ2 ▾**a**Baptisms.

506 이용제한주기(Restrictions on access note) <O>R → 별책 506필드 참조

507 그래픽자료의 축척주기(Scale Note for Graphic Material) <O>R →별책 507필드 참조

'KORMARC-단행본용'에는 규정되어 있지 않고 'MARC21'의 507필드와 'KORMARC-비도서용'의 509필드에 규정되어 있다. 본자료에서는 507필드에 축률을 표시한 용어와 비율을 식별기호 ▾a(대표적 비율축척주기), ▾b(기타축척 주기)로 주기하였다(MARC21/007.05(Microform); K4.10.7.3.10).

6:1 미만	저축소율	Low reduction
16:1에서 30:1까지	정상 축소율	Normal reduction
31:1에서 60:1까지	고밀도 축소율	High reduction
61:1에서 90:1까지	최고밀도 축소율	Very high reduction
91:1이상	초고밀도 축소율	Ultra high reduction
기타	축소율 다양	Reduction ratio varies

이 이상의 축률은 자료에 나타난 대로 주기한다.

Ultra high reduction, 150x

509 ɓɓ ▾a축률 16x미만

509 ɓɓ ▾a축률 90x　　　　　　　509 ɓɓ ▾a축률 30x에서 60x까지

*축률을 기술할 때는 '축률', 'Reduction ratio'이라는 표출어와 함께 기술한다.

만일 축적을 일반주기할 때는 500필드에 식별기호 ▾a로 '축률'이나 'Reduction ratio'라는 표출어와 함께 주기한다.

500 ɓɓ ▾a축률: 16x미만

500 ɓɓ ▾aReduction ratio: High reduction

510 **인용/참고주기**(Citation/References Note) <O>R → 별책, 제2장, 제3장 510필드 참조)

520 **요약, 초록, 해제 등 주기**(Summary, etc. Note) <O>R → 별책 520필드 참조

다른 기술 부분에 해당 자료에 대한 충분한 정보가 없을 때는 기술대상자료의 내용을 객관적이고 간결한 형식으로 520필드에 해당 제1지시기호로 주기한다.

520 ɓɓ ▾a일제시대의 공공도서관활동에 관한 연구임
<출력> 요약: 일제시대의 공공도서관활동에 관한 연구임

520 ɓɓ ▾a자동차문고의 이론적 배경과 운영에 관한 자료이다.
520 8ɓ ▾aSummary: Lists the serial holdings of 27 college libraries in Iowa as of 1981

521 **이용대상자 주기**(Target Audience Note) <O>R → 별책, 제2장, 제3장 521필드 참조

530 **이용 가능한 다른형태자료 주기**(Additional Physical Form Available Note) <O>R → 별책, 제5장 530필드 참조

533 **복제주기**(Reproduction Note) <A>R → 별책 533필드 참조

534 **원본주기**(Original Version Note) <A>R → 별책 534필드 참조

복제물의 원본자료에 관한 사항을 해당 식별기호로 주기한다.

534 ɓɓ ▾p원본: ▾t원본표제. ▾c발행지 : 발행자, 발행년. ▾e면수 : 기타 형태적세목 ; 크기. ▾f(총서명 ; 총서번호)

245 00 ▾a朝鮮日報 ▾h[마이크로형태자료]

534 bb ▾p원본: ▾t朝鮮日報. ▾c서울 : 조선일보사, 1920-1950

534 bb ▾pReproduction of original : ▾cLondon : McMillan, 1891. ▾e2 v. : ill. ; 23 cm. ▾f(Canadian computerized bibliographic centre study)

535 **원본/복제본의 소장처 주기**(Location of Originals/Duplicates Note) <O>R→ 별책 535필드 참조

536 **기금정보주기**(Funding Information Note) <O>R → 별책 536필드 참조

580 **연관저록 설명주기**(Linking Entry Complexity Note) <A>R → 별책 580필드 참조

583 **보존처리 주기**(Action Note) <O>R → 별책 583필드 참조

586 **수상주기**(Awards Note) <O>R → 제2장-제7장 586필드 참조

590 **소장본 주기**(Holding Item Note) <O>R → 별책 590필드 참조

12. 주제명부출표목(6XX)

600 **주제명부출표목－개인명**(Subject Added Entry－Personal Name) <A>R → 별책, 제2장, 제3장, 제5장 600필드 참조

610 **주제명부출표목－단체명**(Subject Added Entry－Corporate Name) <A>R → 별책, 제2장, 제3장, 제5장 610필드 참조

611 **주제명부출표목－회의명**(Subject Added Entry－Meeting Name) <A>R → 별책, 제2장, 제3장, 제5장 611필드 참조

630 **주제명부출표목－통일표제**(Subject Added Entry－Uniform Title) <A>R → 별책, 제2장, 제3장, 제5장 630필드 참조

650 **주제명부출표목－일반주제명**(Subject Added Entry－Topical Term) <A>R → 별책, 제2장, 제3장, 제5장 650필드 참조

651 **주제명부출표목－지명**(Subject Added Entry－Geographic Name) <A>R → 별책, 제2장, 제3장, 제5장 651필드 참조

653 **비통제주제명**(Index Term－Uncontrolled) <A>R → 별책, 제2장, 제3장, 제5장 653필드 참조

654 **주제명부출표목－패싯 주제어**(Subject Added Entry－Faceted Topical Terms) <A>R → 별책 654필드 참조

655 **색인어－장르/형식**(Index Term－Genre/Form) <O>R → 별책 655필드 참조

13. 부출표목(70X–75X)

700 **부출표목–개인명**(Added Entry–Personal Name) <A>R → 별책, 제2장, 제3장, 제5장 700필드 참조

710 **부출표목–단체명**(Added Entry–Corporate Name) <A>R → 별책, 제2장, 제3장, 제5장 710필드 참조

711 **부출표목–회의명**(Added Entry–Meeting Name) <A>R → 별책, 제2장, 제3장, 제5장 711필드 참조

720 **부출표목–통제되지 않은 이름**(Added Entry–Uncontrolled Name) <A>R → 별책 720필드 참조

730 **부출표목–통일표제**(Added Entry–Uniform Title) <A>R → 별책, 제2장, 제3장, 제5장 730필드 참조

740 **부출표목–본표제와 다르게 부출되는 표제**(Added Entry-Uncontrolled Related/Analytical Title) <A>R → 별책, 제2장, 제3장, 제5장 740필드 참조

752 **부출표목–계층적 지명**(Added Entry–Hierarchical Place Name) <O>R → 별책, 제5장 752필드 참조

765 **원저저록**(Original Language Entry) <A>R → 별책, 제5장 765필드 참조

767 **번역저록**(Translation Entry) <O>R → 별책, 제5장 767필드 참조

770 **부록 및 특별호 저록**(Supplement/Special Issue Entry) <O>R → 별책, 제5장 770필드 참조

772 **모체레코드저록**(Parent Record Entry) <A>R → 별책, 제5장 772필드 참조

773 **기본자료 저록**(Host Item Entry) <A>R → 별책 773필드 참조

774 **구성단위저록**(Constituent Unit Entry) <O>R → 별책 774필드 참조

775 **이판저록**(Other Edition Entry) <A>R → 별책 775필드 참조

776 **기타형태저록**(Additional Physical Form Entry) <O>R → 별책 776필드 참조

780 **선행저록**(Preceding Entry) <A>R → 별책 780필드 참조

785 **후속저록**(Succeeding Entry) <A>R → 별책 785필드 참조

787 **비특정적 관계저록**(Nonspecific Relationship) <O>R → 제5장 787필드 참조

14. 연관저록(76X–78X) → 별책 76X–78X 필드 참조

15. 총서부출표목－통일표제(80X－830)

800 총서부출표목－개인명(Series Added Entry－Personal Name) <A>R → 별책 800필드 참조

810 총서부출표목－단체명(Series Added Entry－Corperate Name) <A>R → 별책 810필드 참조

811 총서부출표목－회의명(Series Added Entry－Meeting Name) <A>R → 별책 811필드 참조

830 총서부출표목－통일총서표제(Series Added Entry－Uniform Title) <O>R → 별책, 제2장, 제3장, 제5장 830필드 참조

16. 소장, 변형문자 등－일반정보(841－88X)

850 소장기관(Holding Institution) <O>R → 별책 850필드 참조

852 소장위치(Location) <O>R → 별책 852필드 참조

890 미입력문자표시 <A>NR → 별책 890필드 참조

17. 로컬필드(9XX) → 별책의 9XX의 해당 필드 참조

<표 6> Rome수의 표기

Rome숫자는 목록자들에게는 반드시 알아두어야 할 사항이다. 동서보다는 양서에서 많이 사용되는데 면수(서문면수에 주로 사용), 발행년, 목차의 장절의 번호, 회의나 연보 등의 회수를 표시하는 데 사용된다.

Rome숫자의 특징은 ① 수의 표시방향에 대한 위치의 원칙이 없다. ② 단위의 숫자를 병기해서 크기를 표시한다. ③ 큰 수의 좌측에 작은 수는 감(−)이고, 우측의 작은 수는 가(+)가 된다. ④ 0을 표시하는 숫자가 없다.

자체(字體)에 대한 해설

I, II = 봉은 개수의 표시
V = 편수를 광한 형
X = V를 두개로 합한 형
C = Θ = Latin어의 centum(100)의 두문자
M = ↀ = Latin어의 Mille(1,000)의 두문자;
M은 ↀ의 표시로 CIↃ로도 표시
L = C의 반분으로 Θ의 상반분 표시
D = M의 반분으로 ↀ의 우반분 표시;
D는 ↀ의 우반분 IↃ로도 표시

I=i=1
II=ii=2
III=iii=3
IV=iiii=iv=4
V=v=5
VI=vi=6
VII=vii=7
VIII=viii=8
IX=ix=9
X=x=10
XI=xi=11
XIV=xiv=14
XV=xv=15
XVI=xvi-16
XIX=xix=19

XX=xx= 20
XXX=xxx=30
XXXIX=39
XL=XXXX=F=40
XLV=45
XLIX=49
L=50
LV=55　LIX=59
LX=60　LXV=65
LXIX=69
LXX=70　LXXIX=79
LXXX=R=80
LXXXV=85
LXXXIX=89
XC=LXXXX=90
XCV=95　XCIX=99

cxxvii = 127
lxiv = 64
xlviii = 48
xxxix = 39
C=100
CL=150

CLX=T=160
CC=H=200
CCL=E=250
CCC=B=300
CD=G=400
D=IↃ=Q=500
DC-=600　DCC=700
DCCC=800
CM=DCCCC=N=900
M=CIↃ=1000
MD=1500　MDC=1600
MDCCC=1800
MCM=MDCCCC=1900
MCMX=1910
MCMXXX=1930
MCMXL=1940
MCML=1950
MCMLXXX=1980
MCMXC=1990
MM=IIM=CIↃCIↃ= 2000
MMM=3000
MMMM=MV=4000
V=IↃↃ=5000
VM=6000
X=CCICC=10000
XX=20000
C=CCCIↃↃↃ=100,000
M=CCCCIↃↃↃↃ=1,000,000
1675=MDCLXXV=MIↃCLXXV
1694=MDCXCIV=CIↃIↃCXCIV
12924=CCIↃↃMMCMXXIV
=CCIↃↃIIMDCCCCXXIV
=XMMCMXXIV
2006=MMVI=IIMVI=CIↃCIↃVI

MCMLXXXVIII = 1988
M =1000
CM =1000-100=900
LXXX =50+30=80
VIII =5+3=8

제8장 슬라이드자료

8.1. 슬라이드자료의 의의

슬라이드(slide)자료는 환등(幻燈)자료라고도 하는데 강한 불빛을 그림, 사진, 실물 등에 비추어 그 반사광을 렌즈에 의해 확대, 영사하는 장치를 말한다.[201] 슬라이드자료는 정보를 수록하고 있는 필름자료와 이를 영사하는 환등기(slider)를 함께 갖추어야 한다. 슬라이드자료는 필름에 수록된 고정된 영상을 빛으로 확대하여 많은 사람이 함께 관람할 수 있어서 교육자료로 한 동안 널리 활용되었다.

슬라이드의 창안은 그림자놀이에서 시작되었다고 한다. 로마의 길힐이 신학교에서 유리판에 그린 해골, 악마를 벽에 비추어 사람을 놀라게 한 것에서 슬라이드가 유래되었다. 처음에는 이것을 마법의 등불(magic catoptrics)이라고 하였고, 그 뒤 1622년 덴마크의 알젼슈타인이 경악의 등불(schreckens lanterna)을 만들었다. 그 후 1640년에 독일의 Kicker가 마법의 등불이라는 명칭으로 유리판에 그린 그림을 영사 공개한 것을 시작으로, 1672년 독일의 슈토룬이 새로운 마법의 등불(magic lanterna)을 만든 것이 점차 발전하여 오늘날의 슬라이드로 대중화되었다. 슬라이드자료는 학교교육의 중요한 학습도구로 사용되고 있으며, 도서관과 같은 정보기관에서는 사회현상 및 현장 채록과 역사적인 유물, 예술작품, 인물, 관광지 소개 등 다양한 정보를 채록한 정보재로 이용되고 있다. 그리고 슬라이드자료는 카메라와 환등기

201) 이희승 편, **국어대사전**, 제3판, '98수정판 (서울: 민중서림, 1999).

등의 발전으로 일반인이 쉽게 제작하고 영사할 수 있다는 점에서 개인의 취미를 위한 기록은 물론, 한 가정의 생활에 대한 생생한 기록과 그 재생을 위한 정보수록의 도구로 널리 활용되고 있다.[202]

「특성」

· 슬라이드자료는 말의 표현을 시각으로 전환할 수 있기 때문에 사실인지와 기능습득에 유익하다.
· 시청각형식에 의해 사실적인 자료를 제시하는 것으로 정보를 제공하는 역할을 한다.
· 미적 감상의 역할이 가능하다.
· 입수할 수 없는 고가의 자료를 촬영해서 제시할 수 있다.
· 움직이는 자료의 내용을 확대하여 정확히 분석적으로 관찰할 수 있다.
· 집단지도가 가능하다.
· 제작이 간편하고 조작이 용이하기 때문에 학습의 복습자료로도 이용될 수 있다.
· 다른 매체(media)와 연계해서 효과적인 이용이 가능하다.
· 학습을 개별화하는 데 유익한 자료가 된다.
· 자동 학습기(teaching machine)로 이용된다.

8.2. 슬라이드자료의 종류

1) 규격별

종별	명 칭	화면의 크기	비 고
I	4×5 slide	89.×114	
II	$3^1/_4$×$4^1/_4$ slide	76.2×100	보통명함판으로 명명
III	$3^1/_4$×4 slide	76.2×76.2	
IV	$2^3/_4$×$2^3/_4$ slide	55.6×55.6	특수66판으로 명명
		53×53	보통66판으로 명명

202) **시청각교육사전** (서울: 시청각교육사, 1965), 365.

종별	명　칭	화면의 크기	비　고
V	2×2 slide	38×38	보통 44판으로 명명
		23.×34	
		23×23	
		16.5× 23	
		9.5×13	
VI	35 mm slide film	23×34	
		16.5×23	
VII	16 mm slide film	9.5×13	

2) 제작기법별[203)]

(a) Paper cut-out lantern slides

(b) Etched glass slides

· Etched glass slides using colored pencils

· Etched glass slides using colored inks

(c) Ceramic pencil slides

(d) India ink lantern slides

(e) Cellophane lantern slides

(f) Lumarith slides

(g) Photographic lantern slides

(h) Film slides(monochrome)

(i) Micro slides

(j) Color slides

(k) Silhouette slides

(l) Pinhole slides

(m) 'Positive' lantern slides

(n) Advantages of glass slides

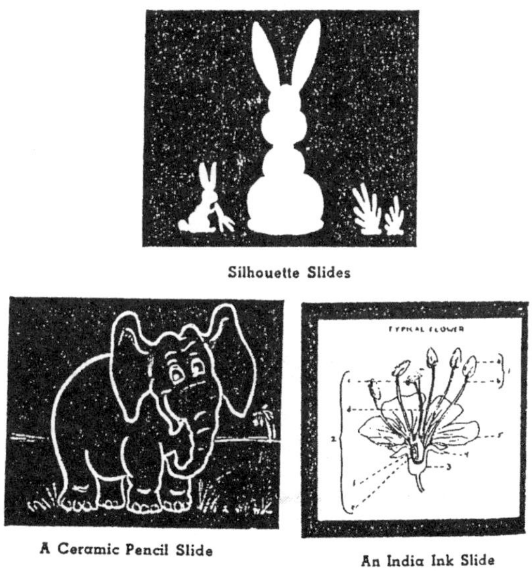

<8-1. 슬라이드>

3) 재료별

(a) 필름슬라이드: 흑백, 채색, 색채

203) Ellsworth C. Dent, *The Audio-Visual Handbook* (Chicago : The Society for Visual Education, Inc., n.d.), 49-54.

(b) 종이슬라이드: 유산지, 트레이싱페이퍼, 셀로판

(c) 유리슬라이드: 투명유리, 반투명유리, 영상슬라이드, 에칭슬라이드

4) 형태별

(1) 단매슬라이드(slide : mount slide)

단매슬라이드는 대지(mount)에 필름을 끼운 것으로 화면이 1매씩 독립되어 있는 것이다. 종류는 생산되는 회사에 따라 규격이 다르고, 때로는 사용자가 직접 자작하기도 하기 때문에 다양한 슬라이드자료가 생산되고 있다. 그러나 지금까지 주로 사용되고 있는 것은 대지의 크기가 2×2인치(5 cm×5 cm)로 보통 2×2판이라고 명명하는 것이다. 이것이 슬라이드의 대표적인 일반규격으로 제일 많이 보급되어 있다. 다음으로는 서양에서 표준슬라이드(standard slide)라고 불려지는 $3\frac{1}{4}$×4인치슬라이드가 있다.

2×2판에는 필름의 크기에 따라 ① 34×23 mm의 더블 프레임(double frame), ② 23×16.5 mm의 싱글 프레임(single frame)으로 나누고, 이들은 각각 그 채색여부에 따라 흑백(묘화사진, 프린트 등으로 제작), 칼라 혹은 천연색, 착색 등으로 나누어지나, 오늘날에는 칼라가 그 대부분을 차지하여 천연색슬라이드자료가 주종을 이루고 있다. 그리고 그 구성은 종전의 낱장을 수매씩 연결시켜 조(組)슬라이드자료로 된 것이 많다.

「장점」

· 영상의 순서가 자유롭다.

· 선택영사가 자유롭다.

· 영사시간 및 화면조정이 자유롭다.

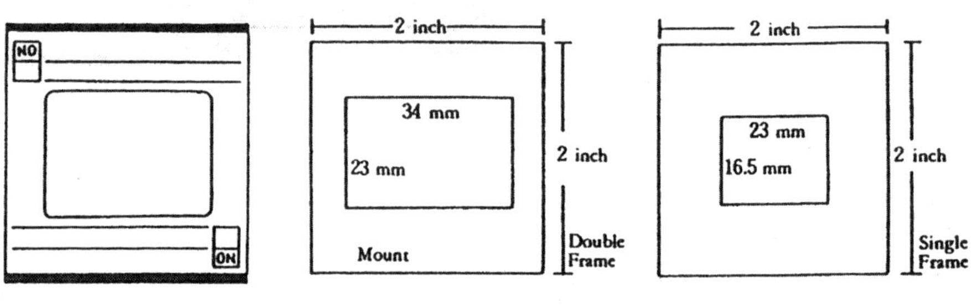

<8-2. 단매슬라이드>

(2) 줄슬라이드(slide film : filmstrip)

줄슬라이드는 화면을 연속적으로 구성하여 목적한 의도를 표현하도록 되어 있는 것이다. 이는 영화의 필름형식으로 환등의 화면이 한 필름에 연속해서 연결되어 있기 때문에 화면의 순서에 따라 하나의 사실이 끝까지 연결되게 한 것이다. 보통 35 mm필름을 사용하며, 화면의 규격은 단매슬라이드와 같이 화면의 크기에 따라 ① 23×16.5 mm로 된 싱글 프레임(single frame), ② 23×34 mm로 된 더블 프레임(double frame)이 있다. 현재 주로 사용되는 것은 후자인 더블 프레임이다. 이것 역시 화면의 색상에 따라 흑백, 착색, 천연색으로 구분된다.

「**장점**」

- 시간적인 변화, 사물과 사물과의 관계, 사상과 사상과의 관계표현이 단매슬라이드보다 편리하다.
- 녹음기와 연동시켜서 사운드슬라이드를 하는 데 적합하다.

미국에서는 싱글 프레임이 표준으로 되어 있고, 한국에서는 더블 프레임이 많이 쓰이고 있다. 싱글 프레임은 더블 프레임에 비해 면적이 거의 반분에 가깝기 때문에 재료를 절약할 수 있다. 그리고 더블 프레임의 필름을 잘라서 5 cm평방의 대지(mount)에 끼워 넣은 것을 '5 cm mount slide'라고 부른다. 이외에도 특수한 크기도 있으나 그렇게 많이 쓰이지는 않는다.[204)]

<8-3. 줄 슬라이드>

5) 내용별

(a) 학교교육용: 학교의 교과학습용으로 사용

(b) 사회교육용: 현장학습이나 사회교육교재용으로 사용

(c) 산업교육용: 기업체의 사원훈련용, PR, 사원의 연수교재용

(d) 교양문화용: 교양교육을 위한 인형극, 선화(線畵), 영화(影畵), 극영화(劇影畵) 등

204) **시청각교육사전**, 364.

(e) 가정교육용: 가정교육을 위한 가족들의 생활상이나 해외여행기록 등

(f) 오락용: 단순한 오락적인 그림이나 단막극을 슬라이드로 만든 것

(g) 선전, 광고용: 새로운 제품의 선전이나 판매를 위한 광고용

8.3. 슬라이드자료의 관리

1) 선택

슬라이드자료는 등록에 앞서 선택에 관한 사항이 선결되어야 한다. 선택에 있어서 고려해야 할 몇 가지 사항을 살펴보면 슬라이드자료가 담고 있는 내용에서부터 기술적인 촬영, 제작에 이르기까지 철저히 검증되어 기준에 맞는 자료가 선정되어야 한다. 슬라이드 선정자료에는 국가기관의 슬라이드에 대한 심사결과 발표목록, 슬라이드 전문지, 그리고 각 메이커에서 발행되는 신작품목록, 전문단체주관 전시목록 등에서 필요한 것을 선택, 구입해야 한다. 자료를 선정할 때에는 슬라이드의 수명을 400회 정도로 생각해서 중복구입여부도 함께 결정해야 한다.

「**슬라이드자료의 평가기준**205)」

· 제작상의 목표가 뚜렷해야 한다.

· 이용대상이 분명히 나타나 있어야 한다.

· 슬라이드의 특성을 잘 살린 것이어야 한다.

· 다른 자료와의 관계나, 다른 학습방법과의 관련을 충분히 고려한 것이어야 한다.

· 내용이나 표현이 믿을 만하고 정확해야 한다.

· 내용이나 표현이 시대적으로 잘 맞아야 한다.

· 표현기술이 우수해야 한다.

· 색채가 뚜렷하고 구도가 심미(審美)적인 것이어야 한다.

· 대상의 흥미를 끌 수 있어야 한다.

· 학습상 문제를 제기하고, 발전적 학습의욕을 촉진할 수 있는 요소가 있어야 한다.

205) Ibid., 377-378.

· 해설이 적절하여 지도서로서 충분한 가치를 발휘할 수 있어야 한다.

· 예산에 따른 자료선택의 선후를 결정해야 한다.

입수된 슬라이드는 다음 사항들을 점검하여 검수하고, 등록부에 기재한다.

「검수시 유의사항」

단매슬라이드

· 세트로 된 것은 전체가 잘 갖추어져 있는가

· 보호지의 취급이 완전한가

· 화면이 필름의 중앙에 정확히 고정되어 있는가

· 해설서가 있으며 상세한 것인가

줄슬라이드

· 처음부터 마지막까지 내용이 정확히 수록되어 있는가

· 송혈의 파손이 없는가

· 화면에 손상이나 착색이 잘못된 것이 없는가

· 해설서가 완전히 되어 있는가

2) 등록

슬라이드자료는 자료가 가지고 있는 특성에 맞게 필요한 서지사항과 회계적인 증빙의 근거를 제시할 수 있도록 대장에 등록하여야 한다.

(a) 수입연월일: 등록부에 기재되는 날짜의 표시

(b) 등록번호: 2매 이상의 세트는 하나의 등록번호를 쓴다.

(c) 표제: 표제 슬라이드(title frame)에 기재된 표제로 한다.

(d) 제작자: 실제 슬라이드를 촬영 제작한 회사명, 기획제작, 제작소 등과 개인일 경우는 개인명을 기재한다.

(e) 제작년: 알 수 있을 때에 기재하고, 슬라이드에 표시되어 있지 않을 때에는 생략한다.

(f) 매수: frame수를 기재한다.

(g) 시간: 녹화된 슬라이드나 해설이 녹음된 것은 그 시간을 기재한다.

(h) 규격: 표준적인 규격이 '2×2 slide'는 기재하지 않고, 그 외의 ST나 SF, FS 등을 약자로 기재한다.

(i) 색채: 천연색, 흑백, 착색 등을 표시한다.

(j) 수입선: 구입, 자작, 기증, 보관 등을 기재한다.

(k) 재원: 도서관비, 교비 등 구입예산에 관계된 재원을 기재한다.

(l) 가격: 실제구입가격을 기재하고, 자작일 때는 평가가격을 기재한다.

(m) 수입처: 배급소나 판매점을 표시한다.

(n) 청구번호: 함가번호, 분류번호, 등록번호 등을 기재한다.

(o) 딸린자료: 해설서, 녹음테이프, 음반 등 딸림자료의 명칭을 기재한다.

(p) 비고: 제적, 잔고, 불출일 경우는 그 이유와 연월일, 번호를 기재한다.

슬라이드자료의 등록원부

수입 년월일	등록 번호	표 제	제작자	제작년	매수	규격	색채	수입선	재원	수입 가격	수입처	청구 번호	딸린 자료	비고
'98. 3. 16	182	고호의 작품과 생애	학연	1975	25	표준	흑백	구입	관비	5,000원	서 점	FS-142	해설서	
'98. 3. 28	183	한국의 산업	소학관	1998	30	〃	〃	〃	〃	4,000원	〃	SL-39	〃	

3) 보관

슬라이드자료의 배가에는 종류에 따라 여러 가지 용기가 사용된다. 줄슬라이드는 원통의 용기에, 단매슬라이드는 각형의 용기에 보관한다.

용기에는 그림과 같이 청구기호, 표제, 소장 도서관명이 기재되어야 한다. 그리고 단매자료에는 1매의 대지마다 청구기호를 기재하고, 반드시 프레임(frame)에 수록된 사항의 상하, 전면을 쉽게 식별할 수 있도록 표시해야 한다.

이들 용기를 보관하는 필름 캐비닛은 동시에 많은 양을 보관할 수 있는 인출식(引出式)캐비닛과 검색이 편리하도록 한 전열식(展列式)캐비닛이 있다.

캐비닛의 선택은 도서관이 보관하고자 하는 자료의 양과 그 사용빈도 등에 따라 선정해야 한다. 어느 것을 선정하든 슬라이드자료와 딸림자료가 함께 배열될 수 있는 장치가 되어 있어야 한다. 이들 장치는 상부에 슬라이드가 배열되게 하고, 하부에 대본(臺本), 해설서, 지도서 및 다수의 딸림자료가 배열될 수 있어서 이용에 편리하다. 딸림자료가 전시형태로 보관되게 하는 것도 하나의 방법이다.

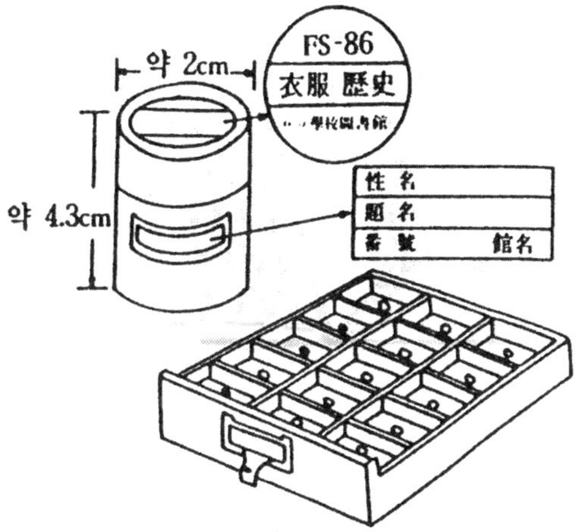

<8-4. 보관용기>

「보관상의 유의점」

· 온도는 10℃(50°F), 습도는 50%의 상태에서 슬라이드를 보관하는 것이 가장 최적의 조건이다. 이를 위해 방습장치를 쓰는 것도 좋다.
· 직사광을 피해야 하고, 과도한 온도나 습도를 피해야 한다.
· 열기에 의한 자장의 성분이 적은 곳이어야 한다.
· 먼지가 적은 곳이어야 한다.
· 사람들의 출입이 적은 곳이어야 한다.

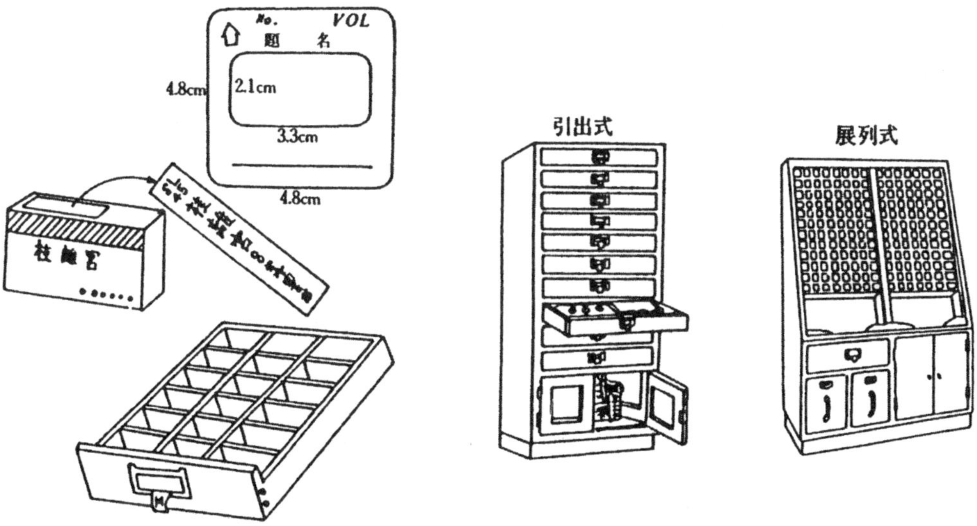

<8-5. 보관 및 진열대>

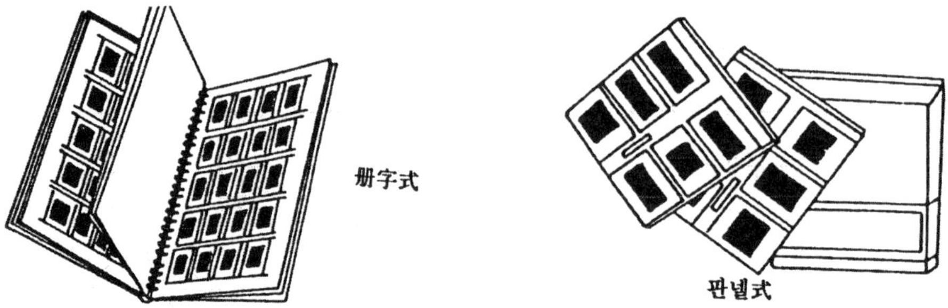

<8-6. 책자형 보관용기>

8.4. 슬라이드자료의 분류

슬라이드자료의 분류에는 ① 검색의 속도, ② 표준되는 순서, ③ 장기간의 경제적 유지, ④ 공동목록을 위한 가능성 등을 고려해야 한다.[206]

슬라이드자료의 분류방법은 다른 시청각자료와 같이 별치기호와 수입순번호에 의한 고정식방법과 분류체계에 의한 상관식방법이 있다.

고정식방법은 첫째 단계로 형태와 제작별에 따라 통일된 형식의 별치기호를 부여하고, 둘째 단계로 수입순번호나 함가번호를 주어 그 배가위치를 정한다. 그러므로 이 방법에서 분류번호나 주제명의 검색은 목록을 통해서만 접근이 가능하게 된다. 슬라이드자료에 사용되는 별치기호는 공통되는 별치기호와 형태별에 따른 별치기호로 구성한다.

종별명	별치기호
슬라이드(slide)	SA
단매슬라이드(mount slides)	SL
줄슬라이드(filmstrip)	SF
현미슬라이드(microscope slide)	SM
입체슬라이드(stereoscope slide)	ST

206) Luraine Tansey, "Classification of Research Photographs and Slides," *Library Trends,* 23, no. 3 (Jan. 1975), 420.

유성슬라이드(audio-slides) ································· SU

형태별로 단매슬라이드와 줄슬라이드로 대별하여 분류를 위한 별치기호를 사용하기도 하지만 도서관에 따라서는 슬라이드의 제작방법과 영상방법에 따른 현미슬라이드, 입체슬라이드, 유성슬라이드로 구분하여 별치하기도 한다.

분류표에 의한 방법은 내용의 주제를 분류체계에 따라 문자나 숫자로 표시하여 같은 종류가 한 장소에 집합되게 한 것이다. 분류표는 일반도서에서 사용되는 표를 함께 사용하기도 하나 특별히 슬라이드자료만을 위한 분류표를 만들어 사용하기도 한다.

다음은 슬라이드자료의 전용분류체계를 예로 제시한 것이다.

Slide Classification

First Line :

01 Maps
02 Portraits of Artists, Architects, Engineers.
1 Architecture
2 Painting, Drawing
3 Sculpture
4 Pottery, Ceramics
5 Furniture, Interior Decoration
6 Textiles
7 Jewelry

First line

01 Maps
Second line : Cutter number for country or Geographic area depicted (main entry)
Third line : Date or Period illustrated
Fourth line : Serial number(1 for 1st map owned or this period, etc.)

02 Portraits of Artists, Architects, Engineers.
Second line : Cutter number for person depicted(main entry)
Third line : Cutter number for Artist or Photographer, and Serial numbe

1 Architecture
Architectural Technique : First line — 1A0
Second line : Cutter number for name of technique(main entry)

Third line : Cutter number for application of technique, and view symbol.

Plans never built, not designed for any one location :

1st line : —1A0

2nd line : Cutter number for architect(main entry)

3rd line : Cuttter number for building name.

All other Architecture :

1st line : 1 followed by Cutter number for country or continent.

2nd line : Cutter number for city or geographic area(main entry)

3rd line : Building type code from following table

4th line : Cutter number for building name, and view symbol.

2 Painting, Drawing
3 Sculpture
4 Pottery, Ceramics
5 Furniture, Interior decoration
6 Textiles
7 Jewelry

Art Forms 2-7

2nd line : Cutter number for Artists (main entry);

A0 = Anonymous

Z99 = Technique

3rd line : Cutter number for title of work or for name of technique, and view symbol.

Building type Codes

0 Fragments, Special series

1 City Maps and Plans
- 1.1 Aerial Views
- 1.2 Walls, Gates, Fortification
- 1.3 Streets
- 1.4 Squares, Plazas, Circles, etc.
- 1.5 Parks
- 1.6 Monuments
- 1.7 Foundations, Pools, Rivers

2 Religious buildings
- 2.1 Chapels, Churches
- 2.2 Cathedrals, Basilicas
- 2.3 Monasteries, Convents, Abbeys
- 2.4 Episcopal Palaces
- 2.5 Temples
- 2.6 Synagogues
- 2.7 Masques
- 2.8 Tombs, Cemeteries, Crematoria, etc.
- 2.9 Shrines, Sacred Places.

3 Palaces, Castles, Chateaux, Villas, Large Estates.

4 Houses(1-family or duplex)
- 4.1 Townhouses, Row Houses
- 4.2 Apartment Houses
- 4.3 Housing Projects
- 4.4 Farms and Farm Buildings
- 4.5 Primitive Housing(Caves, Tents, etc.)

5 Educational Building
- 5.1 Day Care Centers, Nursery Schools
- 5.2 Primary Schools
- 5.3 Secondary Schools
- 5.4 Private or Special Schools, Academies, etc.
- 5.5 College and University Buildings (followed in parentheses by 2-figure Cutter for name of institution)

6 Cultural Buildings
- 6.1 Libraries
- 6.2 Museums, Galleries
- 6.3 Observatories, Planetaria
- 6.4 Zoos, Aquaria
- 6.5 Theaters, Concert Halls
- 6.6 Sports Buildings
- 6.7 Playgrounds, Amusement Part
- 6.8 Community Centers
- 6.9 Clubs, Organizations

7 Governmental Buildings
- 7.1 Local(city or country)
- 7.2 State or Province
- 7.3 National
- 7.4 International
- 7.5 Embassies, Consulates

8 Business Buildings
- 8.1 Office Building
- 8.2 Banks, Stock Exchanges
- 8.3 Communications Building(Radio. TV. Telephone. Newspapers, etc.)
- 8.4 Stores and Shops
- 8.5 Factories, Laboratories
- 8.6 Warehouses
- 8.7 Restaurants, Bars, etc.
- 8.8 Hotels, Motels

9 Transportation Building and Facilities
- 9.1 Roads, Freeways
- 9.2 Bus Terminals
- 9.3 Railroad Stations
- 9.4 Airports
- 9.5 Docks, Shipyards
- 9.6 Bridges
- 9.7 Tunnels
- 9.8 Dikes, Canals, Dams

10 Health Care and Public Safety Building
- 10.1 Hospitals, Clinics
- 10.2 Medical Offices
- 10.3 Veterinary Offices
- 10.4 Sanitation Building(Water Processing Plants, etc.)

11 Expositions, World Fairs

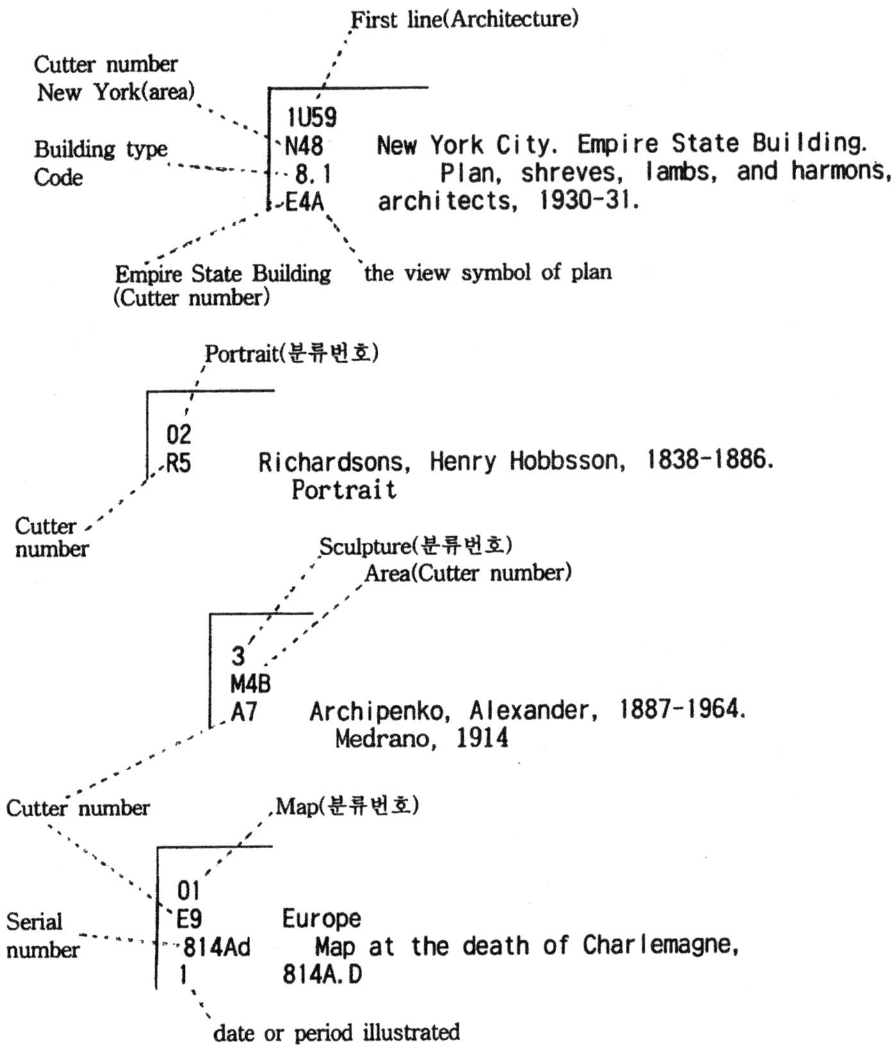

8.5. 슬라이드자료의 목록

8.5.1. 슬라이드자료 목록의 의의

슬라이드자료의 목록은 일반도서의 목록규칙에 준하기 때문에 여기에서는 슬라이드자료가 가진 특수사항을 중심으로 상술하였다.

1) 목록의 종류

· 표제목록: 슬라이드 제목, 화면의 제목, 시리즈명 등
· 저자명목록: 촬영자, 제작자, 자작관계자 등
· 주제명목록: 인명, 지명, 일반주제명 등
· 분류목록: 분류체계의 의한 분류번호

이외에도 사무용으로 필요한 전거목록207)과 같은 것을 작성하기도 한다.

2) 정보원

슬라이드자료의 으뜸정보원은 자료 그 자체와 이를 담고 있는 용기이다. 두 개 이상으로 구성된 슬라이드자료가 용기에는 종합표제가 있고, 각 자료에 단일표제 없을 때는 그 용기를 으뜸정보원으로 한다. 으뜸정보원으로부터 기술사항을 확인 할 수 없을 때는 다음의 우선순위에 따른다.

「**정보원의 우선순위**」(K4.7.0.3.1;A2.8.0B1)

(a) 표제화면
(a) 용기(box, frame 등)
(b) 딸림자료(manuals, leaflets 등)
(c) 기타 모든 정보원

「**사항별 정보원**」(K4.7.0.3.2;A2.8.0B2)

· 표제와 책임표시사항: 으뜸정보원
· 판사항: 으뜸정보원, 용기, 딸림자료
· 발행사항: 으뜸정보원, 용기, 딸림자료
· 형태사항: 모든 정보원
· 총서사항: 으뜸정보원, 용기, 딸림자료

---

207) 필요한 전거목록은 ① Artist authority file, ② Museum authority file, ③ Place authority file, ④ Subject-matter Cross index, ⑤ Source codes, ⑥ Shelflist, ⑦ Chronological listing, ⑧ Alphabetical countgry listing, ⑨ Present city location list 등을 들 수 있다(Tansey, 421).

· 주기사항: 모든 정보원

· 표준번호 및 입수조건: 모든 정보원

8.5.2. KORMARC: 슬라이드자료

슬라이드자료는 시청각자료(VM=Visual Materials) 중 평면영사자료에 속하기 때문에 상기한 형태별 자료중 시청각자료에 공통으로 적용되는 필드(field)는 이들 자료(제3장 영화 및 비디오녹화자료)의 해당 필드를 참조하게 하였고, 여기는 슬라이드자료에서 특별히 취급되는 필드를 중심으로 설명과 예를 제시하였다.

1. KORMARC의 설계원칙 → 별책 설계원칙 참조

2. 리더(Leader) 〈M〉NR → 별책 리더(leader) 참조

3. 디렉토리(Directory) 〈M〉NR → 별책 디렉토리(directory) 참조

4. 제어필드(00X)－제3장 제어필드 참조

006 부호화 정보필드－부가적 자료 특성(Fixed-Length Data Elements－Additional Material Characteristics) <A>R

자수위치	데이터요소	자수위치	데이터요소
00	시청각자료의 자료형태 g－평면영사자료 k－평면비영사자료 r－입체자료 및 실물 y－키트	05	이용대상자 수준(008/05)
		06-08	미정의(008/23-25)
		09	자료의 형태(008/29)
		10-11	미정의(008/10-11)
01-03	영화나 비디오녹화자료의 상영시간(008/18-20)	12	시청각자료의 유형(008/33)
04	미정의(008/04)	13	기술수준(008/34)

007 형태기술필드(Physical description fixed field－general information) <O>R

슬라이드자료는 평면영사자료에 속하기 때문에 007필드는 평면영사자료의 형태사항에 관한 정보를 부호로 알려주기 위한 필드로 제시하였다. 평면영사자료는 첫 번째 00자리를 자료범주표시 'g'로 하고, 01-08자리까지 모두 9자리의 고정길이 필드로 구성된다. 다음은 평면영사자료의 형태기술필드를 도식화한 것이다.

「평면영사자료」

자수위치	자리수	데이터명	데 이 터 요 소
00	1	자료범주표시	g-평면영상자료(영사기를 사용하여 볼 수 있는 평면자료, 단 영화는 제외)
01	1	특정자료종별 (SMD)	c-필름스트립 카트리지. d-필름슬립. f-기타 필름스트립 유형. o-필름스트립 롤. s-슬라이드. t-트랜스페어런시(엑스레이 포함). u-자료를 특정화하지 않음. z-기타. |-부호화 않음
02	1	미정의	ƀ-미정의
03	1	색채	a-단색. b-흑백. c-천연색. h-수작업에 의한 색. m-혼합(단색, 흑백, 천연색 등). n-적용불가(상이 없음). u-미상. z-기타. |-부호화 않음.
04	1	감광유제	d-유리. e-합성수지(플라스틱, 비닐). j-안전 필름. k-안전 필름을 제외한 필름. m-혼합. o-종이. u-미상. z-기타 |-부호화 않음
05	1	음향 유무	ƀ-무성. a-매체 자체에 음향이 수록되어 있음. b-매체와 별도로 음향이 수록되어 있음. u-미상. |-부호화 않음.
06	1	음향수록 매체	ƀ-무성. a-영화필름상의 광학녹음트랙. b-영화필름상의 마그네틱녹음트랙. c-카트리지상의 마그네틱음향 테이프. d-음반. e-릴 상의 마그네틱음향테이프. f-카세트 상의 마그네틱음향테이프. g-영화필름상의 광학 및 마그네틱녹음트랙. h-비디오테이프. i-비디오디스크. u-미상. z-기타 |-부호화 않음.
07	1	필름의 폭	u-미상. z-기타 |-부호화 않음. *필름스트립*: a-표준 8 mm. b-수퍼 8 mm/싱글 8 mm. c-9.5 mm. d-16 mm. e-28 mm. f-35 mm. g-70 mm *슬라이드*: j-2×2 in. 혹은 5×5 cm. k-$2^1/_4$×$2^1/_4$ in. 혹은 6×6 cm *트랜스페어런시*: s-4×5 in. 혹은 10×13 cm. t-5×7 in. 혹은 12×18 cm. v-9×10 in. 혹은 21×26 cm. w-9×9 in. 혹은 23×23 cm. x-10×10 in. 혹은 26×26 cm. y-7×7 in. 혹은 18×18 cm.
08	1	틀의 재질	ƀ-틀이 없음. c-마분지. d-유리. e-합성수지(플라스틱, 비닐 등). h-금속. j-금속과 유리. k-합성수지와 유리. m-혼합. u-미상. z-기타 |-부호화 않음.

「평면영사자료의 형태기술필드 예」

Tag
00(1자리: **자료범주표시**): g-평면영상자료
01(1자리: **특정자료종별**: s-슬라이드
02(1자리: 미정의): ƀ-미정의
03(1자리: **색채**): c-천연색
04(1자리: **감광유제**): j-안전필름
05(1자리: **매체의 음향수록**): ƀ-무성

007 gsƀcjƀƀac

08(1자리: **틀의 재질**): c-마분지
07(1자리: **필름의 폭/크기**): a-표준 8 mm
06(1자리: **음향수록 매체**): ƀ-무성

008 부호화정보필드(Fixed-length data elements) <M>NR → 별책, 제3장 008필드 참조

슬라이드자료의 008필드는 시청각자료의 부호화정보필드로 작성되기 때문에 제3장의 영화 및 비디오녹화자료를 참조해야 한다.

5. 숫자적 필드(01X-09X) → 제3장 숫자적 필드 참조

074 정부간행물번호(GPRN/GPO Item Number) <O>R → 별책 074필드 참조

074 bb ▾a334-C-1
074 bb ▾a277-1-2 (MF)
<출력> GPO자료번호: 334-C-1; 277-1-2 (MF)
*식별기호 '▾a'에 의해 'GPO자료번호:'라는 표출어가 자동 생성된다.
*MF는 Microfilm의 약자로 마이크로 필름자료번호에 부기한다.
*074필드가 반복 기재된 번호는 출력에서 ';'으로 구분하여 함께 출력된다.

074 bb ▾k11-1310091-000043-01
<출력> 발간등록번호: 11-1310091-000043-01
*식별기호 '▾k'에 의해 '발간등록번호:'라는 표출어가 자동 생성된다.

090 자관 청구기호(Local call number) <A>R → 별책 090필드 참조

6. 기본표목(1XX)-제3장 제어필드 참조

슬라이드자료는 대부분의 자료가 표제를 서명줄머리잡기로 245필드에 기술한다. 그러나 제작처나 제작자가 분명히 표시되어 있을 때와 주제명에 의한 것일 때는 저자명기본기입으로 1XX에 기술한다[208]. 그리고 세트로 된 자료는 시리즈명을 서명줄머리잡기로 기재한다(제3장 100, 110, 111, 130필드 참조).

100 기본표목-개인명(Main Entry-Personal Name) <A>NR → 별책 100필드 참조

110 기본표목-단체명(Main Entry-Corporate Name) <A>NR → 별책 110필드 참조

111 기본표목-회의명(Main Entry-Meeting Name) <A>NR → 별책 111필드 참조

130 기본표목-통일표제(Main Entry-Uniform Title) <A>NR → 별책 130필드 참조

---

208) A2., 569

「저자명기본기입」

1XX ▾a저자명
245 ❶❷ ▾a표제 / ▾d저자명

「서명줄머리잡기」

245 ❶❷ ▾a표제 / ▾d저자명

7. 표제 및 표제관련 필드(20X–24X)

240 **통일표제**(Uniform Title)(A2R.25.28A) <O>NR → 제2장 240필드 참조

242 **목록작성기관에서 번역한 표제**(Translation of Title by Cataloging Agency) <O>R → 별책 242필드 참조

243 **종합통일표제**(Collective Uniform Title) <O>NR → 별책 243필드 참조

245 **표제와 책임표시사항**(Title Statement) <M>NR → 별책 245필드 참조

245 ❶❷ ▾a본표제, [일명], 별표제 ▾h[GMD] = ▾x대등표제 : ▾b표제관련정보

GMD: 슬라이드자료의 GMD는 '슬라이드', 'slide', 'filmstrip' 등이 있는데 본서에서는 '슬라이드', 'slide'로 통일하여 입력하였다.

책임표시: 슬라이드의 기획자, 편집자, 촬영자, 원작자, 각색자, 화가 등 저작에 참여한 인명이나 단체명을 입력한다.

245 ❶❷ ▾a본표제 ▾h[GMD] / ▾d저자, ▾e공저자 ; ▾e역할을 달리한 저자

246 **여러 형태의 표제**(Varying form of title) <A>R → 별책 246필드 참조

8. 판차, 자료의 특성, 발행 등 필드(250–270)

250 **판사항**(Edition statement) <A>NR → 별책-제7장 250필드 참조

257 **기록필름의 제작국명**(Country of Producing Entity for Archival Films) <A>NR → 제3장 257필드 참조

260 **발행사항, 배포사항, 제작사항**(인쇄사항)(Publication/Distribution, etc.) <A>NR → 제3장 260필드 참조

270 **자료관련주소**(Address) <O>R → 별책 270필드 참조

9. 형태사항 등(3XX)

300 형태기술사항(Physical Description) <M>R → 별책 300필드 참조

300 ƀƀ ▾a특정자료종별과 수량 : ▾b기타 형태적 세목 ; ▾c크기 + ▾e딸림자료

· 단매슬라이드(slide)[209]:

----------------a---------------- ---------------b---------------- ----c------

300 ƀƀ ▾a슬라이드 종별과 매수 (본화면수, 표제화면수, 화면넓이) : ▾b

---d--- --e-- ---f--- -----g----- ------------------h-----------------

유/무성, 색채 ; ▾c크기 + ▾e딸림자료 (딸림자료의 형태기술사항)

300 ƀƀ ▾a슬라이드 40매 : ▾b무성, 칼라 ; ▾c7×7 cm + ▾e음반 ((1매 (30 분) : 33⅓ 회전, 단음 ; 12 인치)

300 ƀƀ ▾a40 slides : ▾bsi., col. ; ▾c7×7 cm + ▾e1 sound disc ((30 min.) : 33⅓ rpm, mono. ; 12 in.)

· 줄슬라이드(Filmstrip):

300 ƀƀ ▾a줄슬라이드 릴과 권수 (본화면수, 표제화면수, 화면넓이) : ▾b유성(녹음시스템명), 무성, 색채 ; ▾c필름폭 + ▾e딸림자료 (딸림자료의 형태기술사항)

300 ƀƀ ▾a줄슬라이드 1권 (본화면 41, 표제화면 4, double) : ▾b유성(3M talking slide), 천연색 ; ▾c35 mm + ▾e교사안내서 (1책)

300 ƀƀ ▾a1 filmstrip (45 double fr., 4 title fr.) : ▾bsd.(3M talking slide), col. ; ▾c35 mm + ▾e1 teacher's guide.

(1) 특정자료종별과 수량

특정자료종별은 형태별 명칭인 '슬라이드', 'slide', '줄슬라이드', 'filmstrip' 등을, 수량은 표제화면(title frame)에서 끝화면(end frame)까지의 화면수를 기술한다. 이때 화면조정

209) a: 단매슬라이드는 화면수를 매수로 표시하고, 줄슬라이드는 reel의 매수를 권으로 기재한다. b: 표제화면이 별도로 있을 때에만 본화면수와 구분하여 기재한다. c: 화면넓이는 single과 double이 있는데 보통 single일 때에는 표시하지 않는다. d: Slide를 위해 별도로 녹음된 것은 유성(sd.)으로 기재한다. e: 흑백은 표시하지 않고 천연색이나 착색일 때에만 표시한다. f: 크기는 슬라이드 대지의 크기를 세로×가로 cm로 기재하고, 줄슬라이드는 필름의 폭을 mm로 기재한다. g: 딸림자료가 있을 때 딸림자료의 명칭을 표시한다. 딸림자료의 표제명이 본자료명과 다른 경우는 이를 주기한다. h: 딸림자료의 형태기술사항을 ()에 묶어 기재한다. 딸림자료가 별도의 표제로 일반주기될 때에는 형태기술사항을 표제와 함께 기재한다.

용(focus용)으로 있는 전후의 frame은 매수에 포함시키지 않고 본화면수, 표제화면수, 화면의 넓이 등을 ( )에 묶어 보기하는데, 화면의 넓이는 'double frame'이나 'single frame'으로 표시한다. Filmstrip이나 Stereograph일 때는 수량표시에 reel의 권수를 기술하고, 필요한 경우 ( )에 화면수와 슬라이드 넓이를 기재한다.

규칙별 특정자료종별

KORMARC	M21
필름스트립 카트리지	Filmstrip cartridge
필름스트립	Filmslip
기타 필름스트립 유형	Other filmstrip type
필름스트립 롤	Filmstrip roll
슬라이드	Slide
트랜스페어런시(엑스레이 포함)	Transparency

300 ꝥꝥ ▾a특정자료종별과 수량 (본화면수, 표제화면수, 화면의 넓이) :

(2) 기타 형태적 세목

기타 형태적 세목은 음향과 색채를 300필드에 식별기호 ▾b로 기술한다.

음향은 유성(sd: sound)과 무성(si: silent)으로 구분하여 기재하고, 유성일 때 자료자체에 포함 여부를 표시하고, 분리된 경우는 음향이 수록된 테이프 카트리지(magnetic audio tape in cartridge), 사운드 디스크(sound disc), 테이프 릴(magnetic audio tape on reel), 테이프 카세트(magnetic audio tape in cassette) 등의 용기명을 필요에 따라 500필드에 주기한다.

색채는 단색(one color), 흑백(black-and-white), 착색(hand colored), 천연색(multicolored), 혼합(mixed) 등을 표시하되, 사진은 '묘화'(묘화(描畵)인 경우), '흑백', '흑백착색' 등으로 300필드에 식별기호 ▾b로 입력한다.

300 ꝥꝥ ▾a특정자료종별과 수량 : ▾b유.무성, 색채 ;

(3) 크기

크기는 대지의 크기와 필름의 폭을 mm 단위로 300필드에 식별기호 ▾c로 기술한다. 단매슬라이드는 대지의 폭을 '세로×가로 cm'로 입력하고, 줄슬라이드는 필름의 폭을 mm 단위로 입력한다. 단매슬라이드의 크기가 표준적인 것일 때는 크기 표시를 생략하기도 한다. 다음은 규칙으로 제시된 자료의 크기 표시이다.

필름스트립	슬라이드	트랜스페어런시
표준 8 mm 수퍼 8 mm /싱글 8 mm 9.5 mm 16 mm 28 mm 35 mm 70 mm	2×2 in. 혹은 5×5 cm $2^{1}/_{4}$×$2^{1}/_{4}$ in. or 6×6 cm 4×5 in. 혹은 10×13 cm. 5×7 in. 혹은 13×18 cm.	4×5 in. 혹은 10×13 cm 5×7 in. 혹은 13×18 cm 8×10 in. 혹은 21×26 cm 7×7 in 혹은 18×18 cm 8×10 in. 혹은 21×26 cm 9×9 in. 혹은 23×23 cm 10×10 in. 혹은 26×26 cm

300 bb ▾a특정자료종별과 수량 : ▾b기타 형태적세목 ; ▾c단매슬라이드 대지의 세로×가로 cm 또는 줄슬라이드 필름의 폭 mm

(4) 딸림자료

슬라이드자료와 한 조로 되어 있는 다른 형태의 자료는 딸림자료로 300필드에 식별기호 ▾e로 입력한다. 딸림자료가 많지 않을 때는 원자료와 함께 배열되게 하고, 형태적인 특성으로 별치해야 할 경우는 모체자료와 함께 이용될 수 있도록 연관되게 정리해야 한다. 딸림자료가 별도의 표제를 가진 것은 500필드에 식별기호로 주기한다.

300 bb ▾a특정자료종별과 수량 : ▾b기타 형태적세목 ; ▾c크기 + ▾e딸림자료 (형태기술사항)

355 보안분류(Security Classification Control) <O>R → 별책 355필드 참조

10. 시리즈사항(Series statement)(4XX) 〈A〉R

세트(set)로 된 슬라이드자료가 개별단위로 정리되었을 때는 세트에 대한 표제를 총서명으로 표제의 부출여부에 따라 440필드나 490필드로 기술한다.

440 총서사항/부출표목－표제(Series Statement－Added Entry) <A>R → 별책 440필드 참조

490 총서사항/부출 않거나 다르게 부출되는 총서표제(Series Statement) <A>R → 별책 490필드 참조

11. 주기사항(50X－58X) → 제3장 주기사항 참조

500 일반주기(General Note) <O>R → 별책, 제3장 500필드 참조

슬라이드자료에 딸려 나온 대본, 해설서, 지도서 등이 슬라이드자료명과 상이한 표제를 가진 것은 '딸림자료'라는 표출어로 500필드에 주기하고, 딸림자료의 표제는 740필드로 부표목한다.

500 ƀƀ ▾a딸림자료: 딸림자료명
740 ƀ❷ ▾a딸림자료명

501 **합철주기**(With Note) <O>R → 별책, 제3장 501필드 참조

502 **학위논문주기**(Dissertation Note) <O>R → 별책 502필드 참조

505 **내용주기**(Formatted Contents Note) <O>NR → 별책, 제3장 505필드 참조

507 **그래픽자료의 축척주기**(Scale Note for Graphic Material) <O>R → 별책, 제3장 507필드 참조

508 **제작진주기**(Creation/Production Credits Note) <A>R → 제3장 508필드 참조

518 **촬영/녹음 일시와 장소 주기**(Date/Time and Place of an Event) <O>R → 제3장 518필드 참조

520 **요약 등 주기**(Summary, etc. Note) <O>R → 별책 520필드 참조

화면을 직접 시사하지 않고도 목록을 통해 내용을 확인할 수 있도록 자료에 대한 개요를 간단히 주기한다. 이때는 내용의 개요뿐 아니라 슬라이드 취급을 위한 주기사항이나 특수장치 등 관람자가 관람에 필요한 유의사항도 함께 기재한다. 내용이 교재의 단원명과 일치할 때는 단원명도 함께 기재한다.

530 **이용가능한 다른형태자료 주기**(Additional Physical Form Available Note) <O>R → 제3장 530필드 참조

533 **복제주기**(Reproduction Note) <A>R → 제3장 533필드 참조

534 **원본주기**(Original Version Note) <A>R → 제3장 534필드 참조

535 **원본/복제본의 소장처 주기**(Location of Originals/Duplicates Note) <O>R → 제3장 535필드 참조

541 **입수처 주기**(Immediate Source of Acquisition Note) <O>R →별책 541필드 참조

580 **연관저록 설명주기**(Linking Entry Complexity Note) <A>R → 제3장 580필드 참조

583 **보존처리 주기**(Action Note) <O>R → 별책 583필드 참조

585 **전시주기**(Exhibitions Note) <O>R → 별책 585필드 참조

586 **수상주기**(Awards Note) <O>R → 별책 586필드 참조

12. 주제명부출표목(6XX)

600 **주제명부출표목－개인명**(Subject Added Entry－Personal Name) <A>R → 별책 600필드 참조

610 **주제명부출표목－단체명**(Subject Added Entry－Corporate Name) <A>R → 별책 610필드 참조

611 **주제명부출표목－회의명**(Subject Added Entry－Meeting Name) <A> R → 별책 611필드 참조

630 **주제명부출표목－통일표제**(Subject Added Entry－Uniform Title) <A>R → 별책 630필드 참조

650 **주제명부출표목－일반주제명**(Subject Added Entry－Topical Term) <A>R → 별책 650필드 참조

651 **주제명부출표목－지**명(Subject Added Entry－Geographic Name) <A>R → 별책 651필드 참조

653 **비통제주제명**(Index Term－Uncontrolled) <A>NR → 별책 653필드 참조

654 **주제명부출표목－패싯 주제어**(Subject Added Entry－Faceted Topical Terms) <A>R → 별책 654필드 참조

655 **색인어－장르/형식**(Index Term－Genre/Form) <O>R → 별책 655필드 참조

658 **색인어－교과과정 교재**(Index Term－Curriculum Objective) <O>R → 별책 658필드 참조

13. 부출표목(70X-75X)

700 **부출표목－개인명**(Added Entry－Personal Name) <A>R → 제3장 700필드 참조

710 **부출표목－단체명**(Added Entry－Corporate Name) <A>R → 제3장 710필드 참조

711 **부출표목－회의명**(Added Entry－Meeting Name) <A>R → 제3장 711필드 참조

720 **부출표목－통제되지 않은 이름**(Added Entry－Uncontrolled Name) <O>R → 별책 720필드 참조

730 **부출표목－통일표제**(Added Entry－Uniform Title) <A>R → 제3장 730필드 참조

740 **부출표목－본표제와 다르게 부출되는 표제**(Added Entry－Uncontrolled Related/Analytical Title) <A>R → 제3장 740필드 참조

14. 연관저록(76X－78X)

773 **기본자료저록**(Host Item Entry) <A>R → 별책 773필드 참조

776 **기타형태저록**(Additional Physical Form Entry) <O>R → 별책 776필드 참조

15. 총서부출표목－통일표제(80X－830)

800 **총서부출표목－개인명**(Series Added Entry－Personal Name) <A>R → 별책 800필드 참조

810 **총서부출표목－단체명**(Series Added Entry－Corperate Name) <A>R → 별책 810필드 참조

811 **총서부출표목－회의명**(Series Added Entry－Meeting Name) <A>R → 별책 811필드 참조

830 **총서부출표목－통일총서표제**(Series Added Entry－Uniform Title) <A>R → 별책 830필드 참조

16. 소장, 변형문자 등－일반정보(Holdings, Alternate Graphics, etc.－General Information)(841－88X)

850 **소장기관**(Holding Institution) <O>R → 별책 850필드 참조

852 **소장위치**(Location) <O>R → 별책 852필드 참조

17. 로컬필드(9XX) → 별책 9XX 해당 필드 참조

<표 7> 권호(卷號)관계 약어

bulletin → bull.

fascicle, fascicule → fasc.

  Lieferung → Lfg.

  sešit → šes.(체코슬로바키아)

  zeszyt → zesz.(폴란드)

number,-s → no.

  cislo → čis.(체코슬로바키아)

  number → nr.(폴란드)

  numéro → no(불란서)

  numero → n.(이탈리아)

  número → no.(스페인)

  Nummer → Nr.(독일)

  szám → sz.(항가리)

Part,-s. → Pt., Pts.

  Abteilung, Abtheilung → Art., Abth.

  afdeling → afd.(화란)

  čast → č.(체코슬로바키아)

  czesc → cz.(폴란드)

  livraison → livr.(불란서)

  parte → pt.(이탈리아, 스페인)

  partie → ptie.(불란서)

  Teil, Theil → T., Th.

report → rept.

series → ser.

  série → sér.

supplement → suppl.

  Erganzungsband → Erg. Bd.

  Ergamzimgsheft → Erg. Hft.

  uzupelnione → uzup.(폴란드)

volume,-s → v., vol., vols.

  Bändchen → Bdchn.

  Bände → Bde.

  Band → Bd.

  band → bd.(스웨덴)

  Halbband → Halbbd.

  Heft → Hft.

  kötet → köt.(항가리)

  svazek → sv.(체코슬로바키아)

  TOM → T.

  tome → t.(불란서)

  tomo → t.(이탈리아, 스페인)

year

  årgang → årg.(스웨덴)

  jaargang → jaarg.(화란)

  Jahrgang → Jahrg.

  rok → r.(체코슬로바키아, 폴란드)

new series → new ser.

  neue Folge → n.F.

제9장 기타 비도서자료

9.1. 파일자료

9.1.1. 파일자료의 의의

1) 정 의

파일자료는 단행본자료에서 발견할 수 없는 필요한 여러 가지 정보자료[210]를 이용자들에게 풍부하고 손쉽게 그리고 신속하게 제공함으로써 학교교육이나 사회교육에 보다 훌륭히 학습에 임할 수 있도록 봉사하는 데 그 의의가 있다. 파일자료는 정보자료를 한 곳에 모아서 여러 자료들이 서로 호환적인 관계에서 총합적으로 이용되도록 조직한 것이다. 이 자료는 도서관이 참고업무를 수행하는 데 있어서 극히 필요한 정보수집과 정리방법의 하나이다.

파일자료는 성격에 따라 information file과 vertical file이라는 두 가지 용어로 명명한다. Information file이란 각종각양의 정보를 수록하고 있는 신문, 잡지의 절취자료, 단매자료(leaflet), 그림엽서, 그리고 소책자자료와 같은 극히 개별화된 작은 자료(ephemeral material)를 filing system에 의해 주제별로 조직함으로써 필요로 하는 이용자가 즉시 참고해 볼 수 있도록 한 자료를 말한다. 이는 도서관의 정보봉사나 학교에서는 학습을 위한 교육매체

---

210) Geraldine N. Gould and Ithmer C. Wolfe, *How to Organize and Maintain the Library Picture/Pamphlet File* (New York: Oceana Publications, Inc., 1968), 1.

(media)로서도 그 체계를 갖춘 자료를 말한다. 파일자료는 도서관에서 사서의 참고업무를 위하여 쉽게 검색되고 이용되어야 하고, 학교에서는 학생의 학습과 교사의 학습지도상 교과 단원과 직접적으로 관계될 수 있도록 조직되어야 한다.

Vertical file은 자료가 수직으로 배열되어 있는 상태를 표시한 말로 외형상 혹은 정리기술 면에서 사용되는 용어이다. 낡아 이용가치가 없어진 자료를 제거하고 항상 새로운 자료로 대치하는 데 신속하고도 간편하게 정리할 수 있게 한 배열체계이다.

파일에 정리되는 자료는 도서에 대한 보조적인 인쇄물들이며 일반적으로 수명이 짧은 단명(ephemeral)한 자료이지만 도서에서 참고할 수 없는 귀중한 정보원인 것이다.

2) 특성

파일자료는 정보를 간결하게 제공하고 최신정보의 제공을 그 생명으로 하기 때문에 어떤 것은 안정적인 자료로서 반영구적인 자료의 성격을 가지고, 또 어떤 것은 최신성을 생명으로 하기 때문에 항상 새로운 것으로 갱신해야 한다. 이용에 따른 파일자료의 특성을 학교교육적인 차원에서 학생과 교사의 입장에서와 도서관의 사서의 입장에서 생각해 보았다.

(a) 교재성: 학생에게는 교실에서 학습내용을 심화시키고 확충시키며, 교사에게는 학습과정의 교재원으로 효과적이고, 효율적인 학습 자료원이 된다.
(b) 정보성: 도서관에서는 최신정보를 제공할 수 있는 조사연구의 자료원이 되고, 많은 정보원으로부터 수집된 자료를 비교 이용할 수 있는 풍부한 정보성을 가진다. 학생에게는 문제해결을 위한 학습원이 되고, 교사에게는 교재연구의 자료원이 된다.
(c) 자작성: 파일자료는 자작될 수 있는 자료로 학습이나 정보제공에 활용된다.
(d) 교육성: 파일자료의 자작을 통해서 교육적인 효과를 기대할 수 있다. 파일자료를 통해서 단행본자료와 교사의 설명에 대한 부족한 부분을 보충할 수 있다.

이렇게 파일자료는 학생과 교사 그리고 도서관의 사서가 자작에 의해 이용자의 정보요구에 응할 수 있으므로 다른 시청각자료와는 달리 적은 경비부담으로 효과를 얻을 수 있는 특징을 가지고 있다.

3) 한계

파일자료의 수집은 각 도서관의 수서 정책, 장서량, 복사방법 등과 밀접한 관계를 가지고 있다. 학교도서관의 파일자료는 주로 교과목에 관련된 자료와 교육에 필요한 자료들이고, 공공도서관은 그 지역사회의 역사, 주요기관의 현황, 지역의 행정기관과 행정사무에 관련된 자료, 최근의 논쟁적 사건 및 문제를 다룬 자료들, 그리고 구두, 문서, 전화 등의 참고질의에 답하기 위한 모든 분야의 자료들이 수집, 정리되어야 한다.

파일자료의 수집은 경제성을 고려해서 반드시 수집의 한계와 수집된 자료의 제거에 대한 기준이 있어야 한다.

9.1.2. 파일자료의 종류

파일자료의 소재원이 되는 대상을 중심으로 그 종류를 열거하였다.[211)]

(a) 절취자료(clipping): 신문, 잡지의 시사해설, 특집기사, 기타 참고질의에 도움이 되는 인쇄물을 오려 모은 정보자료

(b) 소책자(pamphlet): 국가, 공공기관, 학교, 단체, 학회, 공장, 박람회, 전람회 등에서 발행된 사업개요, 안내, 목록, 연구물, 회보, 선전물, 광고자료 등 책자형식의 파일자료

(c) 단매자료(leaflet): 한 단체나 기관에서 발행하는 광고, 안내, 선전에 관한 낱장자료

(d) 그림(picture), 사진, 청사진: 화가의 그림, 사진, 관광지의 풍경 등과 시설을 위한 설계도의 청사진, 특허자료의 청사진

(e) 지도, 도표: 낱장으로 된 지도, 도표, 기구표, 통계, 그래프, 벽신문류, 포스터 등의 자료

(f) 작품: 연구물, 졸업작품, 보고서 등의 자료

이렇게 파일자료는 각 소재원에서 얻어진 자료를 내용의 주제별로 파일하여 정보자료로 이용하게 한 것이다.

9.1.3. 파일자료의 관리

파일자료의 대상이 된 자료들은 도서와 같이 개개의 자료를 독립해서 관리할 수 없기

---

211) Gould and Wolfe.

때문에 주제가 주어진 폴더 속에 넣어 파일 캐비닛이나 서가상 주제별 문자순이나 분류순에 따라 배열 보관해야 한다. 정보자료 중에서 영구보존의 가치가 있는 것은 파일자료로서 별도로 정리, 보존해야 한다. 파일에 정리된 자료는 신속하고 정확한 검색을 위해서 상호간에 '보라 참조'를 하고, 주제간의 구분과 검색의 편의를 위해 유색으로 된 폴더 크기의 안내용 카드(guide card)를 함께 배열해야 한다.

1. 파일 캐비닛(file cabinet)

이용자의 요구에 부응할 수 있는 파일자료의 관리를 위해서 배열이나 검색에 적합한 캐비닛을 구비하여야 한다. 그래서 캐비닛의 선정을 위해서는 다음 사항들이 반드시 고려되어야 한다.

1) 파일 캐비닛의 선정기준

- 용도나 실의 공간에 맞는 크기와 갯수
- 자료를 인출할 때 검색에 불편이 없도록 서랍의 유연성, 평행유지의 여부
- 색채와 실내조화의 고려
- 경험자의 의견 청취
- 이용과 기능면에서 다목적으로 사용될 수 있는 것
- 제작회사의 신용도 등이 고려되어야 한다.

2) 파일 캐비닛의 종류

(1) 서랍의 단수별

- 2단 파일 캐비닛
- 4단 파일 캐비닛
- 5단 파일 캐비닛

(2) 서랍의 크기별

- 엽서크기(letter size): 높이 132×폭 4.7×깊이 62.2 cm
- 문서크기(legal size/cap-size): 높이 132×폭 397×깊이 590 cm

이 외에도 그 필요에 따라 자작하여 사용하는 경우가 있기 때문에 반드시 통일된 규격으로 그 종류를 논할 수는 없다. 다음은 일본의 공업규격(JIS)에 표시된 종류와 규격이다.

캐비닛의 종류와 명칭

종 류		명 칭
2단 파일 캐비닛	A4 B4	A4-2 B4-2
4단 파일 캐비닛	A4 B4	A4-4 B4-4
5단 파일 캐비닛	B5	B5-5

캐비닛의 규격

		A4-2	B4-2	A4-4	B4-4	B5-5
외 부	높이 폭 깊이	740 380-400 620	740 448-468 620	1335 380-400 620	1400 448-468 620	1400 340-360 620
내 부	높이 폭 깊이	270이상 317이상 560이상	297이상 317이상 560이상	297이상384 이상 560이상	297이상384 이상 560이상	222이상 277이상 560이상

캐비닛의 폴더 수용능력은 대개 200매 정도로, 열람용은 2단보다는 4단이 더 많이 사용된다. 서랍은 용도에 따라 여러 가지 모양으로 배열을 달리 하여 사용할 수 있다. 어떤 것은 사무용책상의 서랍을 파일함으로 하거나, 책상 자체를 파일함으로 한 파일전용책상으로 사용하기도 하고, 사무에 편리하도록 파일함의 높이를 임의로 조절하여 사용할 수 있도록 개발한 것들도 있다.

캐비닛의 수가 2개 이상일 때에는 캐비닛의 순위를 먼저 정하고, 다음에 캐비닛의 서랍의 순위를 정한다. 각 서랍에는 주제나 분류번호 등에 의한 보관된 자료의 범위를 표시해두어야 한다.

<9-1. 캐비닛>

2. 폴더(folder)

폴더의 기능은 삽입된 자료의 훼손을 막고, 개별화된 자료의 순서적인 배열과 이들 자료를 신속하고 정확하게 검색을 가능하게 하는 데 있다.

폴더의 지질은 보통 두터운 것으로 하되 유연해야 하고 오래 쓸 수 있도록 질긴 것이어야 한다. 보통 180g/㎡ 이상의 용지가 적당하다. 폴더의 규격은 캐비닛의 크기에 맞는 규격품이어야 하고 그 규격과 종류는 다음과 같은 것들이 있다.

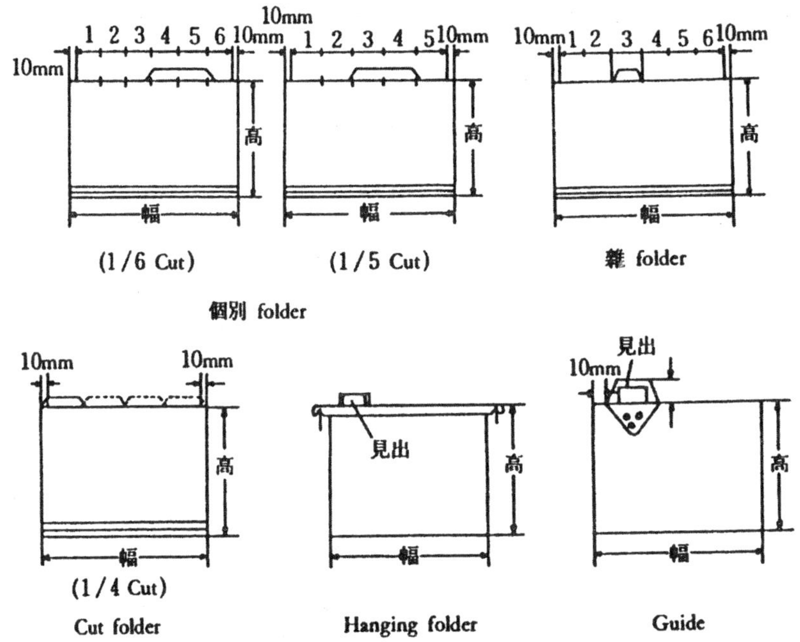

<9-2. 폴더>

1) 규격별(일본공업규격 참조)

· 개별폴더　· 컷폴더　· 잡폴더　· 행잉폴더　· 안내(guide)

2) 절단별

· Full-cut　· Third-cut　· 2/5-cut, under cut　· 2/5-cut, right tab

· Half-cut　· Fifth-cut　· 2/5-cut, R-R tab.　· 2/5-cut, 3/4" tab.

3) 형태별

· Expansion file envelope　· File folder　· Suspension folder

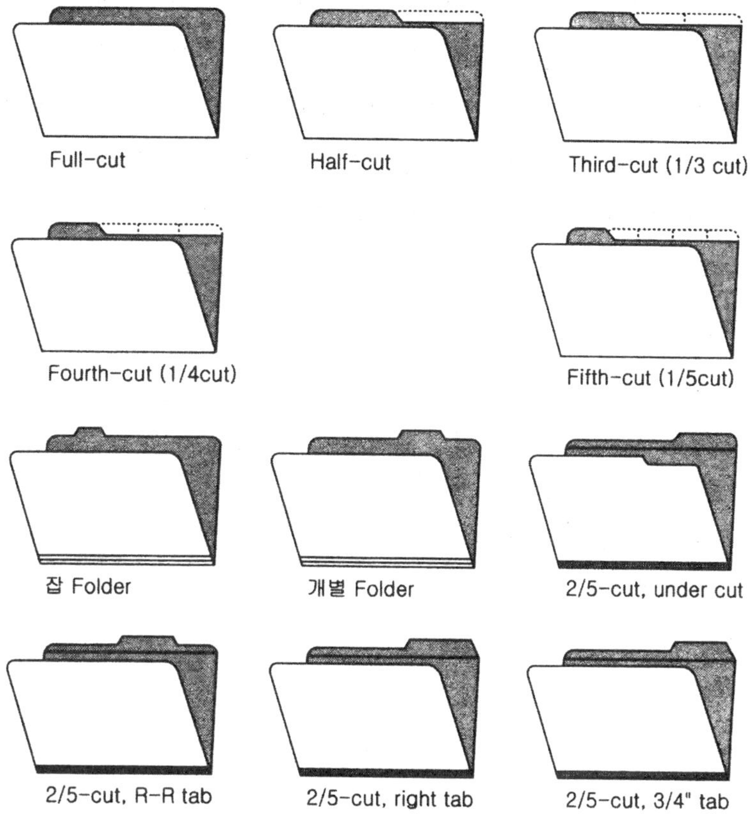

<9-3. 절단된 상태의 폴더>

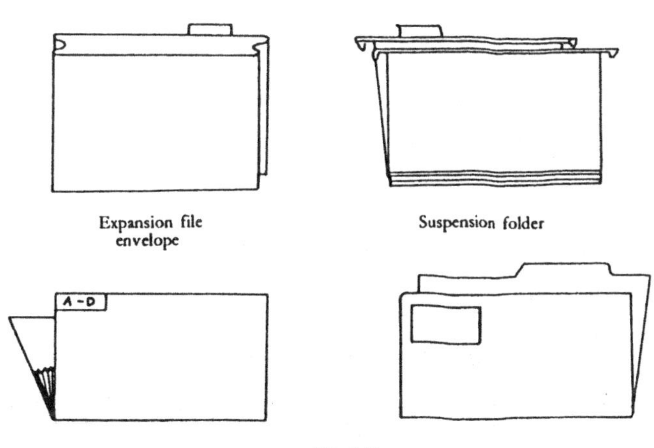

<9-4. 형태별 종류>

자료 검색을 위해 폴더를 안내할 수 있는 안내카드가 필요하다. 이 안내카드는 일반 파일 폴더보다는 두터운 것으로 보통 450-600g/㎡ 혹은 약 1-2 mm 정도의 색지를 사용한다. 필요에 따라서는 폴더와 쉽게 구분될 수 있도록 알미늄판이나 셀룰로이드, 플라스틱제품 등을 사용하기도 한다. 상단에는 1.5 cm의 돌출부를 만들어 검색기호를 기입한다. 폴더나 안내카드에 사용되는 검색기호는 될 수 있는 대로 라벨을 쓰는 것이 좋다.

「**라벨 사용의 장점**」

- 폴더의 검색기호와 잘 구분되기 때문에 검색이 편리하다.
- 폴더와 안내카드를 여러 번 바꾸어 사용할 수 있다.
- 착색으로 색에 의한 구분이 가능하다.
- 배열의 착오를 막을 수 있다.
- 작업을 능률적으로 진행시킨다.
- 타이프라이터를 이용할 수 있다.

폴더와 안내카드에 검색기호로 주어지는 기입어가 중첩되지 않도록 해야 한다.

3. 대 출

폴더자료를 대출하기 위해서는 대출의 근거를 남겨두어야 한다. 폴더에는 일반도서의 북포켓카드와 같은 것이 자료 자체에는 없기 때문에 대출되는 자료에 대하여 개별적으로 기록표를 만드는 형식과 한 파일에 한 장의 복식대출기록표를 두어 그 파일 중의 자료가 대출되고 반납될 때마다 계속 반복하여 대출과 반납에 관한 사항을 기입해두는 두 가지 방법이 주로 사용된다.

이 대출표는 상자 속에 있는 다른 자료들과 구별되게 색지로 한다. 대출자료는 그 자료 자체의 폴더를 그대로 대출하지 말고 대출용폴더를 별도로 두어 그 속에 넣어서 대출한다. 대출기간은 자료의 성질상 일반도서의 대출기간의 약 반 정도로 하는 것이 좋다.

대출기록표에 대한 카드의 높이는 보통 폴더 높이와 같고, 그 폭은 폴더의 ½ 정도면 된다.

4. 파일자료의 제거

파일자료 중에는 정보의 수명이 단명한 것이 대부분이기 때문에 파일자료의 정보가 새로움을 유지할 수 있도록 새로운 자료는 계속 삽입하고 수명이 다한 자료는 정기적으로 내용을 점검하여 이용도가 없는 것은 수시로 제거해야 한다. 제거에는 먼저 원칙을 정하고, 여기에 따라 일관성 있게 제거대상을 선정해야 한다.

貸出

件名	資料名	所屬	人名	返納日

貸出記錄카드

出

V.F.M.貸出記錄 card

分類記號

著者名

所屬	貸出者名	貸出日		返納日	確認印

<9-5. 대출카드>

「제거의 원칙」

- 이용빈도가 적은 정보는 제거해야 한다. 수입년월일을 참고로 내용이 오래 되어 장래에도 불필요한 자료나 반년간의 이용회수를 조사하여 이용되지 않은 자료는 제거의 대상이 된다.
- 일반 참고자료인 사전, 백과사전, 인명, 지명사전, 연감, 핸드북 등과 신문, 잡지에 널리 보도된 정보에 관한 자료는 제거한다.
- 유사한 자료에 의해 대치될 수 있는 자료는 제거한다.
- 개개의 자료적인 가치가 없는 것은 제거한다.

「제거 대상이 아닌 자료」

- 자기고장에서 일어난 최근의 사건에 관한 것
- 전국적, 국제적인 사건에 관한 것
- 서지, 통계에 관한 정보
- 최근에 발생한 중대사건에 관한 개관자료
- 자기 지역사회와 국내에 있는 단체에 관한 자료

· 일반도서에서 얻기 곤란한 자료
· 대답하기 어려웠던 참고질문에 이용한 자료로서 다시 이용될 가능성이 있는 자료 등이다.

제거작업은 대개 날짜에 따라 행해지는데 제거날짜는 폴더에 연필로 기록하고 이를 함께 모은다. 대개 신문의 절취자료는 일년 정도, 보통 파일은 3개월 정도면 제거의 대상이 된다. 통계자료는 다음에 발행될 자료의 간기를 기준으로 제거일자를 정해야 하고, 소책자자료, 단편논문(monograph), 낱장자료(leaflet) 등은 최소한 1년으로 하되 필요에 따라서는 이후라도 재평가하여 연기할 수도 있다.

역사적인 자료, 지방사는 영구적인 보관이 가능하도록 해야 한다. 이때에는 주제명에 '역사'라는 부제를 주어 다른 자료와 구별되게 한다.

9.1.4. 파일자료의 배열

파일자료의 배열은 양에 따라서 그 양이 많지 않을 때에는 횡에 의한 방법으로 서류를 철하는 형식으로도 가능하나, 자료의 양이 많을 때에는 수직에 의한 방법을 주로 쓰고 있다. 수직에 의한 방법에는 vertical file system과 open file system(shelf filing)으로 대별된다.

1. 배가용기별

1) Vertical file

Filing system의 대표적인 것의 하나로 파일함을 이용하는 방법이다. 파일함을 이용하는 경우는 서랍에 파일을 검색어의 문자순이나 숫자순으로 수직으로 배열한다.

「**장점**」

· 자료의 완전한 보관
· 풍부한 가동성

「**단점**」

· 자료의 접근성과 열람성의 결여
· 수용능력의 제한
· 도서와 연계된 전시의 결여
· 경제성의 결여

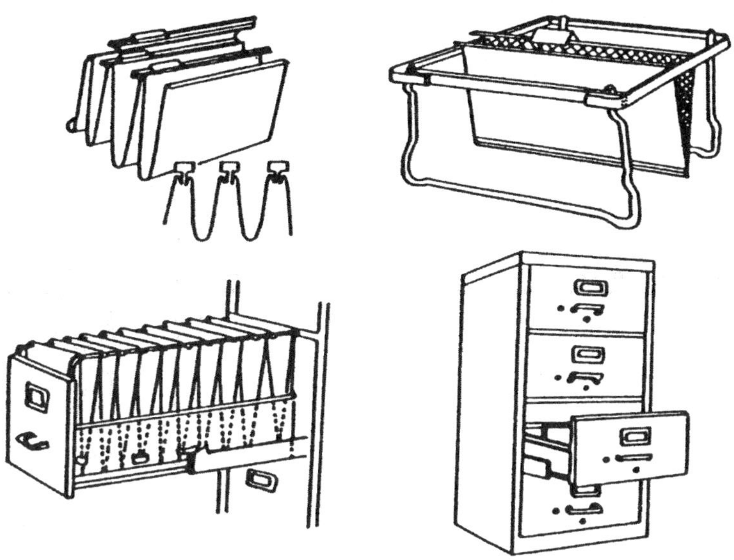

<9-6. 배가용기>

이와 같이 장점보다는 단점이 많지만 자료의 양이 적은 기관에서 가장 많이 쓰여지고 있으며, 용기에 따라서는 이용이 편리한 부분도 있다.

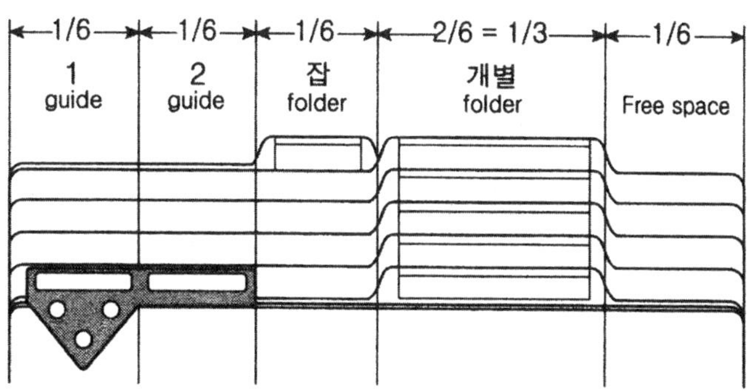

<9-7. 폴더의 조합법>

2) 서가배열(shelf filing)

도서관에서 주로 알려져 있는 방법인데 이는 일반도서를 배열하는 서가에 폴더를 주제나 분류번호순에 따라 배열하는 방법이다. 이때 사용되는 폴더는 가철이 용이한 것을 사용함으로써 수직배열로 인해 가철된 내용물이 빠져 나오지 않게 해야 한다. 이는 자료의 양이 많고 이용빈도가 높은 경우에 보다 경제적이면서 이용에도 편리한 방법이다.

「장점」

· 자료의 접근성, 일람성, 이용성이 풍부하다.

· 수용능력이 풍부하다.

· 도서와 연관성을 가지고 함께 전시가 가능하다.

· 공간, 비용 등이 경제적이다.

「단점」

· 자료의 유지관리가 어렵다.

· 이동이 불편하다.

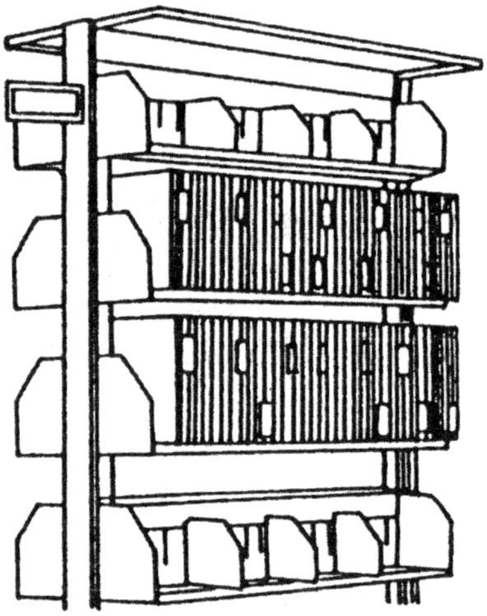

<9-8. 서가배열>

도서관의 성격이나 규모에 따라서 하나의 방법을 선정하여 파일자료가 함께 보관되게 하고, 이용에 불편이 없도록 해야 한다. 방법을 결정할 때는 반드시 다음 사항이 고려되어야 한다.

· 자료 그 자체의 내용, 형태, 다양성이 고려되어야 한다.

· 제 자료의 기술적인 처리가 간편, 신속, 정확해야 한다.

· 다른 자료군과 연관성이 고려되어야 한다.

· 특히 도서관용 목록과 다른 검색물과의 관계가 간단 명료하게 표시되어 있어야 한다.

· 아동이나 특수층의 이용자가 필요한 자료를 찾을 수 있게 소주제까지도 고려해야 한다.

파일자료의 정리를 위한 체계가 결정되면 다음에는 그 체계내의 각 자료들에 대한 배열방법과 열람방법을 결정해야 한다.

2. 배열자순별

1) 문자순(alphabetic)[212)]

이는 자료의 내용을 검색대상의 명칭별 자모순으로 배열하는 방법이다. 여기에 속하는 것으로는

212) Wilmer O. Maedke, Mary F. Robek and Gerald F. Brown, *Information and Records Management* (London: Glencoe Press, l974), 111.

주제별(subject files), 지명별(geographical files), 주소별(correspondence files), 단체명별(organizational files), 인명별(name files) 등이 있다. 문자순배열의 장단점은 다음과 같다.

「**장점**」

- 정리가 비교적 간편하다.
- 필요한 자료를 백과사전과 동일한 방법으로 정리하고 있으므로 직접적인 주제 확인이 용이하다.
- 학생들은 문자순의 색인으로 습관되어 있기 때문에 습관에 의한 검색이 가능하다.
- 저학년 아동들도 검색이 가능하다.
- 주제목록과 연결할 수 있어 도서관의 일반목록과 쉽게 관련지을 수 있다.

「**단점**」

- 이용자가 자료의 전체를 파악할 수 없다.
- 안내어(표목)의 작성방법이 번거롭다.
- 분류순 배열에 비해 체계적이지 못하고 분산된다.
- 학교의 교과과정에 따라 특정부분을 확대 세분하여 처리하는 데 난점이 있다.
- 상호참조가 필요하다.
- 담당자의 숙련이 필요하고 장기적인 정리를 통한 일관성 유지가 어렵다.

대부분의 도서관에서는 문자순 배열을 많이 채용하고 있는데 그 이유는 다음과 같다.

- 대부분의 자료는 정보적인 가치가 일시적이다.
- 자료 자체의 보관 책임정도가 약하므로 가등록 정도로 취급한다.
- 제거나 유동이 심한 것이므로 분류번호의 부기가 번거롭다.
- 이용자가 분류번호를 잘 알지 못하기 때문에 검색이 불편하다.

그러나 이 방법에도 파일용을 위한 주제명표목표가 없기 때문에 주제의 결정에 전문적이고 조직적인 원칙이 선결되어야 한다. 열람용 도서목록과 상호 연관될 수 있도록 참조목록도 함께 작성해야 한다.

2) 숫자순 혹은 분류순

이는 자료를 통일된 분류나 검색의 대상이 된 숫자적인 체계에 따라 배열하는 방법이다. 여기에 속하는 것으로는 연번순(straight numeric), 연식번호순(duplex numeric), 십진식 및 연대순(decimal and chronological filing system) 등이 있다. 이 중에서 분류순 배열은 자관에서 일반도서용으로 사용되고 있는 십진식분류체계(KDC, DDC)와 국제십진분류법(UDC), 그리고 자료기관에서 제작한 자작분류법 등으로 생각할 수 있다. 숫자순배열의 장단점을 열거하면 다음과 같다.

「장점」

· 도서의 분류와 동일한 체계로 배열되기 때문에 작업이 기계적으로 진행된다.
· 동일류의 자료를 접근시켜 배열할 수 있다.
· 특정의 주제가 필요할 때 이를 세분할 수 있다.
· 상호참조를 반드시 필요로 하지 않는다.

「단점」

· 분류체계에 의하므로 검색에 곤란이 있다.
· 주제목록과 연결이 불편하다.
· 폴더에는 불필요하다.

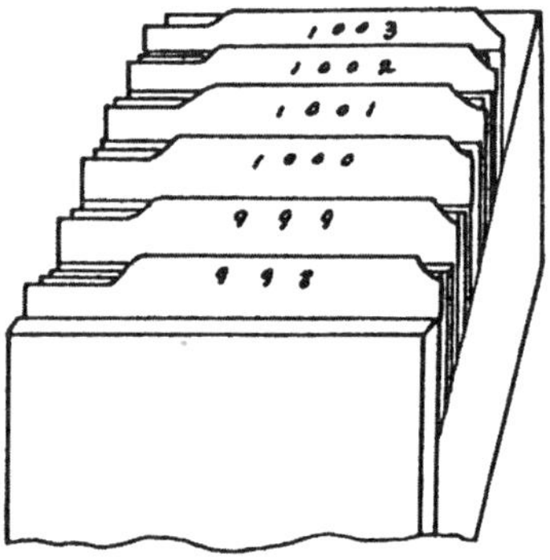

<9-9. 숫자순배열>

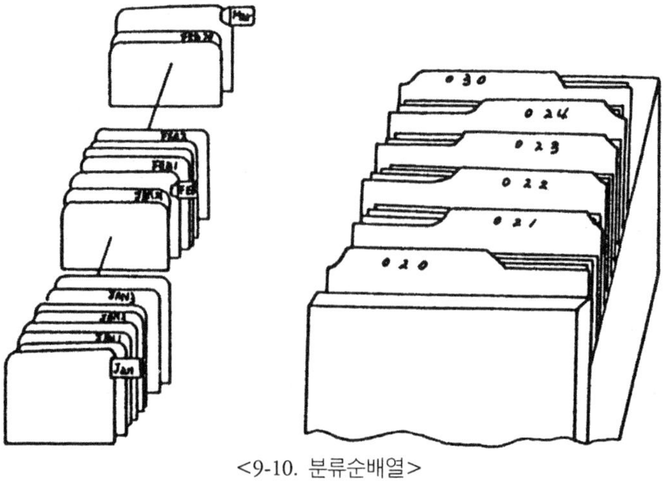

<9-10. 분류순배열>

3) 혼합순(alphanumeric)

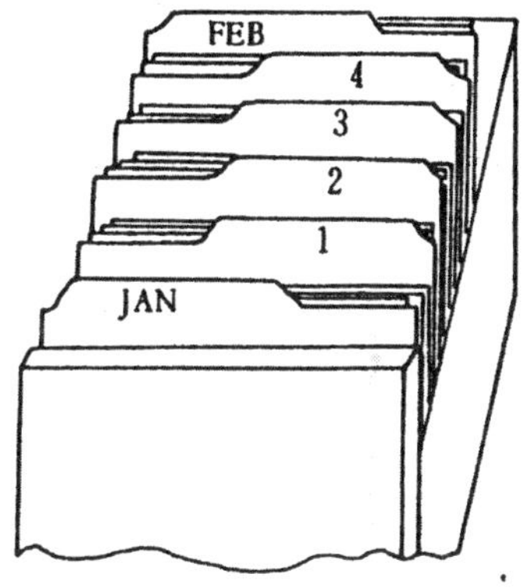

<9-11. 문자와 숫자의 혼합배열>

혼합순은 전술한 자모순이나 숫자순 중 한 가지 방법에 의존하지 않고 보다 복잡한 주제나 대상을 세분하는 배열방법이다. 이는 대전제를 자모순에 의한 주제로 하고, 동일 주제 내에서 연번순이나 분류번호의 숫자순으로 배열하는 방법과, 반대로 대전제를 숫자순 체계로 하고 소전제를 문자순 혹은 주제별로 배열하는 방법이다.

이 방법에 대한 선택은 자료의 사용정도, 자료의 양, 자료의 성격에 따라 자료에 맞게 적용하여야 한다.

이 방법에 속하는 것으로는 subject-numeric systems, phonetic systems 등이 있다. 배열순서는 다음과 같다.

- 자료에 주제명을 부여한다. 주제명은 일정한 표목표에 따르는 것이 혼란을 피할 수 있는 방법이다. 그러나 너무 세분하는 것은 도리어 더 많은 혼란을 초래할 수 있다.
- 자료를 폴더에 넣는다.
- 폴더에 안내를 위한 견출표를 붙인다. 견출표는 폴더의 좌측이나 우측의 어느 한 곳을 택하여 통일되게 붙인다.

9.1.5. 파일자료의 목록

파일자료는 신속성과 최신성을 생명으로 하고 있기 때문에 이를 충족하기 위한 보다 신속하고 정확한 자료의 정리가 요구된다. 파일자료의 목록은 파일자료 자체가 인명, 지명, 날짜별, 분류의 번호순 등과 같은 주제순으로 배열되기 때문에 자료 자체의 소재기호 표시가 필요 없다. 그리고 파일에 배열되는 정보의 시대성과 보존관계가 대부분 일시적인 것이기 때문에 파일자체가 일반도서의 카드역할을 겸하는 것으로 되어 있다. 그러므로 목록에서는 정보 검색자들에게 일반도서 이외에 파일자료에도 필요한 주제의 정보가 있다는 것을 참조하는 주제명 참조카드를 작성하여 파일자료의 사용을 상세히 안내해야 한다. 이때 주제명 참조목록은 단순한 주제에 의한 용어의 연결뿐만 아니라 설명적인 참조가 되어야 한다. 파일자료의 목록카드는 일반도서의 카드목록과 쉽게 구별될 수 있도록 색깔이 있는 테를 가진 카드를 쓰기도 한다. 청구번호는 카드의 왼쪽 상단에 스탬프(stamp)로 'VERTICAL FILE'이라 표시하고, 다음에 필요한 함가번호를 기재하기도 한다. 특별히 규격이 큰 파일인 경우는 'OVERSIZED FILE'이나, 특수한 형태인 'X-RAY FILE'은 상기 'VERTICAL FILE'이라는 표시 아래에 고무인으로 날인한다.

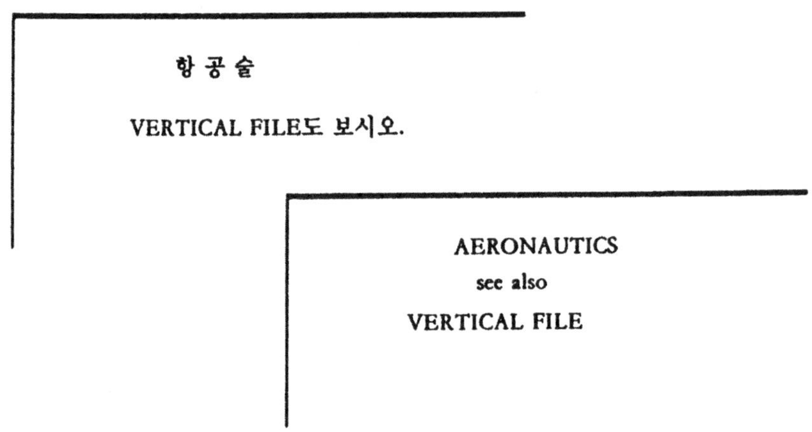

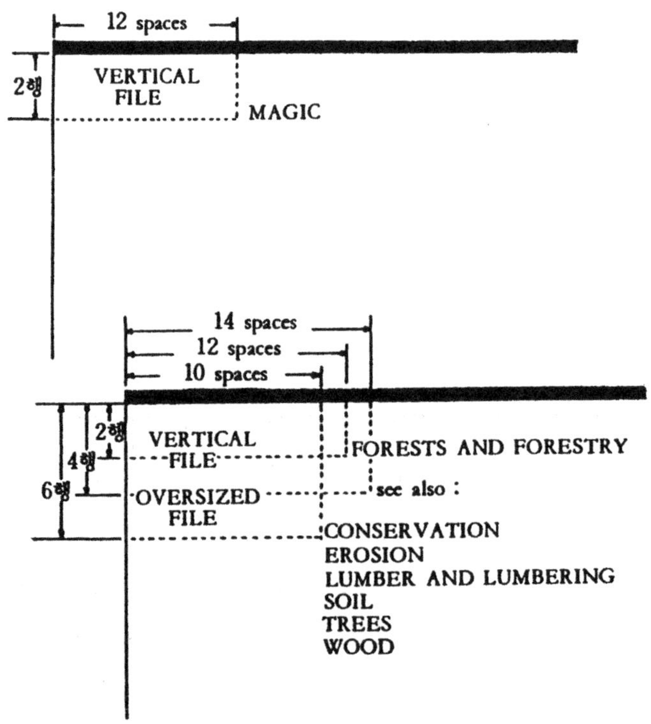

학교도서관에서는 도서관사서나 교사를 위한 카드목록은 필요치 않으나 파일폴더에 '교사용', 'PROF.'(Professional) 등을 날인하여 주제순으로 정리해 둠으로써 교사나 사서용임을 쉽게 식별되게 한다.

카드형태는 일반도서에서 사용되는 기본적인 형식에 따르고, 기재에 대한 기술형식은 다음과 같다.[213)]

(a) 주제명표목은 색깔의 테로부터 2행 아래, 그리고 카드의 왼쪽 난간으로부터 12spaces의 위치에 기재한다.

(b) '보라', 'see'나 '도보라', 'see also' 등의 참조는 주제명표목으로부터 아래로 2행, 카드의 왼쪽난간으로부터 14 space의 위치에 기재한다.

(c) 참조되는 주제명은 '보라'나 '도보라' 참조의 2행 아래, 카드의 왼쪽 난간으로부터 10 space의 위치에 기재한다. 이때 두 개 이상의 주제명이 참조될 때에는 전면의 예와 같이 종열로 알파벳순이나, 가나다순에 따라 기재한다. 그리고 영어로 된 주제명은 모두 대문자로 한다.

개개의 주제명 카드는 일반도서의 주제명과 소장된 시청각자료와도 상호 연관될 수 있는 참조목록을 작성해야 한다. 이렇게 함으로써 이용자들은 한 종류의 목록에서 그 도서관이 소장하고 있는 단행본을 포함한 모든 자료를 한 곳에서 접근할 수 있고, 이를 통해 단행본 이외의 파일자료의 접근을 위한 경험을 얻게 한다.

카드의 배열은 일반도서의 목록과 비도서자료의 목록, 즉 그림, 소책자, 필름스트립, 녹음자료, 투영자료, 영화자료, VTR자료, 비디오디스크, 슬라이드, 파일자료 등 도서관이 소지한 동일한 주제의 자료를 종류나 성격에 관계없이 그 자료가 담고 있는 주제에 따라 문자순으로 함께 배열하여 한 도서관에 소속한 동일주제의 모든 자료의 목록을 한 곳에서 검색되게 한다.

9.2. 소책자자료

9.2.1. 소책자(pamphlet)자료의 의의

소책자에는 학술논문, 연속간행물복제, 정부간행물, 각종단체의 보고서 등 완전한 도서의 형태를 갖추지 못하고 얇은 종이표지로 출판되는 자료가 포함된다. 소책자자료는 내용과

213) Maedke, Robek, and Brown, 86-88.

경제면에서 그 특성을 생각할 수 있다. 내용면에서는 속보의 성격을 가진 신문과 다소 시간적인 여유를 가진 잡지나 도서의 중간적인 최신정보를 제공하는 인쇄물이고, 자료적인 가치는 일시적인 것과 영속적인 것이 있으며, 대부분 한 주제를 독립적인 방법으로 다룬 출판물이다. 경제면에서는 발행부수가 많지 않은 관계로 간이인쇄물의 발행형식을 따르고 있기 때문에 필요에 따라 적은 비용으로 생산되는 자료이다. 이와 같은 특성으로 많은 종류의 자료가 생산되고 있기 때문에 자료기관에서 경제적인 부담 없이 필요한 정보자료를 수집, 제공할 수 있다.

유네스코는 소책자의 기준을 "보통 100페이지 미만, 혹은 80페이지 미만의 인쇄물, 도서는 앞뒤표지를 제외한 49페이지 이상의 비정기적 간행물, 팜플렛은 앞뒤표지를 제외한 5−48페이지의 부정기출판물"[214]이라 규정하고 있고, 이 외에도 자료에 따라서는 "반제본된 80페이지 미만의 자료"[215] "5페이지에서 48페이지 미만의 부정기간행물"[216] 또는 "부정기인 소수페이지의 반제본물"[217] 등으로 나라마다 각각 다르게 규정하고 있다. 그리고 리플릿은 2페이지에서 4페이지까지의 인쇄물로 철하지 않고 접은 상태의 자료로 규정하고 있다.

이들 정의를 종합하면 소책자자료는 ① 표제지가 없는 반제본물로서, ② 단일 주제의 자료를 수록하고, ③ 부정기로 간행되는, ④ 면수가 5페이지에서 100페이지를 초과하지 않은 책자형식의 인쇄자료를 말한다.

그러나 이와 같은 소책자 중에도 간혹 내용에 따라 일반도서와 같이 취급할 가치가 있는 자료도 있다.

이렇게 소책자자료는 면수를 포함한 크기, 장정 등에서 일반도서로 소속시킬 수 없을 정도의 형태사항과 내용의 주제가 단순한 가장 새로운 정보의 원천적인 것들이다. 다음에서 소책자자료의 자료원과 이용에 관해 살펴보았다.

「자 료 원」

· 시사적인 제목에 관한 최신정보를 제공하는 자료

---

214) *Random House Dictionary of the English Language,* The unabridged ed. (New York: Random House, 1989).

215) 金斗弘, "인포메이숀파일의 管理," **非圖書資料의 整理** (서울: 한도협, 1968), 84.

216) *Webster's Third New International Dictionary of the English Language,* Un-abridged ed. (Springfield: Merrian, 1988).

217) 張基勳, **大學圖書館에 있어서 小册子의 組織論: 버어티컬파일내에서** (서울: 1974), 5.

· 분량이 많은 도서를 열람하는 것보다 훨씬 간결하게 종합된 정보를 얻을 수 있는 자료
· 생명이 한정되어 있는 자료
· 전문적이고 영속적인 제자료
· 일반도서나 잡지자료보다 상세한 정보를 취급한 조사나 통계자료
· 소책자 형태로 출판된 관청, 학회, 협회 등의 연구보고서나 회의록, 회사의 카탈로그(catalog), 각 기관의 선전자료 등이다.

「자료의 이용」

· 반복성이 강한 행사의 계획을 위해서 주기적으로 행해지는 행사, 여행, 견학, 체육대회, 발표회 등의 참고자료로 이용된다. 특히 여행이나 견학 등은 잡지의 부록으로 발행되고 있는 관광지안내자료 등이 참고자료로 사용된다.
· 향토관계의 정보를 제공하는 원천으로 향토관계 인사들의 전기, 향토의 산물, 토막소식들이 참고자료로 이용된다.
· 흥미를 유발시키는 자료로 사용된다. 최근에 새롭게 나타난 과학정보, 제품정보 등에 관한 소책자의 그림자료를 이용하게 함으로써 자료이용에 대한 흥미를 불러일으키는데 사용된다.

9.2.2. 소책자자료의 수집 및 폐기

1) 수집

소책자자료는 발행부수가 적고 대부분이 무료로 발행되기 때문에 소책자자료의 발행에 대한 정보를 입수하는 방법을 사전에 알고 있어야 한다. 소책자자료의 입수방법으로는 기증요청서를 발송하는 것과 전화로 의뢰하는 방법을 주로 사용하지만, 보다 효과적인 방법은 담당자가 직접 발행기관을 방문하여 수집하는 것이다. 또한 소책자자료를 수시로 발행하는 국가기관이나 지방자치단체, 그리고 공공단체에는 소책자자료의 배포목록에 수록되게 하여 자료가 생산될 때마다 빠짐없이 입수되도록 해야 한다. 입수된 자료에 대해서는 이용에 중요성과 함께 감사장을 발부하여 계속 기증될 수 있도록 노력해야 한다.

2) 폐기

소책자자료는 일시적으로 필요한 정보재료와 영구적으로 필요한 정보재료로 구분하여 일시적인 것일 때에는 등록수속을 간단히 접수인만으로 하고, 연구보존용 정보자료는 도서와 동등하게 수속한다. 소책자자료의 폐기는 일시적인 자료에 한해 내용에 따라 기간을 정하여 6개월 또는 1년을 단위로 기계적으로 축출하여 폐기한다. 이를 위해서는 자료가 입수될 때 내용에 따른 폐기일시를 소책자자료의 표면에 표시하고 수시로 점검하여 기일이 경과한 자료를 폐기해야 한다.

9.2.3. 소책자자료의 정리

소책자자료는 구성 형태에서부터 내용에 이르기까지 많은 다양성을 가지고 있고, 도서관의 규모나 이용방법에 따른 조건들을 참작하여 정리방법을 결정해야 한다.

1) 정리상 유의점

소책자자료는 먼저 정보자료로서의 가치성 유무를 결정하고, 가치가 있는 자료는 일시보존과 장기보존여부를 결정하여 이용과 보존에 따른 다음과 같은 유의사항을 고려하여 정리한다.

- 소책자는 회계법상 소모품이므로 등록할 필요는 없다. 접수일자를 소책자표제 하단왼쪽 끝에 일부인으로 날인한다.
- 소책자표제 상단 위쪽 끝에 버티칼파일 중의 소책자임을 표시하는 기호 또는 약자를 부기한다.
- 폴더를 주제명에 의해 배열하는 도서관에서는 주제명을 그 소책자 상단 왼쪽구석에 'V.F.' 혹은 'I.F.'자를 기재하고, 그 옆에 연필로 주제명을 기입해 둔다. 연필을 사용하는 것은 정정을 쉽게 하기 위한 것이다. 분류번호순으로 배열하는 곳에서는 상기장소에 같은 방법으로 분류번호를 기재한다.
- 만일 관외대출여부, 혹은 참고용으로만 제한되는 소책자는 표제에 '許', '不許', '參考用' 등의 기호를 표시한다.
- 소책자 상단 오른쪽 구석에 제거예정일을 기입해 둔다.

· 기입이 끝나면 해당되는 주제의 폴더를 찾아서 삽입하고, 새로운 폴더가 필요하면 그 주제명을 꼭대기에 흑색잉크로 정자로 기재한다.
· 폴더에 넣어 배열하는 동시에 필요에 따라 '보라', 'see' 혹은 '도보라', 'see also' 등의 참조목록을 작성한다.
· 정리할 때에는 일시적인 것과 영구보존적인 것을 구분하고, 장기적으로 보존할 가치가 있는 것은 동일 주제의 같은 형태자료를 함께 합철하여 보관한다.
· 보존을 필요로 하는 소책자는 대출기록을 위한 간단한 방법의 book pocket card를 준비한다.

2) 정리용기

소책자자료의 정리에 사용되는 기구는 자료의 형태나 이용을 고려하여 가장 적합한 용기를 선택하여야 한다. 소책자자료의 정리에 주로 사용되는 용품은 소책자용 상자(pamphlet box)와 소책자용 바인더(pamphlet binder)를 들 수 있다.

(1) 소책자용 상자

상자를 이용하는 방법은 소책자를 그대로 배열하는 것이 불가능하기 때문에 동일주제의 자료를 상자별로 배열하는 것이다. 상자에 들어있는 자료의 주제를 상자의 표제로 기재하거나 해당 분류번호를 기재하여 주제나 분류번호에 따라 일반도서와 같이 서가에 상자자체를 배열하는 것이다. 소책자용 상자는 개방식상자(open box)와 밀폐식상자(closed box)가 있는데 주로 사용되는 것은 개방식상자이다. 그러나 밀폐식상자는 일반도서와 같이 서가에 배열할 수 있어 자료가 많지 않은 연구소도서관에서 사용하기에 편리하고, 영구보존자료를 관리하는 데 주로 사용된다. 이들 상자는 특별히 고안된 것을 사용하지만 개방식상자의 경우는 대형도서의 book case 등을 이용하기도 한다. book case를 이용할 때에는 본래의 서명을 지우고 그곳에 포함된 소책자의 주제명이나 분류번호를 적어 사용한다.

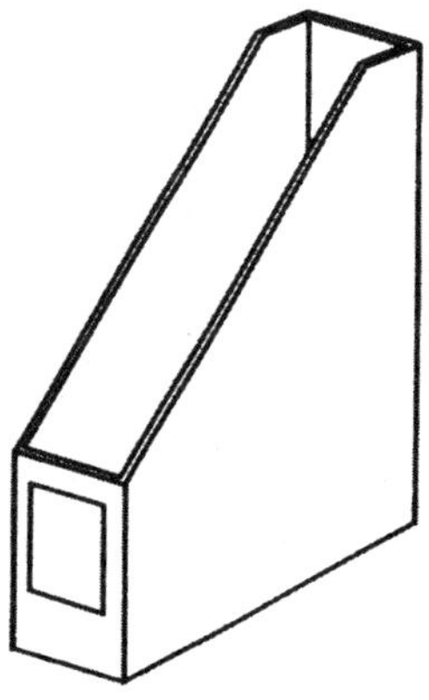

<9-12. 소책자용 상자>

상자의 이용은 자료를 정리하고 관리하는 데 비교적 효과적이기는 하지만 주제에 따라서

는 자료자체의 양에 관계없이 일정한 부피의 상자를 사용해야 하기 때문에 서가상에서 공간의 낭비가 많다는 단점이 있다.

(2) 비전 홀 박스(vision hall box)

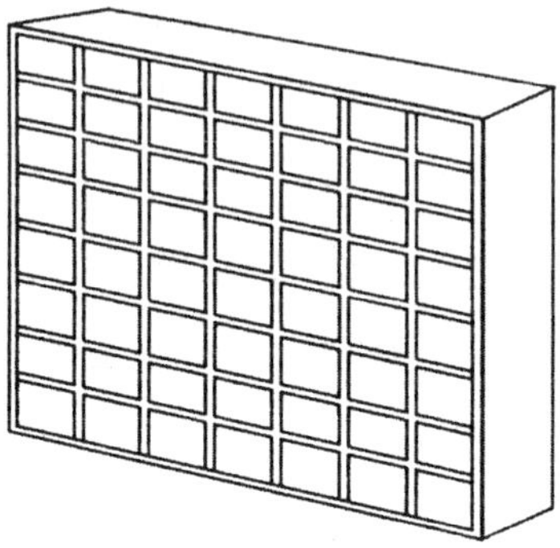
<9-13. 비전 홀 박스>

소책자자료는 입수점수가 많기 때문에 자료가 처음 입수되었을 때 비젼홀박스의 해당 주제난에 구분하여 배열할 수 있게 한 용기이다. 이것은 그림과 같이 많은 함을 만들어 각각의 함에 주제명이나 분류번호를 주어 해당 자료를 배열 보관하는 것이다. 이는 많은 공간을 차지하여 비경제적이지만 일반도서자료와 같은 방법으로 열람할 수 있고 배열과 정리가 간편하다는 장점이 있다.

(3) 소책자용 바인더

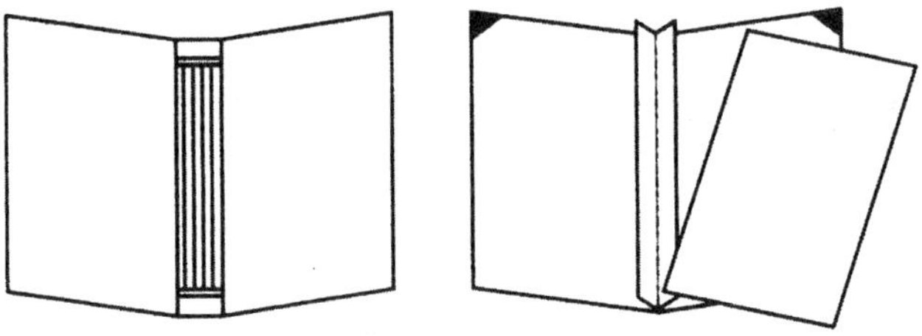
<9-14. 소책자용 바인더>

소책자용 바인더는 동일한 주제의 소책자를 수 개씩 함께 모아 보관하는 가제본철 바인더이다. 바인더는 배서된 주제에 따라 일반도서와 같은 형식으로 서가에 배열한다. 이 방법은 자료적인 가치가 있고 장기적인 보관이 필요한 자료에 주로 쓰인다. 이는 비록 소책자이지만 일반도서 못지않은 가치성 때문에 일반도서와 같이 등록하고 목록하여 관리하기도 한다.

사용되는 바인더는 여러 가지 형식의 것이 있는데 될 수 있으면 질기고, 제책이 간편하면서도 영구적인 것을 사용해야 하고, 바인더의 주제가 바뀌었을 때 쉽게 정정할 수 있도록 비닐로 된 투명창이 있는 것이 좋다.

(4) 합철제본

영구보존이 필요한 소책자자료는 동일주제의 자료들을 모아 크기에 따라 1책으로 합철하고 종합표제를 주어 단행본으로 정리하여 서가에 배열하는 방법이다. 이때 서명으로 주어지는 종합표제는 합철된 내용의 전체가 포함될 수 있는 주제명에 관한 자료들이 합철되었음을 알 수 있도록 <ㅇㅇㅇ關係資料>라는 형식으로 작성해야 한다.

1. 소책자자료의 분류

소책자자료는 자료보관용 상자에 담거나 바인더에 합철하고, 이들 용기에 청구기호나 주제를 부여하여 서가나 캐비닛에 배열되게 한다. 소책자자료를 청구기호로 배열할 때에는 청구기호 구성을 다음과 같이 몇 가지 방법으로 생각할 수 있다.

(a) 별치기호 : Pamphlet의 약어 'Pa'나 'Ih'를 부여한다.

(b) 발행기관의 약어 또는 분류번호

(c) 지명의 약어

(d) 자료번호 또는 수입순번호 등을 구성요건으로 사용한다.

「자료자체의 기호와 번호(또는 수입순번호)로 청구기호를 구성하는 경우」

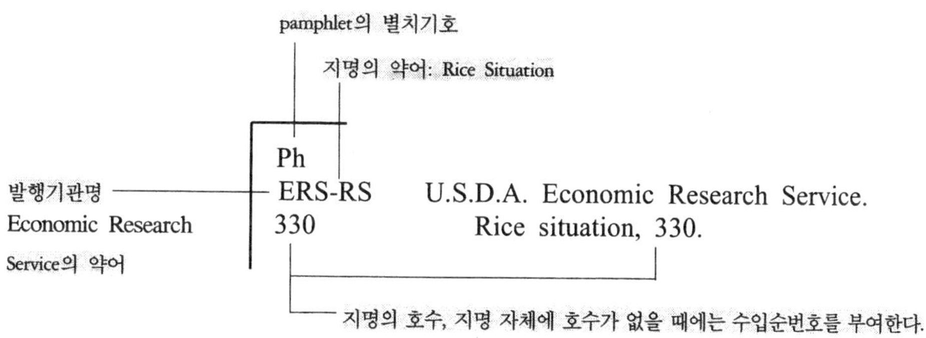

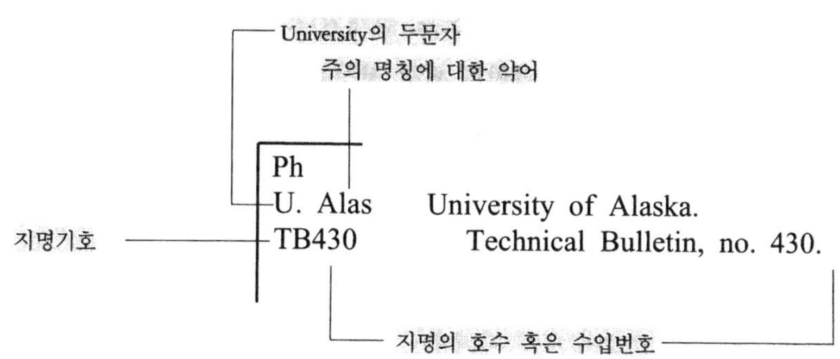

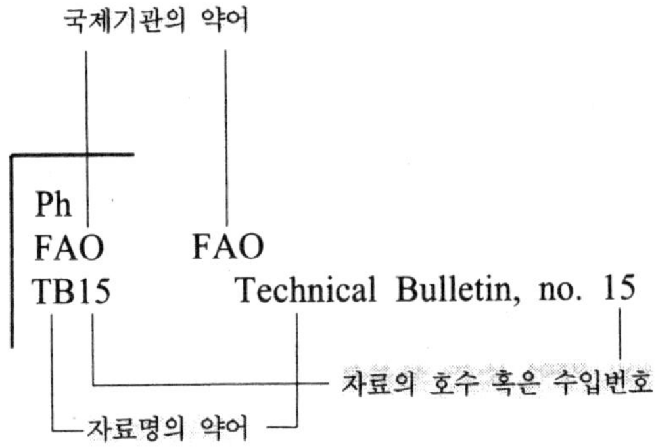

「분류번호와 자료명 그리고 수입순번호로 구성하는 경우」

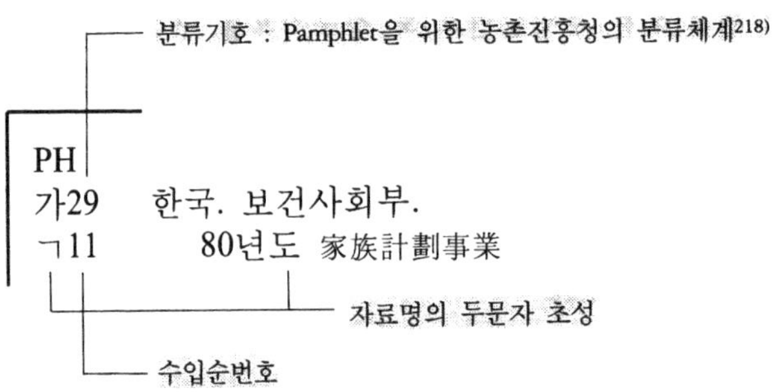

「분류순에 따른 정리상의 유의점」

· 도서자료와 동일한 분류체계를 사용한다.
· 분류번호를 될 수 있는 한 대항목 내에 수용하도록 부여하고, 동일 항목 내에 속하는 자료가 많아질 경우에는 다시 세목으로 전개한다.
· 주제는 자료의 상단 중간부에 연필로 써서 정정할 때 수정을 쉽게 하게 하고, 분류항목과 번호는 횡서로 기입한다. 자료가 든 폴더의 꼭대기에는 안내어(또는 주제)를 횡서로 크게 기입한다. 폴더가 많아지면 유사주제들을 포괄할 수 있는 대주제의 분류번호를 기입한 안내카드를 삽입한다.
· 도서기호에 해당하는 책자번호는 기재하지 않아도 된다.

218) 韓國 Pamphlet분류기호에서(農村振興廳, 圖書館運營 實務指針書 참조)

2. 소책자자료의 목록

소책자자료는 내용의 가치성에 따라 ① 단행본과 동일한 방법으로 목록하는 것과 ② 목록하지 않고 소책자자료상자에 주제별로 모아두는 방법으로 생각할 수 있다. 단행본과 동일한 방법의 목록은 청구기호를 소책자자료에 대한 소재기호(별치기호)와 소장된 용기의 함가번호를 주고 단행본과 같이 저자명기본기입이나 서명줄머리잡기의 원칙에 따라 목록한다. 그러나 후자의 주제별에 의해 상자에 보관하는 경우는 상자에 주어진 주제에 따라 배열하되 상자에는 주제명을 표시하여 쉽게 검색되게 하고, 주제명상자와 이용자를 연결할 수 있는 '보라'참조카드를 만들어야 한다.

다음은 파일자료 및 소책자자료를 단행본형식으로 정리하는 목록형식을 제시한 것이다.

1) 카드목록의 기재형식

저작자명
　표제 [자료식별표시] = 대등표제 : 잡정보 / 저작자 ; 역할을 달리한 저작자. — 판차 / 판차에 관련된 저작자. — 발행지 : 발행자(사), 발행년.
　자료종별표시와 수량 : 삽도 ; 크기 + 딸림자료 (형태기술사항). — (총서명. 하위총서명 ; 총서번호).

　일반주기
　...........................
　...........................
　부표목지시

2) KORMARC

090 ␢␢ ▾a분류번호 ▾b도서기호
1XX ▾a기본기입
245 ❶❷ ▾a표제 ▾h[자료식별표시] = ▾x대등표제 : ▾b표제관련정보 / ▾d저작자 ; ▾e역할을 달리한 저작자
250 ␢␢ ▾a판차 / ▾b판차에 관련된 저작자

260 ＼b＼b ▾a발행지 : ▾b발행자(사), ▾c발행년
300 ＼b＼b ▾a자료종별표시와 수량 : ▾b삽도 ; ▾c크기 + ▾e딸림자료 (딸림자료의 형태기술사항)
440/490 ❶❷ ▾a총서명. ▾b하위총서명 ; ▾v총서번호
5XX 일반주기
5XX
6XX
7XX
830
9XX

9.2.4. 소책자의 안내용 자료

· 정부간행물 목록

· 지방공공단체의 간행물목록

· 각 전문영역의 학회나 협회의 기관지에 수록된 자료소개

· 전문영역의 잡지나 논문에 인용된 인용문헌의 참고문헌 중에서

다음은 영문으로 발행되고 있는 팜플렛의 참고자료이다.

· *Vertical File Service Catalog*. H. W. Wilson Co., 950 University Ave., New York 52 (각종 자료를 주제별로 배열하고 내용설명, 가격을 소개. 월간)

· *Bulletin of the Public Affairs Information Service*. Public Affairs Information Service, 11 W. 40th St., New York 18. (주로 정부간행물, 팜플렛에 관한 소개. 주간)

· *Pamphleteer Monthly*. Pamphlet Distributing Co., 318 W. 35th St., New York 1 (무료 팜플렛의 안내, 값이 싼 팜플렛을 안내. 월간)

· *Pamphlet Index*. Schulte Press, Inc., W. 23rd St., New York 11 (팜플렛의 발간 출판사명을 포함한 소개. 계간)

· *List of Selected United States Government Publications; Monthly Checklist of State Publications; United States Government Publications Monthly Catalog* (미국정부간행물에 대한 안내용 목록)

· *Annuals*. American Academy of Political and Social Sciences, 3437 Walnut St., Philadelphia.

· *America United*. Congress of Industrial Organizations, 718 Jakson Place, Washington 6, D.C.

· *Social Action Series.* Council for Social Action, 289 4th Ave., New York 10.

· *Armed Forces Talks*. Department of the Army, Armed Forces Information and Educational Division, Washington 25, D.C.

· *Editorial Research Reports.* Economic Service Agency, 1603 K. St. N. W., Washington 6, D.C.

· *Headline Series.* Foreign Policy Association, 22 E. 38th St., New York 19.

· *Career Monographs.* Institute of Research, 537 So. Dearborn St., Chicago 5.

· *Personal Growth Leaflets*. National Education Association, 1201 16th St. N. W. Washington 6, D.C.

· *Case Studies*. National Planning Association, 800 21st St. N. W., Washington 6, D.C.

· *American City Series; Commodities Series; Foreign Trade Series*. Pan American Union, 17th St. and Constitution Ave., Washington 6, D.C.

· *Bold New Program.* Public Affairs Institute, 312 Pennsylvania Ave., Washington 3, D.C.

· *American Forum of the Air*. Ransdell, Inc., 810 Rhode Island Ave., Washington 18, D.C.

· *American Job Series of Occupational Monographs; Occupational Briefs*. Science Research Associates, 228 So. Wabash Ave., Chicago 4.

9.3. 절취자료

9.3.1. 절취(clipping)자료의 의의

절취자료는 영어로 클리핑(clipping)자료라고도 한다. 절취자료는 인쇄물에서 필요한 자료를 오려내는 행위 및 그 결과로 얻어진 자료를 의미한다. 보통 절취자료라고 하면 신문에서 기사를 오려내는 것을 생각하게 되나 비단 신문만이 아니고 일반잡지 혹은 폐기되는 단행본 자료 등에서 필요한 부분을 오려낸 자료를 총칭한 것이다.

대표적이고 권위있는 일류신문의 기사는 시사성을 지닌 신선한 정보를 제공해 줄 뿐만 아니라, 그 지역사회에서 발생한 사건, 공공관심사에 대한 견해 등을 얻을 수 있는 좋은 자료이다. 일반잡지에서는 당시의 흥미 있는, 그리고 집약적인 기사들을 얻을 수 있으며, 일반도서에서 취급되지 않는 귀중한 정보가 연속간행물에만 나타나는 수가 허다하다. 이러한 자료들을 합철된 신문이나 잡지 중에서 필요한 정보를 검색하는 데는 많은 시간을 필요로 하고, 색인이 첨부된 축쇄판의 이용은 축쇄판의 생산에 따른 시기적인 문제가 있기 때문에 시사성이 떨어지며, 극단적인 경우는 신문이나 잡지의 폐기로 인한 필요한 자료검색이 불가능해질 수 있다.

신문이나 잡지 그리고 도서의 절취는 대부분 폐기 처분된 자료의 특종기사, 도판 등을 오려 두었다가 일정한 방법으로 정리 배열해 두면 매우 요긴한 참고자료가 된다[219]. 절취자료는 비교적 최신정보를 제공해주며, 조사연구에 있어서 많은 역할을 하고 있음을 알면서도 이와 같은 자료의 수집, 정리를 충분히 행하지 못함은 자료의 조직과 정리에 적지 않은 비용과 인력이 들기 때문이다.[220] 이러한 의미에서 자료의 절취범위는 봉사의 대상, 주제의 범위, 자료의 종류 등을 정보적 필요성과 경제성을 참작하여 결정해야 한다.

「**절취범위결정 내용**」

- 자관의 목적과 직결된 자료, 특히 학교도서관에서는 학습과 직결되는 자료
- 시설기관 각자의 전문분야에 관한 자료
- 도서관의 소재지역에 관한 자료(향토자료, 역사전기)
- 일반도서에 없는 새로운 정보기사 및 특수한 기사나 해설자료
- 일시적인 것이라도 일정기간 내에 유용한 자료
- 영구적인 가치가 있는 자료
- 귀중한 도표, 그래프, 통계, 사진
- 해당 시설이나 자관에 관한 기사
- 기타 관계기관에 특히 필요한 특정주제에 관한 자료

절취자료는 작성과 관리에 많은 시간과 인력 등 경제적인 문제가 따르기 때문에 상기한 항목 중 필요한 영역을 제한하여 학교도서관에서는 학습과 직결된 자료만을 대상으로 하고,

219) 農村振興廳, 7.

220) 農村振興廳, 8.

공공도서관에서는 향토자료만을 대상으로 한정하는 경우가 많다.

9.3.2. 절취자료의 관리

절취자료는 도서관의 사정에 따라 폴더에 넣어 정리하거나 스크랩북에 철하기도 하고, 혹은 봉투에 넣어서 정리하기도 한다.

「기초자료의 선정한계」

· 전국적으로나 지방적으로 일류신문일 것
· 축쇄판이나 기사색인을 발행하는 신문은 상기 경우일지라도 절취하지 않음
· 전문학술지의 기사색인으로 발행되는 신문은 상기 경우일지라도 절취하지 않음

「절취작업의 순서」

(a) 절취에 사용할 신문명, 일부인, 주제 등은 작은 고무인을 사용하여 근거사항을 분명하게 한다.

(b) 절취용 대지의 크기는 통일되어야 한다. 크기는 B5-B6판 정도로 지질은 100-120파운드가 적당하다. 주제나 연차별에 따른 색지로 구분하기도 한다. 대지에는 정리번호, 주제, 출처 등의 기입란을 인쇄하여 사용한다. 한 장의 대지에 하나의 기사 즉 1매1기사를 첨부하는 것이 원칙이나 연재기사의 경우는 2매 이상을 첨부하기도 한다.

(c) 절취에 사용할 자료는 2부를 써서 양면의 자료를 절취할 수 있어야 한다.

(d) 담당사서는 자료수집방침에 해당하는 기사를 검열할 때 자료의 표제에 색연필로 표시(mark)한다.

(e) 절취자는 자료의 절취에 앞서 견출표제의 여백에 신문명과 지면 및 일부인을 찍는다.

(f) 귀중한 자료는 대지에 투명지로 간지를 부착하거나 투명봉투에 넣어서 장기적으로 보존되게 한다.

(g) 절취된 자료는 주제명이나 분류번호하에 정리한다.

(i) 주제는 가나다순으로, 분류번호는 번호순으로 배열한다.

(j) 목록은 단행본 기술규칙에 준하고, 책자형은 가제식으로 정리한다.

「절취자료의 폐기」

일정한 기간을 경과한 절취자료는 파일함의 폴더에서 제거한다. 제거된 파일자료는 정보적인 가치정도에 따라 유용성이 없는 것은 폐기하고, 장기적으로 정보적인 가치가 있는 것은 일정량의 동일한 주제의 자료를 합철하여 일반도서로 정리하거나, 마이크로화하여 정보자료로 활용되게 한다.

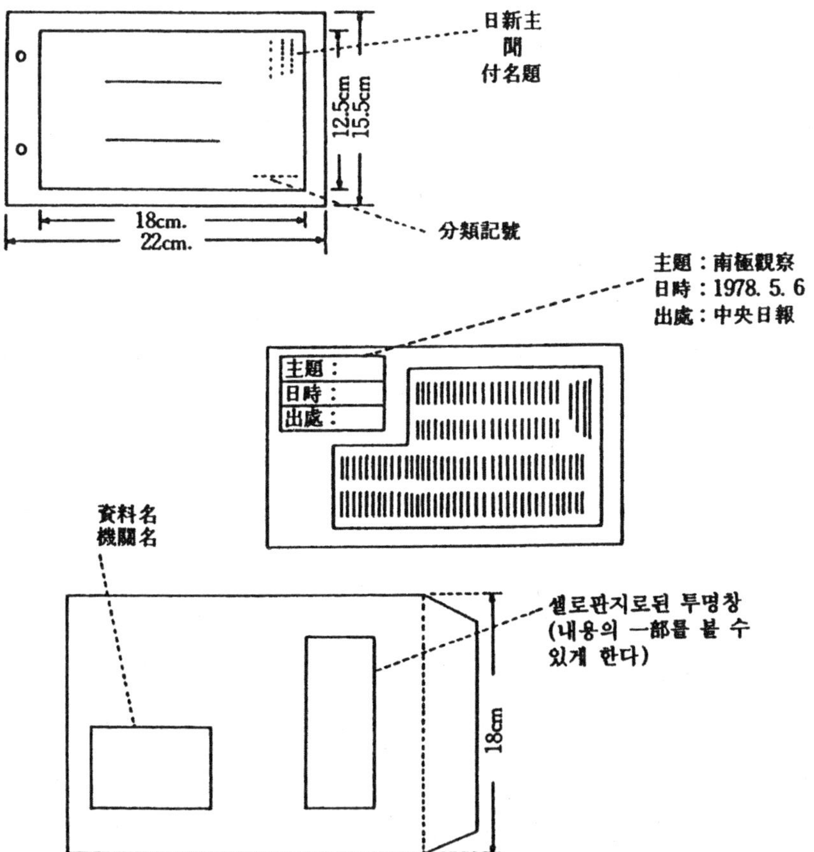

<9-15. 절취자료용 대지>

9.3.3. 절취자료의 정리

1. 절취자료의 분류

절취자료가 제 기능을 발휘하기 위해서는 일정한 분류체계나 주제에 따라 정리되어야 한다. 대지에 첨부된 절취자료는 분류번호나 주제명이 기입된 해당 폴더에 자료의 일부순으로 삽입한다. 이때 하나의 폴더에 수용하는 절취자료의 수용능력은 20-30매를 넘지 않는 것이 좋다.

분류표의 경우는 자관에서 쓰고 있는 KDC나 DDC와 같은 분류체계를 함께 사용하는 것이 좋다. 그러나 도서관에 따라서는 절취자료가 가진 다른 자료와의 구별되는 특성을 고려하여 해당 도서관이 가진 절취자료의 범위에 적합한 분류표를 제작하여 사용하기도 한다.

절취자료는 이용의 편의성 때문에 많은 기관에서 주제명에 의한 정리를 선호하고 있다. 사용되는 주제명 표목표는 기존의 표목표를 사용하기도 하지만 대부분이 독자적으로 제작하여 사용한다.

이렇게 절취자료의 분류는 사용되는 정리체계에 따라 분류체계에 의한 것은 분류순으로, 주제별에 의한 것은 문자순으로 배열한다.

2. 절취자료의 목록

1) 기술

기본표목: 절취자료는 취재 기자명이나 논설일 때에는 필자명을 기본표목으로 기재하고, 시사나 일반적인 내용의 절취자료는 기사명을 기본표목으로 기재한다.

표제: 기사명이 표제로 기재될 때에는 주제에 가장 가까운 기사명을 기재하고, 그 외의 기사명은 잡정보로 기술한다. 회기나 회차의 표시가 기사명 앞에 있는 것은 회기를 부표제로 기재한다.

자료식별표시: 자료식별표시는 '절취자료', 'clipping'으로 표시한다.

형태기술사항: 절취된 잡지의 면수표시에는 기사의 절수, 신문의 경우는 기사의 매수를 기재하고, 크기는 절취자료의 세로×가로 cm로 표시한다.

게재자료명: 게재된 자료의 표시에는 게재자료명, 발행연월일, 해당권호, 면수 등을 통일된 형식으로 기재한다. 게재자료명만으로 식별이 곤란한 것은 발행자를 ( )에 부기하고, 신문

일 때에는 발행연월일 그리고 면수와 통권호수를 기재한다.

2) 목록의 기재형식

```
함가
번호      필자명.
            논문명 [절취자료] / 필자명.
            [절수 또는 매수] : 삽도 ; 크기.

            게재자료명(발행자), 발행연월일 (해당권호).
          수록면수.
```

```
함가
번호      기사명 [절취자료] : 부제 : 잡정보.
            [절수 또는 매수] : 크기.

            게재자료명(발행자), 발행연월일(해당권호 또는
          통권호). 수록면수.
```

9.4. 그림자료

9.4.1. 그림자료의 의의

그림자료는 신문, 잡지, 광고지, 엽서, 폐기도서, 캘린더, 여행안내서, 기타 회사의 판매안내서 등에서 도서관자료로서 가치가 있는 것을 절취하거나, 모아서 주제에 따라 정리해 두고 필요할 때에 사용하기 위한 자료이다.

그림자료는 먼저 수집할 그림에 대한 선정기준을 설정하고, 이를 직원들에게 주지시켜 수시로 그림을 수집토록 하거나 전담직원을 두어 집중적으로 수집하게 한다.

1) 그림자료의 종류

· 일반회화: 크레파스화, 수채화, 유화, 묵화 등

· 만화와 약화 · 그림엽서 · 포스터 · 입체화 · 벽화

· 지도 · 도표 · 그래프 · 도해

2) 그림자료의 선택

- 그림의 내용이 학습이나 정보재로서 가치가 있는가
- 이용자의 시선을 끌만큼 흥미가 있는가
- 편견이 없는 그림인가
- 상품선전을 위한 내용이 너무 두드러지지 않는가
- 그림이 정확한가
- 품질이 높은 것인가
- 그림에 중심이 있고, 구도가 잘 짜여져 있는가
- 색채는 사실적이며 자연스러운가
- 초점은 선명한가
- 기발하거나 특이한 것이 아닌 전형적인 것인가
- 크기는 적당한가

9.4.2. 그림자료의 관리

그림자료는 대지에 붙여서 관리하는 것이 바람직하다. 대지를 이용하는 것이 정리, 이용, 그림의 보존, 손상방지 등에 이점이 많은 관리방법이다. 그러나 이것 역시 자료의 크기, 특색 등 그 성질에 따라서 봉투에 넣어 정리할 수도 있다.

1) 그림의 절취

- 그림을 둘러싼 바깥 경계선이 있는 것은 그대로 이용하도록 오려낸다. 그리고 그림의 가장자리는 약 2 mm 정도의 테두리를 남기는 것이 좋다.
- 그림둘레를 오려낼 때에는 선을 상하게 할 우려가 다분히 있는 두터운 가위보다는 면도날 같은 예리한 칼이나 절취용 가위를 사용한다.
- 그림의 설명이 있는 것은 이를 이용하도록 하고 없는 것은 다른 참고자료를 이용하여 설명을 별지에 간단히 기입하여 그림에 클립으로 첨부해 둔다.
- 오려낸 자료는 임시로 폴더에 넣었다가 일정한 시기에 이를 재검토하고 선정하여 정해진 대지에 첨부한다.

2) 대지

대지는 연한회색, 황차색 또는 갈색 등 세 가지의 색상이 많이 사용되는데 그림의 바탕에 따라 선정하여 사용해야 한다.

· 연한 회색의 대지: 평범한 흑백그림에 사용

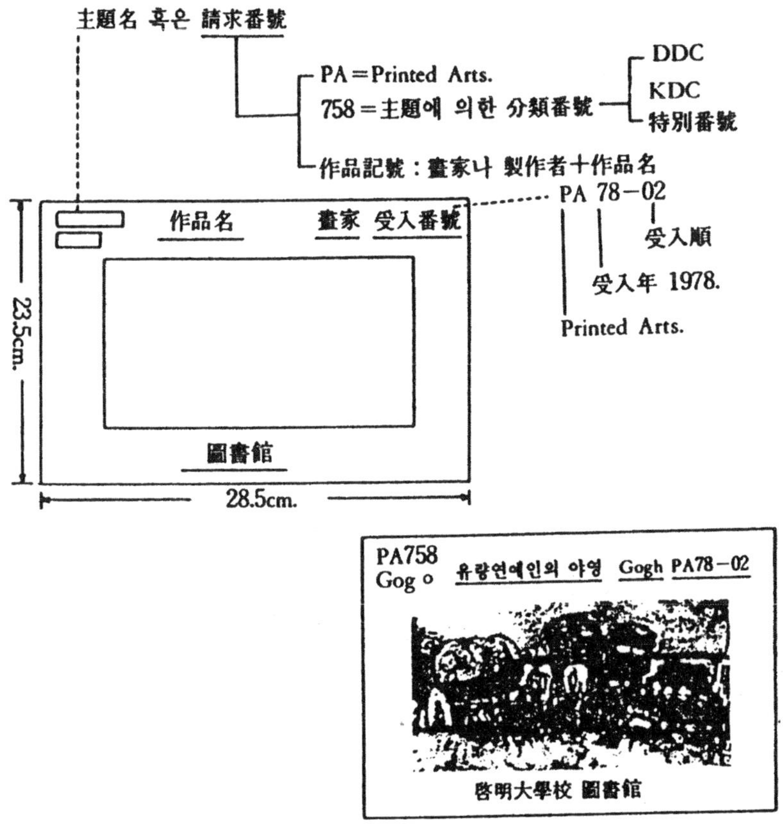

<9-16. 그림자료 대지>

· 황차색이나 갈색의 대지: 색상이 있는 그림에 사용

대지의 크기는 보통 23.5×28.5 cm(혹은 17.8×25 cm나 24×33 cm) 정도의 것이면 큰 복제물 이외는 대부분의 그림자료를 붙일 수 있다.

3) 대지첨부

(1) 일시적인 사용을 위한 방법

- 풀칠은 그림 뒤 네 귀나 가장자리에만 칠을 해서 대지에 붙인다.
- 접착성 테이프는 말아서 그림이 뜨게 붙인다.
- 그림 뒤에 수숫대를 짧게 잘라 대어서 그림이 뜨게 붙인다.
- 핀을 사용해서 그림을 붙일 때에는 핀머리가 큰 것보다는 바늘핀으로 붙이는 것이 덜 어색하다.

(2) 영구적인 사용을 위한 방법

- 대지의 규격은 일정한 것이 정리하기에 편하다.
- 예술적으로 첨부하기 위해서는 대지 한 장에 한 장의 그림만 붙인다. 그러나 그림이 작은 것은 관계있는 것을 모아 3-4매씩 붙이되 너무 조잡하지 않도록 한다.
- 사진이나 그림의 설명이 있는 것은 되도록 살려서 대지 뒤에 붙인다.
- 사용하는 풀은 그리 굳지 않는 풀이나 농도가 묽은 풀을 사용하며, 고급그림에는 고무풀(rubber cement)같은 것을 쓴다.
- 풀칠은 그림 뒤 전면을 칠하지 않고 네 귀에만, 혹은 가장자리만 칠한다.
- 대지상의 그림의 위치는 균형의 안정감을 주기 위해 아래의 여백을 항상 넓게 잡는 것이 좋다. 정사각형의 그림은 위, 그리고 좌우의 여백이 같게 붙인다. 옆으로 긴 그림은 위 여백이 좌우보다 좁게 붙인다. 작은 그림을 대지 한 장에 여러 장을 붙일 때에는 균형이 잘 잡히도록 그림과 그림 사이를 바깥 둘레보다 좁고 그림의 폭보다는 작게 한다.
- 풀칠해서 마른 뒤에 종이를 대고 다리미로 문지르면 접착이 잘 되어 그림을 오래 보존할 수 있다.
- 대지에 붙인 그림이 더 잘 나타나게 하려면 그림 가에 짙은 색의 선을 그어 놓으면 그림이 훨씬 돋보인다. 선의 굵기는 2-3 mm 정도가 적당하다.

(3) 라벨을 붙이는 요령

- 그림을 붙인 다음에는 표제를 기재하기 위해 라벨을 붙인다.
- 라벨은 검색이 편리하도록 대지를 옆으로 놓고 바른편 위 구석이나 왼편 위 구석 중 어느 하나를 택하여 일관성 있게 붙여야 한다. 다른 파일자료와 혼합 배열할 경우

를 고려해서 파일자료의 라벨은 왼편 위 구석, 그림자료는 바른편 위 구석에다 붙이는 것도 하나의 방법이다.

· 그림이 옆으로 길지 않고 위아래로 길게 되어 있는 것이라도 라벨을 붙이고 검색을 편리하게 하기 위하여 라벨은 대지를 옆으로 하고, 위 구석에 붙인다.

· 라벨의 빛깔은 대지와 바로 구별할 수 있게 다른 색지를 쓰면 쉽게 눈에 띈다. 다른 파일자료의 라벨은 연한 하늘색, 그림자료의 라벨은 주황색으로 써도 좋다.

· 라벨의 크기, 길이는 대지 길이의 약 4분의 1, 넓이는 대지 넓이의 10분의 1 정도면 적당하다.

· 라벨이 그림을 덮는 경우도 라벨의 크기는 그대로 두고 그림을 덮어서 붙인다.

· 대지 뒷면에 스탬프로 소장처명을 찍어두면 망실을 방지하는 데 도움이 된다.

9.4.3. 그림자료의 정리

1. 그림자료의 배열

그림자료의 배열은 주로 분류순이나 주제순에 의하되 분류순일 경우에는 단행본과 마찬가지로 당해 도서관에서 사용하는 분류체계를 사용하고, 그림자료 자체가 다른 자료와 구별되어 한 곳에 배열될 수 있도록 그림자료를 위한 소재표시를 한다. 그래서 그림자료 자체에서 동일주제별로 배열되게 하고, 다시 동일 주제 내에서 작가명의 가나다순으로 배열되게 한다. 그림자료가 폴더에 넣어져 주제별로 배열될 때에는 전술한 파일자료와 같이 배열한다. 그러나 초등학교에 있어서는 주제별 대신 학습단원별로 배열하고, 동일 단원명 내에서는 작가명이나 그림명의 자모순으로 배열한다.

그림을 서랍에 배열할 때에는 그림과 표제가 바로 보이도록 자료를 세워서 배열한다.

「그림자료의 표목 작성에 필요한 사항」

· 좋은 글체를 본보기로 정하여 쓴다.

· 먹이나 제도용 잉크로 기입한다.

· 표목의 위치는 그림이 붙은 면의 대지 윗부분 끝에 쓴다.

· 글자의 크기는 보통 12포인트, 14포인트 활자의 크기로 쓴다.

· 배열에 쓰이는 주제명 혹은 분류번호는 그림의 제목 앞에 쓴다.
· 수입연월일을 기입하여 자료의 제거에 참조하게 한다.
· 자료에 따라서는 일정한 장소에 제거일을 기재한다.
· 가급적 쉬운 주제를 기재한다.
· 수식어는 일체 사용하지 않는다.
· 추상적인 표현을 피한다.

2. 그림자료의 목록

그림자료는 검색어로 그림의 주제명목록을 주로 사용하고, 그림자료의 목록을 책자형으로 만들 때에는 그림에 사용된 주제명을 표로 만들어 간략한 주제명표목표가 되게 한다. 그림에 대한 주제명목록을 다른 형태의 자료목록과 혼합 배열할 때에는 목록에 이용되는 카드의 색깔로 구별되게 한다. 파일자료의 카드는 하늘색, 그림자료의 카드는 주황색 등으로 구분하기도 한다.

그림자료가 주제명으로 정리될 때에는 서로 관련된 일군의 그림을 카드에 함께 적어두면 이용에 편리하다. 카드목록의 배열에는 자모순 안내카드를 삽입하여 보다 쉽게 필요한 목록에 접근하게 한다. 캐비닛을 쓸 때에는 서랍에 보관된 그림주제명의 첫 글자로 안내표를 붙여두어 검색하고자 하는 서랍을 쉽게 확인하고, 접근하게 한다.

1) 기술

기본표목: 그림자료는 화가의 개인명을 기본표목으로 기재하고, 화가의 개인명이 확인되지 않은 경우는 그림명을 줄머리잡기로 기재한다. 인명에 대한 기본표목에는 생몰년도 함께 기재한다.

표제: 본표제는 그림명으로 하고, 기재형식은 비도서자료의 기술규칙에 준한다.

자료식별표시: 자료식별표시는 '그림자료', '원화', 'picture', 'art original' 등 그림자료의 특성을 표시한다.

발행사항: 그림자료의 제작을 포함한 발행에 대한 사항을 단행본의 기술규칙에 준해 기재한다.

형태기술사항: 형태기술사항에는 회구(繪具)의 종류인 chalk, oil, pastel 등과 대지의 종류인 판(board), 캔버스(canvas), 포(fabric) 등을 기재하고(A2.8.5C1), 판화는 제판법인 조판, 석판 또는 특정용어인 동조판, 착색석판 등을 기재한다(A2.8.5C2). 그리고 복제화는 복제법인 그라비아(photogravure), 클로타이프(collotype) 등을 기재한다(A2.8.5D4). 크기는 그림 자체의 크기와 대지의 크기를 함께 기재한다.

주기: 보관상태를 표시한 대지에 관한 상세한 사항을 주기한다. 복제화일 때에는 원작품의 소장처를 일반주기한다.

2) 카드목록의 기재형식

저작자명, 생몰년.
표제 [자료식별표시] = 대등표제 : 잡정보 / 저작자 ; 다른 역할의 저작자. — 판차 / 판차에 관련된 저자. — 발행지 : 발행자(사), 발행년 (제작지 : 제작자, 제작년).
자료종별표시와 수량 : 회구의 종류와 바탕재료, 제판법, 복제법, 색채 ; 크기, 대지 + 딸림자료 (딸림자료의 형태기술사항). — (총서명. 하위총서명 ; 총서번호).

작품의 성질과 미술상의 형식
언어에 관한 주기
본표제에 관한 주기
저작자에 관한 주기
원작의 특성에 관한 주기
발행・배포사항에 관한 주기
형태기술사항에 관한 주기
총서사항에 관한 주기
학위논문주기
이용가능한 다른형태자료에 관한 주기
내용요약, 초록, 해제주기
내용주기
국제표준번호와 입수조건
소장표시

부기입지시

3) KORMARC: 그림자료

그림자료는 시청각자료(VM=Visual Materials) 중 평면비영사자료에 속하기 때문에 상기한 형태별 자료중 시청각자료에 공통으로 적용되는 이들 자료(제3장 영화 및 비디오녹화자료)의 해당 필드를 참조하게 하고, 여기에서는 그림자료에서 특별히 취급되는 필드를 중심으로 상술하였다.

(1) KORMARC의 설계원칙→ 별책 설계원칙 참조

(2) 리더 (Leader) 〈M〉NR → 별책 리더(leader) 참조

(3) 디렉토리 (Directory) 〈M〉NR → 별책 디렉토리(directory) 참조

(4) 제어필드 (00X) - 제6장 제어필드 참조

001 **제어번호** (Control Number) <M>NR → 별책 001필드 참조

007 **형태기술필드** (Physical Description Fixed Field—General Information) <O>R

그림자료는 평면비영사자료에 속하기 때문에 007필드는 평면비영사자료의 형태사항에 관한 정보를 부호로 알려주기 위한 필드이다. 평면비영사자료는 첫 번째 한자리 '00'을 자료의 범주표시 'k'로 하고, 01-05자리까지 모두 6자리의 고정길이 필드로 구성된다. 다음은 평면비영사자료의 형태기술필드를 도식화한 것이다.

자수 위치	자리 수	데이터명	데 이 터 요 소
00	1	자료범주 표시	k－평면비영상자료(영사기 없이 볼 수 있는 평면자료)
01	1	특정자료 종별 (SMD)	c－콜라주. d－도면(드로잉). e－회화. f－사진복제품(예술품 재생, 엽서, 포스터,스타디프린트). g－음화사진. h－사진인쇄. I－그림. j－탁인 예술품. l－기술도면. n－챠트. o－플래시 카드. u－자료를 특정화하지 않음. z－기타. ㅣ－부호화 않음.
02	1	미정의	
03	1	색채	a－단색. b－흑백. c－천연색. h－수작업에 의한 색. m－혼합(단색, 흑백, 천연색 등). u－미상. z－기타. ㅣ－부호화 않음.
04	1	기본재료	a－캔버스. b－고급판지. c－판지/도화지. d－유리. e－합성수지(플라스틱, 비닐 등). f－가죽. g－섬유. h－금속. m－혼합. o－종이(캔버스, 고급판지, 도화지, 골판지 제외). p－석고. q－골판지. r－자기류. s－석재(돌). t－목재. u－미상. z－기타. ㅣ－부호화 않음.

자수 위치	자리 수	데이터명	데 이 터 요 소
05	1	틀의 재질	**ƀ**－틀이 없음. **a**－캔버스. **b**－고급판지. **c**－판지/도화지. **d**－유리. **e**－합성수지(플라스틱, 비닐 등). **f**－가죽. **g**－섬유. **h**－금속. **m**－혼합. **o**－종이(캔버스, 고급판지, 도화지, 골판지 제외). **p**－석고. **q**－골판지. **r**－자기류. **s**－석재(돌). **t**－목재. **u**－미상. **z**－기타. |－부호화 않음.

「그림자료의 형태기술필드 예」

Tag
00(1자리: **자료범주표시**): k－평면비영사자료
01(1자리: 특정자료표시: SMD): e－회화
02(1자리: 미지정): ƀ
007 keƀhoƀ
05(1자리: **틀의 재질**): ƀ－틀이 없음
04(1자리: **기본재료**): o－종이
03(1자리: **색채**): h－수작업에 의한 색

008 **부호화정보필드**(fixed-Length Data Elements) <M>NR → 제3장 008필드 참조 (시청각 자료에 포함)

(5) 숫자적 필드 (01X－09X) → 제6장 숫자적 필드 참조

033 **사건의 일시와 장소**(Date/Time and Place of an Event) <O>R → 별책 033필드 참조

037 **입수처**(Source of Acquisition) <O>R → 별책 037필드 참조

049 **소장사항**(Local Holdings) <O>NR → 별책 049필드 참조

090 **자관 청구기호**(Local Call Number) <A>R → 별책 090필드 참조

(6) 기본표목 (Main Entry: 1XX) 〈A〉NR → 별책, 제3장 1XX필드 참조

그림자료의 기본표목은 화가를 저자명기본기입원칙으로 목록한다. 그러나 화가를 알수 없을 때는 그림자료명을 서명줄머리잡기로 목록한다.

100 **기본표목－개인명**(Main Entry－Personal Name) <A>NR → 별책 100필드 참조

110 **기본표목－단체명**(Main Entry－Corporate Name) <A>NR → 별책 110필드 참조

111 기본표목－회의명(Main Entry－Meeting Name) <A>NR → 별책 111필드 참조

130 기본표목－통일표제(Main Entry－Uniform Title) <A>NR → 별책 130필드 참조

(7) 표제와 표제관련 필드 (20X-24X)

240 통일표제 (Uniform Title)(A2R.25.28A) <O>NR → 제2장 240필드 참조

245 표제와 책임표시사항 (Title Statement) <M>NR → 별책 245필드 참조

표제와 책임표시사항은 본표제, 별표제, 대등표제, 부표제, 표제관련정보, 편차, 편제 등과 저자명, 역할을 달리한 저자명을 예와 같이 ISBD의 해당부호로 구분하여 245필드에 기술한다.

245 ❶❷ ▾a본표제, [일명], 별표제 ▾h[GMD] = ▾x대등표제 : ▾c표제관련정보 / ▾d화가명

100 ƀƀ ▾a이원희
245 10 ▾a구천동설경 ▾h[그림자료] / ▾d이원희 그림

GMD: 그림자료는 '그림자료', 'picture'를 식별기호 ▾h로 입력한다.

246 여러 형태의 표제(Varying Form of Title) <A>R → 별책, 제5장 246필드 참조

(8) 판차, 자료의 특성, 발행 등 필드(250-270)

250 판사항(Edition Statement) <A>NR → 별책 250필드 참조

260 발행, 배포 등 사항(Publication/Distribution, etc.) <A>R → 별책 260필드 참조

발행, 배포, 제작 등에 관한 사항은 화실명을 중심으로 화실의 소재지, 제작연도(자료자체에 표시된 연도)를 260필드에 기술한다.

260 ƀƀ ▾a화실의 소재지 : ▾b화실명, ▾c연도

260 ƀƀ ▾a대구 : ▾b김기한화실, ▾c2005.

(9) 형태사항 (3XX)

300 형태기술사항 (Physical Description) <M>R → 별책 300필드 참조

그림자료의 특정자료종별과 수량, 기타 형태적 세목, 크기, 딸림자료를 ISBD의 부호로 구분하여 300필드에 해당 식별기호로 입력한다. 기타 형태적 세목에는 회구의 종류와 바탕재료, 제판법, 복제법, 색채를 기술하고, 크기는 그림의 가로×세로 cm와 대지를 기술한다.

300 bb ▾a특정자료종별과 수량 : ▾b기타 형태적세목 ; ▾c크기 + ▾e딸림자료

(10) 시리즈사항 (4XX)

총서사항은 440필드(자동부출)이나 490필드(부출하지 않거나 다르게 부출)에 기술한다.

440 **총서사항/부출표목－표제**(Series Statement－Added Entry) <A>R→별책 440필드 참조

490 **총서사항/부출 않거나 다르게 부출되는 총서표제**(Series Statement) <A>R → 별책 490필드 참조

(11) 주기사항 (50X-58X) → 제6장 주기사항 참조

500 **일반주기**(General Note) <O>R → 제3장 500필드 참조

505 **내용주기**(Formatted Contents Note) <O>NR → 별책, 제2장 505필드 참조

530 **이용가능한 다른형태자료 주기**(Additional Physical Form Available Note) <O>R → 제3장 530필드 참조

533 **복제주기**(Reproduction Note) <A>R → 제3장 533필드 참조

534 **원본주기**(Original Version Note) <A>R → 제3장 534필드 참조

540 **이용과 복제 제한에 관한 주기**(Terms Governing Use and Reproduction Note) <O>R → 제3장 540필드 참조

541 **입수처 주기**(Immediate Source of Acquisition Note) <O>R →별책 541필드 참조

561 **소유권 및 소장내력주기**(Ownership and Custodial History) <O>R → 별책 561필드 참조

580 **연관저록 설명주기**(Linking Entry Complexity Note) <O>R → 별책 580필드 참조

583 **보존처리 주기**(Action Note) <O>R → 별책 583필드 참조

585 **전시주기** (Exhibitions Note) <O>R → 제3장 585필드 참조

586 **수상주기** (Awards Note) <O>R → 제3장 586필드 참조

(12) 주제명부출표목 (6XX)

600 **주제명부출표목－개인명**(Subject Added Entry－Personal Name) <A> R → 제3장 600필드 참조

610 **주제명부출표목－단체명**(Subject Aadded Entry－Corporate Name) <A>R → 제3장 610필드 참조

611 **주제명부출표목－회의명**(Subject Added Entry－Meeting Name) <A> R → 제3장 611필드 참조

630 **주제명부출표목－통일표제**(Subject Added Entry－Uniform Title) <A>R → 제3장 630필드 참조

650 **주제명부출표목－일반주제명**(Subject Added Entry－Topical Term)<A>R → 제3장 650필드 참조

651 **주제명부출표목－지명**(Subject Added Entry－Geographic Name) <A>R → 제3장 651필드 참조

653 **비통제주제명**(Index Term－Uncontrolled) <A>NR → 제3장 653필드 참조

654 **주제명부출표목－패싯 주제어**(Subject added entry－Faceted Topical terms) <A>R → 별책 654필드 참조

655 **색인어－장르/형식**(Index Term－Genre/Form) <O>R → 별책 655필드 참조

(13) 부출표목 (70X-75X)

700 **부출표목－개인명**(Added Entry－Personal Name) <A>R → 제3장 700필드 참조

710 **부출표목－단체명**(Added Entry－Corporate Name) <A>R → 제3장 710필드 참조

711 **부출표목－회의명**(Added Entry－Meeting Name) <A>R → 제3장 711필드 참조

730 **부출표목－통일표제**(Added Entry－Uniform Title) <A>R → 제3장 730필드 참조

740 **부출표목－본표제와 다르게 부출되는 표제**(Added Entry－Uncontrolled Related/ Analytical Title) <A>R → 제3장 740필드 참조

(14) 연관저록 (76X-78X)

773 **기본자료저록**(Host Item Entry) <A>R → 별책 773필드 참조

776 **기타형태저록**(Additional Physical Form Entry) <O>R → 별책 776필드 참조

786 데이터의 정보원 저록(Data Source Entry) <A>R → 별책 786필드 참조

(15) 총서부출표목 – 통일표제 (80X-830)

800 총서부출표목–개인명(Series Added Entry–Personal Name) <A>R → 별책 800필드 참조

810 총서부출표목–단체명(Series Added Entry–Corperate Name) <A>R → 별책 810필드 참조

811 총서부출표목–회의명(Series Added Entry–Meeting Name) <A>R → 별책 811필드 참조

830 총서부출표목–통일총서표제(Series added entry–Uniform title) <A>R → 별책 830필드 참조

(16) 소장, 변형문자 등–일반정보(Holdings, Alternate Graphics, etc.–General Information) (841-88X)

850 소장기관(Holding Institution) <O>R → 별책 850필드 참조

(17) 로컬필드 (9XX) → 별책의 9XX 해당 필드 참조

9.5. 사진자료

9.5.1. 사진자료의 의의

사진은 현상이나 사물을 실제와 같이 색채감과 입체감 등의 방법으로 재현한 자료이다. 사진은 1851년 F. Scott Archer가 습판사진술(濕板寫眞術)을 발명하고, 이어서 1871년에 R. Leach Maddax의 건판사진술(乾板寫眞術)의 발명으로 한 동안 인간의 가장 중요한 시각정보매체로 활용되었다. 사진은 눈으로 볼 수 있는 대상인 인물, 동물, 건물, 사적, 미술공예품, 풍경, 현장 등을 정확히 기록전달할 수 있고, 현미경이나 전자공학의 발달에 의한 마이크로의 세계에 대한 기록도 가능하게 되어 보다 넓은 분야에서 구체적이고 정밀한 정보를 전달할 수 있는 매체로 이용되고 있다.

1) 사진자료의 수집 및 선택

사진자료는 신문이나 잡지 등에서 비교적 손쉽게 구할 수 있고, 제작과 복제가 염가로 가능하며, 하나의 현상을 그대로 재현한 기록재라는 점에서 정보기관의 자료원으로 많이 활용된다.

「**사진자료의 수집**」

- 통신사를 통한 구입
- 프로 카메라맨의 작품을 구입
- 출판물 중에서 복사 또는 절취
- 도서관에서 대상을 정하여 촬영
- 개인이 촬영한 것을 수증 (연구자의 실험사진 등)
- 단체로부터 수증 (보도기관 보관용 사진)

사진자료는 한 단체의 활동이나, 한 시대의 역사적인 기록, 자연현상의 기록, 과학적인 기록, 사건의 기록이나 인물 등이 주대상이 되며, 도서관에서는 필요한 사진자료를 수집 정리하여 이를 적시에 활용할 수 있도록 해야 한다.

「**사진자료의 선택기준**」

(a) 기술적인 측면

- 사진기술상의 우열 (핀트, 노출, 현상 등)
- 촬영시간과 장소의 명확
- 대상의 명확
- 인화지의 크기
- 구도와 셔터찬스의 적절

(b) 정보적 측면

- 정보적 가치
- 예술적 관점의 구성
- 정확한 개념 및 인상
- 주제 및 아이디어의 명료
- 실물과 상대적 크기의 명확성
- 내용의 상세정도
- 새로운 지식의 유무
- 흥미의 유발정도
- 상상력의 자극
- 수준의 적정성

2) 사진자료의 종류(제작의 성격에 의한)

· 자료사진 · 기록사진 · 묶음사진 · 오려낸 사진
· 복사사진

9.5.2. 사진자료의 정리

1. 사진자료의 분류

사진자료는 크기에 따라 분류별이나 문자순(주제나 제명)으로 배열 정리하는 것이 보통이다. 사진자료는 대개 캐비닛을 사용해서 입체적으로 배열하고, 그 기준은 문서류의 정리방법을 준용하고 있다. 사진자료의 정리에 사용되는 용기에 따라 앨범에 의한 것은 일반도서의 정리방법을 준용하고, 폴더에 의한 것은 파일자료의 정리방법을 준용한다. 전자의 앨범형태에 의한 경우는 가정용으로는 편리하나 도서관에서 정보자료로 정리할 때에는 분류나 주제별조직, 이용을 위한 대출이 따라야 되기 때문에 이를 충족하기 위한 방법으로는 폴더에 의한 정리기법을 사용하는 것이 보다 효과적이다. 폴더를 사용하는 경우 정보재로 활용되는 자료로서 영구보존을 필요로 하는 귀중한 자료는 투명한 플라스틱판에 끼워 사용하게 함으로써 그 훼손을 최소화해야 한다.

보통 사진자료는 제명의 문자순(알파벳순이나 가나다순)으로 배열하는 경우가 많지만 필요에 따라서는 분류체계나 주제명으로 배열하기도 한다.

사진은 다른 도표나 그래프보다도 내용이 광범위하기 때문에 분류는 수집하는 목적과 이용에 따라 여러 가지를 적용하고 있다. 이들 종류를 열거하면 다음과 같다.

1) 공통적인 분류

· 교과별이나 단원별 · 제목의 문자순
· 주제별 · 도서분류체계

2) 촬영형태 및 표현방법에 의한 분류

· 흑백사진 · 칼라색사진
· 적외선 사진 · 접사(接寫) 및 복사사진

· 망원 및 현미경사진 · 엑스광선사진

· 청사진 · 입체 및 활동사진(영화)

3) 사진의 내용별 분류[221)]

A－역사(시대구분과 주제구분)

B－인물(국가별구분과 직업구분) －전기서와 같이 특정주제에 속한 인물(촬영시 연령을 기입)은 그 주제 하에 구분

C－풍경, 지지(지리구분, 지형구분, 계절구분) －지형구분으로 산, 강, 호수, 바다, 섬, 평지, 시가 등

＊풍경사진 : 장소, 풍경 등 배경으로 한 인물(장소를 병기해서 정리)을 대지에 붙였을 때는 그 대지에, 그렇지 않을 때에는 사진 후면에 배경에 대한 설명을 통일된 방법으로 병기한다.

· 국내와 국외로 구분

· 국내일 때는 지역별로(시 · 도 · 군 · 면) 구분

· 국외일 때는 국가별로 구분

· 최후에는 장소별과 사항별로 구분

· 동일 구분 내에서는 대소에 관계없이 제명의 문자순으로 배열한다.

D－사회(정치, 경제, 교육, 노동, 사회문제, 사회운동, 사건, 사고, 재해, 공해 등)

E－생활, 신앙풍속(의, 식, 주, 생활, 종교, 민간신앙, 전설 등)

F－행사(사회행사, 민속행사, 국제행사)

G－과학(이공학, 천문, 지학, 동물, 식물, 의학)

H－건조물(공공시설, 종교건축, 성 · 기념건축, 상업건축, 공업건축, 통신, 보도시설, 문화 · 오락시설, 주택)

I－산업(농림업, 수산업, 공업, 토목 · 건축, 상업, 통신, 보도)

J－교통(수상교통, 육상교통, 항공교통)

K－미술(회화, 서예, 조각, 공예, 상업미술)

L－예능(음악, 연극, 무용, 대중예능, 민속예능)

M－스포츠, 오락(육상경기, 체조, 구기, 스키 · 스케이트, 수상경기, 등산, 레크레이션, 오락)

---

221) **資料組織化便覽**. 164.

사진의 내용별 구분은 십진식분류체계를 참조하여 열거하였다. 자료기관에 따라서는 이들 분류항목 중에서 필요한 항목을 선택하여 사용하기도 하고, 필요한 경우는 선택된 항목을 자체적으로 세분된 구분체계를 만들어 사용하기도 한다.

2. 사진자료의 목록

전술한 그림자료의 목록과 동일한 방법으로 정리한다.

다음에 제시된 목록기재사항은 교육자료에서 정리의 예로 제시한 것을 나열한 것이다.

(a) 표제(title)

· 제1표제(title 1): 촬영자가 붙인 제명

· 제2표제(title 2): 사진색인자가 붙인 제명

(b) 목적물(object)

· 제1목적물(object 1): 사진에 수록된 화면, 즉 피사체의 중심물

· 제2목적물(object 2): 피사체의 배경

(c) 내용(contents): 피사체의 동적인 상태, 정적인 상태나 화면에 표현되어 있지 않는 중요한 의미를 내포한 잠재적 요소

(d) 장소(place): 촬영지 및 피사체의 소재지

(e) 일시(time): 촬영일시, 시간적 요소

1) 기술

(a) 기본표목: 사진자료의 기본표목은 촬영자를 중심한 저자명기본기입형식과 피사체명을 중심으로 한 서명줄머리잡기형식으로 기재한다. 기본기입방식은 단행본의 해당 규칙에 준한다.

(b) 표제: 사진자료가 제목을 가지고 있을 때에는 제목을 본표제로 하고, 제목이 없는 것은 목록자가 작성한 피사체명을 본표제로 [ ]에 묶어 기재한다. 표제의 기재형식은 비도서자료에 적용되는 일반규칙에 의한다.

(c) 자료유형표시: 자료유형표시는 '사진자료', 'picture'로 기재한다(A2.1.1C1).

(d) 책임표시: 저작자명에는 자료의 생산자인 촬영자를 기재한다.

(e) 발행사항: 발행사항에는 사진의 배경이 된 주소지와 촬영연도를 역할어와 함께 기재한다.

(f) 형태기술사항: 자료종별표시에는 '사진', 'photo'라고 기재하고, 수량은 해당자료의 매수를 표시한다. 형태적세목에는 '음화(negative)', '양화(positive)', '색채', 'col.', '복제법' 등을 기재하고(A2.8.5C7), 크기는 사진의 '세로×가로 cm'로 기재한다(A2.8.5D1). 형태기술사항에서 '양화'인 경우는 이를 생략하기도 한다.

(g) 주기: 촬영일시와 장소에 관한 사항은 주기로 표시한다.

(h) 내용주기: 세트로 된 피사체는 각각의 사진명을 내용주기한다.

(i) 내용요약: 피사체의 동적인 상태, 즉 장면이나 중요한 의미를 내포한 잠재적인 요소를 간략히 기재한다.

2) 카드목록의 기재형식

저작자명.
표제 [자료식별표시] = 대등표제 : 잡정보 / 저작자 ; 다른 역할의 저작자. — 판차 / 판차에 관련된 저작자. — 발행지 : 발행자(사), 발행년 (제작지 : 제작자, 제작년).
자료종별표시와 수량 : 음/양화, 색채, 복제법 ; 크기 + 딸림자료 (딸림자료의 형태기술사항). — (총서명. 하위총서명 ; 총서번호).

작품의 성질과 미술상의 형식
표제에 관한 주기
저작자에 관한 주기
판과 서지내력에 관한 주기
발행. 배포사항에 관한 주기
형태기술사항에 관한 주기
총서사항에 관한 주기
이용대상자에 관한 주기
내용요약, 초록, 해제주기
내용주기
전시주기
국제표준번호와 입수조건
소장표시

부기입지시

3) KORMARC: 사진자료

사진자료는 시청각자료(VM=Visual Materials) 중 평면비영사자료에 속하기 때문에 상기한 형태별 자료중 시청각자료에 공통으로 적용되는 이들 자료(제3장 영화 및 비디오녹화자료)의 해당 필드를 참조하게 하고, 여기에서는 사진자료에서 특별히 취급되는 필드를 중심으로 상술하였다.

(1) KORMARC의 설계원칙 → 별책 설계원칙 참조

(2) 리더 (Leader) 〈M〉NR → 별책 리더(leader) 참조

(3) 디렉토리 (Directory) 〈M〉NR → 별책 디렉토리(directory) 참조

(4) 제어필드 (00X) → 제6장 제어필드 참조

007 **형태기술필드**(Physical Description Fixed Field－General Information) <O>R → 상기한 그림자료 007필드 참조

008 **부호화정보필드**(fixed-Length Data Elements) <M>NR → 제3장 008필드 참조 (시청각 자료에 포함)

(5) 숫자적 필드 (01X－09X) → 제6장 숫자적 필드 참조

017 **저작권 등록번호**(Copyright Registration Number) <O>R → 별책 017필드 참조

033 **사건의 일시와 장소**(Date/Time and Place of an Event) <O>R → 별책 033필드 참조

090 **자관 청구기호**(Local Call Number) <A>R → 별책 090필드 참조

(6) 기본표목 (Main Entry: 1XX) 〈A〉NR → 별책, 제3장 1XX필드 참조

사진자료의 기본기입은 촬영자를 저자명기본기입원칙으로 목록한다. 그러나 촬영자를 알 수 없을 때는 사진자료명을 서명줄머리잡기로 목록한다.

100 **기본표목－개인명**(Main Entry－Personal Name) <A>NR → 별책 100필드 참조

110 **기본표목－단체명**(Main Entry－Corporate Name) <A>NR → 별책 110필드 참조

111 **기본표목－회의명**(Main Entry－Meeting Name) <A>NR → 별책 111필드 참조

130 **기본표목－통일표제**(Main Entry－Uniform Title) <A>NR → 별책 130필드 참조

(7) 표제와 표제관련 필드 (20X-24X)

240 **통일표제**(Uniform Title)(A2R.25.28A) <O>NR → 제2장 240필드 참조

245 **표제와 책임표시사항**(Title Statement) <M>NR → 별책 245필드 참조

표제와 책임표시사항은 본표제, 별표제, 대등표제, 부표제, 표제관련정보, 편차, 편제 등과 저자명, 역할을 달리한 저자명을 예와 같이 ISBD의 해당부호로 구분하여 245필드에 기술한다.

245 ❶❷ ▾a본표제, [일명], 별표제 ▾h[GMD] = ▾x대등표제 : ▾c표제관련정보 / ▾d사진촬영자명

100 ƀƀ ▾a문홍일
245 10 ▾a백두산 천지연 폭포 ▾h[사진] / ▾d문홍일 촬영

GMD: 사진자료는 '그림', 'picture'를 식별기호 ▾h로 입력한다.

246 **여러 형태의 표제**(Varying Form of Title) <A>R → 별책, 제5장 246필드 참조

(8) 판차, 자료의 특성, 발행 등 필드 (250-270)

250 **판사항**(Edition Statement) <A>NR → 별책 250필드 참조

260 **발행, 배포 등 사항**(Publication/Distribution, etc.) <A>R → 별책 260필드 참조

발행, 배포, 제작 등에 관한 사항은 작업실명을 중심으로 작업실의 소재지, 촬영연도(자료자체에 표시된 연도)를 260필드에 기술한다.

260 ƀƀ ▾a작업실의 소재지 : ▾b작업실명, ▾c촬영연도

260 ƀƀ ▾a울산 : ▾b문홍일사진방, ▾c2005.

(9) 형태사항 (3XX)

300 형태기술사항 (Physical Description) <M>R → 별책 300필드 참조

사진자료의 특정자료종별과 수량, 기타 형태적 세목, 크기, 딸림자료를 ISBD의 부호로 구분하여 300필드에 해당 식별기호로 입력한다. 기타 형태적 세목에는 음/양화, 색채, 복제법을 기재하고, 크기는 사진의 가로×세로 cm를 기술한다.

300 ƀƀ ▾a특정자료종별과 수량 : ▾b기타 형태적 세목 ; ▾c크기 + ▾e딸림자료

(10) 시리즈사항 (4XX)

총서사항은 440필드(자동부출)이나 490필드(부출하지 않거나 다르게 부출)에 기술한다.

440 총서사항/부출표목－표제(Series Statement－Added Entry) <A>R→별책 440필드 참조

490 총서사항/부출 않거나 다르게 부출되는 총서표제(Series Statement) <A>R → 별책 490필드 참조

(11) 주기사항 (50X-58X)

500 일반주기(General Note) <O>R → 제3장 500필드 참조

501 합철주기(With Note) <O>R → 별책 501필드 참조

502 학위논문주기(Dissertation Note) <O>R → 별책 502필드 참조

505 내용주기(Formatted Contents Note) <O>NR → 별책, 제2장 505필드 참조

520 요약 등 주기(Summary, etc. Note) <O>R → 제2장, 제3장 520필드 참조

534 원본주기(Original Version Note) <A>R → 제3장 534필드 참조

540 이용과 복제 제한에 관한 주기(Terms Governing Use and Reproduction Note) <O>R → 제3장 540필드 참조

561 소유권 및 소장내력주기(Ownership and Custodial History) <O>R → 별책 561필드 참조

583 보존처리 주기(Action Note) <O>R → 별책 583필드 참조

585 전시주기(Exhibitions Note) <O>R → 제3장 585필드 참조

586 **수상주기**(Awards Note) <O>R → 제3장 586필드 참조

(12) 주제명부출표목 (6XX)

600 **주제명부출표목－개인명**(Subject Added Entry－Personal Name) <A> R → 제3장 600필드 참조

610 **주제명부출표목－단체명**(Subject Aadded Entry－Corporate Name) <A>R → 제3장 610필드 참조

611 **주제명부출표목－회의명**(Subject Added Entry－Meeting Name) <A> R → 제3장 611필드 참조

630 **주제명부출표목－통일표제**(Subject Added Entry－Uniform Title) <A>R → 제3장 630필드 참조

650 **주제명부출표목－일반주제명**(Subject Added Entry－Topical Term)<A>R → 제3장 650필드 참조

651 **주제명부출표목－지명**(Subject Added Entry－Geographic Name) <A>R → 제3장 651필드 참조

653 **비통제주제명**(Index Term－Uncontrolled) <A>NR → 제3장 653필드 참조

654 **주제명부출표목－패싯 주제어**(Subject added entry－Faceted Topical terms) <A>R → 별책 654필드 참조

655 **색인어－장르/형식**(Index Term－Genre/Form) <O>R → 별책 655필드 참조

(13) 부출표목 (70X-75X)

700 **부출표목－개인명**(Added Entry－Personal Name) <A>R → 제3장 700필드 참조

710 **부출표목－단체명**(Added Entry－Corporate Name) <A>R → 제3장 710필드 참조

711 **부출표목－회의명**(Added Entry－Meeting Name) <A>R → 제3장 711필드 참조

730 **부출표목－통일표제**(Added Entry－Uniform Title) <A>R → 제3장 730필드 참조

740 **부출표목－본표제와 다르게 부출되는 표제**(Added Entry－Uncontrolled Related/Analytical Title) <A>R → 제3장 740필드 참조

(14) 연관저록 (76X-78X)

773 **기본자료저록**(Host Item Entry) <A>R → 별책 773필드 참조

776 **기타형태 자료**(Additional Physical Form Entry) <O>R → 별책 776필드 참

786 **데이터의 정보원 저록**(Data Source Entry) <A>R → 별책 786필드 참조

(15) 총서부출표목 - 통일표제 (80X-830)

800 **총서부출표목 - 개인명**(Series Added Entry - Personal Name) <A>R → 별책 800필드 참조

810 **총서부출표목 - 단체명**(Series Added Entry - Corperate Name) <A>R → 별책 810필드 참조

811 **총서부출표목 - 회의명**(Series Added Entry - Meeting Name) <A>R→ 별책 811필드 참조

830 **총서부출표목 - 통일총서표제**(Series Added Entry - Uniform Title) <A>R → 별책 830필드 참조

(16) 소장, 변형문자 등 - 일반정보(Holdings, Alternate Graphics, etc. - General Information) (841-88X)

850 **소장기관**(Holding Institution) <O>R → 별책 850필드 참조

(17) 로컬필드 (9XX) → 별책의 9XX 해당 필드 참조

9.6. 대형자료

9.6.1. 대형자료의 의의

도서관에서 대형자료라고 하면 일반도서자료와 함께 정리 배열할 수 없는 크기의 자료를 말하지만 여기에서는 도서의 형태로 별치할 수 있는 자료와 대형낱장자료의 형태를 말한다. 대형자료에는 보통 지도, 확대 복제된 사진, 기타 대형자료들이 속한다. 이 종류의 자료는

대형으로 되어 있기 때문에 보관만을 위할 때에는 수평으로 배열하는 것이 보다 많은 장점을 가지고 있지만 대신 이용에는 수직배열의 편리성에 미치지 못한다. 그래서 자료 자체의 안전한 관리를 위한 보관에는 수평배열에 의하여도 이용에 편리를 고려하여 동일장소에 많은 자료를 겹쳐 수장하여 인출로 인한 자료의 손상이 없도록 해야 한다.

9.6.2. 대형자료의 정리

자료의 정리를 위해서는 자료의 규격이 특수하기 때문에 이를 보관 관리하는 용기 역시 자료형태에 맞게 제작된 용기에 정리해야 한다. 그리고 자료를 보관하기 위한 용기는 보다 다양한 크기의 자료를 보관할 수 있는 충분한 크기여야 하고, 보관되는 자료의 무게를 감당할 수 있도록 견고해야 하며, 인출이 편리하도록 보관함의 유연성도 고려해야 한다.

보관용기는 크기에 따라 이동이 편리하도록 용기 밑바닥에 바퀴를 부착하고, 용기를 상자형으로 사용할 때에는 상자내부의 작은 칸막이는 종형폭의 길이에 따라 정하되 칸막이 간격의 폭은 낱장자료용일 때에는 10 cm 내외로 하는 것이 보편적이나, 책자형 자료용일 때에는 자료의 크기에 따라 칸막이를 임의로 조절할 수 있도록 해야 한다.

칸막이의 각 구분에 분류번호나 주제명의 세목을 표시하되 각각의 분류나 주제명에 앞으로 들어올 자료의 양을 고려해서 충분한 공간을 사전에 배정해야 한다. 그리고 수입순에 의한 고정식 배열에서는 매 칸에 배열된 자료의 수입번호를 표시하고, 번호순에 따라 자료의 목차나 색인을 작성하여 보관용기의 하부 서랍이나 쉽게 확인될 수 있는 위치에 비치한다. 배열의 방향은 용기의 좌측에서 우측으로 배열한다.

대형낱장자료를 파일식대지(folder)를 사용하여 배열하는 경우는 대형자료를 폴더에 넣어서 수직으로 배열하고, 폴더 상단에 주제명, 분류번호, 수입순번호 등 배열의 기준이 되는 검색어를 적어 배열 보관한다.

대형낱장자료의 소재기호 결정은 파일자료의 분류방법에 의하되 대형낱장자료 내에서도 각각의 자료가 내용과 형태에 따라 구분배열될 수 있도록 별치기호를 작성해야 한다.

별치기호의 결정은 일반적으로 대형의 표시인 E(extra large size), Q(quarto), 大(大型)의 약자 중에서 택하고, 대형자료의 용기를 두 가지 이상을 동시에 사용할 때에는 대형의 약자에 용기별 약자를 더하여 소재기호를 2문자나 3문자로 결정한다.

종류 및 용기별	별치기호
대형자료(大型資料 : Quarto) ·································	Q
대형본(大型本書架 : Self) ······································	QS
대형file(大型 file : Vertical file) ·····························	QV
대형folder(大型資料 folder) ····································	QF

그리고 동일한 별치기호 내에서는 다음과 같이 각각의 자료에 필요한 2차적인 배열기호를 부여한다. 2차적인 배열기호의 결정은 수입순번호, 분류번호, 주제별, 자료명별, 또는 도서기호 등에서 검색의 기준이 되는 사항들을 중심으로 하나를 선택하여 부기한다.

대형자료의 목록은 자료의 내용과 형태에 따른 해당자료별 목록기술에 준한다. 대형낱장지도자료는 지도자료의 목록기준, 대형낱장도면자료는 도면자료의 목록기준, 대형낱장자료는 단행본의 목록기준에 준해서 목록한다.

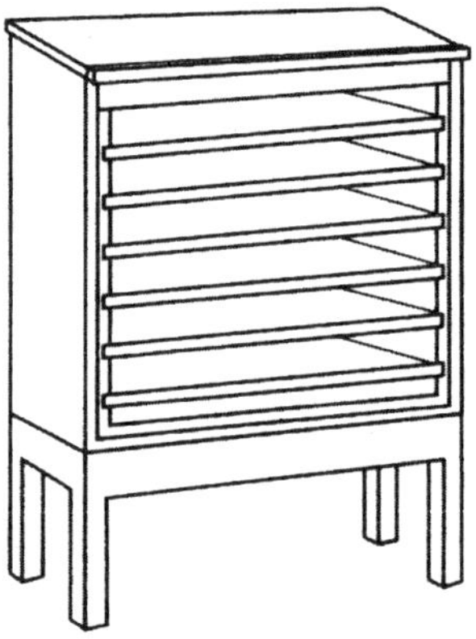

<9-17. 대형자료서가>

찾아보기 (국문)

ㄷ

ㄹ

ㅁ

ㅂ

ㅇ

ㅈ

찾아보기 (영문)

A

B

C

F

J

K

L

N

O

P

Q

R

S

W

X

김남석
경남 남해 태생, 교육학 박사
계명대학교 문헌정보학과 교수를 지냈으며,
계명문화대학 총장을 역임하였다.
저서로는 도서편목법〈제3개정증보판〉(2007), KORMARC(통합서지용)과 목록규칙(공편, 2007), 학술논문서지기술시리즈 Ⅰ~Ⅵ[APA, Chicago, MLA, Turabian, ACS, Bancouver Style](편저, 2006), 비도서자료편목법(2003), 도서기호 〈제3개정증보판〉(1999), 한국 호대사전(공편저, 1996), 연속간행물편목법(1996), 문헌정보학 연구 입문(공역편, 1995), 연속간행물의 정리(1993), 일제하 공공도서관의 사회교육활동(1991), 비도서자료(1984), 도서편목법(1983), 목록학(1978), 도설도서편목법(1975) 등 다수가 있다.

조도희
경북 청송 태생
계명대학교 대학원 문헌정보학과 졸업(석사)
계명대학교, 계명문화대학 강사
계명대학교 재직
저서로, KORMARC(통합서지용)과 목록규칙(공편, 2007), 국제표준서지기술법(공역, 2003), 학술정보론(공역, 2001)이 있으며, 논문으로 한국 대학도서관의 학위논문 관리에 관한 연구(1995)가 있다.

비도서자료의 조직이론

개정증보판 1쇄 발행 | 2007년 3월 1일
개정증보판 2쇄 발행 | 2008년 1월 5일
개정증보판 3쇄 발행 | 2019년 3월 13일

지은이 | 김남석, 조도희
펴낸이 | 신일희
펴낸곳 | 계명대학교출판부
42601 대구광역시 달서구 달구벌대로 1095
전화 053-580-6233 팩스 053-580-6235
등 록 | 1970. 9. 1.(신고번호 제347-1998-1호)

ISBN 978-89-7585-383-8 93020

값 22,000원